国家科学技术学术著作出版基金资助出版

颗粒路面材料
基础理论与服役行为

裴建中 等 著

科学出版社

北 京

内 容 简 介

  本书是作者二十余年路面颗粒体系研究成果的总结。为了探究沥青路面在交通荷载作用下的服役行为和设计理论，本书借助计算路面材料学方法对路面颗粒体系的几何问题、界面问题、堆积问题、流变问题等进行系统介绍。本书从路面颗粒体系的角度出发，采用多尺度联合表征手段进行了包括集料颗粒几何特性和物化特性、颗粒和空隙空间分布、颗粒运动规律等在内的路面颗粒材料试验研究和数值模拟，阐述了颗粒材料的形态、特性、级配和颗粒间界面等微细观特性与路用性能、病害机理间的相关关系及影响机制，旨在从颗粒角度认识和理解沥青混合料，从而阐释沥青混合料的物质属性和服役行为，以更好地完善沥青混合料的设计理论。

  本书可供从事道路工程科研、教学和工程设计人员参考使用，也可作为相关专业师生的参考书。

图书在版编目（CIP）数据

  颗粒路面材料基础理论与服役行为 / 裴建中等著. —北京：科学出版社，2025.1

  ISBN 978-7-03-077386-9

  Ⅰ. ①颗…   Ⅱ. ①裴…   Ⅲ. ①颗粒−稳定土−路面−研究 Ⅳ. ①U416.212

  中国国家版本馆 CIP 数据核字（2024）第 004390 号

责任编辑：杨 丹 汤宇晨 罗 瑶 / 责任校对：崔向琳
责任印制：吴兆东 / 封面设计：陈 敬

科 学 出 版 社 出版

北京东黄城根北街 16 号
邮政编码：100717
http://www.sciencep.com

北京富资园科技发展有限公司印刷
科学出版社发行 各地新华书店经销

*

2025 年 1 月第 一 版   开本：720×1000 1/16
2025 年 4 月第二次印刷   印张：50 3/4
字数：1 020 000

定价：598.00 元

（如有印装质量问题，我社负责调换）

前　言

道路，因人的出行需求而产生，为追求美好出行体验而不断发展。铺筑更好的坦途，让道路成就出行，让出行丰富生活，成为道路研究的源动力。

道路工程，已有数千年的建设使用历史。经济、安全、舒适是出行的核心需求，耐久、快速、智慧是道路研究的终极目标。但目前道路的建造理论、方法与技术还不够完备，实际运行效果与目标还有较大距离，若要从根本上认识和理解沥青路面，需要理念更新、理论创新、方法革新。

为了道路的施工可行性和运行平整性、舒适性，修筑道路时将大块岩石破碎成较为均匀且有一定级配的集料，损失了原岩体的整体性和高承载能力。集料颗粒具有了离散性和非连续性，所以需要沥青等结合材料，逐步恢复其刚度和承载力。集料颗粒的离散性，使道路材料和所形成的结构具有了天然缺陷，并伴随服役全过程进行传播、迁移和扩散；集料颗粒由无数个个体组成，每一个个体的可靠性以及个体之间连接的稳定性，决定了整体或最终的可靠性，复杂性升维。这种复杂性的根源，或是其颗粒性。

沥青路面材料，从几何学角度，是由质量占比90%以上、体积占比85%以上的集料组成的颗粒体系，因其缺乏有序性和周期性，被认为是非晶系统。在唯象学角度，沥青路面车辙主要是集料颗粒流动变形造成，裂缝主要是集料颗粒间微损伤导致，水损坏主要源于沥青在集料颗粒表面的剥落。换一角度观察，颗粒的尺寸远小于道路结构三维方向上的最小尺寸，符合深入认识的基本假设。作为有限独立个体形成的群体，其几何上的非连续性导致一系列物理学、力学、传热学问题，成为一类独立的亟待解决的科学问题。对颗粒路面材料的深入研究被认为是能解释、解决上述问题的一种理论探索，为此，作者在该领域开展了长达二十余年的研究探索，开拓并发展了颗粒路面材料研究这一全新方向，总结形成本书的内容，主要包括以下几方面。

建立路面材料的离散颗粒、非连续性和缺陷体三大基准，分为几何、界面、堆积和流变四类问题进行系统探索，构建颗粒路面材料多尺度视域下服役行为的理论框架；开发了颗粒流变和界面过程试验平台，实现了不同阶段流变学和不同相介质界面过程试验研究，为从多个尺度认识并建立跨尺度关联提供了手段。

从几何形态和表面形貌两个尺度，完善了颗粒形状、纹理、棱角、形貌等特性的量化评价方法；构建了沥青-集料界面模型，考察了动水、温度、老化等作用下界面的黏附动力学，阐明了颗粒路面材料多尺度下的几何属性与物理机制。

建立了集料几何和表面特性与混合料流变及沥青-集料黏附性间的关系模型，实现了颗粒从有限个体到堆积群体的有机关联；针对"拌和、压实、服役"三阶段，建立了基于颗粒的流变特性全温域评价方法；形成了基于博弈论和颗粒形态形貌学的优化设计方法，实现了个体颗粒在混合料性能的显性表达和量化关联；阐释了颗粒材料的时间-温度-应力等效特性，及其与速度-温度-荷载的对应法则，进一步论证沥青路面流变的多尺度行为和细观机制。

以颗粒路面材料的研究作为理论沃土，形成多个细分研究方向：道路工程创新至零理念与趋零体系，道路物理学与环境道路工程，计算路面材料学，沥青路面性能与寿命表达新体系，沥青路面材料平衡设计与结构协同设计方法，路面非平衡态动力学与全寿命演化行为理论，道路工程免修复与自修复体系，道路工程颗粒可靠性分析与风险评估等。这些研究方向，将道路的认识视野从宏观拓展到微、细观尺度，从工程学延伸到数学、物理学范畴，从工程、资源发展到环境、能源等领域。

本书相关研究得到了国家自然科学基金(50608006、51378073、52178408)、国家重点研发计划(2018YFE0103800)等项目的资助，以及国家科学技术学术著作出版基金的资助支持，在此表示衷心感谢。

本书研究过程中，长安大学张久鹏教授、李蕊教授、温永副教授、陈子璇副教授、赵晓康博士、胡栋梁博士、吕磊博士做出了重要贡献。课题组的研究生张嘉林、常明丰、张冬冬、张志辉、高文阳、刘国柱、张昕、孔维川、李莉、包得祥、马凤雪、刘胜林、徐霈、任仲山、贾传峰、肖凯、杜慧、贺明明、樊泽鹏、刘国强、贾彦顺、刘焕娇、许竞、王鹏志、周珺、杨海洋、郭福成、刘涛、刘欢、谭肖勇、李阳、薛斌、周波超、蔡军、毕研秋、张赛赛、邢向阳、杨凯、孙国庆等参与了本书相关内容的研究。统稿阶段，赵晓康博士、胡栋梁博士、吕磊博士和哈尔滨工业大学樊泽鹏博士，付出了巨大努力，在此表示特别感谢。

一切追求事物数学物理本源的过程，都是追求美的过程。其实，颗粒体系本身是美的，一直有颗粒艺术分支。应该说，颗粒路面材料的研究才刚刚开了个头。虽然付出诸多心血，但书中难免存在不足之处，欢迎广大读者批评指正！

作　者

2024 年 7 月

目　　录

前言
0　绪论 ⋯⋯⋯⋯⋯⋯⋯⋯⋯⋯⋯⋯⋯⋯⋯⋯⋯⋯⋯⋯⋯⋯⋯⋯⋯⋯⋯⋯⋯ 1

　　0.1　基本概念 ⋯⋯⋯⋯⋯⋯⋯⋯⋯⋯⋯⋯⋯⋯⋯⋯⋯⋯⋯⋯⋯⋯⋯⋯⋯ 1

　　0.2　基本问题 ⋯⋯⋯⋯⋯⋯⋯⋯⋯⋯⋯⋯⋯⋯⋯⋯⋯⋯⋯⋯⋯⋯⋯⋯⋯ 3

　　　　0.2.1　几何问题 ⋯⋯⋯⋯⋯⋯⋯⋯⋯⋯⋯⋯⋯⋯⋯⋯⋯⋯⋯⋯⋯⋯ 3

　　　　0.2.2　堆积问题 ⋯⋯⋯⋯⋯⋯⋯⋯⋯⋯⋯⋯⋯⋯⋯⋯⋯⋯⋯⋯⋯⋯ 4

　　　　0.2.3　界面问题 ⋯⋯⋯⋯⋯⋯⋯⋯⋯⋯⋯⋯⋯⋯⋯⋯⋯⋯⋯⋯⋯⋯ 4

　　　　0.2.4　流变问题 ⋯⋯⋯⋯⋯⋯⋯⋯⋯⋯⋯⋯⋯⋯⋯⋯⋯⋯⋯⋯⋯⋯ 5

　　0.3　基本特性 ⋯⋯⋯⋯⋯⋯⋯⋯⋯⋯⋯⋯⋯⋯⋯⋯⋯⋯⋯⋯⋯⋯⋯⋯⋯ 6

　　0.4　工程效应 ⋯⋯⋯⋯⋯⋯⋯⋯⋯⋯⋯⋯⋯⋯⋯⋯⋯⋯⋯⋯⋯⋯⋯⋯⋯ 8

　　　　0.4.1　多尺度 ⋯⋯⋯⋯⋯⋯⋯⋯⋯⋯⋯⋯⋯⋯⋯⋯⋯⋯⋯⋯⋯⋯⋯ 8

　　　　0.4.2　多相态 ⋯⋯⋯⋯⋯⋯⋯⋯⋯⋯⋯⋯⋯⋯⋯⋯⋯⋯⋯⋯⋯⋯ 10

　　　　0.4.3　多物理场 ⋯⋯⋯⋯⋯⋯⋯⋯⋯⋯⋯⋯⋯⋯⋯⋯⋯⋯⋯⋯⋯ 10

　　　　0.4.4　非平衡态 ⋯⋯⋯⋯⋯⋯⋯⋯⋯⋯⋯⋯⋯⋯⋯⋯⋯⋯⋯⋯⋯ 11

　　参考文献 ⋯⋯⋯⋯⋯⋯⋯⋯⋯⋯⋯⋯⋯⋯⋯⋯⋯⋯⋯⋯⋯⋯⋯⋯⋯⋯⋯ 12

第一篇　路面材料计算方法

第1章　分子动力学方法 ⋯⋯⋯⋯⋯⋯⋯⋯⋯⋯⋯⋯⋯⋯⋯⋯⋯⋯⋯⋯⋯ 17

　　1.1　基本原理 ⋯⋯⋯⋯⋯⋯⋯⋯⋯⋯⋯⋯⋯⋯⋯⋯⋯⋯⋯⋯⋯⋯⋯⋯ 17

　　1.2　计算分析方法 ⋯⋯⋯⋯⋯⋯⋯⋯⋯⋯⋯⋯⋯⋯⋯⋯⋯⋯⋯⋯⋯⋯ 19

　　1.3　路面材料分子模型 ⋯⋯⋯⋯⋯⋯⋯⋯⋯⋯⋯⋯⋯⋯⋯⋯⋯⋯⋯⋯ 21

　　　　1.3.1　沥青分子模型 ⋯⋯⋯⋯⋯⋯⋯⋯⋯⋯⋯⋯⋯⋯⋯⋯⋯⋯⋯ 21

　　　　1.3.2　集料分子模型 ⋯⋯⋯⋯⋯⋯⋯⋯⋯⋯⋯⋯⋯⋯⋯⋯⋯⋯⋯ 22

　　　　1.3.3　沥青-集料界面模型 ⋯⋯⋯⋯⋯⋯⋯⋯⋯⋯⋯⋯⋯⋯⋯⋯ 23

　　1.4　路面材料中的分子动力学模拟 ⋯⋯⋯⋯⋯⋯⋯⋯⋯⋯⋯⋯⋯⋯ 23

　　参考文献 ⋯⋯⋯⋯⋯⋯⋯⋯⋯⋯⋯⋯⋯⋯⋯⋯⋯⋯⋯⋯⋯⋯⋯⋯⋯⋯ 26

第2章　离散元方法 ⋯⋯⋯⋯⋯⋯⋯⋯⋯⋯⋯⋯⋯⋯⋯⋯⋯⋯⋯⋯⋯⋯⋯ 27

　　2.1　基本原理 ⋯⋯⋯⋯⋯⋯⋯⋯⋯⋯⋯⋯⋯⋯⋯⋯⋯⋯⋯⋯⋯⋯⋯⋯ 27

　　2.2　计算分析方法 ⋯⋯⋯⋯⋯⋯⋯⋯⋯⋯⋯⋯⋯⋯⋯⋯⋯⋯⋯⋯⋯⋯ 28

2.3 路面材料离散元试件的构建 ··· 32
　　2.3.1 路面材料结构特征 ··· 32
　　2.3.2 构建方法 ··· 33
2.4 路面材料离散元分析 ··· 43
　　2.4.1 颗粒接触模型 ··· 43
　　2.4.2 接触参数及其确定方法 ··· 45
参考文献 ··· 48
第3章 有限元方法 ··· 51
3.1 基本原理 ··· 51
3.2 计算分析方法 ··· 51
3.3 沥青材料本构模型 ··· 54
　　3.3.1 黏弹性本构模型 ··· 54
　　3.3.2 黏弹塑性本构模型 ··· 61
3.4 沥青材料损伤模型 ··· 63
　　3.4.1 损伤变量与有效应力 ··· 63
　　3.4.2 损伤演变规律 ··· 64
参考文献 ··· 66
第4章 路面材料计算关联技术与理论 ··· 67
4.1 数字图像处理技术 ··· 67
　　4.1.1 概念及特点 ··· 67
　　4.1.2 在颗粒路面材料中的应用 ··· 68
4.2 分形理论 ··· 71
　　4.2.1 概念及特点 ··· 71
　　4.2.2 在颗粒路面材料中的应用 ··· 73
参考文献 ··· 74
第5章 路面材料学多尺度计算模拟 ··· 75
5.1 混合料开裂行为的多尺度计算模拟 ··· 75
　　5.1.1 有限元开裂行为分析方法 ··· 75
　　5.1.2 分子动力学微观开裂行为分析方法 ··································· 80
　　5.1.3 FEM-MD 耦合开裂行为分析方法 ····································· 81
5.2 混合料强度形成的多尺度计算模拟 ··· 83
　　5.2.1 离散元方法 ··· 84
　　5.2.2 分子动力学方法 ··· 91
　　5.2.3 量子化学方法 ··· 93
参考文献 ··· 94

第二篇　几何问题

第 6 章　集料单体几何特征 ······99

6.1　形状 ······99

6.2　棱角 ······100

6.3　纹理 ······101

6.4　形貌 ······102

参考文献 ······103

第 7 章　集料的形状特征 ······105

7.1　集料形状评价方法 ······105

7.1.1　量化评价指标 ······105

7.1.2　测量技术手段 ······107

7.2　集料形状特征的二维解析 ······107

7.2.1　粗集料形状特征的二维解析 ······107

7.2.2　细集料形状特征的二维解析 ······111

7.3　集料形状特征的三维解析 ······115

7.4　集料形状特征影响分析 ······118

7.4.1　不同岩性集料形状影响分析 ······118

7.4.2　不同粒径集料形状影响分析 ······124

参考文献 ······128

第 8 章　集料的棱角特征 ······129

8.1　集料棱角评价方法 ······129

8.1.1　量化评价指标 ······129

8.1.2　测量技术手段 ······130

8.2　粗集料棱角特征的二维解析 ······133

8.2.1　投影面 A 的棱角性 ······133

8.2.2　基于最大半径的棱角性 ······135

8.2.3　基于周长的棱角性 ······138

8.3　细集料棱角特征的二维解析 ······140

8.4　集料棱角特征影响因素 ······142

8.4.1　集料来源特征对棱角性的影响 ······142

8.4.2　集料组成对棱角性的影响 ······142

参考文献 ······142

第 9 章　集料的纹理特征 ······143

9.1　集料纹理评价方法 ······143

9.1.1　量化评价指标 ··· 143

9.1.2　测量技术手段 ··· 146

9.2　基于分数布朗随机场模型的集料纹理特征 ····················· 150

9.2.1　玄武岩的表面纹理 ·· 151

9.2.2　各粒径玄武岩表面纹理变化规律 ······································ 159

9.3　基于轮廓算术平均偏差的集料纹理特征 ························· 160

9.3.1　玄武岩表面纹理特征评定 ·· 160

9.3.2　玄武岩表面纹理评定指标的内在联系 ································ 163

9.4　集料纹理特征影响因素 ··· 164

9.4.1　集料来源特征对纹理的影响 ··· 164

9.4.2　集料加工特征对纹理的影响 ··· 165

参考文献 ·· 166

第10章　集料的形貌特征 ··· 167

10.1　集料形貌评价方法 ··· 167

10.1.1　量化评价指标 ·· 167

10.1.2　测量技术手段 ·· 169

10.2　集料表面形貌特征的二维解析 ···································· 175

10.2.1　粗集料表面形貌的分析 ··· 175

10.2.2　细集料表面形貌的分析 ··· 178

10.3　集料表面形貌特征的三维解析 ···································· 182

10.4　集料形貌特征影响因素 ··· 184

10.4.1　方向性的影响 ·· 184

10.4.2　量测区域的影响 ··· 184

参考文献 ·· 184

第三篇　界　面　问　题

第11章　沥青–集料界面问题 ·· 187

11.1　基本概念 ··· 187

11.2　沥青-集料界面性能评价 ··· 187

11.3　沥青-集料界面复杂性 ·· 188

11.3.1　材料性状及工况环境的多样性 ·· 189

11.3.2　多尺度特性 ··· 189

参考文献 ·· 190

第12章　沥青–填料界面的交互作用 ··· 192

12.1　沥青-填料界面交互作用评价 ····································· 192

12.1.1　复数黏度·· 192

12.1.2　复数模量·· 194

12.1.3　相位角·· 196

12.1.4　评价方法比选·· 198

12.2　试验条件对沥青-填料界面交互作用的影响···················· 204

12.2.1　试验条件对沥青胶浆流变特性的影响······················ 204

12.2.2　试验温度对沥青-填料界面交互作用的影响·················· 210

12.2.3　加载频率对沥青-填料界面交互作用的影响·················· 212

12.3　填料特性对沥青-填料界面交互作用的影响···················· 215

12.3.1　填料特性对沥青胶浆流变性能的影响······················ 215

12.3.2　填料体积分数对沥青-填料界面交互作用的影响·············· 216

12.3.3　填料粒度对沥青-填料界面交互作用的影响·················· 218

12.3.4　SiO_2 含量对沥青-填料界面交互作用的影响·················· 219

12.4　沥青特性对沥青-填料界面交互作用的影响···················· 220

12.4.1　老化程度对沥青胶浆流变特性的影响······················ 220

12.4.2　老化程度对沥青-填料界面交互作用的影响·················· 224

12.4.3　沥青性质对沥青-填料界面交互作用的影响·················· 224

12.4.4　材料特性影响因素显著分析································ 226

参考文献·· 227

第 13 章　沥青-集料表面润湿动力学···································· 228

13.1　沥青浸润光滑集料表面···································· 228

13.1.1　沥青浸润光滑集料的浸润模型····························· 228

13.1.2　沥青浸润粗糙集料的简化模型····························· 230

13.1.3　常温下的浸润规律·· 231

13.2　沥青浸润粗糙集料表面···································· 233

13.2.1　浸润模型的计算参数·· 234

13.2.2　浸润过程·· 234

13.3　沥青浸润过程的影响因素·································· 235

13.3.1　考虑温度变化的浸润模型修正······························ 235

13.3.2　沥青降温对浸润过程的影响································· 236

13.3.3　沥青起始温度对浸润过程的影响···························· 237

13.3.4　集料表面纹理尺寸对浸润过程的影响························ 238

参考文献·· 239

第 14 章　沥青-集料界面行为的表面能特性···························· 240

14.1　沥青与集料的表面能测试·································· 240

14.1.1　接触角测试方法及试样制备 ·· 240

14.1.2　接触角测试结果与分析 ··· 241

14.2　沥青–集料界面表面能参数 ·· 242

14.3　沥青–集料界面黏附与剥落过程的表面能评价 ······················· 243

14.3.1　沥青–集料黏附功计算及评价 ··· 243

14.3.2　沥青–集料剥落功计算及评价 ··· 244

参考文献 ·· 245

第 15 章　沥青–集料界面行为的分子动力学模拟 ···························· 246

15.1　沥青–集料分子模型的构建 ·· 246

15.1.1　老化前后基质沥青分子模型构建 ······································· 246

15.1.2　老化前后胶粉改性沥青分子模型建立 ··································· 249

15.1.3　沥青分子模型合理性验证 ··· 250

15.1.4　集料分子模型选择 ··· 252

15.2　沥青–集料界面的能量特性 ·· 252

15.2.1　沥青–沥青黏聚能计算 ··· 252

15.2.2　沥青种类对界面黏聚能的影响 ··· 253

15.2.3　沥青–集料界面黏附性 ··· 253

15.3　沥青老化对界面分子行为及结构性状的影响 ·························· 256

15.3.1　沥青老化对黏聚能的影响 ··· 256

15.3.2　沥青老化对黏附能的影响 ··· 257

参考文献 ·· 258

第四篇　堆 积 问 题

第 16 章　集料群体堆积行为 ·· 261

16.1　沥青混合料的细观结构特征 ·· 261

16.1.1　细观结构的划分层次 ··· 261

16.1.2　细观结构识别与表征 ··· 262

16.2　沥青混合料的细观数值模拟 ·· 267

16.2.1　FEM 研究 ··· 268

16.2.2　DEM 研究 ··· 269

16.3　颗粒物质力学研究进展 ·· 271

16.4　沥青混合料的颗粒物质属性 ·· 273

参考文献 ·· 275

第 17 章　沥青混合料堆积结构的数字化识别 ······························· 282

17.1　沥青混合料堆积结构的级配识别 ··· 282

17.1.1　体视学假设和基本关系 ······························· 283

17.1.2　集料三维尺寸确定方法 ······························· 284

17.1.3　基于施瓦茨-萨尔特科夫法的骨料修正系数的计算 ······· 287

17.1.4　骨料修正系数验证 ································· 293

17.2　沥青混合料堆积结构的体积特性识别 ···················· 294

17.2.1　基于图像处理的混合料空隙特征 ····················· 295

17.2.2　沥青路面芯样横向均匀性分析方法 ··················· 301

17.2.3　沥青路面芯样竖向均匀性分析方法 ··················· 306

17.3　多孔沥青混合料堆积结构的空隙分布特征 ················ 310

17.3.1　多孔沥青混合料空隙分布描述的基本参数 ············· 310

17.3.2　多孔沥青混合料 CT 图像解析 ······················· 313

17.3.3　空隙级配分析与分形表达 ··························· 315

17.3.4　多孔沥青混合料堆积结构的空隙横向分布特征 ········· 316

17.3.5　多孔沥青混合料堆积结构的空隙竖向分布特征 ········· 319

17.3.6　多孔沥青混合料堆积结构的空隙空间分布特征 ········· 322

17.4　多孔沥青混合料堆积结构的空隙分布特征影响因素 ········ 325

17.4.1　矿料级配对多孔沥青混合料空隙分布特性的影响 ······· 325

17.4.2　压实功对多孔沥青空隙分布特性的影响 ··············· 330

17.4.3　压实方法对多孔沥青空隙分布特性的影响 ············· 333

参考文献 ··· 335

第18章　沥青混合料堆积结构的传荷特性 ······················· 337

18.1　沥青混合料堆积结构的数字化重构 ······················ 337

18.1.1　基于图像处理技术的真实沥青混合料细观模型重构 ····· 337

18.1.2　基于 Monte Carlo 方法的二维随机沥青混合料细观模型重构 ··· 348

18.1.3　三维集料颗粒生成与三维随机沥青混合料细观模型重构 ········· 354

18.2　沥青混合料细观颗粒堆积结构与骨架传荷特性 ············ 359

18.2.1　颗粒堆积模拟方法与参数 ··························· 359

18.2.2　细观堆积结构评价指标 ····························· 361

18.2.3　理想堆积模型的颗粒摩擦与干涉效应 ················· 364

18.2.4　沥青混合料堆积模型的级配效应与骨架传荷特性 ······· 372

18.2.5　振动压实对堆积结构的激励效应 ····················· 382

18.3　常温下沥青混合料细观黏弹性力学特性与演化行为 ········ 384

18.3.1　沥青混合料细观黏弹性本构模型及参数 ··············· 385

18.3.2　沥青砂浆及混合料动态模量室内试验 ················· 390

18.3.3　动态模量虚拟仿真试验 ····························· 397

18.3.4 细观黏弹性力学特性与演化行为 …………………………… 402

18.3.5 细观参数对黏弹性力学特性的影响 ………………………… 404

18.4 高温下沥青混合料细观塑性力学特性与演化行为 …………………… 408

18.4.1 模拟沥青混合料塑性变形的细观本构模型及参数 …………… 409

18.4.2 车辙虚拟仿真试验 …………………………………………… 413

18.4.3 车辙试验过程细观塑性变形力学特性与演化行为 …………… 416

18.4.4 细观参数对沥青混合料永久变形的影响 …………………… 424

18.5 低温下沥青混合料细观断裂力学特性与演化行为 …………………… 426

18.5.1 SCB 室内试验 ………………………………………………… 427

18.5.2 SCB 虚拟仿真试验 …………………………………………… 433

18.5.3 细观断裂力学特性与演化行为 ……………………………… 440

18.5.4 细观参数与混合料断裂力学行为 …………………………… 443

参考文献 ……………………………………………………………………… 445

第 19 章 考虑颗粒相互作用的沥青混合料细观力学模型 ……………………… 448

19.1 沥青混合料细观力学模型 ……………………………………………… 448

19.1.1 复合材料细观力学基本理论 ………………………………… 448

19.1.2 单夹杂沥青混合料细观力学模型 …………………………… 448

19.1.3 多夹杂沥青混合料细观力学模型 …………………………… 453

19.2 沥青混合料细观力学模型多尺度适用性分析 ………………………… 454

19.2.1 细观力学模型多尺度验证 …………………………………… 454

19.2.2 细观力学模型适用性影响分析 ……………………………… 458

19.3 考虑颗粒相互作用的沥青胶浆有效复数模量预测模型 ……………… 462

19.3.1 考虑颗粒相互作用的细观力学模型 ………………………… 462

19.3.2 沥青胶浆有效模量预测与验证 ……………………………… 466

19.4 考虑颗粒相互作用的沥青混合料动态模量预测模型 ………………… 474

19.4.1 考虑颗粒相互作用的细观力学模型 ………………………… 474

19.4.2 沥青混合料动态模量测试 …………………………………… 478

19.4.3 沥青混合料动态模量预测与模型验证 ……………………… 482

参考文献 ……………………………………………………………………… 483

第 20 章 沥青混合料堆积结构的破坏 ……………………………………………… 486

20.1 不同受力模式下沥青混合料破坏特征 ………………………………… 486

20.1.1 沥青混合料的破坏特点 ……………………………………… 486

20.1.2 不同受力模式下沥青混合料的强度 ………………………… 487

20.1.3 不同受力模式下沥青混合料的破坏特征 …………………… 489

20.2 沥青混合料堆积体破坏的细观结构信息 ……………………………… 492

　　　20.2.1　沥青混合料破坏的评价指标 ……………………………………… 492
　　　20.2.2　不同受力模式下沥青混合料破坏的细观结构 ………………………… 493
　　参考文献 ……………………………………………………………………… 506
第21章　基于集料单体几何特征的沥青混合料级配设计 ……………………… 507
　21.1　集料单体几何特征的分形几何表达 …………………………………… 507
　　　21.1.1　分形几何体系下的集料形态特征 ……………………………………… 507
　　　21.1.2　集料级配的分形 ………………………………………………………… 509
　21.2　基于矩阵博弈的沥青混合料级配设计方法 ………………………… 514
　　　21.2.1　矩阵博弈级配设计模型 ………………………………………………… 514
　　　21.2.2　基于矩阵博弈的集料级配设计 ………………………………………… 517
　　　21.2.3　集料形态特征指标的引入 ……………………………………………… 523
　　　21.2.4　基于假设检验的设计结果可靠性分析 ………………………………… 528
　21.3　沥青混合料级配设计方法的试验验证 ……………………………… 530
　　　21.3.1　基于CBR试验的设计方法验证 ……………………………………… 530
　　　21.3.2　基于VCA试验的设计方法验证 ……………………………………… 534
　　参考文献 ……………………………………………………………………… 537

第五篇　流　变　问　题

第22章　拌和阶段沥青混合料的流变特性 …………………………………… 541
　22.1　松散热态沥青混合料流变特性测试 ………………………………… 541
　　　22.1.1　流体流变特性及分类 …………………………………………………… 541
　　　22.1.2　松散热态沥青混合料流变特性 ………………………………………… 542
　　　22.1.3　沥青混合料流变测试仪设计 …………………………………………… 543
　　　22.1.4　流变特性测试试验参数 ………………………………………………… 546
　　　22.1.5　流变特性评价指标 ……………………………………………………… 547
　22.2　拌和阶段松散热态沥青混合料的流变特性评价 …………………… 552
　　　22.2.1　不同沥青用量下的混合料流变特性 …………………………………… 552
　　　22.2.2　不同最大公称粒径沥青混合料流变特性 ……………………………… 555
　　　22.2.3　不同级配沥青混合料的流变特性 ……………………………………… 557
　　　22.2.4　沥青混合料流变特性与压实性能相关性 ……………………………… 559
　　参考文献 ……………………………………………………………………… 563
第23章　压实阶段沥青混合料的流变特性 …………………………………… 564
　23.1　压实阶段热拌沥青混合料的压实特性 ……………………………… 564
　　　23.1.1　基于旋转压实的热拌沥青混合料压实特性 …………………………… 564
　　　23.1.2　基于马歇尔击实的热拌沥青混合料压实特性 ………………………… 570

23.2 热拌沥青混合料的温度演化规律及压实工艺 ···············573
　　23.2.1 碾压温度场 ·······································573
　　23.2.2 沥青混合料的有效压实时间 ·······················584
　　23.2.3 热拌沥青混合料压实能量 ·························588
　　23.2.4 基于有效压实时间的热拌沥青混合料现场压实工艺 ·······593
参考文献 ··598
第24章 服役阶段沥青混合料的流变特性 ··························599
24.1 评价方法与试件处理 ···································599
　　24.1.1 评价方法 ·······································599
　　24.1.2 试件处理 ·······································599
24.2 断面颗粒运动规律 ·····································600
　　24.2.1 基于位移等值线的断面颗粒运动规律 ···············600
　　24.2.2 基于数字图像处理技术的断面颗粒运动规律 ···········608
参考文献 ··625
第25章 集料单体几何特性与沥青混合料流变特性 ·················626
25.1 集料单体几何特性的表征 ·······························626
　　25.1.1 集料几何特性试验材料 ···························626
　　25.1.2 集料几何特性评价指标 ···························627
　　25.1.3 集料几何特性测试 ······························632
25.2 集料单体几何特性对拌和阶段沥青混合料流变的影响 ·········644
　　25.2.1 集料及沥青混合料拌和流变特性 ···················644
　　25.2.2 集料几何特性与集料拌和流变特性关系 ···············654
　　25.2.3 集料几何特性与沥青混合料拌和流变特性关系 ···········663
25.3 集料单体几何特性对压实阶段沥青混合料流变的影响 ·········667
　　25.3.1 集料及沥青混合料压实流变特性 ···················667
　　25.3.2 集料及沥青混合料压实流变特性测试 ···············669
　　25.3.3 集料几何特性与集料压实流变特性关系 ···············675
　　25.3.4 集料几何特性与沥青混合料压实流变特性关系 ···········684
25.4 集料单体几何特性对服役阶段沥青混合料流变的影响 ·········688
　　25.4.1 服役阶段沥青混合料流变特性 ·····················688
　　25.4.2 服役阶段沥青混合料流变特性测试 ···················689
　　25.4.3 沥青混合料服役阶段流变特性测试结果及分析 ···········690
　　25.4.4 集料几何特性与沥青混合料服役阶段流变特性关系 ·······694
参考文献 ··700

第 26 章　沥青混合料的多级分散体系与其流变特性 ……………………… 701
　　26.1　沥青结合料分散尺度的流变特性与关联性 …………………… 701
　　　　26.1.1　沥青结合料流变试验设计 …………………………… 701
　　　　26.1.2　沥青黏温曲线及感温性 ……………………………… 703
　　　　26.1.3　沥青高温线性黏弹特征 ……………………………… 705
　　　　26.1.4　沥青高温重复蠕变和恢复流变特性 ………………… 710
　　　　26.1.5　沥青高温多重应力蠕变恢复流变特性 ……………… 716
　　　　26.1.6　沥青低温线性黏弹特征 ……………………………… 719
　　　　26.1.7　沥青中温疲劳特征 …………………………………… 721
　　　　26.1.8　沥青老化敏感性流变指标 …………………………… 724
　　26.2　沥青胶浆分散尺度的流变特性及影响因素 …………………… 728
　　　　26.2.1　沥青胶浆流变试验设计 ……………………………… 728
　　　　26.2.2　沥青胶浆黏温曲线及影响因素 ……………………… 730
　　　　26.2.3　沥青胶浆高温线性黏弹特征 ………………………… 733
　　　　26.2.4　沥青胶浆高温重复蠕变和恢复流变特性 …………… 742
　　　　26.2.5　沥青胶浆高温多重应力蠕变恢复流变特性 ………… 752
　　　　26.2.6　沥青胶浆低温线性黏弹特征 ………………………… 762
　　　　26.2.7　沥青胶浆流变特性与沥青结合料流变特性相关性 ……… 767
　　26.3　沥青混合料分散尺度的流变特性与影响因素 ………………… 777
　　　　26.3.1　沥青混合料流变试验及评价指标 …………………… 777
　　　　26.3.2　旋转压实流变特性表征 ……………………………… 781
　　　　26.3.3　拌和阶段集料分散相对沥青混合料拌和流变特性影响机制 … 785
　　　　26.3.4　集料分散相几何特性与混合料拌和流变特性灰色关联分析 ………… 790
　　　　26.3.5　沥青胶浆介质对沥青混合料压实流变特性影响机理 ……… 791
参考文献 …………………………………………………………………… 794

0 绪　论

0.1　基本概念

数千年的人类文明史，某种程度上也是一部工程与材料的发展史。人类足迹所到之处，由松散颗粒材料单独或添加一定黏结材料构筑的工程，不断满足人类生存生活生产需求，逐渐在农业、建筑、水利、能源、交通、军事等行业广泛应用。

一种非常微小，以致人们觉察不到的起因，可能产生一种显著的、无法忽视的结果，……初始的微小差异有可能使最终出现完全不同的现象[1-2]。以微见著的现象在颗粒材料中广泛出现，原因在于这类材料不同于传统意义上的固体和液体，其可以像固体一样保持一定的形态，也可以像流体一样发生一定程度的流动，是一种复杂的体系。同时，颗粒体系不仅在其组成上具有颗粒几何特性，而且在荷载作用下具有颗粒运动特性，展现出离散性、缺陷性及非连续性的显著特点[3]。单一颗粒的几何问题是基本表象，群体规律是本质。群体颗粒堆积，造就这类材料的独特现象，由此成为复杂系统，其均一化和个体化分析研究都很难。群体颗粒实现了固体颗粒在短时历程中的流动，系统升维。其与黏结材料结合，表面物理特性叠加，使界面更复杂，相态的增加促成了多类界面的混存。从物质属性而言，这类颗粒体系属于非晶类物质范畴，具有独特的现象和复杂的行为，不能用一般的固体和流体理论模型来描述，如粮仓效应、振动分离、自组织现象、剪胀等。颗粒体系中粒子尺度决定了其为无热体系，不存在布朗运动，也不能用热力学理论来直接描述。

将颗粒体系作为科学问题来研究，可以追溯到 1773 年。法国科学家 Coulomb 研究土力学时，提出了颗粒物质的摩擦定律。后来，Farady 研究发现了颗粒物质体系中的振动对流不稳定现象，Reynold 发现了颗粒物质体系的剪胀效应。Roberts 注意到了颗粒的粮仓效应，继而 Janssenl 利用连续介质理论对此做出了定量的解释。20 世纪 90 年代初，诺贝尔物理学奖获得者 de Gennes 提出软物质的概念，倡导开展颗粒物质物理机制和力学特性的研究[4-8]。由于颗粒物质体系呈现出复杂的力学特性，该领域近年来成为研究热点，其中 Jamming(堵塞)是重要研究方向之一。颗粒物质中夹杂一定量的液体，通常被称为湿颗粒物质[2, 9]或黏聚颗粒物质，以与干颗粒物质区分。在干颗粒物质体系中，占主导地位的是短程、非黏附性的非弹性碰撞和摩擦作用，而湿颗粒物质由于液体表面张力等作用，其体系表现出一定的黏聚性。即使加入微量液体也可以显著改变颗粒物质体系的堆积行为，如降雨引发山体滑坡过程等。不同液体体积分数的颗粒物质体系如图 0-1 所示[10]。

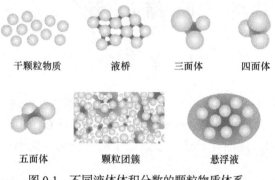

干颗粒物质　　　　液桥　　　　三面体　　　　四面体

五面体　　　　颗粒团簇　　　　悬浮液

图 0-1　不同液体体积分数的颗粒物质体系

　　道路工程性能难以表征，寿命难以预测，设计难以实现正向和可逆，其复杂性的根源，可能是其颗粒属性。沥青混合料是由集料、沥青和空隙构成的多相复合材料，按照体积分数，颗粒部分约占 85%，按照质量分数，颗粒部分约占 90%，故从组成比例上沥青混合料是典型的颗粒材料。长期以来，我国沥青路面结构设计以弹性层状体系为基础，属于连续介质分析范畴，另外沥青路面材料设计更侧重考察组成材料的整体表现，以宏观性能评价为主要指标，在计算分析手段和材料认识视野有限的情况下，弹性层状体系是一种较为理想的工程模型。但随着对路面问题复杂性认识的深入，针对沥青路面破坏机理而采取对策设计、结构设计和材料设计的协同时，局限凸显。

　　近年来，道路领域研究者们逐渐认识到沥青路面材料微细观结构特性对于阐释沥青路面流变破坏机理具有重要意义，为此开展了集料颗粒几何特性和物化特性、颗粒和空隙空间分布、颗粒运动规律等方面的试验研究和数值模拟研究，但尚未形成统一的理论框架，试验结果多是唯象性的描述和统计分析，缺乏更深层次的科学解释。颗粒物质理论的发展，超大规模计算能力的提高，X 射线计算机断层扫描、原子力显微镜、光弹等微细观探测手段的成熟，以及分子动力学和离散元等数值模拟方法的完善，为从多尺度角度深入认识沥青路面材料宏观现象创造了条件。

　　沥青混合料在服役过程中，多重耦合工况下的流变行为呈现出高度的复杂性，且与施工过程、路用性能、病害机理等密切相关，迄今仍有很多问题尚未解决。从颗粒角度认识和审视沥青混合料，是接近和阐释沥青混合料物质属性和所有行为的基础。事实上，沥青路面车辙病害主要由集料颗粒流动变形形成，路面裂缝病害主要是集料颗粒间微损伤发展而来，路面水损坏病害主要源于沥青在集料颗粒表面的剥落，可以认为沥青路面材料服役性能与颗粒材料的形态、特性、级配和颗粒间界面等微细观参数密切相关。

因此，沥青路面材料作为一类有限独立个体形成的群体，其在几何上的非连续性导致一系列物理学、力学、传热学难题，形成了一类独立的科学问题。目前对于这类工程材料的分析框架、基本原理和物质属性的认知较为有限。为研究的方便，探索性地提出颗粒路面材料(granular pavement material，GPM)的概念。

事实上，在沥青路面材料领域，采用颗粒的思想早已有之，级配设计、压实层厚、离析控制、车辙模拟与成因分析中均运用了颗粒的分析方法，认识到颗粒的不同尺度对于宏观性能的重要性。近年来，开展了颗粒属性表征、接触力模型、力链网络、临界状态等方面的研究，研究逐渐从宏观尺度深入到细观尺度，初步尝试从多尺度角度解释颗粒物质宏观流变破坏的内在机制。

随着对颗粒路面材料探究的深入，道路领域研究者们的疑惑也越来越多。颗粒路面材料是什么？其本质是什么？这些基本问题需要新的理论解释。路面结构的“生命”源于何时？什么才是决定路面结构最终性能和寿命的核心因素？是原材料的天然基因，还是设计(材料的平衡设计、结构的协同设计)，或是生产成型方式？这些问题的解答需要构建新的路面材料认识框架。沥青混合料拌和是最好的混合方式吗？是否存在一种无老化、无离析、无二次缺陷的更符合颗粒路面材料属性的混合方式？基于此，需要探索新的沥青路面建造工艺。

0.2 基 本 问 题

颗粒路面材料属于颗粒物质中的一种工程特例，既满足颗粒物质的一般共性特征，又具备独有的个性特征，这些特征是认识沥青路面材料颗粒性的基本前提。

0.2.1 几何问题

为保证路面强度、耐久性和功能性，沥青路面材料使用的集料颗粒形状复杂、棱角丰富及表面粗糙。因此，集料颗粒形态特征评价指标包括形状、棱角性和纹理三项。大量的研究表明，集料的几何特性与沥青混合料的回弹模量、剪切强度、永久变形、疲劳特性及抗滑等性能密切相关。准确评价和精准利用集料的几何特性，从而有效控制混合料质量，一直是道路工程研究的热点和难点。近些年，对集料几何特性的研究逐渐从群体几何特性表征方法向个体几何特性表征方法发展。

从另一个视角，集料和空隙的几何特性构成了颗粒路面材料的几何特性，集料颗粒和空隙结构几何特性的获取方法和量化评价指标应进一步完善，进而建立指标与路用性能的定量关系，以及研究集料岩性与加工方法对集料几何特性的遗传效应、材料组合设计对空隙几何特性的影响效应、集料几何特性与空隙几何特性的关联效应。

0.2.2　堆积问题

沥青混合料级配设计反映了不同粒径集料颗粒的堆积组合方式，而压实过程则影响堆积结构的演化。一些混合料材料组成相近，但其性能可能有较大差异，究其原因在于其细观堆积结构的差异。现阶段对于混合料细观堆积结构的认知仅是定性地将其区分为悬浮密实型、骨架密实型和骨架空隙型等类型。因此，进一步从多尺度角度认识沥青路面材料的堆积问题，才能有的放矢地优化混合料级配设计和压实工艺参数。

颗粒的堆积问题与许多科学问题和工程现象密切相关，一直以来是国内外诸多领域的研究热点。目前对于理想单一粒径圆球颗粒堆积问题已有较多的理论模型，如最密堆积模型、随机松堆积模型、随机密堆积模型等。另外，对两种粒径颗粒的堆积密度也提出了多种预测模型以及壁效应、松动效应等干涉理论。但这些模型和理论对于具有复杂几何特性以及多粒径的集料颗粒而言都过于理想化。另外，为保证高温稳定性，传统以最大堆积密度为目标的堆积模型和方法可能并不适用。颗粒物质力学理论将颗粒堆积体中颗粒间传递力的路径称为力链，将颗粒与周围颗粒接触数量称为配位数，利用径向分布函数来描述颗粒的细观结构。这些理论和方法都可用于路面材料堆积问题研究。

0.2.3　界面问题

沥青混合料的界面是指集料与沥青形成的界面相/区。由于物理化学等作用，在靠近集料表面的区域内沥青分子排列改变，其结构和力学性能与基体沥青产生差异，成为薄弱区。界面特性直接影响集料与沥青的黏附性，而黏附性与沥青路面水稳定性密切相关。影响沥青与集料界面特性的因素众多，如集料表面纹理、矿物组成、沥青组分等内部因素，以及环境温度、加载速率、老化等外部因素。此外，不同影响因素的作用机制及其特征尺度不尽相同，吸附沥青层的厚度范围一般在纳米级别，构成集料的矿物晶体平均粒径在几百到上千微米，集料表面的粗糙度则涵盖若干纳米直至上百微米的范围，而集料粒径对沥青混合料细观界面开裂的影响主要体现在毫米尺度上，沥青与集料的界面行为表现出明显的多尺度特征，如图 0-2 所示。多因素和多尺度本质，使得沥青–集料界面问题的研究极具挑战。

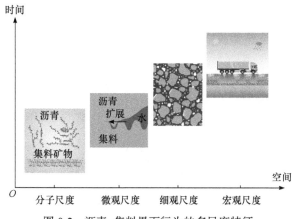

图 0-2 沥青–集料界面行为的多尺度特征

近些年，显微技术及分子模拟技术的快速发展，为进一步认识沥青与集料微观界面特性提供了有利的条件，但研究尚处于起步阶段。如何构建沥青与集料的精细化微观界面结构模型，揭示沥青–集料界面分子作用机制和多重异构特性，特别是在动水、温度、老化耦合作用下沥青–集料界面的黏附行为特性，以及研究界面特性对沥青和集料构成的复杂颗粒体系性能的影响，从而建立考虑界面损伤、参数蜕化的路面材料失效模型等方面仍然征途漫漫。

0.2.4 流变问题

广义上的流变学指研究材料流动和变形的科学，狭义的流变学研究的是材料流动、变形和应力间的关系，包括材料的黏性、弹性、塑性及形变等，并将应力、应变、时间、温度、界面性质等因素的影响作为研究对象[11-13]。传统上认为沥青是由高分子量的沥青质胶束组成的胶体体系分散于低分子量的油性介质中，正是这种胶体结构决定了沥青由溶胶到凝胶的流变特性。沥青结合料具有流变特性，因此沥青混合料具有流变特性；由于叠加了集料颗粒，沥青结合料和沥青混合料的流变既相似又有很大不同，而沥青混合料的流变特性更为复杂。沥青混合料在负载条件下的响应取决于加载速率和温度。通过改变温度和加载速率，沥青可以表现出弹性或(和)黏性。

颗粒状的集料和具有复杂流变特性沥青的组合决定了颗粒路面材料体系是一类具有复杂流变特性的体系。沥青路面材料的流变特性与其施工性和服役性密切相关。在拌和、压实阶段，松散热态沥青混合料的流变特性决定了相关生产和施工参数，而在服役阶段，沥青混合料的流变特性则直接影响了材料的变形行为，从而影响了路面的抗车辙、抗裂及抗疲劳性能。

0.3　基本特性

为了研究沥青路面材料的颗粒特性、颗粒行为和颗粒效应，需要首先认识沥青路面材料颗粒的离散性、非连续性和缺陷性。

1) 离散性

松散热态沥青混合料在拌和、运输、摊铺以及碾压过程中表现出显著的散体流动特性，而碾压成型后的沥青混合料尽管为紧密的实体，但不同区域间的材料结构与性能仍会呈现出较大的差异性，具有显著的离散性。沥青路面结构设计基于连续介质力学的弹性层状体系理论，促使人们聚焦于分析复杂构成材料的综合性能表现，其中，宏观性能评价成为衡量设计有效性的关键指标。因此，随着对路面问题复杂性认识的深入，在阐释路面材料的损伤破坏机理以及在实现结构和材料的协同设计时，原有体系逐渐显露出局限。沥青路面诸如车辙、裂缝和水损害等病害，其机理都与离散性密切相关。实际中，构筑道路的岩石材料破碎为离散的集料，会丧失原岩体的整体性和高承载能力，所以需要通过沥青等结合材料，逐步恢复刚度。离散性使道路天然地具有了缺陷，并伴随服役的全过程，同时，离散性使道路由无数个个体组成，每一个个体的可靠性决定了局部或最终的可靠性，导致道路成为复杂系统。

2) 非连续性

微细观尺度上，沥青混合料可视为由沥青结合料、不同尺寸的集料、微裂纹和空隙组成的多相非均匀复合材料，具有材料组成非连续性和结构分布非连续性。这种非连续性，还进一步体现在沥青-集料界面上。材料上，矿石集料与沥青材料力学参数差异显著。例如，道路工程常用矿石集料的弹性模量为 20～100GPa，而沥青具有黏弹性特征，受温度、荷载及加载时间影响较大，高温下弹性模量可低至 0.1MPa，低温下弹性模量可高至 500MPa。结构上，形状复杂的集料颗粒随机堆积，集料间存在面-面、面-角、面-棱、棱-棱、棱-角、角-角多种接触方式，且堆积后形成的随机分布和随机大小的空隙使沥青混合料内部结构分布非连续，另外沥青-集料界面处由于非完美黏结存在大量的微裂纹。材料组成非连续和结构分布非连续使路面材料内部力学响应非连续，已有研究表明在沥青或者沥青砂浆内部的应变远大于混合料整体的应变，集料颗粒间接触处以及空隙附近存在局部应力集中现象，在荷载和温度的作用下裂纹更容易从集料与沥青二者界面薄弱处萌发。因此，构建颗粒路面材料力学模型时应当充分考虑其非连续性，从而实现对路面材料性能的有效预测以及解释材料局部损伤破坏现象。

3) 缺陷性

在缺陷理论中,任何材料都被视为是包含大量缺陷(如空穴、杂质、位错、微孔、微裂纹等)的固体,这些材料被统称为缺陷体。在外部荷载的作用下,伴随着材料的宏观运动(可观测到的变形),其内部缺陷也在发生着运动、增生以及湮灭。缺陷的作用通过内应力和内应变的形式表现出来,并与外加应力场发生相互作用。材料的许多宏观非线性性质都与缺陷的运动和相互作用密切相关。据有关研究,由于缺陷的存在,原生材料只发挥了可能千分之一到万分之一的性能潜能。微缺陷的数量众多且分布不规律,因此要精确分析其对材料强度的影响是一件非常困难和复杂的事情。为解决这一问题,基于材料力学、结构力学、弹性力学及塑性力学的经典强度分析理论忽略这些微缺陷的存在,即将原始材料均视为无缺陷体,通过可测的材料参数来反映和描述这些固有微缺陷的影响。

沥青混合料作为多相复合材料,除了各组成材料自身存在的微缺陷外,更重要的是整个材料结构内部存在大量的宏观缺陷,如随机分布的空隙以及裂纹,这种缺陷属于"广义"的缺陷。对于具有大量宏观缺陷的材料,经典强度分析理论就不再有效,其计算结果往往过于乐观,常导致材料构件在理论安全荷载下突然失效。近些年,以孔附近应力集中理论和断裂力学理论为代表的固体力学新分支得到越来越多的关注,并逐渐发展成为成熟的理论。然而,现阶段对于长期荷载和交变荷载作用下涉及材料流变和疲劳因素作用的研究,仍处于借助试验解决问题的阶段,尚未能建立具有普适性的缺陷体理论和模型,而流变和疲劳正是沥青路面材料的关键性能。

在道路工程领域,尽管已有大量对沥青混合料内部空隙和裂纹诸如分布、形态特征及影响效应的研究,但研究成果较为"碎片化",尚未从力学理论角度分析这些结构的作用机制。缺陷连续统理论可以从材料缺陷的角度将多种沥青混合料内部结构特征参数统一起来,从而建立沥青混合料的缺陷理论及性能模型。当然,缺陷连续统理论仍处于发展阶段,用于研究沥青路面材料颇具挑战性,因此应当强调理论模型结合材料实际,注重宏观、细观和微观结合的多尺度方法以及数学、物理学、力学、材料学多学科交叉方法。在未来研究中,沥青路面材料缺陷性问题研究应集中于解决三个重要问题:一是如何建立并定量描述不同分布缺陷的拓扑结构;二是如何在多维时空中引入缺陷的分布密度和流密度,并用场论的方法建立相应的运动学和动力学方程;三是如何利用连续的损伤变量来描述不连续的缺陷,从而将缺陷体的应力、应变分析问题转变成一个损伤力学问题,进而通过增加相应的损伤演变方程进行求解。

0.4　工　程　效　应

从工程的角度,在建立与外界载荷的联系时,颗粒路面材料有其鲜明的特点。

0.4.1　多尺度

自然界和工程中的许多宏观现象,起源于微观和细观机制。材料的特性与响应并非仅独立表现在宏观层面,也存在于从原子到微观、再到细观直至宏观的不同尺度视域中[14]。根据特征尺寸和研究侧重点的不同,路面可通过四个尺度视域来分析:宏观尺度、细观尺度、微观尺度与分子尺度。图 0-3 为沥青混合料多尺度示意图。

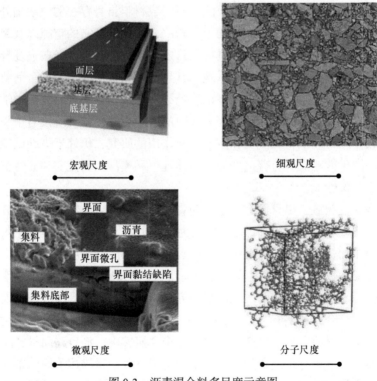

图 0-3　沥青混合料多尺度示意图

在宏观尺度上,沥青路面结构可模型化为弹性层状体系,沥青路面材料均被视为连续、均匀介质。这种连续介质力学方法在反映混合料内部应力、应变非连续特性上存在固有缺陷,促使传统的宏观研究尺度逐渐向精细尺度转变。20 世纪90 年代以来,计算机断层扫描技术和数字图像技术的快速发展,为分析混合料非连续、非均匀介质的细观结构特征提供了有效手段。在细观尺度上，沥青混合料可视为由沥青结合料、不同尺寸的集料、微裂纹和空隙组成的多相非均匀复合材料。离散元数值模拟方法及颗粒力学、复合材料细观力学等力学方法的引入，使得混合料材料细观力学特性的研究、宏观力学性能的预测、变形破坏机理的阐释以及细观结构与宏观性能定量关系的分析有据可依。

得益于日趋精细的微纳材料测试技术与日臻高效的分子模拟技术，微观尺度和分子尺度的路面混合料研究成为道路工程领域的热点，并取得具有启发性的成果。进入微观尺度，由于沥青–集料界面的复杂性，各组分材料在细观尺度的均匀性假设不再成立。混合料自身具有的微观结构特性，界面非完全黏结导致的微裂纹，以及其物理化学交互衍生的界面相，均使得混合料在微观尺度视域下呈现出复杂结构特性。当研究视野进一步聚焦分子尺度时，组成结构的基本单元为原子，而不同原子组成及排列方式的结构性能差异显著。分子尺度上"结构"与"材料"的性能本质已不同于前述三个尺度，此时，力的计算与结构响应均为非局部性的，即原子(或质点)间的作用不仅与紧邻原子(或质点)相关，还与邻域内非直接接触的原子有关。宏观、细观、微观尺度的结构分析中，材料间力的相互作用与响应为局部性的，故可采用连续介质力学的假设、原理与方法，而分子尺度的结构分析必须借助分子动力学方法或广义质点动力学方法。分子尺度的认识和研究在沥青路面材料的"自愈"领域也有巨大前景。

在不同尺度上，路面混合料能否视为连续的与均匀的，取决于研究与表征的对象。例如，从路面结构物受力层面看，宏观及其以下尺度路面混合料均可视为连续均匀的；从路面孔隙设计层面看，细观尺度以上显然是非连续均匀的；从路面混合料改性层面看，微观尺度以上认为是非连续均匀的；从路面混合料水损害机理层面看，分子尺度都需视为非均匀连续的。

传统宏观尺度的混合料分析方法，无法揭示材料内部结构、组成与宏观力学性能之间的关系，不能合理解释裂纹成因及扩展规律，更难以描述非均匀性导致的材料损伤及应力集中引起的局部破坏现象。要深入认识路面混合料的物理内涵及力学本征，必须突破传统宏观单一尺度的思维束缚，在多尺度视野下重新审视路面混合料，揭示结构原理，探究界面特性，更新表征技术。在宏观、细观、微观和分子尺度上，分尺度逐级揭示路面混合料的内在特性，跨尺度将宏观、细观、微观乃至分子尺度的分析相结合，从定性与定量等层面实现不同尺度上物理变量与几何参数的有机关联，为路面混合料设计与优化提供多尺度控制依据，为高性能路面混合料的获取提供新路径，为工程结构物损坏机理提供新的认知，从而丰富和发展颗粒路面材料的多尺度描述理论。

0.4.2　多相态

在材料组成方面，沥青混合料是由沥青、集料(包括粗集料与细集料)以及填料组成的，各组分对于整体性能均有关键性影响。根据近代胶浆理论，可以将沥青混合料归为一种多级网络分散体系，即在沥青混合料尺度下，可视为粗集料作为分散相分散于沥青砂浆中；在沥青砂浆尺度下，可视为细集料作为分散相分散于沥青胶浆中；在沥青胶浆尺度下，可视为填料作为分散相分散于沥青中，如图 0-4 所示。但在实际研究工作中，往往将结合料、胶浆及混合料的性能独立进行研究，造成各级分散体系间的关联性脱节，因此以沥青结合料或胶浆性质预测混合料性质相关性较差。如何将多级分级体系进行关联，形成全面系统的沥青及沥青混合料流变特性评价体系，为沥青路面材料的材料组成设计及服役性能预测提供理论支撑，是当前研究的难点之一。

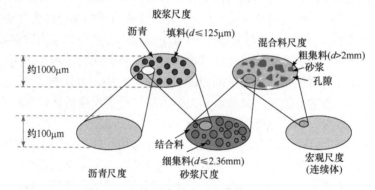

图 0-4　沥青混合料多级分散体系示意图

0.4.3　多物理场

场的概念最初来源于物理学，法拉第提出了用"电场"和"磁场"来解释牛顿力学中电磁之间的相互作用。19 世纪 60 年代，在此研究基础上，麦克斯韦创立了电磁场理论，使场由定性研究进入定量研究阶段。到了 19 世纪 80 年代后期，赫兹的研究成果使"场论"取代牛顿力学而成为物理学的基础理论。一般认为，场具有三个方面的属性，既是一种空间，也是一种物理作用，更是一种物质、运动、时空三位一体的自然物质基本形式，三者不可分割。在物理学中，场是一个以时空为变量的物理量。

路面材料是一种具有复杂结构的非均质、多相(气相、液相、固相)和多尺度(微观、细观、宏观)的复合材料，并在应力场、渗流场、温度场等多场作用下运动和变化着。为此，可将场进行重新分类，即分为基本场、作用场和耦合场三种类型。路面体结构场作为一个基本场，包含物质组成(如沥青、集料、矿粉等)、组织结构(如颗粒不规则性、结构连接特性等)及物理状态(如密度、空隙率、含水率、模量等)三个方面。这三个方面统称为路面体结构场的物性,是多场耦合作用的结果,路面体的各种物性参数随着时空不断变化。

自然界中存在着各种作用场,多场之间存在各种耦合关系,可以分为边界耦合与域耦合、双向耦合与单向耦合、直接耦合与间接耦合、同质耦合与异质耦合、微分耦合与代数耦合、源耦合、流耦合、属性耦合与几何耦合。路面工程中常见场及耦合关系如图 0-5 所示。

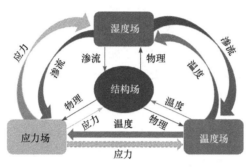

图 0-5 路面工程中常见的场及耦合关系

对于路面工程,工况中多场耦合现象非常常见,且耦合类型繁多,相互之间的作用可分为强耦合和弱耦合两种类型。如果双方都是强耦合,称为双向耦合;如果一个是强耦合,另一个是弱耦合,则称为单向耦合。场之间是何种耦合取决于实际的需要和现时的研究水平。例如,在路面工程中应力场与温度场之间的耦合,一般工况下温度场对应力场是强耦合,应力场对温度场是弱耦合,且这种弱耦合可以忽略,属于单向耦合;特殊工况(热冲击)下应力场对温度场的强耦合是不可以忽略的,属于双向耦合。

0.4.4 非平衡态

相比传统连续的固体和流体,颗粒体系结构缺乏有序性和周期性,运动形式存在着更强烈的耗散和不均匀性,难以直接采用统计力学等理论。尤其在复杂条件下,颗粒体系的聚集形态存在类固态与类流态之间的相互转变。为了描述颗粒体系的这种转变现象,Jamming 这一普适概念被提了出来[15-17]。沥青混合料在拌和摊铺阶段的状态类似于流体,碾压密实后沥青混合料又类似于固体,但在高温和车辆剪切荷载作用下,又从类固体转变为类流体,发生塑性流动破坏。在这些过程中,物质结构几乎没有变化,但静、动力学特性均发生了显著变化,这种流变失稳现象即属于 Jamming 转变的研究范畴,平衡态在此过程中不断迁移。那么,究竟是什么因素决定了这一转变? 颗粒体系是多尺度结构,包括颗粒内部分子微观尺度，以若干颗粒大小为特征长度的细观尺度以及颗粒体系的宏观尺度。不同尺度下颗粒行为所遵循的物理准则不同，但存在一定的关联，现有颗粒物质力学研究认为细观尺度特征是颗粒体系与普通固体和流体的主要区别所在，其时空演化行为是 Jamming 的内在起源和动力[18-19]。

颗粒物质的两个特点决定了它的特殊性和复杂性：第一是热力学温度对颗粒系统没有意义；第二是颗粒之间的相互作用。对于颗粒系统这样的无热体系而言，宏观振动导致的颗粒间相互作用可以替代温度使 Jammed(堵塞态)系统转变为Unjammed(松散态)系统[20]。路面材料颗粒体系具有对外界微小作用的敏感性、非线性响应、自组织行为等基本特性，始终处于相对稳定的状态，或维持着一种相对的平衡。平衡态的打破和迁移，导致了路面病害。因此，不能用一般的固体力学理论和流体力学理论来解释，研究重点应为提出新的研究思路或理论框架，构建新的普适的颗粒体系理论。

参 考 文 献

[1] Kumar N, Luding S. Memory of jamming: Multiscale models for soft and granular matter[J]. Granular Matter, 2016, 18(3): 1-21.

[2] Melnikov K, Wittel F K, Herrmann H J. Micro-mechanical failure analysis of wet granular matter[J]. Acta Geotechnica, 2016, 11(3): 1-10.

[3] Trappe V, Prasad V, Cipelletti L, et al. Jamming phase diagram for attractive particles[J]. Nature, 2001, 411(6839): 772-775.

[4] Liu A J, Nagel S R. Nonlinear dynamics jamming is not just cool any more[J]. Nature, 1998, 396(6706): 21-22.

[5] Majmudar T S, Sperl M, Luding S, et al. Jamming transition in granular systems[J]. Physical Review Letters, 2007, 98(5): 1-4.

[6] Cates M E, Wittmer J P, Bouchaud J P, et al. Jamming and stress propagation in granular materials[J]. Physics, 1999, 9(3): 511-522.

[7] Keys A S, Abate A R, Glotzer S C, et al. Measurement of growing dynamical length scales and prediction of the jamming transition in a granular material[J]. Nature Physics, 2010, 3(1): 260-264.

[8] Torquato S, Stillinger F H. Jammed hard-particle packings: From kepler to bernal and beyond[J]. Review of Modern Physics, 2010, 82(3): 2633-2672.

[9] Ellenbroek W G, Somfai E, Van H M, et al. Critical scaling in linear response of frictionless granular packings near jamming[J]. Physical Review Letters, 2006, 97(25): 258001.

[10] Roux J N. Geometric origin of mechanical properties of granular materials[J]. Physical Review E, 2000, 61(6): 6802-6836.

[11] Castillo G, Mujica N, Soto R. Fluctuations and criticality of a granular solid-liquid-like phase transition[J]. Physical Review Letters, 2012, 109(9): 095701.

[12] Jaeger H M, Nagel S R, Behringer R P. Granular solids, liquids, and gases[J]. Review of Modern Physics, 1996, 68(4): 1259-1273.

[13] Donev A, Connelly R, Stillinger F H, et al. Underconstrained jammed packings of nonspherical hard particles: Ellipses and ellipsoids[J]. Physical Review E, 2007, 75(5): 051304.

[14] Walsh S D C, Tordesillas A, Peters J F. Development of micromechanical models for granular media[J]. Granular Matter, 2007, 9(5): 337-352.

[15] Dauchot O, Marty G, Biroli G. Dynamical heterogeneity close to the jamming transition in a sheared granular material[J]. Physical Review Letters, 2005, 95(26): 265701.

[16] 刘浩. 非晶固体的 Jamming 转变及流变的研究[D]. 合肥: 中国科学技术大学, 2015.

[17] 费明龙, 徐小蓉, 孙其诚, 等. 颗粒介质固–流态转变的理论分析及实验研究[J]. 力学学报, 2016, 48(1): 48-55.

[18] 厚美瑛, 陈唯, 张彤, 等. 颗粒物质从稀疏流到密集流转变的普适规律[J]. 物理, 2004, 33(7): 473-476.

[19] 季顺迎, Shen H H . 颗粒介质在类固–液相变过程中的时空参数特性[J]. 科学通报, 2006, 51(3): 255-262.

[20] Tordesillas A. Force chain buckling, unjamming transitions and shear banding in dense granular assemblies[J]. Philosophical Magazine A, 2007, 87(31): 4987-5016.

第一篇　路面材料计算方法

　　计算路面材料学(computational pavement materials science)，是路面材料科学与计算机科学的交叉学科，是一门新兴发展学科，是关于路面材料组成、结构特性、服役性能的计算机模拟与设计的学科，是路面材料科学研究里的"计算机实验"。它涉及材料、物理、计算机、数学、化学等多门学科。与路面结构分析计算所解决的宏观尺度问题不同，计算路面材料学涵盖了微观、介观、宏观尺度的多种层次，其计算分析更为复杂，面向的空间尺度更广，对高端测试技术依赖性更强。对于具有多相复合本质的路面材料而言，其颗粒的离散性、非连续性和缺陷性决定了其体系的复杂性，其构成的路面结构的特性与响应并非仅独立表现在宏观层面，也存在于从原子到微观、再到细观直至宏观的不同尺度视域中。借助计算路面材料学研究方法，分尺度逐级揭示路面材料的内在特性，跨尺度将宏观、细观、微观乃至分子尺度的分析相结合，从定性与定量等层面实现不同尺度上物理变量与几何参数的有机关联，可为路面材料设计与优化提供多尺度控制依据，进而实现材料服役性能的改善和材料设计。

　　计算路面材料学的发展使原有的路面材料研究手段得到极大的改进。它不仅使理论研究从解析推导的束缚中解脱出来，也使实验研究方法得到了根本的变革，使其建立在更加客观的基础上，更有利于从实验现象中揭示客观规律，证实客观规律。因此，计算路面材料学是路面材料研究领域理论研究与实验研究的桥梁，为理论研究提供新途径的同时，也使实验研究进入了一个新的阶段。计算机科学技术的迅猛发展，模型与算法的日渐成熟，通用软件的不断涌现，使得路面材料计算得到了广泛应用。目前，掌握计算路面材料学基础知识已成为现代路面材料工作者必备的技能之一。

第1章 分子动力学方法

1.1 基 本 原 理

分子动力学(molecular dynamics，MD)模拟是一种依靠计算机求解牛顿运动方程，从而预测分子、原子体系在一定时间内运动状态的数值方法[1]。在 MD 模拟中，系统粒子运动遵循牛顿运动定律，考虑一个包含 N 个粒子的分子系统，它们的位置向量和动量向量分别表示为 $\boldsymbol{r}_i = (x_i, y_i, z_i)$ 和 $\boldsymbol{p}_i = (p_{i,x}, p_{i,y}, p_{i,z})$。系统的哈密顿量 H (所有粒子动能与系统相关势能的总和)的表达式如下：

$$H\left(\boldsymbol{R}^N, \boldsymbol{P}^N\right) = \sum_i^N \sum_\alpha \frac{p_{i,a}^2}{2m_i} + U\left(\boldsymbol{R}^N\right) \tag{1-1}$$

式中，$\boldsymbol{R}^N = \{\boldsymbol{r}_1, \boldsymbol{r}_2, \cdots, \boldsymbol{r}_N\}$ 和 $\boldsymbol{P}^N = \{\boldsymbol{p}_1, \boldsymbol{p}_2, \cdots, \boldsymbol{p}_N\}$ 分别表示系统中所有粒子的广义空间坐标和动量；等式右边的第一项和第二项分别表示粒子的动能和势能；α 表示 x、y、z 三个方向；m_i 表示第 i 个粒子的质量。

作用在系统上的力场本质上是保守的，这意味着作用在每个粒子上的力可以根据系统的势能对粒子位置的导数来获得。势能一阶导数(即梯度)的方向表示势能最小值所在的位置，梯度的大小表示势能面下降的陡峭程度，因此力由梯度的负值给出，如式(1-2)所示：

$$\boldsymbol{F}_i\left(\boldsymbol{R}^N\right) = -\frac{\partial U\left(\boldsymbol{R}^N\right)}{\partial \boldsymbol{r}_i} \tag{1-2}$$

粒子的运动可以用牛顿第二定律描述，具体如下：

$$m_i \ddot{\boldsymbol{r}}_i = \boldsymbol{F}_i\left(\boldsymbol{R}^N\right) \tag{1-3}$$

式中，$\ddot{\boldsymbol{r}}$ 表示 $\boldsymbol{r}$ 关于时间的二阶导数。给定系统粒子的初始位置 $\boldsymbol{R}^N$ 和初始动量 $\boldsymbol{P}^N$，对式(1-3)进行积分可以得到粒子的运动轨迹，可见 MD 模拟是一种不同于量子化学计算的确定性方法。通过预设的系统初始条件，原则上能够确定任何时刻体系内所有粒子的位置和速度。

然而，每个原子的运动都受到它与体系内所有其他原子相互作用的影响，因此式(1-1)很难求解，MD 模拟本质上是处理多体问题。对于包含 N 个粒子的系统，

有 $6N$ 个变量($3N$ 个位置变量和 $3N$ 个动量变量)需要求解，由于这些变量是紧密耦合的，因此几乎不可能获得解析解。通过有限差分方法将 $6N$ 个变量解耦，并得到式(1-3)中 $\boldsymbol{F}_i\left(\boldsymbol{R}^N\right)$ 的表达式是求解哈密顿量的关键。在 MD 模拟中，具有伴随势能函数 $U\left(\boldsymbol{R}^N\right)$ 的保守力场被引入来描述原子间的相互作用，从而通过式(1-2)计算得到 $\boldsymbol{F}_i\left(\boldsymbol{R}^N\right)$。

在大多数情况下，原子轨迹即 $\boldsymbol{R}^N$ 和 $\boldsymbol{P}^N$ 不是 MD 模拟的最终结果，因此需进一步根据这些轨迹推导出系统的物理量。MD 模拟是一种基于统计力学的数值方法，尽管原子的运动是由经典牛顿力学描述的，但原子轨迹可以看作遵循一定的统计分布。例如，对于温度保持恒定的正则系综，系统构型的概率密度分布与玻尔兹曼函数 $\exp\left[-H\left(\boldsymbol{R}^N,\boldsymbol{P}^N\right)\big/(k_\mathrm{B}T)\right]$ 成正比，其中 H 表示哈密顿量，k_B 表示玻尔兹曼常量，T 表示温度。因此，系统的物理量 $Q\left(\boldsymbol{R}^N,\boldsymbol{P}^N\right)$ 是通过对所有可能的配置求和来获得的，每个配置都由相应的概率加权，其表达式如下：

$$\left\langle Q\left(\boldsymbol{R}^N,\boldsymbol{P}^N\right)\right\rangle = \int \mathrm{d}\boldsymbol{R}^N \int \mathrm{d}\boldsymbol{P}^N \rho\left(\boldsymbol{R}^N,\boldsymbol{P}^N\right) Q\left(\boldsymbol{R}^N,\boldsymbol{P}^N\right) \tag{1-4}$$

式中，$\rho\left(\boldsymbol{R}^N,\boldsymbol{P}^N\right)$ 表示系统相位的概率密度分布；$\langle\rangle$ 表示物理量在系统的所有可能配置上平均，这些配置由 $\boldsymbol{R}^N$ 和 $\boldsymbol{P}^N$ 来描述。由于遵循玻尔兹曼函数系统配置的概率密度分布是哈密顿量的函数，它可以简单地通过对玻尔兹曼函数进行归一化来计算，如式(1-5)所示。

$$\rho\left(\boldsymbol{R}^N,\boldsymbol{P}^N\right) = \frac{\exp\left[-H\left(\boldsymbol{R}^N,\boldsymbol{P}^N\right)\big/(k_\mathrm{B}T)\right]}{\int \mathrm{d}\boldsymbol{R}^N \int \mathrm{d}\boldsymbol{P}^N \exp\left[-H\left(\boldsymbol{R}^N,\boldsymbol{P}^N\right)\big/(k_\mathrm{B}T)\right]} \tag{1-5}$$

然而，对体系的所有配置空间进行完整采样几乎是不可能的，根据遍历假设，给定一个足够长的时间，系统可以经历配置空间中所有可能的状态，因此在配置空间中的平均量可以通过它们在时间上的对应量的平均值来近似计算：

$$\left\langle Q\left(\boldsymbol{R}^N,\boldsymbol{P}^N\right)\right\rangle = \lim_{\tau \to \infty} \frac{1}{\tau} \int_0^\tau Q\left(\boldsymbol{R}^N,\boldsymbol{P}^N\right) \mathrm{d}t \tag{1-6}$$

MD 模拟是在原子水平上对材料性能进行模拟，决定了其时空尺度能够达到纳秒和纳米级别。

1.2　计算分析方法

经典 MD 模拟流程(图 1-1)通常包含以下步骤。

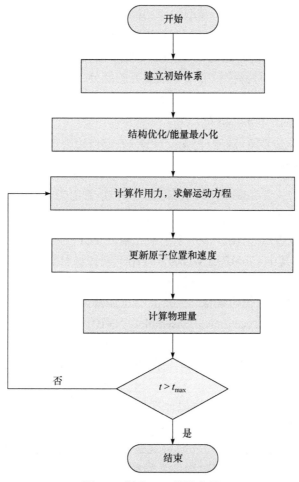

图 1-1　经典 MD 模拟流程

步骤 1：建立初始体系，预设原子位置、速度、边界条件和约束，并指定势函数。

步骤 2：根据所选势函数(力场)，对初始体系进行结构优化(能量最小化)，使其接近于平衡结构。

步骤 3：根据选定的势函数计算作用在每个原子上的力，然后在新的时间步上求解各原子的运动方程。

步骤 4：相应地更新各原子的位置和速度。

步骤 5：根据步骤 4 中收集的信息计算感兴趣的物理量。

分子动力学模拟过程中，需输入四项关键参数，分别为结构优化、力场、系综及边界条件[2]。

(1) 结构优化。首先对分子模型的原始构型进行结构优化，即进行初步的能量最小化，使得模拟起点为最低能量的结构，避免过高能量的作用，主要优化方法包括最速下降法、共轭梯度法、牛顿-拉森法和 Smart Minimizer 法等。

(2) 力场。力场是计算模拟方法中最重要的部分之一，描述了模拟粒子所处的势能环境，即该粒子与周围粒子间的相互作用力。简单来说，力场可被认为是势能函数，可通过如下关系式表示：

$$总势能=键能+键角交叉能+非键作用力产生的势能$$

$$键能=键伸缩能+键角弯曲能+键角扭转能+键角倒转能$$

$$非键作用力=范德瓦耳斯力+静电力+氢键$$

常见的力场包括适用于有机及无机分子体系的 COMPASS 力场，适用于氨基酸等生化分子的 CVFF 力场，多用于金属元素的 PCFF 力场和涵盖所有元素周期表的 UFF 力场，其中 COMPASS 力场常被用于沥青材料的 MD 模拟。

(3) 系综。系综是源于统计理论，用于描述热力学系统规律的概念，定义为具有相同结构和性质的系统的集合。主要类型有保持体系粒子数、体积和内能恒定不变的微正则系综(microcanonical ensemble，NVE)，保持体系粒子数、体积和温度恒定的正则系综(canonical ensemble，NVT)，恒温恒压系综(constant-pressure，constant-temperature，NPT)及恒焓恒压系综(constant-pressure，constant-enthalpy，NPH)。

(4) 边界条件。分子动力学模拟计算过程中，需设定周期边界性条件以保证体系密度恒定，即确保模拟体系中粒子数目不变。借助图 1-2 说明该边界条件，假定模拟体系为图中黑色部分，同时可观察到其四周存在完全相同的体系，在该体系中存在三个粒子，当模拟过程中 2 号粒子(②)运动至黑色体系上方体系中，同时相反方向的下方 2 号粒子会以相同的方式进入模拟体系，以维持恒定的粒子数目。

在该条件下，还需设定截断半径计算由非键作用力产生的势能，以避免重复计算远程范围内非键作用力，同时提高计算效率和精度。

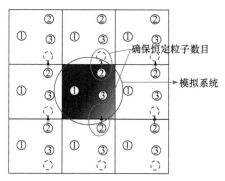

图 1-2　周期性边界条件

1.3　路面材料分子模型

1.3.1　沥青分子模型

沥青是由多种碳氢化合物及其非金属衍生物组成的物质,具有极其复杂的结构。目前难以将其分离为多种化合物单体,因此研究人员致力于根据分子极性等特征分析沥青的化学组分。最初,研究者将石油沥青分离为沥青酸、沥青酸酐、油分、胶质、沥青质、沥青碳和似碳物等组分,后来将其完善为三组分分析法,即把沥青分为油分、胶质和沥青质。广泛应用的分离方法为 Corbett 的四组分分离法,该方法利用沥青在不同有机溶剂中的溶解度和吸附性能差别,将其按分子大小、极性、构型等分为沥青质、胶质、饱和分和芳香分四种不同的组分。

2007 年 Zhang 和 Greenfield[3]提出了沥青三组分分子模型,每种组分由一个分子代表。2014 年,Li 和 Greenfield[4]通过总结前人的研究提出了沥青四组分分子模型,其中每种组分由多个分子代表。与三组分分子模型相比,四组分分子模型的沥青性能模拟结果与试验值更为接近。基于三组分和四组分分类的沥青分子模型如图 1-3 所示,将这些代表性分子结构按不同的数量配比,可以得到具有不同组分比例的沥青模型。

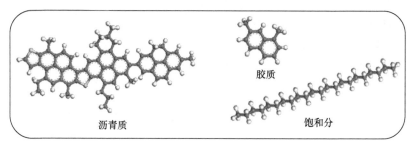

沥青质　　　　　　　　胶质　　　　饱和分

(a) 三组分分子模型

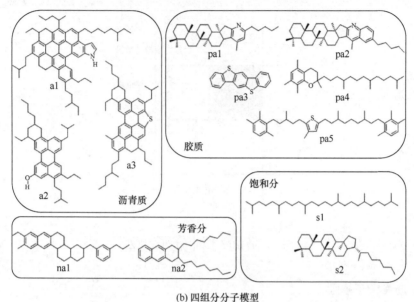

(b) 四组分分子模型

图 1-3　沥青分子模型[3-4]

1.3.2　集料分子模型

不同集料的化学成分有很大差别，采用 X 射线荧光光谱仪试验可以确定实际工程中集料的主要化合物组成。典型集料花岗岩和页岩的氧化物组成如表 1-1 所示[2]。可见 SiO_2、CaO、MgO、Al_2O_3 等氧化物在集料中含量较高，因此它们常被用在 MD 研究中代表集料。

表 1-1　典型集料的氧化物组成

氧化物类型	质量分数/%	
	花岗岩	页岩
Al_2O_3	14.92	7.13
CaO	3.22	19.90
Fe_2O_3	6.64	5.02
K_2O	2.85	2.07
MgO	2.12	12.88
Na_2O	2.85	1.15
SiO_2	64.44	28.21
TiO_2	1.03	0.75

1.3.3 沥青–集料界面模型

从表 1-1 可见 SiO_2 是集料中含量最高的氧化物，因此常采用 SiO_2 晶体与沥青结合料组合成沥青–集料层状体系分子模型，以代表沥青混合料中沥青–集料界面区域，如图 1-4 所示。由于在潮湿环境中 SiO_2 表面容易被羟基化，因此 SiO_2 表面暴露的氧原子经常与氢原子结合生成羟基。当然，在具体的计算模拟中，也常采用其他氧化物代表集料来构建沥青–集料界面模型。

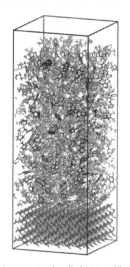

图 1-4　沥青–集料界面模型

1.4　路面材料中的分子动力学模拟

分子动力学模拟技术为从分子尺度认识沥青材料及沥青–集料界面作用提供了有效的技术支撑。本节介绍分子动力学模拟中表征沥青–集料界面微观特性及黏附作用的指标参数。

1) 结合能及界面能

结合能也称吸附能，是衡量混合体系不同组分之间相互作用能大小的重要参数，通常用于预测混合体系中两种物质之间的混合能力和体系相容性。结合能 $E_{binding}$ 定义为分子间相互作用能 E_{inter} 的负值，其计算公式如式(1-7)所示，而分子间的相互作用能是物质混合体系处于平衡态下的总能量与各物质单独处于平衡态下的能量差，E_{inter} 为负值时表示引力，为正值时表示斥力，且绝对值越大，作用力越强。

$$E_{binding} = -E_{inter} = -\left(E_{total} - E_A - E_B\right) \tag{1-7}$$

式中，E_{total} 为混合体系在稳定状态下的总能量；E_A 和 E_B 为两种物质在稳定状态下各自的总能量。

两种物质间的结合能越大，说明这两种物质组成的混合体系中物质间的相互作用能力越强，形成的结构越稳定，混合体系中物质间的相容性好。

因此沥青分子与集料矿物分子间的相互作用可用结合能进行定量表征，其计算公式如式(1-8)所示：

$$E_{\text{binding}} = -E_{\text{inter}} = -\left(E_{\text{total}} - E_{\text{asphalt}} - E_{\text{aggregate}}\right) \tag{1-8}$$

式中，E_{binding} 为沥青–集料界面的结合能；E_{inter} 为沥青–集料间的相互作用能；E_{total} 为沥青–集料界面模型完全弛豫后的总自由能；E_{asphalt} 为沥青模型完全弛豫后的自由能；$E_{\text{aggregate}}$ 为集料模型完全弛豫后的自由能。

界面能 γ_{int} 的概念考虑了两种物质的接触面积 A，计算公式如(1-9a)所示，从公式上可以理解为单位接触面积上的结合能，因此界面能所表征的意义与结合能相似，界面能越大表示两相结合强度越大，反之则越小。研究沥青模型尺寸对于沥青–集料黏附作用的影响，更适合两个指标一起进行分析。在界面模型系统中，另有一黏附功 W_{adhesion}，定义为分离 α 和 β 两相之间的界面所需要的单位面积上的功，计算公式如式(1-9b)所示。从式(1-9)可看出界面能与黏附功的表征概念相近。

$$\gamma_{\text{int}} = \left(E_{\text{asphalt}} + E_{\text{aggregate}} - E_{\text{total}}\right)/(2A) = E_{\text{binding}}/(2A) \tag{1-9a}$$

$$W_{\text{adhesion}} = \left(E_\alpha + E_\beta - E_{\alpha\beta}\right)/A = E_{\text{binding}}/A \tag{1-9b}$$

2) 溶解度参数与内聚能密度

溶解度参数(δ)的概念由 Hildebrand 提出[5]，用来表征液体分子之间的相互作用强度。溶解度参数起初只适用于非极性液体混合物，经过不断发展，被广泛用于聚合物、高分子等诸多领域。在聚合物相容性的研究中，溶解度参数已经成为一个重要的评价指标，通过内聚能密度开平方所得，如式(1-10)所示：

$$\delta = \sqrt{\text{CED}} = \sqrt{\frac{\Delta E}{V}} \tag{1-10}$$

式中，ΔE 为内聚能；V 为体积；CED 为内聚能密度。

溶解度参数反映了物质分子内聚力即分子间作用力的大小，根据"相似相溶"的原理，通常情况下当两种物质的极性越接近时，两种物质的溶解度参数差值越小，两者的相容性越好，越容易互相混溶。对于高分子材料，若分子间无强极性基团或氢键作用，那么两种材料只要满足 $|\Delta\delta| < 1.3 \sim 2.1 (\text{J·cm}^{-3})^{1/2}$，即可说明这两种材料相容。因此改性剂和基质沥青的溶解度参数可作为两者相容性好坏的评价指标。

3) 径向分布函数

沥青是一种胶体材料。沥青中各组分在微观状态下由于各自含量和结构等方面的差异出现聚集现象，从而沥青呈现不同的胶体结构。可以通过沥青分子间的径向分布函数(radial distribution function，RDF)来对沥青组分的分布状态进行表征。径向分布函数作为常见的表征分子模型静态结构特征的物理量，表征了在一个粒子周围距离为 r 的地方出现其他粒子的概率，如式(1-11)所示：

$$g(r) = \frac{\mathrm{d}N}{\rho 4\pi r^2 \mathrm{d}r} \tag{1-11}$$

式中，N 为一个粒子周围出现其他粒子的总数；ρ 为粒子在体系空间内的平均数密度；r 为其他粒子与所研究的基准粒子的距离。

采用径向分布函数来对分子模型的静态结构进行表征，主要可以分为沥青模型整体径向分布函数分析和模型内各组分径向分布函数分析。沥青模型整体径向分布函数分析主要观察其结构有序程度，检验所选用模型是否能代表沥青材料；模型内各组分径向分布函数分析主要研究各组分间的相互作用，包括沥青质之间的聚集作用和沥青质与胶质间的吸附作用，分析所选用模型的内部结构是否与沥青材料相似，是否体现出胶体结构的特征。

4) 均方位移与扩散系数

均方位移(mean squared displacement，MSD)是用来确定粒子位移随时间变化模式的指标。通过均方位移可以确定粒子处于自由扩散、输运还是结合状态，还能进一步确定扩散系数等。在分子动力学模拟中，通过粒子的空间坐标即可直接求得均方位移。假设在 t 时刻的粒子位置是 $r(t)$，时间间隔 Δt 之后的位置记为 $r(t + \Delta t)$，则对于该时间间隔 Δt 而言，均方位移为 $\left[r(t + \Delta t) - r(t) \right]^2$。对于平衡态系综而言，均方位移是和时间无关的物理量，并且可以对系综取平均，在时间间隔 Δt 上对时间积分即可计算出，表达式如式(1-12)所示：

$$\mathrm{MSD}(\Delta t) = \frac{1}{\tau - \Delta t} \int_0^{T - \Delta t} \left[r(t - \Delta t) \right]^2 \mathrm{d}t = \left\langle \left[r(t - \Delta t) - r(t) \right]^2 \right\rangle \tag{1-12}$$

式中，τ 为总模拟时长。如果体系中有 N 个相同的粒子，那么均方位移还可以进一步取平均，如式(1-13)所示：

$$\mathrm{MSD}(\Delta t) = \frac{1}{N} \sum_{i=1}^{N} \mathrm{MSD}_i(\Delta t) \tag{1-13}$$

由于粒子的位置可以从分子动力学模拟的轨迹文件中获得，并且时间间隔也是离散形式(如 $\delta t, 2\delta t, \cdots, M\delta t$，其中 M 指轨迹文件中输出的框架 Frame 的数目)，因此离散形式的均方位移可以表示为

$$\text{MSD}(n\delta t) = \frac{1}{M-n} \sum_{m=1}^{M-n} \left[r(m\delta t + n\delta t) - r(m\delta t) \right]^2 \tag{1-14}$$

根据爱因斯坦扩散定律，均方位移与原子的扩散系数存在对应的关系。对于液态体系，均方位移曲线的斜率与原子的扩散系数 D 对应关系如下：

$$D = \frac{1}{6} \lim_{\Delta t \to \infty} \frac{\text{dMSD}}{\text{d}\Delta t} \tag{1-15}$$

在统计学上，均方位移常被用来描述粒子位置与其相对位置的偏差随时间的变化。在高分子领域，均方位移常被用来计算有机物分子的运动能力。选用均方位移指标表征所选用模型和其中的运动能力，并通过均方位移进一步求得扩散系数等物理量。沥青不同组分在集料表面的扩散系数等可以用来表征其在集料表面的扩散能力。

参 考 文 献

[1] Zhou K, Liu B. Molecular Dynamics Simulation: Fundamentals and Applications [M]. Amsterdam: Elsevier Inc., 2022.

[2] 陈子璇. 胶粉改性沥青–集料界面效应及水的影响研究 [D]. 西安: 长安大学, 2019.

[3] Zhang L, Greenfield M L. Analyzing properties of model asphalts using molecular simulation [J]. Energy & Fuels, 2007, 21(3): 1712-1716.

[4] Li D D, Greenfield M L. Chemical compositions of improved model asphalt systems for molecular simulations [J]. Fuel, 2014, 115: 347-356.

[5] Hansen C M . Hansen Solubility Parameters: A User's Handbook [M]. Boca Raton: CRC Press, 2007.

第 2 章　离散元方法

离散元方法(discrete element method，DEM)是一种对颗粒系统(即单个颗粒的集合体)进行微观力学和动力学建模的数值方法。20 世纪 70 年代，基于分子动力学原理，Cundall 提出了对颗粒物质进行离散模拟的思路[1]，此后被众多领域的研究人员发展。尽管 DEM 最初是为分析土壤力学和岩土工程问题而开发的，但目前已被广泛地应用于研究各种散体材料的力学和加工问题[2]。

2.1　基 本 原 理

在 DEM 中，散体材料被视为由许多单独的固体颗粒组成的系统，这些颗粒根据特定的相互作用定律产生影响，具体取决于它们的材料和界面特性。这些颗粒多被建模为球体，因为已经基于接触力学为球形颗粒建立了严格的相互作用模型。此外，在 DEM 计算中可以很方便地对球形颗粒进行接触检测，从而能在一个合理的时间尺度内对大量颗粒开展 DEM 模拟。不过除球形外，颗粒也可以具有更复杂的形状，近年来研究者在使用 DEM 进行不规则形状颗粒建模方面取得了重要进展。

DEM 的核心是对颗粒之间的相互作用进行建模，且通常使用显式的时间相关有限差分技术来分析它们的渐进运动。根据所使用的颗粒相互作用模型的不同，DEM 包含硬球 DEM 和软球 DEM 两个分支。

在硬球 DEM 中，假定所有粒子的相互作用都是二元和瞬时的，并且没有持久的接触(即接触是碰撞性的，且接触时间被假定为非常小)。每次碰撞后颗粒的运动学特性(如速度和位置)由它们的碰撞条件和描述颗粒间瞬时相互作用的碰撞模型(如瞬时动量交换)确定。也就是说，颗粒的反弹速度是由入射速度、回弹系数和摩擦力决定的，整个过程中颗粒之间的接触力并不需要被计算。硬球 DEM 可用于模拟由颗粒碰撞主导的稀薄、快速的颗粒流动，如在气体颗粒中观察到的情况。

在软球 DEM 中，假定颗粒在接触点上可以因摩擦和应力而产生微小变形，且假设接触变形的范围与颗粒尺寸相比非常小，因此颗粒的宏观变形可以忽略。采用接触刚度来描述接触变形和接触力之间的关系，软球 DEM 能够同时对多个颗粒接触进行建模，特别是对准静态系统。当然也适合于对颗粒材料的力学和动态行为进行建模，这些行为是由不同颗粒间的相互作用所支配。软球 DEM 适用于密集的颗粒系统以及对颗粒间接触力非常关注的系统。因此，沥青路面材料建模多采用软球模型。

2.2 计算分析方法

DEM 为显式求解的数值分析方法，在显式求解中，方程一侧为已知量，另一侧的未知量只需采用简单的积分迭代算法即可完成求解。DEM 中，粒子间的相互作用被视为一个动态过程，颗粒间的接触力和位移是通过跟踪单个粒子的运动得到的，这种动态过程在数值上通过一种时步算法来实现，其思想为：若时间步足够小，在单个时间步内，粒子的运动只对直接相邻的粒子产生影响，而不会传播给其他不相邻的粒子。因此，作用在每个粒子上的力仅与其直接接触的粒子单元有关。离散元方法计算基于三个基本假定：①颗粒被视为刚性体；②颗粒间为点接触，其接触面积可忽略；③颗粒间为柔性接触，即允许颗粒之间存在微小的重叠，但与颗粒单元尺寸相比，重叠量微乎其微。

DEM 通常涉及时间增量(即时间步 Δt)非常小的循环计算，在每个时间步，根据作用在颗粒上最新的力获得新的颗粒位置和速度。图 2-1 给出了典型 DEM 的步骤，每个计算周期由三个关键步骤组成：更新颗粒位置、接触检测及接触建模(即更新接触力)。

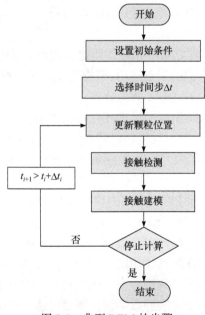

图 2-1 典型 DEM 的步骤

1. 更新颗粒位置

DEM 中每个颗粒的运动遵循牛顿第二定律，对于质量为 m_i，惯量矩为 I_i 的颗粒 i，在外力 $\boldsymbol{F}$ 的作用下，其平移运动和旋转运动分别如式(2-1)和式(2-2)所示：

$$m_i \frac{\mathrm{d}\boldsymbol{v}_i}{\mathrm{d}t} = \boldsymbol{F}_i \tag{2-1}$$

$$I_i \frac{\mathrm{d}\boldsymbol{w}_i}{\mathrm{d}t} = \boldsymbol{T}_i \tag{2-2}$$

式中，$\boldsymbol{v}_i$ 和 $\boldsymbol{w}_i$ 分别为平动速度和角速度；$\boldsymbol{T}_i$ 为总扭矩；$\boldsymbol{F}_i$ 为作用在颗粒上的合力，包括重力、接触力、静电力和内聚力。

式(2-1)和式(2-2)的数值积分通常使用中心有限差分格式来实现，其中所使用的时间步 Δt 为固定值，计算每个颗粒的新速度和位置如式(2-3)～式(2-6)所示：

$$\boldsymbol{v}_i^{t+\Delta t/2} = \boldsymbol{v}_i^{t-\Delta t/2} + \frac{\mathrm{d}\boldsymbol{v}_i}{\mathrm{d}t}\Delta t \tag{2-3}$$

$$\boldsymbol{w}_i^{t+\Delta t/2} = \boldsymbol{w}_i^{t-\Delta t/2} + \frac{\mathrm{d}\boldsymbol{w}_i}{\mathrm{d}t}\Delta t \tag{2-4}$$

$$\boldsymbol{x}_i^{t+\Delta t} = \boldsymbol{x}_i^t + \boldsymbol{x}_i^{t+\Delta t/2}\Delta t \tag{2-5}$$

$$\theta_i^{t+\Delta t} = \theta_i^t + \theta_i^{t+\Delta t/2}\Delta t \tag{2-6}$$

式中，$\boldsymbol{x}_i$ 和 θ_i 分别为颗粒 i 的坐标和转动角位移。

2. 接触检测

每次更新颗粒位置后，都需检测颗粒之间是否建立了新的接触或是失去了原有的接触。由于 DEM 模拟通常涉及大量颗粒，且需要在每个计算周期中对系统内所有颗粒执行接触检测，因此有效的接触搜索算法对于减少接触检测时间和提升接触检测效率至关重要。为此，接触检测通常包含两阶段，即预检测和精确接触检测。

预检测的目的是为每个颗粒建立邻域，从而为其识别所有潜在的接触颗粒，这是因为一个颗粒只可能与其邻域内的颗粒有接触。邻域的大小取决于接触的性质，对于物理接触产生的力学相互作用，邻域可以限制在紧邻的范围内，而对于长程力引起的相互作用，如静电力，邻域必须足够大，以确保所有潜在的相互作用被考虑在内。预检测可以用两种方法进行，分别是单元格法和 Verlet 列表法，如图 2-2 所示。

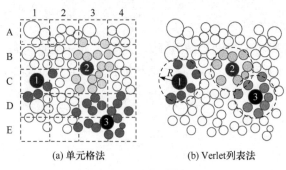

(a) 单元格法　　　　　　(b) Verlet列表法

图 2-2　预检测方法

　　在单元格法中，计算域被划分为许多规则的单元格，所有的颗粒都根据其位置被映射到单元中，每个单元都有一个关联颗粒的链接列表。如果颗粒与任一单元格有重叠，则将颗粒映射到这个单元格中。例如，在图 2-2(a)中，颗粒 1 仅映射到单元格 C1，颗粒 2 映射到 B3 和 C3 两个单元，而颗粒 3 映射到 D3、D4、E3和 E4 四个单元。在单元格法中，只需要对映射到同一个单元格的那些颗粒进行精确接触检测。很明显，如果单元格太大，将识别出许多潜在的相邻颗粒，这会导致计算时间过长；如果单元格太小，许多颗粒会被映射到多个单元中，从而必须检测这些单元格中的所有颗粒，计算时间也会很长。因此，存在一个最佳的单元格尺寸来实现高效的接触检测，根据经验，3～5 个颗粒直径的单元格尺寸比较合适。

　　Verlet 列表法中，每个颗粒都有一个列表来标识其所有相邻颗粒。尽管没有引入框或单元格的概念，但使用截断半径 R 来构建列表。对于每个颗粒都有一个半径为 R 的集域空间，如果其他颗粒的中心位于该集域空间中，那么这些颗粒就被视为它的"邻居"，被添加到它的 Verlet 列表中，如图 2-2(b)所示。与单元格法相比，Verlet 列表法只需要对当前颗粒与其 Verlet 列表中的颗粒进行精确接触检测。同样，Verlet 列表法也需要选择适当的截断距离(集域空间的半径)，不应太大，否则会包含更多颗粒从而加大计算量,也不应太小以至于排除掉潜在的相邻颗粒。

　　精确接触检测的目的是识别颗粒与其邻近颗粒的所有接触。对于球形颗粒(图 2-3(a))，如果半径为 R_1 和 R_2 的两个颗粒的中心间距等于或小于其半径之和，则存在力学接触。

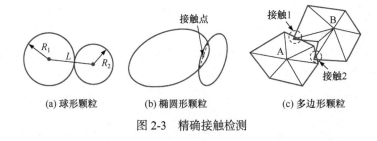

(a) 球形颗粒　　　　　　(b) 椭圆形颗粒　　　　　　(c) 多边形颗粒

图 2-3　精确接触检测

对于椭圆形颗粒(图 2-3(b))，一种可行的接触检测方法是将连接两个椭圆交点的连线的中点视为接触点。对于多边形颗粒(图 2-3(c))，接触检测变得更加复杂，因为可能存在多种接触，包括面–面、面–角、角–角和复合接触。Wu 和 Cocks[3]将多边形颗粒视为三角形的集合，并提出了基于每个顶点的接触搜索方法。这种方法能够检测两个颗粒之间的顶点接触和复合接触，但计算量非常大。Boon 等[4]提出了一种任意 3D 凸形颗粒的接触检测方法，这些颗粒由数学函数定义的平面组合构建，并且通过求解约束最小化问题来执行接触检测。总体上，非球形颗粒接触检测的计算量比球形颗粒高出多个数量级。

3. 接触建模

一旦明确了两个颗粒之间存在接触，就需要进行接触建模，从而更新每个时间增量中作用于每个颗粒的接触力。两个颗粒之间的力学相互作用可以使用基于理论接触力学的接触定律，或简化的现象学模型(如线性弹簧或弹簧–黏壶模型)来建模。严格来说，基于理论接触力学的模型只能用于球形颗粒之间的接触建模。对于多边形颗粒，其相互作用非常复杂，并无通用的分析模型可用。因此，多边形颗粒通常被简单地建模为具有完全接触相互作用的球体，或者使用现象学模型来近似分析这些颗粒之间的接触力。

1) 理论接触力学模型

对于弹性球形颗粒，Thornton 和 Ning[5]采用 Hertz 理论来描述法向力–位移关系，同时采用 Mindlin-Deresiewicz 理论描述切向力–位移关系，称为 Hertz-Mindlin-Deresiewicz(HMD)模型。在该模型中，两个球形颗粒之间的法向力–位移关系为

$$F_n = \frac{4}{3} E^* \left(R^* \right)^{1/2} \delta_n^{3/2} \tag{2-7}$$

$$\frac{1}{R^*} = \frac{1}{R_1} + \frac{1}{R_2} \tag{2-8}$$

$$\frac{1}{E^*} = \frac{1-v_1^2}{E_1} + \frac{1-v_2^2}{E_2} \tag{2-9}$$

式中，F_n 为法向力；δ_n 为位移；R^* 和 E^* 分别为有效半径和有效杨氏模量；R_i、E_i 和 v_i 分别为两个球形颗粒的半径、杨氏模量和泊松比。

法向刚度 k_i 通过对式(2-7)进行关于位移 δ_n 的微分得到：

$$k_n = \frac{\mathrm{d}F_n}{\mathrm{d}\delta_n} = 2E^* \sqrt{R^* \delta_n} \tag{2-10}$$

由此可见，法向刚度并非常数，而是随着位移变化。

在球形颗粒间具有黏附力时，Johnson-Kendall-Roberts(JKR)模型被用于描述法向及切向的力–位移关系，即根据接触区域的半径来计算法向力和法向位移，其理论过程较为复杂[2]。

2) 现象学接触模型

为了确定实际 DEM 计算中的接触力，研究者提出了多种现象学模型，并在这些模型中引入接触刚度和能量耗散机制来描述颗粒之间的相互作用。现象学接触模型通常是由弹簧来代表近似弹性变形，由黏壶来反映黏弹性变形引起的能量耗散。弹簧和黏壶可以在法向和切向同时考虑，该模型被称为弹簧–黏壶模型(图 2-4)，也称为 Kelvin-Voigt 模型。

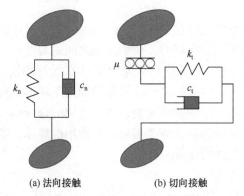

(a) 法向接触　　　　　　　　　(b) 切向接触

图 2-4　用于描述颗粒间相互作用的弹簧–黏壶模型

如前所述，DEM 接触建模需定义几个关键参数，包括法向和切向接触刚度以及摩擦系数。接触刚度与材料固有特性有关，如杨氏模量 E、泊松比 ν、密度 ρ 和粒径 d，这些参数可以从材料手册中获得，也可以通过先进技术如纳米压痕和原子力显微镜等进行表征。

通过循环计算，可以获得每个时间步上各颗粒的详细微观信息，包括位置、速度、加速度和接触力。在此基础上，通过进一步的数据分析，可以获得颗粒体系演变过程的更多信息，最终目标是将宏观性能与颗粒层面的微观行为联系起来，从而预测宏观变形、力链传输网络、堆积密度分布及细观破坏模式等材料特性。

2.3　路面材料离散元试件的构建

2.3.1　路面材料结构特征

为了进行颗粒路面材料 DEM 数值分析，首先应构建相应的数值试件(模型)，同时为使数值试验结果更接近实际情况，构建的数值试件应更多地考虑真实路面材料的内部结构特征。路面中使用的集料通常为矿石集料，由自然界中的岩石经风化或经特定机械设备破碎而成，具有丰富的形状、棱角及纹理。对于沥青混合料，其主要由不同粒径的集料、沥青、矿粉经过拌和、压实后形成。在沥青混合料细观尺度上，各组分表现出非连续性和非均匀性，如集料的取向、空隙的大小、沥青胶浆的分布等，这些结构特征均会对沥青混合料的力学性能产生重要影响。因此，在构建路面材料数值试件时，应尽可能地考虑这些结构特征因素(图 2-5)。

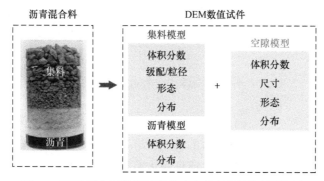

图 2-5　沥青混合料数值试件构建应考虑的结构特征因素

然而，在有限的计算资源情况下，考虑到沥青混合料材料自身的复杂性和变异性，为了能够顺利进行仿真研究，还需要对数值试件进行进一步的简化。例如，实际沥青混合料中含有大量粒径小于 0.075mm 的集料，若根据实际级配建立模型，颗粒单元的数量将十分巨大，从而导致计算效率严重降低或无法开展计算。因此，在多数模拟中，通常将小于特定粒径的集料与沥青组合成沥青胶浆/砂浆单元进行建模。此外，集料与沥青的力学属性不同，特别是沥青，其在不同温度–荷载–时间作用下表现出复杂多变的力学响应特性。因此，应根据研究目的和仿真试验条件设置合适的材料接触模型和参数。值得说明的是，受到数值试件构建方法、材料模型及参数甚至加载方法等因素的影响，路面材料离散元数值仿真结果与真实试验结果必然存在一定的差异，因此开展路面材料离散元数值分析的目的不只是重现真实试验结果，更多是从微细观仿真结果中获得一些真实宏观试验难以观测到的微细观力学响应量，从而为解释宏观现象机理提供有力佐证。

2.3.2　构建方法

由于研究目的和技术手段的差异，研究者主要采用三种方法来构建沥青混合料离散元数值试件，即生成三种类型的模型：理想化模型、图像模型和计算机算法模型(自定义模型)，如图 2-6 所示。从图 2-6 可以看出，在这些类型下有一些子类型或者生成过程中要采用的关键技术。以下将进行详细介绍。

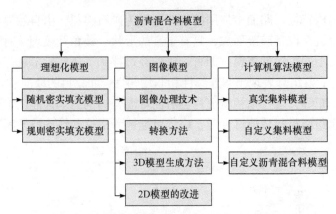

图 2-6　沥青混合料离散元数值试件的构建方法

1. 理想化模型

　　理想化模型不考虑沥青混合料的组成和结构,如集料粒径和形状及沥青成分。Chang 和 Meegoda[6]提出了一种生成理想化沥青混合料模型的方法, 其在周期空间内随机生成指定数量的不同尺寸的集料颗粒, 并压实到预期给定的沥青混合料试件的矿料间隙率(voids in the mineral aggregate, VMA)和残余应力, 模型中使用胶浆接触来模拟沥青的作用。此外, Collop 等[7]和 Wu 等[8]使用具有随机密实填充的单一尺寸的球形颗粒来表示沥青混合料, 如图 2-7(a)所示, 并分别研究了膨胀和恒定应变率压缩试验。此外, Feng 等[9]还采用了如图 2-7(b)所示规则密实填充模型(面心立方填充)来预测沥青混合料的复数模量, 并研究了法向和切向参数对黏弹性性能的影响。

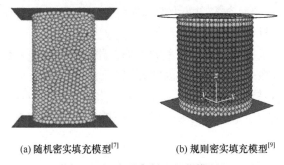

(a) 随机密实填充模型[7]　　　　　(b) 规则密实填充模型[9]

图 2-7　沥青混合料理想化模型

　　理想化模型结构简单, 可以大幅提高计算速度, 另外在设置接触类型和计算接触参数方面也较为简单。然而, 该类模型不能考虑沥青混合料细观结构特征的影响, 并且模拟结果受沥青黏结效应的影响远大于集料嵌挤效应的影响。另外, 随机密实填充模型的力学响应行为通常由雷诺膨胀效应控制, 这也意味着沥青混合料模型的膨胀行为可能与使用的颗粒模型有关，而受沥青混合料自身材料性质的影响较小。

2. 图像模型

随着光学摄影技术、X 射线计算机断层扫描技术、核磁共振技术和数字图像处理(digital image processing，DIP)技术的发展，在识别和表征单个集料的形态和沥青混合料的微细观结构方面取得了重要进展，为沥青混合料图像模型的构建奠定了基础。简而言之，基于图像的模型是通过处理实际沥青混合料真实试件的图像并将其转换为相应的离散单元来获得的。因此，选择合适的图像处理技术和转换方法非常重要。

1) 图像处理技术

光学或电子计算机断层扫描(computed tomography，CT)数字图像以有限二维像素矩阵的形式表示。每个像素的基本信息包括整数行(高度)和列(宽度)的空间位置坐标，以及整数灰度值或颜色值。由于对光线反射或 X 射线吸收系数的差异，集料、沥青和空隙可以在图像上对比显示出来。另外由于细集料通常被沥青包裹，很难从图像中分割出来，因此图像处理的主要目的是从图像中分离出具有一定粒径的粗集料，并将剩余基体部分视为由细集料和沥青组成的沥青胶浆/砂浆。目前，集料的识别粒径标准包括 4mm、2.36mm、1.18mm 和 1.3mm，这取决于混合料类型、图像质量、图像处理技术和研究目的。一般来说，当使用较小粒径的集料进行建模时，生成的模型会更精确，但会在一定程度上降低计算效率。为了平衡计算效率和准确性，从图像中分割出的粗集料的粒径标准通常为 2.36mm 和 1.18mm。

由于原始图像或多或少存在噪声和缺陷，在大多数情况下，需要对图像进行滤波、降噪和增强等处理，并最终通过分割将原始图像转换为二值图像，即图像由 0 或 1 构成。用于沥青混合料图像分割的方法主要有四类：自适应阈值分割、基于边缘检测的分割、基于区域的分割和分水岭分割。由于沥青混合料固有的非均匀性和组分间相互作用,传统的分水岭分割方法可能会产生集料的过分割问题，如图 2-8(a)所示[10]。作为一种自适应阈值分割方法，最大类间方差法(Nobuyuki Otsu method，Otsu)被广泛用于分割集料、空隙和胶浆，其结果不易受到原始图像亮度和对比度的影响。目前，一种改进的 Otsu 方法得到更多的关注，其主要操作过程包括将原始图像分解为一系列有重叠的圆形子图像，然后对每个圆形子图像应用 Otsu 阈值操作来分割每个组分，较好地解决了 CT 图像灰度分布不均匀的问题，如图 2-8(b)所示[11]。

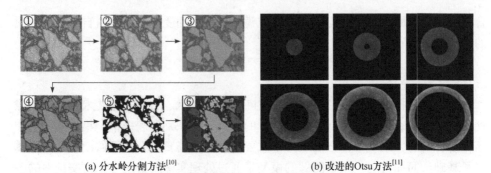

(a) 分水岭分割方法[10]　　　　　　　　　　(b) 改进的Otsu方法[11]

图 2-8　沥青混合料图像分割方法

目前沥青混合料图像处理仍面临着三大挑战：沥青混合料各组分之间的密度差异以及集料形状导致图像对比度和噪声存在复杂变化；没有相关标准可以用来确定各组分分割时所采用的阈值，即图像分割的结果受人为主观因素影响较大；集料接触区附近的像素强度会增加，可能导致多个集料被错误地识别为单个集料，因此从密级配沥青混合料中分离较小粒径的集料较为困难。

2) 转换方法

为了进行离散元仿真，需要将图像转换为相应的离散元模型。经过图像处理后，沥青混合料的原始图像通常被处理成二值图像，即由 0 和 1 灰度值组成的黑白图像(如集料图像的灰度值为 1，沥青胶浆的灰度值为 0，反之亦然)。最常用的从图像到离散元模型的转换方法如图 2-9 所示[12]。二值图像中 0 和 1 灰度的坐标分别映射到集料和沥青胶浆模型中相应排列颗粒单元的坐标上，即集料和沥青胶浆均由一簇小粒径颗粒单元(类似于颗粒网格)组成。

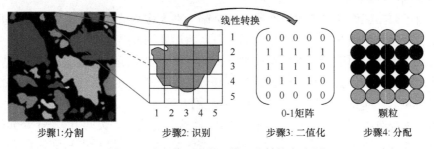

图 2-9　从图像到离散元模型的转换方法[12]

转换过程通常采用三种排列方式的颗粒网格，如图 2-10 所示[13]。其中，面心立方(cubic)排列方式与数字图像中的像素映射关系简单，有利于确定颗粒网格中各颗粒单元的位置，然而由于不能很好地考虑泊松效应，这种颗粒排列方式下沥青混合料各向异性的力学响应可能与实际情况不符，但其可以较好地设置颗粒接触模型和计算接触参数，在模拟沥青混合料动态模量方面应用较多。随机排列方式在模拟材料力学行为方面具有许多优点，包括可以考虑泊松效应、随机裂纹扩展路径等，但它主要使用边界的像素点来控制组分范围，因此可能会导致组分分类错误，此外由于使用不同半径的颗粒单元，较难确定模型的参数，在沥青混合料图像试件生成方面应用较少。六方(hexagonal)排列方式的颗粒网格具有与随机排列方式网格相类似的优点，同时还易于设置模型参数，在模拟沥青混合料开裂破坏中应用较多。

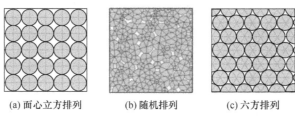

(a) 面心立方排列　　　　(b) 随机排列　　　　(c) 六方排列

图 2-10　图像模型中颗粒单元(网格)排列方式[13]

具有六方排列和面心立方排列单元的沥青混合料图像模型如图 2-11 所示。

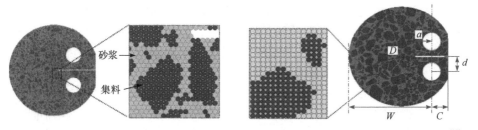

(a) 具有六方排列单元的沥青混合料图像模型[14]　　　(b) 具有面心立方排列单元的沥青混合料图像模型[15]

图 2-11　沥青混合料图像模型

3) 3D 模型的生成方法

与 2D 模型相比，3D 模型重构了更真实的沥青混合料微观结构，使混合料模型的应力状态更符合实际情况。同时，在生成相同尺寸的模型时，3D 模型中的颗粒单元数量远多于 2D 模型中的颗粒单元数量，这对计算能力提出了更高的要求。目前，X 射线 CT 技术通常用于获取沥青混合料的一系列(通常沿高度方向扫描)2D 切片图像，许多研究人员利用这些图像分析沥青混合料结构特征和生成 3D 模型。3D 模型的生成方法如图 2-12 所示，其可以看作由多个 2D 模型在第三个方向上进行重复和叠加。在某种意义上，2D 图像没有厚度，但 2D 模型有厚度，因为需要确定 2D 模型颗粒的粒径，即"厚度"，以使最后叠加成的 3D 模型尺寸与真实试件尺寸相符。Adhikari 和 You[16]采用 147 张 CT 切片图像建立空心圆柱体沥青混合料 3D 模型，而 Peng 等[17]采用 76 张 CT 切片图像建立圆柱体沥青混合料 3D

模型。一般来说，切片数量越多，构建的模型就越精确，但由于扫描间距的设置，模型中仍会有一定的信息缺失。You 等[18]发现 3D 模型较好地预测了一定温度和加载频率范围内的沥青混合料动态模量，而 2D 模型则低估了动态模量。Peng 等[19]在模拟沥青混合料间接拉伸试验时，发现 3D 模型比 2D 模型更加稳定可靠。

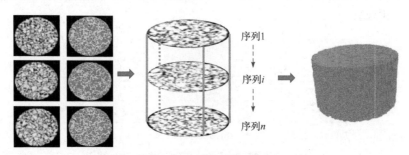

图 2-12　沥青混合料 3D 模型生成方法

4) 2D 模型的改进

由于 2D 模型比 3D 模型具有更少的集料接触，因此集料骨架的嵌挤效应被削弱，从而降低了混合料模型抵抗变形的能力。此外，2D 面积级配和 3D 体积级配之间也存在一定差距。因此，研究者提出了一些改进 2D 模型的方法。You 和 Buttlar[20]提出了一种通过增加粗集料体积分数来提高 2D 模型预测混合料劲度的方法，该方法通过膨胀算法将集料图像边界形成的多边形沿径向扩展。Dai 和 You[21]认为添加细集料颗粒(0.6~2.36mm)可以提高集料的体积分数，从而增强骨架效应。此外，Fakhri 等[22]提出了一个等效模型，将六个 2D 切片模型进行并联，以减少模拟误差。

3. 计算机算法模型

近些年来，一种通过计算机特定算法生成沥青混合料离散元试件的方法受到了越来越多的关注，该方法可以省去在实验室制备试件的过程，生成的虚拟试件与真实沥青混合料试件具有统计相似性的结构组成。另外，该方法可以根据研究目的自定义所生成模型的相关参数来进行因素分析，以消除其他因素的交叉影响。计算机算法模型生成过程主要包括：①先生成真实或自定义集料模型；②根据级配将不同粒径的集料模型投放到虚拟混合料试件空间；③必要时设置/生成沥青胶浆和空隙单元；④通过随机投放法、虚拟压实法、缩放法、替代法和平衡法等生成颗粒接触良好、整体系统稳定的沥青混合料模型。

1) 真实集料模型

与生成沥青混合料 2D 模型类似，生成真实集料 2D 模型时，也需将集料图像处理成二值图像，将其从背景中分割出来，之后可以通过三种方法来生成集料模型：内部填充法、轮廓内部填充法和轮廓填充法，如图 2-13 所示。内部填充法将集料颗粒全部像素的位置信息读取并导入软件中，生成相应的填充颗粒单元，即集料模型由许多小粒径的颗粒单元组成，如图 2-13(a)所示，通常情况下需要降低二值图像的分辨率从而降低模型中颗粒单元数量以提高计算效率；在轮廓内部填充法中，首先识别集料图像的轮廓，并用相同粒径或不同粒径的球填充轮廓内部空间，如图 2-13(b)所示，这样就在保留集料形状的同时一定程度上降低了单元数量；在轮廓填充法中，首先将集料颗粒的图像处理为轮廓图像，然后通过阈值方法过滤内部和一些冗余轮廓像素，仅保留轮廓上的少数像素，如图 2-13(c)所示，该方法最多可减少约 99%的像素数量，然而该方法生成的集料单元的密度需要根据剩余像素数量与原始整体像素数量的比率进行校准。

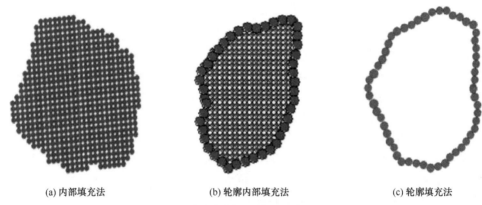

(a) 内部填充法　　　　　　(b) 轮廓内部填充法　　　　　　(c) 轮廓填充法

图 2-13　真实集料 2D 模型生成方法[23-24]

真实集料 3D 模型的生成方法主要包括轮廓填充法、轮廓重构法、扫描法等。轮廓填充法生成真实集料 3D 模型如图 2-14 所示，Yang 等[25]基于 X 射线成像和图像处理方法，通过叠加集料切片图像的 2D 轮廓来生成 3D 集料轮廓，并在轮廓内部通过填充生成集料模型；轮廓重构法[26]可以利用集料图像处理系统(aggregate image measurement system，AIMS)获得的 2D 集料图像，通过随机组合轮廓并识别轮廓的顶点坐标生成集料模型的立体光刻(stereolithrography，STL)标准文件，该类型文件可以导入离散元软件中生成复杂形状的 3D 集料模型；扫描法直接使用激光扫描仪获取集料的表面信息，如图 2-15 所示，通过处理表面点云数据，生成集料模型的 STL 标准文件，该方法处理过程更为直接，但一次处理的集料数量有限。此外还可以利用 CT 图像处理软件，或利用球谐函数、傅里叶函数等描述和生成集料 3D 模型。

图 2-14　轮廓填充法生成真实集料 3D 模型[25]　　　图 2-15　扫描法生成真实集料 3D 模型

2) 自定义集料模型

使用 CT 或激光扫描仪会增加工作量和经济成本。沥青混合料中含有大量集料，不可能扫描每个集料。此外，过度精细化的真实集料模型可能不会显著提高仿真预测精度，还可能会显著降低计算效率。事实上，即使在数值模型中使用简单的球形模型，也可以通过改变颗粒之间的摩擦系数在一定程度上模拟集料形状的影响。因此，许多研究者逐渐采用自定义形状的集料模型。对于 2D 自定义集料模型，通常使用随机凸多边形、随机凹多边形和规则多边形等来模拟 2D 集料[27]，这样可以更好地表征真实集料的棱角特征。随机多边形由边数、内角、顶点等参数决定，而这些参数主要由基于随机算法的随机数控制。通常，真实集料的 2D 图像可以用 4~10 条边的多边形粗略表示。

对于 3D 自定义集料模型，通常使用多面体表征。生成多面体模型的一种方法是随机切割立方体或球体，该方法生成的多面体通常由均匀规则排列的小球组成[28]。此外，Lu 和 McDowell[29]提出了一种生成不规则形状集料模型的方法，其中以立方体中心的一个小球为基体，在 14 个方向随机生长成特定的重叠球。此外，还可以通过控制顶点、面和边来生成随机多面体，并生成相应的集料 STL 标准文件。除了通过随机切割或随机生长方法生成随机不规则多面体模型外，还可以通过三维建模软件生成规则的理想化模型，如椭球、立方体和圆柱模型等[30]，来分析集料形状对沥青混合料性能的影响。

生成的自定义集料模型如图 2-16 所示。

总的来说，无论是使用真实的集料模型还是用户自定义的集料模型，为了更好地模拟沥青混合料的性能，均需要在模拟过程中不断修正集料接触参数或其他参数，因此没有必要过多地依赖于使用具有复杂形状的真实集料模型来提高模拟的准确性。

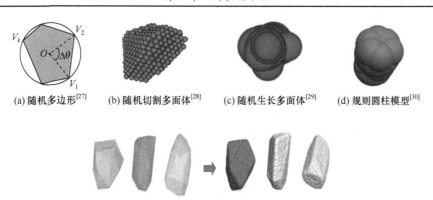

(a) 随机多边形[27]　　(b) 随机切割多面体[28]　　(c) 随机生长多面体[29]　　(d) 规则圆柱模型[30]

(e) 基于STL标准文件生成的多面体

图 2-16　自定义集料模型

3) 自定义沥青混合料模型

在实验室中，沥青混合料试件是由集料、沥青和矿粉等经拌和、压实后形成。实验室拌和的目的是均匀混合各种材料，而在离散元试件的生成过程中，颗粒的生成通常默认符合空间均匀分布规律。另外，实验室压实的作用是使组分紧密排列，达到目标空隙率。大量室内试验表明，压实方法对沥青混合料中集料与空隙的尺寸、分布和方向均有显著影响，进而影响沥青混合料的性能。因此，在建立数值模型时应尽可能考虑这种压实效应，以提高模拟精度。但是，实验室中的很多压实方法，如马歇尔冲击压实方法、旋转压实方法和振动压实方法，均具有复杂的压实过程，在模拟中考虑压实效应可能会增加建模的难度。此外，离散元模拟的重要前提是，在建立初始模型时，内部颗粒应保持良好的接触，没有大的重叠，整个模型达到一定的平衡状态，以避免内力造成模拟结果失真。然而，使用形状复杂的集料模型很容易导致颗粒间存在大的重叠量，使系统难以达到平衡状态。此外，在建立基于计算机算法的模型时，如何构建沥青砂浆和空隙模型也是需要重点考虑的问题。

目前，自定义沥青混合料模型的生成方法主要包括随机投放法、虚拟压实法、缩放法、取代法、平衡法等。

(1) 随机投放法。随机投放法在生成真实或随机集料的基础上，通过"取一放"算法将不同粒径的集料按从大到小的顺序投放到试件空间，投放过程需要进行集料颗粒重叠判断和边界侵入判断；在试件整个空间生成基体球单元；判断基体小球与集料的位置关系，将位于集料空间范围内的基体小球设置为粗集料单元，外部设置为沥青砂浆单元。由于沥青混合料中空隙的数量较多且尺寸较小，多数研究者通过在沥青砂浆内部随机删除一定数量的小球来间接模拟空隙。通过随机投放法生成的 2D 和 3D 沥青混合料模型分别见图 2-17 和图 2-18。

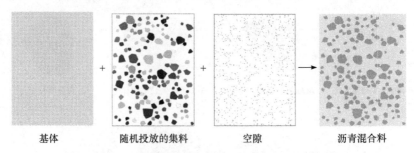

基体　　　　随机投放的集料　　　　空隙　　　　沥青混合料

图 2-17　随机投放法生成的 2D 沥青混合料模型

图 2-18　随机投放法生成的 3D 沥青混合料模型[31]

(2) 虚拟压实法。虚拟压实法在更大的空间内直接生成预定数量的集料和沥青胶浆/砂浆颗粒单元，其目的是使颗粒单元不发生重叠，然后通过振动压实和旋转压实等方法，将所有颗粒压实至预定的空隙率和内部应力状态，最终生成试件。虚拟压实法生成的沥青混合料模型如图 2-19 所示。该方法的优点在于生成的集料颗粒之间具有良好的接触，有助于提高沥青混合料抵抗荷载的能力，但由于沥青胶浆/砂浆用小粒径的颗粒单元表示，存在固有填充空隙，而真实胶浆/砂浆属于连续材料，因此虚拟压实法生成的沥青混合料很难达到真实沥青混合料试件的空隙率。

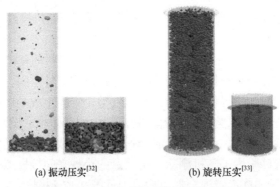

(a) 振动压实[32]　　　　　　(b) 旋转压实[33]

图 2-19　虚拟压实法生成的沥青混合料模型

(3) 缩放法。Nian 等[34]提出了一种缩放法生成试件，首先根据级配曲线随机在空间内生成集料颗粒；缩小集料颗粒的尺寸；逐渐膨胀集料颗粒的尺寸至规定粒径；在试件空间内添加沥青胶浆颗粒以填充集料的空隙；清除溢出边界的沥青胶浆颗粒。通过缩放法可以降低颗粒之间的重叠量，有助于系统快速达到平衡状态，如图 2-20 所示。

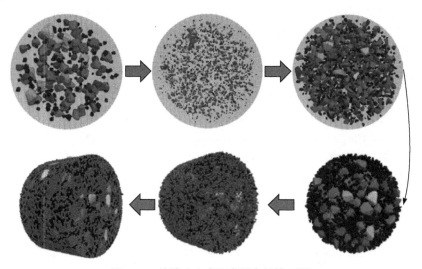

图 2-20　缩放法生成沥青混合料模型[34]

(4) 取代法。取代法先在试件内生成形状简单的球形颗粒模型，之后用复杂形状的颗粒模型进行取代，并进行相应的粒径、形状、体积分数等参数的校正。

(5) 平衡法。平衡法直接在沥青混合料空间内生成复杂形状的集料颗粒模型，通过运算使系统达到平衡状态，之后添加相应数量的沥青胶浆/砂浆颗粒单元，并再次进行平衡，使颗粒系统最终稳定。

总的来说，目前用于生成自定义沥青混合料模型的方法有很多，各有优缺点。建模方法的不统一性是制约 DEM 在沥青混合料研究中广泛应用的主要原因之一。相信建模理论的不断发展和建模资源的不断丰富，如集料数据库的构建，有助于推动自定义沥青混合料模型的应用，一定程度减轻室内试验工作量，并可以开展虚拟设计。

2.4　路面材料离散元分析

2.4.1　颗粒接触模型

在 DEM 中，通过颗粒单元之间的接触模型来描述颗粒间的相互作用，从而更新接触力，模拟材料的宏观力学性能。工程材料种类繁多，力学行为存在较大差异，目前已有多种类型的接触模型被开发用于描述不同材料内部颗粒间的接触。对于沥青混合料，其在不同温度–荷载–时间作用下表现出黏弹塑性综合力学响应，同时具有一定的黏结强度抵抗开裂破坏，因此对其力学行为的 DEM 模拟较为复杂。不同研究者采用的颗粒接触模型差异较大，包括黏弹性模型、平行黏结模型、接触黏结模型、组合式模型、平行节理模型、内聚力模型等，因此应根据具体研究目标选用合适的颗粒接触模型。本书主要对目前应用较多的沥青混合料黏弹性模型进行说明。

从材料属性上看，沥青混合料中粗集料属于线弹性材料，而沥青胶浆属于黏弹性材料，因此可以用线性接触模型(linear contact model)表征粗集料颗粒间的接触，采用伯格斯模型(Burgers model)表征沥青胶浆颗粒间的接触，采用修正 Burgers 模型(modified Burgers model)表征粗集料颗粒与沥青胶浆颗粒间的接触。

1) 粗集料颗粒单元间的线性接触模型

粗集料颗粒单元间的线性接触模型由两个弹簧串联组成，如图 2-21 所示。图 2-21 中，k_n^1、k_n^2 分别为集料颗粒 1、2 的法向刚度；k_s^1、k_s^2 分别为集料颗粒 1、2 的切向刚度；μ 为颗粒间的摩擦系数。

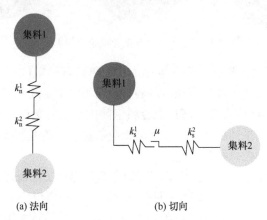

(a) 法向　　　　　　　　　　(b) 切向

图 2-21　粗集料颗粒单元间线性接触模型

2) 沥青胶浆颗粒单元间的 Burgers 模型

沥青胶浆颗粒单元间的 Burgers 模型由一个麦克斯韦(Maxwell)模型与一个开尔文(Kelvin)模型串联而成，如图 2-22 所示。图 2-22 中，C_{mn}、K_{mn}、C_{kn}、K_{kn} 为 Burgers 模型的四个法向参数；C_{ms}、K_{ms}、C_{ks}、K_{ks} 为 Burgers 模型的四个切向参数。

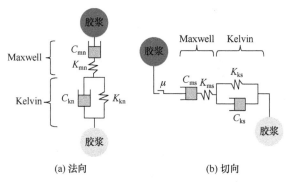

(a) 法向　　　　　　　　(b) 切向

图 2-22　沥青胶浆颗粒单元间的 Burgers 模型

3) 粗集料与沥青胶浆颗粒单元间的修正 Burgers 模型

集料与沥青胶浆界面接触可以简化为一个集料单元弹簧与一个胶浆单元 Burgers 模型相互串联而成，通过对 Burgers 模型中 Maxwell 部分的弹簧参数进行修正(与集料的弹簧相互串联后等效为一个大弹簧)，如图 2-23 所示。图 2-23 中，c_{mn}、k_{mn}、c_{kn}、k_{kn}、c_{ms}、k_{ms}、c_{ks}、k_{ks} 为胶浆颗粒单元自身的 Burgers 模型参数，k_n、k_s 分别为集料单元的法向刚度和切向刚度。

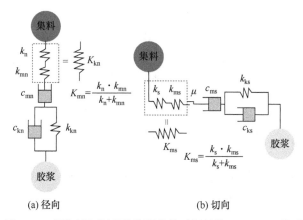

(a) 径向　　　　　　　　(b) 切向

图 2-23　粗集料与沥青胶浆颗粒单元间的修正 Burgers 模型

2.4.2　接触参数及其确定方法

一般来说，在 DEM 弹性接触建模过程中，两个离散颗粒单元之间的接触可以看作是两端位于离散颗粒中心的弹性梁，每个离散颗粒中心都有相应的力和力矩。黏弹性接触的力学分析模型与弹性接触相似，并且只需要用黏弹性梁来代替弹性梁。因此，接触模型中的参数与材料宏观参数间存在图 2-24 所示对应转换关系。

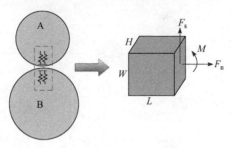

图 2-24　颗粒接触的力学分析转换关系

(1) 粗集料颗粒间线性接触模型如式(2-11)所示:

$$\begin{cases} k_n^1 = k_n^2 = 2E \begin{cases} t & (2D) \\ L & (3D) \end{cases} \\ k_s^1 = k_s^2 = 2G \begin{cases} t & (2D) \\ L & (3D) \end{cases} \\ G = \dfrac{E}{2(1+\nu)} \\ L = R_1 + R_2 \end{cases} \tag{2-11}$$

式中, k_n^1、k_n^2 分别为集料颗粒 1、2 的法向刚度; k_s^1、k_s^2 分别为集料颗粒 1、2 的切向刚度; E 为集料的宏观弹性模量; G 为剪切模量; ν 为集料的泊松比; t 为二维颗粒厚度; L 为弹性梁的长度, 为接触两端颗粒的半径 R_1 和 R_2 之和。

(2) 沥青胶浆颗粒之间的 Burgers 模型如式(2-12)所示:

$$\begin{cases} C_{mn} = \eta_1 \begin{cases} t & (2D) \\ L & (3D) \end{cases}, \qquad K_{mn} = E_1 \begin{cases} t & (2D) \\ L & (3D) \end{cases} \\ C_{kn} = \eta_2 \begin{cases} t & (2D) \\ L & (3D) \end{cases}, \qquad K_{kn} = E_2 \begin{cases} t & (2D) \\ L & (3D) \end{cases} \\ C_{ms} = \dfrac{\eta_1}{2(1+\nu)} \begin{cases} t & (2D) \\ L & (3D) \end{cases}, \quad K_{ms} = \dfrac{E_1}{2(1+\nu)} \begin{cases} t & (2D) \\ L & (3D) \end{cases} \\ C_{ks} = \dfrac{\eta_2}{2(1+\nu)} \begin{cases} t & (2D) \\ L & (3D) \end{cases}, \quad K_{ks} = \dfrac{E_2}{2(1+\nu)} \begin{cases} t & (2D) \\ L & (3D) \end{cases} \end{cases} \tag{2-12}$$

式中, C_{mn}、K_{mn}、C_{kn}、K_{kn} 为细观 Burgers 模型的四个法向参数; C_{ms}、K_{ms}、C_{ks}、K_{ks} 为细观 Burgers 模型的四个切向参数; η_1、E_1、η_2、E_2 为沥青胶浆的宏观 Burgers 模型参数, 可通过室内试验获得。由于胶浆单元间 Burgers 模型实质

是由两个黏弹性沥青胶浆颗粒串联组成，故胶浆颗粒单元自身的 Burgers 模型参数 c_{mn}、k_{mn}、c_{kn}、k_{kn}、c_{ms}、k_{ms}、c_{ks}、k_{ks} 与沥青胶浆颗粒单元间的 Burgers 模型参数有如下关系：

$$c_{mn} = 2C_{mn}, \quad k_{mn} = 2K_{mn}, \quad c_{kn} = 2C_{kn}, \quad k_{kn} = 2K_{kn} \tag{2-13}$$

$$c_{ms} = 2C_{ms}, \quad k_{ms} = 2K_{ms}, \quad c_{ks} = 2C_{ks}, \quad k_{ks} = 2K_{ks} \tag{2-14}$$

(3) 粗集料与沥青胶浆颗粒单元间的修正 Burgers 模型如式(2-15)所示：

$$\begin{cases} \overline{C}_{mn} = 2\eta_1 \begin{cases} t & (2\text{D}) \\ L & (3\text{D}) \end{cases}, & \overline{K}_{mn} = \dfrac{2EE_1}{E+E_1} \begin{cases} t & (2\text{D}) \\ L & (3\text{D}) \end{cases} \\[3mm] \overline{C}_{kn} = 2\eta_2 \begin{cases} t & (2\text{D}) \\ L & (3\text{D}) \end{cases}, & \overline{K}_{kn} = 2E_2 \begin{cases} t & (2\text{D}) \\ L & (3\text{D}) \end{cases} \\[3mm] \overline{C}_{ms} = \dfrac{\eta_1}{(1+\nu)} \begin{cases} t & (2\text{D}) \\ L & (3\text{D}) \end{cases}, & \overline{K}_{ms} = \dfrac{2GE_1}{G(1+\nu)+E_1} \begin{cases} t & (2\text{D}) \\ L & (3\text{D}) \end{cases} \\[3mm] \overline{C}_{ks} = \dfrac{\eta_2}{(1+\nu)} \begin{cases} t & (2\text{D}) \\ L & (3\text{D}) \end{cases}, & \overline{K}_{ks} = \dfrac{E_2}{(1+\nu)} \begin{cases} t & (2\text{D}) \\ L & (3\text{D}) \end{cases} \end{cases} \tag{2-15}$$

式中，$\overline{C}_{mn}$、$\overline{K}_{mn}$、$\overline{C}_{kn}$、$\overline{K}_{kn}$ 为修正 Burgers 模型的四个法向参数；$\overline{C}_{ms}$、$\overline{K}_{ms}$、$\overline{C}_{ks}$、$\overline{K}_{ks}$ 为修正 Burgers 模型的四个切向参数。

根据上述分析，需确定的粗集料参数包括弹性模量 E 和泊松比 ν 等，这些参数可从相应材料参数手册中获得，也可通过先进技术如纳米压痕和原子力显微镜等进行表征。需确定的沥青胶浆参数包括其 Burgers 模型的四个参数 η_1、E_1、η_2、E_2。需要说明的是，沥青胶浆的 Burgers 模型参数并非一固定值，而与沥青胶浆试验方法和试验条件有关，可通过动态剪切、动态模量、蠕变、松弛试验结果拟合得到。

例如，在动态模量试验半正弦应力作用下，沥青胶浆黏弹性 Burgers 模型四个参数的近似解可由式(2-16)～式(2-18)计算得到，即可以通过测试沥青胶浆动态模量和相位角来计算不同加载频率下的沥青胶浆 Burgers 模型参数：

$$E_1 = \left| E^* \right|_{\omega \to \infty}, \quad \eta_1 = \left| \dfrac{E^*}{\omega} \right|_{\omega \to 0} \tag{2-16}$$

$$\dfrac{1}{\left| E^* \right|} = \sqrt{\dfrac{1}{E_1^2} + \dfrac{1}{\eta_1^2 \omega^2} + \dfrac{1 + 2\left(E_2 / E_1 + \eta_2 / \eta_1 \right)}{E_2^2 + \eta_2^2 \omega^2}} \tag{2-17}$$

$$\tan\theta = \frac{E_1\left[E_2^2 + \eta_2\left(\eta_1 + \eta_2\right)\omega^2\right]}{\eta_1\omega\left(E_2^2 + E_1E_2 + \eta_2^2\omega^2\right)} \tag{2-18}$$

式中，$|E^*|$为动态模量；θ为相位角；ω为角频率。

同理，在蠕变应力下，沥青胶浆的黏弹性 Burgers 模型四个参数可由式(2-19)拟合得到：

$$\varepsilon\left(t\right) = \sigma_0\left[\frac{1}{E_1} + \frac{t}{\eta_1} + \frac{1}{E_2}\left(1 - \mathrm{e}^{-\frac{E_2}{\eta_2}t}\right)\right] \tag{2-19}$$

式中，$\varepsilon\left(t\right)$为蠕变应变；$\sigma_0$为蠕变应力；$\eta_1$、$E_1$、$\eta_2$、$E_2$为沥青胶浆 Burgers 模型参数；$t$为加载时间。

尽管可以通过一些室内试验确定集料和沥青胶浆的宏观力学参数，但 DEM 属于颗粒尺度(细观尺度)的模拟方法，构建的数值模型与真实沥青混合料存在一定的差异，将宏观试验确定的颗粒接触参数直接应用于模拟试验时，很可能造成模拟误差。另外，部分接触参数如颗粒接触摩擦系数、集料与沥青胶浆界面黏结强度等，很难通过宏观试验获得，因此这些参数仍需要通过不断标定予以最终确定，以使模拟试验结果逼近真实试验结果。

参 考 文 献

[1] Galindo-Torres S A, Pedroso D M. Molecular dynamics simulations of complex-shaped particles using voronoi-based spheropolyhedra[J]. Physical Review E, 2010, 81(6): 1-9.

[2] Seville J P, Wu C Y. Particle technology and engineering: An engineer's guide to particles and powders: Fundamentals and computational approaches [J]. Johnson Matthey Technology Review, 2017, 61(3): 227-230.

[3] Wu C Y, Cocks A C F. Numerical and experimental investigations of the flow of powder into a confined space [J]. Mechanics of Materials, 2006, 38(4): 304-324.

[4] Boon C W, Houlsby G T, Utili S. A new contact detection algorithm for three-dimensional non-spherical particles[J]. Powder technology, 2013, 248: 94-102.

[5] Thornton C, Ning Z. A theoretical model for the stick/bounce behaviour of adhesive, elastic-plastic spheres[J]. Powder Technology, 1998, 99(2): 154-162.

[6] Chang K N G, Meegoda J N. Micromechanical simulation of hot mix asphalt[J]. Journal of Engineering Mechanics, 1997, 123(5):495-503.

[7] Collop A C, Mcdowell G R, Lee Y W. Modelling dilation in an idealised asphalt mixture using discrete element modeling[J].Granular Matter, 2006, 8: 175-184.

[8] Wu J, Collop A C, Mcdowell G R . Discrete element modeling of constant strain rate compression tests on idealized asphalt mixture[J]. Journal of Materials in Civil Engineering, 2011, 23(1): 2-11.

[9] Feng H, Pettinari M, Stang H . Study of normal and shear material properties for viscoelastic model of asphalt mixture

by discrete element method[J]. Construction & Building Materials, 2015, 98(15): 366-375.

[10] Coenen A R, Kutay M E, Sefidmazgi N R, et al. Aggregate structure characterisation of asphalt mixtures using two-dimensional image analysis[J]. Road Materials and Pavement Design, 2012, 13(3): 433-454.

[11] Huang W, Zhang X, Yin Y. An image-based finite element approach for simulating viscoelastic response of asphalt mixture[J]. Advances in Materials Science and Engineering, 2016, 2016: 1-11.

[12] Wei H, Li J, Wang F, et al. Numerical investigation on fracture evolution of asphalt mixture compared with acoustic emission[J]. International Journal of Pavement Engineering, 2022, 23(10): 3481-3491.

[13] Kim H, Wagoner M P, Buttlar W G. Simulation of fracture behavior in asphalt concrete using a heterogeneous cohesive zone discrete element model[J]. Journal of Materials in Civil Engineering, 2008, 20(8): 552-563.

[14] Kim H, Buttlar W G. Discrete fracture modeling of asphalt concrete[J]. International Journal of Solids & Structures, 2009, 46(13): 2593-2604.

[15] Kim H, Wagoner M P, Buttlar W G. Numerical fracture analysis on the specimen size dependency of asphalt concrete using a cohesive softening model[J]. Construction & Building Materials, 2009, 23(5): 2112-2120.

[16] Adhikari S, You Z. 3D discrete element models of the hollow cylindrical asphalt concrete specimens subject to the internal pressure[J]. International Journal of Pavement Engineering, 2010, 11(5): 429-439.

[17] Peng Y, Gao H, Lu X Y, et al. Micromechanical discrete element modeling of asphalt mixture shear fatigue performance[J]. Journal of Materials in Civil Engineering, 2020, 32(7): 04020183.

[18] You Z, Adhikari S, Kutay M E. Dynamic modulus simulation of the asphalt concrete using the X-ray computed tomography images[J]. Materials & Structures, 2009, 42(5): 617-630.

[19] Peng Y, Wan L, Sun L J. Three-dimensional discrete element modelling of influence factors of indirect tensile strength of asphalt mixtures[J]. International Journal of Pavement Engineering, 2017: 20(6): 726-733.

[20] You Z, Buttlar W G. Discrete element modeling to predict the modulus of asphalt concrete mixtures[J]. Journal of Materials in Civil Engineering, 2004, 16(2):140-146.

[21] Dai Q, You Z. Prediction of creep stiffness of asphalt mixture with micromechanical finite-element and discrete-element models[J]. Journal of Engineering Mechanics, 2007, 133(2): 163-173.

[22] Fakhri M, Kheiry P T, Mirghasemi A A . Modeling of the permanent deformation characteristics of SMA mixtures using discrete element method[J]. Road Materials and Pavement Design,2012, 13(1): 67-84.

[23] Ding X, Ma T, Gao W. Morphological characterization and mechanical analysis for coarse aggregate skeleton of asphalt mixture based on discrete-element modeling[J]. Construction & Building Materials, 2017, 154(15): 1048-1061.

[24] Ding X, Ma T, Huang X. Discrete-element contour-filling modeling method for micromechanical and macromechanical analysis of aggregate skeleton of asphalt mixture[J]. Journal of Transportation Engineering, 2018, 145(1): 04018056.

[25] Yang X, You Z, Jin C, et al. Aggregate representation for mesostructure of stone based materials using a sphere growth model based on realistic aggregate shapes[J]. Materials and Structures, 2016, 49(6): 2493-2508.

[26] Chen J, Dan H, Chen X, et al. Combined prediction method for thermal conductivity of asphalt concrete based on meso-structure and renormalization technology[J].Applied Sciences, 2022, 12 (2): 857.

[27] Zhang J H, Li J, Yao Y S, et al. Geometric anisotropy modeling and shear behavior evaluation of graded crushed rocks [J]. Construction and Building Materials, 2018, 183: 346-355.

[28] Ma T, Zhang D, Zhang Y, et al. Micromechanical response of aggregate skeleton within asphalt mixture based on virtual simulation of wheel tracking test[J]. Construction & Building Materials, 2016, 111: 153-163.

[29] Lu M, McDowell G R. The importance of modelling ballast particle shape in the discrete element method[J]. Granular Matter, 2006, 1: 69-80.

[30] Kusumawardani D M, Wong Y D. Effect of aggregate shape properties on performance of porous asphalt mixture[J]. Journal of Materials in Civil Engineering, 2021, 33(8): 04021208.

[31] Chen J, Pan T, Huang X. Numerical investigation into the stiffness anisotropy of asphalt concrete from a microstructural perspective[J]. Construction and Building Materials, 2011, 25(7): 3059-3065.

[32] Wang S, Miao Y, Wang L. Investigation of the force evolution in aggregate blend compaction process and the effect of elongated and flat particles using DEM[J]. Construction and Building Materials, 2020, 258: 119674.

[33] Liu Y, Su P, Li M, et al. How to Achieve Efficiency and accuracy in discrete element simulation of asphalt mixture: A DRF-based equivalent model for asphalt sand mortar[J]. Advances in Civil Engineering, 2020: 8855409.

[34] Nian T F, Ge J G, Li P, et al. Improved three-dimensional discrete modeling method and anti-cracking properties of asphalt mixture[J]. Construction and Building Materials, 2022, 321: 126405

第 3 章　有限元方法

有限元方法的力学基础是弹性力学，方程求解采用加权残值法或泛函极值原理，通过数值离散技术实现，技术载体为有限元分析软件。长期以来，有限元方法是求解沥青路面力学问题最常用的数值方法，由于其可对实际工程中路面变形、开裂等宏观力学问题进行解析，因此是计算路面材料学中最核心的方法之一。

3.1　基　本　原　理

有限元方法的基本原理是将连续的求解域离散为一组单元的组合体，在每个单元内采用假设的近似函数来逼近求解域上待求的未知场函数。近似函数通常由未知场函数及其导数在单元各节点的数值插值函数来表示，从而使一个连续的无限自由度问题变成离散的有限自由度问题[1-2]。有限元方法的核心在于，在采用能量原理求解力学问题的基础上，用分段离散的方式来组合出全场几何域上的试函数，而不是直接寻找全场上的试函数，从而使试函数的选择变得简单。但有限元方法计算量大，其大规模发展与应用依赖于现代计算机技术的发展。

3.2　计算分析方法

这里以杆单元为例描述有限元求解的全过程。

1) 研究对象的离散化

将研究对象的几何区域离散成若干具有简单几何形状的单元，对于 1D 问题为线段，对于 2D 问题为三角形、四边形等，对于 3D 问题为立方体等。

2) 离散单元研究

单元研究是有限元分析的关键步骤。首先建立离散单元的节点位移描述，如式(3-1)所示。

$$q^e = \begin{bmatrix} u_1 & u_2 & \cdots & u_n \end{bmatrix} \tag{3-1}$$

基于节点的位移，根据插值法得到单元体上各位置位移量，建立位移场函数。插值法需满足收敛性要求，即服从唯一确定性原则和完备性原则。假设单元有 n 个节点，则位移插值范式为有 n 个待定系数的从低阶到高阶的多项表达式，如式(3-2)所示：

$$u(\xi) = a_0 + a_1\xi + \cdots + a_{n-1}\xi^{n-1} \tag{3-2}$$

式中，$a_0, a_1, \cdots, a_{n-1}$ 为待定系数；ξ 为几何坐标。

(1) 位移的表达。

将节点位移条件代入式(3-2)，可以得到该离散单元的位移场(表示为节点位移的函数)：

$$u = N(\xi) \cdot q^e \tag{3-3}$$

式中，$N(\xi)$ 为形状函数矩阵；q^e 为节点位移列阵。

(2) 应变的表达。

由弹性力学中的几何方程，得到基于节点位移的应变表达式：

$$\varepsilon = B(\xi) \cdot q^e \tag{3-4}$$

式中，$B(\xi)$ 为几何函数矩阵。

(3) 应力的表达。

由弹性力学中的物理方程，得到基于节点位移的应力表达式：

$$\sigma = S(\xi) \cdot q^e \tag{3-5}$$

式中，$S(\xi)$ 为应力矩阵。

(4) 势能的表达。

基于式(3-4)和式(3-5)，可以得到单元的势能表达式：

$$\Pi^e = \frac{1}{2}q^{e\mathrm{T}}K^e q^e - P^{e\mathrm{T}}q^e \tag{3-6}$$

式中，K^e 为单元刚度矩阵，具体见式(3-7)：

$$K^e = \int_{\Omega^s} B^{\mathrm{T}} DB \mathrm{d}\Omega \tag{3-7}$$

P^e 为节点力列阵，包括施加的节点外力 F^e 和作用在约束上的支反力 R^e：

$$P^e = R^e + F^e \tag{3-8}$$

根据最小势能原理，有

$$\frac{\partial \Pi\left(q^e\right)}{\partial q^e} = 0 \tag{3-9}$$

进一步得到

$$K^e \cdot q^e = P^e \tag{3-10}$$

式(3-10)为单元刚度方程，反映了单元的节点位移与节点力之间的关系，也称为单元的平衡关系。

3) 离散单元的集成

得到各个单元的势能表达式后，需要进行离散单元的集成，以得到整体刚度方程的表达，即

$$K \cdot q = P \tag{3-11}$$

式中的集成关系为 $q = \Sigma q^e, K = \Sigma K^e, P = \Sigma P^e$，并且 P 由所施加的所有外力 F 和作用在约束上的所有支反力 R 组成，即 $P = R + F$。

4) 边界条件的处理

处理边界条件的目的是获得满足位移边界条件的许可位移场。对于集成得到的整体刚度方程(3-11)，整体节点位移 q 可以分解成对应于力边界条件的节点位移 q_u (未知)和对应于位移边界条件的节点位移 $\bar{q}_k$ (已知)，整体节点力 P 可以分解成对应于力边界条件的节点力 $\bar{F}_k$ (已知)和对应于位移边界条件的节点力 R_u (支反力)，即

$$q = \begin{bmatrix} q_u & \bar{q}_k \end{bmatrix}^{\mathrm{T}}, \quad P = \begin{bmatrix} \bar{F}_k & R_u \end{bmatrix}^{\mathrm{T}} \tag{3-12}$$

因此，将式(3-11)写成分块矩阵的形式，有

$$\begin{bmatrix} K_1 & K_2 \\ K_3 & K_4 \end{bmatrix} \begin{bmatrix} q_n \\ \bar{q}_k \end{bmatrix} = \begin{bmatrix} \bar{F}_k \\ R_u \end{bmatrix} \tag{3-13}$$

5) 节点位移求解

分块矩阵的已知节点位移与未知节点力对应，而未知节点位移与已知节点力对应，成为一种互补的关系，因此将式(3-13)写成式(3-14)和式(3-15)两个方程：

$$K_1 q_n + K_2 \bar{q}_k = \bar{F}_k \tag{3-14}$$

$$K_3 q_n + K_4 \bar{q}_k = R_u \tag{3-15}$$

由式(3-14)可以直接求出未知节点位移：

$$q_u = K_1^{-1} \left(\bar{F}_k - K_2 \bar{q}_k \right) \tag{3-16}$$

6) 其他结果处理

求出未知节点位移 q_u 后，由式(3-15)可求出支反力 R_u：

$$R_n = K_3 q_n + K_4 \bar{q}_k = K_3 K_1^{-1} \left(\bar{F}_k - K_2 \bar{q}_k \right) + K_4 \bar{q}_k \tag{3-17}$$

由式(3-18)和式(3-19)计算单元的应变及应力：

$$\boldsymbol{\varepsilon} = \boldsymbol{B} \cdot \boldsymbol{q}^e \tag{3-18}$$

$$\boldsymbol{\sigma} = \boldsymbol{D} \cdot \boldsymbol{B} \cdot \boldsymbol{q}^e \tag{3-19}$$

以上是简单结构有限元分析求解的完整过程。对于复杂结构，其求解过程与之相同，对于沥青黏弹性力学问题和黏弹塑性问题也是如此。由于每个步骤都具备标准化和规范性的特征，因此可以在计算机上进行编程实现目的。

3.3　沥青材料本构模型

有限元方法被广泛应用于沥青路面材料荷载响应、裂缝扩展、车辙形成等问题的研究中。在有限元中，对于具有特定几何形状及受力条件(荷载和边界)的路面结构体系，如果能建立准确的应力–应变关系(本构模型)，就可以得到可靠的单元刚度矩阵，从而借助计算机手段求得路面结构力学分布。

沥青混合料是一种典型的黏弹塑性材料，其力学行为十分复杂，与承受的荷载条件和所处的环境状态密切相关。在低温小变形条件下沥青混合料主要表现出弹性特性，在高温大变形条件下更多地表现出黏塑特性，而在中等温度范围内则以黏弹性为主。沥青混合料的弹性、黏弹和黏塑力学行为通过相应的本构模型来描述,因此本构模型的建立与验证是对沥青路面材料开展有限元分析的必要步骤，也是长久以来计算路面材料学研究中的热点问题。有限元中沥青材料本构模型主要包含黏弹性本构模型和黏弹塑性本构模型两类[3-4]。

3.3.1　黏弹性本构模型

1. 输入与响应的基本分类

流变学模型理论认为，弹、黏是认识材料力学特性的最基本单元，这些基本单元用一定的力学模型及本构关系来表达，即称为力学元件。一般以弹簧代表弹性元件，以黏壶代表黏性元件。

1) 弹簧[H]

弹簧在外力作用下瞬时产生与外力成比例的变形，撤除外力后弹簧的变形将瞬时恢复，如图 3-1 所示。弹性元件的应力–应变关系满足胡克定律，如下所示：

$$\sigma = E\varepsilon \tag{3-20}$$

式中，E 为弹性模量。

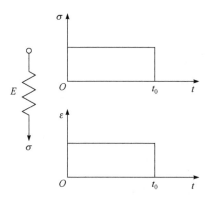

图 3-1　弹簧及其弹性变形

2) 黏壶[N]

黏壶在外力作用的瞬时时刻并不能发生流动变形，而是产生和时间成比例的变形，外力撤除时黏壶的变形不能恢复，如图 3-2 所示。黏壶的应力–应变关系满足牛顿内摩擦定律，如下所示：

$$\sigma = \eta \dot{\varepsilon} \tag{3-21}$$

式中，η 为黏度。

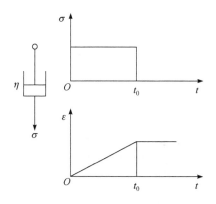

图 3-2　黏壶及其流动变形

2. 以组合模型描述的黏弹性本构方程

基本力学元件通过并联和串联构成的组合模型，可以更大程度地反映材料真实力学特性。

1) Maxwell 模型

Maxwell 模型由一个弹性元件(弹簧)和一个黏性元件(黏壶)串联组成，如图 3-3 所示。以符号(—)表示串联，记 Maxwell 模型为[M]，则[M]=[H]—[N]。

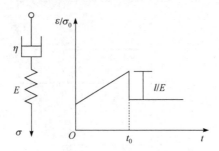

图 3-3　Maxwell 模型及其蠕变曲线

串联模型的本构方程可以按照各元件应力相等、应变相加的原则建立，容易得到[M]体的本构关系为

$$\dot{\varepsilon} = \frac{\dot{\sigma}}{E} + \frac{\sigma}{\eta} \tag{3-22}$$

在 $t=0$ 的瞬间给[M]体施加恒定应力 σ_0，代入初始条件，解微分方程得

$$\varepsilon(t) = \frac{\sigma_0}{E} + \frac{\sigma_0}{\eta} t \tag{3-23}$$

在 $t = t_0$ 时刻卸载，有

$$\varepsilon(t) = \frac{\sigma_0}{\eta} t_0 \tag{3-24}$$

可以看出在任意微小应力作用下，变形包括弹性变形和黏性流动变形，且黏性流动变形是时间的线性函数，这与沥青混合料变形特性相差甚远。

2) Kelvin 模型

Kelvin 模型由一个弹性元件(弹簧)和一个黏性元件(黏壶)并联组成，如图 3-4 所示。以符号(|)表示串联，记 Kelvin 模型为[K]，则[K]=[H]|[N]。并联模型的本构方程可以按照各元件应变相等、应力相加的原则建立，容易得到[K]体的本构关系为

$$\sigma = E\varepsilon + \eta\dot{\varepsilon} \tag{3-25}$$

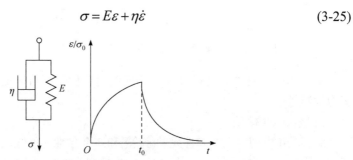

图 3-4　Kelvin 模型及其蠕变曲线

在 $t = 0$ 的瞬间给[K]体施加恒定应力 σ_0 ，代入初始条件，解微分方程得到

$$\varepsilon(t) = \frac{\sigma_0}{E}\left(1 - e^{-\frac{E}{\eta}t}\right) \tag{3-26}$$

在 $t = t_0$ 时刻卸载，将此时的应变记为 ε_0 ，有

$$\varepsilon(t) = \varepsilon_0 e^{-\frac{E}{\eta}t} \tag{3-27}$$

[K]体在恒定应力输入条件下的响应称为蠕变，从变形方程可知[K]体不能反映瞬时弹性应变，而且卸载后[K]体变形经历无限长时间后完全恢复，因此不能反映永久变形，这也不符合沥青混合料的变形特性。

3) van der Pool 模型

van der Pool 模型由一个[K]体与一个弹簧串联组成，可以记为[H]—[K]，如图 3-5 所示。记[H]体应变为 ε_1 ，[K]体的应变为 ε_2 ，进行拉普拉斯变换反演，得到

$$(E_0 + E_1)\sigma + \eta\dot{\sigma} = E_0 E_1 \varepsilon + E_0 \eta \dot{\varepsilon} \tag{3-28}$$

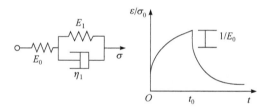

图 3-5 van der Pool 模型及其蠕变曲线

在 $t = 0$ 的瞬间施加恒定应力 σ_0 ，代入初始条件，解微分方程得模型蠕变方程(3-29)：

$$\varepsilon(t) = \frac{\sigma_0}{E_0} + \frac{\sigma_0}{E_1}\left(1 - e^{-\frac{E}{\eta}t}\right) \tag{3-29}$$

在 $t = t_0$ 时刻卸载，有

$$\varepsilon(t) = \frac{\sigma_0}{E_1} + \left(1 - e^{-\frac{E_1}{\eta_1}t_0}\right)e^{-\frac{E_1}{\eta_1}(t-t_0)} \tag{3-30}$$

van der Pool 模型较[K]体有较好的改进，这体现在它能反映瞬时弹性变形上，但是它仍存在不能反映永久变形这一缺陷。从变形曲线可以看出，该模型能较好地表征沥青混合料在加载过程中的变形特性，但是对沥青混合料在整个加–卸载

过程中的变形特性的表征效果很差。

4) Burgers 模型

Burgers 模型由[M]体与[K]体串联组成，记为[M]—[K]，如图 3-6 所示。

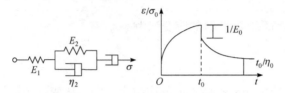

图 3-6　Burgers 模型及其蠕变曲线

Burgers 模型的本构方程为

$$\sigma + \frac{(\eta_1 + \eta_2)E_1 + \eta_1 E_2}{E_1 E_2}\dot{\sigma} + \frac{\eta_1 \eta_2}{E_1 E_2}\ddot{\sigma} = \eta_1 \dot{\varepsilon} + \frac{\eta_1 \eta_2}{E_2}\ddot{\varepsilon} \tag{3-31}$$

在 $t = 0$ 的瞬间给[M]体施加恒定应力 σ_0，代入初始条件，解微分方程得到 Burgers 模型的蠕变方程为

$$\varepsilon(t) = \sigma_0 \left[\frac{1}{E_1} + \frac{1}{\eta_1}t + \frac{1}{E_2}\left(1 - e^{-\frac{E_2}{\eta_2}t}\right)\right] \tag{3-32}$$

在 $t = t_0$ 时刻卸载，有

$$\varepsilon(t) = \sigma_0 + \left[\frac{1}{\eta_1}t_0 + \frac{1}{E_2}\left(1 - e^{-\frac{E_2}{\eta_2}t_0}\right)e^{-\frac{E_2}{\eta_2}(t-t_0)}\right] \tag{3-33}$$

Burgers 模型比 van der Pool 模型增加了一个黏壶单元，弥补了 van der Pool 模型不能反映永久变形的不足。Burgers 模型把沥青混合料的永久变形表征为时间的线性函数，但是实际沥青混合料的黏性流动变形并不随荷载作用时间的延长而无限增加，而是随着时间的推移，黏性流动变形的增量逐渐减小，最终使黏性流动变形趋于一个稳定值，即产生所谓的"固结效应"。

5) 广义模型

组成黏弹性力学模型的元件越多，越能准确地描述黏弹性材料的力学行为。可以定义两类不同的广义模型，即广义 Maxwell 模型和广义 Kelvin 模型，分别如图 3-7 和图 3-8 所示。

广义 Maxwell 模型由 n 个[M]体与一个胡克弹簧并联组成，每个[M]体中的模量 E_i 和黏度 η_i 均不相同。由于松弛时间表示为 $\tau_i = \eta_i / E_i$，因此每个[M]体具有不同的松弛时间。广义 Maxwell 模型考虑了松弛不是在单一时间内发生，而是在一组时间内发生，比较适合描述复杂的应力松弛行为。

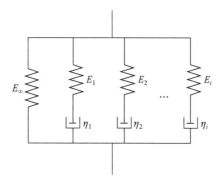

图 3-7　广义 Maxwell 模型

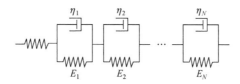

图 3-8　广义 Kelvin 模型

广义 Maxwell 模型的表达式可以由 Prony 级数表征为

$$E(t) = E_\infty + \sum E_i \mathrm{e}^{-\frac{t}{\tau_i}} \tag{3-34}$$

式中，E_∞ 为准静态模量；E_i 为子模型的松弛模量；$\tau_i = \eta_i / E_i$，为松弛时间。

广义 Kelvin 模型由 n 个[K]体与一个代表瞬时刚度的胡克弹簧串联组成，比较适合描述复杂的蠕变行为。

广义 Kelvin 模型的表达式可以由 Dirichley 级数表征为

$$D(t) = D_0 + \sum_{j=1}^{m} D_j \left(1 - \mathrm{e}^{-t/p_i}\right) \tag{3-35}$$

式中，D_0 为瞬时柔度；D_j 为子模型的蠕变柔量；$p_i = D_i \eta_i$，为延迟时间。

广义 Kelvin 模型的蠕变方程为

$$\varepsilon = \frac{\sigma}{E_0}\left(1 + \frac{t}{\tau_0}\right) + \sum_{i=1}^{n} \frac{\sigma}{E_i}\left[1 - \exp\left(-\frac{t}{\tau_i}\right)\right] \tag{3-36}$$

由广义 Kelvin 模型得到的蠕变变形曲线与 Burgers 模型的变形曲线十分类似，除瞬时弹性变形和黏性流动变形部分外，延迟弹性变形部分具有不同的物理意义。但是广义 Kelvin 模型仍然不能反映沥青混合料永久变形特性的固结效应，而且模型参数较多，应用比较困难。

6) 无元件模型

线性黏弹材料的应力–应变关系符合玻尔兹曼叠加原理，即材料在某一时刻的应力、应变状态分别是其此前所有应力、应变产生影响的线性叠加。在蠕变过程中，每一次施加的荷载对黏弹体变形的贡献被认为是独立的，如图 3-9 所示，某一时刻总的蠕变变形是之前各个荷载引起的蠕变变形的线性累加之和。在应力松弛过程中，每个应变荷载施加在黏弹体上产生的应力也是独立的，某一时刻混合料的总应力等于历史上所有应变引起的松弛应力的线性叠加。

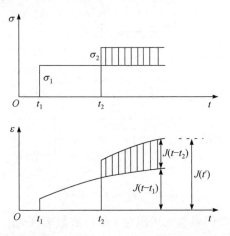

图 3-9　黏弹性材料应力与应变影响的线性叠加效应

当应力连续变化时，用积分形式给出 t 时刻线性黏弹体应变 $\varepsilon(t)$ 关于应力历史的函数关系，函数表达式为

$$\varepsilon(t)=\int_0^t D(t-\tau)\frac{\mathrm{d}\sigma}{\mathrm{d}\tau}\mathrm{d}\tau \tag{3-37}$$

同理，得到 t 时刻线性黏弹体松弛应力关于作用于其上的连续应变的积分形式表达式为

$$\sigma(t)=\int_0^t E(t-\tau)\frac{\mathrm{d}\varepsilon}{\mathrm{d}\tau}\mathrm{d}\tau \tag{3-38}$$

式中，$D(t)$ 和 $E(t)$ 分别为材料的蠕变柔量和松弛模量；$\mathrm{d}\tau$ 为时间增量。

参照胡克定律表达式 $\sigma=E\varepsilon$，可以将式(3-38)改写为

$$\sigma = E_R \varepsilon^R \tag{3-39}$$

式中，E_R 为参照模量，可以选定为任意值，其量纲和松弛模量量纲一致；ε^R 为伪应变，定义见式(3-40)：

$$\varepsilon^R = \frac{1}{E_R}\int_0^t E(t-\tau)\frac{\mathrm{d}\varepsilon}{\mathrm{d}\tau}\mathrm{d}\tau \tag{3-40}$$

式(3-40)将黏弹体的应力–应变方程写成弹性体的应力–应变方程形式，黏弹性的遗传效应通过卷积积分体现。

同理可以定义伪应力

$$\sigma^{R} = E_{R} \int_{0}^{t} D(t-\tau) \frac{\mathrm{d}\sigma}{\mathrm{d}\tau} \mathrm{d}\tau \tag{3-41}$$

从而得到描述应变与伪应力关系的本构方程：

$$\varepsilon = \frac{1}{E_{R}} \sigma^{R} \tag{3-42}$$

这种形式的黏弹性本构模型被 Schapery 用来推导黏弹性损伤本构模型。

3.3.2 黏弹塑性本构模型

1. 黏弹塑性应变分解

直接建立沥青混合料的黏弹塑性本构方程十分困难，通常做法是将其黏弹塑变形分解为弹性变形、塑性变形、黏弹变形和黏塑变形等不同类型，针对各类变形建立相应的模型，将它们加以组合得到所需的黏弹塑性本构模型，如将 Burgers 模型与服从 Drucker-Prager 屈服准则的塑性元件串联，得到一维状态下的黏–弹–塑性本构模型。

黏弹塑性模型中，总应变可以表示为

$$\varepsilon_{\text{total}} = \varepsilon_{e} + \varepsilon_{p} + \varepsilon_{ve} + \varepsilon_{vp} \tag{3-43}$$

式中，$\varepsilon_{\text{total}}$ 为随时间变化的总应变；ε_{e} 为弹性应变；ε_{p} 为塑性应变；ε_{ve} 为黏弹性应变；ε_{vp} 为黏塑性应变。

卸载后，瞬时弹性变形立即恢复，塑性变形和黏塑性变形不能恢复，而黏弹性变形随时间逐渐恢复，但往往需要很长的时间。对于压实良好的沥青混合料，瞬时塑性变形往往较小，为简单起见，可以将塑性应变集成到黏塑性应变中进行分析。总应变可以写为

$$\varepsilon_{\text{total}} = \varepsilon_{e} + \varepsilon_{ve} + \varepsilon_{vp} \tag{3-44}$$

很明显，瞬时弹性变形不会引起路面车辙，而重复荷载作用下黏塑性应变产生累积是导致路面车辙的主要原因，残余黏弹性变形对路面车辙的形成也有一定贡献。

2. 流变学模型

目前沥青混合料研究中应用较为广泛的黏塑性模型是 Perzyna 模型，很多学

者采用 Perzyna 模型分析沥青混合料在高温下的黏塑永久变形。Park 在前人工作的基础上,运用 Perzyna 模型和 Drucker-Prager 屈服准则建立的一维状态下沥青混合料的黏弹塑性本构模型如图 3-10 所示。

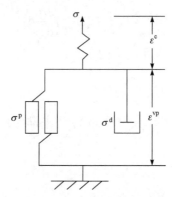

图 3-10　一维状态下沥青混合料的黏弹塑性本构模型

该模型本构方程表示如下:

$$\dot{\varepsilon}_{11} = \frac{\dot{\sigma}_{11}}{E} + \gamma^* \left(\frac{\sigma_{11}}{a\varepsilon_{11}^{\mathrm{vp}}} - 1 \right)^n \tag{3-45}$$

对上述模型进行研究,发现其可以描述迁移期和稳定期的混合料变形规律,但无法描述破坏期的情形。

张久鹏等将 Burgers 模型看成由三单元 van der Pool 模型与黏壶串联组成,并对串联黏壶模型进行了非线性修正,认为其黏滞系数先增大后减小[3]:

$$\eta_1(t) = \frac{\eta_0}{at^2 + bt + 1} \tag{3-46}$$

采用半正弦波间歇荷载模拟路面受到的车辆荷载,推导了能够考虑残余黏弹性变形影响的沥青混合料永久变形的力学模型:

$$\varepsilon_{p,N} = \sigma_0 \alpha N^3 + \sigma_0 \beta N^2 + \sigma_0 \gamma N + \sigma_0 \lambda \left(1 - \mathrm{e}^{-kNT} \right) \tag{3-47}$$

该模型能够在数学形式上与沥青混合料三阶段永久变形曲线较好拟合,但不能反映第二阶段永久应变率基本恒定的现象,也不能准确区分第二阶段和第三阶段的起始点。通过对线性模型理论的改进,得到了能够描述加速蠕变过程的非线性流变学模型,虽然这样处理能够使理论曲线与试验曲线吻合,但缺乏物理依据,因而不能解析试验现象。

此外,有学者在 Schapery 非线性黏弹性本构模型的基础上,通过耦合应变硬化理论,提出了描述单轴和三轴重复加载下的沥青混合料的黏塑性本构模型。由于参数少且标定方便，该类模型得到了广泛应用。

3.4　沥青材料损伤模型

在有限元分析中采用连续损伤力学研究沥青路面材料的破坏特性，首先需要选择合适的表征损伤的状态变量(损伤变量)，然后通过建立含损伤变量的损伤演化方程或者本构方程，求解含损伤的应力应变场或者损伤场。

损伤力学认为，材料存在初始损伤，从初始变形直至破坏是一个材料逐渐劣化的过程。在这个过程中，损伤基元的存在和发展演化使材料既非均质，也非连续。损伤力学就是采用这种非均质、非连续的方法研究材料的破坏过程。损伤力学研究的难点和重点在于含损伤变量的损伤演化方程和本构方程的建立，由于不同材料和不同损伤过程的细观机制十分复杂，且多种机制常常交互并存，难以在力学模型上穷尽对其机制的力学描述，一般通过考虑主要问题而忽略次要问题的方法来解决。

3.4.1　损伤变量与有效应力

1958 年，Kachanov 在研究金属材料蠕变的过程中，提出连续度的概念。现在损伤力学中同样适用的损伤变量的定义是 Rabotnov 将 Kachanov 连续度的概念推广后于 1963 年提出的。材料损伤定义为材料损伤演化过程中，材料承受荷载的有效面积逐渐减小，可以用式(3-48)描述。

$$D = 1 - \frac{\tilde{S}}{S} \tag{3-48}$$

式中，D 为损伤因子，$0 \leqslant D \leqslant 1$；$\tilde{S}$ 为有效承载面积；S 为无损状态下的承载面积。

虽然 Rabotnov 的损伤定义物理意义非常明确，但材料承载面积变化的测定非常困难，这种定义只停留在概念上[3]。随着损伤力学在工程应用领域的发展，出现了便于实际测定的损伤定义。目前常用宏观变量来描述结构的损伤，这种采用宏观变量代表结构内部因损伤或其他因素而发生的变化，称为内部状态变量，简称内变量。内变量通常是指热力学参数之外的一些独立变量。在选择时注重是否能代表物体的内部变化，是否具有明确的力学意义，还要求尽量简单，便于测试和分析计算。其中应用最广泛的定义就是用模量的变化来定义损伤，如式(3-49)所示：

$$D = 1 - \frac{\tilde{E}}{E} \tag{3-49}$$

式中，$\tilde{E}$ 为损状态下的模量；E 为无损状态时的模量。

由式(3-48)容易得到 $\tilde{S} = \dfrac{S}{1-D}$，因此外荷载作用下材料承受的有效应力可以记为

$$\tilde{\sigma} = \frac{\sigma}{1-D} \tag{3-50}$$

式中，$\tilde{\sigma}$ 为有效应力；σ 为 Cauchy 应力，也称为名义应力。显然，仅当 $D=0$ 时，Cauchy 应力与有效应力二者相等。

Lemaitre 在 Kachanov-Rabotnov 损伤与有效应力概念的基础上提出了应变等效假设[5]。该假设认为，受损材料的变形行为可以只通过有效应力来体现，有效应力作用于等效无损材料的应变与 Cauchy 应力作用于损伤材料的应变等价。应变等效假设对损伤力学的发展起到了很大的促进作用，至今被广泛应用。

3.4.2　损伤演变规律

1990 年 Schapery 运用热力学不可逆过程的概念对弹性材料的损伤理论做了改进，用一个初始状态变量公式来描述黏弹性材料损伤过程的结构变化情况[6]。Park 和 Kim 等[7]的试验研究证明，这个理论对于循环荷载作用下沥青混合料的破坏状况是完全适用的。Schapery 等提出了材料弹性–黏弹性对应法则，指出黏弹性材料与弹性材料的本构方程本质上是一致的[8]。在分析材料黏弹性时，Schapery 相关法则将材料的实际应力或实际应变用拟应力或拟应变来代替，以考虑材料黏弹性的影响，进而将黏弹问题进行相应简化。该理论的主要内容如下。

(1) 应变能密度函数：

$$W = W\left(\varepsilon_{ij}, S_{\mathrm{m}}\right) \tag{3-51}$$

(2) 应力–应变关系：

$$\sigma_{ij} = \frac{\partial W}{\partial \varepsilon_{ij}} \tag{3-52}$$

(3) 破坏发展法则：

$$-\frac{\partial W}{\partial S_{\mathrm{m}}} = \frac{\partial W_{\mathrm{s}}}{\partial S_{\mathrm{m}}} \tag{3-53}$$

式中，ε_{ij}、σ_{ij} 分别为应力张量和应变张量；S_{m} 为破坏参数；W_{s} 为材料耗散的能量。

应变能密度函数以拟应变的形式表示为

$$W^{\mathrm{R}} = W^{\mathrm{R}}\left(\varepsilon_{ij}^{\mathrm{R}}, S_{\mathrm{m}}\right) \tag{3-54}$$

黏弹性材料的破坏发展遵循一定规律，其破坏发展方程为

$$\dot{S}_{\mathrm{m}} = \left(-\frac{\partial W^{\mathrm{R}}}{\partial S_{\mathrm{m}}} \right)^{\alpha_{\mathrm{m}}} \tag{3-55}$$

式中，$\dot{S}_{\mathrm{m}}$ 为破坏发展速率；W^{R} 为拟应变能密度；α_{m} 为材料常数。

由图 3-11 所示黏弹性材料应力–拟变滞回曲线可以看出，应力–拟应变曲线的斜率随荷载作用次数的增加而减小，表明材料的劲度在逐渐减小。为了表示斜率的变化，引入了切线拟劲度 S^{R} 的概念：

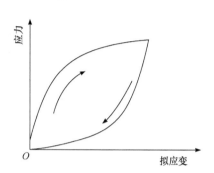

$$S^{\mathrm{R}} = \frac{\sigma_{\mathrm{m}}}{\varepsilon_{\mathrm{m}}^{\mathrm{R}}} \tag{3-56}$$

式中，$\varepsilon_{\mathrm{m}}^{\mathrm{R}}$ 为每个应力–拟应变环的拟应变峰值；σ_{m} 为 $\varepsilon_{\mathrm{m}}^{\mathrm{R}}$ 对应的应力值。

图 3-11 黏弹性材料应力–拟应变滞回曲线

此外，还需要引入一个标准化常数 I 来消除试件间的变异性，定义为

$$C = \frac{S^{\mathrm{R}}}{I} \tag{3-57}$$

黏弹性材料本构方程的形式可以简化为

$$\sigma_{\mathrm{m}} = IC_1(S_1)\varepsilon_{\mathrm{m}}^{\mathrm{R}} \tag{3-58}$$

式中，I 表示材料的初始劲度；$C_1(S_1)$ 表示材料的劲度变化，可以由试验数据以及破坏发展方程得到。

$$\begin{cases} \dfrac{\mathrm{d}C}{\mathrm{d}S} = \dfrac{\mathrm{d}C}{\mathrm{d}t} \cdot \dfrac{\mathrm{d}t}{\mathrm{d}S} \\[2mm] \dfrac{\mathrm{d}S}{\mathrm{d}t} = \left[-\dfrac{I}{2}\dfrac{\mathrm{d}C}{\mathrm{d}S}(\varepsilon^{\mathrm{R}})^2 \right]^{\alpha} \\[2mm] \dfrac{\mathrm{d}S}{\mathrm{d}t} = \left[-\dfrac{I}{2}\dfrac{\mathrm{d}C}{\mathrm{d}t}(\varepsilon^{\mathrm{R}})^2 \right]^{\alpha(1+\alpha)} \end{cases} \tag{3-59}$$

第 N 个加载周期的破坏发展程度 S 可以由下面的数值方法计算得到。

$$S \cong \sum_{i=1}^{N} \left[\frac{I}{2}(\varepsilon_i^{\mathrm{R}})^2 (C_{i-1} - C_i) \right]^{\alpha/(1+\alpha)} (t_i - t_{i-1})^{\alpha/(1+\alpha)} \tag{3-60}$$

式中，α 为材料参数，对于控制应变模式 $\alpha = (1 + 1/m)$，对于控制应力模式

$\alpha = 1/m$，m 为蠕变柔量–时间对数曲线的直线部分斜率。

　　为考虑塑性损伤，赵延庆把沥青混合料的总应变分为弹性、黏弹性和黏塑性三部分，分别根据胡克定律建立了弹性响应模型，采用 Schapery 连续损伤理论建立了黏弹性损伤响应模型，应用 Uzan 应变硬化模型建立了沥青混合料的黏弹塑性响应模型，并通过试验验证了黏弹性损伤和黏塑性时间–温度等效原理[9]。

　　Gibson 把沥青混合料的总应变分为弹性、线黏弹性、黏弹性和黏塑性四部分，分别根据虎克定律建立弹性响应模型，采用广义 Maxwell 模型建立线黏弹性响应模型，运用 Schapery 连续损伤理论建立了黏弹性损伤响应模型，综合运用 Perzyna 黏塑性理论和 Hiss 流动法则建立了沥青混合料的黏塑性响应模型，并通过试验验证了黏弹性损伤和黏塑性时间–温度等效原理[10]。

参 考 文 献

[1] 曾攀. 有限元分析及应用[M]. 北京: 清华大学出版社, 2004.

[2] Jacob F, Ted B. A First Course in Finite Elements[M]. Toronto: John Wiley & Sons, 2007.

[3] 张久鹏. 基于黏弹性损伤理论的沥青路面车辙研究[D]. 南京: 东南大学, 2008.

[4] 朱浩然. 沥青混合料粘弹–粘塑性损伤本构模型及沥青路面车辙预测研究[D]. 南京: 东南大学, 2012.

[5] Lemaitre J. Local approach of fracture[J]. Engineering Fracture Mechanics, 1986, 25(5-6): 523-537.

[6] Schapery R A. Nonlinear viscoelastic and viscoplastic constitutive equations with growing damage[J]. International Journal of Fracture, 1999, 97: 33-66.

[7] Park S W, Kim Y R, Schapery R A. A viscoelastic continuum damage model and its application to uniaxial behavior of asphalt concrete[J]. Mechanics of Materials, 1996, 24(4): 241-255.

[8] Park S W, Schapery R A. A viscoelastic constitutive model for particulate composites with growing damage[J]. International Journal of Solids and Structures, 1997, 34(8): 931-947.

[9] Zhao Y Q. Permanent deformation characterization of asphalt concretc using a viscoelastoplastic model[D]. Raleigh: North Carolina State University, 2002.

[10] Gibson N H. Viscoelastoplastic continuum damage model for the compressive behavior of asphalt concrete[D]. Maryland: University of Maryland at College Park, 2006.

第4章　路面材料计算关联技术与理论

4.1　数字图像处理技术

4.1.1　概念及特点

数字图像处理(digital image processing，DIP)的概念有广义和狭义之分，广义的数字图像处理是指从图像获取到图像信息输出的全过程，而狭义的数字图像处理仅指该全过程中对图像信息处理的部分。数字图像处理技术的应用最早可追溯至 20 世纪 20 年代，借助打印技术及半调技术提高图像视觉质量。随着计算机技术和人工智能技术的发展，应用转变为处理自动装置感受的景物数据，但受限于计算机的性能，直到 60 年代才实现计算机对数字图像处理的部分应用。数字图像处理技术具有里程碑意义的研究为 1964 年美国喷气推进试验室利用计算机处理航天探测器发回的月球照片，得到了逼真的图像。此后，该技术在空间研究中得到广泛的应用。20 世纪 70 年代，该技术在医学、生物学图像处理领域取得了极大的成功；80 年代，各种图像处理专用硬件迅速发展，三维图像获取设备研制成功，图像自动分析系统进入商业应用；90 年代，多媒体计算机的应用研究使得图像处理技术出现新的特点。经过几十年的发展，该技术的应用领域不断拓展，在空间技术、生物医学、光学显微图像分析、遥感图像分析、X 射线图像增强、地质勘探、粒子物理、人工智能和工业检测等方面都得到了广泛的应用，不仅替代了部分人工操作，而且延伸了人类的认识深度。

数字图像处理技术有以下特点。

(1) 精度高。一幅数字图像的矩阵点数可以增加，由 2^n 划分的灰度级中的 n 也可以增加。对 4bit、8bit 及其他级别图像的处理，使用的计算机程序几乎是相同的。即使所处理的图像尺寸变大，也只需改变数组的参数，处理方法不变。因此，从原理上该技术处理高精度图像是可能的。另外，由于计算机运算过程精度非常高，可实现极高的浮点运算能力，保证计算更多的有效位数，从而达到更高的计算精度。

(2) 再现性好。所有的图像均采用数组或集合表示，利用数字图像处理技术可以把图像数据大量压缩，在传送和复制图像时，仅在计算机内部进行，不会使数据丢失或破坏，保证了完好的再现性。

(3) 通用性、灵活性高。对于可视图像及不可见光成像,尽管这些图像生成体系中的设备规模和精度不同,但当把这些图像信号直接进行模拟数字变换,或记录成照片再数字化,均能利用计算机二维数组表示,即为计算机处理的通用性。另外,处理程序可自由改变,由外及内、由静到动等各种处理均能方便地执行,灵活性很高。

(4) 综合性强。该技术一般涉及计算机技术、电子技术、通信技术、电视技术等,也涉及数学、物理学等方面的基础知识。

(5) 图像评价主观性强。由于人的视觉系统复杂,观察处理后的图像受环境条件、视觉性能、主观意识的影响很大,因此要求人与系统进行良好的配合。

数字图像处理技术的发展速度较快,图像所包含的数据量越来越大,对计算机技术的要求越来越高。数字图像处理系统不尽相同,系统大小各异,处理能力各有优势,但其基本硬件系统结构一致,即由主机系统、输入设备、输出设备和存储系统组成,见图 4-1[1]。根据对图像处理精度、处理速度、专用软件和存储容量等方面性能指标要求的不同,该技术的应用领域较广泛,既有通用也有专用。在实际图像处理过程中,需根据所处理图像的数据量大小、算法的复杂程度和实时性要求,选择合适的硬件和软件系统[2]。

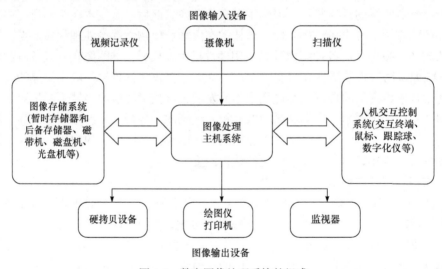

图 4-1　数字图像处理系统的组成

4.1.2　在颗粒路面材料中的应用

在集料形态特征研究过程中,随着数字图像处理技术的不断发展,集料形态特征的量化研究不断向更广、更深的方向发展。数字图像处理技术可以精确地获取并描述每一个集料颗粒的形态特征,应用比较多的二维量化指标有圆形度、纵横比和近似多边形周长比等，三维量化指标有球形度、扁平比和形状因子等。通过这些形态量化指标，可以优化集料的选择并指导混合料级配的设计。

在美国战略公路研究项目(Strategic Highway Research Program，SHRP)中，研究人员已经意识到沥青混合料内部的细观结构对沥青混合料使用性能的影响。在SHRP 报告中，研究人员使用核磁共振技术对 101.6mm 沥青混合料芯样中的沥青含量进行了测定，试验结果表明：核磁共振技术可用于测定沥青结合料及沥青混合料的物理性质，并可揭示沥青混合料中沥青与集料间的相互作用，为定量获取沥青混合料内部细观结构提供了新手段[3]。

1998 年，美国联邦公路管理局(Federal Highway Administration，FHWA)联合 Turner-Fairbank 公路研究中心开展了沥青路面的模拟、成像和力学(Simulation, Imaging and Mechanics of Asphalt Pavement，SIMAP)计划。在与数字图像处理技术相关的研究成果中，第一部分利用 AIMS 定量分析了试样中集料分布特性，通过统计分析得到了集料分布函数；第二部分利用 AIMS 测定了集料的形状特性，统计分析了热拌沥青混合料(hot mix asphalt，HMA)性能与集料形状特性之间的关系。2004 年，SIMAP 计划总结了用于描述和量化 HMA 试件内部结构的试验和图像分析方法，通过运用相机获取二维图像或利用 X 射线断层扫描技术得到三维图像量化分析了 HMA 试件中的集料骨架、矿料间隙、空隙等信息，为沥青混合料的设计、压实和路用性能提供了有力的验证手段[4]。

X 射线断层扫描技术应用于沥青混合料研究，为沥青混合料精确图像的获取开创了新的篇章。作为一种无损技术，X 射线断层扫描技术保留了试件内部结构的原始性，为进一步分析沥青混合料的力学性能、粗细集料形态特征、离析、级配等提供了保障。

Shashidhar 运用 X 射线断层扫描技术得到了沥青混凝土试件的三维图像，研究了界面处集料结构及空隙分布和结构，并对美国西部环道沥青混合料试件进行计算机断层扫描(CT)，分析发现路面产生的车辙与混合料内部结构具有较大的相关性[5]。Wang 等运用 CT 技术和体视学方法评价了取自美国西部环道的三种沥青混合料试件空隙的空间与尺寸分布，量化分析了三种混合料的破损面、破损路径等信息，利用 CT 技术获取沥青混合料的二维图像后，重构了沥青混合料试件内部结构的三维特征(图 4-2)，将二维切片通过一定的叠加重构出集料、空隙与砂浆在混合料内的空间分布，实现了混合料内部结构的可视化[6]。并且利用 X 射线断层扫描技术获取了沥青混合料试件的图像，重构了单个集料的三维形状，并组成三维集料系统，使得可以从三维角度模拟并观察颗粒材料微细观结构中颗粒的运动及力学行为[7]。

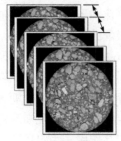
(a) 马歇尔试件的切片

(b) 典型集料的三维重构

(c) 由(b)中三维集料重构的试件

图 4-2 沥青混合料试件内部结构及其三维重构

　　沥青混合料截面图像中有关空隙与集料的信息至关重要，如空隙与集料的级配、表面纹理、截面熵的分布状态等。将图像中的这类信息称为"对象"，其余部分称为"背景"。对沥青混合料截面图像的识别就是将图像中的对象有效地从背景中分离出来。图像处理的目的是使图像识别这一过程更加方便，使分离的结果更加精确。在采集沥青混合料数字图像时，混合料中的集料接近白色，胶浆呈灰色，而空隙呈黑色，因此将集料与胶浆一同作为背景来处理，把空隙作为对象处理。沥青混合料数字图像处理主要由两部分组成：硬件控制部分，负责控制图像采集等设备正常工作；人机交互部分，主要包括图像增强、图像分割、图像目标特征提取等。其工作流程如图 4-3 所示。

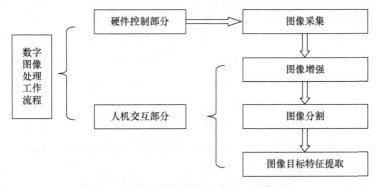

图 4-3 沥青混合料数字图像处理工作流程

4.2　分　形　理　论

在传统数字图像处理技术下,集料形态特征的描述往往会受观测精度的影响,即相同集料在不同观测精度下可能会得到不同的结论。本节介绍的分形几何与观测尺度无关的特性恰好可以解决这一问题,分形维数是一种相对性参数,可以定量描述集料形态的复杂程度。

4.2.1　概念及特点

"分形"一词来源于拉丁文"fractus",由曼德尔布罗特(Madelbrot)提出,他将该词改为"fractal",其释义为不规则的,琐碎的,支离破碎的等。大自然中许多不规则的事物形态,如崎岖蜿蜒的海岸线,起伏的山脉轮廓线等,都具有一个共同的特征:形态是不光滑的、粗糙的、不规则的,是难以用传统的数学或物理学进行描述的,这就是分形。

分形的概念一直没有严格的定义。不同学科领域的学者对分形的理解不同。Madelbrot 对分形给出两个定义,第一个定义在 1982 年被提出,四年后,他又提出了更为实用,更易于理解的定义,一直沿用至今。定义 1:如果一个集合在欧氏空间中的豪斯多夫(Hausdorff)维数 D_H 恒大于其拓扑维数 D_T,即 $D_H > D_T$,则称该集合为分形集,简称为分形。定义 2:组成部分以某种方式与整体相似的形体称为分形。对于定义 1 的理解需要一定的数学基础,不仅要了解 Hausdorff 维数,而且要了解拓扑维数,不容易被推广。定义 2 则笼统地说明了自然界中的物质只要局部和局部或者局部和整体之间存在自相似性,那么这个物质就是分形。这一"模糊"的概念被人们普遍接受,也促进了分形的发展。

几种典型的分形如下。

1) 三分康托集

1883 年,德国数学家康托(Cantor)提出了三分康托集。三分康托集虽很容易构造,但可以显示出许多典型的分形特征,如图 4-4 所示。

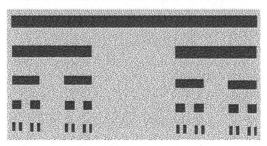

图 4-4　三分康托集构造示意图

其详细构造过程如下。第一步,把闭区间[0,1]平均分为三段,去掉中间的 1/3 部分段,则只剩下两个闭区间[0,1/3]和[2/3,1]。第二步,将剩下的两个闭区间各自平均分为三段,同样去掉中间的区间段,这时剩下四段闭区间: [0,1/9], [2/9, 1/3], [2/3, 7/9]和[8/9,1]。第三步,重复删除每个小区间中间的 1/3 段。如此不断地分割下去,最后剩下的各个小区间段就构成了三分康托集。三分康托集 Hausdorff 维数是 0.6309。

2) Koch 曲线

1904 年,瑞典数学家柯赫(Koch)构造了 Koch 曲线。Koch 曲线大于一维,具有无限的长度,但是又小于二维,并且生成的图形面积为零。它和三分康托集一样,是一个典型的分形。根据分形的次数不同,Koch 曲线也有很多种,如三次 Koch 曲线、四次 Koch 曲线等。下面以三次 Koch 曲线为例,介绍 Koch 曲线的构造方法,其他的可依此类推。三次 Koch 曲线的构造过程主要分为三步:第一步,给定一个初始图形即一条线段;第二步,将这条线段中间的 1/3 处向外折起;第三步,按照第二步的方法不断把各段线段中间的 1/3 处向外折起。这样无限的进行下去,最终即可构造出 Koch 曲线。其构造过程如图 4-5 所示(迭代了 6 次的图形)。

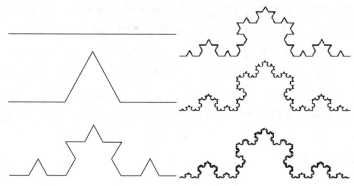

图 4-5　三次 Koch 曲线构造示意图

分形理论有如下几个特点。

1) 自相似性

根据自相似性的程度,分形可分为有规分形和无规分形。有规分形是指在数学意义上具有严格自相似性的分形,如三分康托集、Koch 曲线等。无规分形是指具有统计意义上自相似性的分形,如曲折绵长的海岸线、飘浮的云等。自然界存在的分形现象大多数是无规分形,也就是说,所看到的结构在部分和整体之间具有自相似性,但不是数学上的严格相似,而是统计规律上的自相似。这种满足统计规律上的自相似性或近似自相似性的分形称为无规分形。在本书的研究范围内,无论是水泥混凝土还是沥青混凝土，其集料具有的分形性质均为无规分形即统计意义上的分形。

2) 尺度无关性

分形指标是相对性描述指标，因此分形具有尺度无关性特征。尺度无关性又可称为伸缩对称性，指无论一个图像被放大或缩小多少倍，它所具有的形态特征、细部特征、不规则性等均不发生变化的特性，对物体几何特征的描述不会随着观测精度的变化而发生变化(在欧氏几何下，物体几何特征的量化描述往往会随着观测精度的变化而变化，而相对指标可以克服这一缺点)。分形关系成立的尺度范围称为无标度区或分形度域。对于自然界的分形，不仅相似性本身受到限制(只有在统计意义上才具有自相似性)，而且这种自相似性存在的范围也受到限制，即存在一个特定的分形度域，超出这个范围就不再是分形结构或者说不具备分形特征，因此分形的尺度无关性也有一定的缺陷。

4.2.2　在颗粒路面材料中的应用

沥青混合料细观结构的截面是由各级粒径的集料构成，集料颗粒分布不规则，一般表现出类似长方形或椭圆形的不规则形状。沥青混合料中的空隙在图像中的分布与集料很相似，也表现出不规则、无序状态。因此要分析沥青混合料中空隙的空间分布，必须知道单个空隙的面积、周长、形心、长轴、短轴等基本属性。此外还可采用分形理论，计算截面上空隙的轮廓分维和面积分维。

随着数字图像处理技术的发展与观测精度的不断提高，集料形态特征可以从三个尺度方面进行定量描述，即形状、棱角性和纹理，如图 4-6 所示。

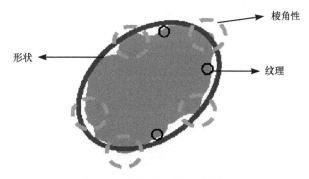

图 4-6　集料形态特征示意图

形状特征反映了集料各部分在空间分布上的总体变化。棱角性则更进一步，反映了在形状特征的基础上较小细节的凹凸性。当研究凹凸性的细节尺度进一步减小到一定的程度，此时的凹凸性即认为是集料的纹理。随着观测精度即观测手段分辨率的不断提高，集料三个尺度方面形态特征的研究逐渐深入。

　　沥青混合料是具有复杂结构的非均质材料体系，宏观表现的不规则性、不确定性、模糊性和非线性等特征，是其复杂微观结构的反映，用传统的几何方法难以解决其复杂性质的评价问题。Madelbrot 创建的分形几何是近年来描述材料微观、细观、宏观等不同层次的自相似特征的有效途径，利用分形可以探索材料不同层次的精细结构，并与其宏观领域表现的物理力学行为建立有效联系。分形几何是材料复杂性研究的一种重要工具。分形几何中的重要参数分形维数是描述事物复杂性的定量参数，可以起到连接材料微观结构与宏观性能的桥梁作用，有望成为指导材料设计的定量指标。

　　随着分形理论在沥青混合料及水泥混凝土等领域的应用取得一定成果，分形理论在颗粒路面材料中的应用聚焦于集料级配的分形特征，并借助分形理论的特点探讨新的混合料设计方法。分形几何是研究不规则物体复杂程度的一门学科，分形维数可以定量描述问题的复杂性。无论是沥青混凝土还是水泥混凝土，其集料形态特征均表现出不规则性、非线性等复杂特征。由于集料表面纹理、集料级配等均在统计意义上表现出一定的自相似性，因此可以通过分形理论进行研究。

参 考 文 献

[1] 王慧琴. 数字图像处理[M]. 北京：北京邮电大学出版社, 2006.

[2] 李忠民. 基于图像处理的沥青混合料检测系统设计研究[D]. 西安: 长安大学, 2010.

[3] Yue Z Q, Bekking W, Morin I. Application of digital image processing to quantitative study of asphalt concrete microstructure[J]. Transportation Research Record, 1995, 1492: 53-60.

[4] Masad E, Button J. Implications of experimental measurements and analyses of the internal structure of hot-mix asphalt[J]. Transportation Research Record, 2004, 1891: 212-220.

[5] Shashidhar N. X-ray tomography of asphalt concrete[J]. Transportation Research Record, 1999, 1681: 186-192.

[6] Wang L B, Frost J D, Mohammad L, et al. Three-dimensional aggregate evaluation using X-ray tomography imaging[C]. Washington D C: TRB Annual Meeting, 2002.

[7] Wang L, Frost J, Lai J. Three-dimensional digital representation of granular material microstructure from X-ray tomography imaging[J]. Journal of Computing in Civil Engineering, 2004, 18(1): 28-35.

第 5 章　路面材料学多尺度计算模拟

自然界和工程中的许多宏观现象,均起源于微观和细观机制,材料的特性与响应并非仅仅是宏观上的不可分割量,也体现于从原子到微观再到细观直至宏观的不同尺度视域中。长期以来,沥青路面结构设计以弹性层状理论体系为基础,属于连续介质理论范畴。但事实上,沥青路面材料组成中颗粒状的集料按质量比占到 90% 以上,按体积比占到 85% 以上,在细观层面属于典型的颗粒物质材料。随着对沥青路面材料复杂性认识的深入,为更加系统地阐释沥青路面强度形成机制与损伤演化规律,纳米表征方法被应用到路面材料学研究中,形成了多尺度研究方法[1]。

将多尺度研究方法引入路面材料学,可突破传统宏观尺度的认知思路与理论方法在探究材料性能机理时的技术瓶颈,在宏观、细观和微观视角下,分尺度逐级揭示沥青混合料的内禀特性,从定性与定量双层次实现不同尺度上材料特征参数与力学结构性能的有机关联。一旦确立了路面材料的分层逐级研究体系,就可以联合有限元方法(finite element method,FEM)、离散元方法(discrete element method,DEM)、分子动力学(molecular dynamics,MD)方法和量子化学方法等开展多尺度数值模拟研究,作为实验手段的理论指导和有力补充,全方位解构沥青路面结构体系在荷载与环境作用下的强度特征及服役行为,为构建具有前瞻性的沥青路面结构–材料协同设计理论提供科学依据。

5.1　混合料开裂行为的多尺度计算模拟

在车辆荷载和环境因素的作用下,沥青路面容易出现裂缝,使开裂处渗入的雨水进入路面结构,从而进一步削弱路面基础并引起其他路面病害。为构建韧性耐久的现代交通基础设施体系,采取措施主动延缓沥青路面的开裂行为,需先深入了解沥青混合料的开裂机制。研究者通过多种数值手段对沥青混合料的开裂破坏行为进行了计算模拟。本节将聚焦具有代表性的有限元方法和分子动力学方法。

5.1.1　有限元开裂行为分析方法

1) CZM 方法

对工程材料开裂行为的有限元模拟依赖于完善的开裂理论,其中断裂力学方法是探究材料断裂过程和损伤演变的有力工具之一。断裂力学由 Griffith 于 1920 年提出，他假设当产生单位面积的裂纹所释放的能量大于或等于材料的临界能量释放率时，材料将发生裂纹扩展。大多数传统的断裂力学方法假设存在无限尖锐的裂纹尖端，并在裂纹尖端前方存在应力奇异点。然而，对于沥青路面材料，往往观察不到裂纹尖端的现象。

作为替代，内聚力模型(cohesive zone model，CZM)方法提供了一种有效的计算方法来消除裂纹尖端的应力奇异性，成为模拟均质材料和复合材料的裂纹发展的成熟工具[2]。CZM 方法在 20 世纪 60 年代提出，目的是模拟混凝土材料的脆性开裂行为，此后通过假设裂纹尖端加工区的概念，被扩展到塑性材料。CZM 方法采用现象学模型来描述裂纹的成核、起始和扩展等断裂行为，常被应用于 FEM 和 DEM 等计算模拟中以解析脆性、准脆性和韧性破坏以及界面断裂，这些破坏形式在沥青路面材料中经常被观察到，因此 CZM 方法在沥青材料和路面力学领域受到了越来越多的关注。

CZM 的非线性断裂过程可分为四个阶段，如图 5-1 所示。第一阶段(Ⅰ)代表无损伤的一般材料特性，第二阶段(Ⅱ)是当满足某一标准时裂纹开始出现，第三阶段(Ⅲ)描述了表征材料损伤演化的非线性软化现象，第四阶段(Ⅳ)描述了材料的损坏失效。在无损伤阶段，牵引力(T)随着分离位移(Δ)增加而上升，直至达到最大值(内聚强度 σ_{max})，然后按照软化曲线(T 是 Δ 的函数)减小并最终在临界分离位移(δ)处消失，形成无牵引力的裂纹表面。

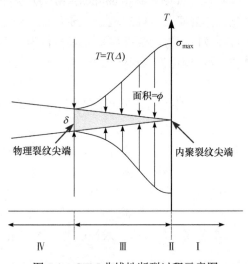

图 5-1　CZM 非线性断裂过程示意图

应用 CZM 的关键在于准确描述材料开裂过程中牵引力与分离位移之间的关系，特别是确定内聚强度(σ_{max})、临界分离位移(δ)和断裂能(G_c)，以及软化曲线

(牵引力–分离位移曲线)的形状。研究者提出了许多不同的 CZM，总体上可以分为内在模型与外在模型，如图 5-2 所示。

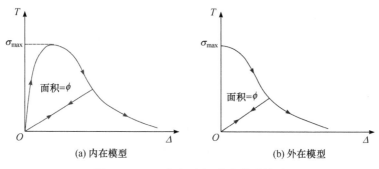

(a) 内在模型　　　　　　　　　　(b) 外在模型

图 5-2　CZM 中牵引力–分离位移关系

2) 连续体系的 FEM-CZM

与传统的有限元分析不同，在基于 CZM 的有限元(FEM-CZM)模拟中，描述材料开裂特性的内聚力单元被插入离散单元之间。然后通过给这些界面元素赋予指定的牵引力–分离位移曲线来控制裂纹扩展过程。早期大多数使用 FEM-CZM 进行的裂纹扩展模拟将沥青混合料视为连续均质材料，并局限于Ⅰ型开裂问题。

Tvergaard 等利用小规模屈服的条件证明，与其他 CZM 参数相比，材料强度(σ_c)和断裂能(G_c)两个参数对开裂行为的影响较大[3]。因此，在 FEM-CZM 模拟中输入准确的强度和断裂能参数很关键，它们通常通过实验测得。对于沥青混合料这类具有高度异质性、速率依赖性和温度敏感性的黏弹性材料，已有的断裂测试手段不能准确获取其断裂过程，因此研究者修改并设计了众多不同的实验方法。另外，也可以通过设置不同的参数值进行有限元分析，然后将模拟结果与试验值对比，从而反演出准确的 CZM 参数。

图 5-3(a)显示了一个沥青混合料连续介质体系的简支单边切口梁(single-edge beam，SEB)试件，被用于开展 FEM-CZM 模拟，简支梁底部中心预设有裂缝，集中荷载 P 施加在简支梁顶部中心。图 5-3(b)和(c)分别显示了整个几何区域的有限元网格配置和嵌入 CZM 单元的试件中心区域。所嵌入 CZM 单元为二维四编码单元，由两个线单元(即内聚面)组成，在断裂过程中起到连接相邻单元面的作用。这两个线单元最初作为完整状态叠加在一起，但随着内聚面损伤程度的增加会逐渐分离。具体的开裂演变模式受内聚力单元参数控制。在测试温度低、时间短的情况下，可以将非界面区域的沥青混合料用各向同性的均质弹性体模拟。图 5-4 为模拟得到的 SEB 试件在不同参数下的力–位移曲线与典型破坏形式。

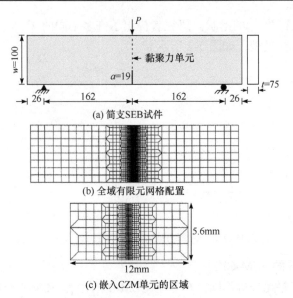

(a) 简支SEB试件

(b) 全域有限元网格配置

(c) 嵌入CZM单元的区域

图 5-3　沥青混合料作为连续介质体系的 FEM-CZM 模拟(单位：mm)[4]

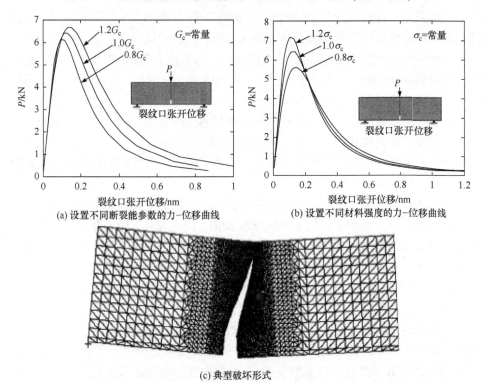

(a) 设置不同断裂能参数的力–位移曲线　　　(b) 设置不同材料强度的力–位移曲线

(c) 典型破坏形式

图 5-4　SEB 试件在不同参数下的力–位移曲线及典型破坏形式

3) 二相/三相复合体系的 FEM-CZM 分析方法

沥青混凝土是由沥青结合料、集料和空隙组成的多相复合材料,因此将其视为连续介质体进行有限元建模不能很好地反映局部问题,如沥青与集料的界面行为,而局部问题在整体路面结构的失效中至关重要。随着建模手段和高性能计算平台的发展,研究者更加注重沥青混合料裂缝扩展问题的精细化求解,因此构建沥青砂浆–集料二相体系或沥青砂浆–集料–空隙三相体系来研究沥青混合料开裂行为成为现阶段的主流方法。

以沥青砂浆–集料二相体系的建模为例,主要包括以下三个步骤:第一步,通过数码相机或 CT 技术获得高质量的 2D 或 3D 数字图像;第二步,将数字图像转换为灰度值图像,并通过设置适当的灰度阈值,将图像分割成沥青砂浆和集料两个区域(对于三相体系则分割成沥青砂浆、集料和空隙三个区域),再借助 MATLAB 软件转化为二值矢量图;第三步,将矢量图导入有限元软件,生成用于数值模拟的有限元模型。在复合体系模型中,集料被视为弹性体,沥青砂浆根据需求设为黏弹性体或黏弹塑性体[2]。

由于集料的强度通常远高于沥青砂浆及砂浆与集料的边界强度,沥青混合料的裂纹在沥青砂浆内部或界面处萌生和传播,因此会在有限元建模中将 CZM 以零厚度薄层单元嵌入任何潜在的开裂位置,即沥青砂浆内部与砂浆–集料界面。因为沥青砂浆内部和界面区域的 CZM 参数不同,所以 CZM 单元的嵌入应分为两部分分别建立相应的集合,以便于进行材料参数的赋值。

图 5-5 为沥青砂浆–集料复合体系半圆弯拉(semi-circle bend,SCB)试件开裂行为的 FEM-CZM 建模过程及模拟结果,由图可知裂纹在预切缝处产生,并在沥青砂浆内部和砂浆–集料界面扩展,所得模拟结果在峰值处较为光滑,总体曲线与实验值有较好的一致性。

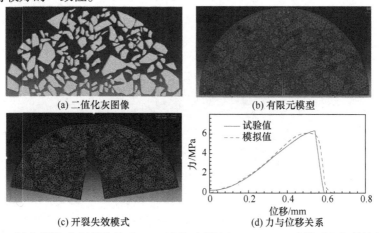

(a) 二值化灰图像　　　　(b) 有限元模型

(c) 开裂失效模式　　　　(d) 力与位移关系

图 5-5　沥青砂浆–集料复合体系 SCB 试件开裂行为 FEM-CZM 建模过程与模拟结果[5]

5.1.2　分子动力学微观开裂行为分析方法

在合适的力场(如 COMPASS、PCFF 等)下对沥青–集料体系进行能量最小化和一定时长的 NPT 动力学平衡后,通过施加恒定速率的位移荷载模拟沥青混合料的拉伸开裂行为以观察和分析。由于沥青材料具有显著的黏弹性特征,其力学行为受加载速率和温度参数的影响,因此在 MD 模拟中应设置不同的加载速率和温度来全面考察沥青混合料的开裂特征。

图 5-6 展示了通过 MD 模拟得到的沥青–集料体系开裂行为,其中散点为拉伸过程中拉伸应力随位移的变化(25℃,0.001 Å/fs)。由于宏观应力是其对应微观量的统计平均值,因此出现了相当大的热力学涨落。为了便于分析,通过 Savitzky-Golay 滤波器对原始应力数据进行处理,得到以实线表征的平滑曲线来凸显应力的变化趋势。按式(5-1)对拉伸应力–位移曲线进行拟合,进一步得到虚线表示的 CZM 曲线:

$$\sigma(x) = a\left(\frac{x}{b}\right) \cdot \exp\left(1 - \frac{x}{b}\right) \tag{5-1}$$

式中,$\sigma(x)$ 为试验拉伸应力;x 为位移;a 为峰值应力;b 为峰值应力处的位移。

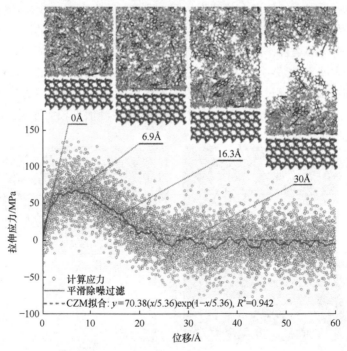

图 5-6　沥青–集料体系开裂行为 MD 模拟结果(25℃,0.001 Å/fs)

如图 5-6 所示，裂缝发生在沥青结合料区域，表明沥青结合料的内聚强度低于沥青–集料界面的黏结强度。应力峰处的位移为 6.9Å，但此时在沥青内部观察不到损伤。应力从峰值降至 50%时(16.3Å)，沥青内部的分子间分离变得明显。在 30Å 位移处，沥青结合料被完全拉断，拉应力降至接近于零，表明沥青–集料体系完全失效。

图 5-7(a)为 25℃下沥青–集料体系不同加载速率(0.00001Å/fs、0.0001Å/fs 和 0.001Å/fs)的拉伸模拟结果。在拉伸过程中，峰值应力和相应的位移均随着加载速率的增加而增加，表明沥青在快速加载下表现出更高的拉伸强度和拉伸应变。这一趋势与图 5-7(b)中的 Fenix 试验测量结果一致，速度越大，峰值荷载越高，验证了基于 MD 方法模拟沥青–集料体系开裂行为的可靠性，同理可分析不同温度、不同老化状态以及添加不同改性剂后沥青–集料体系的开裂行为。

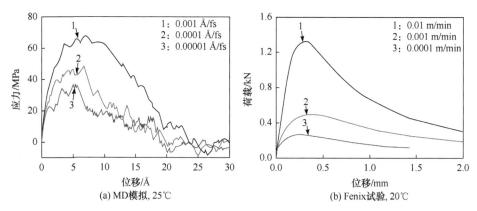

图 5-7　不同加载速率下沥青–集料体系的应力/荷载–位移曲线

5.1.3　FEM-MD 耦合开裂行为分析方法

沥青混合料的开裂失效是多尺度现象，因为观察到的宏观材料开裂行为是由发生在许多不同长度尺度和时间尺度上的过程控制的。在微观尺度上，已存在的缺陷成核并生长，产生微裂纹。之后，产生的裂纹在沥青内部和沥青–集料界面传播，这发生在细观尺度上。随着损伤的不断积累，沥青路面材料的最终开裂失效发生在宏观尺度上。

与沥青混合料相似，其他一些复合材料的开裂行为也被认为从原子尺度开始萌生，并逐步发展为宏观裂缝。事实证明，微细观损伤的演变决定了材料的宏观断裂韧性、刚度损失和其他力学性能。一些研究提出通过 FEM-MD 耦合方法来考察材料的多尺度开裂行为，尽管该方法处于起步阶段且具有诸多限制，但对于理解沥青混合料的开裂机理具有重要借鉴意义。下面对两类代表性的 FEM-MD 耦合方法进行介绍。

1) FEM-MD 独立建模方法

FEM/MD 独立建模方法的实质是对研究对象分别进行 FEM-CZM 建模和 MD 建模，具体建模流程如前文所述，其中 FEM 建模所需要的 CZM 参数通过 MD 模拟获取。FEM-MD 独立建模方法目前已相对成熟，被应用于合金、有机物/无机物界面等复合材料体系的裂纹扩展研究。

本节以镍钛(Ni-Ti)合金裂纹扩展研究为例说明合金类材料的建模方法，其具体流程如图 5-8 所示。首先开展 MD 模拟，获取具有初始微裂纹的合金结构开裂行为的 CZM 荷载–位移曲线，然后以维诺(Voronoi)镶嵌模式代表这种合金材料的微观结构，求解 CZM 参数，所得到的特征参数被嵌入有限元模型合金界面以及金属内部的 CZM 单元中，进而基于失效准则开展有限元分析来模拟合金的断裂，并进一步探讨微观构造与合金断裂韧性的关系。

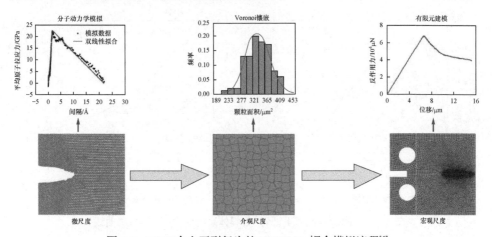

图 5-8　Ni-Ti 合金开裂行为的 FEM-MD 耦合模拟流程[6]

对有机物/无机物界面裂纹扩展的研究与沥青混合料开裂问题较为相近，有研究采用与前述介绍相似的 FEM-MD 耦合方法进行建模分析。在一项针对环氧树脂/二氧化硅复合体系的研究中[7]，MD 模拟先被用于确定环氧树脂和二氧化硅两种材料的表面能，推导出体系随界面材料分离距离的自由能曲线，再采用基于蠕虫链(worm-like chain, WLC)的断裂模型来估计界面的内在强度，并通过拟合 CZM 来确定宏观的材料界面行为。最后通过在有限元建模中使用 CZM 单元，描述环氧树脂/二氧化硅的宏观开裂行为与脱黏机制。

2) FEM-MD 嵌入式建模方法

FEM-MD 嵌入式建模方法的基本思路是将微观的 MD 单元与宏观的 FEM 单元嵌入同一个模型来开展拉伸模拟。由于 MD 单元与 FEM 单元具有显著的尺度差异，因此需要建立粗粒化模型作为桥接单元。将沥青的全原子模型转化为粗粒化模型的过程示意如图 5-9 所示。最常见的粗粒化模拟算法是耗散粒子动力学 (dissipative particle dynamics，DPD)方法。DPD 方法将多个原子甚至整个分子视为一个粒子来处理，不考虑单个原子的行为细节。DPD 模型中粒子自身的自由度被整合，粒子间的受力由保守力、耗散力与随机力表示，并保证动量守恒和正确的流体动力学行为。这些近似的结果使得 DPD 方法能模拟更大时空尺度的系统。

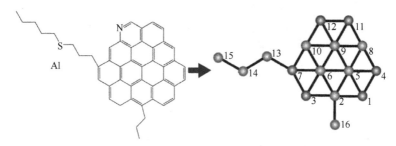

图 5-9　全原子模型转化为粗粒化模型过程

FEM-MD 嵌入式耦合模型由三个区域组成，即外部 FEM 区域、内部 MD 单元和中间的 DPD 区域[8]。在耦合模拟过程中，FEM 区域允许施加外部载荷使整个盒子变形，MD 区域的原子在经典牛顿力学下运动，DPD 区域的粒子间相互作用由粗粒化力场描述。对耦合模型的 MD 计算采用非周期性的随机边界条件。此外，在 DPD 区域设有一些称为锚点的虚拟粒子，以限制粒子从 DPD 区域逃逸到 FEM 区域。

在 FEM-MD 嵌入式耦合模拟中，基于 Arlequin 方法对不同区域进行交错迭代计算，在进行 FEM 步骤时，MD 区域的外部形状被设定为静态，而在进行 MD 模拟时，FEM 区域被设定为静态。宏观尺度的连续体和微观尺度的粒子区域只通过锚点的力和位移来相互影响。在 MD 计算步骤之后，粒子对锚点施加的时间平均力作为边界条件被传递到 FEM 模型中。在 FEM 步骤完成后，被更新的锚点位置被传递到下一个 MD 计算步骤中，交错的 FEM-MD 循环运算在执行了预定的加载次数后结束。

FEM-MD 嵌入式建模方法直接对材料体系的结构特征和相互作用进行描述，对理解沥青路面材料等复合体系的力学行为有着深远的意义，相信多尺度耦合建模未来会得到长足的发展。

5.2　混合料强度形成的多尺度计算模拟

沥青路面材料的强度形成主要源于两个方面，一是集料颗粒间的内摩阻力和锁结力，二是沥青砂浆与集料的黏结力以及沥青砂浆自身的黏聚力。前者可以构建沥青路面材料数字模型并采用离散元方法分析其强度形成的细观机制，而对于后者，分子动力学方法和量子化学方法能突破实验手段的时空尺度限制，深入到飞秒与亚纳米尺度探究沥青砂浆对沥青混合料强度形成的本质影响。本节将对相关技术内容进行介绍。

5.2.1 离散元方法

沥青路面车辙病害主要是由集料颗粒流动变形形成，路面裂缝病害主要是由集料颗粒间的微损伤发展而来，路面水损坏病害主要源于沥青在集料颗粒表面的剥落，沥青路面材料是典型的颗粒物质体系，其服役性能与颗粒材料的形态、特性、级配和颗粒间界面等细观参数密切相关。因此，通过离散元方法分析沥青混合料的强度形成具有天然优势。

1. 堆积结构与力链网络

沥青混合料由大量离散集料颗粒堆积而成，集料颗粒间的细观堆积结构与混合料力学及耐久性能密切相关。将集料视为颗粒材料，基于颗粒堆积理论，采用DEM模拟构建理想形状的集料颗粒堆积模型(无黏结颗粒体系)，从堆积结构和接触力链等指标开展沥青混合料细观颗粒骨架研究，可系统地了解集料锁结力对沥青混合料强度形成的影响[9]。

1) 集料细观堆积结构

基于圆柱形容器可建立三种离散元堆积模型：一元等粒径颗粒堆积模型、二元等粒径颗粒堆积模型以及多元级配颗粒堆积模型，如图5-10所示。一元和二元等粒径颗粒堆积模型多用于分析颗粒摩擦与相互干涉对堆积结构的影响，多元级配颗粒堆积模型则用于分析不同级配类型混合料对堆积结构的影响。颗粒堆积模型生成过程为：首先在圆柱形区域内生成目标粒径的颗粒小球，通过"落雨法"，使颗粒在重力的作用下堆积和重排，然后通过墙体伺服和循环命令使颗粒堆积体系达到压缩平衡状态。

(a) 一元等粒径颗粒堆积　(b) 二元等粒径颗粒堆积　(c) 多元级配颗粒堆积

图 5-10　颗粒离散元堆积模型

沥青混合料由不同粒径的集料颗粒以一定数量的比例组合而成，是一种典型的多元颗粒体系。不同级配类型的沥青混合料按其组成结构，可分为悬浮密实型、骨架密实型和骨架空隙型,代表性混合料分别为沥青混凝土(asphalt concrete, AC)、沥青玛蹄脂(stone mastic asphalt, SMA)混合料及开级配沥青磨耗层(open graded friction course, OGFC)。以《公路沥青路面施工技术规范》(JTG F40—2004)推荐的级配中值生成 AC-16、SMA-16、OGFC-16、AC-13、SMA-13、OGFC-13 离散元堆积模型,如图 5-11 所示。

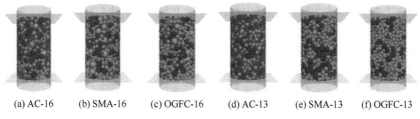

(a) AC-16　　(b) SMA-16　　(c) OGFC-16　　(d) AC-13　　(e) SMA-13　　(f) OGFC-13

图 5-11　多元颗粒体系离散元堆积模型

由于真实集料颗粒形态和表面纹理十分复杂,这里只是通过理想化圆球颗粒模型来研究沥青混合料的堆积结构,但可以通过设置不同摩擦系数来近似表征颗粒的形态和表面纹理对颗粒堆积的作用效应。集料在力学上属于弹性材料,因此选择线性接触模型来模拟集料间的相互作用。由于涉及颗粒的动态平衡过程,还需引入阻尼系数来耗散体系的能量以达到平衡状态。

颗粒材料的堆积密度是指颗粒固体的体积占堆积体总体积的比例,反映了颗粒材料内部堆积的紧密程度和结构状态。由于颗粒材料的堆积密度与许多工程学和物理学现象密切相关,大量的研究者对球状颗粒以及其他复杂形状的颗粒(如椭球体、圆柱体、异形体)开展其紧密堆积密度、松堆积密度、随机堆积密度的研究。其中,等粒径圆球体随机堆积密度在 0.58～0.64。

在取某一特定摩擦系数时,不同级配类型的沥青混合料粗集料堆积模型的堆积密度 DEM 模拟结果和实测值如表 5-1 所示。从表中可以看出,DEM 模拟得到的粗集料堆积密度与捣实法实测的粗集料堆积密度变化规律基本一致,即在相同公称最大粒径的情况下,AC 的堆积密度最大(矿料间隙率最小),SMA 次之,OGFC 最小(矿料间隙率最大),这一结果也证明了工程实践中对 SMA 混合料提出比 AC 混合料更高的矿料间隙率的要求是合理的。另外,在相同级配类型的情况下,随着公称最大粒径的增大,体系堆积密度降低(矿料间隙率增大),这一结果也验证了相关规范中对公称最大粒径较大的混合料提出更高矿料间隙率这一要求是合理的。

表 5-1　沥青混合料粗集料堆积模型的堆积密度 DEM 模拟结果和实测值

级配类型	堆积密度(DEM 模拟)	堆积密度(捣实法实测)
AC-16	0.694	0.702
SMA-16	0.683	0.687

续表

级配类型	堆积密度(DEM 模拟)	堆积密度(捣实法实测)
OGFC-16	0.666	0.675
AC-13	0.681	0.695
SMA-13	0.670	0.672
OGFC-13	0.659	0.665

2) 集料强弱力链分析

在 DEM 模拟中,可以得到每个时间步上各颗粒间的接触力,从而显示体系力链随时间的演化。在力链网络中,颗粒间接触力被表示成连接两个接触球体中心的实线,线的宽度代表接触力的大小或接触力与体系平均接触力的比率,这使得接触力网络可以被分为强力链网络和弱力链网络。

尽管目前沥青混合料根据内部组成结构特征分为悬浮密实型、骨架密实型和骨架空隙型,但这种区分标准非常主观,对骨架自身的定义以及骨架与内部组成的相互关系尚不明确。对于沥青混合料,其骨架含义可以认为是支持其承受外界荷载的细观构造,因此从某种意义上说 AC 悬浮密实型混合料也具有骨架结构,只是相比其他类型混合料其"骨架程度"较低。由于沥青混合料主要由大量离散颗粒组成,因此可以借助颗粒堆积理论,从颗粒细观接触力链角度对沥青混合料的骨架结构进行评价。颗粒材料细观力链网络结构中强力链(大于平均接触力)承担了大部分外界荷载,而弱力链(小于平均接触力)承担了较小外界荷载,因此可进一步将沥青混合料骨架划分为主导骨架和辅助骨架,其中以强力链表征沥青混合料的主导骨架结构,弱力链表征沥青混合料的辅助骨架结构,从而对主导骨架上颗粒构成进行分析。以 AC-16 堆积体系为例,通过接触遍历判断函数识别出的强力链主导骨架和弱力链主导骨架如图 5-12 所示,而主导骨架和辅助骨架上颗粒构成如图 5-13 所示。

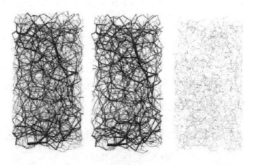

图 5-12　强力链主导骨架与弱力链主导骨架

图 5-13　主导骨架与辅助骨架上颗粒构成

为评价不同级配类型混合料的骨架状态，进一步基于细观力链及力链上的颗粒构成提出量化指标，即主骨架颗粒参与率(participation rate of main skeleton particles，PRMSP)，其定义为强力链主导骨架上颗粒数量与整个堆积体系中颗粒数量之比，该值大表示该堆积体系中更多数量的集料颗粒参与主导骨架的构成，一定程度反映该混合料骨架程度较强。

不同级配类型混合料堆积体系的 PRMSP 如图 5-14 所示。从图中可以看出，在相同公称最大粒径情况下，PRMSP 从高到低的混合料排序均是 OGFC>SMA>AC，说明开级配混合料的骨架程度要强于间断级配及密级配混合料。另外，随着公称最大粒径降低，各混合料的 PRMSP 均增大，说明较小粒径混合料的骨架程度要强于较大粒径混合料。

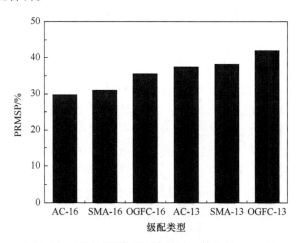

图 5-14　不同级配类型混合料堆积体系的 PRMSP

2. 动态模量

沥青混合料在常温低应力条件下主要表现出黏弹性力学响应特性，其在动态荷载作用下的动态模量是反映自身力学性能的核心指标，也是沥青路面设计中的重要参数。近些年，基于沥青混合料细观结构的 DEM 建模成为分析沥青混合料动态模量的重要手段。

1) 沥青混合料细观黏弹性本构模型及参数

在沥青混合料的 DEM 建模中，采用线性接触模型来表征粗集料单元的接触，另外考虑沥青砂浆的黏弹性，采用 Burgers 模型来表征沥青砂浆单元的接触，粗集料与沥青砂浆界面的接触采用修正 Burgers 模型。由于真实动态模量测试时需将混合料的力学响应控制在线弹性范围，因此可以认为该过程不涉及材料的损伤破坏。为防止试件在模拟过程中发生开裂破坏与实际情况不符，对所有接触赋予较大的接触黏结力。沥青混合料细观颗粒单元接触本构模型的配置如图 5-15 所示。

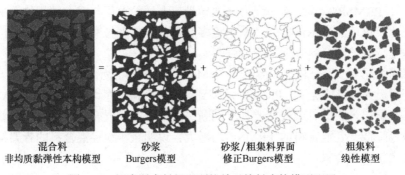

| 混合料
非均质黏弹性本构模型 | 砂浆
Burgers模型 | 砂浆/粗集料界面
修正Burgers模型 | 粗集料
线性模型 |

图 5-15　沥青混合料细观颗粒单元接触本构模型配置

与连续介质力学仿真直接输入材料的宏观参数不同，离散元仿真是通过设置颗粒单元间的细观接触本构模型以及相应参数来间接模拟材料的宏观力学响应，但根据弹性梁与黏弹性梁等效原理，细观颗粒接触参数(如刚度、刚度比)与材料宏观力学参数(如弹性模量、泊松比)存在对应转换关系。另外，由于是模拟材料的准静态力学行为，故不设置系统阻尼参数。

根据上述分析，需确定的粗集料参数包括模量 E 和泊松比 ν，以石灰岩粗集料为例，根据《岩石力学参数手册》，其弹性模量为 55.5GPa，泊松比为 0.15。需确定的沥青砂浆参数包括其 Burgers 模型的四个参数。需要说明的是，沥青砂浆 Burgers 模型参数并非固定值，而是与沥青砂浆试验方法和测试条件有关，可通过动态模量、蠕变以及松弛等试验结果拟合得到。

2) 动态模量 DEM 模拟研究

作为对比，对图像模型以及随机生成的 2D 及 3D 模型(集料为 cluster 类型)进行动态模量仿真试验，其中随机模型中基本小球单元粒径为 0.5mm。试件的两侧为自由边界，仿真试验过程中通过生成上加载板对试件施加正弦荷载，通过生成下加载板对试件进行边界限定，如图 5-16 所示。加载板为规则排列的颗粒小球，通过离散元 fish 函数控制其加载应力。

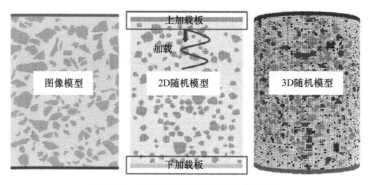

图 5-16　动态模量 DEM 仿真试验模型

　　考虑路面设计规范，将沥青混合料在 20℃以及 10Hz(面层混合料)或 5Hz(基层混合料)条件下测得的动态压缩模量作为设计指标，且该温度下沥青混合料具有显著的黏弹性，因此对 20℃沥青混合料的动态模量和相位角两个黏弹性力学指标进行预测，并研究其细观响应特性。由 2D 随机模型 DEM 模拟得到的典型应力-应变曲线如图 5-17 所示，可以看出 DEM 方法可以准确地模拟沥青混合料的黏弹性，各个频率下应力、应变均呈现稳定的正弦变化规律。动态模量 E^* 及相位角 θ 计算公式如下：

$$\left|E^*\right| = \frac{\sigma_{\max} - \sigma_{\min}}{\varepsilon_{\max} - \varepsilon_{\min}}, \quad \theta = \frac{\Delta T}{T} \tag{5-2}$$

式中，$\sigma_{\max}$ 和 $\sigma_{\min}$ 分别为 DEM 模拟试验中所施加最大应力和最小应力；$\varepsilon_{\max}$ 和 $\varepsilon_{\min}$ 分别为最大应变和最小应变；ΔT 为两相邻应力、应变峰值的时间差；T 为加载周期。

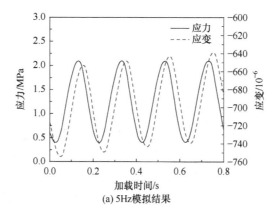

(a) 5Hz模拟结果

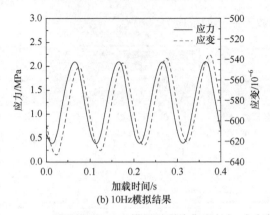

(b) 10Hz模拟结果

图 5-17　2D 随机模型 DEM 模拟得到的典型应力–应变曲线

图 5-18 为沥青混合料动态模量 DEM 模拟结果与实测结果的对比。可以看出，各个模型均能很好地模拟动态模量随加载频率增大而增大的变化趋势，但总体上模拟得到的动态模量低于实测结果，主要原因包括：仿真效率和精度的限制，部分细集料未被充分考虑；模型中粗集料被沥青砂浆分割，集料间相互咬合作用被弱化；随机模型无法考虑真实空隙结构；通过修正 Burgers 模型仍无法精细化模拟粗集料与沥青砂浆界面本构关系等。

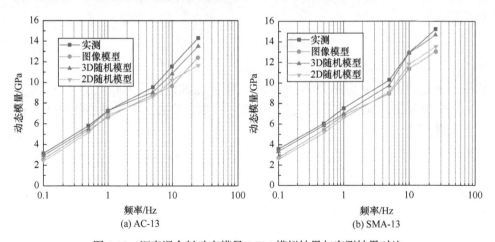

图 5-18　沥青混合料动态模量 DEM 模拟结果与实测结果对比

对比三类模型可以看出，3D 随机模型结果与实测结果最为接近，而 2D 随机模型的仿真精度与图像模型的仿真精度相当。总体上，采用随机算法生成 DEM 模型来模拟沥青混合料的力学行为是可行的，由于 2D 随机模型颗粒单元数量较少，计算效率远远高于 3D 随机模型，因此在计算资源有限以及模拟时间较长的情况下，可以优先考虑使用 2D 随机模型。

5.2.2　分子动力学方法

与沥青混合料的开裂损坏相同，沥青混合料的强度和耐久性也受到分子尺度上沥青–集料界面黏附特性以及沥青砂浆内部黏聚行为的影响。因此，通过 MD 方法从分子层面开展强度形成研究，是了解沥青混合料强度形成机制的重要手段。

1. 沥青–集料界面黏结强度

采用分子动力学方法，建立沥青–集料层状模型并进行模拟。动力学平衡前后的沥青–集料体系如图 5-19 所示。

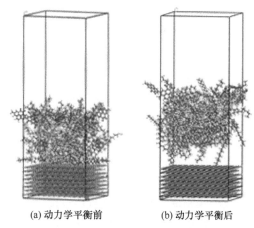

(a) 动力学平衡前　　　　(b) 动力学平衡后

图 5-19　沥青–集料体系模型[10]

1) 界面黏附功

沥青在集料表面的黏附强度可以通过黏附功来量化。黏附功被定义为分离单位面积的沥青–集料界面所需做的外力功。黏附功越大，表明沥青和集料之间的黏结力越强。黏附力 W_{adhesion} 可以通过式(5-3)计算：

$$W_{\text{adhesion}} = \frac{E_{\text{bind}}}{A} \tag{5-3}$$

$$E_{\text{bind}} = E_{\text{bi}} + E_{\text{mi}} - E_{\text{bi-mi}} \tag{5-4}$$

式中，E_{bind} 为沥青和集料之间的界面结合能；A 为界面接触面积；E_{bi}、E_{mi} 和 $E_{\text{bi-mi}}$ 分别为沥青体系、集料体系和沥青–集料体系的势能。

以不同矿物晶体代表集料，得到的沥青–集料黏附功的结果如图 5-20 所示。其中沥青–石英(quartz)界面具有最小的黏附功(80.6mJ/m^2)，而沥青–橄榄石(olivine)界面的黏附功高出沥青–石英界面三个数量级以上(203469.4mJ/m^2)，意味着沥青对矿物的黏附行为可能完全不同。

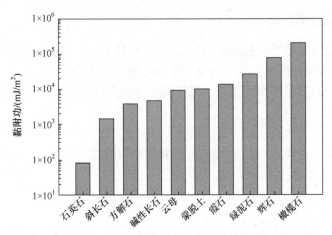

图 5-20　沥青与不同矿物晶体间的黏附功[10]

2) 沥青在集料表面分布特征

进一步分析沥青沿集料表面垂直方向的分布特征，以明确不同矿物对沥青吸附机制及对沥青微观结构的影响。以沥青原子密度反映其在不同集料表面的分布特征，原子密度曲线越平坦，表明沥青沿集料厚度方向的分布越均匀，即其受集料的吸附作用越弱，而曲线向下趋势越显著，则表明沥青更多地聚集在集料表面区域，即沥青受集料的吸附作用越强。

研究发现，石英对应的吸附曲线在整个沥青层厚度上几乎是平坦的，且原子密度接近于初始状态，说明石英对沥青的吸附作用较弱，导致沥青–石英界面黏附功较小[11]。对于橄榄石和辉石，在接近集料表面的区域沥青原子密度出现最显著的峰值，且曲线下降趋势大于其他矿料，表明它们对沥青的吸附作用最强，因而与沥青组成的界面体系具有最大的黏附功。

2. 沥青结合料内聚强度

沥青结合料自身的内聚强度可以通过内聚功来量化。内聚功被定义为在沥青内部产生单位面积的断裂面所需做的外力功。内聚功越大，表明沥青内聚强度越高，抵抗破坏的能力越强。内聚功($W_{cohesive}$)的计算方法如下：

$$W_{cohesive} = (E_{fracture} - E_{bulk}) / A \tag{5-5}$$

式中，$E_{fracture}$ 和 E_{bulk} 分别为出现断裂面前后沥青体系的势能；A 为断裂面面积。

由于沥青内部断裂处会产生新的表面，因此内聚功在数值上等于表面能的两倍。在 MD 模拟中，内聚功可以很方便地通过表面能进行计算。表面能(γ_a)计算公式如下：

$$\gamma_a = (E_{film} - E_{bulk}) / 2A_s \tag{5-6}$$

式中，E_{film} 为有自由表面的沥青模型的势能；E_{bulk} 为完整沥青模型的势能；A_s 为所创建的新表面的面积。

5.2.3　量子化学方法

研究人员普遍认为，决定物质稳定存在的分子间相互作用包括色散力、静电力、诱导力和交换–互斥力。为了深入了解沥青分子间结合强度的形成机制，可采用量子化学方法对沥青分子间作用力进行深入剖析。

量子化学方法是应用量子力学基本原理研究化学问题的技术手段，研究范围包括分子结构、分子性质、化学反应等问题。目前认为 1927 年 Burrau 对双氢离子的研究以及同年 Heitler 等对 H_2 分子的研究，开创了量子化学这一个交叉学科。经过近百年发展，量子化学方法已经成为研究者广泛应用的一种理论方法[12-13]。

众所周知，沥青老化过程中分子间结合强度显著增强，导致老化沥青的黏度增加，流动性大幅下降，从而影响沥青路面材料的强度和耐久性。这里针对这一问题展开了量子化学计算分析，具体是通过密度泛函理论(density functional theory，DFT)分析老化前后沥青质二聚体的构型、结合能及对应的静电势(electrostatic potential，ESP)分布，如图 5-21 所示。其中，DFT 计算是基于 Gaussian

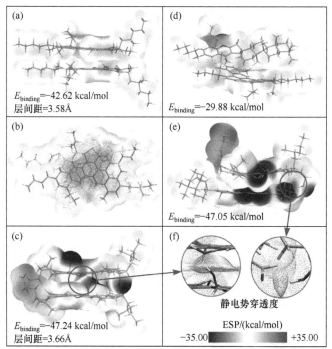

图 5-21　老化前后沥青质二聚体的静电势与结合能[13]

(a)、(b) 原样沥青质二聚体；(c) 老化沥青质二聚体；(d) 原样沥青质–胶质二聚体；
(e) 老化沥青质–胶质二聚体；(f) 静电势穿透效应
1kcal=4.186kJ

软件开展的，并通过 VMD、Multiwfn 等软件进行后处理。

由于 π-π 堆积效应，原样沥青质二聚体两个单体的多环芳烃(polycyclic aromatic hydrocarbon，PAH)区域完全平坦且相互平行(图 5-21(a))，具有 –42.62kcal/mol 的结合能，以及 3.58Å 的分子间距。造成沥青质 π-π 堆积效应的主要原因是色散力。π-π 堆积构象通过平行位移使沥青质分子间不利静电作用被最小化，并减少电子填充轨道的重叠，从而降低交换–互斥力(图 5-21(b))。

图 5-21(c)显示，老化沥青质二聚体结合得更紧密，结合能增强至 –47.24kcal/mol，这主要是因为静电相互作用显著增加，从图 5-21(f)可以看出，带负电的 O 和带正电的羟基 H 之间存在着明显的静电势穿透效应。老化沥青质二聚体的间距增加到 3.66Å，这是因为老化后，沥青质中的芳香环数量减少，强烈的静电作用破坏了沥青质二聚体原有的 π-π 体系，从而削弱了有利于降低层间距的 π-π 效应。

由于胶质分子的 PAH 区域较小，原样沥青质–胶质二聚体没有形成 π-π 堆积体系，所以结合能只有–29.88 kcal/mol(图 5-21(d))。老化沥青质–胶质二聚体的结合能增强至–47.05 kcal/mol，也是因为静电作用得到提升(图 5-21(e))。

采用量子化学方法，还可以探究不同来源沥青结合料的强度差异，以及掺加改性剂对沥青强度的影响机理等。由于量子化学方法理论复杂、计算量大，目前在沥青领域的应用较少，但随着高性能计算平台的发展，量子化学方法会逐渐成为沥青性能研究的新选择。

参 考 文 献

[1] 裴建中. 道路工程学科前沿进展与道路交通系统的代际转换 [J]. 中国公路学报, 2018, 31(11): 1-10.

[2] Kim Y R. Cohesive zone model to predict fracture in bituminous materials and asphaltic pavements: State-of-the-art review [J]. International Journal of Pavement Engineering, 2011, 12(4): 343-356.

[3] Tvergaard V, Hutchinson J W. The relation between crack growth resistance and fracture process parameters in elastic-plastic solids [J]. Journal of the Mechanics & Physics of Solids, 1992, 40(6):1377-1397.

[4] Song S H, Paulino G H, Buttlar W G. Simulation of crack propagation in asphalt concrete using an intrinsic cohesive zone model [J]. Journal of Engineering Mechanics, 2006, 132(11): 1215-1223.

[5] 顾临皓. 基于黏弹性损伤及断裂力学的沥青混合料路用性能细观仿真研究 [D]. 南京: 东南大学, 2019.

[6] Lu M, Wang F, Zeng X, et al. Cohesive zone modeling for crack propagation in polycrystalline NiTi alloys using molecular dynamics [J]. Theoretical and Applied Fracture Mechanics, 2020, 105: 102402.

[7] Wu X, Aramoon A, El-Awady J A. Hierarchical multiscale approach for modeling the deformation and failure of epoxy-based polymer matrix composites [J]. The Journal of Physical Chemistry B, 2020, 124(52): 11928-11938.

[8] Ramisetti S B, Anciaux G, Molinari J F. Spatial filters for bridging molecular dynamics with finite elements at finite temperatures [J]. Computer Methods in Applied Mechanics and Engineering, 2013, 253: 28-38.

[9] 薛斌. 沥青混合料细观力学特性与演化行为研究 [D]. 西安: 长安大学, 2020.

[10] 陈子璇. 胶粉改性沥青–集料界面效应及水的影响研究 [D]. 西安: 长安大学, 2019.

[11] Fan Z, Lin J, Chen Z, et al. Multiscale understanding of interfacial behavior between bitumen and aggregate: From the aggregate mineralogical genome aspect [J]. Construction and Building Materials, 2021, 271: 1-11.

[12] Minkin V I, Simkin B Y, Minyaev R M. Quantum Chemistry of Organic Compounds: Mechanisms of Reactions [M]. Berlin: Springer Science & Business Media, 2012.

[13] Tsuneda T. Density Functional Theory in Quantum Chemistry[M]. Berlin: Springer Science & Business Media, 2014.

第二篇　几何问题

第6章　集料单体几何特征

沥青混合料是一种由多种材料组成的多相复合材料，其中占比最大的集料对沥青混合料的工程特性产生重要的影响。尤其是集料的形态特征，会影响沥青混合料空间骨架的构建和沥青砂浆与集料之间的相互作用效应，并影响沥青结合料的用量，进而影响沥青混合料的耐久性、工作和易性、抗剪切强度、抗弯拉强度、疲劳性能，最终对沥青混凝土路面的路用性能产生重要影响。集料颗粒的综合形态特征可以用三个不同层次且相互独立的特征分量来描述：形状、棱角性与纹理，如图4-6所示。第一层次特征是形状，反映集料颗粒宏观整体的变化特征与状态；第二层次特征是棱角，反映集料颗粒细观局部的变化特征与状态；第三层次特征是纹理，反映集料颗粒微观尺度范围内的变化状况。这三个层次的特征分量间不存在必然的相关关系。此外，由于集料表面形貌特征对沥青混合料的路用性能具有重要影响，集料的表面形貌也被用于描述其几何特性。

6.1　形　　状

集料微观构造习惯用磨光值表征，它是矿物成分、结晶类型、晶斑数量及其分布的函数。均匀性差的集料，由于其微观表面的结构性再生，磨光值较高，可以提供较高的抗滑能力；集料宏观构造主要通过表面几何形状来反映，它不仅直接影响混合料内部集料间的接触状态，而且与路面宏观构造关系密切，直接影响路面的抗滑能力。目前集料的磨光值指标没有争议，而集料形状的描述和评价指标并不统一，因此有必要对其进行进一步的探索。

颗粒形状是指颗粒外形轮廓的边界或表面所有点的集合。我国《公路沥青路面施工技术规范》(JTG F40—2004)中对用于高等级公路面层的粗集料颗粒形状，要求"表面粗糙，形状近似立方体"，并且用颗粒的针片状含量小于15%进行约束 (T 0312)，在《公路沥青路面施工技术规范》(JTG F40—2004)中又增加了破碎面 90/100 的要求(T 0327)。美国对于粗集料颗粒形状，除了对破碎面和针片状含量进行规范外，还提供了颗粒指数的试验方法。概括说来，以上都是从抽样数据的分布概率和装填特性来定性评价料堆的形状，目的是防止供应不合适的材料，但在科学研究时，工作量大，耗时长，且很难准确到集料个体。

　　将数字图像处理技术用于颗粒形状描述已经较为常见。集料颗粒的轮廓外形通常可反映其形状系数，如纵横比或延长率等。图像分析中，传统的形状参数是环形度(即圆度)，它是以圆周和投影轮廓区域为基础进行专门定义的。例如，定义为投影区域与具有当量直径的圆区域的比率。Yamamoto 等[1]的研究表明，这种传统的圆度和环形度参数，远不能有效地描述一些不规则的几何形状(对形状变化不灵敏)。而且这些形状描述参数并不能重建投影轮廓的原始形状，因为它们没有涵盖任何关于轮廓起伏变化的信息。

　　数字图像处理技术和分形技术的研究及发展，为从另外一个角度定量研究集料整体(料堆)或集料个体(颗粒)的形状提供了简洁且有说服力的方法，将数字图像处理技术和分形技术进行结合，通过集料的分形维数来表征集料的不规则程度。首先对集料边界进行识别和提取，其次计算斜率密度函数(slope-density function，SDF)，最终求得集料形状分布的分形维数。

　　分形理论是定量描述几何形体复杂程度及空间填充能力的一门新兴边缘科学，已经被广泛运用于研究自然界中常见的、不稳定的、不规则的现象。分形理论研究对象的基本特征是具有层次性，不光滑、连续但处处不可微，且可用分形维数 D 作为分形对象的复杂程度与空间填充能力的一种度量。分形理论作为一种非线性的研究方法，被应用于许多领域，特别是在材料学方面应用广泛。近年来分形理论也被应用于道路沥青混合料的研究中，沥青混合料存在着空隙分形和集料分形等。

6.2　棱　　角

　　研究沥青混合料路用性能的过程中，许多问题涉及粗集料的棱角性。粗集料的棱角性被定义为大于 4.75mm 的集料具有一个或多个破碎面的质量分数。美国材料与试验协会(American Society for Testing and Materials，ASTM) D3398 对集料颗粒形状和纹理的测量与评定给出了详细的说明，测量对象是集料颗粒形状和表面宏观纹理情况，其棱角性评定参数 I_a 是指未压实粗集料的松方空隙率。我国规范对沥青混合料用粗集料的棱角性(即粗度和形状)没有给出相应的试验方法和技术指标。虽然粗集料的粗度和形状对沥青混合料性能具有显著的影响，但关于粗集料棱角性对沥青混合料性能的影响研究极少。

　　细集料棱角性被定义为测定通过 2.36mm 未压实细集料的空隙率。高空隙率对应高的破碎面。试验中，细集料样品通过标准漏斗被倒入一个小的标定过的量筒中。测量已经倒满量筒中的细集料质量就可以知道其所含体积，空隙含量可以通过量筒体积和被收集到量筒中细集料体积的差值来确定。细集料的毛体积相对密度被用来计算细集料的体积。

在沥青混合料设计中,细集料的棱角性是一个重要的考虑因素,虽然它不直接参与混合料体积指标的计算,但对混合料的压实特性和路用性能,尤其是高温稳定性有重要影响。在 Superpave 沥青混合料设计体系中,对细集料棱角性的要求已成为评价细集料质量的重要依据,国内的行业标准中也已引入细集料棱角性的测试方法。我国的《公路沥青路面施工技术规范》(JTJ 032—94)中没有对细集料棱角性提出相应的要求,在《公路沥青路面施工技术规范》(JTG F40—2004)中提出了细集料棱角性的指标要求,采用流动时间作为棱角性评价指标。《公路工程集料试验规程》(JTG 3432—2024)中还包含了细集料棱角性的间隙率试验法。众多试验表明,细集料对沥青混合料性能所起的重要作用,并没有通过细集料棱角性对沥青混合料性能的影响得以体现。

6.3　纹　　理

纹理的概念最初起源于人类对物体表面的触感。在此基础上,将触感与人类视觉关联起来,从而成为一个重要的视觉信息——纹理。通常,纹理包含两个基本要素:纹理基元以及纹理基元的排列规则。其中,纹理基元的排列规则可能表现为随机性,也可能表现出某种规律性。纹理的基本要素可以用式(6-1)表示:

$$f = R(e) \tag{6-1}$$

式中, R 表示对纹理基元的排列规则的描述; e 表示纹理基元。

纹理基元和排列规则的不同组合,构成了各式各样的纹理结构。《公路工程集料试验规程》中的 T 0344(细集料棱角性试验)和 T 0345(细集料粗糙度试验),以间接方法评定了细集料的棱角性和宏观纹理,而粗集料没有相应的试验方法。ASTM D3398 对集料颗粒形状和纹理给出了详细的测量方法,该方法适用于各个粒径的集料,是一种间接的测量方法,测量的对象是集料的颗粒形状和宏观纹理,并非真正的表面纹理粗糙度,且试验时间很长,试验量大,评定指标也是经验性的。

对集料表面纹理的测量停留在间接测量的水平上,直接测量还是空白的。随着对计算机认知科学和人工智能研究的不断深入,计算机技术和图像处理技术等得到了长足的发展。把 MATLAB 和三维光学密集点云测量系统融入沥青混合料集料的分析与计算中,对集料表面纹理进行探索性研究,将给沥青混凝土路面路用性能的预测和检测带来较大益处,在道路领域有着广阔的发展前景。

对集料表面纹理进行分析时，用肉眼可以明显看出集料表面纹理的变化，但是要定量地对它们进行分析，必须有合理的计算机模式识别方法，提取有效的特征参数，从而对不同的纹理图像进行描述。基于此，需要研究纹理本身可能具有的特征。已有很多纹理分析的方法，根据纹理的基本特征，可归纳为统计法、结构法、模型法和空间-频率域联合分析法等。由于不同纹理分析方法各有优劣，故近年来呈现了相互融合的趋势。随着三维光学扫描技术及三维可视化软件的发展，也出现了一些新方法。虽然现有的纹理分析方法有很多，但找到一种通用方法很难，且很多方法对纹理的描述随分辨率而变化，对方向敏感，易受噪声影响。在实际应用中，许多纹理分析方法存在正确分类率低、计算复杂、参数选择困难等问题，这些问题在一定程度上制约了其应用。因此，对于一个具体纹理图像，寻找充分利用各自优势的综合性方法，是近年来的研究趋势。

6.4　形　　貌

人类对机械加工表面特征研究已久，可以说，从机械加工开始的那一天起，人类对工程表面特征的研究也就开始了。伴随着机械加工表面形貌的发展，集料表面形貌特征在沥青混合料路用性能中的地位逐渐凸显出来，表面形貌质量的检测越来越受到人们的重视。

经过近一个世纪的发展，表面形貌测量仪器由低精度向高精度，由触针式单一品种向光学式、原子力等多品种，由接触式向非接触式，由二维向三维，由单独测量粗糙度轨迹向同时测量包括波纹度、形状误差轮廓信息的方向发展，现今主要有机械探针式、光学探针式、干涉显微、扫描电子显微镜和扫描探针显微镜五种测量方法[2]。

传统的表面形貌识别与评定研究中，主要集中于表面粗糙度的测量与评定。对其他表面特征的研究基本上是宏观的定性描述。表面粗糙度是指表面形貌中具有较小间距和微小峰谷的细微几何结构特征。其加工控制难度大，测量与评定的难度也大。因此，表面粗糙度研究为表面科学中表面特征研究的核心内容。表面粗糙度研究大致经历了三个阶段：①定性综合评定阶段；②定量、标准化参数评定阶段；③定量高水平检测阶段。

20世纪初的检测过程只是单纯依靠人的视觉和触觉来进行。表面粗糙度依靠人的直观感觉来定性估计和判断，为定性综合评定阶段。检测仪器与检测手段的发展推动了表面粗糙度识别与评定理论的发展。随着表面粗糙度评定理论的发展，许多国家制定了表征表面形貌特征的参数评定标准。1982年表面粗糙度评定标准 ISO 468—1982 被正式批准，统一了表面粗糙度的定义、评定和测量方法，我国于 1983 年也制定了标准 GB 1031—83。

上述标准的建立及应用，具有几个明显的特点：①表面粗糙度的评定理论是随机过程理论，认为表面形貌高度分布是平稳的随机过程，具有正态分布特征，评定参数大多是基于统计意义下的评定参数。②采用二维截面轮廓曲线研究三维表面形貌。③表面粗糙度评定的基准采用"中线制"，其确定方法有轮廓的算术平均中线和轮廓的最小二乘中线等。

分形几何为解决表面评价中的复杂问题开辟了一条新的途径，其提供了统计评定的补充方法，将分形理论真正应用于工程表面形貌研究始于 1986 年，Majumdar 和 Bhushan 为主要代表指出工程表面呈现出非平稳的随机性、无序性、自相似性、自放射性和多尺度特征[3]。Majumdar 等通过分形几何对粗糙表面进行了模拟研究，指出由于随机粗糙表面具有非稳定的自相似特点，常用的传统表面形貌表征参数存在非唯一性，如轮廓算术平均偏差、斜率和曲率方差等参数均与样本的取样长度及测量仪器分辨率有关；分形维数是定量刻画分形特征的参数，是一个无标度参数，理论上，可以用它研究任何尺度下的表面现象。Majumdar 等用 Weierstrass-Mandelbrot 分形函数(简称 W-M 函数)推导了基于分形维数的自相关函数，见式(6-2)：

$$Z(x) = \sum_{+\infty}^{-\infty} \gamma^{(D-2)n} \left[1 - \cos\left(r^n x \right) \right], \quad \gamma > 1 \tag{6-2}$$

式中，D 为 Hausdorff 维数，且 $1 < D < 2$。

我国将分形理论应用于工程表面形貌研究始于 20 世纪 90 年代。葛世荣、陈国安等[4-5]针对工程表面轮廓截面曲线，利用分形维数 D 研究了磨合表面形貌的变化过程，并与传统的粗糙度参数轮廓算术平均偏差 R_a 进行了比较，认为 R_a 随分形维数 D 的增大而减小，得出表面轮廓越光滑分形维数越大的结论。李成贵等[6-7]基于 W-M 函数，分析了加工表面的轮廓谱矩和表面谱矩特性，提出了一种各向异性表面三维形貌的等方性评定参数，说明了精车加工表面不具有等方性，而平面磨削工件表面形貌的等方性较好。

参 考 文 献

[1] Yamamoto H, Matsuyama T, Wada M. Shape distinction of particulate materials by laser diffraction pattern analysis [J]. Powder Technology, 2002, 122(2-3): 205-211.

[2] 李志强. 表面微观形貌的测量及其表征[D]. 重庆: 重庆大学, 2006.

[3] Majumdar A, Bhushan B. Role of fractal geometry in roughness characterization and contact mechanics of

surfaces[J].Journal of Tribology, 1990, 112(2): 205-216.

[4] 葛世荣, 索双富. 表面轮廓分形维数计算方法的研究[J]. 摩擦学学报, 1997, 17(4): 354-362.

[5] 葛世荣, 陈国安. 磨合表面形貌变化的特征粗糙度参数表征[J]. 中国矿业大学学报, 1999, 28(3): 204-207.

[6] 李成贵, 董申. 三维表面粗糙度参数的矩表征[J]. 计量学报, 2001, 22(3): 168-173.

[7] 李成贵. 粗糙表面轮廓相关性的倒谱分析[J]. 机械工程学报, 2004, 40(5): 87-91.

第7章　集料的形状特征

7.1　集料形状评价方法

7.1.1　量化评价指标

影响沥青混合料路用性能的因素有许多，就集料方面而言，主要包括颗粒形状和性质、最大粒径、集料级配和级配的骨架等。由于缺乏有效的技术手段定量测量集料特性，关于这些因素对沥青路面性能的影响只局限于定性层面，相关的定量研究比较少。为了弥补这方面的不足，利用图像处理技术展开研究，可为沥青混合料优化性能设计和评价提供参考和指导。

1. 集料分形维数

沥青混合料集料具有突出的自相似性，可以利用分形几何学进行研究，而且集料中存在几个层次的分形。首先集料表面就是一种分形，当不同尺寸的集料混合后，代表集料尺寸的粒径就形成一种分布，这种分布函数就是一种数学分形。

下面利用分形理论的基本原理来推导集料分布函数的分形表达式[1]。

集料质量分布函数见式(7-1)：

$$p(x) = \frac{m_x}{M} = \frac{V_x}{V} = \left(\frac{x}{x_{\max}}\right)^{3-D} \tag{7-1}$$

式中，$p(x)$ 为 x 档集料的通过百分率；m_x 为级配集料中粒径小于 x 的集料颗粒累计分形质量；V_x 为级配集料中粒径小于 x 集料的分形体积；M 为级配集料中集料颗粒的总质量；V 为级配集料中集料颗粒总的分形体积；x 为级配集料中集料颗粒的粒径；$x_{\max}$ 为级配集料中集料颗粒的最大粒径；D 为集料颗粒级配质量分形维数。

由此证明了集料颗粒级配质量分布与集料颗粒级配体积分布相同，并与集料颗粒级配质量分形维数 D 有关。分形维数大于拓扑维数小于所在空间的维数，故 $2 < D < 3$。

双对数坐标 $\lg m_x / M$ 与 $\lg x$ 函数图中存在直线段，就表明混合料集料颗粒分布具有分形结构。根据该直线斜率可得式(7-2)：

$$\lg\frac{m_x}{M} = (3-D)\lg x + \alpha \qquad (7\text{-}2)$$

即可求出集料颗粒级配质量分形维数 D。

2. 集料的形状指数与形状因子

集料的形状特征影响沥青混合料的力学特性和使用性能，一直是图像处理中的研究热点。粗、细集料的形状包括轮廓形状和棱角性，轮廓形状反映了颗粒的针片状，棱角性体现出棱角的突出程度。针片状颗粒在荷载的作用下易破碎，因而不希望出现。颗粒棱角性凸出则增大彼此间的嵌锁，提高路面的强度和抗永久变形的能力[2]。

1) 粗集料形状的测算模型

投影面积 S 的计算公式见式(7-3)：

$$S = T \times a \qquad (7\text{-}3)$$

式中，T 为图形的像素总数；a 为每个像素所代表的实际面积。

形状指数计算模型见式(7-4)：

$$F = \frac{L \times L}{4 \times \pi \times S} \qquad (7\text{-}4)$$

式中，F 为形状指数；L 为投影轮廓周长；S 为投影面积。

形状指数是圆形度倒数的平方值，因此，$F \geqslant 1$。F 越偏离 1，说明颗粒的投影轮廓偏离圆的程度越大，越接近针状，甚至纤维状，其表面的锐角也越大[3]。

2) 细集料形状的测算模型

细集料颗粒的形状特征可以用形状因子 F 指标来量化，见式(7-5)：

$$F = \frac{p}{q} = \frac{TL}{W \times W} \qquad (7\text{-}5)$$

式中，p 为 T/W；q 为 W/L。

F 等于 1 表示一个球状颗粒或立方体颗粒，小于 1 表示颗粒趋于针状，大于 1 表示颗粒易表现为扁平状。

球形度为与集料相同体积球体的表面积与集料实际表面积的比值。按照该定义，球体的球形度为 1，立方体的球形度为 0.806。除了棱角性的差别外，球体和立方体应具有相同的轮廓形状。此外，由于集料的表面积测定困难，采用集料的三个主尺寸来表征球形度公式，如式(7-6)所示：

$$\Psi = \frac{\left[\dfrac{\pi}{6}LWT\right]^{1/3}}{\left[\dfrac{\pi}{6}L\right]^{1/3}} = \left[\frac{WT}{L^2}\right]^{1/3} \tag{7-6}$$

式中，Ψ 表示球形度；L 表示一个集料的最长尺寸；W 表示一个集料的次长尺寸；T 表示一个集料的最短尺寸。

7.1.2　测量技术手段

用于评价集料形态特征的主要试验方法如表 7-1 所示[4]。

表 7-1　集料形态特征主要试验方法

试验方法	颁布机构/研究者	我国规范	方法类型	试验类型	集料类型
未压实空隙率(细集料)	AASHTO T304	√	间接法	现场/室内	细集料
未压实空隙率(粗集料)	AASHTO TP56	√	间接法	现场/室内	粗集料
集料颗粒形状纹理指数	ASTM D3398		间接法	现场/室内	粗(细)集料
压实集料抗力	FHWA-Report		间接法	现场/室内	细集料
佛罗里达承载比	FHWA-Report		间接法	现场/室内	细集料
流动时间法	魁北克交通厅		间接法	现场/室内	细集料
粗集料破碎面	ASTM D5821	√	直接法	现场/室内	粗集料
粗集料针片状含量	ASTM D4791	√	直接法	现场/室内	粗集料
VDG-40 视频机	LCPC		直接法	室内	粗集料

注：√ 表示含有该试验。

7.2　集料形状特征的二维解析

7.2.1　粗集料形状特征的二维解析

分别采用粒径为 9.5mm，来自攀西高速的玄武岩(以下简称为"攀西玄武岩")和榆神高速的玄武岩(以下简称为"榆神玄武岩")的单张扫描电荷耦合器件(charge coupled device，CCD)图像作为粗集料的对比计算实例，攀西玄武岩的原始图像如图 7-1 所示。对原始图像进行几何校正、消除噪声、图像增强技术等预处理后(图 7-2)，获得攀西玄武岩形态特征提取图像(图 7-3)，并利用模式识别技术分离图像中的集料，运用 Image-Pro Plus 图像分析软件进行分析提取与计算，可得到集料形态形貌的分析数据，包括集料的形状指数、棱角的圆度与度数等。

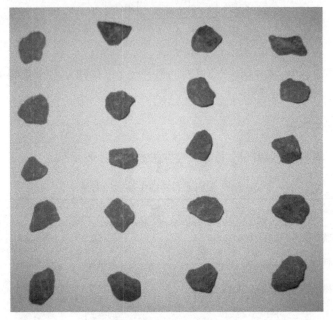

图 7-1 攀西玄武岩原始图像

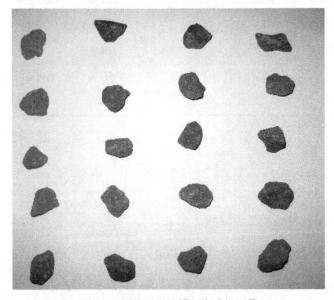

图 7-2 预处理后的攀西玄武岩图像

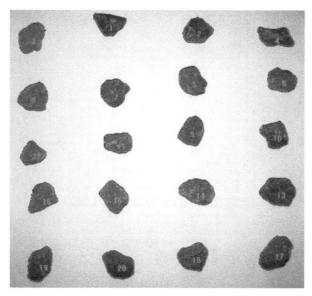

图 7-3　攀西玄武岩形态特征提取图像

9.5mm 攀西玄武岩和榆神玄武岩各投影面的形状指数分别如图 7-4 和图 7-5 所示，其形状指数的统计值见表 7-2。若颗粒物的投影面呈正多边形、椭圆、长方形等规则图形，则颗粒的形状指数较容易得到，但集料表面并非理想的规则形状，形状的变化呈现出多样性。对图 7-4、图 7-5 和表 7-2 进行量化分析，发现粒径为 9.5mm 的 20 个攀西玄武岩颗粒的形状指数主要集中在 1.08~1.45，各投影面的形状指数在 1.20 左右波动，且形状指数主要集中在均值的左侧。从图 7-4 可知，20 个攀西玄武岩颗粒的形状指数分布范围较广，各投影面拟合后的频率正态曲线变化较大，频率曲线呈现出层次阶段性变化。

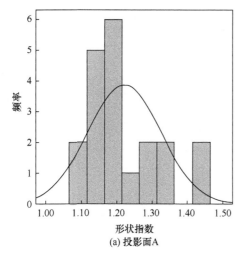

(a) 投影面A

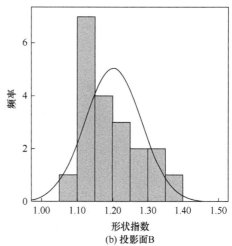

(b) 投影面B

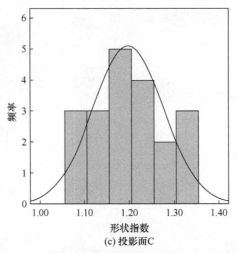

(c) 投影面C

图 7-4　9.5mm 攀西玄武岩投影面 A、B、C 的形状指数

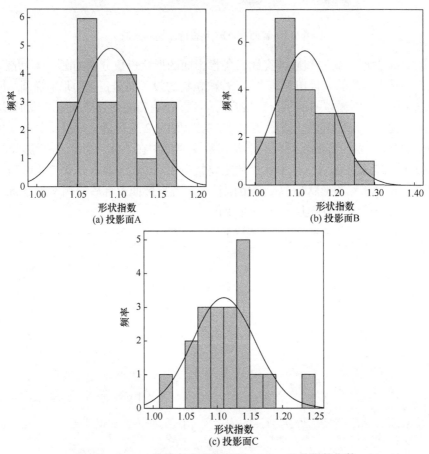

(a) 投影面A

(b) 投影面B

(c) 投影面C

图 7-5　9.5mm 榆神玄武岩投影面 A、B、C 的形状指数

表 7-2　9.5mm 攀西玄武岩和榆神玄武岩形状指数的统计值

统计值		形状指数 F							
		攀西玄武岩				榆神玄武岩			
		投影面 A	投影面 B	投影面 C	平均值	投影面 A	投影面 B	投影面 C	平均值
N	有效	20	20	20	20	20	20	20	20
	缺失	0	0	0	0	0	0	0	0
均值		1.222	1.202	1.198	1.207	1.093	1.125	1.110	1.109
均值标准误差		0.023	0.018	0.018	0.013	0.009	0.016	0.011	0.009
中值		1.205	1.190	1.195	1.190	1.090	1.115	1.110	1.095
标准偏差		0.103	0.079	0.078	0.059	0.041	0.071	0.048	0.040
方差		0.011	0.006	0.006	0.003	0.002	0.005	0.002	0.002
极小值		1.090	1.080	1.080	1.130	1.030	1.010	1.020	1.060
极大值		1.450	1.350	1.330	1.330	1.170	1.260	1.240	1.190

注：N 表示样本量，后同。

对于榆神玄武岩颗粒，对图 7-5 和表 7-2 进行量化分析可以看出，其形状指数主要集中在 1.01～1.26，各投影面的形状指数在 1.10 左右波动，但平均值的拟合性较好，各投影面的形状指数在均值左右分布较为合理，频率拟合后的正态曲线基本一致。由此可见，9.5mm 榆神玄武岩的形状指数比较均一，针片状程度较低。

由表 7-2 可知，攀西玄武岩和榆神玄武岩形状指数平均值的极差分别为 0.20 和 0.13，中值分别为 1.190 和 1.095，且攀西玄武岩的标准偏差为 0.059，榆神玄武岩的为 0.040。上述数据表明，榆神玄武岩各投影面的平均值分布范围较攀西玄武岩更为集中，且各个颗粒的形状指数集中在中值附近。由集料形状分析可知，9.5mm 榆神玄武岩的料源特性、破碎机械和破碎方法等要优于攀西玄武岩。粗集料对沥青混合料路用性能的影响较大，要获取较好的混合料路用性能，榆神玄武岩的生产过程值得借鉴。

7.2.2　细集料形状特征的二维解析

为量化细集料的二维指标，分析了细集料的形状和棱角性参数。以粒径为 2.36mm 的 20 个攀西玄武岩扫描图像作为计算实例，对比研究细集料二维解析中各评价指标的相互关系。

2.36mm 攀西玄武岩各投影面的形状因子如图 7-6 所示，其统计值见表 7-3。

对图 7-6 和表 7-3 进行量化分析，攀西玄武岩投影面 A、B、C 的形状因子 F 在 1.0 上下波动，小于 1.0 时集料颗粒趋于针片状，大于 1.0 时集料颗粒趋于扁平状。投影面 A 和投影面 C 的形状因子集中在 1.0 上侧，而投影面 B 的形状因子主要集中在 1.0 下侧，在集料各投影面中，形状因子居于 1.0 上侧起主导作用，20 个攀西玄武岩颗粒整体趋于扁平状。频率的拟合正态曲线也表现出类似的分布规律，投影面 A 和投影面 C 的频率分布相对均匀，而投影面 B 的频率分布离散。综合比较三个投影面，形状因子 F 的分布范围在 0.46～1.55，由于形状因子上下波动起伏较大，因此可知攀西玄武岩的细集料颗粒形状不均，长细比变化大。

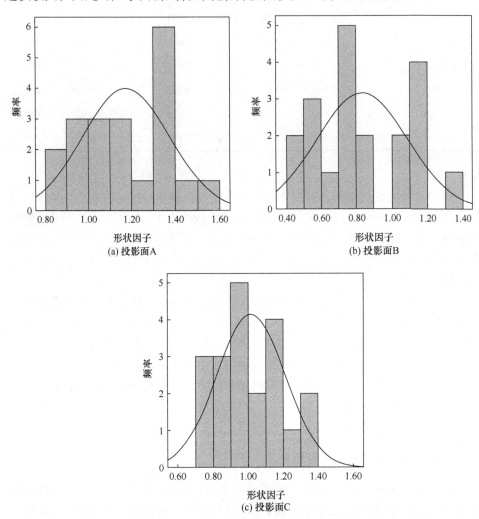

图 7-6　2.36mm 攀西玄武岩投影面 A、B、C 的形状因子

表 7-3　2.36mm 攀西玄武岩形状因子的统计值

统计值		形状因子 F				球形度 Ψ			
		投影面 A	投影面 B	投影面 C	平均值	投影面 A	投影面 B	投影面 C	平均值
N	有效	20	20	20	20	20	20	20	20
	缺失	0	0	0	0	0	0	0	0
均值		1.173	0.834	1.015	1.005	0.835	0.840	0.821	0.832
均值标准误差		0.045	0.056	0.043	0.025	0.018	0.012	0.019	0.011
中值		1.175	0.775	1.000	1.015	0.825	0.835	0.815	0.830
标准偏差		0.200	0.253	0.193	0.110	0.082	0.054	0.085	0.051
方差		0.040	0.064	0.037	0.012	0.007	0.003	0.007	0.003
极小值		0.840	0.460	0.730	0.850	0.710	0.740	0.650	0.720
极大值		1.550	1.300	1.400	1.260	0.970	0.920	0.990	0.950

2.36mm 攀西玄武岩各投影面的球形度如图 7-7 所示，对图 7-7 和表 7-3 进行量化分析，细集料的球形度 Ψ 范围为 0.65～0.99，而球体的球形度为 1.0，立方体的球形度为 0.806，球形度 Ψ 在 0.8 起伏，球形度的整体形状较接近立方体。分析图 7-7，频率拟合的正态曲线主要分布在 0.806 的上侧，但投影面 A 和投影面 C 分布于两侧的球形度值较为离散，投影面 B 的球形度值较为集中。20 个攀西玄武岩各投影面的球形度平均值为 0.832，介于立方体与球体之间，各投影面频率分布曲线起伏不大，整体攀西玄武岩细集料的球形度较为合理。

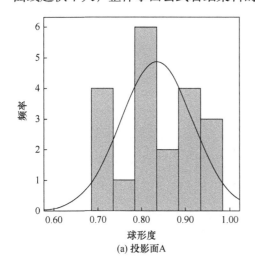

(a) 投影面A

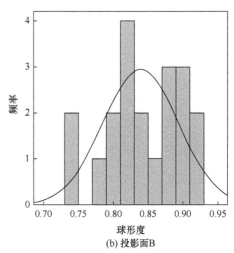

(b) 投影面B

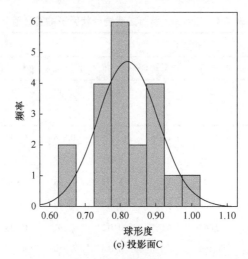

(c) 投影面C

图 7-7　2.36mm 攀西玄武岩投影面 A、B、C 的球形度

从表 7-3 可知，形状因子和球形度均值的方差分别为 0.012 和 0.003，标准偏差分别为 0.110 和 0.051，比较球形度和形状因子的分布规律，球形度值集中分布于均值周围。形状因子 F 和球形度 Ψ 的极差分别为 0.41 和 0.23，形状因子较为离散，与球形度的评价方法存在差异。

图 7-8 为 2.36mm 攀西玄武岩形状因子的箱形图，可以看出有两个集料颗粒存在误差，在统计时应排除在外。图 7-8 中，黑粗线为均数，方框为四分位间距的范围，上下两条细线为除去离群值之外的最大值和最小值。图 7-8 中，中位数距离方框边界和最值边界较为对称，体现了数据分布的对称性。

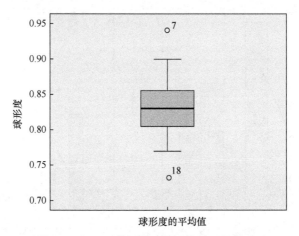

图 7-8　2.36mm 攀西玄武岩形状因子的箱形图

7.3　集料形状特征的三维解析

许多研究者尝试用数字技术来估计颗粒形状。数字图像处理(digital image processing，DIP)技术可以用来研究不同粒径的颗粒形状，区分不同的形状性能，以及尽可能量化对混合料性质的影响。DIP 技术可以测定几何参数，如平面周长、椭圆或矩形周长，条件为等面积、相等的最短或最长尺寸、等凸面周长、等粒子数、等区域分布、等粒径分布、等粒形特征、等空间分布等。颗粒形状通常是二维图像，很少采用三维图像来显示。虽然数字方法相对传统方法有一定的优势，但也存在一些缺点，如筛分尺寸不能用 DIP 测定。这是因为用二维测定的尺寸并不能直接与实际尺寸的颗粒相关联。

对国内外获取集料三维特征的方法进行简要分析，提出一种借鉴三维激光扫描技术获取集料三维特征的重构方法，扫描图像如图 7-9 所示。

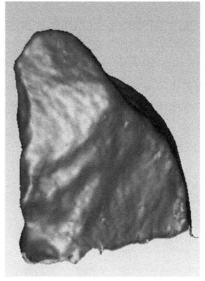

图 7-9　三维扫描图像

基于大量比对试验结果，可以根据集料三维视图确定 6 个基于图像的关键形态指标来描述粗集料的个体形状特征，即圆形度(ROUND)、纵横比(AR)、近似多边形周长比(APPR)、球形度(DS，Ψ)、扁平比(FER)、形状因子(SF，F)，其中扁平比和形状因子指标类似[5]，具体介绍见表 7-4。

表 7-4　粗集料个体关键形态指标

指标维数	名称	定义/计算公式	表征的形状特征
二维	ROUND	集料周长的平方与面积 4π 倍的比(圆形比值为 1，其他大于 1)	轮廓形状
	AR	集料等效椭圆的长轴与短轴之比(面积与一、二阶矩等效，即为 D_1 与 D_2 之比)	
	APPR	集料周长与轮廓近似多边形周长比值的平方	棱角性和纹理
三维	DS	$DS = \sqrt[3]{D_S \times D_I}\,/\,\sqrt[3]{D_L^2}$	轮廓形状
	FER	$FER = D_L\,/\,D_S$	
	SF	$SF = D_S\,/\,\sqrt{D_L \times D_I}$	

注：表中 D_1 和 D_2 分别为正面图中每个颗粒的最小外接矩形长和宽。$D_L = \text{Max}(D_1, D_2, D_3)$，$D_S = \text{Min}(D_1, D_2, D_3)$，剩下的一个中间值计为 D_I，D_3 为对应的侧面图中颗粒高度。

　　量化集料的关键形态指标，以 20 个 9.5mm 攀西玄武岩和榆神玄武岩颗粒为例，分析集料二维和三维的 6 个关键形态指标，评价各指标的相互关系。

　　9.5mm 攀西玄武岩的关键形态指标分布情况见图 7-10。可以看出，纵横比、近似多边形周长比和形状因子的频率拟合正态曲线较陡，柱状图中横坐标较宽，形态指标值局限于小区间内变化，而圆形度、球形度和扁平比的频率拟合正态曲线平缓，各形态指标值较分散，变化区间大。

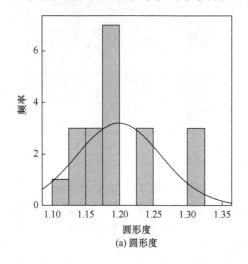

(a) 圆形度

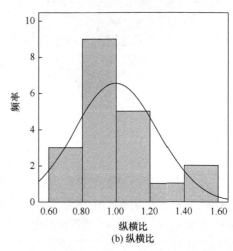

(b) 纵横比

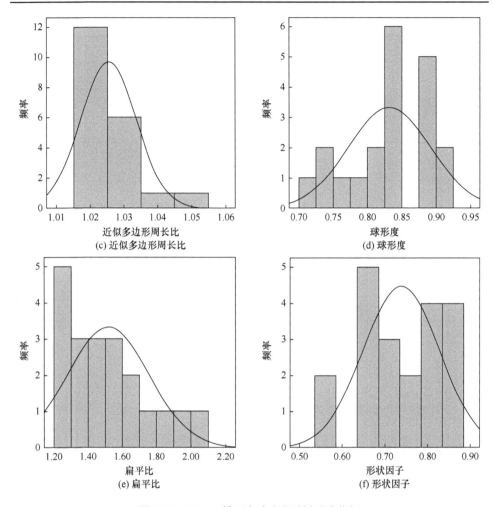

图 7-10　9.5mm 攀西玄武岩的关键形态指标

　　选取 20 个粒径为 9.5mm 的攀西玄武岩颗粒为研究对象，其关键形态指标的统计值见表 7-5。对统计值进行量化分析，ROUND 的均值为 1.199，AR 在 0.998 起伏且幅度较大，说明攀西玄武岩集料颗粒的轮廓形状变化不大，但针片状颗粒较多，破碎产生的粗集料不利于路面的稳定性，攀西玄武岩的破碎机械和破碎方法有待改进；APPR 分布在 1.026 附近，集料的周长与近似多边形的周长基本一致，表明攀西玄武岩颗粒的棱角性和纹理较小，集料相互之间的空隙率相应地也较小；DS 和 SF 的均值分别为 0.832 和 0.738，各指标值都在 1.0 的下方呈现出相似的变化规律，FER 介于 1.23～2.01，其均值高达 1.517，细长比较大，针片状颗粒含量较多，显然该粒径攀西玄武岩颗粒铺筑的路面在环境和重复荷载的影响下，会产生一系列的路面破坏。

表 7-5 9.5mm 攀西玄武岩关键形态指标的统计值

统计值		集料关键形态指标					
		ROUND	AR	APPR	DS	FER	SF
N	有效	20	20	20	20	20	20
	缺失	0	0	0	0	0	0
均值		1.199	0.998	1.026	0.832	1.517	0.738
均值标准误差		0.014	0.054	0.002	0.013	0.054	0.020
中值		1.180	0.920	1.020	0.835	1.465	0.725
标准偏差		0.062	0.243	0.008	0.060	0.239	0.089
方差		0.004	0.059	0.000	0.004	0.057	0.008
极小值		1.110	0.670	1.020	0.720	1.230	0.560
极大值		1.320	1.570	1.050	0.910	2.010	0.860

7.4 集料形状特征影响分析

7.4.1 不同岩性集料形状影响分析

选取 11 种来自不同地区,采用不同破碎方法获得的各档集料,横向比较分析不同岩性各档粗、细集料的形状特征。其中花岗岩-1、花岗岩-2 以及石灰岩-1、石灰岩-2 为不同地区、不同破碎方法的花岗岩和石灰岩。

1. 不同岩性粗集料的形状指数

以粒径为 9.5mm 的粗集料为计算实例,求得各集料三个扫描平面,投影面 A、B、C 的平均值。

形状指数是圆形度倒数的平方值,形状指数 F 的变化,反映了形状的复杂程度,F 偏离 1 越多,说明颗粒投影轮廓偏离圆形的程度越大,越接近针状,甚至纤维状,其表面的锐角也越大;形状指数越小,越接近 1,其形状的复杂程度越小,越接近圆形。

为了分析不同粗集料之间形状指数的变化,选取 11 种不同料原产地、粒径为 9.5mm 的集料进行对比分析,其形状指数如图 7-11 所示,统计值见表 7-6。对图 7-11 和表 7-6 进行量化分析,闪长岩、卵石、花岗岩-2、石灰岩-1 的柱状图中,粗集料形状指数分布相对集中,形状变化不大。11 种粗集料形状指数的均值

在 1.092~1.207，形状指数由小到大排序为闪长岩<片麻岩<花岗岩-1=花岗岩-2=
榆神玄武岩<卵石<石灰岩-1<辉长岩<角闪岩<石灰岩-2<攀西玄武岩，石灰岩-2
和攀西玄武岩颗粒形状指数 F 的均值偏离 1 较多，集料表面的锐角较大，针片
状集料的含量多。部分颗粒如辉长岩的极大值达到 1.39,闪长岩的极小值为 0.98,
这些过大或过小的形状指数对粗集料表面的形状也有影响。形状指数在 1.09~
1.15 的颗粒形状接近立方体(卵石除外)，同时扁平长条颗粒的含量少，混合料的
内摩擦角较大。在碾压成型和行车荷载的作用下，破损的颗粒越少，混合料性能
下降也越少。

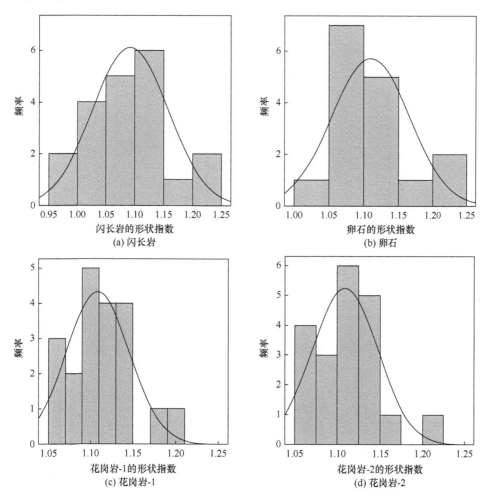

(a) 闪长岩　　　(b) 卵石

(c) 花岗岩-1　　　(d) 花岗岩-2

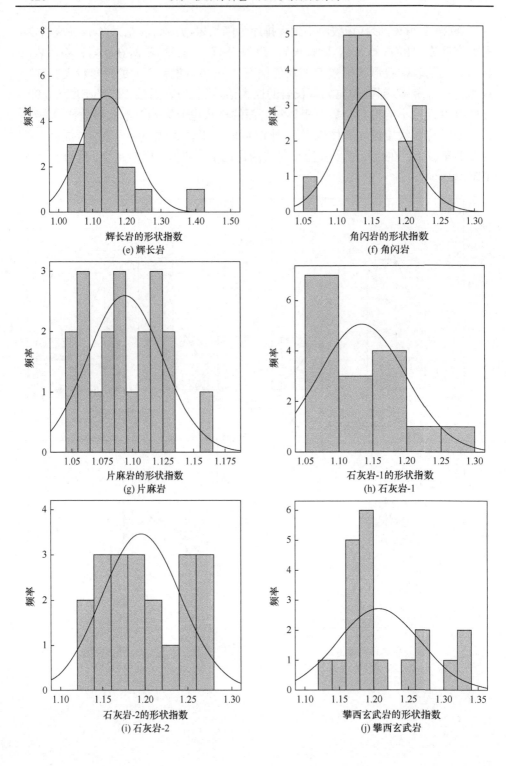

(e) 辉长岩

(f) 角闪岩

(g) 片麻岩

(h) 石灰岩-1

(i) 石灰岩-2

(j) 攀西玄武岩

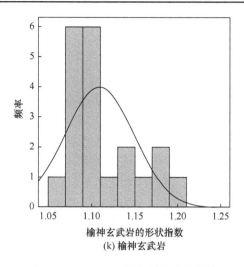

(k) 榆神玄武岩

图 7-11　9.5mm 11 种集料的形状指数

　　多种粗集料颗粒的形状指数介于极小值与极大值之间，由表 7-6 可知，颗粒的形状指数一般在 0.98～1.39，较大形状指数的集料不利于沥青混合料的稳定性，而较小形状指数的集料对混合料的路用性能也会产生不利影响。根据不同集料的极值大小，可得各集料的极值区间为 0.11～0.34，不同粗集料的形状指数波动范围为 0.23。形状指数平均值的标准偏差在 0.031～0.078，均小于 0.1，各个形状指数都集中在均值附近，分布相对合理。由图 7-11 的量化分析可知，闪长岩的形状指数 F 最接近 1，集料的形状接近圆形，在沥青混合料中不易形成集料的嵌挤，不能形成混合料的骨架，对铺筑后路面的抵抗高温车辙变形、抗水损等都不利。

表 7-6　9.5mm 11 种集料形状指数的统计值

统计值		形状指数 F										
		闪长岩	卵石	花岗岩-1	花岗岩-2	辉长岩	角闪岩	片麻岩	石灰岩-1	石灰岩-2	攀西玄武岩	榆神玄武岩
N	有效	20	16	20	20	20	20	20	16	20	20	20
	缺失	0	4	0	0	0	0	0	4	0	0	0
均值		1.092	1.110	1.109	1.109	1.143	1.152	1.094	1.134	1.196	1.207	1.109
均值标准误差		0.015	0.014	0.008	0.009	0.017	0.010	0.007	0.016	0.010	0.013	0.009
中值		1.085	1.095	1.105	1.105	1.135	1.140	1.090	1.120	1.185	1.190	1.095
标准偏差		0.065	0.056	0.037	0.038	0.078	0.047	0.031	0.063	0.046	0.059	0.040
方差		0.004	0.003	0.001	0.001	0.006	0.002	0.001	0.004	0.002	0.003	0.002
极小值		0.980	1.040	1.060	1.050	1.050	1.060	1.050	1.070	1.130	1.130	1.060
极大值		1.210	1.230	1.200	1.210	1.390	1.250	1.160	1.270	1.270	1.330	1.190

2. 不同岩性细集料的形状因子

以 2.36mm 粒径的 10 种集料为例，计算细集料的形状因子，进而获取其分布的规律。

不同细集料混合料中各组成部分的分布状态不同，从而表现出不同的高温、低温性能。受环境温度和外部荷载的影响，在混合料内部集料之间产生不同的拉应力、压应力等，此时沥青混合料路面是否发生拥包、车辙、开裂破坏，与细集料的形状以及与结合料的黏结能力有一定的关系。

10 种不同细集料形状因子分析结果见图 7-12 和表 7-7，可知闪长岩、花岗岩-1、角闪岩、石灰岩-1 和石灰岩-2 的形状因子较为集中，表现出集料形状的均匀性较好。不同细集料形状因子的均值在 0.937～1.043，整体在 1 上下波动。

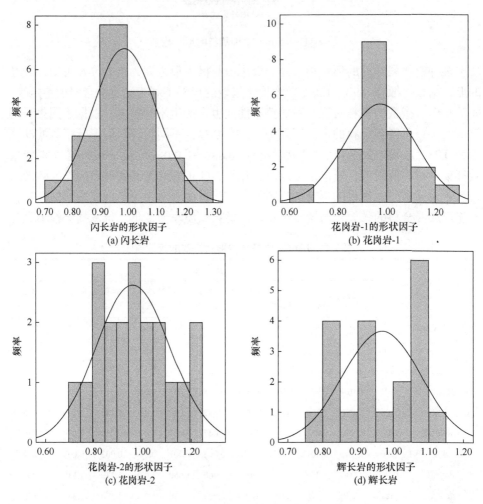

(a) 闪长岩

(b) 花岗岩-1

(c) 花岗岩-2

(d) 辉长岩

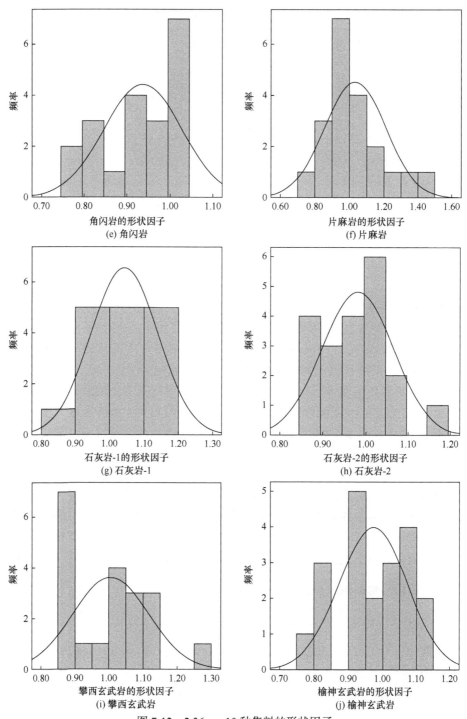

图 7-12 2.36mm 10 种集料的形状因子

表 7-7 2.36mm 10 种集料形状因子的统计值

统计值		形状因子 F									
		闪长岩	花岗岩-1	花岗岩-2	辉长岩	角闪岩	片麻岩	石灰岩-1	石灰岩-2	攀西玄武岩	榆神玄武岩
N	有效	20	20	20	20	20	20	16	20	20	20
	缺失	0	0	0	0	0	0	4	0	0	0
均值		0.987	0.974	0.963	0.968	0.937	1.033	1.043	0.981	1.005	0.973
均值标准误差		0.026	0.032	0.034	0.024	0.020	0.039	0.024	0.019	0.025	0.022
中值		0.975	0.980	0.950	0.965	0.950	1.000	1.070	0.980	1.015	0.970
标准偏差		0.115	0.145	0.152	0.109	0.090	0.176	0.097	0.083	0.110	0.100
方差		0.013	0.021	0.023	0.012	0.008	0.031	0.009	0.007	0.012	0.010
极小值		0.750	0.600	0.720	0.760	0.770	0.740	0.810	0.870	0.850	0.790
极大值		1.250	1.270	1.240	1.100	1.040	1.490	1.180	1.180	1.260	1.120

不同集料均值由小到大排序为角闪岩<花岗岩-2<辉长岩<榆神玄武岩<花岗岩-1<石灰岩-2<闪长岩<1<攀西玄武岩<片麻岩<石灰岩-1。形状因子等于 1 表示一个球状或立方体颗粒，小于 1 表示颗粒趋于针状，大于 1 表示颗粒易表现为扁平状。对比各集料的统计值，多数细集料颗粒整体形状趋向于针片状，攀西玄武岩、片麻岩和石灰岩-1 的整体形状更趋向于扁平状，其中石灰岩-1 细集料颗粒的扁平状特征最明显，在行车荷载的反复作用下，集料颗粒易发生破碎导致车辙、路面裂缝和水损等一系列路面病害。角闪岩的细集料因为形状因子过小，部分集料颗粒趋向于针状，不利于集料颗粒之间的嵌挤，也易导致路面产生破坏。

由表 7-7 可知，细集料的形状因子 $0.60<F<1.49$，极值区间为 0.27～0.75，各投影面形状因子的取值范围在极值区间内波动，相对变化范围不大。各细集料形状因子均值的标准偏差都大于 0.10，单个形状因子的值比较离散，但角闪岩、石灰岩-1 和石灰岩-2 的观测值比较集中，靠近均值，反映出细集料颗粒各表面形状均匀，变化起伏不大，在混合料中能形成较好的嵌挤作用。

7.4.2 不同粒径集料形状影响分析

1. 不同粒径粗集料形状分析

选取粒径为 13.2mm 和 9.5mm，不同来源特性和产地的 8 种粗集料进行对比分析，确定其形状指数的变化规律。

结合不同粒径粗集料的形状指数均值，可直观地得到不同粗集料形状指数的变化范围，如图 7-13 所示。

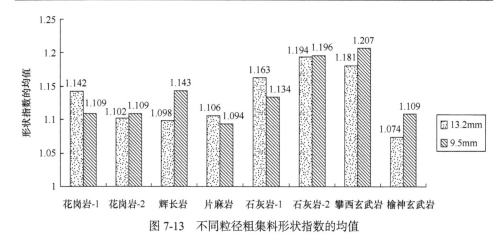

图 7-13　不同粒径粗集料形状指数的均值

对图 7-13 进行量化分析可得，所选 8 种粗集料，随着集料粒径的减小，集料总体的形状指数均值表现为增大的趋势。大多数集料在破碎过程中，受破碎方法和破碎机械的影响，在粒径较大时，集料形状接近圆形；随着集料粒径的减小，集料形状由初始的近似圆形往近似针片状和纤维状过渡，集料表面的棱角越来越明显。由图 7-13 易得，花岗岩-1、片麻岩和石灰岩-1 的形状指数变化规律与总体趋势恰好相反，随着粒径的减小，集料形状逐渐趋近于圆形，这种情况导致粒径较大的集料颗粒形状明显且丰富，而粒径较小的集料颗粒形状不明显，在混合料集料之间难以形成骨架嵌锁结构，不利于形成较好的混合料路用性能。

由图 7-13 还可得出，花岗岩-2 和石灰岩-2 各粒径的粗集料形状指数很接近，在实际生产中表现为各粒径的粗集料形状变化不明显。各档粒径的集料形状指数过于接近，破碎产生的各档粗集料整体形状均一，粗集料整体表现为圆形、针片状或纤维状，各粒径集料形状没有阶梯性的连续变化，也不利于集料相互之间的嵌挤，是沥青混凝土路面病害的重要因素之一。

不同粒径粗集料形状指数的极值变化范围如图 7-14 和图 7-15 所示，由图可知，不同种类粗集料中各粒径的极小值和极大值的变化基本同步，极值区间的变化类似。花岗岩-1、石灰岩-1 和榆神玄武岩的极小值和极大值同步变化，随着集料粒径的减小，花岗岩-2 和辉长岩的极值范围逐渐增大，而片麻岩、石灰岩-2 和攀西玄武岩的极值范围逐渐减小，各种粗集料的极值范围总体表现为随着粒径的减小，极值范围随之减小。集料粒径较大时，粗集料的形状变化较大；集料粒径较小时，集料形状的变化区间也减小，粗集料的总体形状逐渐由多样性向均一性过渡，破碎生产粒径较小的粗集料其形状特征较好。在花岗岩-2 和辉长岩中，粗集料在粒径较小时，集料形状的波动较大，没有良好的整体形状特征，对混合料性能产生不利影响，因此这两种集料的生产工艺需要改进，控制粗集料形状极值的变化范围。

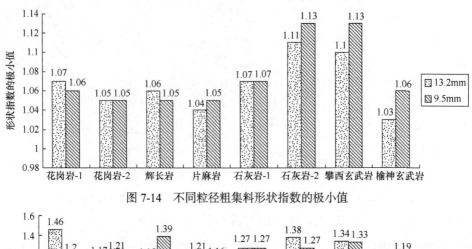

图 7-14　不同粒径粗集料形状指数的极小值

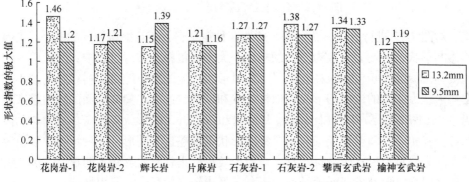

图 7-15　不同粒径粗集料形状指数的极大值

2. 不同粒径细集料形状分析

为对比分析不同粒径细集料的形状变化规律,选取粒径为 2.36mm 和 1.18mm 的 10 种细集料作为研究对象,分析其形状因子的变化范围。不同粒径细集料形状因子的均值如图 7-16 所示。

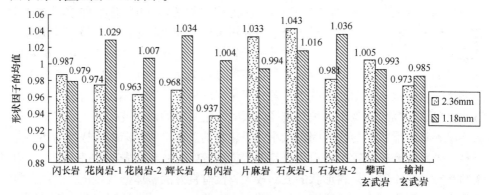

图 7-16　不同粒径细集料形状因子的均值

对图 7-16 进行量化分析可知，随着细集料粒径的减小，细集料形状因子的均值总体呈现增大的趋势，且形状因子由小于 1 向大于 1 变化，表现为细集料颗粒形状由针片状向扁平状过渡。闪长岩、片麻岩、石灰岩-1 和攀西玄武岩的细集料颗粒形状特征有着相反的规律，颗粒的形状因子随着粒径的减小逐渐降低。

以一个球体或立方体颗粒的形状因子作为衡量标准，粒径为 2.36mm 的细集料颗粒整体形状特征趋向于针片状，而粒径为 1.18mm 的细集料形状表现为扁平状。综合考虑 2.36mm 和 1.18mm 这两种粒径的细集料，以 10 种不同细集料为研究对象，20 个比较对象中小于 1 的形状因子占主体，细集料的整体特征为针片状。观察形状因子的变化特征可知，随着细集料粒径的变化，集料的形状逐渐变化。在集料粒径不同时，所选 10 种不同料源产地的细集料形状中有 8 种在 1 附近波动，不同粒径细集料颗粒的形状特征丰富，在混合料中形状特征的差异性能起到较好的填充作用。闪长岩和榆神玄武岩的细集料颗粒其形状因子均小于 1，集料颗粒的整体形状都为针片状，不利于在混合料中发挥细集料的填充作用，影响沥青混凝土路面的路用性能。

不同粒径细集料形状因子的极值变化范围如图 7-17 和图 7-18 所示。分析可知，所选 10 种不同细集料颗粒的形状因子极小值介于 0.6~0.9，而极大值在 1.0~1.5 波动。细集料极值区间变化平缓，除极少数情况外，极小值和极大值大多集中在较小的范围内，说明细集料的生产工艺较好，在其破碎和筛选的过程中，整体的误差较小，其所采用的破碎机械和工艺流程值得借鉴。

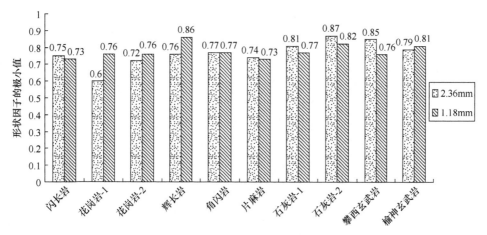

图 7-17　不同粒径细集料形状因子的极小值

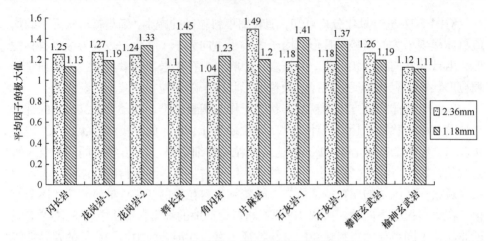

图 7-18 不同粒径细集料形状因子的极大值

参 考 文 献

[1] 夏春, 刘浩吾. 混凝土细骨料级配的分形特征研究[J]. 西南交通大学学报, 2002, 37(2): 186-189.

[2] 胡小芳, 曾文雄, 吴成宝, 等. 颗粒表面分维与其形状指数关系研究[J]. 中国粉体技术, 2007, 13(2): 14-17.

[3] Jahn D W. Evolving influence of superpave on coarse aggregate particle shape: Changing flat and elongated requirements[C]. Proceedings of the 6th Annual Symposium, International Center for Aggregates Research, Austin, 1998.

[4] 汪海年, 郝培文, 胡世通. 粗集料形态特征研究与应用[J]. 公路, 2008(10): 180-184.

[5] 肖源杰, 倪富健, 蒯海东, 等. 基于图像的粗集料形态对沥青面层抗剪性能的影响[J]. 郑州大学学报, 2006, 27(4): 44-48.

第8章　集料的棱角特征

8.1　集料棱角评价方法

8.1.1　量化评价指标

1. 粗集料棱角性评价指标

粗集料的棱角性反映的是颗粒轮廓上角度的变化，角度变化越锐利则在轮廓上表现为越凹或越凸。为了对不同种类、不同形状以及不同产地粗集料颗粒的棱角性进行量化分析，引入等效椭圆的概念，如图 8-1 所示，该椭圆与颗粒有着相同面积、相同 1 阶矩和相同 2 阶矩。等效椭圆保留了颗粒轮廓形状特征，弱化了轮廓形状对棱角性量化的影响。粗集料棱角性的量化指标可以从颗粒和等效椭圆之间的对比值引出，因此可针对性提出对应指标表征粗集料的棱角性[1]。

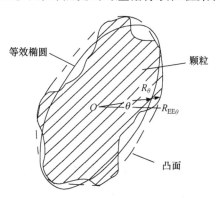

图 8-1　粗集料颗粒等效椭圆示意图

由于等效椭圆保留了集料轮廓形状特征，最小化了轮廓形状对棱角性量化的影响，同时椭圆没有棱角性，因此粗集料棱角性的量化指标可以从集料和等效椭圆之间的比值关系引出，建立两类棱角性指标进行量化研究。

基于半径的粗集料棱角性指标可表征为式(8-1)和式(8-2)：

$$R = \sum_{\theta=0^\circ}^{355^\circ} \frac{\left| R_\theta - R_{EE\theta} \right|}{R_{EE\theta}}, \quad \Delta\theta = 5^\circ \tag{8-1}$$

$$R_{\max} = \max\left[\frac{R_\theta - R_{\mathrm{EE}\theta}}{R_{\mathrm{EE}\theta}}\right], \quad \Delta\theta = 5° \tag{8-2}$$

基于周长的粗集料棱角性指标可表征为式(8-3)：

$$P = \left[\frac{C}{C_{\mathrm{ellipse}}}\right]^2 \text{和} \ P_{\mathrm{c}} = \left[\frac{C_{\mathrm{convex}}}{C_{\mathrm{ellipse}}}\right]^2 \tag{8-3}$$

式中，C 为集料轮廓周长；C_{convex} 为凸面的周长；C_{ellipse} 为等效椭圆的周长；R_θ 为集料上 θ 对应的轮廓半径；$R_{\mathrm{EE}\theta}$ 为集料上 θ 对应的等效椭圆的半径。

2. 细集料棱角性评价指标

细集料棱角性是指未压实细集料的空隙率。细集料颗粒棱角的度数反映棱角性，其计算公式见式(8-4)：

$$A_i = (180° - \alpha)\frac{L}{R} \tag{8-4}$$

式中，A_i 为集料轮廓上第 i 个棱角的度数；α 为测定的棱角度数；L 为棱角尖端与颗粒最大内接圆中心的距离；R 为颗粒最大内接圆的半径。

该指标不仅反映了集料轮廓上棱角的圆度，还描述了棱角距离颗粒最大内接圆中心的程度，其计算示意如图 8-2 所示。

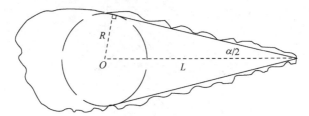

图 8-2　细集料棱角性评价指标计算示意图

由于不同来源特性的集料样本所含颗粒成百上千，用 Image-Pro Plus(IPP)图像分析处理软件图像识别后得到的集料颗粒数据冗长且原始，为了能快速、准确地得到集料棱角性特征的量化指标值，进而对集料性能进行评价或与其他路用性能进行相关研究[2]，利用 PASW 统计分析软件处理试验数据是很有必要的。

8.1.2　测量技术手段

1. 粗集料棱角性试验方法

1) ASTM D5821

粗骨料破碎颗粒百分比(percent of fractured particles in coarse aggregate)测定的

是粗集料中有一个或两个破碎面的颗粒含量，以此来反映粗集料的棱角性，试验过程费时费力。

2) ASTM D3398

集料颗粒形状和纹理指数(index of aggregate particle shape and texture)通过粗集料的堆积空隙率来间接反映集料的棱角性，无法直接、准确地反映粗集料棱角性对沥青混合料路用性能的影响。

3) AASHTO TP56

粗骨料堆积空隙(uncompacted voids in coarse aggregate)通过粗集料的堆积空隙率来间接反映集料的棱角性，无法直接、准确地反映粗集料棱角性对沥青混合料路用性能的影响。

2. 细集料棱角性试验方法

1) 美国 AASHTO 试验方法

美国在战略性公路研究计划中开发了细集料未压实空隙率的标准试验方法AASHTO TP33，并研发了测定棱角性的设备。该方法是将干燥细集料试样通过标准漏斗漏入一个经标定的圆筒，将细集料的空隙率作为棱角性的标志。空隙率大，意味着细集料有较大的内摩擦角，球形颗粒少，表面构造粗糙，细集料的棱角性好。该方法受集料颗粒形状、表面结构和级配的影响。AASHTO TP33 方法又分为 A、B、C 三种试验方法。美国 Superpave(高性能沥青路面)沥青混合料设计思想中规定的细集料棱角性标准见表 8-1。

表 8-1　Superpave 细集料棱角性规范要求

设计道路交通量/10^6	细集料未压实的空隙率最小值/%	
	距表面 ≤ 100mm	距表面>100mm
<0.3	—	—
0.3~3	40	40
3~10	45	40
10~30	45	40
≥ 30	45	45

2) 法国 AFNOR 试验方法

法国 AFNOR NF P 18-564/1981 中规定了砂的流值试验方法，用来评价细集料的表面特征及棱角性，其对沥青混合料的稳定性、塑性变形有重要影响。该方法将过筛后的 1000g 干燥集料通过标准漏斗漏入一个圆筒，测定漏斗中细集料流出时间，将其作为细集料试样的粗糙度。漏斗流出孔有 12mm 和 16mm 两种，按照最大粒径的不同，选择 2.36mm 或 4.75mm 的标准筛过筛，对最大粒径为 2.36mm 的细集料，过 2.36mm 标准筛，采用开口 12mm 的漏斗；对最大粒径为 4.75mm 的细集料，过 4.75mm 标准筛，采用开口 16mm 的漏斗。

3) 我国细集料棱角性试验方法

我国《公路工程集料试验规程》(JTG 3432—2024)中关于细集料棱角性的试验方法有间隙率法和流动时间法两种。

(1) 间隙率法。该方法适用于测定一定量的细集料通过标准漏斗、装入标准容器中松散状态下的间隙率，以间接评价细集料的棱角性。

(2) 流动时间法。该方法适用于测定一定体积的细集料全部通过一孔径所需要的时间，以间接评价其棱角性。

3. 集料棱角性图像法

1) 周长方法

等效椭圆周长比 AI_{pe}，即集料颗粒的周长与等效椭圆周长的比值。其中的等效椭圆主要包括两方面的等效，一是面积与集料颗粒的面积相等；二是椭圆的形状比率(AR)与集料相等。保证形状比率相等主要是为了消除轮廓形状特征对集料颗粒棱角性指标的影响。一般颗粒表面越光滑、凹凸细节的数量越少，其周长越接近等效椭圆的周长，则 AI_{pe} 越小[3]。

2) 半径方法

采用上述等效椭圆，使其主轴方向与颗粒主轴方向保持一致，计算同一方向角上两者半径差，并累计求和，见式(8-5)：

$$AI_R = \sum_{\theta=0°}^{\theta=358°} \frac{|R_\theta - R_{EE\theta}|}{R_{EE\theta}} \tag{8-5}$$

式中，θ 为表示方向角，取值为 0°，4°，8°，…，356°；R_θ 为对应不同方向角上的半径，即重心沿 θ 与边界相交的直线长度；$R_{EE\theta}$ 为等效椭圆对应角度上的半径，集料的棱角越多，AI_R 越大。

集料棱角性对沥青混合料性能的影响非常显著，众多学者对集料棱角性的评价方法展开研究，而集料棱角性的测试方法较多，数字图像手段测试集料棱角性是其中的一种重要方法。

为了能够快速、便捷、准确地对集料的棱角性进行测定，采用自主开发的集料数字图像评价系统(aggregate digital image evaluation system，ADIES)获取集料的三维图像。ADIES 主要由八个模块组成：供电模块、运动控制模块、计算机模块、图像采集模块、图像预处理模块、集料识别模块、集料分析评价模块和数据存储模块。当得到集料的立体图像后，采用 Image-Pro Plus 图像分析处理软件，能够快速地对整幅集料图像上的颗粒单个地、直接地进行识别测量，从而得到集料颗粒的基本参数，如面积、周长等，把这些参数代入上述的评价指标中，对集料棱角性特征进行量化描述。

8.2　粗集料棱角特征的二维解析

8.2.1　投影面 A 的棱角性

以 9.5mm 攀西玄武岩和榆神玄武岩的投影面 A 为计算实例，分析其单个投影面的棱角性变化规律，比较棱角性各评价参数之间的关系。

9.5mm 攀西玄武岩、榆神玄武岩投影面 A 各棱角性参数的相互关系见图 8-3、图 8-4 和图 8-5。对 20 个集料颗粒投影面棱角性的频率变化趋势进行量化分析可得：基于最大半径 $R_{\max}$ 的攀西玄武岩、基于周长 P 的榆神玄武岩和基于周长 P_c 的攀西玄武岩，其频率拟合后的正态分布曲线较陡，且柱状图中单个横坐标棱角性的值域较宽，粗集料投影面 A 的棱角性值较为集中，则各个集料基于该指标下的棱角性变化不大。基于最大半径 $R_{\max}$ 的榆神玄武岩、基于周长 P 的攀西玄武岩和基于周长 P_c 的榆神玄武岩的集料颗粒棱角性变化突出。三种评价指标中，基于最

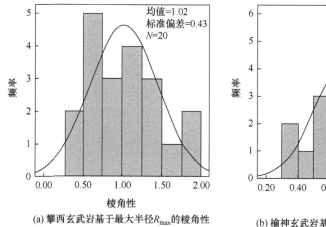
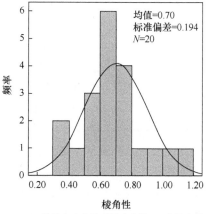

(a) 攀西玄武岩基于最大半径$R_{\max}$的棱角性　　(b) 榆神玄武岩基于最大半径$R_{\max}$的棱角性

图 8-3　9.5mm 攀西玄武岩和榆神玄武岩投影面 A 基于最大半径 $R_{\max}$ 的棱角性

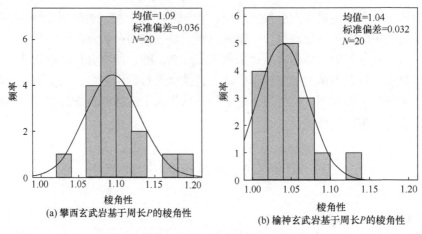

图 8-4 9.5mm 攀西玄武岩和榆神玄武岩投影面 A 基于周长 P 的棱角性

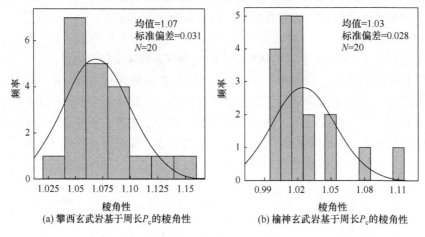

图 8-5 9.5 mm 攀西玄武岩和榆神玄武岩投影面 A 基于周长 P_c 的棱角性

大半径的棱角性较其他两种评价指标的棱角性值更为集中，频率的拟合性更好。攀西玄武岩的粗集料颗粒比榆神玄武岩的差异性小，集料颗粒之间不能形成良好的嵌锁作用，路用性能相对较差。

棱角性的统计值见表 8-2。选取的 20 个攀西玄武岩和榆神玄武岩的集料颗粒中，两种集料 R_{max} 的棱角性变化幅度都较大，说明个别集料投影面 A 的棱角性较为突出，但攀西玄武岩和榆神玄武岩棱角性变化的区间有较大差异，攀西玄武岩主要集中在 0.39~1.80，而榆神玄武岩集中在 0.36~1.15，攀西玄武岩和榆神玄武岩棱角性的均值分别为 1.022 和 0.697。对比数据可得，榆神玄武岩的整体棱角性较好，粗集料形成的骨架具有较高的嵌挤作用，从而提高集料的内摩擦角，铺筑的沥青路面相对具有较好的高温稳定性。基于周长 P 和周长 P_c 的集料棱角性变化趋势较为接近，攀西玄武岩和榆神玄武岩分别在 1.02～1.18 和 1.00～1.13 波动，说明这两种集料的均一性较好，棱角性参数变化较小，棱角性和破碎性较好，用基于最大半径和周长的参数评价集料棱角性是合适的。

表 8-2　9.5mm 攀西玄武岩和榆神玄武岩投影面 A 棱角性的统计值

统计值		攀西玄武岩			榆神玄武岩		
		棱角性(基于最大半径)	棱角性(基于周长)		棱角性(基于最大半径)	棱角性(基于周长)	
		R_{max}	P	P_c	R_{max}	P	P_c
N	有效	20	20	20	20	20	20
	缺失	0	0	0	0	0	0
均值		1.022	1.095	1.070	0.697	1.040	1.025
均值标准误差		0.096	0.008	0.007	0.043	0.007	0.006
中值		0.955	1.085	1.070	0.675	1.035	1.020
标准偏差		0.430	0.036	0.031	0.194	0.032	0.028
方差		0.185	0.001	0.001	0.038	0.001	0.001
极小值		0.390	1.030	1.020	0.360	1.000	1.000
极大值		1.800	1.180	1.150	1.150	1.130	1.110

8.2.2　基于最大半径的棱角性

用单个评价指标分析集料各个投影面的棱角性。攀西玄武岩三个投影面基于最大半径的棱角性如图 8-6 所示。20 个攀西玄武岩集料颗粒中，虽然三个投影面基于最大半径的棱角性频率拟合曲线有差异，但综合三个投影面的频率曲线可看出，这 20 个集料颗粒各投影面的棱角性变化不明显。

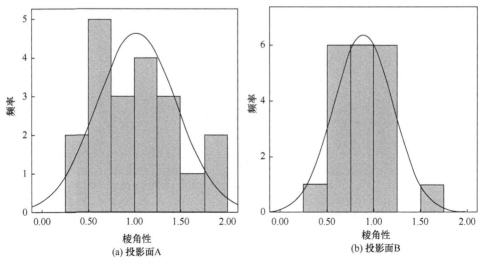

(a) 投影面A　　　　(b) 投影面B

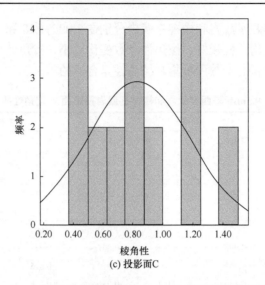

(c) 投影面C

图 8-6　9.5 mm 攀西玄武岩投影面 A、B、C 基于最大半径的棱角性

　　榆神玄武岩投影面 A、B、C 基于最大半径的棱角性如图 8-7 所示。棱角性值较为离散，频率的拟合曲线差异性较大，三个投影面的棱角性变化明显。具有明显细微突出的榆神玄武岩粗集料,在碾压后相互嵌挤锁结而具有很大的内摩擦角，在其他条件相同的情况下，这种集料所组成的沥青混合料较圆形而表面平滑的颗粒具有较高的抗剪强度。

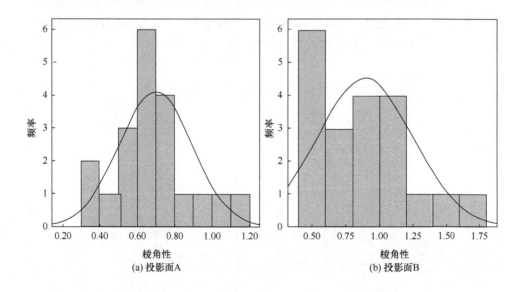

(a) 投影面A　　　　　　　　　　　　　　　　(b) 投影面B

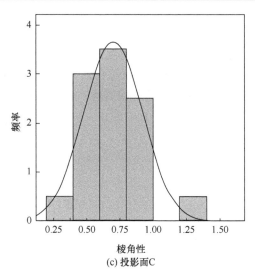

图 8-7　9.5 mm 榆神玄武岩投影面 A、B、C 基于最大半径的棱角性

　　棱角性的统计值见表 8-3。综合考虑以上量化分析结果，攀西玄武岩和榆神玄武岩各投影面棱角性均值范围分别为 0.838~1.022 和 0.697~0.895，总的平均值分别为 0.916 和 0.765，但榆神玄武岩各投影面的均值变化较大，棱角性变化越大，沥青与集料充分吸附和嵌挤，因此其沥青混合料抵抗拉伸破坏的能力越强。这 20 个集料的棱角性极值变化并不明显，分别集中在 0.360~1.800 和 0.320~1.650，说明这两种集料的棱角性较好，破碎方法适当，铺筑的沥青路面可获得较好的经济效益和抗车辙性能。

表 8-3　9.5mm 攀西玄武岩和榆神玄武岩基于最大半径的棱角性的统计值

统计值		棱角性(基于最大半径)							
		攀西玄武岩				榆神玄武岩			
		投影面 A	投影面 B	投影面 C	平均值	投影面 A	投影面 B	投影面 C	平均值
N	有效	20	20	20	20	20	20	20	20
	缺失	0	0	0	0	0	0	0	0
均值		1.022	0.891	0.838	0.916	0.697	0.895	0.700	0.765
均值标准误差		0.096	0.070	0.076	0.0545	0.043	0.079	0.049	0.041
中值		0.955	0.965	0.805	0.885	0.675	0.87	0.69	0.745
标准偏差		0.430	0.314	0.340	0.244	0.194	0.353	0.219	0.185
方差		0.185	0.099	0.116	0.059	0.038	0.125	0.048	0.034
极小值		0.390	0.360	0.390	0.590	0.360	0.430	0.320	0.530
极大值		1.800	1.710	1.490	1.480	1.150	1.650	1.390	1.190

8.2.3　基于周长的棱角性

　　以 9.5mm 攀西玄武岩基于周长的棱角性为例，分析其棱角性的变化规律。三个投影面基于周长 P 和基于周长 P_c 的棱角性分别如图 8-8、图 8-9 所示。可以看出，投影 B 基于周长 P 和 P_c 的棱角性数据离散，而投影面 A 和投影面 C 的棱角性数据相对集中，各投影面基于周长 P 和周长 P_c 的棱角性频率拟合曲线图中，频率曲线的变化具有极大的相似性。

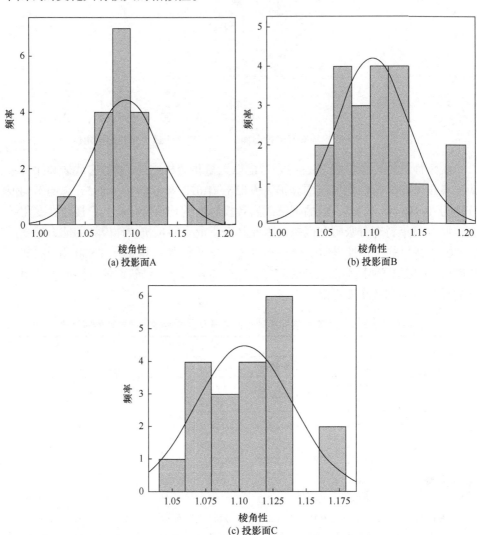

图 8-8　9.5mm 攀西玄武岩投影面 A、B、C 基于周长 P 的棱角性

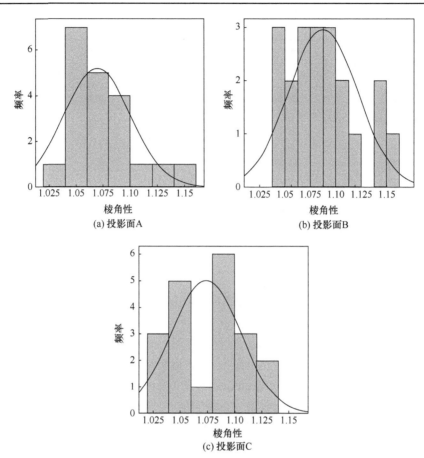

图 8-9　9.5mm 攀西玄武岩投影面 A、B、C 基于周长 P_c 的棱角性

　　对攀西玄武岩基于周长的棱角性进行统计性量化分析，各统计值如表 8-4 所示。各投影面的棱角性均较为突出，基于周长 P 的棱角性均值在 1.095～1.104，而基于周长 P_c 的棱角性均值在 1.070～1.075，总的平均值分别为 1.010 和 1.073。根据极值区间的分析，攀西玄武岩基于周长 P 和基于周长 P_c 的极值区间分别为 1.030～1.180 和 1.020～1.150，基于周长的极值区间变化类似，但棱角性变化剧烈，破碎得到的集料棱角性差异较大，细长颗粒较多，压碎值较大，对路面的耐久性和抗变形能力影响较大。

表 8-4　9.5mm 攀西玄武岩基于周长的棱角性统计值

统计值		棱角性(基于周长 P)				棱角性(基于周长 P_c)			
		投影面 A	投影面 B	投影面 C	平均值	投影面 A	投影面 B	投影面 C	平均值
N	有效	20	20	20	20	20	20	20	20
	缺失	0	0	0	0	0	0	0	0

续表

统计值	棱角性(基于周长 P)				棱角性(基于周长 P_c)			
	投影面 A	投影面 B	投影面 C	平均值	投影面 A	投影面 B	投影面 C	平均值
均值	1.095	1.102	1.104	1.010	1.070	1.075	1.074	1.073
均值标准误差	0.008	0.008	0.008	0.005	0.007	0.006	0.007	0.004
中值	1.085	1.100	1.110	1.090	1.070	1.070	1.080	1.070
标准偏差	0.036	0.038	0.036	0.024	0.031	0.027	0.032	0.019
方差	0.001	0.001	0.001	0.001	0.001	0.001	0.001	0.000
极小值	1.030	1.050	1.050	1.060	1.020	1.040	1.030	1.040
极大值	1.180	1.180	1.170	1.140	1.150	1.130	1.130	1.110

8.3 细集料棱角特征的二维解析

通过分析粒径为 2.36mm 玄武岩的棱角度数，对细集料棱角性进行了二维解析。2.36mm 攀西玄武岩投影面 A、B、C 棱角度数见图 8-10。分析可知，投影面 A 和 B 的棱角度数数据间断，投影面 C 的棱角度数数据连续；棱角度数频率拟合正态曲线分布中，投影面 A 的数据分布较为集中，而投影面 B 和 C 的数据分布离散，对沥青混合料抗永久变形的能力影响较大。

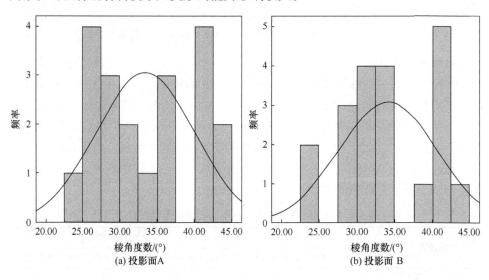

(a) 投影面A

(b) 投影面 B

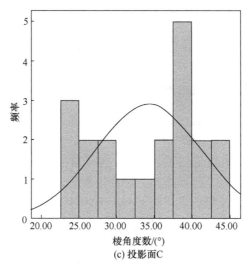

图 8-10　2.36mm 攀西玄武岩投影面 A、B、C 的棱角度数

2.36mm 攀西玄武岩棱角度数的统计值见表 8-5，三个投影面棱角度数的均值在 33.415°～34.228°，总的平均值为 33.889°。极值区间决定了细集料棱角度数的变化范围，也对混合料的高温稳定性有着重要影响。攀西玄武岩颗粒各投影面的极值区间为 23.410°～44.710°，细集料棱角的轮廓圆度较小，棱角距离最大内接圆中心的距离适中，可获得较好的颗粒嵌挤能力，起到较好的颗粒填充效果并有优良的抗车辙性能。

表 8-5　2.36mm 攀西玄武岩棱角度数的统计值

统计值		棱角度数/(°)			
		投影面 A	投影面 B	投影面 C	平均值
N	有效	20	20	20	20
	缺失	0	0	0	0
均值		33.415	34.055	34.228	33.899
中值		32.095	33.080	36.530	33.880
标准偏差		6.537	6.492	6.884	4.964
方差		42.736	42.147	47.391	24.645
极小值		23.410	23.640	23.430	24.870
极大值		43.380	44.710	43.700	41.940

8.4　集料棱角特征影响因素

8.4.1　集料来源特征对棱角性的影响

按采集的来源，集料可分为天然集料和人工集料。天然集料是自然形成的未经人为加工的集料，主要有河砂、河砾石(河卵石)、海砂、海砾石(海卵石)、山砂、山砾石(山卵石)。人工集料是加工制成的，除了常用的碎石、破碎砾石和人工砂外，还有破碎的矿渣和人工轻质集料。轻质集料对于大型结构物减轻混凝土自重方面有着很大优势，人工轻质集料在某些大型的建筑构件上获得了应用。沥青混凝土路面中选择不同的集料来源，破碎后生成不同棱角性的集料颗粒，对铺筑后路面的路用性能影响不同。

同时，集料的易碎性也是影响其棱角性的重要因素之一。同一破碎机械，在同一条件下，处理坚硬岩矿料与处理软岩矿料相比较，前者的处理能力较差，功率消耗较大。结合破碎工艺提出的矿料可碎性系数，即反映物料的坚固程度，不仅能定量地衡量破碎机工作指标，也能反映破碎后集料的棱角性。因此，可碎性表示法反映物料性质、破碎的条件和棱角性之间关系。

经破碎产生的集料，若具有显著的面和棱角，各方向尺寸相差不大，近似正立方体，以及具有明显的细微突出，其在碾压后相互嵌挤锁结而具有很大的内摩擦角。在其他条件相同的情况下，这种矿质集料组成的沥青混合料相比含有圆形且表面平滑集料颗粒的混合料，具有较高的抗剪强度。试验证明，同等条件下，矿质集料颗粒越粗，集料棱角性越明显，所配制的沥青混合料的内摩擦角越大，抵抗永久变形的能力越强。

8.4.2　集料组成对棱角性的影响

集料质量受到集料组成、类型、表面织构、粒形等的影响，其中集料组成对棱角性的影响较大。在铺设过程中针片状颗粒将被压碎，从而改变混合料的级配和混合料的整体性能。扁平颗粒有平放在路面内的趋势，产生滑动面，可减小集料的嵌挤作用。

参 考 文 献

[1] 李嘉, 林辉. 基于数字图像处理的粗集料棱角性量化研究[J]. 公路交通科技, 2008, 25(7): 27-31.

[2] 林辉. 基于数字图像处理技术的粗集料形状特征量化研究[D]. 长沙: 湖南大学, 2007.

[3] 钱野. 不同性状粗集料对沥青混合料高温性能的影响研究[D]. 扬州: 扬州大学, 2011.

第 9 章　集料的纹理特征

9.1　集料纹理评价方法

9.1.1　量化评价指标

1. 分形指数和表面平均坡度因子

集料表面纹理是由集料的岩石种类、成岩机理和破碎机理等因素决定的。在沥青混合料中，集料表面纹理对沥青混合料的路用性能具有极大的影响，通常具有明显细微凸出粗糙表面的集料，在碾压后能相互嵌挤锁结且具有很大的内摩擦角。

表面纹理一般指表面微观几何形状特征，其中表面粗糙度和表面波纹度是表面纹理的重要组成部分。表面粗糙度指的是集料表面上具有的较小间距和峰谷所组成的微观几何形状特征，一般是由加工工艺形成，反映了表面的微观纹理特征；表面波纹度和表面粗糙度相比，其间距较大，而且呈一定周期性的重复，反映了表面相对宏观的纹理特征。Hurst 指数 H、表面平均坡度因子 b 可以分别作为表面形貌粗糙程度和起伏程度的定量指标，在不同的放大倍数下，H、b 结合可以综合反映表面粗糙度和表面起伏程度[1]。

将表面形貌高度分布映射为图像灰度分布 $Z_H(x,y)$，在一定尺度范围内满足分数布朗随机场 $B_H(x,y)$，记 $B_H(x,y) = Z_H(x,y) = Z_H(r)$，则有

$$P\left[\frac{Z_H(r+\Delta r)-Z_H(r)}{\|\Delta r\|^H} < I\right] = F(I) \tag{9-1}$$

式中，r 为 (x,y) 二维向量；$\Delta r = \sqrt{\Delta x^2 + \Delta y^2}$；$H$ 为分形指数，也称为 Hurst 指数，且满足 $0 < H < 1$；$\|\cdot\|$ 表示范数；$P(\cdot)$ 为表面高度差概率测度；I 为图像灰度差（表面高度差）；$F(I)$ 为零均值的高斯随机变量的分布函数。

令 $Z(0) = 0$，给定从 $-r$ 到 0 过去的增量为 $Z(0) - Z(-r)$，从 0 到 r 将来的增量为 $Z(r) - Z(0)$，则相邻两个增量之间的协方差为

$$\mathrm{COV} = E\left\{[z(0)-z(-r)][z(r)-z(0)]\right\} = \left(|2r|^{2H} - 2|r|^{2H}\right)/2 \tag{9-2}$$

可得增量之间的相关系数为

$$\rho = \mathrm{COV} / |r|^{2H} = 2^{2H-1} - 1 \qquad (9\text{-}3)$$

由式(9-3)可以看出，H 越小，相关系数 ρ 越小，说明增量之间的相关程度越弱，即 $z(r)$ 越随机，$z(r)$ 的变化越不规则，因而形状越复杂；H 越大，相关系数 ρ 越大，说明增量之间的相关程度越大，$z(r)$ 的起伏变化越平滑，形状则越简单。因此，H 可作为表面粗糙度的定量指标。

由于 $F(I) \sim N(0, \sigma^2)$，结合式(9-3)得式(9-4)：

$$
\begin{aligned}
E(|I|) &= 2\int_0^\infty I \frac{1}{(2\pi)^{1/2}\sigma} \mathrm{e}^{-I^2/(2\sigma^2)} \mathrm{d}I \\
&= 2\sigma / (2\pi)^{1/2} = C
\end{aligned}
\qquad (9\text{-}4)
$$

令 $\|\Delta r\| = 1$，由式(9-4)，有 $|I| = |z(r+1) - z(r)|$，从而可得

$$C = E(|I|) = E\big[\,|z(r+1) - z(r)|\,\big] \qquad (9\text{-}5)$$

令 $\Delta r = \sqrt{(x_2 - x_1)^2 + (y_2 - y_1)^2}$，$I_{\Delta r} = |z_H(x_2, y_2) - z_H(x_1, y_1)|$，根据基于图像的分数布朗随机场模型，可得

$$E(I_{\Delta r}) = C\Delta r^H \qquad (9\text{-}6)$$

对式(9-6)两边取对数，得

$$\lg\big[E(\Delta I_{\Delta r})\big] = H\lg(\Delta r) + b \qquad (9\text{-}7)$$

双对数坐标图上呈线性关系，H 为直线的斜率，$b = \lg c$ 为截距。

定义单位距离下的灰度差均值为坡度(单位距离下灰度差)，则 c 代表了整个表面状起伏的平均坡度。称 $b = \lg c$ 为表面平均坡度因子，其大小一定程度上体现了表面高度变化的剧烈程度，因此可以作为区域表面起伏的特征参数。

用三维光学密集点云测量系统扫描集料表面，随后采用 Geomagic Studio 软件实现集料的三维空间可视化(集料表面部分三维图如图 9-1 所示)，导出集料表面点云的三维空间坐标，根据所提取的点云三维坐标，在 MATLAB 中编写相应的程序，即可得到集料纹理的评价指标——分形指数和表面平均坡度因子。

2. 轮廓算术平均偏差

表面粗糙度是指机械加工零件表面具有的较小间距和微小峰谷不平度，其两波峰或两波谷之间的距离(波距)很小(在 1mm 以下)，用肉眼难以区别，因此它属于微观几何形状误差。在机械加工行业中，表面粗糙度主要用于表征机械零件表

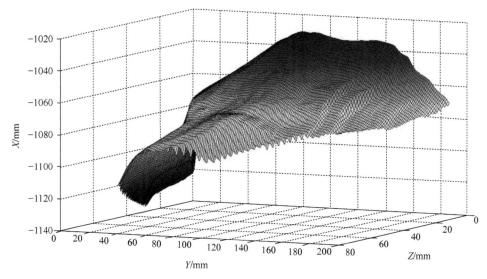

图 9-1　集料表面部分三维图

面的微观几何形状误差，表面粗糙度越小，则表面越光滑。

表面粗糙度参数主要用于表征机械加工零件表面的微观纹理。表面粗糙度主要有三个参数：轮廓算术平均偏差、微观不平度十点高度和轮廓最大高度，其中使用最广泛的为轮廓算术平均偏差 R_a。

轮廓算术平均偏差 R_a 是指在取样长度内，轮廓偏距绝对值的算术平均值。其与微观不平度高度特征有关。它的统计意义是一阶原点的绝对矩，在一定程度上反映了轮廓高度相对中线的离散程度。其计算公式为

$$R_a = 1/n \sum |Y_i| \tag{9-8}$$

式中，R_a 为轮廓的算术平均偏差；n 为组成轮廓线的点的个数；Y_i 为第 i 个点的高度值。

和上述提到的计算分形指数和表面平均坡度因子的方法一样，用三维光学密集点云测量系统扫描集料，之后用 Geomagic Studio 软件构建集料的三维图像，获得集料表面点云的三维空间坐标。在集料的三维模型上，随机选取 10 个切面，从而获得 10 个集料表面的轮廓截线，部分点的轮廓高度如图 9-2 所示。

根据得到的集料表面点云三维坐标，在 MATLAB 中编写集料纹理的计算程序，即可得到集料纹理的评价指标——轮廓算术平均偏差。

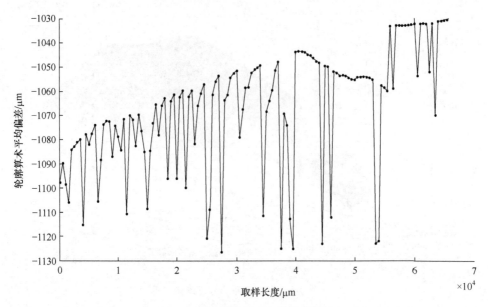

图 9-2　随机面中部分点的轮廓高度

9.1.2　测量技术手段

1. 基于统计的纹理分析方法

基于统计的纹理分析方法是纹理分析中最基本的一类方法，主要利用纹理在统计上的规律性进行纹理分析，这是因为纹理具有局部的随机性和整体上的统计规律性。其主要优点是原理简单易懂，容易实现，但在多纹理分类中，难以取得理想的结果，因为灰度的起伏变化除了与纹理结构的变化有关外，还与照明条件等多种因素有关，影响了统计结果的有效性。典型的方法包括灰度共生矩阵法、傅里叶功率谱法、自相关函数法、纹理能量法、灰度差分法、灰度游程长度法、相对极值法、正交变换法、模板滤波法等。

1) 灰度共生矩阵法

灰度共生矩阵统计了图像中相距为 (a,b) 的两个像素的灰度联合分布概率。灰度共生矩阵的元素可表示为

$$P(i,j) = \forall\left\{(x,j)\middle| f(x,j)=i, f(x+a,y+b)=j\right\} \tag{9-9}$$

式中，"$\forall$" 为集合中的元素数目；(x,y) 为像素坐标；$i,j=0,1,\cdots,L-1,L$，为图像灰度级的数目；a 和 b 为灰度共生矩阵的距离参数。

灰度共生矩阵对纹理的局部和全局特征都有反映。当 a、b 取值较小时，对于变化缓慢的纹理，其灰度共生矩阵对角线上的数值较大，而纹理变化快，灰度共

生矩阵对角线上的数值就小，对角线两侧的数值就大。

灰度共生矩阵法是建立在估计图像二阶组合条件概率密度函数基础上的一种重要的纹理分析方法。它表示了灰度基元模式间的相互关系，不受单调灰度变换影响，但也存在特征选取困难、无方向性、易受噪声干扰等缺点[2]。

2) 傅里叶功率谱法

傅里叶功率谱法在图像傅里叶变换的频率域进行纹理分析。为了使用傅里叶功率谱法，首先必须计算图像傅里叶变换的功率谱，计算公式为

$$\phi(u,v) = |F(u,v)|^2 \tag{9-10}$$

式中，ϕ 表示采样功率谱；F 表示图像的傅里叶变换；$|F(u,v)|^2$ 为一实数，反映了有关图像的全局性信息。

功率谱径向分布与图像 $f(x,y)$ 空间域中纹理的粗细度有关。对于"稠密"的细纹理，功率谱沿径向的分布比较分散，往往呈现远离原点的分布；对于"稀疏"的粗纹理，功率谱往往集中分布于原点附近；对于有方向性的纹理，功率谱的分布将偏置于与纹理垂直的方向上。

功率谱中通常提取的纹理特征主要有环状采样、楔状采样和平行狭缝采样，一般而言，傅里叶功率谱法效果较差，而且傅里叶变换将信号作为周期性的处理，边界效应较大，影响了谱的分布，给特征提取带来困难。

3) 自相关函数法

一幅 $N \times N$ 的图像 $f(i,j)$，其自相关函数 $f[k,1]$ 定义为

$$f[k,1] = \frac{\dfrac{1}{(N-k)(N-l)}\sum_{i=1}^{N-k}\sum_{j=1}^{N-l}f(i,j)f[i+k,j+l]}{\dfrac{1}{N^2}\sum_{i=1}^{N}\sum_{j=1}^{N}[f(i,j)]^2}, \quad 0 \leqslant k,1 \leqslant N-1 \tag{9-11}$$

如果图像的纹理基元较大，则它的自相关函数变化得较慢；反之，纹理基元较小，则它的自相关函数变化得较快。因此，纹理的粗糙度由自相关函数的变化反映出来，纹理的方向性也可由这些函数的方向依赖性检测出来。例如，Kaizer 就是用 e^{-1} 的下降距离作为纹理粗糙度的测度[3]。

4) 纹理能量法

纹理能量法定义了四种一维结构检测模板：$L_5 = [1 \ 4 \ 6 \ 4 \ 1]$，$E_5 = [-1 \ -2 \ 0 \ 2 \ 1]$，$S_5 = [-1 \ 0 \ 2 \ 0 \ -1]$，$R_5 = [1 \ -4 \ 6 \ -4 \ 1]$，其中 L_5 为加权中心的局部均值模板，E_5 为边缘检测模板，S_5 为点检测模板，R_5 为波纹检测模板。

为消除光照变化，纹理能量法首先在图像上移动一个 15×15 的窗口，并将窗

口内所有像素的灰度值减去窗口区域的平均灰度值。然后用 16 个二维结构检测模板卷积图像，得到 16 幅卷积图像，用 I_k 表示，$k = 0,1,\cdots,15$。I_k 中 (x,y) 处的纹理能量定义为

$$E_k(x,y) = \sum_{i=-7}^{7} \sum_{j=-7}^{7} \left| I_k(x+i,y+j) \right| \tag{9-12}$$

通过比较 16 幅卷积图像的纹理能量，可实现纹理的分割和分类。为减少运算量，可利用对称准则组合某些卷积图像。例如，E_5L_5 为水平边缘检测模板，L_5E_5 为竖直边缘检测模板，这两个模板卷积输出的平均值可用于检测水平和竖直两个方向的边缘结构，记为 E_5L_5 / L_5E_5。这样 16 幅卷积图像就可合并为 L_5L_5、E_5E_5、S_5S_5、R_5R_5、E_5L_5 / L_5E_5、S_5L_5 / L_5S_5、R_5L_5 / L_5R_5、E_5S_5 / S_5E_5、E_5R_5 / R_5E_5、S_5R_5 / R_5S_5 等十幅卷积图像[4]。

2. 基于结构的纹理分析方法

基于结构的纹理分析方法也称几何法，出发点是纹理由纹理基元组成的定义，不仅要确定与提取基本的纹理基元，而且要研究存在于纹理之间的"重复性"结构关系。基于结构的纹理分析方法认为纹理由许多小的纹理基元构成，不同类型的纹理基元、不同的方向、形状等，决定了纹理的表现形式。

纹理基元是基于结构的纹理分析方法分析纹理特征的理论基础。纹理基元理论认为纹理由许多小的纹理基元以一定的规律重复构成。纹理基元可能是明确的，直观的，也可能是不明确的，需要人为根据情况设定。确定纹理基元，需要通过图像的区域分割或边缘、线的抽取来提取纹理基元。存在于纹理基元之间的结构关系，可以有不同的分析途径。最简单的方法是分析纹理基元之间的相位、距离、尺寸等统计特征，也可以考虑用复杂的方法分析。具体方法的选择依赖于纹理分析任务的要求。

基于结构的纹理分析方法主要是在已知基元的情况下进行，假定纹理基元可以分离出来，描述纹理基元及其周期性排列的空间几何特征和排列规则。

基于结构的纹理分析方法研究的重点在于纹理基元之间的相互关系和排列规则，主要适用于非常规则的纹理，但是现实中很少存在规则的纹理结构，因而很难通过纹理基元的排列来描述纹理，且纹理基元的抽取及排列规则的表达较难，利用结构法进行纹理分析效果非常有限，故很少被采用。

3. 基于模型的纹理分析方法

基于模型的纹理分析方法假设纹理按某种模型分布，模型可以表示纹理基元之间的关系，模型参数则表达了纹理基元的特性，因此通过估计模型的参数可以了解纹理的重要特性，进行纹理分析。常用的模型包括自回归模型、马尔可夫随

机场模型、分形模型和分数布朗随机场模型。

1) 自回归模型

自回归模型认为一个像素 (i,j) 处的灰度可以通过按某种标准排列的 (i,j) 之前的一个像素序列的线性组合与附加的独立噪声 $\omega(\cdot)$ 表示，当像素 (i,j) 通过 D 阶领域 $N(i,j)$ 像素序列表示时，二维 D 阶自回归模型可定义为

$$y(i,j) = \sum_{(k,l) \in N} \partial_{i-k,j-l} y(k,l) + \omega(i,j) \tag{9-13}$$

式中，$\partial_{i-k,j-l}$ 为自回归系数；$\omega(i,j)$ 为零均值的白噪声序列。

2) 马尔可夫随机场模型

马尔可夫随机场(MRF)模型不仅是对自然界纹理图像的合理描述，而且包含图像的结构信息，在不同尺度下具有较好的适应性，是一个值得进一步研究的方向。其突出特点是通过定义适当的邻域系及相应基团系上的能量函数，引入结构信息，从而提供一种用来表达空间上相关随机变量之间相互作用的模型。马尔可夫随机场模型的实际应用主要是依据马尔可夫随机场和吉布斯(Gibbs)分布之间的等价性。MRF-Gibbs 这一等价性理论明确给出了计算马尔可夫随机场联合分布的公式，这使得模拟视觉问题可以用一种数字化且易处理的方法在贝叶斯框架中进行图像分析。从计算角度看，MRF 的局部特性使之产生了一种可应用于局部计算且能大规模并行处理的算法，为 MRF 在机器视觉中的广泛应用奠定了基础。

3) 分形模型

分形模型是近年来使用比较广泛的一种纹理分析方法，不同尺度下的自相似性是分形的基本原则，分形中分形维数最直接的意义就是它代表了表面的起伏程度。求分形维数是分形的核心问题，一般用分形维数 D 作为纹理的量度。采用分形模型的突出优点是它对于图像而言是尺度不变的，但是分形维数的计算一般采用理论模型，而实际的纹理图像并不完全符合，另外不同的纹理图像可能具有相近的分形维数，使进一步的处理复杂化。

4) 分数布朗随机场模型

布朗运动是植物学家 Brown 在 1827 年研究悬浮于液面上的微粒的极不规则运动时提出的，1916 年 Perriin 在实验室里测定了布朗运动轨迹，发现改变时间分辨率观察到的布朗运动轨迹具有统计相似性。1923 年 Wiener 把它作为一种随机过程加以严格刻画，提出了模拟类似于在布朗运动中观察到的随机现象的严格的数学模型。Mandelbrot 对布朗运动进行推广，提出分数布朗运动的概念，该概念用来描述自然表面的粗糙度。Pentland 利用分数布朗运动模型分析自然景物。Keller 则用分形维数实现纹理图像的分割。

分数布朗运动可以直接推广到高维空间，假设粒子在平面上的投影移动一个

距离 $\Delta r = \sqrt{\Delta x^2 + \Delta y^2}$，高度差 $\Delta z = z(x + \Delta x, y + \Delta y) - z(x,y)$ 为函数增量，粒子的空间位置 $(x, y, z(x,y))$，如果 Δz 与 Δr 满足关系：

$$\Delta z \propto \Delta r^H \qquad\qquad (9\text{-}14)$$

则粒子在空间中的运动轨迹具有的维数 $D = 3 - H$。

此时的分数布朗运动为

$$B_H(x, y) = z(x, y) \qquad\qquad (9\text{-}15)$$

称为二维分数布朗随机场(FBRF)。

假设在球面上产生 FBM，当一个粒子在球面上的投影移动一个距离 $\Delta r = \sqrt{\Delta x^2 + \Delta y^2 + \Delta z^2}$，在球面上的高度差 $\Delta h = h(x + \Delta x, y + \Delta y, z + \Delta z) - h(x, y, z)$ 为函数增量，粒子的空间位置 $(x, y, z, h(x, y))$，如果 Δh 与 Δr 满足：

$$\Delta h \propto \Delta r^H \qquad\qquad (9\text{-}16)$$

则粒子在空间中的运动轨迹具有的维数 $D = 4 - H$。

此时的分数布朗运动见式(9-17)：

$$B_H(x, y, z) = h(x, y, z) \qquad\qquad (9\text{-}17)$$

称为三维分数布朗随机场(FBRF)。

类似前面的分析，可以证明，分形指数 H 反映了分数布朗曲面的粗糙程度，H 越小，表面越粗糙，H 越大，表面越平滑。

集料在加工破碎过程中受各种随机因素的影响，是一种非平稳随机过程，集料表面呈现出随机性、无序性、自相似性、自放射性和多尺度性，分数布朗运动恰好是描述这类具有统计自相似性和自放射性随机过程现象非常好的一种模型。破碎后集料的表面具有处处不平滑、处处不可微的特性，并且随着测量分辨率的不断提高，集料表面会表现出分形特征，并且分形维数是与尺度无关的参数，可用于研究不同尺寸的集料表面纹理特征变化。

由上所述，采用较为成熟的理论方法和现场试验条件，可选用模型法分析集料的表面纹理，以分数布朗随机场模型为基础，辅以分形模型来精确描述集料表面纹理特征。其将集料粗糙表面看作随机行走的结果，这种随机行走以物理过程为基础，适合分析集料表面信息。

9.2　基于分数布朗随机场模型的集料纹理特征

集料表面纹理在一定尺度范围内满足分数布朗随机场，为量化粗集料表面纹理的变化规律，选取分形指数 H 和表面平均坡度因子 b 为量化指标，粒径为 19mm、16mm、13.2mm、9.5mm 的攀西玄武岩为研究对象，每档集料颗粒随机选择三个集料，在 Geomagic Studio 软件构建的集料三维立体图像中，随机选取 20 个单位面作为单个研究对象，用 MATLAB 编写程序计算相应的纹理参数。

9.2.1　玄武岩的表面纹理

1) 19mm 玄武岩的表面纹理

随机选取三个粒径为 19mm 的攀西玄武岩集料颗粒，其分形指数 H 和表面平均坡度因子 b 分布如图 9-3 所示。19mm 攀西玄武岩表面纹理参数的统计值见表 9-1。运用分形理论中的随机过程对集料纹理进行描述，从图 9-3 可知，分形指数的频率正态分布曲线拟合较好，数据分布离散，但变化区间较小，各参数在均值附近波动；三个集料表面平均坡度因子的频率图中，数据集中且连续性较好，但表面平均坡度因子的分布区间大，均值的差异性大。

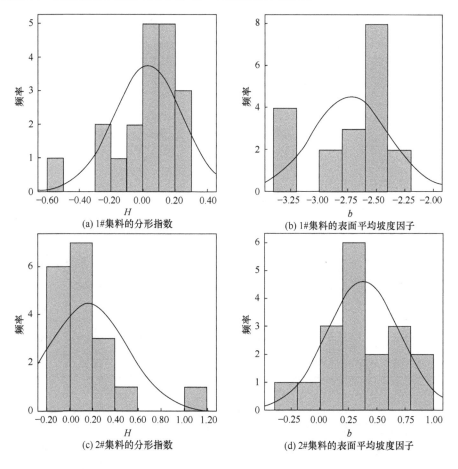

(a) 1#集料的分形指数
(b) 1#集料的表面平均坡度因子
(c) 2#集料的分形指数
(d) 2#集料的表面平均坡度因子

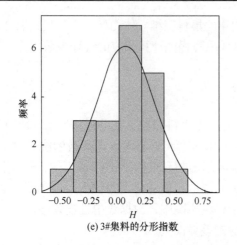

(e) 3#集料的分形指数

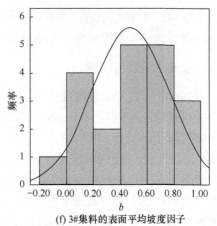

(f) 3#集料的表面平均坡度因子

图 9-3　19mm 攀西玄武岩的表面纹理参数

表 9-1　19mm 攀西玄武岩表面纹理参数的统计值

统计值		1#集料		2#集料		3#集料	
		分形指数 H	表面平均坡度因子 b	分形指数 H	表面平均坡度因子 b	分形指数 H	表面平均坡度因子 b
随机面	有效	19	19	18	18	20	20
	缺失	1	1	2	2	0	0
均值		0.030	−2.722	0.137	0.389	0.064	0.476
均值标准误差		0.047	0.078	0.075	0.075	0.059	0.063
中值		0.070	−2.599	0.074	0.360	0.105	0.508
标准偏差		0.207	0.341	0.320	0.318	0.264	0.282
方差		0.043	0.116	0.102	0.101	0.070	0.079
极小值		−0.540	−3.400	−0.180	−0.250	−0.570	0.000
极大值		0.260	−2.390	1.180	0.850	0.590	0.960

由图 9-3 和表 9-1 可知，集料颗粒的表面纹理参数中分形指数 H 的均值在 0.030～0.137 显示了分形特性，表面平均坡度因子 b 的均值在−2.722～0.476 展示了表面起伏程度的变化特征。极值区间限定了纹理参数的变化范围，分形指数的极值介于−0.570～1.180，表面平均坡度因子的极值在−3.40～0.960 波动，分形指数的变化范围小而表面平均坡度因子各参数的变化范围大，同时，分形指数和表

面平均坡度因子的均值也表现出类似的规律，两参数结合起来表征粗集料的纹理特征，但两参数之间没有类似的规律，不具有类比性。

2) 16mm 玄武岩的表面纹理

粒径为 16mm 攀西玄武岩的表面纹理参数分布如图 9-4 所示。分形指数 H 和表面平均坡度因子 b 的频率正态分布曲线均呈现出较好的相关性，各随机面的纹理参数连续且集中，三个集料颗粒的表面粗糙程度和表面高度变化的剧烈程度类似，则集料颗粒之间的表面纹理特征较为均一。

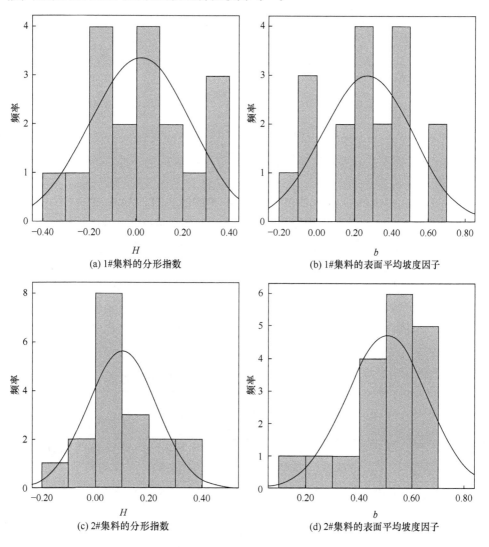

(a) 1#集料的分形指数   (b) 1#集料的表面平均坡度因子

(c) 2#集料的分形指数   (d) 2#集料的表面平均坡度因子

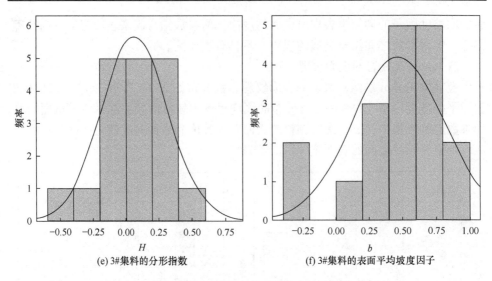

(e) 3#集料的分形指数　　　　　　　　(f) 3#集料的表面平均坡度因子

图 9-4　16mm 攀西玄武岩的表面纹理参数

16mm 攀西玄武岩表面纹理参数的统计值见表 9-2。对于抽取的三个粗集料颗粒，随机选取的 20 个单位面，都有 2 个单位面是存在误差的缺失面。集料颗粒中，分形指数的均值在 0.019~0.100，而表面平均坡度因子的均值介于 0.271~0.505，纹理参数均值的变化均较小，集料颗粒表面纹理的全局特征较好。随机面的纹理参数在极值之间上下波动，分形指数 H 的极值区间为–0.560~0.420，表面平均坡度因子 b 的极值范围为–0.310~0.850，两参数的极值区间和均值范围都存在公共区域，且参数的变化都局限于较小的范围。粒径为 16mm 的攀西玄武岩集料颗粒，表面纹理的分形特性和表面状起伏的平均坡度均一，集料破碎的过程合理，能获得较好的沥青混合料动稳定度和冻融劈裂强度，该粒径的粗集料破碎方法值得借鉴。

表 9-2　16mm 攀西玄武岩表面纹理参数的统计值

统计值		1#集料		2#集料		3#集料	
		分形指数 H	表面平均坡度因子 b	分形指数 H	表面平均坡度因子 b	分形指数 H	表面平均坡度因子 b
随机面	有效	18	18	18	18	18	18
	缺失	2	2	2	2	2	2
均值		0.019	0.271	0.100	0.505	0.070	0.465
均值标准误差		0.050	0.057	0.030	0.036	0.060	0.081

统计值	1#集料		2#集料		3#集料	
	分形指数 H	表面平均坡度因子 b	分形指数 H	表面平均坡度因子 b	分形指数 H	表面平均坡度因子 b
中值	0.027	0.284	0.065	0.548	0.118	0.517
标准偏差	0.214	0.240	0.127	0.152	0.253	0.343
方差	0.046	0.058	0.016	0.023	0.064	0.117
极小值	−0.380	−0.130	−0.110	0.150	−0.560	−0.310
极大值	0.360	0.660	0.360	0.700	0.420	0.850

3) 13.2mm 玄武岩的表面纹理

13.2mm 攀西玄武岩粗集料的分形指数 H 和表面平均坡度因子 b 分布如图 9-5 所示。三个集料颗粒分形指数的频率正态分布曲线中，除 3#集料的频率曲线拟合性较差，与 1#集料和 2#集料的分形指数差别较大，其余两个集料的分形指数呈现类似的规律，且集料颗粒表面平均坡度因子的频率曲线较陡，表面起伏的复杂程度相似。各随机面的分形指数和表面平均坡度因子数据集中且连续，两者的近似同步变化，表现出较好的相关性。

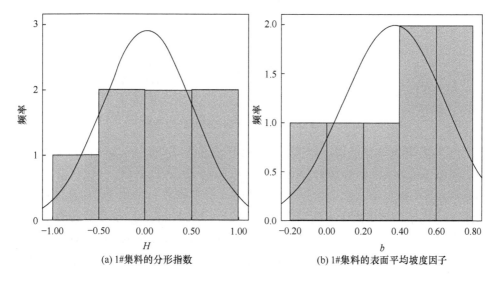

(a) 1#集料的分形指数　　　　　　　　　　　(b) 1#集料的表面平均坡度因子

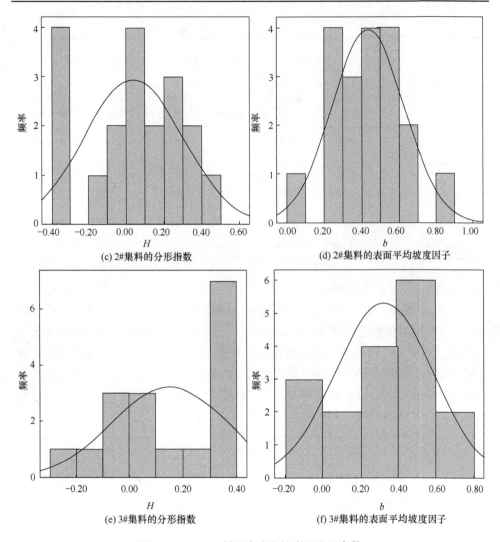

(c) 2#集料的分形指数

(d) 2#集料的表面平均坡度因子

(e) 3#集料的分形指数

(f) 3#集料的表面平均坡度因子

图 9-5　13.2mm 攀西玄武岩的表面纹理参数

　　13.2mm 攀西玄武岩表面纹理参数的统计值如表 9-3 所示。在 MATLAB 中，1#集料由于选取的单位面所限，随机面缺失了 13 个，2#集料和 3#集料由于构建的集料边界限定，缺失面个数分别为 1 和 3。分形指数 H 的均值范围为 0.022～0.147，表面平均坡度因子 b 的均值介于 0.323～0.434，表面纹理参数均值有着相近的变化规律。集料表面纹理的研究中，各随机面的分形指数的极值在 -0.730～0.690 变化，表面平均坡度因子的极值处于 -0.180～0.870，区间较小，综合表现为该档集料的全局纹理特征较好，有着类似的变化规律，集料的破碎过程理想，沥青混合料可获得良好的高温抗变形能力、抗水损害能力和低温抗裂性能。

表 9-3　13.2mm 攀西玄武岩表面纹理参数的统计值

统计值		1#集料		2#集料		3#集料	
		分形指数 H	表面平均坡度因子 b	分形指数 H	表面平均坡度因子 b	分形指数 H	表面平均坡度因子 b
随机面	有效	7	7	19	19	17	17
	缺失	13	13	1	1	3	3
均值		0.022	0.368	0.038	0.434	0.147	0.323
均值标准误差		0.181	0.106	0.059	0.044	0.051	0.062
中值		0.063	0.423	0.011	0.421	0.120	0.390
标准偏差		0.480	0.280	0.258	0.192	0.211	0.256
方差		0.230	0.078	0.067	0.037	0.044	0.065
极小值		−0.730	−0.120	−0.400	0.010	−0.280	−0.180
极大值		0.690	0.720	0.480	0.870	0.400	0.720

4) 9.5mm 玄武岩的表面纹理

9.5mm 攀西玄武岩分形指数和表面平均坡度因子分布如图 9-6 所示。图中表面纹理参数均值的标准偏差在 0.2 上下徘徊，各随机面的纹理参数相差不大，都在均值附近波动。随机面分形指数和表面平均坡度因子的数值有着类似的分布，数据分布集中且截距较小，各粗集料表面纹理的坡度和截距相差较小。

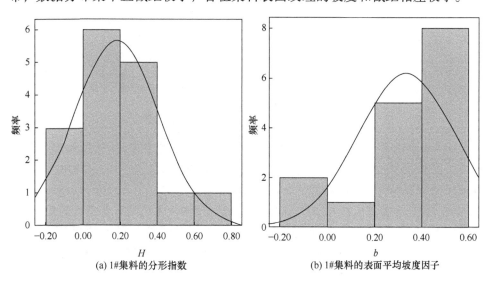

(a) 1#集料的分形指数　　　　　　　　　　(b) 1#集料的表面平均坡度因子

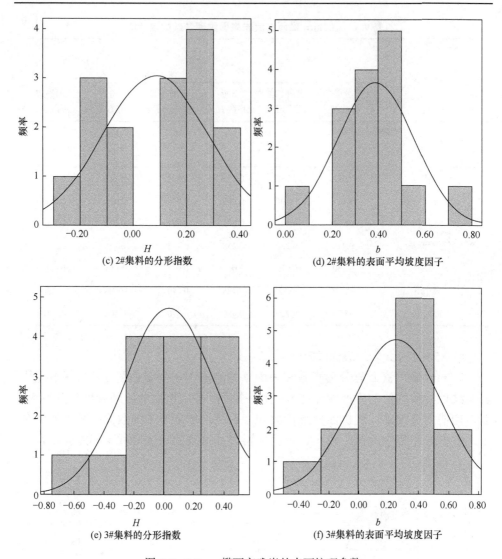

(c) 2#集料的分形指数　　　　　　　　(d) 2#集料的表面平均坡度因子

(e) 3#集料的分形指数　　　　　　　　(f) 3#集料的表面平均坡度因子

图 9-6　9.5mm 攀西玄武岩的表面纹理参数

　　表 9-4 给出了 9.5mm 攀西玄武岩表面纹理参数的统计值。由于试验误差和选取单位面等原因，1#集料、2#集料和 3#集料分别有 4 个、5 个和 6 个缺失面。根据随机面中集料表面纹理参数的分布，分形指数 H 的均值在 0.036～0.183，表面平均坡度因子 b 的均值在 0.253～0.388，表面纹理的两参数间有着显著的相关性。极值区间决定了纹理参数的变化幅度，三个集料颗粒分形指数极值主要在 −0.670～0.650 变化，表面平均坡度因子极值介于−0.470～0.750，集料表面纹理变化均一，表现为沥青混合料骨架结构间良好的嵌锁能力，高温稳定性和低温抗裂性显著。

表 9-4　9.5mm 攀西玄武岩表面纹理参数的统计值

统计值		1#集料		2#集料		3#集料	
		分形指数 H	表面平均坡度因子 b	分形指数 H	表面平均坡度因子 b	分形指数 H	表面平均坡度因子 b
随机面	有效	16	16	15	15	14	14
	缺失	4	4	5	5	6	6
均值		0.183	0.336	0.083	0.388	0.036	0.253
均值标准误差		0.056	0.052	0.051	0.042	0.079	0.079
中值		0.180	0.413	0.162	0.392	0.034	0.362
标准偏差		0.225	0.207	0.196	0.164	0.295	0.296
方差		0.050	0.043	0.038	0.027	0.087	0.087
极小值		−0.160	−0.120	−0.230	0.070	−0.670	−0.470
极大值		0.650	0.590	0.320	0.750	0.450	0.630

9.2.2　各粒径玄武岩表面纹理变化规律

为了分析玄武岩粗集料表面纹理的变化规律，统计各粒径攀西玄武岩的分形指数和表面平均坡度因子的均值，探寻表面纹理参数的规律性，其统计值如表 9-5 所示。

表 9-5　玄武岩表面纹理参数的统计值

集料	粒径/mm	分形指数 H				表面平均坡度因子 b			
		1#集料	2#集料	3#集料	均值	1#集料	2#集料	3#集料	均值
攀西玄武岩	19	0.030	0.137	0.064	0.077	−2.722	0.389	0.476	−0.619
	16	0.019	0.100	0.070	0.063	0.271	0.505	0.465	0.414
	13.2	0.022	0.038	0.147	0.069	0.368	0.434	0.323	0.375
	9.5	0.183	0.083	0.036	0.101	0.336	0.388	0.253	0.326

由表 9-5 可知，粒径为 19mm 的攀西玄武岩粗集料颗粒与其余各档集料纹理参数值的差异性较大。粗集料分形指数和表面平均坡度因子的值很接近，表面起伏的复杂程度类似，较符合实际情况。从各档粒径的参数变化情况可知，随着粗

集料粒径的减小，攀西玄武岩分形指数变大，而表面平均坡度因子变小。

　　粗集料分形指数均值介于 0.063～0.108，显示出集料表面的分形特性。分形描述表明，集料分形指数的变化总体上展示了粗集料表面粗糙度的变化特征。表面平均坡度因子的均值在 0.171～0.414 变化，双对数坐标图中截距较小，其均值的变化体现了表面高度变化的剧烈程度。

　　对比粒径为 13.2mm 和 9.5mm 的攀西玄武岩表面纹理的参数值可得，两参数的值相辅相成，综合反映粗集料表面纹理的全局特征。粒径为 16mm、13.2mm、9.5mm 的攀西玄武岩粗集料颗粒表面纹理特征较好，沥青混合料可获得较好的路用性能，其破碎过程和破碎方法值得借鉴。粒径为 19mm 的攀西玄武岩粗集料颗粒，可能由于粒径过大、评价方法所限或是试验过程中选取单位面的影响等，表面纹理参数值出现了突变，值得进一步研究。

9.3　基于轮廓算术平均偏差的集料纹理特征

9.3.1　玄武岩表面纹理特征评定

　　采用 MATLAB 编写程序，直接分析 9.5mm 攀西玄武岩和榆神玄武岩的表面纹理，并用轮廓算术平均偏差对集料表面纹理进行定量评定。

　　9.5mm 攀西玄武岩的轮廓算术平均偏差分布如图 9-7 所示。由图可知，三个集料颗粒的纹理特征差别较大，1#集料和 2#集料的数据离散，而 2#集料的轮廓算术平均偏差值较为集中，且频率曲线呈现出阶梯式的变化。

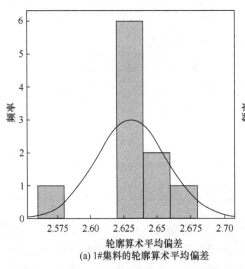
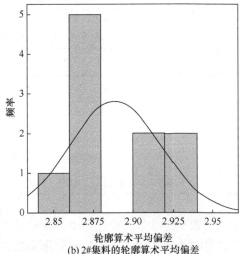

(a) 1#集料的轮廓算术平均偏差　　　　　　(b) 2#集料的轮廓算术平均偏差

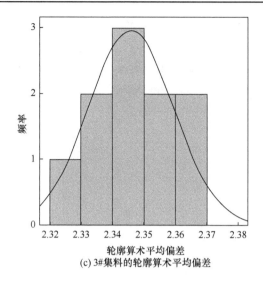

(c) 3#集料的轮廓算术平均偏差

图 9-7　9.5mm 攀西玄武岩的轮廓算术平均偏差

9.5mm 攀西玄武岩轮廓算术平均偏差的统计值见表 9-6。在 9.5mm 攀西玄武岩的粗集料颗粒三维立体图中，随机地截取垂直于最大主轴的 10 个切面，比较各集料表面轮廓高度相对中线的离散程度。三个粗集料轮廓算术平均偏差的均值范围为 2.346～2.889，各参数极值在 2.330～2.940 波动。

表 9-6　9.5mm 攀西玄武岩轮廓算术平均偏差的统计值

统计值		轮廓算术平均偏差		
		1#集料	2#集料	3#集料
随机切面	有效	10	10	10
	缺失	0	0	0
均值		2.631	2.889	2.346
均值标准误差		0.008	0.009	0.004
中值		2.635	2.874	2.345
标准偏差		0.027	0.028	0.014
方差		0.001	0.001	0.000
极小值		2.560	2.860	2.330
极大值		2.660	2.940	2.370

在其他条件相同的情况下，具有明显细微凸出的粗糙表面集料所组成的沥青混合料较表面平滑的颗粒具有更高的抗剪强度。

粒径为 9.5mm 的榆神玄武岩粗集料颗粒中，轮廓算术平均偏差的频率正态分布曲线如图 9-8 所示。由量化分析结果可知，集料颗粒之间轮廓算术平均偏差的差异性较大，1#集料的数据集中，而 2#集料和 3#集料的数据分布离散，表现为集料颗粒表面轮廓高度相对于中线的值差别较大。

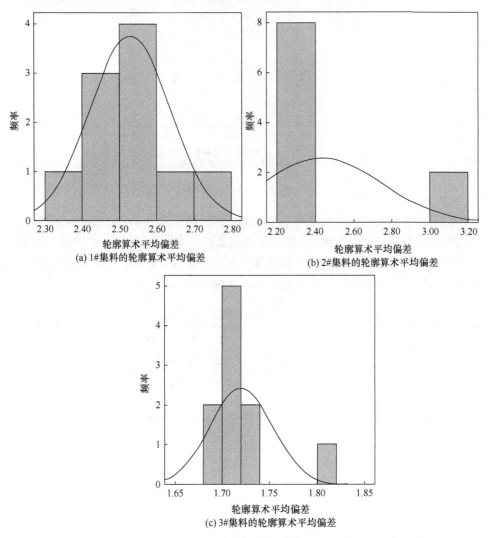

(a) 1#集料的轮廓算术平均偏差

(b) 2#集料的轮廓算术平均偏差

(c) 3#集料的轮廓算术平均偏差

图 9-8   9.5mm 榆神玄武岩的轮廓算术平均偏差

9.5 mm 榆神玄武岩轮廓算术平均偏差的统计值见表 9-7。构建 9.5mm 榆神玄武岩集料颗粒的三维图像，在垂直于最大主轴方向上选取 10 个随机切面为研究对象，分析集料表面纹理的变化。选取的三个集料颗粒中，轮廓算术平均偏差的均值在 1.720～2.529 变化，各纹理参数的波动范围为 1.69～3.04。

表 9-7 9.5mm 榆神玄武岩轮廓算术平均偏差的统计值

统计值		轮廓算术平均偏差		
		1#集料	2#集料	3#集料
随机切面	有效	10	10	10
	缺失	0	0	0
均值		2.529	2.433	1.720
均值标准误差		0.034	0.098	0.010
中值		2.539	2.291	1.711
标准偏差		0.107	0.310	0.033
方差		0.011	0.096	0.001
极小值		2.390	2.270	1.690
极大值		2.750	3.040	1.800

当集料表面纹理粗糙时,其比表面积也大,有利于增加沥青与集料的接触面积和黏附力;集料表面粗糙,沥青膜也不会从集料表面全部脱落。即在不考虑其他影响因素时,集料的比表面越大,吸附沥青的数量越多,集料表面的平均沥青膜就越厚,沥青混合料的耐久性越好。对比攀西玄武岩和榆神玄武岩的表面纹理轮廓算术平均偏差 R_a,攀西玄武岩的 R_a 较大,随着粗集料 R_a 的增大,其沥青混合料骨架结构间的嵌挤锁结力越大,高温稳定性和耐久性优于榆神玄武岩。

9.3.2 玄武岩表面纹理评定指标的内在联系

为对比粗集料表面纹理评价指标的相关性,选取粒径为 9.5mm 的攀西玄武岩和榆神玄武岩集料颗粒,分析其纹理参数的内在联系。表面纹理参数的统计值如表 9-8 所示。

表 9-8 9.5mm 玄武岩表面纹理参数的统计值

集料	参数	1#集料	2#集料	3#集料	均值
攀西玄武岩	分形指数 H	0.183	0.083	0.036	0.101
	表面平均坡度因子 b	0.336	0.388	0.253	0.326
	轮廓算术平均偏差 R_a	2.631	2.889	2.346	2.622
榆神玄武岩	分形指数 H	0.287	0.025	0.012	0.108
	表面平均坡度因子 b	0.305	0.162	0.045	0.171
	轮廓算术平均偏差 R_a	2.529	2.433	1.720	2.227

由表 9-8 可知,在攀西玄武岩和榆神玄武岩中各项纹理指标有同样的变化规

律，分形指数、表面平均坡度因子和轮廓算术平均偏差依次增加，且攀西玄武岩的各项纹理指标都大于榆神玄武岩。基于分数布朗随机场模型的指标分形指数、表面平均坡度因子与轮廓算术平均偏差对集料表面纹理的评定都是合理有效的；其他条件相同的情况下，粗集料攀西玄武岩的表面纹理指标值越大，沥青混合料的高温稳定性、水稳定性和低温抗裂性能越好。

同一粒径下，攀西玄武岩和榆神玄武岩粗集料的分形指数 H 相差不大；表面平均坡度因子 b 和轮廓算术平均偏差 R_a 的差异较大，即粗集料表面纹理的粗糙程度与粒径无关。

集料表面纹理的差异是其表面吸附沥青膜厚度不同的主要原因之一，常见的沥青路面损害，如车辙、剥落、表面离析和光滑等现象，都可归结于集料的选择和使用不当，其中集料表面纹理特征对沥青混合料的高温稳定性和水稳定性具有重要的影响，集料表面纹理越粗糙，有棱角，气孔分布较多，其沥青混合料高温稳定性和水稳定性能越好。集料的表面纹理和形状还可以影响沥青混合料内部的孔隙结构，对车辙深度表现出不同的影响。

9.4　集料纹理特征影响因素

集料的表面纹理是由集料的岩石种类、成岩机理和破碎机理等因素决定的，与其粒径大小无关，其表面形态呈现出明显的随机特征，即集料表面纹理在空间的变化表现出很大的随机性。

9.4.1　集料来源特征对纹理的影响

表面纹理首先取决于原岩的种类，其次是原岩破碎后的断裂面结构。岩浆岩在我国分布较广，其中以花岗岩和玄武岩最为常见。由于岩石的矿物组成、结构和构造等多方面的差异，岩石破碎后形成的集料特征有很大不同。

花岗岩属于深成侵入岩，多呈肉红、浅灰、灰白等色，矿物成分主要为石英和正长石，其次有黑云母、角闪石和其他矿物，全晶质等粒结构，块状构造。深成岩多为巨大侵入体，如岩基、岩株等。岩性较均一，变化较小，呈典型的块状岩体结构。侵入体边缘部分常形成流线、流面和各种原生节理，结构相对复杂。

深成岩颗粒均匀，多为粗～中粒结构，致密坚硬，孔隙很少，力学强度高，透水性较弱，抗水性较强，所以深成岩体的工程地质性质一般较好。

玄武岩属于喷出岩，灰黑至黑色，主要矿物成分与辉长岩相同，呈隐晶质细粒或斑状结构，气孔或杏仁状构造。玄武岩致密坚硬、性脆，密度大、强度高、抗风化力强，是良好的沥青类路面材料的骨料。

如上所述,花岗岩、玄武岩等类型的岩浆岩,通常具有粗晶、等粒结构或镶嵌结构,其破碎生产的集料一般呈立方体状,表面晶粒粗大、宏观纹理明显,而沉积岩普遍具有层理构造,岩性一般具有明显的各向异性;变质岩由于变质作用特点和原岩成分及性质不同,其工程地质特征差别很大,所以这两种类型的岩石破碎后产生的集料不具有这种特性。

9.4.2 集料加工特征对纹理的影响

采石场的生产流程包括用爆破的方法从石场的采石面上分离原石,将其运送至碎石厂,通过一系列破碎机、粉碎机、筛分装置将原石破碎、筛选成按不同尺寸分类的料堆。爆破后被分离的岩石用卡车运送至碎石厂,送入石料的喂料机。爆破时除了开采出坚硬的原石外还伴随有一些被风化的岩石,它们往往布满裂缝而随之破裂成许多碎片,因而在进入破碎机前应通过一栅筛(棒筛)将小片的石料作为废料剔除。

集料生产过程的中最基本的要求是集料产品特性的一致性。这就要求喂给破碎机的原石必须具有一致的物理特性,如密度、吸水性等。从石场不同地方开采的原石的物理特性可能会有很大的不同,这将导致所生产的集料在物理特性上的不一致。因此,最好将同一开采面上开采的原石送给破碎机,并随时对原石的物理特性进行质量监控。

理想的集料是有坚硬棱角、粗表面纹理、近似立方体形状、有优良级配曲线的洁净碎石,为了满足上述要求,集料加工工艺流程如图 9-9 所示。

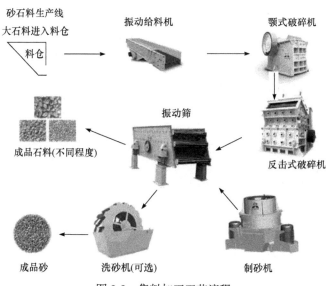

图 9-9 集料加工工艺流程

　　砂石生产线是按照出料类型来定义的，生产出来的成品包括石料和人工砂。砂石生产线的流程较复杂，大致为料仓→振动给料机→颚式破碎机→反击式破碎机→振动筛→成品石料，制砂机→振动筛→洗砂机→成品砂。其中，振动筛可以共用，也可以分开来使用。各设备中间以溜槽或皮带输送机实现不同级配石料的分离。

　　在道路建设工程中，集料纹理特征是影响沥青混凝土路面路用性能的重要因素之一。集料的加工流程、加工时间和加工条件都会对破碎后集料的纹理产生不同程度的影响，为了获得较好的集料纹理特性和路用性能，要严把质量关，控制集料加工过程中各特征参数的变化。

参 考 文 献

[1] 何维军. 基于分形、小波理论的碳纤维复合材料加工表面形貌研究[D]. 大连: 大连理工大学, 2008.

[2] 胡金华. 基于工件表面纹理分析的加工参数优化技术的研究[D]. 杭州: 浙江工业大学, 2005.

[3] 盛文, 柳健. 图象纹理分析方法及其最新进展[J].无线电工程, 1998, 28 (5): 8-13.

[4] 王良. 基于计算机视觉的工件表面立体纹理分析[D]. 杭州: 浙江工业大学, 2008.

第 10 章　集料的形貌特征

10.1　集料形貌评价方法

10.1.1　量化评价指标

与欧氏几何不同，分形几何理论认为物体几何图形的维数不仅仅是整数，对于一维、二维或三维的不规则图形，其分形维数 D 都是分数。在一般情况下，若图形的拓扑维数为 D_t，则有 $D_t < D < D_{t+1}$，所以具有分形特征的粗糙表面随着观察尺度的降低将不断呈现出新的粗糙细节，这种表面可以用量纲为一的维数即分形维数表示。

一般认为分形维数 D 与表面形貌的幅值变化剧烈程度有关，分形维数 D 大，则表面高频成分多、细节丰富；分形维数 D 小，则表面空间波长相对长，微观结构简单。借助分形理论的思想，可提出与集料界面力学性能建立联系的改进分形描述指标。

1. 粗集料的分形维数研究

采用三维光学密集点云测量系统扫描集料表面，单幅扫描幅面为 150mm×110mm，点间距为 0.1mm，坐标精度为 0.002mm，获取集料表面点云的三维坐标后，在 MATLAB 中生成的集料粗糙表面部分形貌见图 10-1。

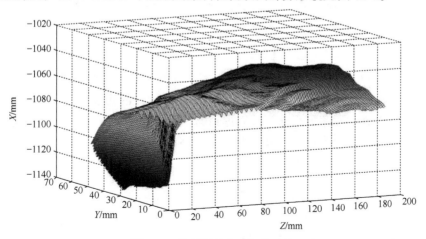

图 10-1　集料粗糙表面部分形貌

用边长为 D 的立方体对粗糙表面进行覆盖，计算覆盖区域 $D \times D$ 内的立方体个数，即在第 (i,j) 个网格内，覆盖粗糙表面的立方体个数 $N_{i,j}$ 为

$$N_{i,j} = \text{INT} \left\{ \frac{1}{\delta} \left[\begin{matrix} \max \big(h(i,j), h(i,j+1), h(i+1,j), h(i+1,j+1) \big) \\ -\min \big(h(i,j), h(i,j+1), h(i+1,j), h(i+1,j+1) \big) \end{matrix} \right] + 1 \right\} \quad (10\text{-}1)$$

式中，INT 为取整函数。

覆盖整个粗糙表面所需的重叠网格数 $N(\delta)$ 为

$$N(\delta) = \sum_{i,j=1}^{n-1} N_{i,j} \quad (10\text{-}2)$$

改变观测尺度再次覆盖，计算覆盖整个粗糙表面所需的重叠网格数，若粗糙表面具有分形性质，按分形理论，重叠网格数 $N(\delta)$ 与尺度 δ 之间应存在关系：

$$N(\delta) \sim \delta^{-D} \quad (10\text{-}3)$$

式中，D 为粗糙表面自相似分形维数。

2. 细集料的分形维数研究

直接用分形维数 D 描述粗糙程度，其受到尺度的影响较大。当分形维数随着量测间距 r 的减小而趋于相对稳定时，量测间距的值太小，量测出的精细细节对表面力学性能已经没有显著的影响。

由于分形现象出现后，所获得的分形维数 D 描述的粗糙细节尺度太小对界面力学性能的贡献太小，因此把实测得到分形前阶段不稳定分形维数 D_n 与相应的量测间距 r 结合起来考虑，形成一个新的参数来描述粗糙曲线或者表面。

以 A 表示计算分形维数时采用的相对量测间距组成的量测间距矩阵，即得式(10-4)：

$$A = \{ a_1, a_2, \cdots, a_i, \cdots, a_m \} \quad (10\text{-}4)$$

式中，$a_i (i = 1, 2, \cdots, m)$ 为矩阵 A 的元素，且有 $a_i = r_i / R$，R 为量测范围尺寸，对试件而言即为断面外廓尺寸，r_i 为第 i 步量测间距；A 的元素由小到大排列。

同样，以 B 表示不同尺度下计算得到的不稳定分形维数经过处理后组成的列矩阵，称为不稳定分形维数矩阵，即得式(10-5)：

$$B = \{ b_1, b_2, \cdots, b_i, \cdots, b_m \}^{\text{T}} \quad (10\text{-}5)$$

式中，$b_i (i = 1, 2, \cdots, m)$ 为矩阵 B 的元素，且有 $b_i = \Delta D_{ni} = D_{ni} - D_r$，$D_r$ 为所量测图形的拓扑维数，对曲面 $D_T = 2$，对曲线 $D_T = 1$，D_{ni} 为用第 i 个量测间距 r_i 量测后计算获得的不稳定分形维数 D_n。

定义一个新的粗糙描述参数，即得式(10-6)：

$$R_d = 10^K \boldsymbol{AB} \tag{10-6}$$

式中，K 为大于 0 的正整数，具体取值取决于比值 r_i / R，一般取 $K = 2 + \lg(R/r_1)$；10^K 为避免 R_d 参数值过小而设的放大系数。

将 R_d 称为尺度分形维数描述参数，其比单纯用分形维数能更好地体现粗糙表面的形貌尺度特征。R_d 指标的一个优点是不仅可描述粗糙的表面，而且可描述粗糙的曲线，其表达式为

$$R_d = \frac{10^K}{R}\left(r_1\Delta D_{n1} + r_2\Delta D_{n2} + \cdots + r_i\Delta D_{ni}\right.$$
$$\left. + \cdots + r_m\Delta D_{nm}\right) = \frac{10^K}{R}\sum_{i=1}^{m} r_i\Delta D_{ni} \tag{10-7}$$

从式(10-7)可知，R_d 指标的合理性在于考虑不同尺度下的粗糙细节，且尺度大时粗糙细节所占的权重也大。

10.1.2　测量技术手段

1. 集料表面形貌分形维数量测的二维欧氏几何体法

计算粗糙表面分形指数的方法包括盒维数法、变尺码法、网格法、幂律谱法和周长–面积关系法等。受集料材料细观结构、断裂机理和断裂环境等诸多因素的影响，表面结构和形态极其复杂，粗糙面在空间上的任意发展具有随机性特征，很难有适度的方程对其几何形态进行描述，但粗糙体的起伏变化与其所在的位置并非完全独立，在一定范围内，粗糙体的起伏变化程度与位置表现出一定的相关性。这种随机性与相关性并存的过程，可以用类似分子布朗粒子运动过程——自仿射分形描述。

在分形研究中，对分形维数没有统一的定义，它的定义和计算是根据不同的研究对象而定的。严格地说，不同定义的维数，应使用不同的测定方法。实际的可用于集料纹理和形貌的分形维数测定的方法有盒维数法、变尺码法、幂律谱法、周长–面积关系法、自仿射分形法，现分别说明如下。

1) 盒维数法

盒维数法测量分形维数原理如图 10-2 所示，将边长 δ 的方格网覆盖需要测量的图形，然后计算出边界曲线发生重叠的网格数量是 $N(\delta)$；不断缩小网格边长，得到一组不同尺度 δ 下的重叠网格数。

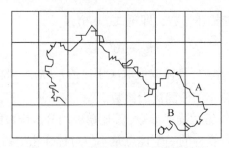

图 10-2　盒维数法测分形维数原理

因此，重叠网格数 $N(\delta)$ 与网格边长 δ 之间的幂律关系为

$$N(\delta) = k\delta^{-D} \tag{10-8}$$

对式(10-8)两边取对数，得式(10-9)：

$$\lg N(\delta) = \lg k - D\lg\delta \tag{10-9}$$

式中，k 为尺度常数。

对一组 δ 和 $N(\delta)$ 在双对数坐标中进行线性回归，得到的回归直线的斜率 $\alpha = -D$，即分形维数 $D = -\alpha$。经验表明，盒维数法对比较复杂的曲线不太适用，误差偏大，原因在于重叠网格数与网格边长有很大的依赖性，因此测定分形维数的精度会受到较大影响。但是该方法的数据处理十分简便，因而可用作初步估算分形维数。

2) 变尺码法

盒维数法是通过改变网格边长 δ(相当尺码)来测曲线的分形维数，测出的是盒子的数目，而不是曲线的长度(或曲线的面积)。当用一个尺寸可变的尺码 ε(绝对长度或面积)去测曲线的长度时，也能测出其分形维数。

变尺码法测分形维数原理如图 10-3 所示，设定测量的尺码为 ε，让其沿着曲线(或图形边界)连续行走度量，如果度量步数为 N，那么尺码与度量长度 L 之间具有幂律关系：

$$L = k\varepsilon^{1-D} \tag{10-10}$$

对式(10-10)两边取对数，得式(10-11)：

$$\lg L = \lg k + (1-D)\lg\varepsilon \tag{10-11}$$

式中，k 为尺度常数。

用一组不同的尺码去测量曲线的长度，就可以通过双对数坐标中的线性回归得到直线的斜率 $\alpha = 1-D$，从而分形维数 $D = 1+\alpha$。需要指出，在实际的分形维数测定时，并非一定采用线段测量，可以根据情况采用圆、正方形、长方形代替直线段作为尺度。因为有时采用不同尺码的线段测量的分形维数达不到精度要求，

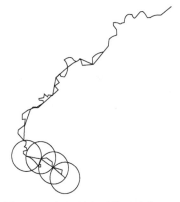

图 10-3　变尺码法测分形维数原理

所以选择合适的基本尺度对于提高分形维数测定精度是非常重要的。

3) 幂律谱法

幂律谱法来源于时间序列分析,是 20 世纪 60 年代发展起来的应用数学分支。该方法中,幂律谱是根据剖面数据来计算的。谱方法获得的最长和最短波长正好等于剖面长度和标度间隔的两倍。一般地,从自相似或自仿射表面量测的谱具有幂率谱密度函数关系,即

$$G(\omega) \propto \omega^{-S} \tag{10-12}$$

式中,$\omega = 2\pi / \lambda$,为角频率。通过这个关系,断裂表面的分形维数估计就可以根据幂律谱的双对数图的斜率决定。

4) 周长–面积关系法

分形中周长–面积关系是由 Mandelbrot 提出来的,同时他应用这种关系测定分形周界曲线的分形维数,并称为小岛法(slit island method)。

根据测度学知识可知,对于一般规则图形,其周长 L 和面积 S 之间存在关系:

$$L \propto S^{1/2} \tag{10-13}$$

对于不规则图形,其周长 L 和面积 S 之间的关系为

$$L^{1/D} \propto S^{1/2} \tag{10-14}$$

式中,D 为分形维数。

由式(10-13)和式(10-14)得

$$L = KS^{D/2} \tag{10-15}$$

式中,K 为比例常数。

由式(10-14)可求出分形维数 D ,见式(10-16):

$$D = 2\frac{\ln L}{\ln S} - \frac{C}{\ln S} \tag{10-16}$$

式中，$C = 2\ln K$，为常数。

由一组 (L, S) 数据绘制的双对数图 $\ln S \sim \ln L$，用最小乘法求出对数图线性关系的斜率，此斜率的绝对值 a 的 2 倍为所求的维数 D，即 $D = 2a$。

5) 自仿射分形法

对自仿射分形曲线或表面，其方差函数和各自相关距离之间的关系为

$$\left\langle \left(z_i - z_j\right)^2 \right\rangle = K\left(\left(x_i - x_j\right)^2 + \left(y_i - y_j\right)^2\right)^{2H} \tag{10-17}$$

式中，$\langle \cdot \rangle$ 表示对大量样本点取平均；z_i 表示点 (x_i, y_i) 的粗糙高度。

无论使用上述方法中的哪种方法确定集料纹理和表面形貌的分形维数，直接取样进行测定和计算分形维数几乎是不可能的，因为每种方法都需要用不同的尺度对同一对象进行反复测定。为此，最合理的方法是：选用合适的破碎方法和破碎机械得到集料后，通过三维光学扫描获取集料的三维图像，再用计算机模拟或人工绘制结构面网络图，在集料结构面网络图上用相应的程序求得集料纹理和表面形貌的分形维数。

2. 集料表面形貌分形维数量测的立方体覆盖法

在分形几何中，变码尺法和覆盖法是最常用的维数计算方法。对于复杂的无规则曲线，可用变码尺法直接估算其分形维数。对于粗糙表面，不能用具有某一尺度的二维欧氏几何体如圆、正方形及三角形等来直接覆盖粗糙表面，因此采用间接覆盖的方法。在所有用于估算粗糙表面真实分形维数的计算方法中，最具代表性的方法是三角形棱柱表面积法和投影覆盖法，如图 10-4 所示。但这两种方法在估算表面分形维数时都存在面积的近似计算问题，从而导致计算结果的偏差。为了克服上述两种方法在估算分形维数中的近似计算问题，提出了表面分形维数的立方体覆盖法。

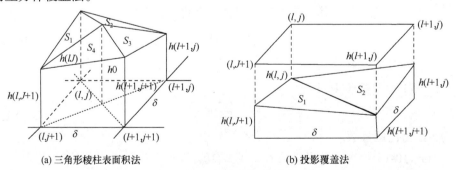

(a) 三角形棱柱表面积法　　　　　(b) 投影覆盖法

图 10-4　面积覆盖法示意图

　　三角形棱柱表面积法[1]是利用边长为 D 的正方形网格作为参考平面(图 10-4(a))，正方形的 4 个角点对应 4 个高度，这 4 个点都在粗糙表面上，但通常并不在一个平面上，因此不可能精确计算这 4 个点围成的面积，只能作近似计算。三角形棱柱表面积法采用 4 个三角形去逼近真实粗糙表面的形貌。该方法必须引进一个几何中心点的高度，而该点实际上并不在粗糙表面上，甚至有可能远离粗糙表面，导致估计的粗糙表面面积不真实。为了克服这一缺陷，谢和平和王金安等[2]提出了投影覆盖法。该方法直接将粗糙表面上 4 个点围成的空间区域简化成两个三角形来逼近其面积(图 10-4(b))，从而保证考察的 4 个角点都在粗糙表面上。

　　三角形棱柱表面积法和投影覆盖法在估算分形维数时都采用了近似计算表面积的方法，这种近似将导致计算结果上的误差。而且从理论上讲，三角形棱柱表面积法和投影覆盖法不是真正意义上的覆盖法，而应属于改进的码尺法。根据分形理论，由覆盖法估算的分形维数是纯几何意义上的分形维数，且覆盖法(也称盒维数法)比码尺法使用更广泛。正如可以采用二维方形网格去覆盖无规曲线一样，可采用三维立方体网格直接覆盖粗糙表面(图 10-5)，在平面 XOY 上存在一个正方形网格，网格尺寸为 δ，正方形的 4 个角点处分别对应 4 个高度 $h(i,j)$、$h(i,j+1)$、$h(i+1,j)$ 和 $h(i+1,j+1)$(其中 $i \geqslant 1$，$j \leqslant n-1$，n 为每个边的量测点数)。

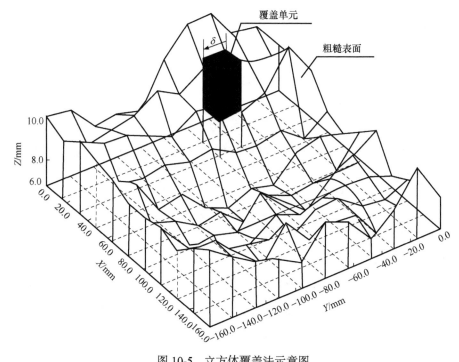

图 10-5　立方体覆盖法示意图

　　由于三角形棱柱表面积法和投影覆盖法采用的是间接覆盖法，并且采用近似的粗糙表面面积计算方法，计算过程中可能忽视了一些粗糙度信息，而立方体覆盖法在计算过程中没有近似的过程，每个计算步骤都有精确的方法，并且计算出的分形维数最接近粗糙表面理论上的自相似分形维数，因而可以认为是一种较可靠的维数计算方法。

3. 集料表面形貌的理论构造

　　集料表面具有十分复杂的空间构形，理论上其分形维数既不能简单地用剖线的维数加 1 来代替，也不等同于完全随机的布朗分数运动曲面。因而，从理论上构造 1 个分形曲面来逼近粗糙断裂表面形貌对于深刻理解其分形性和复杂性是十分重要的。

　　一般地，分形曲面可视为三维空间 R^3 中的集合。分形曲面可以视为 1 个二元函数 $z = f(x,y)$，假设 A 为 ZOX 中的分形曲线 $A\{(x,z): x \in [c,d], z = g(x)\}$，$B$ 为 R^3 中的线段 $B = [a,b]$，则 A 和 B 的直积 F 为

$$F = A \times B$$
$$= \{(x,y,z) : |x \in [c,d], y \in [a,b], z = g(x)\} \tag{10-18}$$

F 的维数为

$$\dim F = \dim(A \times B) = 1 + \dim A \tag{10-19}$$

实际上，直积 F 表示分形曲线 A 沿直线 B 平移生成的曲面。

　　理论上构造分形曲面的另一种方法是 2 条分形曲线的星积。设 A 和 B 分别为平面 ZOX 和平面 YOZ 中的两条分形曲线，得

$$A = \{(x,z): x \in [a,b], z = g(x)\}, B = \{(y,z): y \in [a,b], z = h(y)\} \tag{10-20}$$

A 和 B 的星积定义为

$$F^* = A^* B = B^* A$$
$$= \{(x,y,z) : (x,y) \in [a,b] \times [c,d], z = g(x) + h(y) - g(a)\} \tag{10-21}$$

可证明 F^* 的维数为

$$\dim F^* = 1 + \max(\dim A, \dim B) \tag{10-22}$$

　　星积表示 1 条分形曲线沿另外 1 条分形曲线的平移，其维数为 1 加上 2 条分形曲线中维数较大曲线的分形维数。

　　星积分形曲面并不能代表真实的粗糙断裂表面，其复杂性不如真实的粗糙断裂表面。按直观理解，粗糙表面应是分形曲线上的离散点沿各自的分形曲线轨迹

移动的结果。实验数据分析表明，断裂表面分形维数介于表面 X 方向或 Y 方向剖线的平均分形维数及其和之间。根据上述分析，粗糙表面分形维数 D 满足关系：

$$1 + \max\left(\overline{D}_x + \overline{D}_y\right) = \dim F^* < D < \overline{D}_x + \overline{D}_y \tag{10-23}$$

式中，$\overline{D}_x$ 和 $\overline{D}_y$ 分别表示粗糙表面 X 方向和 Y 方向分形曲线维数的平均值。

10.2　集料表面形貌特征的二维解析

以粒径为 13.2mm 和 4.5mm 攀西玄武岩和榆神玄武岩为研究对象，每种集料随机选取 3 个颗粒。由三维空间图可获取集料表面点云的三维坐标，在 MATLAB 中生成集料粗糙表面的三维形貌，对比研究集料表面形貌的特征。

10.2.1　粗集料表面形貌的分析

为了了解粗集料表面形貌特征，采用 13.2mm 攀西玄武岩和榆神玄武岩的三维光学扫描数据，将立方体覆盖法的计算过程编写为 MATLAB 程序，在所选集料表面随机选取覆盖区域，建立重叠网格数 $N(\delta)$ 与尺度 δ 之间的关系，攀西玄武岩、榆神玄武岩的计算数据分别见表 10-1 和表 10-2，反映 $N(\delta)$ 与 δ 关系的双对数坐标如图 10-6 所示。

表 10-1　13.2mm 攀西玄武岩中 $N(\delta)$ 与 δ 的关系

1#集料		2#集料		3#集料	
尺度 δ / mm	重叠网格数 $N(\delta)$	尺度 δ / mm	重叠网格数 $N(\delta)$	尺度 δ / mm	重叠网格数 $N(\delta)$
0.1	189899	0.1	1515982	0.1	780088
0.2	25924	0.2	308726	0.2	104870
0.4	3805	0.4	52357	0.4	14432
0.8	493	0.8	7429	0.8	2015
1.6	40	1.6	1108	1.6	280
3.2	3	3.2	179	3.2	32
6.4	0	6.4	32	6.4	2
12.8	0	12.8	4	12.8	0
25.6	0	25.6	0	25.6	0
51.2	0	51.2	0	51.2	0

表 10-2 13.2mm 榆神玄武岩中 $N(\delta)$ 与 δ 的关系

1#集料		2#集料		3#集料	
尺度 δ / mm	重叠网格数 $N(\delta)$	尺度 δ / mm	重叠网格数 $N(\delta)$	尺度 δ / mm	重叠网格数 $N(\delta)$
0.1	575198	0.1	618108	0.1	45436
0.2	76045	0.2	82561	0.2	5928
0.4	9862	0.4	10783	0.4	797
0.8	1290	0.8	1444	0.8	83
1.6	155	1.6	195	1.6	5
3.2	18	3.2	30	3.2	0
6.4	2	6.4	3	6.4	0
12.8	0	12.8	0	12.8	0
25.6	0	25.6	0	25.6	0
51.2	0	51.2	0	51.2	0

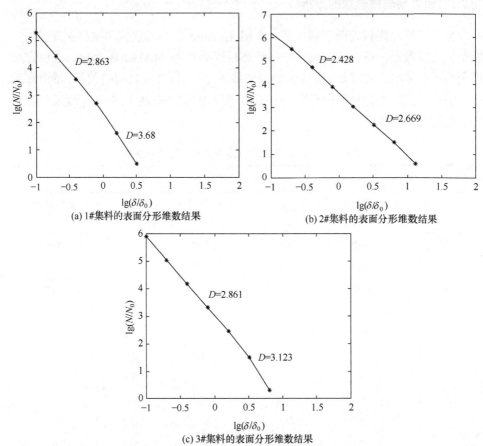

(a) 1#集料的表面分形维数结果

(b) 2#集料的表面分形维数结果

(c) 3#集料的表面分形维数结果

图 10-6 13.2mm 攀西玄武岩的表面分形维数结果

对 13.2mm 攀西玄武岩的形貌特征进行量化分析，结合表 10-1 和图 10-6 (a)可得，当 δ 为 0.1～0.8mm 时，集料表面的分形维数为 2.863，当 δ 为 0.8～3.2mm 时，集料表面的分形维数为 3.68，大于 3 时为不合格的数据。分析表 10-1 和图 10-6 (b)可得，当 δ 为 0.1～1.6mm 时，集料表面的分形维数为 2.428；当 δ 为 1.6～12.8mm 时，集料表面的分形维数为 2.669。根据表 10-1 和图 10-6 (c)可看出其具体的分布情况，当 δ 为 0.1～3.2mm 时，集料表面的分形维数为 2.861；当 δ 为 3.2～6.4mm 时，集料表面的分形维数为 3.123，其他因素的影响使分形维数的结果出现突变，导致其超出最大界限的范围。因此，对于攀西玄武岩，当 δ 大于 12.8mm 时，集料表面不表现出分形性；当 δ 介于 0.8～12.8mm 时，集料表面不一定表现出分形性；当 δ 小于 0.8mm 时，表面表现出分形性。

结合表 10-2 和图 10-7(a)～(c)，对 13.2mm 榆神玄武岩的形貌特征进行量化分析。由图 10-7 (a)可得，当 δ 为 0.1～0.8mm 时，集料表面的分形维数为 2.934；

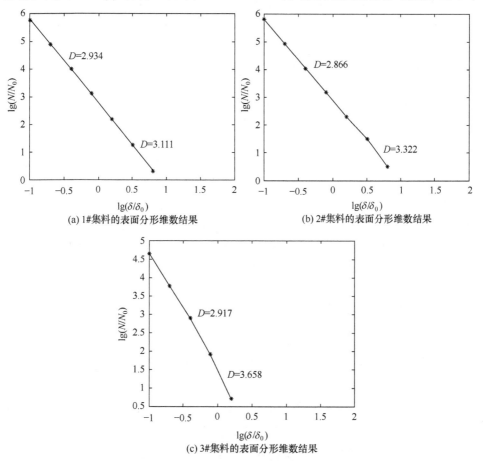

(a) 1#集料的表面分形维数结果　　　　　　(b) 2#集料的表面分形维数结果

(c) 3#集料的表面分形维数结果

图 10-7　13.2mm 榆神玄武岩的表面分形维数结果

当 δ 为 0.8～6.4mm 时，集料表面的分形维数为 3.111，大于表面分形维数的范围，为形貌特征的变异点。分析图 10-7 (b)可得，当 δ 为 0.1～3.2mm 时，集料表面的分形维数为 2.866；当 δ 为 3.2～6.4mm 时，集料表面的分形维数为 3.322。根据图 10-7 (c)可得，当 δ 为 0.1～0.4mm 时，集料表面的分形维数为 2.917；当 δ 为 0.4～1.6mm 时，集料表面的分形维数为 3.658，当 δ 大于一定值时，分形维数的结果超出界限。因此，对于榆神玄武岩，当 δ 大于 3.2mm 时，集料表面不表现出分形性；当 δ 在 0.4～3.2mm 时，集料表面不一定表现出分形性；当 δ 小于 0.4mm 时，表面表现出分形性。

对比 13.2mm 攀西玄武岩和榆神玄武岩的分析结果可知，当采用立方体覆盖法计算粗集料分形维数时，攀西玄武岩的 δ >12.8mm，集料表面不表现出分形性，而榆神玄武岩的 δ >3.2mm，其表面不表现出分形性；对于分形性不确定的尺度区间，攀西玄武岩为 0.8～12.8mm，榆神玄武岩为 0.4～3.2mm；对于集料表面表现出分形性的范围，攀西玄武岩为 δ <0.8mm，榆神玄武岩为 δ <0.4mm。由此可看出，榆神玄武岩粗集料的表面形貌更精细，各个范围的尺度相对更小，集料的形貌细节更丰富，在沥青混合料中表现出更为优越的路用性能。

综合图 10-6 和图 10-7 的量化分析结果可知，分形维数的值主要集中在 2.5～3.0，值域的区间偏向于上部，分形维数 D 大，说明攀西玄武岩和榆神玄武岩的表面形貌变化较为剧烈，集料表面的高频成分多，形貌的细节丰富，表面的空间波长相对较短。用该种粗集料铺筑沥青路面，粗集料能较好地彼此嵌挤，形成较为稳定的路面结构，有利于路面的高温抗车辙和路面的使用寿命。

另外，尺度 δ 越小，分形维数 D 越小；尺度 δ 越大，分形维数 D 越大，直至趋向于无穷。粗集料表面形貌的分形维数在所有尺度上并不存在一个普适值，较小尺度计算得到的分形维数相对也较小，当尺度 δ 趋向于 0 时，计算所得表面形貌的分形维数接近真实值。

10.2.2　细集料表面形貌的分析

数学上，严格的自相似分形具有尺度不变性，也就是说，无论在何种尺度下，也不论采用多大的尺规，所测得的分形维数是一致的。但分形维数会随着量测间距的变化而变化，量测间距 r 减小，分形维数也会随之减小直至趋于相对稳定，为避免量测间距过小对界面力学性能的影响，提出一种新的参数——尺度分形维数 R_{d}，来兼顾量测间距和分形维数的相互作用。

采用 MATLAB 编写的相应程序计算细集料的尺度分形维数，以粒径为

4.75mm 的攀西玄武岩和榆神玄武岩为例，比较分析细集料的表面形貌特征。采用
PASW 统计分析软件对玄武岩细集料的形貌进行分析，粒径为 4.75mm 攀西玄武
岩和榆神玄武岩的尺度分形维数分布分别见图 10-8 和图 10-9，并对其进行量化分
析，结果如图 10-10 所示。

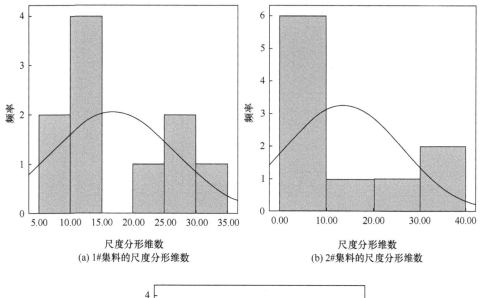

(a) 1#集料的尺度分形维数　　　　　　　　　(b) 2#集料的尺度分形维数

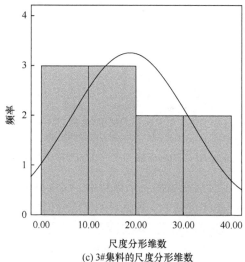

(c) 3#集料的尺度分形维数

图 10-8　4.75mm 攀西玄武岩的尺度分形维数

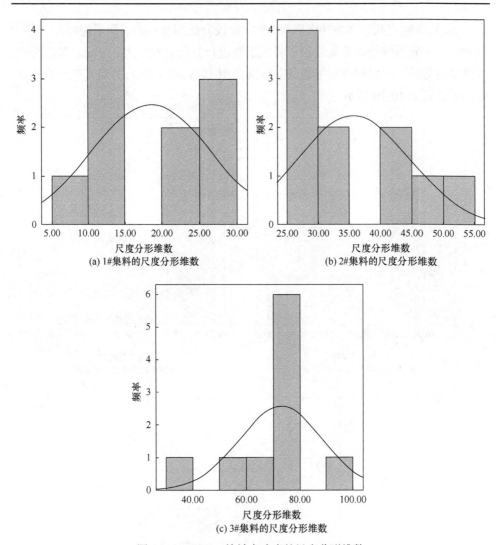

(a) 1#集料的尺度分形维数

(b) 2#集料的尺度分形维数

(c) 3#集料的尺度分形维数

图 10-9　4.75mm 榆神玄武岩的尺度分形维数

　　由图 10-8 可知，攀西玄武岩的三个集料中，尺度分形维数的频率拟合正态分布曲线变化平缓，数据连续且集中，各集料的尺度分形维数差异性较小。由图 10-9 可知，榆神玄武岩各集料的尺度分形维数差异性较大，数据分布较为离散。结合图 10-10 可知，3#集料中编号为 4 和 7 的随机面其尺度分形维数远离均值，为数值统计分析的变异点，说明该细集料的破碎不合理，造成表面尺度分形维数变化较大，细集料颗粒之间的形貌不均一。

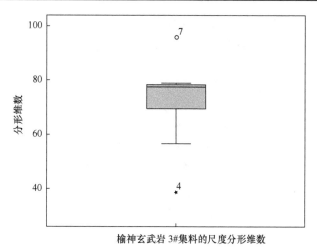

榆神玄武岩 3#集料的尺度分形维数

图 10-10　4.75mm 榆神玄武岩 3#集料的尺度分形维数箱形图

　　4.75mm 玄武岩尺度分形维数的统计值见表 10-3，各选取 4.75mm 攀西玄武岩和榆神玄武岩的三个集料颗粒，在每个集料三维图中随机选取 10 个面，比较尺度分形维数的差异性，探寻细集料形貌特征的分布规律。由图 10-8 和图 10-9 可知，攀西玄武岩三个集料尺度分形维数的均值分别为 16.901、13.595 和 18.668，榆神玄武岩的为 18.489、35.654 和 73.007，比较其均值分布，容易得到榆神玄武岩各随机面的尺度分形维数变化幅度较大，细集料表面形貌的差异性较大。攀西玄武岩和榆神玄武岩的标准偏差在 10 上下，数据的拟合性较好，各随机面的尺度分形维数都在均值附近波动。

表 10-3　4.75mm 玄武岩尺度分形维数的统计值

统计值		攀西玄武岩			榆神玄武岩		
		1#集料	2#集料	3#集料	1#集料	2#集料	3#集料
随机面	有效	10	10	10	10	10	10
	缺失	0	0	0	0	0	0
均值		16.901	13.595	18.668	18.489	35.654	73.007
均值标准误差		3.072	3.870	3.860	2.562	2.822	4.930
中值		12.168	9.212	16.451	19.279	31.995	77.526
标准偏差		9.715	12.239	12.206	8.103	8.925	15.589
方差		94.385	149.796	148.985	65.659	79.648	243.003
极小值		5.610	1.270	2.350	6.650	26.280	38.860
极大值		30.400	36.830	39.820	28.060	51.280	97.340

攀西玄武岩的尺度分形维数 R_d 主要集中在 1.270~39.820，分布较为均匀；榆神玄武岩的尺度分形维数随机性大，数据的离散性较为明显，变化区间为 6.650~97.340。

细集料的工程性质存在较为显著的尺寸效应。尺寸效应的产生因素有很多，其中细集料表面的三维形貌是主要因素之一。图 10-8 和图 10-9 分析结果表明，榆神玄武岩的细集料尺度分形维数离散性大，表面形貌的粗糙细节变化大，相比攀西玄武岩，尺寸效应明显，对混合料路用性能的影响较大。

尺度分形维数 R_d 的合理性是有条件的，取决于量测间距的合理取值。对细集料而言，量测间距取值对 R_d 的合理性影响很大，量测间距过大，则细集料表面的小尺度细节将被忽略，很容易被大尺度的成分所掩盖。同时，由于单一指标的涵盖范围和包含信息有限，与其他参数配合，建立多指标多参数的描述系统更为合理。

10.3　集料表面形貌特征的三维解析

维数的概念源于经典的欧氏空间。对于欧氏空间，把确定空间中任意一点所需要的互相独立的坐标个数称为空间维数。例如，直线是一维空间，平面是二维空间，立体是三维空间。

分形维数可以是整数，也可以是分数。欧氏几何学中所讨论的几何体，光滑平整，其直线的维数 D 为 1，平面的维数 D 为 2，立体的维数 D 为 3，均为整数。但对于自然界中的各种物体，豪斯多夫维数可用来确定自然界中大量的无特征长度的、极不规则的、极不光滑的、维数不一定是整数的对象。例如，曲线的维数 $1<D<2$，曲面的维数 $2<D<3$。一般可以将非规则性和系统中曲率半径为零的点等同起来，如角点(尖点)、边界点、分支点等。由此，集料颗粒的表面形貌是一个分形系统，系统中充满了这些非规则点，同时粗集料表面形貌的分形维数介于 2~3。

集料表面质量的好坏是决定其路用性能优劣的一个重要因素，表面形貌极大地影响集料接触表面的磨损、疲劳强度、抗蚀性和导热性等功能特性，因而集料表面形貌的研究尤为重要。为量化粗集料形貌对路用性能的影响，借用分形理论的思想，用分形维数作为量化指标。

以粒径为 13.2mm 和 9.5mm，不同料源产地的攀西玄武岩和榆神玄武岩为研究对象，各档集料平行选取 3 个粗集料，通过三维光学扫描和 Geomagic Studio 软件获取集料表面点云的三维坐标，用 MATLAB 编程计算各集料的分形维数，计算结果如表 10-4 所示。

表 10-4　不同尺度下各档粒径粗集料的分形维数

集料种类	集料编号	尺度 δ/mm									
		0.1	0.2	0.4	0.8	1.6	3.2	6.4	12.8	25.6	51.2
13.2mm 攀西玄武岩	1	2.873	2.768	2.948	3.624	3.737	−Inf	NaN	NaN	NaN	NaN
	2	2.296	2.560	2.817	2.745	2.630	2.484	−3.000	−Inf	NaN	NaN
	3	2.895	2.861	2.840	2.847	3.129	−4.000	−Inf	NaN	NaN	NaN
13.2mm 榆神玄武岩	1	2.919	2.947	2.935	3.057	3.106	3.170	−Inf	NaN	NaN	NaN
	2	2.904	2.937	2.901	2.889	2.700	3.322	−Inf	NaN	NaN	NaN
	3	2.938	2.895	3.263	4.053	−Inf	NaN	NaN	NaN	NaN	NaN
9.5mm 攀西玄武岩	1	2.871	2.865	2.825	3.088	3.678	−Inf	NaN	NaN	NaN	NaN
	2	2.919	2.926	2.856	2.883	2.888	2.907	−Inf	NaN	NaN	NaN
	3	2.923	2.884	2.960	3.539	3.000	−Inf	NaN	NaN	NaN	NaN
9.5mm 榆神玄武岩	1	2.801	2.742	2.566	2.617	−Inf	NaN	NaN	NaN	NaN	NaN
	2	2.829	2.811	2.895	2.918	2.585	−Inf	NaN	NaN	NaN	NaN
	3	2.840	2.897	2.739	2.927	2.719	3.585	−Inf	NaN	NaN	NaN

注：NaN，不可表示的值；−Inf，负无穷。

(1) 对比分析 13.2mm 的攀西玄武岩和榆神玄武岩的分形维数，当 δ 为 0.4mm 时，榆神玄武岩的部分结果表现出离散性；当 δ 大于 0.8mm 时，两种集料的分形特征表现不明显；当 δ 较小，在 0.4mm 以下时，两种集料都有较好的自相似性，集料颗粒表面形貌具有自仿射特征。

(2) 由 9.5mm 的攀西玄武岩和榆神玄武岩的分形维数可得，当 δ 为 0.8mm 时，分形维数有超出范围的情况；当 δ 大于 1.6mm 时，两种集料的表面不具有分形特征；当 δ 在 0.8mm 以下时，集料表面形貌起伏明显，表面纹理丰富，集料表面具有较强的自相似性。

(3) 纵观各集料不同粒径下的分形维数，随着集料粒径的变化，表面形貌的分形维数不具有较为规律的变化趋势，但 9.5mm 的玄武岩与 13.2mm 的玄武岩相比，在保证分形的基础上，9.5mm 的玄武岩具有更大的尺度，即该档集料比 13.2mm 的集料表面形貌更丰富，表面幅度变化较大，能提供路面更好的稳定性，混合料的配比设计中应以该档粗集料为主。

(4) 横向比较玄武岩的分形维数，在量测间距较大，大于 3.2mm 时，分形维数或超出界限为空值，或趋向于无穷。基于此，表 10-4 由右向左看，分形维数是从无到有，随着量测间距的减小，分形维数越来越接近真实值。同时，玄武岩的分形维数主要集中在 2.5~3.0，集料表面的分形维数较大，表面形貌的幅值变化剧烈，表面高频成分较多，微观细节丰富，相对起伏变化较大，在路面的使用过程中，粗集料形成嵌挤表现出优良的路用性能。

10.4　集料形貌特征影响因素

10.4.1　方向性的影响

单一指标描述粗糙表面的局限性首先表现在粗糙程度可能具有方向性。描述指标中，有的指标是根据剖线的粗糙情况来描述表面粗糙情况的，如高度特征函数，剖线的方向对单一描述指标影响极大，极端的情况如图 10-11 所示，从 y 方向考虑，可能分析得到表面的粗糙程度如同平面的结论。虽然陆续有一些改进的单指标描述法从面而非线的角度来描述面的粗糙，但是表面高程数据往往是通过激光扫描获取的，扫描方向的选取同样对指标的最终结果影响很大。

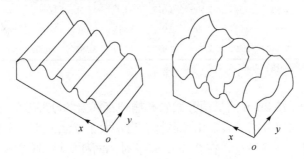

图 10-11　表面粗糙程度的方向性

10.4.2　量测区域的影响

粗糙表面的粗糙程度往往不是均匀分布的，采用单一指标描述存在很多问题。例如，如果采用分形维数 D 描述表面粗糙程度，指标在其值域范围 $(2,3)$ 变化，变化幅度不超过 1，难以体现量测范围的不同导致的粗糙程度不同。即使指标的值域范围比较大，单一指标包含的信息依然有限，描述效果也不尽理想。例如，大起伏表面区域面积占比这样一些对界面力学性能影响较大的信息难以反映到单一的描述指标里。

参 考 文 献

[1] 汪海年, 郝培文, 庞立果, 等. 基于数字图像处理技术的粗集料级配特征[J]. 华南理工大学学报, 2007, 35(11): 54-58.

[2] 谢和平, 王金安. 岩石节理(断裂)表面的多重分形性质[J].力学学报, 1998, 30(3): 314-320.

第三篇　界　面　问　题

第11章　沥青–集料界面问题

11.1　基本概念

沥青浸润集料表面会发生一系列物理–化学作用，如吸附、渗透、扩散、化学键合等，由此结合而成的组织形态和结构性状完全异于基体沥青的沥青–集料界面层，是沥青胶浆乃至沥青混合料性能形成的关键。在行车荷载和环境因素作用下，界面影响着应力传递与分散、控制着损伤累积和传播，而水分浸入基体性能劣化导致界面退化失效，是沥青路面水损、开裂的主要原因之一。由于沥青和集料截然不同的物质组成与性质差异，两者之间的结合过程和界面性状复杂多变且难以捕捉，一直是该领域的研究热点和难点。

近年来，不断完善的表面物理化学理论和先进的微观测试技术，为深入认识沥青在集料表面的行为机制创造了条件。基于热学、力学及表面物理化学等多学科分析手段和多尺度方法，可从宏观、细观与微观尺度研究沥青在集料表面的结合过程、组织性状和演化行为，研究成果对深入认识复杂荷载和环境作用下沥青–集料界面对沥青混合料服役性能的作用机制具有重要意义，为完善沥青混合料尺度跨越机制和多尺度预测模型奠定了理论基础。

11.2　沥青–集料界面性能评价

在实际工程应用中，目前已有多种测试方法来评价沥青与集料之间的黏附性能，这些测试方法可简单归为三类。第一类从黏结强度的角度评估沥青–集料界面黏附性能，测试方法包括拉–脱(pull-off)测试、剥离测试、气动附着力拉伸测试仪(PATTI)测试等[1]。Apeagyei 等基于动态剪切流变仪开发了一种改进的拉–脱测试，用于评价沥青–集料界面的黏附性能[2]，该测试可以精确控制沥青膜的厚度，并且利用特殊设计的沥青–集料界面结构模具可以实现水环境调节。Mo 等基于动态力学分析仪(DMA)和动态剪切流变仪(DSR)提出了沥青–集料黏附区域损伤模型，其开发的测试装置能够对沥青–集料界面的疲劳性能进行表征[3]。Horgnies 等将聚对苯二甲酸乙二醇酯(PET)作为膜，进行了沥青从集料表面的剥离试验[4]。Blackman 等进行了类似的剥离测试，但使用的是铝剥离臂而不是 PET 膜[5]。在对塑性功进行适当校正的情形下，该测试是一种测量剥离强度(断裂能)

的可靠方法。PATTI 测试由美国国家标准与技术研究院(NIST)开发，可用于测量沥青与集料之间的黏结强度以及沥青的黏聚强度[6]。Zhang 等采用三种方法(拉–脱、剥离和 PATTI)试验测量了两种不同沥青和四种不同集料组合的黏结强度，结果表明不同测试方法下各沥青–集料试样的抗水损害性能排序相似，但拉–脱实验是最敏感的[7]。

第二类试验是通过观察沥青裹附的集料在水中浸泡之后的沥青残留度来评价沥青集料界面性能的，包括水煮试验和转瓶试验[8-10]。转瓶试验广泛应用于欧洲，与水煮试验类似，但采用了动态浸泡的方式。测试中，集料表面裹附沥青的残留度是通过目测确定的，这使得试验结果的评价易受主观因素影响。为此，Grönniger 等提出了一种计算机辅助分析技术来确定转瓶试验后集料表面裹附沥青的残留度，以消除试验结果评价中主观因素的影响[9]。Porot 等报道了对于转瓶试验可重复性的验证研究，其结果表明集料是影响沥青–集料界面性能的主要因素[10]。

第三类试验基于界面能的概念来评价沥青–集料界面的黏附性能[11-13]，主要涉及接触角试验、吸附试验和 Wilhelmy 板试验，其原理是通过测量沥青和集料各自的表面能计算界面的黏附能和剥落能。界面黏附能表示单位面积内沥青润湿集料表面所产生的能量变化，而剥落能表示集料表面由水替代沥青黏附所引起的能量变化。

Bhasin 等分别使用 Wilhelmy 板试验和吸附试验测量了沥青和集料的表面能[12]。其研究采用了两个评价沥青–集料界面性能的量化指标——黏附功和剥落功。Guerrero-Barba 等设计了一种高温接触角测量仪，用于测量液态沥青在集料基质上的接触角，并基于此监测了高温(70~100℃)下黏性环烷沥青和沥青质在钙质集料上的扩散行为[13]。

11.3　沥青–集料界面复杂性

沥青–集料界面现象是化学、物理学和工程学交叉的领域。尽管在过去的几十年中道路工程领域的研究人员一直致力于这个问题的研究，但目前对于沥青–集料界面行为本质及其演变机制的认知仍然有限。在已报道文献的基础上，概括发现沥青–集料界面行为研究面临的两个核心挑战是：①沥青和集料之间的相互作用是沥青化学组成、集料矿物成分和集料表面纹理等多种因素错综复杂作用的结果；②不同影响因素产生作用的特征尺度不尽相同，从空间尺度上看沥青–集料界面行为研究需要跨越多个数量级。

11.3.1 材料性状及工况环境的多样性

影响沥青-集料界面相互作用的因素众多。理论上，沥青与集料的相互作用直接取决于沥青化学组成、集料表面纹理和矿物学特征。沥青是原油蒸馏的副产品，在精炼过程中从重质原油中去除较轻的馏分而产生。由于沥青是由数千种化合物组成的混合物，因此很难精准确定其中每种化学成分的化学结构。集料表面纹理是指集料表面的非规则几何形状，这种非规则特征实际存在于许多个尺度和层次上，而集料矿物学则包括集料的基本矿物的组成比例以及不同矿物的分布结构两个方面。在众多物理和化学因素中，集料的矿物学特性对沥青-集料界面的黏附性能有显著影响[10-11]。

从更广义层面来看，沥青和集料之间的界面行为还受到环境和气候条件以及车辆载荷等外部因素的影响。在道路铺设过程中，沥青与集料的接触经历了许多不同的阶段。首先，热集料在热拌和过程中与热沥青接触。在高于环境温度条件下，通常会促进化学反应和轻馏分的挥发。这种化学反应和轻馏分挥发，称为短期老化，会对沥青和集料之间的黏附耐久性产生影响。当沥青混合料被压实并开始服役之后，会经历许多不同的瞬态环境和气候条件。这些条件可能会持续很短或很长的时间，从而对沥青-集料界面相互作用产生进一步影响。例如，沥青的长期老化、低温收缩导致沥青与集料之间的脱黏以及沥青-集料界面处存在水。对水的敏感性是影响沥青-集料界面服役耐久性的关键因素，水渗透进入沥青路面并进一步扩散迁移至沥青-集料界面之后，会与沥青产生竞争吸附并最终导致沥青在集料表面的剥落。由水引发的沥青和集料之间的黏附破坏是路面病害的主要形式，其对世界各地的交通基础设施网络构成了巨大挑战。

除了环境和气候因素外，路面服役过程中还承受重复交通荷载的作用。当沥青路面结构受到重复荷载作用时，沥青混合料内部会出现随机分布的微观结构破坏，这种损伤通常包括集料开裂、沥青和集料之间的界面开裂以及沥青结合料本身的开裂破坏。沥青-集料界面开裂是造成沥青混合料非线性和渐进损伤力学行为的根本原因之一。此外，沥青-集料界面处微裂纹的滋生和扩展过程也会影响材料宏观裂纹的发育和愈合路径，进而影响沥青混合料的宏观破坏行为。

11.3.2 多尺度特性

不同影响因素产生作用的特征尺度不尽相同。沥青胶体在集料表面的吸附行为源于沥青分子在集料表面的聚集和重新排列，集料表面的活性位点通过静电力、氢键或范德瓦耳斯力吸引和改变沥青分子分布[14]。沥青与集料相互作用的直接结果是界面区的形成，而界面相的构型和热力学特征与沥青化学特征及集料矿物学特征密切相关。因此，研究沥青化学和集料矿物学对沥青-集料界面行为的影响必须从分子尺度入手。集料表面纹理包含了从纳米到微米多个空间尺度上的形貌特征，沥青在粗糙集料表面的黏附行为可以采用润湿动力学如 Wenzel 模型进行描述[15]。依据其特征尺寸，集料矿物分布微观结构和表面纹理对沥青–集料界面行为影响的研究属于微观尺度的研究范畴。沥青混合料的随机非均匀细观结构直接决定了沥青–集料界面承受荷载作用的结构形式，因而对界面服役行为具有显著影响。组成沥青混合料的矿质集料几何形态复杂、粒径变化范围广，通常认为不同粒径尺寸的集料在沥青混合料结构组成中承担的功能不同，而不同级配类型的沥青混合料力学性能更是差异显著，这类研究需要借助于细观尺度上的力学和数值模拟方法来进行。沥青–集料界面行为还受到环境和车辆载荷等外部因素的影响，如不同交通荷载作用下沥青路面结构的动态力学响应差异、低温环境下路面结构的收缩等都对沥青–集料的界面破坏产生影响。对这些因素的分析通常采用连续介质力学的方法，属于宏观尺度的研究范畴。

影响沥青–集料界面行为的主要因素及其特征尺度如图 11-1 所示。要彻底认清沥青–集料的界面行为本质，不仅需要在各自因素所对应的特征尺度上明晰其产生作用的物理机制，更需要构建跨尺度的融合模型以实现各精细尺度的作用机制向宏观尺度路用性能的精准传递，建立一套“自下而上”的沥青–集料界面行为分析模型和知识体系研究方法。

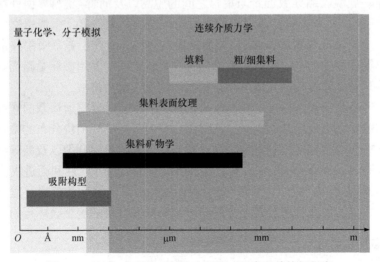

图 11-1　沥青–集料界面行为主要影响因素及其特征尺度

参 考 文 献

[1] ASTM M. Standard test method for pull-off strength of coatings using portable adhesion testers[J]. Auris Nasus Larynx, 2009, 33(1): 93-6.

[2] Apeagyei A K, Grenfell J R A, Airey G D. Moisture-induced strength degradation of aggregate-asphalt mastic bonds[J]. Road Materials and Pavement Design, 2014, 15(1): 239-262.

[3] Mo L, Huurman M, Wu S, et al. Ravelling investigation of porous asphalt concrete based on fatigue characteristics of bitumen-stone adhesion and mortar[J]. Materials & Design, 2009, 30(1): 170-179.

[4] Horgnies M, Darque-Ceretti E, Fezai H, et al. Influence of the interfacial composition on the adhesion between aggregates and bitumen: Investigations by EDX, XPS and peel tests[J]. International Journal of Adhesion and Adhesives, 2011, 31(4): 238-247.

[5] Blackman B R K, Cui S, Kinloch A J, et al. The development of a novel test method to assess the durability of asphalt road-pavement materials[J]. International Journal of Adhesion and Adhesives, 2013, 42: 1-10.

[6] Santagata F A, Cardone F, Canestrari F, et al. Modified PATTI test for the characterization of adhesion and cohesion properties of asphalt binders[C]. International Conference on Maintenance and Rehabilitation of Pavements and Technological Control, Turin, 2009.

[7] Zhang J, Apeagyei A K, Airey G D, et al. Influence of aggregate mineralogical composition on water resistance of aggregate-bitumen adhesion[J]. International Journal of Adhesion and Adhesives, 2015, 62: 45-54.

[8] ASTM. Standard practice for effect of water on bituminous-coated aggregate using boiling water ASTM D3625-12[S]. West Conshohocken, PA: ASTM International, 2012.

[9] Grönniger J, Wistuba M P, Renken P. Adhesion in bitumen-aggregate-systems: New technique for automated interpretation of rolling bottle tests[J]. Road Materials and Pavement Design, 2010, 11(4): 881-898.

[10] Porot L, Besamusca J, Soenen H, et al. Bitumen/aggregate affinity: Rilem round robin test on rolling bottle test[C]. 8th RILEM International Symposium on Testing and Characterization of Sustainable and Innovative Bituminous Materials, Springer Netherlands, 2016.

[11] Hefer A W, Bhasin A, Little D N. Bitumen surface energy characterization using a contact angle approach[J]. Journal of Materials in Civil Engineering, 2006, 18(6): 759-767.

[12] Bhasin A, Masad E, Little D, et al. Limits on adhesive bond energy for improved resistance of hot-mix asphalt to moisture damage[J]. Transportation Research Record, 2006, 1970(1): 2-13.

[13] Guerrero-Barba F, Cabrerizo-Vílchez M A, Rodríguez-Valverde M A. Bitumen spreading on calcareous aggregates at high temperature[J]. Journal of Materials Science, 2014, 49: 7723-7729.

[14] Curtis C W, Ensley K, Epps J. Fundamental properties of asphalt-aggregate interactions including adhesion and absorption[R]. Washington D C: Strategic Highway Research Program National Research Council, 1993.

[15] Wenzel R N. Resistance of solid surfaces to wetting by water[J]. Industrial & Engineering Chemistry, 1936, 28(8): 988-994.

第12章 沥青–填料界面的交互作用

12.1 沥青–填料界面交互作用评价

目前主要基于流变特性来开展沥青–填料界面交互作用的评价和机理分析，主要有复数黏度 η^*、复数模量 G^*、相位角 δ 等，如图 12-1 所示。

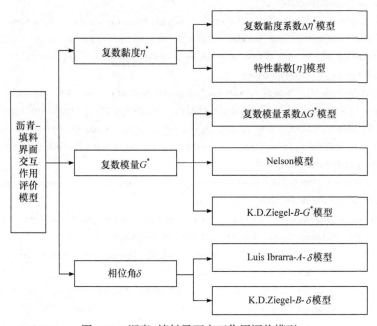

图 12-1 沥青–填料界面交互作用评价模型

12.1.1 复数黏度

沥青的黏度用来表征沥青材料的黏滞性，黏滞性(黏性)是指在外力作用下沥青抵抗变形的能力。在路面使用温度范围内，沥青为黏弹性体，因此通常以复数黏度 η^* 来表征沥青的黏滞性[1]。

1. 复数黏度系数模型

相关研究表明沥青–填料界面交互作用与沥青胶浆流变特性相关。由列宾捷尔交互作用理论可知沥青与填料产生界面交互作用后，沥青在填料的表面会形成结构沥青和自由沥青。通常结构沥青黏度较大，而自由沥青黏度较小。一般情况下，沥青与填料的界面交互作用越强，生成结构沥青的比例越大，导致沥青胶浆的流变能力越差。所以复数黏度可以间接表征沥青–填料界面交互作用。定义复数黏度系数 $\Delta\eta^*$ 是为了摒除沥青自身的流变特性对沥青胶浆复合体系的影响，将复数黏度进行归一化处理得到复数黏度系数 $\Delta\eta^*$。复数黏度系数 $\Delta\eta^*$ 的表达式为

$$\Delta\eta^* = \left(\eta_c^* - \eta_m^*\right)\Big/\eta_m^* \tag{12-1}$$

式中，$\Delta\eta^*$ 为复数黏度系数，量纲为一；η_c^* 为沥青胶浆复数黏度，$\mathrm{Pa\cdot s}$；η_m^* 为基质沥青的复数黏度，$\mathrm{Pa\cdot s}$。

2. 特性黏数模型

特性黏数 $[\eta]$ 代表的是固体颗粒与液体的交互作用强弱，特性黏数的大小与固体颗粒的浓度没有关系。特性黏数的物理意义实际是粒子–基体界面结合力的体现。相关研究发现特性黏数与填料颗粒形状有关，当填料体积分数一定时，悬浮体系的特性黏数按照图 12-2 中的形状依次递减[2]。

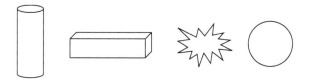

特性黏数：圆柱体 > 长方体 > 齿粒状 > 球体

图 12-2　特性黏数与填料颗粒形状的关系

1906 年，Einstein 在各向同性而非均质材料原理基础上提出 Einstein 模型进行特性黏数的计算。随着研究的不断深入，研究人员相继提出了一些特性黏数的计算方法。对于填料填充的复合体系，若填料颗粒体积分数不大，填料颗粒是分散开来的，而且是以单个颗粒的形式被包裹在基体中，界面无滑动，类似于悬浮体系，复合材料的特性黏数可用 Einstein 模型来进行估算

$$\eta_c^* = \eta_m^* \left(1 + [\eta]\phi\right) \tag{12-2}$$

式中，η_c^* 为悬浮体系的黏度，$\mathrm{Pa\cdot s}$；η_m^* 为基体的黏度，$\mathrm{Pa\cdot s}$；$[\eta]$ 为固相的特性黏数，量纲为一；ϕ 为填料体积分数，%。

Einstein 模型忽略了填料颗粒之间的相互作用且只有当填料体积分数较小时才有效，但是在实际情况中，随着填料体积分数的增大，填料颗粒不是以单个颗粒的形式被包裹在基体相中，而是会出现若干颗粒聚集在一起的现象，因此该模

型适用性较窄。Mooney、Chong 等以及 Krieger 和 Dougherty(K-D) [3-5]在 Einstein 研究的基础上，强调了颗粒间相互作用的影响，分别提出了相应的特性黏数[η]计算方法。

(1) Mooney 计算方法为

$$\eta_c^* = \eta_m^* \left(\frac{[\eta]\phi}{1 - \dfrac{\phi}{\phi_{max}}} \right) \tag{12-3}$$

(2) Chong 等计算方法为

$$\eta_c^* = \eta_m^* \left[1 + \frac{[\eta]\phi}{2} \left(\frac{\dfrac{\phi}{\phi_{max}}}{1 - \dfrac{\phi}{\phi_{max}}} \right) \right]^2 \tag{12-4}$$

(3) K-D 计算方法为

$$\eta_c^* = \eta_m^* \left(1 - \frac{\phi}{\phi_{max}} \right)^{-[\eta]\phi_{max}} \tag{12-5}$$

式中，ϕ_{max} 为填料最大填充系数，%；其他符号含义同上。

12.1.2 复数模量

1. 复数模量系数模型

与复数黏度类似，沥青胶浆的复数模量 G^* 可以间接表征沥青–填料界面交互作用，为了去除基质沥青自身流变性能对沥青胶浆复合体系的影响，对复数模量进行归一化处理得到复数模量系数 ΔG^*。复数模量系数 ΔG^*[6]表达式为

$$\Delta G^* = \left(G_c^* - G_m^* \right) / G_m^* \tag{12-6}$$

式中，ΔG^* 为复数模量系数，量纲为一；G_c^* 为沥青胶浆复数剪切模量，kPa；G_m^* 为基质沥青的复数剪切模量，kPa。

2. Nelson 模型

Nelson 等通过引入 Einstein 系数 K_E 来考虑沥青–填料界面交互作用对沥青胶浆模量的影响[7]。Nelson 模型表达式为

$$\frac{G_c^*}{G_m^*} = \frac{1 + AB\phi}{1 - B\psi\phi} \tag{12-7}$$

$$A = K_E - 1 \tag{12-8}$$

$$B = \frac{G_f / G_m^* - 1}{G_f / G_m^* + A} \tag{12-9}$$

$$\psi = 1 + \frac{1 - \phi_{max}}{\phi_{max}^2} \phi \tag{12-10}$$

式中，K_E 为 Einstein 系数；其他符号意义同前所述。

通常情况下，$G_f \gg G_m^*$，所以参数 $B \approx 1$。故上述模型可简化为

$$\frac{G_c^*}{G_m^*} = \frac{1 + A\phi}{1 - \psi\phi} \tag{12-11}$$

Nelson 模型通过引入 Einstein 系数 K_E 来考虑沥青–填料界面交互作用。其中 Einstein 系数 K_E 越大，表明沥青与填料间的界面交互作用越强。

3. K.D.Ziegel-B-G^* 模型

K.D.Ziegel 等[8]在研究有机填料对复合材料的模量增强效应时，将 Kerner 方程中的体积分数 ϕ 由 ϕB 代替来考虑了能量的耗散，其中 B 代表了弹性基体与有机填料的界面交互作用，B 越大表明弹性基体与有机填料间的界面交互作用越强。借鉴此方法，建立 K.D.Ziegel-B-G^* 模型评价沥青与填料界面交互作用，表达式为

$$\frac{G_c^*}{G_m^*} = \frac{1 + 1.5\phi B}{1 - \phi B} \tag{12-12}$$

式中，G_c^* 为沥青胶浆复数剪切模量，kPa；G_m^* 为基质沥青的复数剪切模量，kPa；ϕ 为填料的体积分数，%；B 为交互作用参数 K.D.Ziegel-B-G^*，量纲为一。

由于 K.D.Ziegel-B-G^* 本身代表了沥青–填料界面交互作用的强弱，为了评价不同填料体积分数对沥青与填料界面交互作用的影响，可对式(12-12)进行变换，得到 K.D.Ziegel-B-G^* 的表达式为

$$B = \frac{\dfrac{G_c^*}{G_m^*} - 1}{1.5\phi + \phi \dfrac{G_c^*}{G_m^*}} \tag{12-13}$$

由该模型参数的物理意义可知，K.D.Ziegel-B-G^* 值越大，表示沥青与填料的界面交互作用越好。

12.1.3　相位角

沥青是一种黏弹性材料，对该材料施加激励后，其响应不与所施加的激励同步产生，导致响应与所施加的激励间存在滞后效应，用相位角 δ 来表示，如图 12-3 所示。对于绝对弹性材料，响应与所施加的激励同步产生，其相位角 δ 为 0；对于黏性材料，相位角接近 $\pi/2$，如水。沥青及胶浆等属于黏弹性材料，其相位角介于 $0\sim\pi/2$。

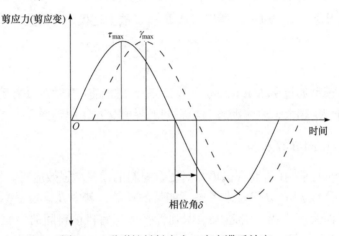

图 12-3　黏弹性材料应力、应变滞后效应

1. Luis Ibrarra-A-δ 模型

Luis Ibrarra-A-δ 模型[9]最初用于评价复合材料的界面能量损耗[10]。损耗因子 $\tan\delta$ 实际上是在一定的物理场作用下，材料储能模量与损耗模量不断变化的结果。在动态力学分析(DMA)[11]中，损耗因子 $\tan\delta$ 能够识别出复合材料分子运动。对于颗粒增强复合材料，除了基体相和增强相外，界面区活跃的分子运动同样也对复合材料的力学损耗有贡献。因此，可以通过评估界面的力学损耗来定量地评价复合材料中基体相和增强相的界面交互作用。

为了提高评价界面相对力学损耗的贡献的精确性，研究人员提出了多种评价模型，其中最常见的是三相模型。三相模型理论认为复合材料中除了基体相和增强相之外，还存在着界面相，界面相的性质与基体相和增强相的交互作用水平相关联。依据三相模型，复合材料损耗因子可近似地表达为

$$\tan\delta_c = \phi_f \tan\delta_f + \phi_i \tan\delta_i + \phi_m \tan\delta_m \tag{12-14}$$

式中，δ_i 为界面相位角，(°)；ϕ_i 为界面相体积分数，%；i 为界面相；其他符号意义同前所述。

当增强相为刚性颗粒时，可假定 $\tan\phi_f = 0$，并且界面区域的体积分数很小

可忽略不计。对三相模型进行简化，故式(12-14)可变为

$$\tan \delta_{\mathrm{c}} \approx (1 - \phi_{\mathrm{f}}) \tan \delta_{\mathrm{m}} \tag{12-15}$$

引入参数 A 表示复合材料增强相与基体相之间的界面交互作用，表征复合材料界面区能量损耗，则表达式可变为

$$\tan \delta_{\mathrm{c}} = (1 - \phi_{\mathrm{f}})(1 + A) \tan \delta_{\mathrm{m}} \tag{12-16}$$

式中，A 为基体与填料的界面交互作用评价模型系数 Luis Ibrarra-A-δ；其他符号意义同前所述。

得到 Luis Ibrarra-A-δ 的表达式

$$A = \frac{\tan \delta_{\mathrm{c}}}{\tan \delta_{\mathrm{m}} (1 - \phi_{\mathrm{f}})} - 1 \tag{12-17}$$

由 Luis Ibrarra-A-δ 模型的表达式可知，用该模型评价沥青–填料界面交互作用，当不同基质沥青的相位角和填料体积分数一定时，沥青胶浆的流动变形能力越差，相位角越小，模型参数 Luis Ibrarra-A-δ 越小。因此，Luis Ibrarra-A-δ 越小，表示沥青与填料的界面交互越好。

2. K.D.Ziegel-B-δ 模型

参数 K.D.Ziegel-B-δ[8]是 K.D.Ziegel 等提出的。对于基体相为无机粒子的聚合物复合材料体系，同时考虑了增强相粒子与基体相之间的界面交互作用。

$$\frac{G'_{\mathrm{c}}}{G_{\mathrm{m}}} = \frac{1 + 1.5 \phi_{\mathrm{f}} B}{1 - \phi_{\mathrm{f}} B} \tag{12-18}$$

式中，G'_{c} 为沥青胶浆复数剪切模量，kPa；G_{m} 为基质沥青的复数剪切模量，kPa；ϕ 为填料的体积分数，%；B 为交互作用参数 K.D.Ziegel-B-δ 的简写形式，量纲为一。

对式(12-18)进行变换，得到参数 K.D.Ziegel-B-δ 的表达式为

$$B = \frac{\dfrac{\tan \delta_{\mathrm{m}}}{\tan \delta_{\mathrm{c}}} - 1}{1.5 \phi_{\mathrm{f}}} \tag{12-19}$$

由式(12-19)可知，用该模型表征沥青–填料界面交互作用时，当不同基质沥青的相位角和填料体积分数一定，沥青胶浆的流动变形能力越差，相位角 δ_{c} 越小，K.D.Ziegel-B-δ 越大。因此，K.D.Ziegel-B-δ 越大，表示沥青–填料界面交互作用越强。

3. K.D.Ziegel-B-G^*模型

借鉴 K.D.Ziegel-B-δ 模型方法，建立 K.D.Ziegel-B-G^*模型评价沥青与填料界面交互作用能力。模型参数 K.D.Ziegel-B-G^*越大，表明沥青与填料的界面交互作

用能力越好。

$$B = \frac{\dfrac{G_c^*}{G_m^*} - 1}{1.5\phi + \phi\dfrac{G_c^*}{G_m^*}} \tag{12-20}$$

式中，G_c^* 为沥青胶浆复数剪切模量，kPa；G_m^* 为基质沥青的复数剪切模量，kPa；ϕ 为填料的体积分数，%；B 为交互作用参数 K.D.Ziegel-B-G^* 的简写形式，量纲为一。

12.1.4　评价方法比选

为了比较沥青–填料界面交互作用评价方法，选择填料体积分数分别为 0、15%、25% 及 40%，采用两种基质沥青(70# 和 90#)和三种填料(石灰岩、辉绿岩和花岗岩)拌制沥青胶浆，进行试验，测得沥青胶浆的复数黏度随填料体积分数的变化曲线如图 12-4 所示，计算结果见表 12-1 和图 12-5～图 12-9。

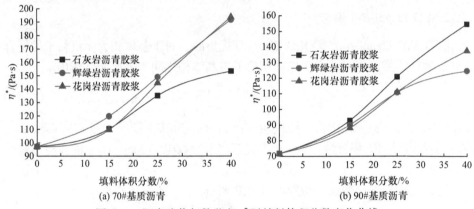

(a) 70#基质沥青　　　　　　　　(b) 90#基质沥青

图 12-4　沥青胶浆复数黏度 η^* 随填料体积分数变化曲线

表 12-1　沥青–填料界面交互作用评价模型参数计算结果

基质沥青	填料	沥青–填料界面交互作用评价模型参数				
		Luis Ibrarra-A-δ	K.D.Ziegel-B-δ	ΔG^*	K.D.Ziegel-B-G^*	$\Delta\eta^*$
70#	石灰岩	0.093	0.876	2.342	1.209	0.579
70#	辉绿岩	0.136	0.779	1.456	0.920	0.975
	花岗岩	0.136	0.779	1.456	0.920	0.975
90#	石灰岩	0.298	0.474	2.707	1.300	1.152
	辉绿岩	0.385	0.379	1.518	0.945	0.734
	花岗岩	0.396	0.324	0.817	0.615	0.915

注：表中为填料体积分数 40% 时计算结果。

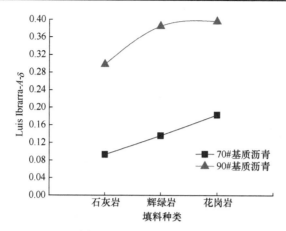

图 12-5　Luis Ibrarra-A-δ

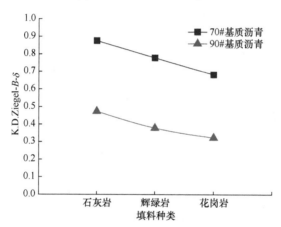

图 12-6　K.D.Ziegel-B-δ

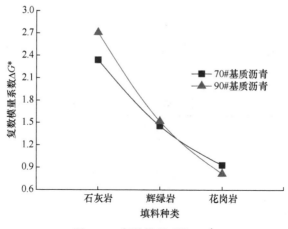

图 12-7　复数模量系数 ΔG^*

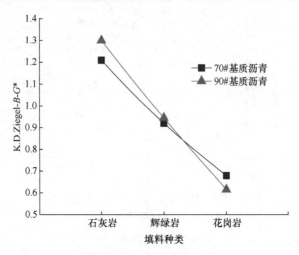

图 12-8　K.D.Ziegel-B-G^*

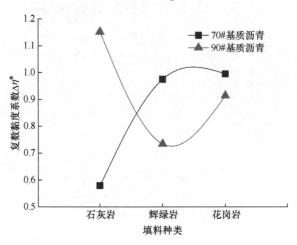

图 12-9　复数黏度系数 $\Delta\eta^*$

对 Nelson 模型进行拟合，结果见表 12-2 和图 12-10。特性黏数计算结果见表 12-3 和图 12-11 所示。

表 12-2　Nelson 模型拟合结果

基质沥青	填料	模型参数		相关系数 R^2
		Einstein 系数 K_E	最大填充系数	
	石灰岩	4.023	0.779	97.6%
70#	辉绿岩	2.253	0.766	98.1%
	花岗岩	1.690	0.756	99.5%

续表

基质沥青	填料	模型参数		相关系数 R^2
		Einstein 系数 K_E	最大填充系数	
90#	石灰岩	4.673	0.797	96.9%
	辉绿岩	2.450	0.766	98.7%
	花岗岩	1.924	0.773	97.2%

注：表中为填料体积分数 0~40%时拟合结果。

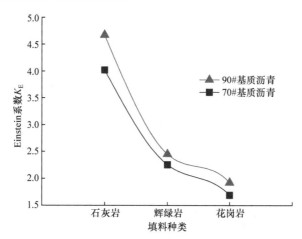

图 12-10　Nelson 模型 Einstein 系数 K_E

表 12-3　特性黏数 [7] 计算结果

基质沥青	填料	不同计算方法特性黏数 [7]		
		Mooney	Chong 等	K-D
70#	石灰岩	2.372	1.306	0.853
	辉绿岩	2.835	2.006	1.237
	花岗岩	2.813	2.014	1.223
90#	石灰岩	3.084	2.325	1.411
	辉绿岩	2.612	1.633	1.058
	花岗岩	2.781	1.917	1.195

注：表中为填料体积分数 0~40%时拟合结果。

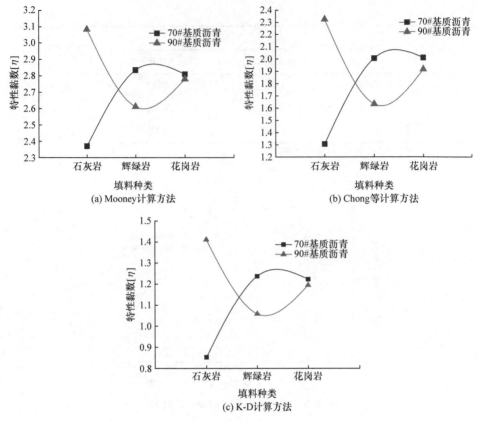

(a) Mooney计算方法

(b) Chong等计算方法

(c) K-D计算方法

图 12-11　不同计算方法特性黏数[η]

由图 12-5 的 Luis Ibrarra-A-δ 物理意义可知，对于同种基质沥青，石灰岩填料与基质沥青的界面交互作用最强，辉绿岩填料次之，花岗岩填料最弱；对于同种岩性填料，70#基质沥青与填料的界面交互作用要强于 90#基质沥青。

由图 12-6 的 K.D.Ziegel-B-δ 物理意义可知，对于同种基质沥青，石灰岩填料与基质沥青的界面交互作用最强，辉绿岩填料次之，花岗岩填料最弱；对于同种岩性填料，70#基质沥青与填料的界面交互作用要强于 90#基质沥青。

由图 12-7 的复数模量系数 ΔG^{*} 物理意义可知，对于同种基质沥青，石灰岩填料与基质沥青的交互作用最强，辉绿岩填料次之，花岗岩填料最弱。对于石灰岩填料，90#基质沥青与其的界面交互作用要强于 70#基质沥青；对于辉绿岩填料，两种基质沥青与填料的交互作用相近；对于花岗岩填料，90#基质沥青与其界面交互作用要弱于 70#基质沥青。

由图 12-8 的 K.D.Ziegel-B-G^{*} 物理意义可知，对于同种基质沥青，石灰岩填料与基质沥青的界面交互作用最强，花岗岩填料次之，花岗岩填料最弱。对于石灰岩填料，90#基质沥青与其的界面交互作用要强于 70#基质沥青；对于辉绿岩填料，两种基质沥青与填料的界面交互作用相近；对于花岗岩填料，90#基质沥青与其的界面交互作用要弱于 70#基质沥青。

由图 12-9 的复数黏度系数 $\Delta\eta^*$ 物理意义可知，对于 70#基质沥青而言，填料与基质沥青界面交互作用大小排序为花岗岩>辉绿岩>石灰岩；对于 90#基质沥青，交互作用大小排序为石灰岩>花岗岩>辉绿岩。当评价不同基质沥青与填料的交互作用时，该模型失效。因此，复数黏度系数 $\Delta\eta^*$ 模型不能很好地表征沥青–填料界面交互作用。

由图 12-10 Nelson 模型所示的 Einstein 系数 K_E 物理意义可知，对于同种基质沥青，石灰岩填料与基质沥青的界面交互作用最强，辉绿岩填料次之，花岗岩填料最弱；对于同种岩性填料，90#基质沥青与填料的界面交互作用要强于 70#基质沥青。

由图 12-11 所示的特性黏数 $[\eta]$ 物理意义可知，Mooney、Chong 等及 K-D 三种方法计算出的特性黏数表现出了相同的趋势，对于 70#基质沥青，填料与基质沥青界面交互作用大小排序为辉绿岩>花岗岩>石灰岩；对于 90#基质沥青，界面交互作用大小排序为石灰岩>花岗岩>辉绿岩。当评价不同基质沥青与填料的界面交互作用时，特性黏数模型失效，因此特性黏数模型不能很好地表征沥青–填料界面交互作用。

综合上述分析，复数黏度系数 $\Delta\eta^*$ 模型以及特性黏数 $[\eta]$ 模型在评价界面交互作用时失效，而 Luis Ibrarra-A-δ 模型、K.D.Ziegel-B-δ 模型、复数模量系数 ΔG^* 模型、K.D.Ziegel-B-G^* 模型以及 Nelson 模型都能够表征并区分不同沥青–填料间的交互作用。但是相关模型也存在以下不足：

(1) Luis Ibrarra-A-δ 参数是应用混合规则计算出来的，但是很多情况下该规则只是一种很粗略的近似。混合规则仅顾及填料的含量，而没有考虑其他因素，如界面形态、填充材料的形态、尺寸、分散状态、整体结构的不均一性，以及温度等因素。另外，Luis Ibrarra-A-δ 模型、K.D.Ziegel-B-δ 模型无法考虑填料的临界体积分数。

(2) 复数黏度系数 $\Delta\eta^*$ 实际仍是沥青胶浆与沥青“模量比”的概念，并不能直接反映沥青与填料的界面交互能力，所以该模型具有一定的局限性。

(3) Nelson 模型是一系列填料体积分数下试验结果的拟合分析，不能反映不同填料体积分数之间沥青–填料界面交互作用的差别，因此在后续的研究中选择 K.D.Ziegel-B-G^* 作为沥青–填料界面交互作用评价模型。

12.2　试验条件对沥青–填料界面交互作用的影响

12.2.1　试验条件对沥青胶浆流变特性的影响

要基于沥青胶浆的流变特性来对沥青–填料界面交互作用进行评价，在分析试验条件对界面交互作用的影响之前，首先需明确试验条件对沥青胶浆流变性能的影响。对于沥青胶浆流变性能，最主要的试验条件是试验温度和加载频率，因此首先分析试验温度、加载频率对沥青胶浆流变特性的影响。

1. 试验温度

为了分析沥青胶浆流变特性随着试验温度的变化规律，研究中选择 70#、90#两种基质沥青分别与石灰岩、辉绿岩和花岗岩三种填料制备沥青胶浆，填料的体积分数为 30%。对制备好的沥青及胶浆试样进行试验，得到基质沥青及胶浆的复数模量 G^* 和相位角 δ 随着试验温度的变化曲线，如图 12-12 和图 12-13 所示。

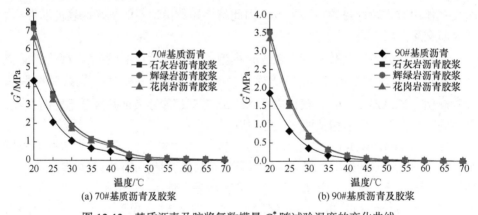

(a) 70#基质沥青及胶浆　　　　　　　　(b) 90#基质沥青及胶浆

图 12-12　基质沥青及胶浆复数模量 G^* 随试验温度的变化曲线

从图 12-12 可以以看出，基质沥青及胶浆的复数模量随着试验温度的升高减小得较快。对于上述现象，分析认为：随着温度的升高，基质沥青自由体积会增大，基质沥青逐渐从弹性状态转变为黏流态，导致试验中基质沥青及胶浆的剪切应力明显减小，而剪切应变明显增大，所以随着试验温度的升高，复数模量呈现减小的趋势。同时也可以看到，加入不同的填料后，沥青胶浆的 G^* 较基质沥青均有较大幅度的提高，表明填料能够显著地提高沥青胶浆的劲度。

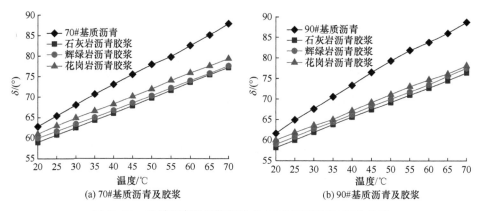

图 12-13　基质沥青及胶浆相位角 δ 随试验温度的变化曲线

从图 12-13 可以看出，总体上，基质沥青及胶浆的相位角随着试验温度的升高呈线性增大的趋势。由相位角的物理意义可知，相位角表征沥青材料中黏弹性的组成比例关系。因此，随着试验温度的升高，沥青中的黏性成分按一定比例逐渐增大；三种沥青胶浆的相位角随温度的变化趋势近似平行且相互靠近，表明三种填料对基质沥青的降黏效果大致相同。

通常用 60℃时的抗车辙因子 $G^*/\sin\delta$ 表征沥青材料的高温性能。实际上车辙的出现是在宽广温度域范围内，因此在宽广温度下分析沥青材料的高温性能比在单独 60℃下更有意义。由复数模量 G^* 和相位角 δ，可以计算得到不同试验温度下沥青材料的抗车辙因子 $G^*/\sin\delta$，从而根据抗车辙因子随试验温度的变化来分析试验温度对沥青胶浆高温性能的影响。抗车辙因子 $G^*/\sin\delta$ 随试验温度的变化曲线见图 12-14。

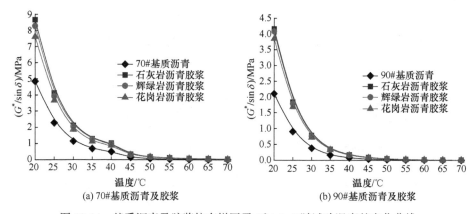

图 12-14　基质沥青及胶浆抗车辙因子 $G^*/\sin\delta$ 随试验温度的变化曲线

从图 12-14 可知，抗车辙因子随试验温度的变化趋势类似于随复数模量 G^*

的变化趋势。经分析, 抗车辙因子 $G^*/\sin\delta$ 与试验温度 T 的关系为

$$G^*/\sin\delta = \alpha e^{\beta T} \tag{12-21}$$

式中, $G^*/\sin\delta$ 为抗车辙因子, MPa; α 为沥青性质相关系数; β 为填料性质相关系数; T 为试验温度, ℃。

运用式(12-21)对图 12-14 中的试验结果进行拟合分析, 分析结果见表 12-4。

表 12-4 抗车辙因子 $G^*/\sin\delta$ 随试验温度 T 变化关系分析结果

基质沥青	填料	模型参数		相关系数 R^2
		α	β	
70#	70#	60	−0.128	99.4%
	石灰岩	60	−0.103	98.6%
	辉绿岩	60	−0.104	99.2%
	花岗岩	60	−0.108	99.8%
90#	90#	40	−0.149	99.5%
	石灰岩	40	−0.119	97.0%
	辉绿岩	40	−0.120	97.1%
	花岗岩	40	−0.122	97.4%

从表 12-4 中可以看出:

(1) $\alpha_{70\#} = 60$, $\alpha_{90\#} = 40$, 表明对于同种基质沥青及其胶浆, 基质沥青对于抗车辙因子 $G^*/\sin\delta$ 的影响是一样的; $\alpha_{70\#} > \alpha_{90\#}$, 表明对于同种填料, 70#基质沥青的高温抗车辙能力要大于 90#基质沥青。

(2) 对两种基质沥青而言, 都存在 $\beta_{基质} < \beta_{花岗岩} < \beta_{辉绿岩} < \beta_{石灰岩}$ 的现象, 表明加入填料以后, 基质沥青的高温抗车辙能力会显著提高, 同时石灰岩填料对高温抗车辙性能提升最大, 辉绿岩居中, 花岗岩最小。不同沥青胶浆之间的高温性能也有一定的差异, 但是差异不大。对于不同沥青胶浆之间高温性能的差异, 分析认为这是由基质沥青与填料间界面交互作用不同决定的。

为了验证式(12-21)的准确性, 将表 12-4 中的参数值代入式(12-21)中, 预估基质沥青及胶浆抗车辙因子, 并将计算理论值与试验值比较, 如图 12-15 所示。分析发现预估抗车辙因子与试验值较为接近, 理论值与试验值的相关系数为 98.3%, 相关系数较大, 因此该模型能够很好地描述试验温度对基质沥青及胶浆的高温流变性能的影响。

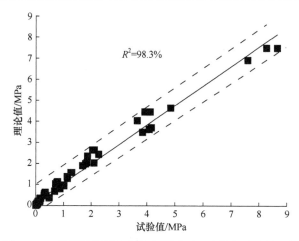

图 12-15　基质沥青及胶浆抗车辙因子理论值与试验值比较

为了分析沥青胶浆的感温性，在不同试验温度下测试了基质沥青及胶浆的复数黏度 η^*，结果见图 12-16。

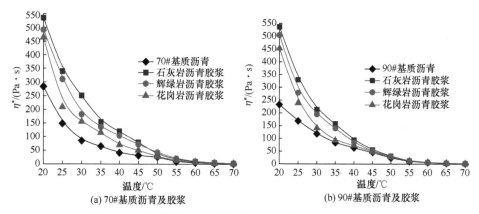

(a) 70#基质沥青及胶浆　　　　　　(b) 90#基质沥青及胶浆

图 12-16　基质沥青及胶浆复数黏度 η^* 随试验温度变化曲线

由图 12-16 可知，随着试验温度的上升，基质沥青及胶浆复数黏度 η^* 均呈指数减小的趋势；对于同种基质沥青，填料的加入可以增大基质沥青的黏度，石灰岩沥青胶浆的复数黏度最大，辉绿岩沥青胶浆次之，花岗岩沥青胶浆的复数黏度最小。

基质沥青及胶浆的黏度与材料的流动性密切相关，随着温度的升高，材料的分子运动加剧，沥青及胶浆本身的稳定结构变化紊乱，流动性增强，进而表现为随温度的升高，材料黏度在下降。随着填料的加入，填料的细小颗粒增加了基质沥青流动的阻力，进而表现为在相同的试验温度下，沥青胶浆的黏度要大于基质沥青。针对不同胶浆之间黏度的差异，分析认为是不同沥青–填料间界面交互作用有所差异而导致的。

2. 加载频率

行车荷载对沥青路面结构的作用表现为动态加载效应，不同的行车速度表现出不同的荷载频率，不同荷载频率会导致沥青材料表现出不同的黏弹效应。行车速度与角速度、荷载频率之间的关系如表 12-5 所示。

表 12-5　行车速度与角速度、荷载频率关系

行车速度/(km/h)	角速度/(rad/s)	荷载频率/Hz
70	10	1.59
45	6.43	1.02
20	2.86	0.455
8～16	1	0.159

为了分析加载频率对沥青胶浆流变特性的影响，选择上述基质沥青及胶浆试样，在 0.1～10.1Hz 宽广频率范围，70℃条件下对基质沥青及胶浆试样进行试验，试验结果如图 12-17 和图 12-18 所示。

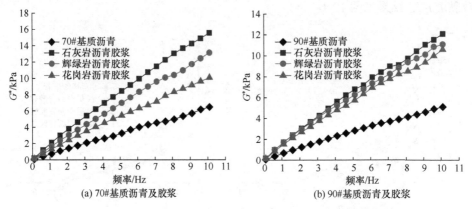

(a) 70#基质沥青及胶浆　　　　　(b) 90#基质沥青及胶浆

图 12-17　基质沥青及胶浆复数模量 G^* 随加载频率的变化曲线

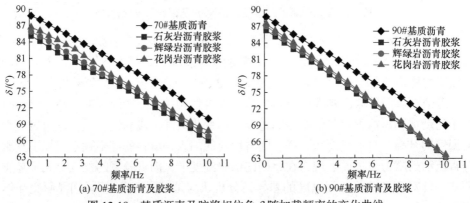

(a) 70#基质沥青及胶浆　　　　　(b) 90#基质沥青及胶浆

图 12-18　基质沥青及胶浆相位角 δ 随加载频率的变化曲线

从图 12-17 可以看出，基质沥青及胶浆的复数模量随着加载频率的增大呈线性增大的趋势。填料的加入会增大沥青胶浆的复数模量，在相同加载频率下，石灰岩制成的沥青胶浆复数模量最大，辉绿岩次之，花岗岩最小。

从图 12-18 可以看出，总体上，基质沥青及胶浆的相位角 δ 随着加载频率的增大呈线性减小的趋势，表明随着加载频率的增大，沥青中的黏性成分按一定的比例逐渐减小。同时可以看到，对于同种基质沥青，三种沥青胶浆的相位角随温度的变化趋势近乎平行且相互靠近，表明对于同种基质沥青，三种填料对基质沥青的降黏效果大致相同，这和试验温度的分析结果一致。

由复数模量 G^* 和相位角 δ，可以计算得到基质沥青及胶浆的抗车辙因子 $G^*/\sin\delta$ 随加载频率的变化规律，如图 12-19 所示。

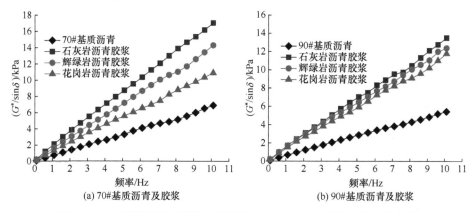

图 12-19　基质沥青及胶浆抗车辙因子 $G^*/\sin\delta$ 随加载频率的变化曲线

从图 12-19 可以观察到，抗车辙因子 $G^*/\sin\delta$ 随加载频率的增加呈线性增大的趋势，表明随着加载频率的增加，基质沥青及胶浆的高温性能越好；在相同频率下，沥青胶浆高温性能要强于基质沥青，表明填料的加入有助于提高基质沥青的高温性能。

为了分析加载频率对沥青胶浆复数黏度 η^* 的影响，在不同加载频率下测试基质沥青及胶浆的复数黏度 η^*，分析加载频率对沥青及胶浆复数黏度的影响。不同加载频率下复数黏度 η^* 试验结果见图 12-20。

从图 12-20 可以看出，当加载频率较小时，沥青及胶浆复数黏度 η^* 随加载频率的增大减小得较快；当加载频率较大时，随着加载频率的增大沥青及胶浆复数黏度 η^* 减小得较为缓慢，并逐渐趋向于稳定。对于同种基质沥青，在相同加载频率下，填料的加入会大大地提高基质沥青的黏度，石灰岩沥青胶浆的复数黏度最大，辉绿岩沥青胶浆次之，花岗岩沥青胶浆的复数黏度最小。

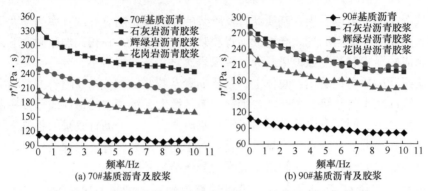

(a) 70#基质沥青及胶浆

(b) 90#基质沥青及胶浆

图 12-20   基质沥青及胶浆复数黏度 η^* 随加载频率变化曲线

沥青及沥青胶浆的黏度与材料的流动性密切相关,加载频率增大,表明在相同的时间内,试验过程中对试样施加的激励次数就会增多,使得试样内部稳定的结构变得紊乱,流动性增强,进而体现为材料黏度的减小。填料的加入,增加了沥青流动的阻力,进而增大了基质沥青的黏度。不同沥青胶浆之间的黏度也有显著的差异,这是由基质沥青与填料间界面交互作用不同决定的。沥青–填料间交互作用不同是内因,而沥青胶浆黏度的差异是其外在表现。

12.2.2   试验温度对沥青–填料界面交互作用的影响

研究可知,选择 K.D.Ziegel-B-G^* 作为沥青–填料界面交互作用评价模型,而 K.D.Ziegel-B-G^* 与复数模量 G^* 有关,也受试验温度的影响。因此,在分析试验温度对沥青胶浆流变特性影响的基础上进一步研究沥青–填料界面交互作用随试验温度变化的规律,从而确定沥青–填料界面交互作用测试的标准试验条件。

利用图 12-12 中不同试验温度下基质沥青及胶浆复数模量 G^* 计算沥青–填料界面交互作用评价模型 K.D.Ziegel-B-G^* 参数,得到了六种不同沥青胶浆 K.D.Ziegel-B-G^* 参数随试验温度的变化曲线,如图 12-21 所示。

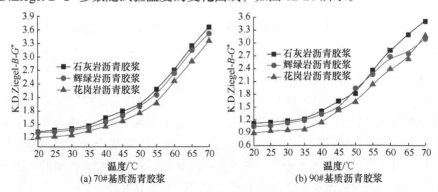

(a) 70#基质沥青胶浆

(b) 90#基质沥青胶浆

图 12-21   K.D.Ziegel-B-G^* 参数随试验温度变化曲线

从图 12-21 可以看出：

(1) 六种沥青胶浆的 K.D.Ziegel-B-G^* 参数随着试验温度的变化呈现大致相同的变化趋势，即随着试验温度的升高，K.D.Ziegel-B-G^* 参数逐渐增大。表明沥青与填料的界面交互作用明显受到试验温度的影响，试验温度越高，沥青-填料界面交互作用越强。

(2) 当试验温度处于中温阶段，K.D.Ziegel-B-G^* 参数随温度增加变化较为缓慢，表明在中温阶段，试验温度对沥青-填料的界面交互影响不显著；一般当温度高于 45℃，即沥青软化点附近时，K.D.Ziegel-B-G^* 参数随着试验温度的升高呈现较大的增长趋势，表明在高温阶段，试验温度对沥青-填料界面交互作用影响较为明显。

对于该试验现象，进一步分析认为当试验温度低于沥青的软化点时，随着温度的升高，沥青由固态向半固态转变，沥青分子的运动处于较为平缓的状态，所以在中温阶段，沥青-填料界面交互作用较弱；当试验温度达到软化点时，随着温度的升高，沥青由半固态向液态转变，沥青分子的运动加剧，所以在高温阶段，沥青-填料界面交互作用较强。

为了明确试验温度与沥青-填料界面交互作用之间的关系，对六种不同沥青胶浆的 K.D.Ziegel-B-G^* 参数随着试验温度的变化规律进一步分析，建立沥青-填料界面交互作用与试验温度 T 的关系模型，其表达式为

$$K.D.Ziegel\text{-}B\text{-}G^* = \alpha e^{\beta T} \tag{12-22}$$

式中，K.D.Ziegel-B-G^* 为沥青-填料界面交互作用评价模型参数，量纲为一；α 为沥青性质相关参数；β 为填料性质相关参数；T 为试验温度，℃。

运用式(12-22)对图 12-21 中的试验结果进行拟合分析，结果见表 12-6。

表 12-6　K.D.Ziegel - B - G^* 参数随试验温度变化关系分析结果

基质沥青	填料	模型参数		相关系数 R^2
		α	β	
70#	石灰岩	0.8	0.021	93.9%
	辉绿岩	0.8	0.019	92.8%
	花岗岩	0.8	0.018	98.7%
90#	石灰岩	0.5	0.028	97.4%
	辉绿岩	0.5	0.026	96.9%
	花岗岩	0.5	0.025	96.1%

从表 12-6 可知：

(1) $\alpha_{70\#}=0.8$、$\alpha_{90\#}=0.5$，表明对于同种基质沥青，基质沥青对于沥青–填料界面交互作用的"贡献"是一样的；$\alpha_{70\#}>\alpha_{90\#}$，表明对于同种填料，70#基质沥青–填料界面交互作用要强于90#基质沥青。分析沥青性质时发现沥青中的活性成分主要分布于胶质和沥青质中，而70#基质沥青的胶质和沥青质含量为40.94%，90#基质沥青的胶质和沥青质含量为 39.38%，70#基质沥青的胶质和沥青质含量要高于 90#基质沥青，因此进一步推测，沥青的四组分中真正对交互作用起积极作用的是胶质和沥青质。

(2) 对于同种基质沥青，$\beta_{石灰岩}>\beta_{辉绿岩}>\beta_{花岗岩}$，表明在试验温度的影响下，石灰岩、辉绿岩、花岗岩填料对界面交互作用的"贡献"依次减弱，原因可能是材料特性的差异造成了沥青–填料间界面交互作用的不同，针对填料相关性质对界面交互作用的影响，在下文将做进一步的分析。

为了验证式(12-22)的准确性，将表 12-6 中的参数值代入式(12-22)中，计算沥青–填料界面交互作用评价模型 K.D.Ziegel-B-G^* 参数理论值，并与其试验值比较，如图 12-22 所示。研究发现理论值与试验值较为接近，理论值与试验值的相关系数为 99.7%，相关系数较大，因此该模型能够很好地描述试验温度对沥青–填料界面交互作用的影响。

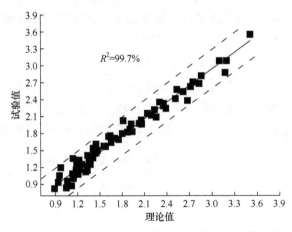

图 12-22　K.D.Ziegel-B-G^* 参数理论值与试验值比较

12.2.3　加载频率对沥青–填料界面交互作用的影响

与试验温度对沥青–填料界面交互作用的影响类似，加载频率也是影响界面交互作用的重要试验条件。分析界面交互作用随加载频率的变化规律，可以为后续研究沥青–填料界面交互作用测试提出标准试验条件。12.2.1 小节已得到试验温度对沥青–填料界面交互作用的影响规律，试验温度越高，界面交互作用越好。因此，为了分析界面交互作用对加载频率变化的敏感性，本小节在 70℃条件下对相应的基质沥青及胶浆试样进行试验，得到相关流变参数，进而计算界面交互作用评价模型参数 K.D.Ziegel-B-G^*，得到了六种不同沥青胶浆 K.D.Ziegel-B-G^* 参数随加载频率的变化曲线，如图 12-23 所示。

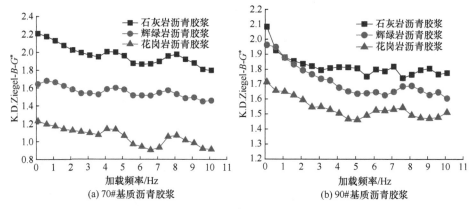

图 12-23　K.D.Ziegel-B-G^* 参数随加载频率变化曲线

从图 12-23 可以看出，总体上，K.D.Ziegel-B-G^* 参数随加载频率的增加逐渐减小，表明随着加载频率的增加，沥青与填料的界面交互作用在下降。加载频率增加，表明在相同的时间内，试验过程中对试样施加的激励次数就会越多，使得试样内部稳定结构变得紊乱，在填料颗粒表面形成的"结构沥青"含量就会减小，"自由沥青"增多，流动性增强，进而导致沥青–填料界面交互作用下降。

为了明确加载频率与沥青–填料界面交互作用之间的关系，对六种沥青胶浆的 K.D.Ziegel-B-G^* 参数随加载频率的变化规律进一步分析，建立沥青–填料界面交互作用与加载频率 f 的关系模型，表达式为

$$\text{K.D.Ziegel-}B\text{-}G^* = kf + \lambda \tag{12-23}$$

式中，K.D.Ziegel-B-G^* 为沥青–填料界面交互作用评价模型参数，量纲为一；k 为沥青性质相关参数；λ 为填料性质相关参数；f 为加载频率，Hz。

运用式(12-23)对图 12-23 中的试验结果进行拟合分析，结果见表 12-7。

表 12-7　K.D.Ziegel - B - G^* 参数随加载频率变化关系分析结果

基质沥青	填料	模型参数		相关系数 R^2
		k	λ	
70#	石灰岩	−0.021	2.074	82.1%
	辉绿岩	−0.021	1.661	86.8%
	花岗岩	−0.021	1.163	79.8%

续表

基质沥青	填料	模型参数		相关系数 R^2
		k	λ	
	石灰岩	−0.025	1.948	83.0%
90#	辉绿岩	−0.025	1.846	76.3%
	花岗岩	−0.025	1.668	88.2%

从表 12-7 可以看出:

(1) $k_{70\#} = -0.021$,$k_{90\#} = -0.025$,表明同种基质沥青对沥青–填料界面交互作用的"贡献"是一样的;$k_{70\#} > k_{90\#}$,表明对于同种填料,70#基质沥青与填料的界面交互作用要强于90#基质沥青。与试验温度多界面交互作用影响相类似,70#基质沥青的胶质和沥青质含量为 40.94%,而90#基质沥青的胶质和沥青质含量为 39.38%,70#基质沥青的胶质和沥青质含量要高于90#基质沥青,因此进一步推测,沥青的四组分中真正对界面交互作用起重要作用的是胶质和沥青质。

(2) 对于同种基质沥青,$\lambda_{石灰岩} > \lambda_{辉绿岩} > \lambda_{花岗岩}$,表明在加载频率的影响下,石灰岩、辉绿岩、花岗岩填料与基质沥青的界面交互作用依次减弱。原因可能是材料特性造成了不同沥青–填料间界面交互作用的差异,针对填料性质对界面交互作用的影响,在下文将做进一步的分析。

为了验证式(12-23)能否较好地描述沥青–填料界面交互作用与加载频率之间的关系,将表 12-7 中的参数值代入式(12-23)中,计算沥青–填料界面交互作用评价模型 K.D.Ziegel-B-G^* 参数理论值,并将理论值与其试验值比较,如图 12-24 所示。分析发现理论值与试验值较为接近,相关系数 R^2 为82.6%,相关系数较高,因此该式能够很好地描述加载频率对沥青–填料界面交互作用的影响。

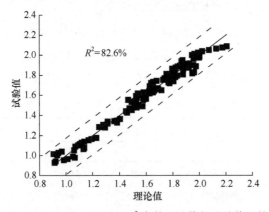

$R^2 = 82.6\%$

图 12-24 K.D.Ziegel-B-G^* 参数理论值与试验值比较

12.3　填料特性对沥青–填料界面交互作用的影响

12.3.1　填料特性对沥青胶浆流变性能的影响

与分析试验条件对沥青–填料界面交互作用影响类似,在分析填料特性对界面交互作用的影响之前,需要明确填料特性对沥青胶浆流变性能的影响。为了分析填料特性对沥青胶浆流变特性的影响,本小节依旧选择 70#、90#两种基质沥青,在临界体积分数范围内并结合动态剪切流变仪的相关性能综合考虑选择 0、5%、10%、15%、20%、25%、30%、35%八个不同的体积分数的石灰岩、辉绿岩和花岗岩填料制备沥青胶浆试样,进行动态剪切流变试验,相关试验结果如图 12-25 和图 12-26 所示。

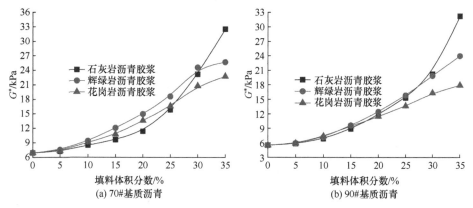

图 12-25　沥青胶浆复数模量 G^* 随填料体积分数变化曲线

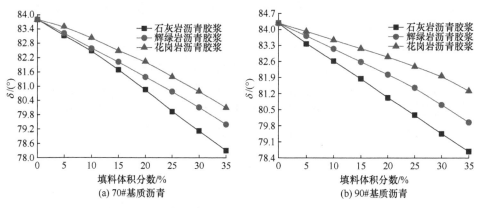

图 12-26　沥青胶浆相位角 δ 随填料体积分数变化曲线

从图 12-25 中可以看出，基质沥青及胶浆的复数模量随着填料体积分数的增多而增大。分析认为，随着填料体积分数的增加，增大了基质沥青的流动阻力，导致试验中基质沥青及胶浆的最大剪切应力增大而剪切应变减小，所以体现出随着填料体积分数的增加，胶浆的复数模量有较大幅度的提高，这表明填料能够显著地提高沥青胶浆的劲度。

从图 12-26 中可以看出，基质沥青及胶浆的相位角随着填料体积分数的增加呈线性减小的趋势，表明随着填料体积分数的增加，基质沥青的黏性成分按线性比例在逐渐减小。

由复数模量 G^* 和相位角 δ，可以计算得到基质沥青及胶浆的抗车辙因子 $G^*/\sin\delta$ 随填料体积分数的变化规律，以分析材料特性对沥青胶浆高温性能的影响。抗车辙因子 $G^*/\sin\delta$ 随着填料体积分数的变化曲线如图 12-27 所示。

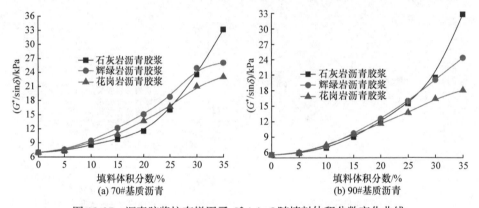

图 12-27　沥青胶浆抗车辙因子 $G^*/\sin\delta$ 随填料体积分数变化曲线

从图 12-27 中可知，沥青胶浆抗车辙因子 $G^*/\sin\delta$ 随着填料体积分数的增加呈现增大的趋势，表明填料的加入会提高基质沥青的高温抗车辙性能。对于 70#基质沥青，当填料体积分数在 10%以内时，填料性质对胶浆高温性能影响甚微；当填料体积分数超过 10%时，胶浆的高温性能受填料性质的影响较为明显。对于 90#基质沥青，当填料体积分数在 15%以内时，填料性质对胶浆高温性能的影响较小；当填料体积分数超过 15%时，胶浆的高温性能受填料性质的影响较为明显。分析认为，不同掺量下的填料与基质沥青的界面交互作用强弱不同，才导致了上述现象的出现。

12.3.2　填料体积分数对沥青-填料界面交互作用的影响

沥青在填料表面发生界面交互作用后，沥青会产生化学组分的重新排列，形成"结构沥青"和"自由沥青"，其中"结构沥青"的黏度较大，而"自由沥青"黏度较小。填料体积分数是填料在沥青胶浆中所占体积百分比，填料体积分数的变化会影响"结构沥青"和"自由沥青"的相对比例，导致在不同的填料体积分数下沥青胶浆的流动性不同，从而导致沥青胶浆的黏度发生变化。为了研究填料体积分数对沥青胶浆复数黏度的影响，对上述试样进行试验，得到了沥青胶浆复数黏度随填料体积分数的变化曲线，如图 12-28 所示。

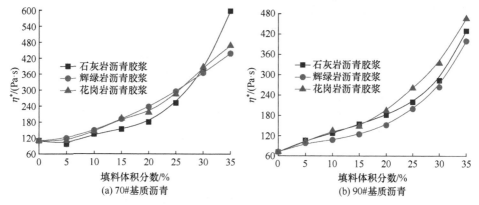

图 12-28　沥青胶浆复数黏度 η^* 随填料体积分数变化曲线

从图 12-28 中可知，随着填料体积分数的增加，沥青胶浆的复数黏度 η^* 呈现逐渐增大的趋势。填料体积分数越大，填料提供的与沥青接触的表面积越多，形成"结构沥青"的比例就会增大，从而导致沥青胶浆的流动性能下降，宏观上表现为沥青胶浆的复数黏度 η^* 的增大。

填料体积分数是填料在沥青胶浆中所占比例，填料体积分数的变化会影响填料表面沥青膜的厚度，进而影响沥青–填料界面交互作用。为了分析填料体积分数对沥青–填料界面交互作用的影响，对上述基质沥青及胶浆试样进行试验并结合试验结果计算界面交互作用评价模型 K.D.Ziegel-B-G^* 参数，得到了界面交互作用评价模型 K.D.Ziegel-B-G^* 参数随填料体积分数变化曲线，如图 12-29 所示。

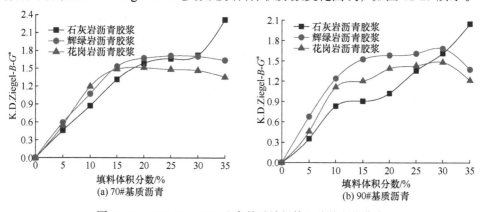

图 12-29　K.D.Ziegel-B-G^* 参数随填料体积分数变化曲线

从图 12-29 中可以看出：

(1) 不论 70#基质沥青还是 90#基质沥青，辉绿岩和花岗岩填料与基质沥青的界面交互作用随填料体积分数的变化大致可分为初始、稳定和衰退三个阶段。在初始阶段，填料体积分数较小，沥青的含量较填料足够多，沥青–填料间的物理化学作用较为剧烈，故形成"结构沥青"较为迅速，使得在该阶段内，界面交互作用强度快速增大；当填料体积分数增大进入稳定阶段，填料的含量逐渐增多，沥青的含量逐渐减少，沥青–填料间的物理化学作用较为平缓，沥青中的"自由沥青"仍然不断被"消耗"而转变为"结构沥青"，但是生成"结构沥青"的速率在下降，因此在稳定阶段，沥青–填料界面交互作用强度虽然仍在增大，而界面交互作用强度增加的速率明显减弱；在衰退阶段，填料体积分数继续增加时，沥青含量相对较小，填料不再以单个颗粒的形式被包裹，出现了若干填料颗粒团聚的现象，导致形成的"结构沥青"膜越来越薄，沥青–填料界面交互作用呈现下降的趋势。

(2) 对于石灰岩沥青胶浆，在填料临界体积分数范围内，随着填料体积分数的增加，沥青–填料界面交互作用逐渐增强。根据前面的分析，进一步推测若继续增加填料体积分数，石灰岩沥青胶浆的 K.D.Ziegel-B-G^* 参数会呈现峰值。

根据临界体积分数理论，在填料临界体积分数范围内，沥青与填料的界面交互作用应该是逐渐增强的，只是在不同的阶段，界面交互作用强度随填料体积分数变化的速率不同。进一步分析发现，试验条件发生变化导致石灰岩填料与基质沥青的界面交互作用随填料体积分数的增加一直呈增大的趋势，因此认为填料临界体积分数受到了试验条件的影响。

12.3.3　填料粒度对沥青–填料界面交互作用的影响

填料粒度是影响沥青–填料界面交互作用的重要填料性质，填料粒度不同，使得填料所提供的与沥青接触的表面积也不同，必然会对沥青与填料的界面交互作用产生影响，因此本小节主要分析填料粒度对界面交互作用的影响。

为了研究填料粒度对沥青–填料界面交互作用的影响，首先采用激光粒度分析仪对三种填料进行粒度分析。填料比表面积和平均粒径见表 12-8。

表 12-8　填料比表面积和平均粒径

填料	比表面积/(m^2/g)	平均粒径/μm
石灰岩	1.40	13.72
辉绿岩	1.34	17.03
花岗岩	1.13	25.41

从填料粒度分析结果中可以发现，对于石灰岩和辉绿岩填料，0.075mm 粒径的通过率都在 97%以上，而花岗岩填料 0.075mm 粒径的通过率约为 95%。花岗岩的粒径相对较大，辉绿岩次之，石灰岩的粒径相对较小。

在进行材料的基本性质测定时，用 0.075mm 孔径的筛子对三种填料进行过筛处理，故可认定填料粒度范围为 0～0.075mm。为了分析填料粒度对界面交互作用的影响，在原有填料基础上增加 0.15mm 和 0.3mm 两档粒径的填料，研究 0～0.075mm 和 0.075～0.3mm 两个粒度范围的石灰岩填料对界面交互作用的影响。本小节选择石灰岩填料，由于已经将填料的最大公称粒径提高至 0.3mm，为了防止动态剪切流变仪(dynamic shear rheometer，DSR)力矩超限而无法完成试验，需要对填料体积分数进行限制，因此本小节分析填料体积分数为 5%～20%时填料粒度对界面交互作用的影响。利用两个不同粒度范围的填料分别与两种基质沥青制备沥青胶浆试样进行试验，得到不同粒度范围下的 K.D.Ziegel-B-G^* 参数随填料体积分数的变化曲线，如图 12-30 所示。

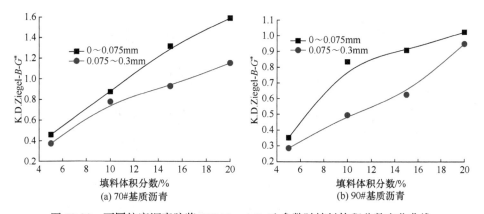

图 12-30 不同粒度沥青胶浆 K.D.Ziegel-B-G^* 参数随填料体积分数变化曲线

从图 12-30 中可以看出，对于同一种基质沥青，在相同的填料体积分数下，0～0.075mm 档填料与基质沥青的交互作用要强于 0.075～0.3mm 档填料。分析认为，在相同的填料体积分数下，与 0～0.075mm 档填料相比，0.075～0.3mm 档填料与基质沥青接触的表面积比较小，沥青-填料的物理化学反应不够剧烈，形成的"结构沥青"较小，从而表现出 0.075～0.3mm 档填料与基质沥青的界面交互作用要弱。

12.3.4 SiO$_2$含量对沥青-填料界面交互作用的影响

沥青-填料界面交互作用被定义为一种复杂的物理化学作用，因此填料的酸碱性也是影响沥青-填料界面交互作用强弱的主要因素之一。通常，填料按 SiO$_2$

的含量可分为酸性填料(SiO_2含量>65%)、中性填料(SiO_2含量52%～65%)、碱性填料(SiO_2含量45%～52%)以及超碱性填料(SiO_2含量<45%)。一般情况下，酸性填料强度高，耐磨性好，但与沥青界面交互作用较弱；碱性填料强度低，耐磨性差，但与沥青的界面交互作用较强。

为了分析填料酸碱性对界面交互作用的影响，选择三种不同 SiO_2 含量的填料分别与 70#、90#基质沥青制备沥青胶浆。另外填料的粒度也会对交互作用产生影响，因此在分析填料酸碱性与界面交互作用的关系时，必须消除填料粒度对界面交互作用的影响。本小节从填料的比表面积入手，以最佳填料体积分数下对应的最大交互作用参数 $K.D.Ziegel\text{-}B\text{-}G^*_{max}$ 为指标，将每种沥青–填料的界面交互作用评价模型 $K.D.Ziegel\text{-}B\text{-}G^*_{max}$ 参数除以填料的总表面积 S 以消除填料粒度对界面交互作用的影响，得到单位面积下的沥青–填料界面交互作用评价模型 $K.D.Ziegel\text{-}B\text{-}G^*_{max}/S$ 参数，如图 12-31 所示。

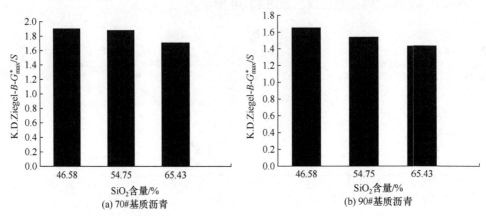

图 12-31　单位面积交互作用评价模型 $K.D.Ziegel\text{-}B\text{-}G^*_{max}/S$ 参数随 SiO_2 含量变化

从图 12-31 中可以看出，对同种基质沥青，沥青与三种填料之间的界面交互作用有一定的差异，不论是 70#基质沥青还是 90#基质沥青，沥青–填料界面交互作用随着 SiO_2 含量的减少逐渐增强，按照化学反应理论，填料的碱性越强，与沥青的界面交互作用越强，与试验结果相符。

12.4　沥青特性对沥青–填料界面交互作用的影响

12.4.1　老化程度对沥青胶浆流变特性的影响

相关研究认为沥青的黏度越高，表明沥青–填料的界面交互性能越好。然而针对沥青的老化性能分析发现，老化后的沥青黏度提高，但黏附性却显著降低，同时黏度小的沥青黏附性未必不好[12]。研究表明沥青的黏聚性和黏附性虽紧密相关，但内涵不一致。高黏度沥青只是具有更高的黏度，还是黏聚性和黏附性都高？针对此问题，对两种基质沥青进行不同程度的短期老化，随后与填料制备沥青胶浆进行动态流变试验，进行老化程度对沥青胶浆流变特性的影响分析，进而研究老化程度对界面交互作用的影响。

为了分析老化程度对沥青胶浆流变特性的影响，在 163℃下采用旋转薄膜烘箱对 70#、90#两种基质沥青分别进行 30min、75min、150min、225min、300min不同时间段的短期老化以制备不同老化程度的老化沥青。由前文可知，当填料为石灰岩时，其与沥青的界面交互作用较强，故本小节选择填料体积分数为20%的石灰岩与不同老化程度的沥青制备胶浆试样，通过动态剪切流变试验来分析老化程度对沥青胶浆流变性能的影响。动态剪切流变试验得到的复数模量和相位角分别如图 12-32 和图 12-33 所示。

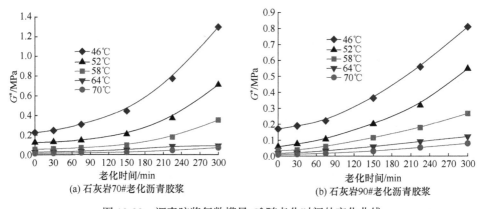

(a) 石灰岩70#老化沥青胶浆　　　　　　　(b) 石灰岩90#老化沥青胶浆

图 12-32　沥青胶浆复数模量 G^* 随老化时间的变化曲线

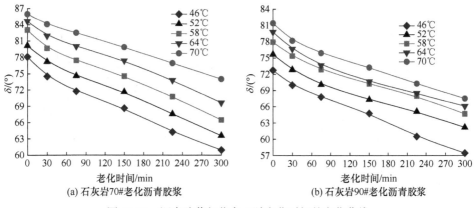

(a) 石灰岩70#老化沥青胶浆　　　　　　　(b) 石灰岩90#老化沥青胶浆

图 12-33　沥青胶浆相位角 δ 随老化时间的变化曲线

(1) 从图 12-32 中可以看出，在老化初期，复数模量随着老化程度的深入增大得较为缓慢，在老化后期，复数模量 G^* 随着老化程度的深入增大得较为迅速。

(2) 从图 12-33 中可以看出，相位角 δ 随着老化程度的深入呈现线性减小的趋势，且不同温度下，相位角 δ 随老化时间的延长减小的速率较为相近。

由图 12-32 中的复数模量和图 12-33 中的相位角，可以计算得到不同温度下抗车辙因子 $G^* / \sin\delta$ 随老化时间的变化曲线，如图 12-34 所示。

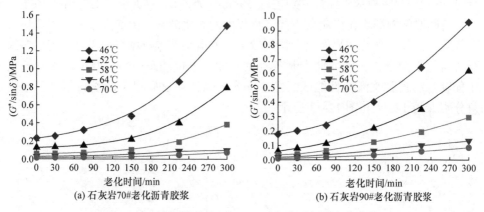

图 12-34　抗车辙因子 $G^* / \sin\delta$ 随老化时间的变化曲线

从图 12-34 中可知，沥青胶浆抗车辙因子 $G^* / \sin\delta$ 随老化时间的变化趋势类似于复数模量 G^* 随老化时间的变化趋势，即在老化初期，沥青胶浆抗车辙因子 $G^* / \sin\delta$ 随着老化程度的深入增大得较为缓慢，在老化后期，沥青胶浆抗车辙因子 $G^* / \sin\delta$ 随着老化程度的深入增大得较为迅速。抗车辙因子 $G^* / \sin\delta$ 与老化时间的关系可以式(12-24)来表达。相关分析结果见表 12-9。

$$G^* / \sin\delta = \alpha e^{\beta T} \tag{12-24}$$

式中，α 为沥青性质相关系数；β 为老化时间相关系数；T 为老化时间，min。

表 12-9　沥青胶浆抗车辙因子 $G^* / \sin\delta$ 随老化时间变化关系分析结果

温度/℃	石灰岩 70#老化沥青胶浆			石灰岩 90#老化沥青胶浆		
	α	β	R^2	α	β	R^2
46	0.186	0.007	99.4%	0.168	0.006	99.8%
52	0.079	0.008	97.7%	0.067	0.007	99.8%
58	0.035	0.008	97.8%	0.042	0.007	99.1%
64	0.028	0.004	91.7%	0.024	0.006	97.3%
70	0.012	0.006	99.1%	0.012	0.007	99.1%

从表 12-9 中可以看到，对于同种标号沥青，沥青性质相关系数 α 随温度的

升高而减小，表明随着温度的升高，沥青的高温抗车辙性能下降；老化时间相关系数 β 与温度的变化并无直接关系，两种老化沥青下， β 较为接近也说明了这一点。

　　为了验证式(12-24)的准确性，将表 12-9 中的参数值代入式(12-24)中，计算沥青胶浆抗车辙因子 $G^*/\sin\delta$ 的理论值，并与其试验值相比较，结果见图 12-35。研究发现理论值与试验值较为接近，理论值与试验值的相关系数为 99.3%，相关系数较大，因此式(12-24)能够很好地描述老化程度对沥青胶浆高温性能的影响。

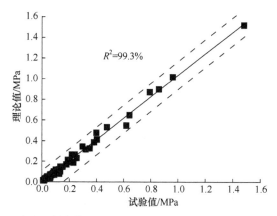

图 12-35　沥青胶浆抗车辙因子 $G^*/\sin\delta$ 理论值与试验值比较

　　沥青胶浆复数黏度 η^* 随老化时间的变化曲线如图 12-36 所示。可以看出，沥青胶浆复数黏度 η^* 呈线性增大的趋势，表明老化后提高了沥青的黏度。由前文可知沥青各组分对沥青高温黏度的影响，饱和分和胶质的存在不利于沥青的高温黏度，芳香分和沥青质都可有效地提高沥青的黏稠度。相关研究表明，随着老化程度的深入，胶质、饱和分与芳香分的含量基本都在下降，而沥青质的含量在整个老化过程中迅速增加，因此沥青胶浆的复数黏度随着老化程度的加深会逐渐增大。

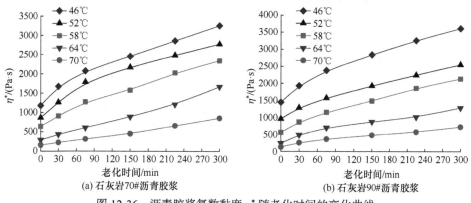

(a) 石灰岩70#沥青胶浆　　　　　(b) 石灰岩90#沥青胶浆

图 12-36　沥青胶浆复数黏度 η^* 随老化时间的变化曲线

12.4.2　老化程度对沥青−填料界面交互作用的影响

运用上述试验结果计算得到不同温度下沥青−填料界面交互作用评价模型 K.D.Ziegel-B-G^* 参数随老化时间的变化曲线，如图 12-37 所示。

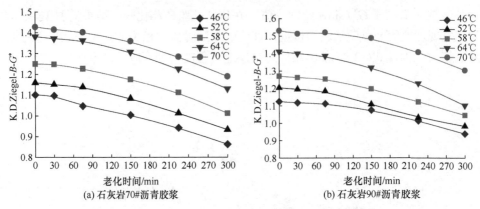

图 12-37　K.D.Ziegel-B-G^* 参数随老化时间的变化曲线

从图 12-37 中可以看出，总体上，随着沥青老化程度的深入，沥青−填料界面交互作用逐渐减弱，但在不同的老化阶段，界面交互作用减弱的速率不一样。在沥青老化初期，界面交互作用减弱得较为缓慢，然而随着沥青老化程度的加深，界面交互作用减弱相对较为迅速。

相关研究表明，随着老化程度的深入，饱和分和芳香分含量基本都在下降；值得注意的是，胶质含量在初始阶段小幅下降，而后下降较为迅速，在整个老化过程中，胶质会向沥青质转化，沥青质含量迅速增加，但沥青质的活性较低。沥青中较为活性的成分沥青酸，沥青酸酐主要集中在胶质中，胶质含量的减少，意味着沥青活性的降低，从而导致沥青的黏附性及与填料的交互能力下降。从试验结果来看，沥青−填料界面交互作用随老化时间的变化与随胶质含量的变化较为一致，因此分析认为，沥青四组分中，胶质对交互作用的影响最为显著。

12.4.3　沥青性质对沥青−填料界面交互作用的影响

沥青作为沥青胶浆的基体相，沥青的酸值、黏度、含蜡量和化学组分都会对沥青−填料界面交互作用强弱有一定的影响。两种基质沥青的界面交互作用模型 K.D.Ziegel-B-G^* 参数与填料种类和填料体积分数的关系如图 12-38 所示。

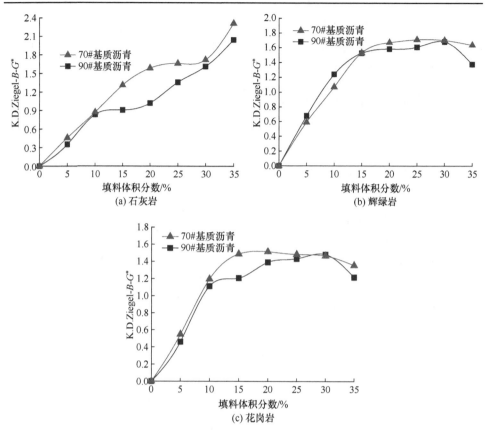

图 12-38　不同填料与基质沥青的 K.D.Ziegel-B-G^* 参数随填料体积分数变化曲线

　　从图 12-38 中可知，总体而言，对于同种填料，在相同的填料体积分数下，70#基质沥青与填料的界面交互作用比 90#基质沥青稍强。然而，对于辉绿岩填料，辉绿岩体积分数为 5%、10%时，却呈现出 90#基质沥青胶浆的 K.D.Ziegel-B-G^* 参数值比 70#基质沥青胶浆大的"反常"现象。

　　相关研究表明，沥青的四组分对界面交互作用的贡献具有差异性。饱和分和芳香分是沥青中的油性成分，为非极性低分子化合物，沥青与填料间的吸附以范德瓦耳斯力为主，故饱和分和芳香分对沥青–填料界面交互作用的贡献较小，而沥青质与胶质对界面交互作用的贡献较大。对两种基质沥青进行组分分析，70#基质沥青的胶质和沥青质含量为 40.94%，而 90#基质沥青中的胶质和沥青质含量为 39.38%。70#基质沥青的胶质+沥青质含量稍微高一点，进而 70#基质沥青的表面活性物质含量较多，可以与填料产生更多的化学交互。这也说明了对于同种填料，70#基质沥青与填料的界面交互作用比 90#基质沥青要稍强。

　　沥青中蜡的存在会对沥青与填料的交互作用产生不利影响。70#基质沥青的含蜡量比 90#基质沥青的含蜡量略高，在一定程度上降低了 70#基质沥青与填料的界面交互作用强度。这也解释了在辉绿岩体积分数为 5%、10%时，却呈现出90#基质沥青与填料的界面交互作用比 70#基质沥青要强的"反常"现象。

12.4.4 材料特性影响因素显著分析

综合上述分析，填料体积分数、填料粒度、酸碱性以及沥青中胶质+沥青质含量等材料特性都会对沥青–填料界面交互作用产生一定影响，但是从上文的试验结果并不能直观地对比出哪种材料特性因素对试验结果的影响更大，而这一问题实际具有很重要的现实意义。

沥青–填料界面交互作用是被影响的因变量，用评价模型 K.D.Ziegel-B-G^*参数表示。填料体积分数、填料粒度、填料酸碱性和沥青质+胶质含量是影响K.D.Ziegel-B-G^*参数的四种因素。由于上述影响因素并非相互独立，所以灰色关联分析方法并不适用。采用多因素方差分析方法研究了填料体积分数、填料粒度、填料酸碱性和沥青质+胶质含量对沥青–填料界面交互作用的影响，结果见表 12-10。

表 12-10 多因素方差分析方法结果

变异来源	Ⅲ型平方和	自由度	均方	F	P	η^2
校正模型	12.454	49	0.254	355.593	0.003	0.996
截距	71.176	1	71.176	2044.267	0	0.957
填料体积分数	6.975	6	1.162	330.388	0	0.975
填料粒度	0.065	1	0.065	410.856	0	0.988
填料酸碱性	0.194	2	0.097	218.787	0	0.962
沥青质+胶质含量	0.006	1	0.006	632.165	0	0.984
误差	0.279	8	0.035	—		
总计	92.344	58	—	—		
校正的总计	12.732	57	—			

注：F 是方差分析中用来衡量组间方差与组内方差比率的统计量。显著性水平(P)用于评估观察到的 F 是否足够大，以至于可以拒绝零假设。η^2是一个效应量度，用于表示因素对总方差的贡献比例。

从表 12-10 中可以看出，多因素方差分析法可以运用与材料特性对沥青–填料界面交互作用影响的显著水平分析。

对于填料体积分数：$F=330.388$，$P=0$，按照 5%的检验水平，表明填料体积分数对界面交互作用影响较为显著。

对于填料粒度：$F=410.856$，$P=0$，按照 5%的检验水平，表明填料粒度对界面交互作用影响较为显著。

对于填料酸碱性：$F=218.787$，$P=0$，按照 5%的检验水平，表明填料酸碱性对界面交互作用影响较为显著。

对于沥青质+胶质含量：$F=632.165$，$P=0$，按照 5%的检验水平，表明沥青质+胶质含量对界面交互作用影响较为显著。

同时，由 η^2 可知，填料粒度对沥青−填料界面交互作用影响最大，沥青质+胶质含量其次，填料体积分数居中，填料酸碱性对界面交互作用影响最小。

参 考 文 献

[1] 谭忆秋, 吴建涛, 李晓民, 等. 沥青与集料交互作用能力的评价指标[J]. 哈尔滨: 哈尔滨工业大学学报, 2009, 41(7): 81-84.

[2] Bhrnes H A. A Handbook of Elementary Rheology[M]. Wales: University of Wales, 2000.

[3] Mooney M. The viscosity of a concentrated suspension of spherical particles[J]. Journal of Colloid Science, 1951, 6(2):162-170.

[4] Chong J S, Christiansen E B, Baer A D. Rheology of concentrated suspensions[J]. Journal of Applied Polymer Science, 1971, 15(8):2007-2021.

[5] Krieger I M, Dougherty T J. A mechanism for non-newtonian flow in suspensions of rigid spheres[J]. Transactions of the Society of Rheology, 1959, 3(1): 137-52.

[6] Zhang J P, Pei J Z, Li Y W. Research on interaction between asphalt and filler based on DSR test[J]. Advanced Materials Research, 2013, 723: 480-487.

[7] Ziegel K D, Romanov A. Modulus reinforcement in elastomer composites. Ⅱ. Polymeric fillers[J]. Journal of Applied Polymer Science, 1973, 17(4): 1133-1142.

[8] Ziegel K D, Romanov A. Modulus reinforcement in elastomer composites. Ⅰ. Inorganic fillers[J]. Journal of Applied Polymer Science, 1973, 17(4): 1119-1131.

[9] Joseph P V, Mathew G, Joseph K, et al. Dynamic mechanical properties of short sisal fibre reinforced polypropylene composites[J]. Composites Part A: Applied Science and Manufacturing, 2003, 34(3): 275-290.

[10] Kubat T J, Rigdahl M, Welander M. Characterization of interfacial interactions in high density polyethylene filled with glass spheres using dynamic-mechanical analysis[J]. Journal of Applied Polymer Science, 1990, 39(7): 1527-1539.

[11] 谭忆秋, 王大庆, 边鑫, 等. 沥青与矿料交互作用的影响因素 [J]. 公路交通科技, 2012, 29(11): 6-12.

[12] 封晨辉. 沥青材料的黏度与黏附性研究[D]. 西安: 长安大学, 2003.

第13章 沥青–集料表面润湿动力学

13.1 沥青浸润光滑集料表面

液滴浸润固体表面的过程研究，在宏观上表现为固–液–气三相接触线的移动研究，涉及接触线移动规律的探究、接触线附近区域流动状态的研究、促使接触角滞后的阻力研究等。引起接触角滞后现象的主要原因是固体的粗糙表面，而本节研究主要针对光滑集料表面，不关注接触角的滞后等现象。

一般认为，沥青在光滑集料表面的接触角小于 90°，因此沥青能够很好地浸润集料。值得注意的是，在此浸润过程中会存在不同的浸润规律，并且会受到诸多因素的影响，如沥青温度的变化，集料表面粗糙度等。本节通过构造沥青浸润光滑集料模型，分析沥青液滴在光滑集料表面的接触角、浸润速度、浸润半径和浸润时间之间的动态关系。

13.1.1 沥青浸润光滑集料的浸润模型

假定表面力作用使液滴边缘向前移动所降低的表面自由能转化为有用功 $\mathrm{d}\omega$，则液滴边缘向后收缩移动对应的功是 $-\mathrm{d}\omega$，于是液滴向前流动的速度数表达式为[1]

$$k_1 = (kT/h)\left\{\exp\left[-\left(\Delta G_\eta + \frac{1}{2}\mathrm{d}\omega\right)/kT\right] - \exp\left[-\left(\Delta G_\eta - \frac{1}{2}\mathrm{d}\omega\right)/kT\right]\right\} \quad (13\text{-}1)$$

式中，h 为 Plank 常数；k 为玻尔兹曼常量；T 为沥青的温度；ΔG_η 为沥青的黏流活化能；$\mathrm{d}\omega$ 为转化的功。

1. 接触角和浸润速度规律模型

随着液滴浸润固体表面，固液之间的接触角是不断变化的，直到浸润平衡。依据 Yong 方程，以及中间诸多变换，可得到如下浸润接触角和浸润速度的关系方程：

$$k_1 = \frac{\mathrm{d}\cos\phi}{\mathrm{d}t} = \frac{\gamma_{\mathrm{lv}}}{\eta\delta}(\cos\theta - \cos\phi) \quad (13\text{-}2)$$

式中，k_1 为浸润速度；ϕ 为过程接触角；t 为浸润时间；γ_{lv} 为沥青表面张力；η 为沥青黏度；δ 为单位流体宽度；θ 为浸润平衡时的接触角。

通过式(13-2)可知沥青浸润光滑集料过程中的过程接触角随时间的变化规律，即过程接触角和浸润速度的关系。

2. 浸润速度和浸润半径规律模型

为研究浸润速度和浸润半径之间的关系，本小节利用沥青的两个特点：第一，沥青在大气中不挥发[2]，因此在浸润过程中，沥青的体积不会发生变化。第二，根据液体的表面具有保持最小能量规律，可令沥青液滴在浸润过程中外轮廓仍然保持为球面[3]。

在上述假设下，浸润过程如图 13-1 所示。分为四个状态：初始状态，接触角为 180°；大圆状态，接触角为 180°～90°；小圆状态为 90°～θ_0，其中 θ_0 为平衡态接触角；平衡状态，接触角为 θ_0。

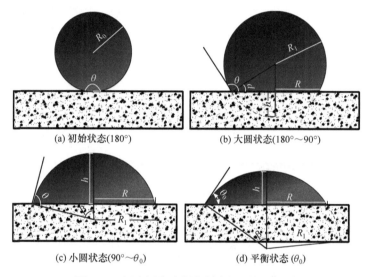

(a) 初始状态(180°)　　　　　　(b) 大圆状态(180°～90°)

(c) 小圆状态(90°～θ_0)　　　　　　(d) 平衡状态(θ_0)

图 13-1　沥青浸润光滑集料表面过程示意图

结合图示，不同浸润状态的等式关系如表 13-1 所示。

表 13-1　不同浸润状态的等式关系

状态	等式关系	
初始状态	$V = \dfrac{4}{3}\pi R_0^3$	
大圆状态	$\dfrac{R}{R_1} = \cos\alpha = \cos(\theta - 90°) = \sin\theta$	$\dfrac{4}{3}\pi R_0^3 = \dfrac{4}{3}\pi R_1^3 - \dfrac{\pi}{3}h^2(3R_1 - h)$
小圆状态	$\dfrac{R}{R_1} = \sin\beta = \sin\theta$	$\dfrac{4}{3}\pi R_0^3 = \dfrac{\pi}{3}h^2(3R_1 - h)$

续表

状态	等式关系	
平衡状态	$\dfrac{R}{R_1} = \sin\beta = \sin\theta_0$	$\dfrac{4}{3}\pi R_0^3 = \dfrac{\pi}{3}h^2(3R_1 - h)$

注：V 为沥青液滴的体积；R_0 为液滴的初始半径；R_1 为过程球体半径；R 为浸润半径；h 为球缺高度；θ 为接触角。

通过推导可得，浸润过程中接触角和浸润半径的关系表达式为

$$R^3 = 4R_0^3 \frac{(\sin\theta)^3}{(1-\cos\theta)^2(2+\cos\theta)} \tag{13-3}$$

根据已有文献记载及试验[4]，可取液滴的初始半径 $R_0 = 2\text{mm}$，值得注意的是，该值不宜过大也不宜过小，实际试验中为排除液滴自重给浸润过程带来的影响，液滴直径不会过大，一般为 2mm；同时，为保证后续分析拟合的准确性，取值不宜过小。

因此，式(13-3)可变为

$$R^3 = \frac{32(\sin\theta)^3}{(1-\cos\theta)^2(2+\cos\theta)} \tag{13-4}$$

使用 MATLAB 分析软件，拟合式(13-4)可得 $\cos\theta = \dfrac{1}{7.7}\ln\dfrac{R^6}{9.2}$。将其代入式(13-2)，可得浸润半径和浸润速度的关系为

$$k_1 = \frac{\gamma_{lv}}{\eta\delta}\left(\cos\theta_0 - \frac{1}{7.7}\ln\frac{R^6}{9.2}\right) \tag{13-5}$$

3. 浸润半径和浸润时间规律模型

为了更加深入地表达浸润过程的动态规律，可进一步推导浸润半径和浸润时间的关系，根据 $t = \dfrac{R}{k_1}$，可得

$$t = \frac{\eta\delta R}{\gamma_{lv}\left(\cos\theta_0 - \dfrac{1}{7.7}\ln\dfrac{R^6}{9.2}\right)} \tag{13-6}$$

13.1.2　沥青浸润粗糙集料的简化模型

集料的表面纹理构造复杂，有深有浅，有宽有窄，可近似成圆筒形、漏斗

形、浅凹形等。图 13-2(a)展示了集料表面纹理。由于沥青在浸润复杂集料表面过程中会产生不同的变化规律，为简化研究，将集料表面纹理简化并提出图 13-2(b)所示浸润过程的简化模型，并通过该模型对浸润过程中的影响因素进行深入分析。

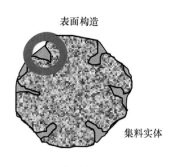

(a) 集料表面纹理　　　　　　　　(b) 沥青浸润过程简化模型

图 13-2　集料表面纹理及沥青浸润过程的简化模型

若不考虑沥青温度的影响，沥青浸润集料表面的过程表达式为

$$\frac{\gamma \cos(\theta - \alpha)}{3\eta} \frac{x_0}{y_0} t = y_0 \ln\left(\frac{y_0}{y_0 - y}\right) - y \tag{13-7}$$

式中，x_0 为集料表面纹理开口宽度的半值；y_0 为表面纹理的深度；y 为沥青的浸润深度；γ 为沥青的表面张力；η 为沥青的黏度；θ 为沥青在集料上的接触角；α 为集料表面纹理夹角的半值；t 为沥青的浸润时间。

13.1.3　常温下的浸润规律

根据浸润模型，本小节通过对比两种沥青浸润三种集料的过程，分析常温下不同材料组合的浸润规律。

1) 常温下的材料参数

常温下两种沥青的基本性质如表 13-2 所示。

表 13-2　沥青基本性质

沥青性质	基质沥青	改性沥青
表面张力/(mN / m)	14.83	16.12
黏度/(mPa·s)	3.92×10^7	4.12×10^7

不同沥青与集料常温下的接触角如表 13-3 所示。

表 13-3　沥青与集料接触角

集料	接触角/(°)	
	基质沥青	改性沥青
石灰岩	15.80	14.59
玄武岩	17.54	16.45
花岗岩	35.99	35.21

2) 计算结果

图 13-3 为浸润过程即接触角从 180°变化到稳态接触角过程中浸润速度和接触角的关系曲线，可得如下规律：

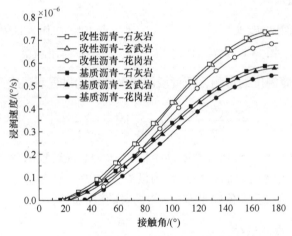

图 13-3　浸润速度和接触角的关系曲线

(1) 图中六组集料与沥青的黏附组合，其浸润速度有相同的变化规律，从浸润开始到结束，浸润速度一直减小。细分每一条浸润曲线还可看出，浸润过程存在 3 个变化阶段：初期浸润速度最大，变化较为平缓，中期浸润速度急剧减小，后期浸润速度减小趋势放缓。

(2) 在浸润初期，两种沥青的浸润速度差别较大，改性沥青相比基质沥青的浸润速度要快很多；但随着浸润的进行，中期浸润速度的差异变小，到浸润后期，浸润速度接近。

(3) 沥青在 3 种集料上的浸润规律相似，总的来看，2 种沥青和石灰岩的铺展最为迅速，其次是玄武岩，最后是花岗岩。

图 13-4 为浸润速度和浸润半径的关系曲线。随着浸润的进行，沥青液滴半径不断扩大，但浸润速度逐渐变小，最后，浸润达到稳定状态。

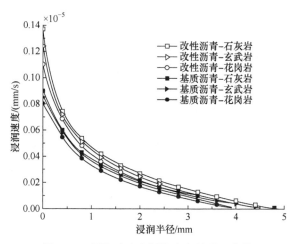

图 13-4　浸润速度和浸润半径的关系曲线

图 13-5 为浸润半径和浸润时间的关系曲线，可知：①不同沥青与集料的组合下，浸润初期浸润速度都很快，浸润前期和中期占浸润时间的小部分，而后期占浸润时间的大部分；②三种集料和两种沥青的组合下，花岗岩最终的浸润半径较小，大约在 4mm，而石灰岩和玄武岩大约在 5mm，因此从宏观上分析，在相同的沥青体积分数下，花岗岩浸润集料的面积小，在一定程度上会导致组合黏附性的下降；③常温下，沥青能够完全浸润需要很长的时间。

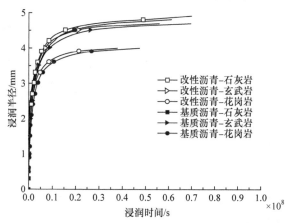

图 13-5　浸润半径和浸润时间的关系曲线

13.2　沥青浸润粗糙集料表面

实际情况中，集料表面凹凸不平，存在较多的纹理，因此本节主要研究沥青浸润粗糙集料表面过程中的浸润规律。

13.2.1　浸润模型的计算参数

1) 集料表面纹理

随着集料粒径、形状的变化，表面纹理的深度和宽度会随之变化[5]。已有文献记载，可使用光纤传感器法设计的激光轮廓仪对集料表面纹理进行定量测量[6]。测量结果表明：轮廓峰和谷的高度绝对值即纹理深度 y_0，分布在 800～1800μm；相邻两波峰或者波谷之间的距离即纹理宽度的两倍 $2x_0$，分布在 500～900μm，纹理宽度 x_0 分布在 250～450μm。因此，表面纹理夹角半值 $\alpha = \arctan(y_0 / x_0)$。

2) 沥青表面张力和黏度

在沥青浸润集料表面的过程中，涉及的技术参数主要为沥青表面张力和黏度。研究中选用 SK70#基质沥青，通过试验测得 160℃下的表面张力 γ 为 12.45mN/m，黏度 η 为 230 mPa·s。

3) 沥青与集料的接触角

接触角是沥青与集料相互作用的体现，是接触物质之间物理化学反应的宏观表征。研究中通过试验获得沥青与石灰岩在 160℃下的接触角 θ 为 18.73°。

13.2.2　浸润过程

研究中采用石灰岩集料，令其表面纹理宽度 x_0 为 0.3mm，深度 y_0 取 0.8mm、1.0mm 和 1.8mm 三组对比尺寸。将上述数据代入式(13-7)，得到沥青浸润不同深度表面纹理的时间和深度的关系曲线，如图 13-6 所示。由图可知，随时间的推移，沥青浸润深度无限接近底部，曲线发展规律和实际相符；沥青浸润

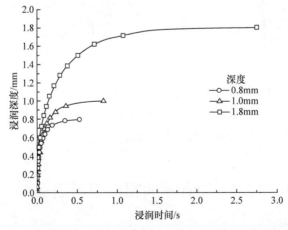

图 13-6　沥青浸润不同深度表面纹理的时间和深度的关系曲线

6

集料表面纹理的过程中，初期浸润速度较快，后期趋于缓慢；根据式(13-7)可知，沥青永远不能浸润到底部，但根据图 13-6，存在一个近似浸润时间，此时间后，浸润速度很慢，因此可近似认为沥青都已经浸润到底部。

13.3　沥青浸润过程的影响因素

13.3.1　考虑温度变化的浸润模型修正

实际情况中，沥青的表面张力和黏度等性质与温度密切相关。若考虑温度的影响，需对式(13-7)进行三方面的修正，包括沥青表面张力随温度的变化修正，沥青黏度随温度的变化修正，以及沥青温度随时间的变化修正。温度对沥青与集料的接触角影响较小，因此不对接触角进行修正，令其为室温下的接触角。

1) 沥青表面张力的温度修正

沥青表面张力随温度的变化表达式为

$$\gamma = 22.22 - 0.061T \tag{13-8}$$

2) 沥青黏度的温度修正

沥青黏度随温度的变化式为

$$\lg\lg\eta = 8.9171 - 3.2527\lg(T + 273) \tag{13-9}$$

3) 沥青温度的时间修正

将沥青加热到 160℃，放置在空气中，自然冷却，记录冷却时间与沥青温度的相关数据，绘制曲线如图 13-7 所示。

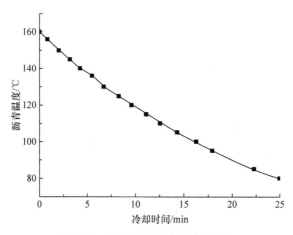

图 13-7　沥青在空气中的降温曲线

通过图 13-7 观察到，沥青温度由 160℃降至 80℃，近似呈线性变化。因此，

对此温度区间的沥青温度变化数据进行线性拟合，表达式为

$$T = T_0 - kt \tag{13-10}$$

式中，T 为沥青实时温度，℃；T_0 为沥青起始温度，℃；k 为降温速率，拟合分析为 0.068；t 为冷却时间，s。

13.3.2　沥青降温对浸润过程的影响

由式(13-7)得到沥青浸润集料的微分表达为

$$\frac{\mathrm{d}y}{\mathrm{d}t} = \frac{\gamma\cos(\theta-\alpha)x_0}{3\eta}\left(\frac{1}{y} - \frac{1}{y_0}\right) \tag{13-11}$$

根据式(13-8)～式(13-10)，可得

$$\frac{\mathrm{d}y}{\mathrm{d}t} = \frac{(a-bT)\cos(\theta-\alpha)x_0}{3\dfrac{g}{10^{(T+273)^d}}}\left(\frac{1}{y} - \frac{1}{y_0}\right) \tag{13-12}$$

式中，d、g 为中间参数变量，没有实际意义。对式(13-12)积分，可得

$$y_0^2\ln(y_0-y) + y_0 y = \frac{\cos(\theta-a)}{3k}x_0\int(a-bT)10^{\frac{c}{(T+273)^d}}\,\mathrm{d}T + C_1 \tag{13-13}$$

式(13-13)中积分式 $\int(a-bT)10^{\frac{c}{(T+273)^d}}\,\mathrm{d}T$ 形式复杂，为简化计算，采用 MATLAB 将 $(a-bT)10^{\frac{c}{(T+273)^d}}$ 近似转化为指数函数 $1.42\times10^{-4}\mathrm{e}^{0.041T}$ (R^2=0.9965)，再通过积分可得

$$\int(a-bT)10^{\frac{c}{(T+273)^d}}\,\mathrm{d}T = 3.46\times10^{-4}\mathrm{e}^{0.041T} \tag{13-14}$$

根据初始条件(T =160℃，y =0mm，x_0 =0.3mm，y_0 =0.8mm)，可得常数 $C_1 = -3.64\times10^{-4}$，同理可得其他表面纹理尺寸下的 C_1。

将式(13-14)、式(13-10)及常数 C_1 代入式(13-13)，采用 MATLAB 进行运算，可得修正后的沥青浸润过程。

不同表面纹理深度下，修正前后浸润时间的对比如表 13-4 所示。相比修正前，修正后沥青的浸润速率有所降低，并且修正后沥青浸润时间延长。由表 13-4 可知，虽然各个深度处浸润时间的修正幅度都大于 30%，理论分析表明应该考虑沥青降温的影响。但是，相比于实际工程中沥青混合料的拌和时间(一般大于 45s)[7]，修正值都很小，其影响可以忽略。因此，浸润过程中沥青温度的变化对

沥青浸润时间影响不大,在工程实际中,该温度的变化不会对沥青与集料的黏附结果造成影响。

表 13-4　不同表面纹理深度下修正前后浸润时间的对比

表面纹理深度	修正前浸润时间/s	修正后浸润时间/s	修正值/s	修正幅度/%
0.8mm	0.53	0.83	0.3	56.6
1.0mm	0.83	1.54	0.71	85.5
1.8mm	2.75	3.80	1.05	38.2

13.3.3　沥青起始温度对浸润过程的影响

沥青温度直接影响沥青的表面张力、黏度,进而对其浸润集料表面纹理的时间产生影响。根据公式推断,沥青永远不能浸润到表面纹理的底部,但是润湿过程中有一个近似浸润时间,超过该时间润湿速度极为缓慢,几乎为零;该润湿时间随着表面纹理的加深而增加。由于纹理深度 y_0 分布在 0.8~1.8mm,纹理宽度 x_0 分布在 0.25~0.45mm,现取上述范围的中值,令集料表面纹理宽度为 0.35mm,深度为 1.3mm,其他参数和上述相同,得到沥青在不同起始温度下的浸润曲线,如图 13-8 所示。

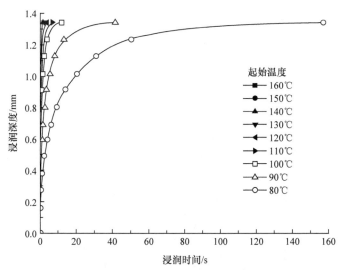

图 13-8　不同起始温度下沥青浸润深度随浸润时间的变化曲线

不同起始温度下沥青的浸润时间如图 13-9 所示。结果表明,沥青起始温度对浸润时间具有较大的影响,起始温度越高,浸润时间越短,与实际情况相符。在 100℃时,沥青浸润时间发生较大变化,温度低于 100℃,沥青浸润时间较长;温度高于 100℃,沥青浸润耗时间较短。由此说明,沥青起始温度在 160℃

时，浸润时间最短，浸润速度最快；当起始温度为 80℃时，浸润时间变得很长，对现场沥青和集料的黏附产生较大的影响。

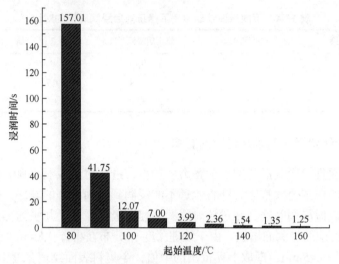

图 13-9　不同起始温度下沥青浸润时间

13.3.4　集料表面纹理尺寸对浸润过程的影响

根据上述结论，在实际工程中，沥青浸润过程温度变化可以忽略。现假设沥青起始温度为 160℃，讨论沥青浸润不同尺寸表面纹理的集料时浸润时间的变化。此时，沥青与集料的接触角、沥青的表面张力、黏度都为定值。由式(13-7)可得纹理深度和纹理宽度对沥青浸润时间的影响，见图 13-10 和图 13-11。

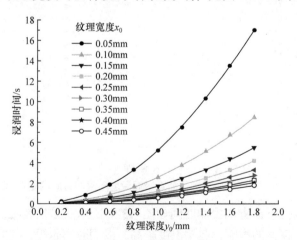

图 13-10　纹理深度对浸润时间的影响

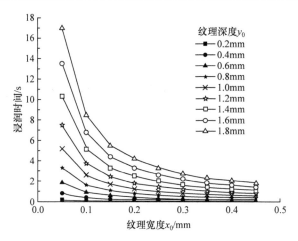

图 13-11 纹理宽度对浸润时间的影响

可以发现，浸润时间和纹理宽度没有关系，只受深度的影响，其与深度成正比，比例系数为 0.25；各条曲线的变化趋势相同，都是随着纹理深度增加，沥青浸润时间呈递增趋势；纹理宽度一定时，随着纹理深度的增加，沥青浸润时间变长；当纹理宽度为 0.05mm 时，曲线上升趋势最大，纹理深度变化对浸润时间影响最大，上升斜率为 10.5，是纹理宽度 0.45mm 曲线上升斜率的 8.5 倍；表面纹理越窄、越深，其浸润时间越长，纹理深度为 1.8mm，纹理宽度为 0.05mm 时，浸润时间最长，达 17s；纹理深度一定时，随着纹理宽度的增大，浸润时间变短。

结合上述分析，集料表面纹理尺寸和浸润时间的关系表达式为

$$J \approx \frac{0.25h^2}{w} \tag{13-15}$$

式中，J 为浸润时间，s；h 为纹理深度，mm；w 为纹理宽度，mm。

参 考 文 献

[1] 滕欣荣. 表面物理化学[M]. 北京: 化学工业出版社, 2009.

[2] 王金山. 超分子结构 LDHs 材料耐老化路用沥青流变特性研究[D]. 武汉: 武汉理工大学, 2012.

[3] 刘建林. 表面浸润的内在机制: 最小作用原理[J]. 力学纵横, 2009, 31(5): 85-88.

[4] 梁鑫. 基于沥青石料表面改性的油石界面黏结剂研究[D]. 长春: 吉林大学, 2011.

[5] 周纯秀, 陈国明, 谭忆秋. 集料表面纹理粗糙度的测量[J]. 交通运输工程学报, 2009, 9(1): 50-55.

[6] 陈国明, 谭忆秋. 基于粗集料纹理特性沥青混合料性能研究[J]. 公路交通科技, 2007, 24(2): 8-12.

[7] 中华人民共和国交通部. 公路沥青路面施工技术规范: JTGF 40—2004[S]. 北京: 人民交通出版社, 2004.

第14章　沥青-集料界面行为的表面能特性

14.1　沥青与集料的表面能测试

14.1.1　接触角测试方法及试样制备

1. 试验仪器及原理

试验采用视频光学接触角测定仪，接触角测定原理如图 14-1 所示。

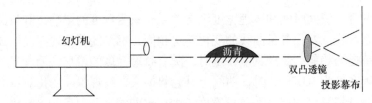

图 14-1　接触角测定原理示意图

2. 标准液体及其参数

标准液体一般为水、丙三醇、甲酰胺、乙二醇等，其表面能参数可通过化学手册查阅。在集料或者沥青的表面能参数测试时，要求标准液体不能与待测材料发生化学反应，不能溶解沥青等。已有研究表明，水、丙三醇、甲酰胺这三种液体测定沥青或者集料的表面能时具有较好的稳定性和可靠性。标准液体的相关参数和表面能分量分别如表 14-1、表 14-2 所示[1]。

表 14-1　标准液体的相关参数

标准液体	水	丙三醇	甲酰胺
密度(g/ml，20℃)	1(4℃)	1.2613	1.1334
相对分子质量	18	92.09	45.04

表 14-2　标准液体表面能分量(mJ/m², 20℃)

材料	表面张力 γ^{Total}	范德瓦耳斯力 γ^{LW}	酸性力 γ^+	碱性力 γ^-
水	72.8	21.8	25.5	25.5
丙三醇	64.0	34.0	3.92	57.4
甲酰胺	58.0	39.0	2.28	39.6

3. 测试用集料

采用三种不同的集料，分别为石灰岩、玄武岩、花岗岩。选取大块的集料，使用切割机切割，获得尺寸约为 3cm×2cm×1cm 的长方体试件；使用磨光机打磨试件的上下平面，并用粗砂纸、细砂纸多道打磨，后用抛光机抛光，得到光滑的表面；用蒸馏水清洗上述测试表面，再置于 130℃烘箱中烘干 1h，取出以备后用。

14.1.2　接触角测试结果与分析

1. 标准液体与集料之间接触角

3 种标准液体分别滴在同一个集料试件上，每种液体滴 2 滴，同时测量每滴标准液体两侧的接触角，如上重复测试 3 个集料试样。为获取较多的平行试验数据，分别选取石灰岩、玄武岩、花岗岩 3 种集料试件，每种集料制备 3 个试件。去除其中异常的数据，经过平均值计算，可得到标准液体在集料表面的接触角测试结果，如表 14-3 所示。

表 14-3　标准液体在集料表面的接触角测试结果

材料	接触角/(°)		
	水	丙三醇	甲酰胺
石灰岩	64.0	55.2	44.7
玄武岩	61.2	52.5	36.5
花岗岩	53.1	42.5	26.2

对于上述数据的合理性验证，Kwok 和 Neumann 认为每种测试液体与所测固体的关系式为[2]

$$\gamma_L \cos\theta = a\gamma_L + b \tag{14-1}$$

式中，γ_L 为液体的表面张力(液体–气体界面上的表面张力)；θ 为液体在固体表面上的接触角；a 和 b 为与固体表面特性相关的参数。

使用 MATLAB 处理表 14-2 与表 14-3 中数据，得到 $\gamma_L \cos\theta$ 与 γ_L 的相关系数均在 0.9 以上，因此实验测试数据误差在允许范围之内，与理论相符，可用于进一步的分析。

2. 标准液体与沥青之间接触角

3 个沥青试件上各滴定 1 种标准液体，每种液体滴 6 滴，测试每滴液体在沥青膜表面的左右接触角，两种沥青膜试件测定次数相同。3 种标准液体在每种集料试件上总共可得 12 组接触角的测试数据，去除异常的数据，经过平均值计算，可得到标准液体在沥青膜表面的接触角测试结果，如表 14-4。

表 14-4　标准液体在沥青膜表面的接触角测试结果

材料	接触角/(°)		
	水	甲酰胺	丙三醇
基质沥青	102.6	87.8	98.5
改性沥青	104.2	88.5	96.9

对标准液体在沥青膜表面的接触角进行检验，标准液体与基质沥青及改性沥青的接触角满足式(14-1)，实验测试数据误差在允许范围之内，与理论相符。

14.2　沥青–集料界面表面能参数

表面能理论中涉及三个表面能参数，分别是范德瓦耳斯力 γ^{LW}、酸性力 γ^+、碱性力 γ^-，其中范德瓦耳斯力是非极性力，属于一种分子间作用力，相比化学键要弱得多；酸性力和碱性力是极性力，组成极性力 γ^{AB}。根据 LW-AB 理论，材料的极性力 γ^{AB} 和表面张力 γ 可分别通过式(14-2)和式(14-3)计算：

$$\gamma = \gamma^{LW} + \gamma^{AB} \tag{14-2}$$

$$\gamma^{AB} = 2\sqrt{\gamma^+ \gamma^-} \tag{14-3}$$

表面能三参数可通过式(14-4)构成三元一次方程组进行求解：

$$\gamma_1(1+\cos\theta) = W_{al} = 2\sqrt{\gamma_a^{LW}\gamma_1^{LW}} + 2\sqrt{\gamma_a^+\gamma_1^-} + 2\sqrt{\gamma_a^-\gamma_1^+} \tag{14-4}$$

式中，γ_1 为标准液体的表面张力；γ_1^{LW} 为标准液体的范德瓦耳斯力；γ_1^+ 为标准液体的酸性力；γ_1^- 为标准液体的碱性力；γ_a^{LW} 为沥青或集料的范德瓦耳斯力；γ_a^+ 为沥青或集料的酸性力；γ_a^- 为沥青或集料的碱性力；θ 为标准液体与沥青或集料的接触角；W_{al} 为两接触物质之间的黏附功。

式(14-2)～式(14-4)中仅沥青或集料的相关参数未知，其他参数都已知，即存在 3 个未知数，因此使用 3 种标准液体的表面能参数以及其与待测材料的接触角，分别代入方程，可获得 3 个方程，联立求解即可得到未知参数。表 14-5 和表 14-6 分别为集料和沥青的表面能参数计算结果。

表 14-5 三种集料的表面能参数

材料	γ^{LW}	γ^+	γ^-	γ^{AB}	γ
石灰岩	21.62	1.1	1.8	2.81	24.43
玄武岩	21.43	0.5	1.4	1.67	23.10
花岗岩	18.39	1.1	1.4	2.48	20.87

表 14-6 两种沥青的表面能参数

材料	γ^{LW}	γ^+	γ^-	γ^{AB}	γ
基质沥青	9.79	3.47	1.83	5.04	14.83
改性沥青	11.27	3.18	1.85	4.85	16.12

14.3 沥青–集料界面黏附与剥落过程的表面能评价

14.3.1 沥青–集料黏附功计算及评价

黏附功表示沥青与集料黏附过程中体系能量的变化，该能量变化能够较好地反映两种材料之间的黏附效果。黏附功可以通过如下三种途径计算。

(1) 已知两种材料各自的表面张力以及它们的界面张力时，黏附功的计算公式为

$$W_{ab} = \gamma_a + \gamma_b - \gamma_{ab} \tag{14-5}$$

(2) 已知两种材料的表面能三参数，则黏附功的计算公式为

$$W_{ab} = 2\sqrt{\gamma_a^{LW}\gamma_b^{LW}} + 2\sqrt{\gamma_a^+\gamma_b^-} + 2\sqrt{\gamma_a^-\gamma_b^+} \tag{14-6}$$

(3) 已知沥青与集料的接触角，以及沥青的表面张力，则黏附功的计算公式为

$$W_{ab} = \gamma_a(1+\cos\theta) \tag{14-7}$$

式中，W_{ab} 为黏附功；下标 a 为集料；b 为沥青；θ 为沥青与集料的接触角；上标 LW 为范德瓦耳斯分量；+为酸性力分量；–为基础力分量。

经过推导验证，式(14-5)~式(14-7)计算结果相同。根据表 14-5 和表 14-6，结合式(14-6)，可得沥青与集料的黏附功，见表 14-7。

表 14-7　沥青与集料的黏附功

集料	黏附功/(mJ/m²)	
	基质沥青	改性沥青
石灰岩	28.69	31.30
玄武岩	28.21	30.79
花岗岩	26.83	29.29

由表 14-7 可知，三种集料与基质沥青的黏附功从大到小排序为石灰岩>玄武岩>花岗岩，与改性沥青的黏附功排序相同。这表明，石灰岩、玄武岩、花岗岩与沥青的黏附性依次递减。对比两种沥青与集料的黏附功，可知改性沥青与三种集料的黏附性都较好。

14.3.2　沥青–集料剥落功计算及评价

剥落功是指集料–沥青+水→集料–水+沥青–水的过程中集料、沥青和水三相总体系能量的变化。该过程通俗地讲即为水置换集料表面沥青的过程。在此期间，体系表面自由能的变化量为 G_{abw}，该值通常为负值，而剥落功为正值，表达式为

$$W_{abw} = -G_{abw} \tag{14-8}$$

体系的自由能降低，水在混合料中会自发地将沥青从集料表面剥落下来。因此，剥落功越大，促使水损害的热力学势能就越大，对于沥青与集料的黏附破坏就越大。通常希望该值越小越好。剥落功的表达式为

$$W_{abw} = \gamma_{aw} + \gamma_{bw} - \gamma_{ab} \tag{14-9}$$

式中，W_{abw} 表示剥落功；下标 a 表示集料；b 表示沥青；w 表示水。

同样，根据表 14-5 和表 14-6，结合式(14-9)，可得沥青与集料的剥落功，见表 14-8。

表 14-8　沥青与集料的剥落功

集料	剥落功/(mJ/m²)	
	基质沥青	改性沥青
石灰岩	53.55	53.27
玄武岩	57.40	56.87
花岗岩	55.77	55.39

　　剥落功是指发生水损害的热力学势能，根据前述，剥落功越大，水促使沥青–集料界面分离的能量趋势越大。由表 14-8 可知，石灰岩、玄武岩、花岗岩与两种沥青的剥落功都呈现递增趋势；石灰岩和改性沥青的剥落功最小，因此该组合抵抗水损害的能力最强。

参 考 文 献

[1] 李梦龙, 蒲雪梅. 分析化学数据速查手册[M]. 北京: 化学工业出版社, 2009.

[2] Kwok D Y, Neumann A W. Contact angle measurements and criteria for surface energetic interpretation: Contact angle[J]. Wettability and Adhesion, 2003, 3: 117-159.

第 15 章　沥青–集料界面行为的分子动力学模拟

15.1　沥青–集料分子模型的构建

15.1.1　老化前后基质沥青分子模型构建

1. 老化前基质沥青分子模型构建

沥青是由多种碳氢化合物组成的物质，包含多种分子量、极性以及官能团各异的分子，具有极其复杂的结构。当前技术难以将其分离为多种化合物单体，因此研究者们致力于分析沥青的化学组分。德国的研究者曾将石油沥青分离为沥青酸、沥青酸酐、油分、树脂、沥青质、沥青碳和似碳物等组分，后来美国的研究者将其完善为三组分分析法，分别为油分、树脂和沥青质，又称为溶解–吸附法。现在广泛应用的分离方法为 Corbett 四组分分离法，利用其在不同溶剂中的溶解度和吸附性能的差别，将其按分子的大小、极性、构型分为沥青质、饱和分、芳香分及胶质四种不同的组分[1]。为方便模拟，将四组分简化为沥青质、胶质和饱和分。三组分的分子模型选取参考 Zhang 等的研究[2]，分别为 Groenzin 和 Mullins 通过荧光去极化实验得到的沥青质模型、正二十二烷的饱和分模型以及 1,7-二甲基萘的饱和分模型[3-4]。沥青三种组分的模型如图 15-1 所示。基于 Storm 等对拉塔威沥青研究的实验结果[5]，沥青质、正二十二烷和 1,7-二甲基萘在沥青中的质量分数分别为 21%、59%和 20%。所以研究中以 5 个沥青质分子为基准，通过质量分数与摩尔数之间的关系确定沥青中正二十二烷的分子数为 27,1,7-二甲基萘的分子数为 41，最终建立的沥青分子模型即老化前基质沥青分子模型如图 15-2 所示。

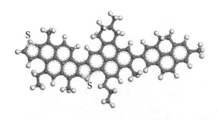

　　(a) 沥青质模型　　　　　　　　　　　　　　(b) 胶质模型

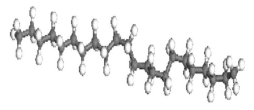

(c) 饱和分模型

图 15-1　沥青三种组分模型

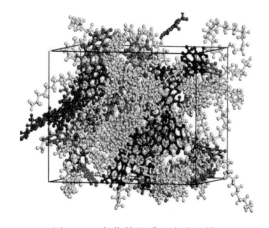

图 15-2　老化前基质沥青分子模型

2. 老化后基质沥青分子模型构建

沥青的老化极大影响了沥青–集料界面性能和沥青路面的长期耐久性，提升沥青的抗老化能力一直以来都是研究者们关注的重点。研究表明沥青的老化现象主要包括温度变化导致的物理老化现象和氧气、紫外线光等作用导致的化学老化现象，具体表现为氧原子取代沥青化学结构中的部分原子或沥青组分中高分子链段出现断裂。一般认为老化现象是不可逆的过程。老化过程会导致沥青轻质组分的流失，沥青质比例显著增大，从而改变各组分所占比例，同时对沥青的胶体结构产生影响。沥青在老化后具体表现为硬度变大，并且性能偏向于脆性材料，对沥青的流变性能、凝聚力和黏附性造成影响，最终出现路面开裂等病害类型。

Tarefder 等利用分子动力学模拟的方法，通过密度、玻璃化转变温度、势能及动能等指标研究沥青老化后的性能变化[6]。研究表明，由于异原子和极性官能团的存在，沥青质更易被氧化，得到主要的氧化产物为羧基和亚砜基[6-7]，如图 15-3 所示。

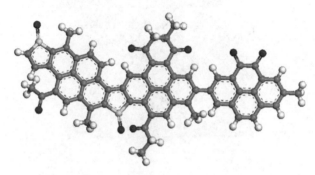

(a) 羧基　　　　　　　　　　　　　(b) 亚砜基

图 15-3　沥青氧化产物

　　根据老化后的官能团变化，基质沥青三组分模型中沥青质分子模型如图 15-4 所示，胶质和饱和分模型与老化前一致。此外，老化后三组分模型的分子数与老化前相同。老化后沥青质所占百分比增加，胶质及饱和分含量下降。最终构建的老化后基质沥青分子模型如图 15-5 所示。

图 15-4　老化后沥青质分子模型

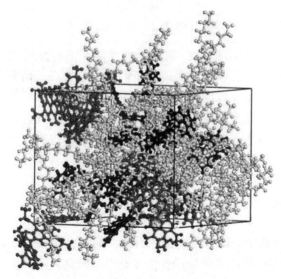

图 15-5　老化后基质沥青分子模型

15.1.2 老化前后胶粉改性沥青分子模型建立

1. 老化前胶粉改性沥青分子模型建立

为分析胶粉改性沥青的界面行为，针对胶粉改性沥青开展了分子动力学模拟研究。研究中用于改性沥青的胶粉来源于废旧汽车轮胎，而汽车轮胎主要由三种不同类型的橡胶构成，包括天然橡胶、顺丁橡胶及丁苯橡胶，故采用的两种胶粉主要由丁苯橡胶构成。此外，研究中采用的活化处理的方法属于物理活化法，并未改变胶粉的化学组成，所以活化处理前后橡胶分子的模型保持一致，这里仅建立丁苯橡胶分子模型。丁苯橡胶主要由 23.5%的苯乙烯和 76.5%丁二烯聚合而成，其中丁二烯存在三种不同的单体结构，分别为 1,2 丁二烯、顺-1,4-丁二烯、反-1,4-丁二烯，比例为 76∶7∶16[8]。丁苯橡胶分子模型如图 15-6(a)所示。对界面进行宏观混合料试验研究时采用掺入胶粉比例为 12%的改性沥青，保证比例一致。基于上述沥青分子模型中各组分比例，最终确定在已建好的沥青分子模型中加入 3 个丁苯橡胶分子，单个丁苯橡胶分子由 2 个苯乙烯分子和 13 个丁二烯分子无规共聚形成，其中 13 个丁二烯分子包含 2 个 1,2 丁二烯分子、1 个顺-1,4-丁二烯分子以及 10 个反-1,4-丁二烯分子。建好的胶粉改性沥青分子模型如图 15-6(b)所示。

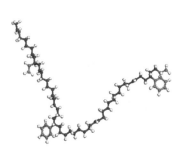 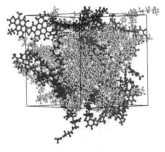

(a) 老化前丁苯橡胶分子模型   (b) 老化前胶粉改性沥青分子模型

图 15-6 老化前丁苯橡胶分子模型及胶粉改性沥青分子模型

2. 老化后胶粉改性沥青分子模型建立

在老化过程中，除了沥青本身组分发生改变，丁苯橡胶分子中的苯乙烯分子也发生氧化反应，产生氧化产物羧基，但是老化后的各组分以及丁苯橡胶分子数仍与老化前保持一致。老化后丁苯橡胶分子模型及胶粉改性沥青分子模型如图 15-7 所示。

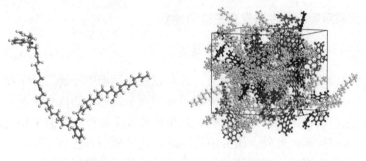

(a) 老化后丁苯橡胶分子模型　　　　　　(b) 老化后胶粉改性沥青分子模型

图 15-7　老化后丁苯橡胶分子模型及胶粉改性沥青分子模型

15.1.3　沥青分子模型合理性验证

1. 密度

为了验证沥青分子模型的合理性，可选取密度作为评判指标，通过对比基质沥青分子模型的模拟密度与实测密度确定沥青分子模型是否具有代表性。选取的模拟温度为 25℃、65℃、120℃和 170℃，分别用于模拟常温状态下、沥青软化点附近以及拌和时的温度状态。对比结果如图 15-8 所示，从图中可看出沥青分子模型的密度随温度变化趋势与实测结果接近[2,9]，但是整体数值偏小。原因可能是模拟的沥青分子模型与实际沥青组成成分上存在差异。沥青是一种十分复杂的物质，难以单独通过几种分子完全反映其真实情况，并且模拟采用的力场环境等均处于理想状态，实际状态下沥青本身的缺陷以及周围环境的影响都会造成该差异。但是，一定程度上的差异是可以接受的，模拟密度和实测密度与温度间的关系是一致的，因此可认为所建立的沥青分子模型是合理的，能较大程度地反映沥青的热动力学性能。

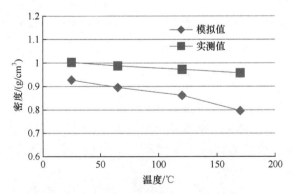

图 15-8　沥青分子模型模拟密度与实测密度比较

2. 分子有序性

采用沥青分子模型内部、基质沥青组分间和胶粉改性沥青组分间的径向分布函数对其合理性进行验证。径向分布函数可用于表征在距离某粒子周围一定距离的位置处出现另一粒子的可能性大小，如图 15-9 所示。径向分布函数的表达式为

$$g(r) = \frac{dN}{\rho 4\pi r^2 dr} \tag{15-1}$$

式中，ρ 为整个体系的平均密度；r 为粒子间的距离；N 为体系内粒子的总数量。

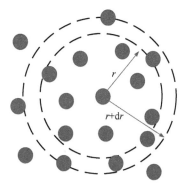

图 15-9　径向分布函数示意图

在一定 r 范围内，$g(r)$ 会出现多个峰值，说明在出现峰值的 r 位置处出现另一粒子的可能性较大，随着 r 的增大，$g(r)$ 趋近于 1，表示系统中的粒子分布均匀无规律。通过径向分布函数可反映出沥青分子内部的粒子有序度，如图 15-10 所示。从图中可看出，峰值主要出现在 3Å 范围内，之后径向分布函数值逐渐趋于 1，并且在 5Å 后保持稳定，表明该沥青分子模型内部粒子分布表现为近程有序且远程无序，是非晶结构物质内部粒子分布的特点[10]，而沥青正是典型的非晶材料，所以径向分布函数反映的沥青分子模型状态与实际情况相符。

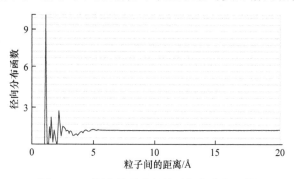

图 15-10　沥青分子内部粒子径向分布函数

15.1.4　集料分子模型选择

成岩条件和矿物的不同，产生不同结构、不同构造特性的天然岩石。集料的物理力学特性主要取决于构成集料的天然岩石的矿物组分及其结构特性。采用 X 射线荧光(X-ray fluorescence，XRF)光谱仪测试花岗岩和页岩的主要氧化物组成，综合考虑表 15-1 所示两种集料的氧化物组成结果，最终确定建立 SiO_2、CaO、MgO、Al_2O_3 四种氧化物的晶体模型用于模拟集料的组成。因为这四种氧化物在两种集料中占比之和均大于 60%，所以建立这四种氧化物模型来代表集料开展分子动力学模拟。

表 15-1　所用集料的氧化物组成

氧化物类型	化学成分/%	
	集料 A	集料 B
Al_2O_3	14.92	7.13
CaO	3.22	19.90
Fe_2O_3	6.64	5.02
K_2O	2.85	2.07
MgO	2.12	12.88
Na_2O	2.85	1.15
SiO_2	64.44	28.21
TiO_2	1.03	0.75

15.2　沥青–集料界面的能量特性

15.2.1　沥青–沥青黏聚能计算

通过沥青–沥青界面结构系统的分子动力学模拟结果可得到沥青的黏聚能，计算公式为

$$E_{\text{cohesion}} = E_{a_1} + E_{a_2} - E_{a_1a_2} \tag{15-2}$$

式中，E_{cohesion} 为沥青的黏聚能，kcal/mol；E_{a_1} 为沥青层 1 达到平衡态时的能量，kcal/mol；E_{a_2} 为沥青层 2 达到平衡态时的能量，kcal/mol；$E_{a_1a_2}$ 为沥青层 1 和 2 黏聚在一起达到平衡态时的能量，kcal/mol。

上述各能量参数都可通过 Materials Studio 软件直接得到，沥青的黏聚能反映

了沥青层之间的能量大小，可从分子层面评价沥青的黏聚性能，黏聚能越大表示沥青的黏聚性能越好。

15.2.2　沥青种类对界面黏聚能的影响

图 15-11 是根据式(15-2)计算得到的老化前后两种沥青的黏聚能，从图中可知，老化前胶粉改性沥青的黏聚能稍大于基质沥青，表明丁苯橡胶分子的加入使沥青分子间的作用力增强，但是由于沥青分子模型本身分子数目的限制，加入了 3 个丁苯橡胶分子，所以并未造成明显的差异。然而在沥青老化后，胶粉改性沥青的黏聚能仅仅略大于基质沥青，所以此时沥青种类不同造成的差异基本可以忽略不计。

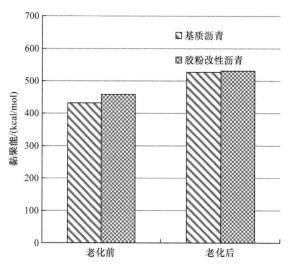

图 15-11　老化前后基质沥青和胶粉改性沥青的黏聚能

15.2.3　沥青–集料界面黏附性

1. 老化前后沥青–集料界面模型的构建

选取经动力学模拟后达到相对稳定状态的老化前后基质沥青及胶粉改性沥青分子模型，与四种氧化物晶体模型分别组合，形成基质沥青-SiO_2、基质沥青-CaO、基质沥青-Al_2O_3、基质沥青-MgO、胶粉改性沥青-SiO_2、胶粉改性沥青-CaO、胶粉改性沥青-Al_2O_3、胶粉改性沥青-MgO 老化前与老化状态的层状结构模型。图 15-12 以老化前基质沥青-SiO_2 和胶粉改性沥青-SiO_2 的层状结构模型为例，展示界面结构模型形态。

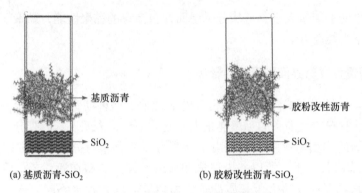

(a) 基质沥青-SiO₂　　　　　　　　　(b) 胶粉改性沥青-SiO₂

图 15-12　老化前沥青–集料界面模型

2. 分子动力学模拟过程

将两层的界面结构在 NVT 系综(等温等压)下进行 200ps 的分子动力学模拟，模拟步长为 1fs，设置模拟温度为 298K(25℃)，获取沥青与集料界面行为的动态过程。以图 15-13 所示老化后的基质沥青-MgO 模型为例，可看出在动力学模拟过程后沥青层逐渐向集料氧化物层靠近，二者间逐渐出现黏附作用。

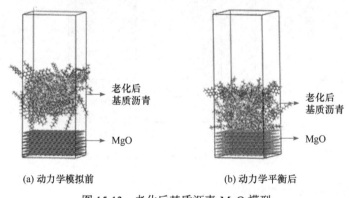

(a) 动力学模拟前　　　　　　　　　(b) 动力学平衡后

图 15-13　老化后基质沥青-MgO 模型

3. 黏附能的计算方法

沥青与集料氧化物间的黏附能被用作评价指标，以表征沥青与不同集料氧化物间的界面黏附程度。黏附能表达式为[11]

$$E_{adhesion} = E_a + E_s - E_{as} \tag{15-3}$$

式中，$E_{adhesion}$ 为沥青与集料氧化物之间的黏附能，kcal/mol；E_a 为沥青层达到平衡态时的能量，kcal/mol；E_s 为集料氧化物达到平衡态时的能量，kcal/mol；E_{as} 为沥青与集料氧化物黏附在一起达到平衡态时的能量，kcal/mol。

计算得到的黏附能越大，表示沥青与该种集料氧化物间的黏附作用越强。

4. 沥青种类的影响

通过式(15-3)计算了基质沥青和胶粉改性沥青与集料氧化物间的黏附能，结果如图 15-14 所示。从图中可看出，沥青种类对于黏附能的影响只在与特定氧化物黏附时较为显著。对于 SiO_2 和 Al_2O_3 这类原子晶体，沥青种类对于黏附能的影响可忽略不计。但是对于 CaO 和 MgO 这类离子晶体，沥青种类的影响较为明显，这两种氧化物与胶粉改性沥青间的黏附能大于与基质沥青间的黏附能，表明它们之间的界面黏结性更强。原因可能是离子晶体在建模过程中删除离子键后的结构与橡胶分子间的吸引力更强使黏附能提高。

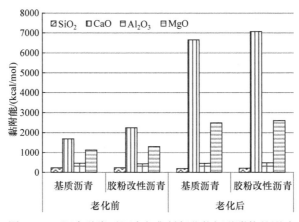

图 15-14　沥青种类对沥青与集料氧化物间黏附能的影响

5. 集料主要氧化物的影响

研究中主要选取了四种氧化物作为集料代表性氧化物，通过式(15-3)得到的黏附能结果如图 15-15 所示。从图中可看出，不同氧化物与沥青的黏附能间有较大区别，但是对于两种沥青而言，与不同氧化物的黏附能大小排序一致，为 CaO > MgO > Al_2O_3 > SiO_2。同时可看出，在沥青老化后该顺序保持不变，并且 SiO_2 和 Al_2O_3 与 CaO 和 MgO 之间的差异更为明显。一般而言，碱性集料与沥青间的黏附性比酸性集料好，这是因为酸性集料中 SiO_2 与酸性沥青之间吸引力较小，而碱性集料中含量较多的 CaO 可与沥青形成较好的黏结力，本小节的模拟结果与该宏观表现一致。同时可看出，相比其余三种氧化物与沥青间的黏附能，SiO_2 与沥青的黏附能与它们相差一个数量级。这与 Horgnies 等关于沥青与花岗岩和石灰岩的拉拔试验研究结果基本相符[12]，含有 SiO_2 和 Al_2O_3 较多的花岗岩出现了更多的黏附性破坏，表明这两种氧化物与沥青间的黏附能相对较小。同时，原子晶体间是原子之间通过共价键的作用形成晶体，然而离子晶体是由正、负离子按一定比例通过离子键作用形成的晶体。在建模过程中，对于原子晶体 SiO_2 和 Al_2O_3，它们自身具有相对强的共价键作用，所以与沥青之间的相互作用力就会稍弱。但是对于 CaO 和 MgO 这类离子晶体，在建模过程中删除离子键后它们本身带有电荷，更容易与沥青层之间的分子产生相互作用，从而使界面具有较大的黏附能。此外，本小节得到的结果与郭猛和徐霈采用分子动力学模拟沥青与集料界面黏附能的结果一定程度上较为一致，但是由于徐霈的研究中仅选择沥青质分子代表沥青，所以结果稍有不同[13-14]。

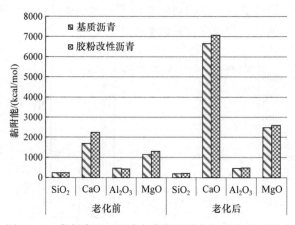

图 15-15　集料类型对沥青与集料氧化物间黏附能的影响

　　通过比较图 15-11 和图 15-14 的结果可知，在沥青老化前后，对于离子晶体 CaO 和 MgO，沥青与集料氧化物间的黏附能普遍大于沥青与沥青的黏聚能，表明沥青与集料整体黏结的稳定性主要依靠黏附能的作用，沥青与沥青间的黏聚作用对于整体黏结性的贡献较小。然而对于 SiO_2 和 Al_2O_3，多数情况下在沥青老化前后表现为沥青与沥青间的黏聚作用占主导作用，与沥青间的黏附作用相对较弱，未能对整体黏结稳定性产生显著影响。所以为了保证沥青与集料间整体黏结作用较好，应选择 CaO 和 MgO 含量较高的集料，同时选用胶粉改性沥青使二者的黏附作用有明显的提升，此外一定程度的沥青老化也会对黏结作用产生积极的影响。

15.3　沥青老化对界面分子行为及结构性状的影响

15.3.1　沥青老化对黏聚能的影响

　　表 15-2 为沥青老化前后的黏聚能及变化程度，具体计算方法为

$$E_{cohesion}V = \left(E_{cohesion\text{-}aged} - E_{cohesion\text{-}unaged}\right) / E_{cohesion\text{-}unaged} \tag{15-4}$$

式中，$E_{cohesion\text{-}aged}$ 为沥青老化后的黏聚能；$E_{cohesion\text{-}unaged}$ 为沥青老化前的黏聚能；$E_{cohesion}V$ 为沥青老化后黏聚能的变化程度。

表 15-2　沥青老化前后黏聚能及变化程度

沥青种类	$E_{cohesion\text{-}unaged}$ /(kcal/mol)	$E_{cohesion\text{-}aged}$ /(kcal/mol)	$E_{cohesion}V$ /%
基质沥青	431.4	527.0	0.222
胶粉改性沥青	457.9	531.1	0.159

从表 15-2 可以看出在老化后，两种沥青的黏聚能都有不同程度的增加，主要是因为老化后沥青组分的极性更强，与老化前沥青相比在沥青间存在更强的分子间作用力，所以具有的黏聚能更大。此外，从黏聚能的变化趋势可知，对于基质沥青，老化后黏聚能的变化程度较胶粉改性沥青大，所以老化带来的影响更为显著。

15.3.2　沥青老化对黏附能的影响

表 15-3 为沥青老化前后的黏附能及变化程度，具体计算方法为

$$E_{adhesion}V = \left(E_{adhesion\text{-}aged} - E_{adhesion\text{-}unaged}\right) / E_{adhesion\text{-}unaged} \tag{15-5}$$

式中，$E_{adhesion\text{-}aged}$ 为沥青老化后与集料氧化物间的黏附能；$E_{adhesion\text{-}unaged}$ 为沥青老化前与集料氧化物间的黏附能；$E_{adhesion}V$ 为沥青老化后与集料氧化物间黏附能的变化程度。

表 15-3　沥青老化前后黏附能及变化程度

沥青种类	氧化物类型	$E_{adhesion\text{-}unaged}$ /(kcal/mol)	$E_{adhesion\text{-}aged}$ /(kcal/mol)	$E_{adhesion}V$ /%
基质沥青	SiO_2	235.4	194.4	−0.17
	CaO	1685.6	6650.0	2.95
	MgO	463.2	457.2	−0.01
	Al_2O_3	1135.5	2485.5	1.19
胶粉改性沥青	SiO_2	239.6	213.2	−0.11
	CaO	2243.6	7066.3	2.15
	MgO	429.8	476.5	0.11
	Al_2O_3	1299.9	2606.6	1.01

从表 15-3 可看出沥青老化对于沥青与集料氧化物间的黏附能有不同程度的影响，但该影响仅对 CaO 和 MgO 两种离子晶体十分显著，对于 CaO，增长幅度甚至达到了老化前的两倍以上，对 SiO_2 和 Al_2O_3 两种原子晶体的影响并不明显。沥青在老化后极性的增加使得其与离子晶体模型间的相互作用力变大，从而使得黏附能增加，这与 Yan 等采用拉拔试验对沥青老化前后与集料间黏结强度的测试结果一致，沥青老化对其与集料间的黏结产生了积极的影响[15]。但是对于原子晶体，老化使得它们与集料间的黏附作用减弱，同时，在沥青老化后，胶粉改性沥青与集料氧化物间的黏附能高于基质沥青，与沥青老化前结果一致，表明沥青种类带来的影响并未因沥青老化发生改变。

参 考 文 献

[1] Corbett L W. Composition of asphalt based on generic fractionation, using solvent deasphaltening, elution-adsorption chromatography, and densimetric characterization[J]. Analytical Chemistry, 1969, 41(4): 576-579.

[2] Zhang L Q, Greenfield M. Analyzing properties of model asphalts using molecular simulation[J]. Energy Fuels, 2007, 21(3):1712-1716.

[3] Groenzin H, Mullins O. Asphaltene molecular size and structure[J]. The Journal of Physical Chemistry A, 2015, 19(50):11237-11245.

[4] Groenzin H, Mullins O. Molecular size and structure of asphaltene from various sources[J]. Energy & Fuels, 2000, 14(3):677-684 .

[5] Storm D A, Edwards J C, DeCanio S J, et al. Molecular representations of ratawi and alaska north slope asphaltenes based on liquid- and solid-state NMR[J]. Energy & Fuels, 1994, 8(3):561-566..

[6] Tarefder R A, Arisa I. Molecular dynamic simulations for determining change in thermodynamic properties of asphaltene and resin because of aging[J]. Energy & Fuels, 2011, 25(5): 2211-2222.

[7] Herrington P R, Patrick J E, Ball G F A. Oxidation of roading asphalts[J]. Industrial & engineering Chemistry Research, 1994, 33(11): 2801-2809.

[8] 张玉龙, 孙敏. 橡胶品种与性能手册[M]. 北京: 化学工业出版社, 2012.

[9] Sun D, Lin T, Zhu X, et al. Indices for self-healing performance assessments based on molecular dynamics simulation of asphalt binders[J]. Computational Materials Science, 2016, 114: 86-93.

[10] 丁勇杰. 基于分子模拟技术的沥青化学结构特征研究[D]. 重庆: 重庆交通大学, 2013.

[11] Bhasin A, Masad E, Little D, et al. Limits on adhesive bond energy for improved resistance of hot-mix asphalt to moisture damage[J]. Transportation Research Record, 2006, 1970(1): 2-13.

[12] Horgnies M, Darque-Ceretti E, Fezai H, et al. Influence of the interfacial composition on the adhesion between aggregates and bitumen: Investigations by EDX, XPS and peel tests[J]. International Journal of Adhesion and Adhesives, 2011, 31(4): 238-247.

[13] 郭猛. 沥青与矿料界面作用机理及多尺度评价方法研究[D]. 哈尔滨: 哈尔滨工业大学, 2016.

[14] 徐霈. 基于分子动力学的沥青与集料界面行为虚拟实验研究[D]. 西安: 长安大学, 2013.

[15] Yan C, Huang W, Lv Q. Study on bond properties between RAP aggregates and virgin asphalt using binder bond strength test and Fourier transform infrared spectroscopy[J]. Construction and Building Materials, 2016, 124: 1-10.

第四篇　堆　积　问　题

第16章 集料群体堆积行为

16.1 沥青混合料的细观结构特征

16.1.1 细观结构的划分层次

沥青混合料细观结构研究首先涉及细观结构的划分，划分标准会直接影响将哪些混合料组成材料的性能参数作为多尺度模型的输入参数，进而提出相应的指标要求。从材料组成上看，沥青混合料由集料、沥青结合料和空隙组成，属于多级分散体系。根据粒径大小，集料又可进一步划分为粗集料(粒径大于2.36mm或4.75mm的集料)、细集料(粒径大于0.075mm但小于等于2.36mm或4.75mm的集料)与填料(粒径小于等于0.075mm的集料)。贝雷(Bailey)设计法认为，应以沥青混合料的0.22倍公称最大粒径作为粗细集料的划分界限。尽管不同研究者对粗细集料的划分标准不同，但均认为不同粒径集料对沥青混合料的性能有不同影响。根据对集料作用及混合料内部黏结主体的认知差异，不同研究者将沥青混合料细观结构划分为三种层次类型，如图16-1所示。

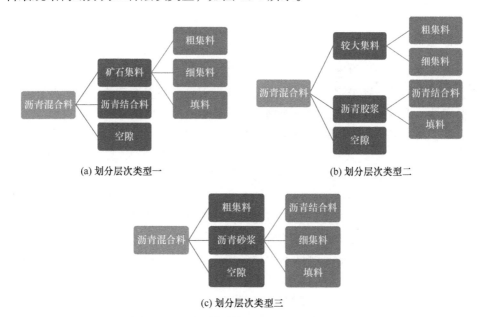

(a) 划分层次类型一   (b) 划分层次类型二

(c) 划分层次类型三

图 16-1 沥青混合料细观结构划分层次类型

Aigner 等[1]和 Pichler 等[2]认为，沥青混合料中起黏结作用的是沥青结合料，沥青混合料被视为沥青结合料、矿石集料(包括粗集料、细集料和填料)和空隙组成的三相复合材料，如图 16-1(a)所示。Anderson 等[3]则认为，沥青混合料中起黏结作用的是沥青结合料与填料组成的沥青胶浆，并非沥青结合料本身，此时沥青胶浆作为一个单独的基体相，对粗、细集料进行裹附黏结；沥青混合料被视为沥青胶浆、较大集料(粗集料和细集料)和空隙组成的三相复合材料，如图 16-1(b)所示。Shu 等[4]和 Zhu 等[5]均采用相同的分类方法对沥青混合料有效力学性能进行预测，但也有研究者认为[6-10]，沥青混合料中细集料、填料和沥青结合料组成的沥青砂浆才是起黏结作用的基体相，粗集料作为唯一的颗粒增强相，此时沥青混合料被视为粗集料、沥青砂浆和空隙组成的三相复合材料，如图 16-1(c)所示。国内外细观研究以后两种划分层次类型为主，现有材料规范主要针对沥青结合料性能进行测试评价，而对沥青胶浆和沥青砂浆研究较少。因此，仍需要进一步研究和验证沥青胶浆或沥青砂浆是否比沥青结合料更直接影响混合料的性能，进而提出相应的沥青胶浆或沥青砂浆控制指标。

16.1.2 细观结构识别与表征

随着光学拍照技术、X 射线断层扫描(X-ray CT)技术、核磁共振技术及数字图像处理(digital image processing，DIP)技术的发展，个体集料细观形态及沥青混合料细观结构的识别与表征取得了较大的进展，同时该研究为沥青混合料数字化模型重构和力学模拟研究奠定了基础。

1. 集料个体形态特征识别与表征

沥青路面所用集料通常由大块岩石经人工破碎而成，因此具有丰富的形态构造。已有大量的研究表明，集料的形态与沥青混合料高温稳定性、低温抗裂性、水稳定性、抗疲劳性能及抗滑性能均有密切关系[11-13]。国内外现有集料规范更多是以堆积集料混合物作为研究对象，通过测试集料混合物的堆积空隙、流动时间等指标，或通过人工识别的方式统计符合某一形态特征(针片状、破碎面数量)的集料颗粒数量，来间接地评价集料的形态特征，但 Pan 等[14]认为这些间接指标并不能很好地区分不同类型集料间形态特征的差异。随着图像获取技术及图像处理技术的发展，越来越多的研究者和研究机构开始使用直接的测试方法对集料个体形态特征进行评价。美国国家合作公路研究计划第 555 号报告(NCHRP Report 555)详细介绍了利用 AIMS 测试不同类型集料形状、棱角性和纹理三大形态特征的结果[15]。除了 AIMS 外，国内外研究机构开发出 PSDA、VIS、Camsizer、UIAIA、FTI、MASCA 等诸多类型集料光学图像测试系统。除了常规光学图像测试系统外，Garboczi[16]尝试利用 X-ray CT 对集料形态指标进行测试，Liu 等[17]

在此基础上尝试利用球谐函数来重构集料颗粒数字模型，Garboczi 等[18]验证了利用激光探测和定位技术来测试集料形态特征的可行性。不同图像测试系统能处理的图像标准不同，既有二维与三维图像之分，又有图像采集数量差异。另外，不同测试系统采用不同的图像处理算法(形状指标的定义)，从而造成不同系统间的评价指标并不统一。例如，UIAIA 系统利用棱角性指标(angularity index)来评价集料的棱角性，主要表征集料二维图像轮廓斜率的变化幅度，AIMS 则利用集料图像与等效椭圆半径差的累积作为棱角性评价指标。Wang 等[19]详细对比了UIAIA、AIMS 和 FTI 图像测试系统对不同类型集料的测试结果，发现不同系统得到的部分结论甚至互相矛盾。因此，尽管已有较多的方法能够便捷地测得集料形态指标，但仍需进一步研究指标与沥青混合料性能的对应关系，从而达到有效控制集料质量及优化混合料性能的目的。

2. 沥青混合料细观结构识别与表征

除了对集料形态特征进行识别和表征外，更多的研究集中于利用图像技术对沥青混合料细观结构进行识别和表征，研究工作主要分为四个方向。

1) 利用图像处理技术对沥青混合料内部细观结构进行识别分析

Yue 等[20-21]于 1995 年较早地报告了利用图像处理技术分析沥青混合料二维细观结构的研究成果，主要通过软件和人工操作相结合的方式提取了混合料二维图像中集料图像的边界，并以此量化了混合料中粒径 ≥2mm 的粗集料分布、取向和形状参数；研究发现，图像处理技术能够较为准确地识别粗集料细观特征，利用费雷特直径表征的集料截面级配与实际混合料设计级配具有较高的匹配性，粗集料的主横截面倾向于水平方向分布。

Masad 等[22-23]结合 X-ray CT 技术和图像处理技术开展了大量沥青混合料内部集料与空隙细观结构表征工作，研究了旋转压实(SGC)过程中集料取向与离析参数的演化规律，发现集料取向参数随压实作用增大逐渐增大，当达到一定压实程度后集料取向趋于随机分布；另外，图像处理得到的空隙率与实测空隙率较为一致，SGC 试件内部空隙分布并不均匀，主要集中于试件顶部和底部，呈现"浴缸"型分布特征，并提出利用韦布尔(Weibull)模型来描述空隙大小的分布特征。随后，Masad 等[24]详细概括了用图像分析方法研究沥青混合料试件内部结构的流程，包括图像获取、存储、传输、处理和结果分析，认为可以根据数码相机或者 CT 获得的二维或三维图像来量化混合料试件中集料骨架、矿料间隙、空隙等细观参数，研究成果可以用于评价混合料内部是否形成嵌挤骨架，以及检验混合料级配设计。裴建中等[25-27]利用 CT 图像分析了多孔沥青混合料内部空隙形态及分布特征参数。

除了对室内成型试件进行测试外，Shashidhar[28]利用 X-ray CT 技术和图像处理技术对西部试验环道试验路的混合料芯样内部集料与空隙分布特征进行了分析，发现混合料的抗车辙性能与集料结构有较大的相关性。相似地，Wang 等[29-30]也采用 X-ray CT 技术并结合体视学方法分析了三种西部试验环道试验路混合料芯样的空隙分布，提出可以采用损伤比表面积、损伤比表面积张量、损伤张量、损伤面间平均实体路径和平均实体路径张量等量化指标来评价混合料的损伤程度，并发现较粗级配的沥青混合料具有较大的固有损伤，损伤指标能够准确地反映混合料真实路用性能表现。

在获得沥青混合料内部组分分布特征的基础上，彭勇等[31-32]基于粗集料分布位置及分布数量，提出了沥青混合料均匀性/离析程度评价指标；Zhang 等[33-34]提出利用粗集料形心坐标惯性参量来表征沥青混合料细观非均匀性程度；郭乃胜等[35]进一步提出，以粗集料、沥青砂浆和空隙三个组分的密度和面积作为基本参数，来计算沥青混合料均匀性，并认为该方法可以用于检验混合料试件的制作质量，获得沥青混合料最佳沥青用量及判定混合料内部结构均匀性的薄弱位置。此外，部分研究者进一步研究了不同试验加载过程中混合料内部细观结构的演化。例如，谢军等[36]通过 CT 图像跟踪了蠕变剪切试验过程中粗集料平动运动和旋转运动轨迹，胡靖[37]通过 CT 图像跟踪了单轴压缩试验和车辙试验过程中混合料内部粗集料运动轨迹及空隙参数的演化。需要特别指出的是，这些研究并不是通过 CT "实时"观测混合料内部结构的演化，而是对比加载前后混合料二维图像组分空间位置，进而计算演化参量。

除了对集料和空隙的分布和运动特征进行研究外，部分研究者关注集料间的接触状态。Coenen 等[38]分析混合料二维图像时提出利用调和函数来表征集料方向分布，并且提出利用表面像素距离阈值(surface distance threshold，SDT)来定义集料间的接触状态，当集料表面像素距离小于 SDT 时，集料发生接触；进一步分析了压实方法、压实荷载和压实温度对集料结构的影响。Sefidmazgi 等[39-40]提出了采用集料接近长度、集料接触数、接触面积和接触平面取向来表征集料接触状态，认为压实温度应根据沥青胶浆的黏度进行选择，以达到集料最大填充的目的；沥青胶浆的黏度不宜过大，以保证集料间有效润滑，也不宜过小，以保证集料接近区有足够的沥青膜厚度，从而防止集料在早期压实阶段就发生嵌锁。石立万等[41]分析了车辙试验过程中混合料内部集料接触的演化，发现稳定的集料骨架中"无接触"的自由颗粒数量较少，单颗集料接触数以 2 和 3 为主。英红等[42-43]量化分析了 AC-20 混合料内部集料总体接触、各档集料接触和单颗集料接触分布规律，研究了集料接触分布的变异性。

2) 研究压实方法/参数对沥青混合料内部细观结构的影响

Masad 等[44]较早地对比分析了 SGC 与线性捏合压实仪(linear kneading compactor，LKC)成型方法对混合料试件内部空隙结构的影响，发现 SGC 试件空隙具有"浴缸"型分布特征，LKC 试件内部空隙呈现从试件顶部到底部逐渐增多的规律。易富等[45]对比分析了马歇尔压实方法与 SGC 方法对 AC 与 SMA 空隙数量及空隙等效粒径的影响，发现 SGC 试件内部结构更加均匀，与工程实际情况更相符。此外，还有研究者[46-48]研究了旋转角度、试件大小、压实荷载、压实温度、沥青黏度和混合料级配对混合料空隙及集料结构的影响。

3) 图像处理算法/技术优化

分析沥青混合料内部集料与空隙结构的前提是，采用有效的图像处理算法/技术将集料和空隙作为目标对象从混合料图像中"分割"出来。研究主要采用数码相机获取混合料二维截面图像，采用 X-ray CT 设备获取混合料断层扫描图像。数码相机与 X-ray CT 设备的成像原理不同，前者根据材料表面反射光线的差异来生成数字图像，一般为彩色图像，后者则根据 X 射线在材料内的衰减系数及材料空间相位的差异来生成数字图像，一般为灰度图像。由于沥青混合料材料的多样性，混合料图像差异较大，不同研究者研究了不同图像处理算法的适用性，如表 16-1 所示。

表 16-1 沥青混合料图像处理算法

图像类型	文献	图像处理算法	适用性
拍照图像	卢中宁等[49]	分水岭分割	精度较高
	常明丰[50]	单阈值分割+分区阈值法	适用双峰特征灰度图
	孙朝云等[51]	平均灰度法、状态法、迭代法、最小误差理论法、最大方差理论法	最大方差理论法精度较高
CT 图像	张肖宁等[52]	最大类间方差自适应阈值算法	解决 CT 图像灰度分布不均匀的问题
	Kutay 等[53]	人工神经网络	消除噪声、提高组分对比度
	Jin 等[54]	重复像素扩展的相位搜索	识别边界、分离紧密接触集料
	Zelelew 等[55]	基于体积的阈值算法	较好再现混合料细观结构
	Zelelew 等[56]	基于自适应增强的阈值分割算法	解决过分割问题

尽管已有多种图像处理算法，但由于沥青混合料内部结构的非完美性(可能存在集料微裂缝、孔洞、集料色差、集料颜色与沥青接近等图像固有缺陷)、沥青胶浆对细集料的裹附及图像获取过程中不可避免的噪声等，采用图像处理技术对沥青混合料细观结构进行精确化、自动化识别方面仍面临着挑战，在多数情况下仍受人为主观因素影响，缺少具有普遍适用意义的最优图像处理方法[57]。针对特定图像的特点来进一步优化图像处理算法，从而提高识别精度，仍是未来一

段时间的研究热点。

　　4) 基于图像的沥青混合料数值几何模型重构方法

　　沥青混合料细观数值仿真研究的方法主要包括有限元法(FEM)和离散元法(DEM)。数字图像基本单元是像素,主要存储了坐标、灰度或颜色,因此需要将这些信息转换为相应数值模型的几何信息,从而进行建模。

　　基于沥青混合料图像生成对应的 2D FEM 模型,主要包括如图 16-2 所示的几种方法。一是采用识别粗集料边界的方式,而后在粗集料内部与沥青砂浆内部生成不规则三角形网格,集料与砂浆界面网格采用"共享节点"方式,如图 16-2(a)所示;二是基于图像像素(CT-体素)生成有限元单元,即一个像素对应一个有限元单元,采用均匀分布的正方形网格方式,如图 16-2(b)所示。三维FEM 模型通常采用第二种生成方法,只是将多个二维模型在第三个维度进行"叠加"拓展,如图 16-2(c)所示。

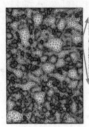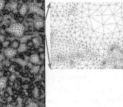

(a) 2D FEM模型重构方法一　　　　　　　(b) 2D FEM模型重构方法二

(c) 3D FEM模型重构

图 16-2　基于图像的沥青混合料 FEM 模型重构方法

　　基于沥青混合料图像生成对应的 2D DEM 模型,主要包括如图 16-3 所示的几种方法。一是采用识别粗集料边界的方式,而后在粗集料内部与沥青砂浆内部生成均匀错位排列颗粒单元,如图 16-3(a)所示;二是基于图像像素(CT-体素)生成均匀规则排列颗粒单元,即一个像素对应一个颗粒单元,如图 16-3(b)所示。三维 DEM 模型通常采用第二种生成方法,也是将多个二维模型在第三个维度进行"叠加"拓展,如图 16-3(c)所示。

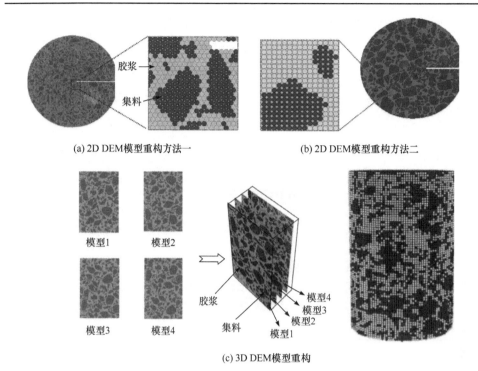

(a) 2D DEM模型重构方法一　　　　　　　(b) 2D DEM模型重构方法二

胶浆

集料

模型1　模型2

模型3　模型4

胶浆

集料

模型4
模型3
模型2
模型1

(c) 3D DEM模型重构

图 16-3　基于图像的沥青混合料 DEM 模型重构方法

16.2　沥青混合料的细观数值模拟

力学是工程的灵魂，数值仿真是数字化时代的力学解。近些年，路面材料数值仿真正得到越来越广泛的关注。采用数值模拟方法对沥青混合料力学性能进行研究，以 FEM 和 DEM(通常采用颗粒离散元 PFC 软件)为主。其中，FEM 的基本原理是将连续的求解域离散为一组单元的组合体，用单元近似函数来表示求解域上的未知场函数，近似函数通常由未知场函数及其导数在单元各节点的数值插值函数表示，从而使一个连续的无限自由度问题变成离散的有限自由度问题[58]；DEM 模拟对象为颗粒体系，计算过程中不断对每个颗粒使用运动方程(牛顿第二定律)，对每个接触使用力-位移方程，运动方程用于确定接触力引起的颗粒运动，力-位移方程则用于更新每个接触处相对运动引起的接触力[59]。图 16-4 为有限元模型与离散元模型类比，离散元模型中的颗粒可以对应有限元模型中的节点，离散元模型中两个颗粒之间的接触力链可以对应于有限元模型的单元。

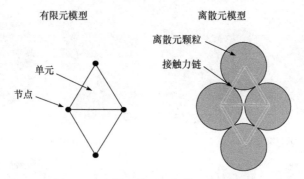

图16-4 有限元模型与离散元模型类比

沥青混合料的力学行为十分复杂,具有显著的"荷载-温度-时间"效应,总体上在高温条件下表现出显著的塑性(永久变形),在常温及小荷载条件下表现出显著的黏弹性,在低温条件下其力学行为又接近准脆性材料[60]。这些力学响应行为与沥青混合料的模量、车辙变形、低温开裂及疲劳开裂等性能和病害问题密切相关,现有采用数值模拟方法对沥青混合料力学行为进行研究也集中于以上几个方向。

16.2.1 FEM 研究

在早期的数值模拟研究中,研究者主要从宏观尺度出发,采用均质仿真模型,通过构造复杂本构模型的方式来模拟混合料的力学性能[61-62]。针对塑性变形行为的仿真,Huang 等[60]和 Masad 等[61]分别利用 Schapery 非线性黏弹性模型模拟沥青混合料及沥青非线性黏弹性力学行为,并建立有限元软件 ABAQUS 的 UMAT(用户子程序),而后 Huang 等[62]进一步结合 Schapery 非线性黏弹性模型与 Perzyna 黏塑性模型,模拟混合料在蠕变-恢复试验中的变形行为。为了进一步考虑沥青混合料在变形过程中的损伤特性,研究者[63-66]又引入损伤模型对沥青混合料蠕变变形等性能进行预测。针对开裂问题,Lim 等[67]和 Huang 等[68]通过线弹性有限元模型分别研究了混合料半圆弯拉试件尺度,以及有效裂缝长度与应力强度因子间的关系。Im 等[69]和 Elseifi 等[70]通过基于弹塑性断裂力学的内聚力(CZM)有限元模型,研究了加载速率和温度对混合料断裂性能的影响,以及混合料开裂过程的损伤扩展情况。为了解决传统有限元模型中裂纹的扩展路径必须预先给定且只能沿着单元边界发展的问题,Wang 等[71]和 Lancaster 等[72]尝试利用扩展有限元法(XFEM)模拟沥青混合料中裂缝的任意扩展。

尽管采用均质的仿真模型可以近似模拟混合料的整体性能,但这种宏观尺度的研究方法无法解释混合料非均质的细观结构对混合料性能的影响,因此研究者逐渐开始使用非均质的细观力学仿真模型来进行沥青混合料力学行为研究。

Bahia 等[73]建立了一个理想化的非均质沥青混合料有限元模型，将集料颗粒简化为圆形模型，并采用弹性本构表征沥青结合料与集料，研究了混合料内部应变的非连续性，发现沥青结合料的剪切应变远大于沥青混合料的整体应变。Kose 等[74]基于图像处理得到的沥青混合料细观结构，建立了相应的非均质有限元模型，并利用线弹性模型表征沥青砂浆与粗集料，研究了沥青混合料内部应变分布。Masad 等[75]也采用相同的方法，对比分析了仿真试验与数字图像相关(digital image correlation，DIC)技术得到的混合料内部应变分布结果，发现沥青结合料应变约为沥青砂浆应变的 1.8 倍，平均为沥青混合料应变的 7.8 倍，最大可达 510倍。Masad 等[76]进一步结合混合料数字图像处理技术与有限元软件 ABAQUS，研究了集料长轴取向及各向异性状况对混合料模量各向异性的影响，发现混合料水平方向的模量大于混合料垂直方向的模量，模量的各向异性水平随温度的降低而减小。万成等[77]通过 CT 图像处理得到沥青混合料三维有限元模型，研究了间接拉伸试验中混合料内部应力与应变分布的非均质性，发现空隙的存在促进了混合料内部的应力集中。

　　Dai 等[78-80]利用图像处理技术构建了沥青砂浆与粗集料组成的两相沥青混合料有限元模型，并以集料杨氏模量及不同温度和加载频率下的沥青砂浆模量作为输入参数，模拟了沥青混合料在单轴压缩试验中的力学行为，发现模拟得到的沥青混合料模量和蠕变性能均与实测值较为接近。Zhao 等[81]利用数字图像处理技术与 FEM 模拟了沥青混合料半圆弯拉试验中的开裂过程，采用双线性内聚力模型模拟细观微裂纹的扩展，模拟结果与试验结果较为接近。王聪[82]和王端宜等[83]也结合图像处理技术与 FEM 研究了沥青混合料的间接拉伸与蠕变性能。

　　除了利用图像模型外，部分研究者采用计算机算法生成的细观有限元模型来模拟沥青混合料力学行为，也取得了较好的研究结果。Dai 等[84]基于二维混合料图像，使用等效椭圆代表不规则集料，并基于线性与损伤耦合的黏弹性模型模拟混合料间接拉伸性能。Chen 等[85-86]借助计算机算法生成具有随机集料分布的沥青混合料模型，模拟了沥青混合料的动态模量、相位角和有效导热系数。Wang等[87]利用随机集料分布的二维沥青混合料模型，模拟了沥青混合料半圆弯拉试验中的开裂行为。

16.2.2　DEM 研究

　　相比 FEM，DEM 被认为更适用于模拟组分分布非连续、不同组分界面力学性质非连续且具有显著"颗粒性"沥青混合料的力学行为[88]。早在 1997 年，Chang 等[89]就尝试利用 DEM 开源软件 ASBAL 模拟沥青混合料黏弹性性能，但其采用的仿真模型十分理想化，没有考虑集料的级配、分布及形态特征，仅通过在集料颗粒模型间嵌入伯格斯模型(Burgers model)来表征沥青的黏弹性作用，并无沥青"实体"颗粒单元。

随着离散元软件 PFC 的开发，更多的研究者采用 PFC2D 与 PFC3D 软件对沥青混合料力学性能进行模拟。Buttlar 等[90]结合图像处理技术，将二维沥青混合料图像转换为对应的 PFC2D 模型，模型由粗集料与沥青砂浆组成，均采用 cluster 模型，并将此离散元模型定义为细观组构离散元模型(microfabric discrete element model，MDEM)；同时，模拟研究了沥青混合料的间接拉伸试验，发现模拟结果与试验结果较为吻合。随后，You 等[91-92]利用 MDEM 分别模拟了混合料空心圆柱拉伸试验(hollow cylinder tensile，HCT)和单轴试验，模型均采用简单的线弹性接触模型(linear elastic contact model)来表征集料与沥青砂浆，发现预测的混合料复数模量均低于实测值。You 等[93]又尝试通过 X-ray CT 图像生成沥青混合料三维模型，并模拟了混合料的动态模量。

为了进一步模拟沥青混合料与时间有关的黏弹性力学性能，Abbas 等[94]和 Liu 等[95]利用线弹性模型模拟粗集料，采用 Burgers 模型替代线弹性模型模拟沥青砂浆，并结合二维图像模型预测了沥青混合料在动态加载下的动态模量和相位角。随后，Liu 等又利用该本构模型模拟了沥青混合料在低温条件下的蠕变力学行为。田莉等[96]、肖昭然等[97]、姚舜[98]也采用相同的本构模型对沥青混合料动态模量进行模拟，但模拟得到的结果与实测结果仍存在一定的误差。

针对沥青混合料高温变形的 DEM 仿真，Ma 等[99]采用随机生成的沥青混合料三维模型(其中集料模型通过随机切割球颗粒产生)，研究了集料与沥青砂浆力学参数的非均质(用 Weibull 函数定义)对沥青混合料高温静态蠕变力学性能的影响；研究发现，集料与沥青砂浆的非均质对沥青混合料的蠕变性能均有不利影响，且集料非均质性的影响更为显著。随后，Ma 等[100]又分析了空隙结构特征，包括空隙尺寸、扁平指数、取向和分布特征对混合料高温蠕变的影响，发现空隙体积分数、尺寸和扁平指数越大，混合料的蠕变应变越大，水平分布的空隙比垂直分布的空隙对蠕变性能影响更为显著，且空隙分布的不均匀性对混合料的蠕变性能有不利影响。Ma 等[101]利用二维车辙模型分析了粗集料骨架在虚拟车辙试验中的变化，发现集料的运动对集料骨架有不利影响，虚拟车辙试验中集料有效接触不断减少，而接触力不断增大，集料的良好嵌挤作用是保证混合料高温稳定性的关键。高虎[102]采用二维图像模型和相同的本构模型模拟了混合料的车辙变形。

针对沥青混合料低温开裂，Kim 等[103]和万蕾[104]利用离散元双线性内聚力模型，结合图像处理技术分别模拟了二维沥青混合料模型圆盘紧凑拉伸试验、单边缺口梁试验和劈裂试验中的开裂行为，发现双线性内聚力模型能够很好地模拟沥青混合料在不同温度下的开裂行为。王振[105]利用离散元中接触黏结模型模拟了混合料非均质性对沥青混合料低温劈裂强度的影响。

　　针对沥青混合料疲劳性能，陈俊等[106-107]采用平行黏结模型模拟沥青砂浆，建立了一个以黏结半径为损伤参量的疲劳模型；研究发现，沥青混合料虚拟疲劳试验能真实模拟混合料疲劳过程，可以作为沥青混合料疲劳性能分析的辅助工具，集料分布的均匀性显著影响混合料的疲劳寿命，且粗集料分布较为密集的区域是疲劳损坏敏感区。李明汇[108]采用相同的细观模型，通过虚拟疲劳试验与室内疲劳试验，发现沥青混合料疲劳寿命具有双参数 Weibull 分布特征。张洪伟[109]直接利用离散元中平行黏结模型模拟了橡胶颗粒沥青混合料间接拉伸疲劳性能。

　　此外，部分研究者利用离散元研究混合料的骨架结构、压实特性和施工工作性。石立万等[110]利用简单的二维模型分析了骨架密实型沥青混合料 SMA 的骨架结构，发现混合料内部接触点可分为有效接触点和无效接触点，骨架传递的应力比例与集料公称最大粒径成正比，而与试件厚度成反比，主骨架的贡献率达70%。事实上，从离散元中无法直接提取"应力"，因此其研究结论仍值得探讨。刘卫东[111]研究了静态压实过程中混合料集料颗粒的运动，并以此定义沥青混合料空间结构形成过程。Chen 等[112]利用简单形态的颗粒模拟集料，以颗粒间的黏弹性本构模型表征沥青的作用，模拟沥青混合料的旋转压实试验。Gong等[113-114]利用 CT 和光学扫描得到的真实形态集料模型，模拟了不同形态集料的旋转压实试验，分析了集料在压实试验中的运动特性，均采用线弹性模型模拟集料与沥青砂浆。由于离散元自身形态的限制,压实模拟过程中无法考虑真实粒径的细集料颗粒与流体态沥青的存在，虚拟压实试验很难模拟沥青混合料真实试验空隙的变化特征，即虚拟模型的"真实空隙"很难达到真实混合料试件 4%的水平。另外，由于真实混合料中集料颗粒数量众多，形态各异，采用有限数量经扫描生成的真实集料颗粒模型不具有代表性，且工作量巨大，对计算机运算能力提出了很高的要求。Chen 等[115]分析了松散态沥青混合料在坍落筒中的流动性/工作性，认为松散态混合料的流动性由颗粒润滑摩擦和黏结作用共同决定。

　　除了利用复杂的具有细观结构特征的沥青混合料离散元模型外，还有研究者利用理想化的模型研究沥青混合料的力学性能。Collop 等[116-118]通过理想化的沥青混合料模型，使模型由单一粒径颗粒组成，沥青的作用通过颗粒接触的法向和切向刚度表征，模拟了沥青混合料黏弹性变形和膨胀行为。尽管理想化的沥青混合料模型可以得到整体近似的仿真结果，但在解释混合料内部作用机制方面存在着极大的局限性。

16.3　颗粒物质力学研究进展

　　将颗粒体系作为一个科学问题来研究，可以追溯到 1773 年法国科学家库仑

(Coulomb)研究土力学时提出的颗粒物质摩擦定律。后来，颗粒物质体系的振动对流不稳定性、剪胀效应、粮仓效应等理论被相继提出。20 世纪 90 年代初，诺贝尔物理学奖获得者德热纳(de Gennes)开始倡导开展颗粒物质物理机制和力学特性的研究，使颗粒物质力学研究受到了广大研究者的关注。Bougie 等、Jaeger、Liu 等和 O'Hern 等都对这个领域做出了非常重要的贡献[119-122]。

对于何种条件下发生 jamming 现象，Liu 等[123]将包括颗粒物质在内的软物质用 jamming 相图表示，相图的三个坐标轴分别代表温度、体积分数和剪切应力，重点研究 jamming 临界密度 J 点(当密度大于此点时，体系表现出稳定的力学响应，类似于固体，当密度小于此点时，体系则变得不稳定，类似于流体)附近体系压强、配位数等细观参数的突变。Cates 等[124]把 jammed 颗粒体系归类为新材料"脆物质"，这类系统在外界应力的驱动下形成类似于固态的堵塞态物质，当堵塞发生时就会在小范围的空间内形成无序体系，使颗粒物质呈现类似 unjammed 的流态。

季顺迎等[125]以周期边界条件下的多分散颗粒体系为研究对象，分析了不同体积分数、剪切速率条件下颗粒体系的净接触时间数、惯性指数和配位数等细观参数的分布规律，建立了相应的 jamming 相图。费明龙等[126]通过双颗粒温度热力学(TGT)理论，确定了颗粒介质的弹性稳定条件，发展了不可恢复应变流动法则。毕忠伟等[127]研究了双轴压缩颗粒体系在刚性边界约束下局部剪切带的形成和发展过程，记录了 jamming 发生过程中力链结构形态的演变，并从 J 点附近边壁压强和配位数随体积分数的标度律出发，分析了剪切带内外参数的变化规律。

刘浩[128]从剪切堵塞(shear jamming)角度考虑 J 点的临界性质，间接地给出了临界点的发散尺度，通过寻找类热力学函数的极小值点，迅速找到具有恒定剪切力的 jammed 颗粒体系。王利近[129]通过研究纯排斥颗粒系统在 J 点附近的临界标度律问题，认为等静压性(isostaticity)和振动模式态密度的平台耦合性在低温热系统中仍然成立。王锡朋[130]对结构上缺乏长程有序的颗粒振动特性开展研究，得到各向异性对非晶固体 jamming 的影响规律。

最初，颗粒物质研究主要以无摩擦体系为研究对象，重点考察若干参数变化时 jamming 的发生规律。Trappe 等[131]在 Liu 等[121]的基础上进行研究，认为颗粒间的弱吸引力与施加的围压具有相同作用，这就将具有一定黏结力的颗粒纳入 jamming 相图中。Bi 等[132]研究发现，对于有摩擦的颗粒体系，在剪切应力作用下，颗粒材料可以在低于临界密度点发生 jamming 转变，而在零应力条件下，摩擦颗粒系仍在临界密度点发生 jamming 转变，即摩擦颗粒体系存在两个 jamming 密度。Otsuki 等[133]通过研究剪切摩擦颗粒体系在临界密度点附近的临界流变行为，发现真实临界密度可以表征屈服应力，两个虚拟临界密度可以表征流变行为。Nicodemi 等[134]引入摩擦系数作为控制参数，建立了摩擦颗粒体系的

jamming 相图，并考虑了颗粒的易碎性。有研究表明，jamming 与颗粒介质的制备历史相关，为此 Kumar 等[135]引入多尺度模型研究压缩和剪切作用下颗粒细观结构和临界密度的变化。

　　颗粒物质中夹杂一定量的液体，是自然界和工程中颗粒物质体系的常见形态，这种物质通常被称为湿颗粒物质(wet granular matter)或黏聚颗粒物质(cohesive granular matter)，以与干颗粒物质(dry granular matter)区分。在干颗粒物质体系中，占主导地位的是短程、非黏附性的非弹性碰撞和摩擦作用；湿颗粒物质由于液体表面张力的作用，表现出一定的黏聚性。即使是微量的液体，其加入也会显著改变颗粒物质体系的堆积行为，如降雨引发山体滑坡过程等。Willett等[136]采用特殊设计的试验测试了等粒径和不同粒径球之间的毛细作用力，分别推导给出了两种情形下的闭形近似求解公式。Herminghaus[137]详细讨论了颗粒表面粗糙度对毛细作用力的影响，并给出了三种不同液体含量条件下颗粒间液桥黏附作用力的计算公式。Scheel 等[138]采用 X 射线微断层技术，观测了 0%~15%液体体积分数下湿颗粒物质的液桥微观形貌，并针对球形颗粒构建了液桥微观形貌与颗粒物质宏观性能的函数关系；研究发现，湿颗粒物质体系的宏观力学性能(拉伸强度、屈服应力和临界加速度)随微量液体的加入而急剧增大，但在之后很大范围内并不显著依赖于液体的体积分数。若颗粒物质中液体的体积分数接近或达到饱和状态，即颗粒间隙被液体完全填充，此时的颗粒物质体系通常被称为非布朗悬浮液(non-Brownian suspension)。剪切增稠是非布朗悬浮液的典型流变特征，颗粒密堆积时非布朗悬浮液剪切增稠现象的微观机制解释，成为颗粒物质体系研究的一大热点与难点[139]。

16.4　沥青混合料的颗粒物质属性

　　沥青混合料或沥青混凝土在材料组成上属于多相复合材料，作为胶结料的沥青将结构单元(固体颗粒)黏结到一起，在胶凝作用下，沥青混合料的强度主要由矿质颗粒之间的摩擦与嵌挤作用、沥青及其矿料之间的黏结力构成。在沥青混合料中，沥青是一种胶体材料，属于典型的非晶态物质。在软物质三维相图之中，沥青胶体退化为温度-剪切应力平面的二维情形，该二维相图描述了沥青的流变过程，如图 16-5 所示。沥青胶体的力学行为表现出高度

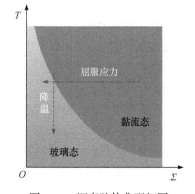

图 16-5　沥青胶体典型相图

的温度敏感性和剪切应力依赖性，当温度 T 不断降低时，沥青胶体由黏流态过渡进入玻璃态(jammed)。当系统承受的外界应力 Σ 大于自身屈服应力时，胶体体系也会产生流动变形(进入 unjammed)。沥青胶体的玻璃化转变及其在不同外界响应下的流变行为，是非晶态胶体材料的主要研究课题。

对于体积和质量占主导地位的粗、细集料和填料组成的颗粒体系而言，当其颗粒粒径均在 1mm 以上时，分子间相互作用力不再显著，且大于该尺寸时颗粒

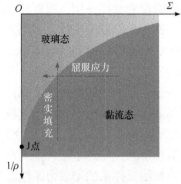

图 16-6　粗、细集料和填料组成的
颗粒体系典型相图

的布朗运动/热运动可忽略。因此，其属于无热体系的颗粒物质范畴，颗粒物质缺少有序性和周期性，也被认为是非晶系统。同样地，在软物质三维相图之中，颗粒物质退化为密度-剪切应力平面的二维情形，如图 16-6 所示，用密度的倒数表示密实度。在密度-剪切应力平面上，jamming 转变描述了颗粒材料的屈服行为。当施加的剪切应力小于系统的屈服应力时，系统表现为固体；当超过屈服应力时，系统流动起来，表现为流体，这就是无序体系黏弹性的体现。因此，虽然相对温度对应的无序热运动和外加应力对应的有向运动二者驱动力并不一致，但 jamming 相图从一个更高的出发点提供了统一理解这两种驱动下固-液转变的视角。值得一提的是，因为无序体系具有复杂的组成单元和组织形式，其流动特性远比普通的牛顿流体(如水)复杂。

融合了沥青胶体体系及粗、细集料和填料组成的颗粒体系沥青混合料，继承了上述两种体系的全部属性，二者叠加使得沥青混合料成为一种"完美"而"复杂"的软物质。所谓"完美"与"复杂"，在于一种材料兼具了软物质相图的三维特性，且比单纯的胶体体系和颗粒物质体系更为复杂。这种颗粒材料占体积主导并同时表现出明显时温依赖性的道路工程材料，本书统称其为颗粒路面材料(granular pavement materials，GPM)。就本质来讲，颗粒路面材料的科学问题是属于凝聚态物理学范畴的。在沥青混合料领域，颗粒的思想早已产生，级配设计、压实层厚、离析控制、车辙模拟与成因分析中均运用了颗粒的分析方法，认识到颗粒的尺度对宏观性能的重要性。近年来，科研工作者的认识边界不断向微观领域拓展，并致力于探究路面颗粒特性描述、接触力学模型构建、力链网络分析及临界状态理论等，旨在通过跨尺度的视角，揭示颗粒路面材料的宏观流动与破坏行为之间的内在联系。

参 考 文 献

[1] Aigner E, Lackner R, Pichler C. Multiscale prediction of viscoelastic properties of asphalt concrete[J]. Journal of Materials in Civil Engineering, 2014, 21(21): 771-780.

[2] Pichler C, Lackner R, Aigner E. Generalized self-consistent scheme for upscaling of viscoelastic properties of highly-filled matrix-inclusion composites—Application in the context of multiscale modeling of bituminous mixtures[J]. Composites Part B: Engineering, 2012, 43(2): 457-464.

[3] Anderson D A, Bahia H U, Dongre R. Rheological properties of mineral filler-asphalt mastics and its importance to pavement performance[C]. San Diego: ASTM International, 1992.

[4] Shu X, Huang B. Micromechanics-based dynamic modulus prediction of polymeric asphalt concrete mixtures[J]. Composites Part B: Engineering, 2008, 39(4): 704-713.

[5] Zhu X, Wang X, Yu Y. Micromechanical creep models for asphalt-based multi-phase particle-reinforced composites with viscoelastic imperfect interface[J]. International Journal of Engineering Science, 2014, 76(76): 34-46.

[6] Li Y, Metcalf J B. Two-step approach to prediction of asphalt concrete modulus from two-phase micromechanical models[J]. Journal of Materials in Civil Engineering, 2005, 17(4): 407-415.

[7] Dai Q, You Z. Prediction of creep stiffness of asphalt mixture with micromechanical finite-element and discrete-element models [J]. Journal of Engineering Mechanics, 2007, 133(2): 163-173.

[8] You Z, Dai Q. Dynamic complex modulus predictions of hot-mix asphalt using a micromechanical-based finite element model[J]. Canadian Journal of Civil Engineering, 2007, 34(12): 1519-1528.

[9] Liu Y, Dai Q, You Z. Viscoelastic model for discrete element simulation of asphalt mixtures[J]. Journal of Engineering Mechanics, 2009, 135(4): 324-333.

[10] Karki P, Kim Y, Little D N. Dynamic modulus prediction of asphalt concrete mixtures through computational micromechanics[J]. Transportation Research Record: Journal of the Transportation Research Board, 2015, 2507(1): 1-9.

[11] Yuan J, Qian Y. Morphological character of coarse aggregate and its influence on high temperature shear strength of asphalt mixture[J]. Journal of Traffic and Transportation Engineering, 2011, 11(4): 17-22.

[12] 张东, 侯曙光, 边疆. 粗集料形态对沥青混合料性能的影响研究现状[J]. 南京工业大学学报(自然科学版), 2017, 39(6): 149-154.

[13] Aragão F T S, Pazos A R G, da Motta L M G, et al. Effects of morphological characteristics of aggregate particles on the mechanical behavior of bituminous paving mixtures[J]. Construction and Building Materials, 2016, 123: 444-453.

[14] Pan T, Tutumluer E. Imaging based evaluation of coarse aggregate size and shape properties affecting pavement performance[C]. Austin: GeoFrontiers, 2005.

[15] Masad E. Test methods for characterizing aggregate shape, texture, and angularity[R]. Washington: Transportation Research Board, 2007.

[16] Garboczi E J. Three-dimensional mathematical analysis of particle shape using X-ray tomography and spherical harmonics: Application to aggregates used in concrete[J]. Cement and Concrete Research, 2002, 32(10): 1621-1638.

[17] Liu Y, Zhou X D, You Z P, et al. Discrete element modeling of realistic particle shapes in stone based mixtures through MATLAB based imaging process[J]. Construction and Building Materials, 2017, 143: 169-178.

[18] Garboczi E J, Cheok G S, Stone W C. Using LADAR to characterize the 3-D shape of aggregates: Preliminary results[J]. Cement and Concrete Research, 2006, 36(6): 1072-1075.

[19] Wang L B, Sun W J, Tutumluer E, et al. Evaluation of aggregate imaging techniques for quantification of morphological characteristics[J]. Transportation Research Record: Journal of the Transportation Research Board, 2013, 2335(2335): 39-49.

[20] Yue Z Q, Bekking W, Morin I. Application of digital image processing to quantitative study of asphalt concrete microstructure[J]. Transportation Research Record, 1995, 1492: 53-60.

[21] Yue Z Q, Morin I. Digital image processing for aggregate orientation in asphalt concrete mixtures[J]. Canadian Journal of Civil Engineering, 1996, 23(2): 480-489.

[22] Masad E, Muhunthan B, Shashidhar N, et al. Aggregate orientation and segregation in asphalt concrete[C]. Boston: Proceedings of Sessions of Geo-Congress 98, 1998.

[23] Masad E, Muhunthan B, Shashidhar N, et al. Internal structure characterization of asphalt concrete using image analysis[J]. Journal of Computing in Civil Engineering, 1999, 13(2): 88-95.

[24] Masad E, Sivakumar K. Advances in the characterization and modeling of civil engineering materials using imaging techniques[J]. Journal of Materials in Civil Engineering, 2004, 18(1): 1.

[25] 裴建中, 王富玉, 张嘉林. 基于 X-CT 技术的多孔排水沥青混合料空隙竖向分布特性[J]. 吉林大学学报(工学版), 39(S2): 215-219.

[26] 裴建中, 张嘉林. 排水沥青路面空隙空间信息获取方法[J]. 长安大学学报(自然科学版), 2010, 31(1): 10-15.

[27] 裴建中, 张嘉林, 常明丰. 矿料级配对多孔沥青混合料空隙分布特性的影响[J]. 中国公路学报, 2010(1): 5-10.

[28] Shashidhar N. X-Ray Tomography of asphalt concrete[J]. Transportation Research Record, 1999, 1681: 186-192.

[29] Wang L B, Frost J D, Shashidhar N. Microstructure study of WesTrack mixes from X-ray tomography images[J]. Transportation Research Record: Journal of the Transportation Research Board, 2001, 1967: 85-94.

[30] Wang L B, Frost J D, Voyiadjis G Z, et al. Quantification of damage parameters using X-ray tomography images[J]. Mechanics of Materials, 2003, 35(8): 777-790.

[31] 彭勇, 孙立军, 杨宇亮, 等. 一种基于数字图像处理技术的沥青混合料均匀性研究新方法[J]. 公路交通科技, 2004, 21(11): 10-12.

[32] 彭勇, 孙立军. 沥青混合料均匀性与性能变异性的关系[J]. 中国公路学报, 2006, 19(6): 30-34.

[33] Zhang J P, Liu H J, Wang P Z. Evaluation of aggregate gradation and distributing homogeneity based on the images of asphalt mixture[J]. Road Materials & Pavement Design, 2017, 18(S3): 119-129.

[34] Zhang J P, Liu X Q, Ma W S, et al. Characterizing heterogeneity of asphalt mixture based on aggregate particles movements[J]. Iranian Journal of Science and Technology, Transactions of Civil Engineering, 2019, 43(1): 81-91.

[35] 郭乃胜, 尤占平, 谭忆秋, 等. 基于 CT 技术的沥青混合料均匀性评价方法[J]. 中国公路学报, 2017, 30(1): 1-9, 55.

[36] 谢军, 袁畅. 蠕变剪切试验前后粗集料运动轨迹的数字图像分析[J]. 土木工程学报, 2016, 49(9): 123-128.

[37] 胡靖. 基于沥青混凝土三维细观结构的路面性能及安全评估研究[D]. 南京: 东南大学, 2015.

[38] Coenen A R, Kutay M E, Sefidmazgi N R, et al. Aggregate structure characterisation of asphalt mixtures using two-dimensional image analysis[J]. Road Materials and Pavement Design, 2012, 13(3): 433-454.

[39] Sefidmazgi N R, Tashman L, Bahia H. Internal structure characterization of asphalt mixtures for rutting performance using imaging analysis[J]. Road Materials and Pavement Design, 2012, 13(S1): 1-17.

[40] Sefidmazgi N R, Teymourpour P, Bahia H. Effect of particle mobility on aggregate structure formation in asphalt mixtures[J]. Road Materials and Pavement Design, 2013, 14(S2): 16-34.

[41] 石立万, 王端宜, 蔡旭, 等. 基于数字图像处理的粗集料接触分布特性[J]. 中国公路学报, 2014, 27(8): 23-31.

[42] 英红, 张宏. 基于图像的 AC20 混合料集料接触分布特征研究[J]. 建筑材料学报, 2011(1): 70-74.

[43] 英红, 王锦河, 张宏, 等. 基于图像的 AC20 型混合料集料接触分布变异性[J]. 同济大学学报(自然科学版), 2011, 39(3): 359-364.

[44] Masad E, Jandhyala V K, Dasgupta N, et al. Characterization of air void distribution in asphalt mixes using X-ray computed tomography[J]. Journal of Materials in Civil Engineering, 2002, 14(2): 122-129.

[45] 易富, 金艳, 苏剑. 两种压实方法下沥青混合料空隙分布特性细观分析[J]. 公路交通科技, 2014, 31(3): 26-31.

[46] 任俊达. 基于 X-ray CT 沥青混合料细观结构及力学性能研究[D]. 哈尔滨: 哈尔滨工业大学, 2014.

[47] Georgiou P, Sideris L, Loizos A. Evaluation of the effects of gyratory and field compaction on asphalt mix internal structure[J]. Materials and Structures, 2016, 49(1-2): 665-676.

[48] Hu J, Liu P, Steinauer B. A study on fatigue damage of asphalt mixture under different compaction using 3D-microstructural characteristics[J]. Frontiers of Structural and Civil Engineering, 2017, 11(3): 329-337.

[49] 卢中宁, 强赞霞. 基于梯度修正和区域合并的分水岭分割算法[J]. 计算机工程与设计, 2009, 30(8): 2075-2077.

[50] 常明丰. 基于颗粒物质力学的沥青混合料细观特性研究[D]. 西安: 长安大学, 2013.

[51] 孙朝云, 沙爱民, 姚秋玲, 等. 沥青混合料图像阈值分割算法的实现[J]. 长安大学学报(自然科学版), 2005, 25(6): 34-38.

[52] 张肖宁, 段跃华, 李智, 等. 基于 X-ray CT 的沥青混合料材质分类方法[J]. 华南理工大学学报(自然科学版), 2011, 39(3): 120-124, 134.

[53] Kutay M E, Arambula E, Gibson N, et al. Use of artificial neural networks to detect aggregates in poor-quality X-ray CT images of asphalt concrete[C]. Bellevue: Airfield and Highway Pavements: Efficient Pavements Supporting Transportation's Future, 2008.

[54] Jin C, Yang X, You Z P. Automated real aggregate modelling approach in discrete element method based on X-ray computed tomography images[J]. International Journal of Pavement Engineering, 2017, 18(9) :837-850.

[55] Zelelew H M, Papagiannakis A T. A volumetrics thresholding algorithm for processing asphalt concrete X-ray CT images[J]. International Journal of Pavement Engineering, 2011, 12(6): 543-551.

[56] Zelelew H M, Almuntashri A, Agaian S, et al. An improved image processing technique for asphalt concrete X-ray CT images[J]. Road Materials and Pavement Design, 2013, 14(2): 341-359.

[57] Yang X, You Z P, Wang Z G, et al. Review on heterogeneous model reconstruction of stone based composites in numerical simulation[J]. Construction and Building Materials, 2016, 117: 229-243.

[58] 秦太验, 徐春晖, 周喆. 有限元法及其应用[M]. 北京: 中国农业大学出版社, 2011.

[59] Cundall P A, Strack O D L. A discrete numerical model for granular assemblies[J]. Geotechnique, 1979, 29(1): 47-65.

[60] Huang C W, Masad E, Muliana A H, et al. Nonlinearly viscoelastic analysis of asphalt mixes subjected to shear loading[J]. Mechanics of Time-Dependent Materials, 2007, 11(2): 91-110.

[61] Masad E, Huang C W, Airey G, et al. Nonlinear viscoelastic analysis of unaged and aged asphalt binders[J]. Construction and Building Materials, 2008, 22(11): 2170-2179.

[62] Huang C W, Abu Al-Rub R K, Masad E A, et al. Three-dimensional simulations of asphalt pavement permanent deformation using a nonlinear viscoelastic and viscoplastic model[J]. Journal of Materials in Civil Engineering, 2011, 23(1): 56-68.

[63] Sullivan R W. Development of a viscoelastic continuum damage model for cyclic loading[J]. Mechanics of Time-Dependent Materials, 2008, 12(4): 329-342.

[64] 张久鹏, 黄晓明. 沥青混合料永久变形的弹黏塑-损伤力学模型[J]. 东南大学学报(自然科学版), 2010, 40(1):

185-189.

[65] 刘福明, 王端宜. 沥青混合料损伤演化的多尺度模拟[J]. 中国公路学报, 2010, 23(2): 1-6.

[66] 徐建平, 朱耀庭. 串联型粘弹粘塑性沥青混合料本构模型的有限元分析[J]. 重庆交通大学学报(自然科学版), 2019, 38(2): 27-34.

[67] Lim I L, Johnston I W, Choi S K. Stress intensity factors for semi-circular specimens under three-point bending[J]. Engineering Fracture Mechanics, 1993, 44(3): 363-382.

[68] Huang B S, Shu X, Zuo G. Using notched semi circular bending fatigue test to characterize fracture resistance of asphalt mixtures[J]. Engineering Fracture Mechanics, 2013, 109: 78-88.

[69] Im S, Kim Y R, Ban H. Rate-and temperature-dependent fracture characteristics of asphaltic paving mixtures[J]. Journal of Testing and Evaluation, 2013, 42(2): 257-268.

[70] Elseifi M A, Mohammad L N, Ying H, et al. Modeling and evaluation of the cracking resistance of asphalt mixtures using the semi-circular bending test at intermediate temperatures[J]. Journal of the Association of Asphalt Paving Technologists, 2012, 81: 277-302.

[71] Wang H, Zhang C, Yang L, et al. Study on the rubber-modified asphalt mixtures' cracking propagation using the extended finite element method[J]. Construction and Building Materials, 2013, 47: 223-230.

[72] Lancaster I M, Khalid H A, Kougioumtzoglou I A. Extended FEM modelling of crack propagation using the semi-circular bending test[J]. Construction and Building Materials, 2013, 48: 270-277.

[73] Bahia H U, Zhai H, Onnetti K, et al. Non-linear viscoelastic and fatigue properties of asphalt binders[J]. Journal of the Association of Asphalt Paving Technology, 1999, 68: 1-34.

[74] Kose S, Guler M, Bahia H U, et al. Distribution of strains within hot-mix asphalt binders: Applying imaging and finite-element techniques[J]. Transportation Research Record, 2000, 1728(1): 21-27.

[75] Masad E, Somadevan N, Bahia H U, et al. Modeling and experimental measurements of strain distribution in asphalt mixes[J]. Journal of Transportation Engineering, 2001, 127(6): 477-485.

[76] Masad E, Somadevan N. Microstructural finite-element analysis of influence of localized strain distribution on asphalt mix properties[J]. Journal of Engineering Mechanics, 2002, 128(10): 1106-1115.

[77] 万成, 张肖宁, 贺玲凤, 等. 基于沥青混合料三维数值试样的非均匀性分析[J]. 华中科技大学学报(自然科学版), 2012, 40(2): 40-44.

[78] Dai Q L. Two-and three-dimensional micromechanical viscoelastic finite element modeling of stone-based materials with X-ray computed tomography images[J]. Construction and Building Materials, 2011, 25(2): 1102-1114.

[79] Dai Q L, You Z P. Micromechanical finite element framework for predicting viscoelastic properties of asphalt mixtures[J]. Materials and Structures, 2008, 41(6): 1025-1037.

[80] Dai Q L. Prediction of dynamic modulus and phase angle of stone-based composites using a micromechanical finite-element approach[J]. Journal of Materials in Civil Engineering, 2010, 22(6): 618-627.

[81] Zhao Y J, Ni F J, Zhou L, et al. Heterogeneous fracture simulation of asphalt mixture under SCB test with cohesive crack model[J]. Road Materials and Pavement Design, 2017, 18(6): 1411-1422.

[82] 王聪. 基于CT技术的沥青混合料力学行为及三维重构研究[D]. 大连: 大连海事大学, 2012.

[83] 王端宜, 吴文亮, 张肖宁, 等. 基于数字图像处理和有限元建模方法的沥青混合料劈裂试验数值模拟[J]. 吉林大学学报(工学版), 2011, 41(4): 968-973.

[84] Dai Q L, Sadd M H, You Z P. A micromechanical finite element model for linear and damage-coupled viscoelastic behaviour of asphalt mixture[J]. International Journal for Numerical and Analytical Methods in Geomechanics, 2006,

30(11): 1135-1158.

[85] Chen J Q, Wang H, Li L. Virtual testing of asphalt mixture with two-dimensional and three-dimensional random aggregate structures[J]. International Journal of Pavement Engineering, 2017, 18(9-10): 824-836.

[86] Chen J Q, Zhang M, Wang H, et al. Evaluation of thermal conductivity of asphalt concrete with heterogeneous microstructure[J]. Applied Thermal Engineering, 2015, 84: 368-374.

[87] Wang H, Wang J, Chen J Q. Fracture simulation of asphalt concrete with randomly generated aggregate microstructure[J]. Road Materials and Pavement Design, 2018, 19(7-8): 1674-1691.

[88] You Z P, Dai Q L. Review of advances in micromechanical modeling of aggregate-aggregate interactions in asphalt mixtures[J]. Canadian Journal of Civil Engineering, 2007, 34(2): 239-252.

[89] Chang K N G, Meegoda J N. Micromechanical simulation of hot mix asphalt[J]. Journal of engineering mechanics, 1997, 123(5): 495-503.

[90] Buttlar W G, You Z P. Discrete element modeling of asphalt concrete: Microfabric approach[J]. Transportation Research Record, 2001, 1757(1): 111-118.

[91] You Z P, Buttlar W G. Application of discrete element modeling techniques to predict the complex modulus of asphalt-aggregate hollow cylinders subjected to internal pressure[J]. Transportation Research Record, 2005, 1929(1): 218-226.

[92] You Z P, Buttlar W G. Micromechanical modeling approach to predict compressive dynamic moduli of asphalt mixtures using the distinct element method[J]. Transportation Research Record, 2006, 1970(1): 73-83.

[93] You Z P, Adhikari S, Emin Kutay M. Dynamic modulus simulation of the asphalt concrete using the X-ray computed tomography images[J]. Materials and Structures, 2009, 42(5): 617-630.

[94] Abbas A, Masad E, Papagiannakis T, et al. Micromechanical modeling of the viscoelastic behavior of asphalt mixtures using the discrete-element method[J]. International Journal of Geomechanics, 2007, 7(2): 131-139.

[95] Liu Y, Dai Q L, You Z P. Viscoelastic model for discrete element simulation of asphalt mixtures[J]. Journal of Engineering Mechanics, 2009, 135(4): 324-333.

[96] 田莉, 刘玉, 王秉纲. 沥青混合料三维离散元模型及其重构技术[J]. 长安大学学报(自然科学版), 2007, 27(4): 23-27.

[97] 肖昭然, 胡霞光, 刘玉. 沥青混合料细观结构离散元分析[J]. 公路, 2007, 52(4): 145-148.

[98] 姚舜. 基于图像智能识别和离散元方法的沥青混合料数字化仿真研究[D]. 西安: 长安大学, 2018.

[99] Ma T, Zhang D Y, Zhang Y, et al. Effect of air voids on the high-temperature creep behavior of asphalt mixture based on three-dimensional discrete element modeling[J]. Materials and Design, 2015, 89: 304-313.

[100] Ma T, Wang H, Zhang D Y, et al. Heterogeneity effect of mechanical property on creep behavior of asphalt mixture based on micromechanical modeling and virtual creep test[J]. Mechanics of Materials, 2017, 104: 49-59.

[101] Ma T, Zhang D Y, Zhang Y, et al. Micromechanical response of aggregate skeleton within asphalt mixture based on virtual simulation of wheel tracking test[J]. Construction and Building Materials, 2016, 111: 153-163.

[102] 高虎. 沥青混合料断裂和车辙行为的离散元数值模拟和研究[D]. 武汉: 华中科技大学, 2018.

[103] Kim H, Wagoner M P, Buttlar W G. Micromechanical fracture modeling of asphalt concrete using a single-edge notched beam test[J]. Materials and Structures, 2009, 42(5): 677-689.

[104] 万蕾. 基于内聚力模型和三维离散元法沥青混合料劈裂试验研究[D]. 杭州: 浙江大学, 2016.

[105] 王振. 基于离散元法均匀性对沥青混合料力学性能影响研究[D]. 杭州: 浙江大学, 2015.

[106] 陈俊, 黄晓明. 基于离散元法的沥青混合料虚拟疲劳试验方法[J]. 吉林大学学报(工学版), 2010, 40(2): 435-440.

[107] 陈俊, 黄晓明. 集料分布特征对混合料疲劳性能的影响分析[J]. 建筑材料学报, 2009, 12(4): 442-447.

[108] 李明汇. 基于离散单元法的沥青混合料疲劳概率分布多尺度研究[D]. 广州: 华南理工大学, 2018.

[109] 张洪伟. 基于离散元方法的橡胶颗粒沥青混合料疲劳性能与破冰机理研究[D]. 西安: 长安大学, 2012.

[110] 石立万, 王端宜, 徐驰, 等. 基于离散元法的沥青混合料骨架细观性能研究[J]. 华南理工大学学报(自然科学版), 2015, 43(10): 50-56.

[111] 刘卫东. 基于离散元的沥青混合料空间结构形成过程研究[D]. 南京: 东南大学, 2016.

[112] Chen J S, Huang B S, Chen F, et al. Application of discrete element method to superpave gyratory compaction[J]. Road Materials and Pavement Design, 2012, 13(3): 480-500.

[113] Gong F Y, Liu Y, Zhou X D, et al. Lab assessment and discrete element modeling of asphalt mixture during compaction with elongated and flat coarse aggregates[J]. Construction and Building Materials, 2018, 182: 573-579.

[114] Gong F Y, Zhou X D, You Z P, et al. Using discrete element models to track movement of coarse aggregates during compaction of asphalt mixture[J]. Construction and Building Materials, 2018, 189: 338-351.

[115] Chen F, Jelagin D, Partl M N. Experimental and numerical analysis of asphalt flow in a slump test[J]. Road Materials and Pavement Design, 2019, 20(S1): 446-461.

[116] Collop A C, McDowell G R, Lee Y. Use of the distinct element method to model the deformation behavior of an idealized asphalt mixture[J]. International Journal of Pavement Engineering, 2004, 5(1): 1-7.

[117] Collop A C, McDowell G R, Lee Y W. Modelling dilation in an idealised asphalt mixture using discrete element modelling[J]. Granular Matter, 2006, 8(3-4): 175-184.

[118] Collop A C, McDowell G R, Lee Y. On the use of discrete element modelling to simulate the viscoelastic deformation behaviour of an idealized asphalt mixture[J]. Geomechanics and Geoengineering: An International Journal, 2007, 2(2): 77-86.

[119] Bougie J, Kreft J, Swift J B, et al. Onset of patterns in an oscillated granular layer: Continuum and molecular dynamics simulations[J]. Physical Review E, 2005, 71(2): 021301.

[120] Jaeger H M. Celebrating soft matter's 10th anniversary: Toward jamming by design[J]. Soft Matter, 2015, 11(1): 12-27.

[121] Liu A J, Nagel S R. Jamming and Rheology: Constrained Dynamics on Microscopic and Macroscopic Scales[M]. London: CRC Press, 2001.

[122] O'Hern C S, Silbert L E, Liu A J, et al. Jamming at zero temperature and zero applied stress: The epitome of disorder[J]. Physical Review E, 2003, 68(11): 113061-113069.

[123] Liu Y, Dai Q L, You Z. Viscoelastic model for discrete element simulation of asphalt mixtures[J]. Journal of Engineering Mechanics, 2009, 135(4): 324-333.

[124] Cates M E, Wittmer J P, Bouchaud J P, et al. Jamming and stress propagation in granular materials[J]. Physica A Statistical Mechanics & Its Applications, 1998, 263(1-4): 354-361.

[125] 季顺迎, Shen H H. 颗粒介质在类固-液相变过程中的时空参数特性[J]. 科学通报, 2006, 51(3): 255-262.

[126] 费明龙, 徐小蓉, 孙其诚, 等. 颗粒介质固-流态转变的理论分析及实验研究[J]. 力学学报, 2016, 48(1): 48-55.

[127] 毕忠伟, 孙其诚, 刘建国, 等. 双轴压缩下颗粒物质剪切带的形成与发展[J]. 物理学报, 2011, 60(3): 372-381.

[128] 刘浩. 非晶固体的 Jamming 转变及流变的研究[D]. 合肥: 中国科学技术大学, 2015.

[129] 王利近. 非晶固体的结构和振动特性和玻璃化转变的关联[D]. 合肥: 中国科学技术大学, 2014.

[130] 王锡朋. 非晶液固转变及非晶固体特性与振动模式的关系[D]. 合肥: 中国科学技术大学, 2015.

[131] Trappe V, Prasad V, Cipelletti L, et al. Jamming phase diagram for attractive particles[J]. Nature, 2001, 411(6839):

772-775.

[132] Bi D, Zhang J, Chakraborty B, et al. Jamming by shear[J]. Nature, 2011, 480(7377): 355-358.

[133] Otsuki M, Hayakawa H. Critical behaviors of sheared frictionless granular materials near the jamming transition[J]. Physical Review E, 2009, 80(1): 011308.

[134] Nicodemi M, Coniglio A, de Candia A, et al. Statistical mechanics of jamming and segregation in granular media[C]. Capri: International Workshop on Unifying Concepts in Granular Media and Glasses, 2003.

[135] Kumar N, Luding S. Memory of jamming-multiscale models for soft and granular matter[J]. Granular Matter, 2016, 18(3): 58.

[136] Willett C D, Adams M J, Johnson S A, et al. Capillary bridges between two spherical bodies[J]. Langmuir, 2000, 16(24): 9396-9405.

[137] Herminghaus S. Dynamics of wet granular matter[J]. Advances in Physics, 2005, 54(3): 221-261.

[138] Scheel M, Seemann R, Brinkmann M, et al. Morphological clues to wet granular pile stability[J]. Nature Materials, 2008, 7(3): 189-193.

[139] Butt H J, Kappl M. Normal capillary forces[J]. Advances in Colloid and Interface Science, 2009, 146(1-2): 48-60.

第17章 沥青混合料堆积结构的数字化识别

17.1 沥青混合料堆积结构的级配识别

体视学(stereology)的概念是 20 世纪 60 年代初由德国学者汉斯·伊莱亚斯在一次非正式国际会议上提出。体视学的出现拉开了世界上许多学者通过二维信息获取三维分布的序幕。最早研究三维分布通常通过截面图像或是其投影图像进行，通过观察分析一些图像来推断系统空间组织的真实情况。假如人们通过一些截面看到的系统二维断面轮廓是一个圆，断然不能判定空间中的物体究竟是球体、椭球体还是圆柱体，但有一点是肯定的——断面圆的直径一定小于真实球体、椭球体和圆柱体的直径。

诚然，没有办法只凭借任何一个物体的一个截面的二维断面轮廓来断定这个物体的三维空间形状。如果随机截面的数量达到一定程度，理论上完全可以通过概率分布理论求出各种形状三维结构得出的二维截面形状，两者对比后可以判断三维系统的形状。同样，很难依靠物体单个的投影图来比较准确地判断物体的空间形状。因此，体视学的理论是建立在统计学基础之上的。假如以一定的有规律的方式切割某一物体，由于物体形状的不同，得到的截面也有所差异，截面的形状和形状的分布均有区别，但是通过概率分布理论总是可以求出各种形状截面的分布情况。因此，体视学理论涉及概率统计学、几何学等许多学科。

通过数字图像处理技术获得沥青混合料级配结果的研究，在国内外已广泛开展。Masad 等[1]使用集料的等效粒径区分各档集料并进行了相关研究；李智[2]提出使用等效短轴作为分离粗、细集料的重要形状参数；彭勇等[3]认为，集料截面面积在一定程度上可以作为区分颗粒大小的指标。体视学理论在国内外有广泛的应用，应用于航空、生物医学、化工等很多领域，尤其在医学检测和研究中取得了很多成果。过去几年，国内外也有学者利用体视学理论进行沥青混合料级配分析的相关研究，但在图像获取方面进行了很多假定，这些假定在一定程度上影响试验结果和结论，基于图像处理技术利用 CT 图像进行研究使结论更具说服力和可靠性。

沥青混合料集料的级配组成是影响混合料强度、高温稳定性、低温抗裂性及水稳定性的主要因素，沥青混合料根据级配组成分为密级配混合料、开级配及半开级配混合料。典型的混合料类型有沥青混凝土(AC)、沥青玛蹄脂混合料(SMA)

和开级配沥青碎石混合料(OGFC)。不同类型的混合料有不同的性能要求，并在不同环境中发挥一定的优势。因为级配对沥青混合料性能有重要影响，所以公路施工和道路检测要求混合料级配检验结果必须有较高的准确性。为了使计算结果具有可靠性，利用体视学理论根据 SMA 计算求得骨料修正系数，并利用 AC 试件和 OGFC 试件进行验证。

17.1.1　体视学假设和基本关系

要解决从某种物体二维断面尺寸分布过渡到三维空间粒子分布的问题，必须要知道粒子的形状、尺寸，进而得出该粒子切片过程中出现某一尺寸断面的概率，然后根据体视学中数值孔径和数量密度的关系，获得粒子的三维空间分布。显然，这个问题是很复杂的，即使是比较简单的粒子，由于出现在截面上粒子断面形状的复杂性，也不易确定用什么量来表征断面尺寸，且不同断面尺寸出现的概率很难用简单的解析方法求得。

球粒子是形状最简单的粒子，上述问题均可以解决。因此，在引入体视学理论并将其用于混合料集料的粒径分布研究时，一个很重要的假设就是混合料中集料颗粒均为凸型球粒子，这个假设也是采用直径法从断面上的断面圆尺寸分布导出球粒子空间尺寸分布的基本前提和基本条件。另外，体视学颗粒尺寸关系多应用于多相分散系统，要求颗粒随机分布于体系中，沥青混合料中的集料为分散系统，同时也是随机分布于路中。沥青混合料中集料颗粒分布混杂，集料颗粒的形状千差万别，集料颗粒随机排列，同种测试截面得到的颗粒截面复杂，加之二维截面的去向也是复杂的，总之根据真实的集料颗粒求得各种形状的二维截面理论上是可以的，但是由于其复杂性很难得到。因此，为了计算其分布概率，对沥青混合料中的集料颗粒进行简化。虽然椭球体等其他形状也一定程度上符合沥青混合料中的部分集料形状，但是对集料进行球体假设可以使该理论变得简单很多。将集料系统假定为理想的球粒子系统，根据等面积法计算沥青混合料中集料的等效粒径。集料等效粒径的计算方法为

$$d = 2\sqrt{A/\pi} \tag{17-1}$$

式中，A 为集料颗粒在二维截面图中的面积；d 为该二维截面中集料的等效粒径。

由于沥青混合料中集料空间取向随机，集料颗粒分布随机，根据集料的随机二维截面分布结果，用 $N_A(r)$ 表示二维截面单位面积上半径为 r 的集料颗粒数目，也就是指截面上半径为 r 集料颗粒断面的数量密度；用 $N_V(R)$ 表示单位体积中半径为 R 的集料颗粒数目，即半径为 R 的集料颗粒在空间的数量密度。球粒子系统或集料空间分布空间尺寸分布函数和集料在截面上的断面圆尺寸分布函数基本关系如下：

$$N_A(r)=2\int_{R=r}^{R_{\max}}N_V(R)\frac{r}{\left(R^2-r^2\right)^{1/2}}dR \tag{17-2}$$

式中，$R_{\max}$ 为集料颗粒的最大半径。

17.1.2　集料三维尺寸确定方法

根据数学理论和概率分布可知，球体是最简单几何体，同样也是比较接近沥青混合料集料的几何体，不管怎么截取球体，其截面图形总是圆形。因此，在集料颗粒是球体的假设前提下，对于普通球形集料，直径为 D_i 的三维球体在截面上出现截面圆的直径 $d_j<D_i$，按照条件概率定义，可得

$$P\left(A_j\right)=P\left(A_j|V_i\right)P\left(V_i\right) \tag{17-3}$$

式中，$P\left(A_j\right)$ 为二维截面上所有面积为 A_j 的集料颗粒出现的频率，一般情况下可用数字图像处理方法对沥青混合料断面图像处理得到，使用的图像是对试验室试件进行 X-ray CT 得到的断面图像；$P\left(V_i\right)$ 为体积为 V_i 的集料在试件三维空间内出现的频率，实测中一般在实验室通过机械筛分方法获得，此处实测频率可以通过设计配合比进行简单计算得到；$P\left(A_j|V_i\right)$ 为体积为 V_i 的集料对出现面积为 A_j 的集料截面积贡献的条件概率。

由于沥青混合料中存在多种粒径集料，进一步可将式(17-3)改写为

$$P\left(A_j\right)=\sum P\left(A_j|V_i\right)P\left(V_i\right) \tag{17-4}$$

很显然，$P\left(A_j|V_i\right)$ 是集料从二维截面测量信息到三维粒径分布信息转换的关键和桥梁。萨尔特科夫等学者的研究表明，用空间几何分析方法和概率分布理论可以推导出集料颗粒 $P\left(A_j|V_i\right)$ 的表达式，然而复杂形状集料颗粒的 $P\left(A_j|V_i\right)$ 很难用简单数学公式和方法推导。

集料颗粒球形假设条件下，将图像二维截面上全部二维截面圆按照直径大小分为 m 组，第 j 组截面圆直径规定为 d_j，第 j 组二维截面圆在所有截面中出现的频率规定为 $N_A(j)$。相应地，将真实三维集料颗粒按照集料直径分为 n 组，第 i 组集料颗粒的粒径规定为 D_i，第 i 组集料出现的频率规定为 $N_V(i)$，则通过集料二维截面测量到的截面圆分布和集料三维粒径分布之间存在如下关系式：

$$N_A(j)=2\varDelta\sum_{i=j}^{n}k_{ij}N_V(i) \tag{17-5}$$

$$k_{ij} = \begin{cases} \dfrac{1}{\Delta}\left[R_{i=j}^2 - (j-1)^2\Delta^2 \right]^{1/2}, & i=j \\ \dfrac{1}{\Delta}\left\{ \left[R_i^2 - (j-1)^2\Delta^2 \right]^{1/2} - \left(R_i^2 - j^2\Delta^2 \right)^{1/2} \right\}, & i>j \end{cases} \tag{17-6}$$

式中，Δ 为集料颗粒分组间距；R_i 为第 i 组球形集料颗粒的半径。

根据式(17-6)可知：

$$N_V(i) = \frac{1}{2\Delta}\sum_{i=j}^{n} a_{ij} N_A(j) \tag{17-7}$$

式中，a_{ij} 为矩阵 A 的组成元素，矩阵 A 为矩阵 K 的逆矩阵，矩阵 K 为式(17-6)中的 k_{ij} 组成的矩阵。

根据沥青集料分析的需要和统计工具等现实条件，确定分组结果和各组尺寸表达式，k_{ij} 能够直接通过数学方法计算求得。k_{ij} 计算过程中采用的近似方法不同，可将推导集料三维分布的方法分为施瓦茨-萨尔特科夫法、戈德史密斯-克鲁兹-奥里夫法和威克塞尔法三种不同方法。

1. 施瓦茨-萨尔特科夫法

施瓦茨-萨尔特科夫法把集料颗粒按尺寸分为等组距的 n 组，截面上的断面圆也按该组距分成 n 组断面，这一组距均为 $\Delta = \dfrac{R_{\max}}{n}$，每组集料以该组的尺寸上限作为名义尺寸，分组见表 17-1。

表 17-1　施瓦茨-萨尔特科夫法分组

组别	集料的名义半径	集料的空间数量密度	断面圆半径尺寸范围	断面圆的数量密度
1	Δ	$N_V(1)$	$0 \sim \Delta$	$N_A(1)$
2	2Δ	$N_V(2)$	$\Delta \sim 2\Delta$	$N_A(2)$
3	3Δ	$N_V(3)$	$2\Delta \sim 3\Delta$	$N_A(3)$
…	…	…	…	…
i	$i\Delta$	$N_V(i)$	$(j-1)\Delta \sim j\Delta$	$N_A(j)$
…	…	…	…	…
n	$n\Delta$	$N_V(n)$	$(n-1)\Delta \sim n\Delta$	$N_A(n)$

第 i 组集料的名义尺寸 $R_i = i\Delta$，第 j 组集料断面圆的名义尺寸 $r_j = j\Delta$，可以得出

$$k_{ij} = \left[i^2 - (j-1)^2 \right]^{1/2} - \left(i^2 - j^2 \right)^{1/2} \tag{17-8}$$

施瓦茨-萨尔特科夫法中集料名义尺寸和断面圆名义尺寸都是组距的整数倍,这从计算的角度降低了计算复杂程度,同时可以很好地将二维断面尺寸和三维颗粒粒径对应起来。

2. 戈德史密斯-克鲁兹-奥里夫法

戈德史密斯-克鲁兹-奥里夫法把集料颗粒按尺寸分为等组距的 n 组,截面上的断面圆也按该组距分成 n 组断面,这一组距均为 $\Delta = \dfrac{R_{\max}}{n}$,每组集料以该组的尺寸中值作为名义尺寸,分组见表 17-2。

表 17-2　戈德史密斯-克鲁兹-奥里夫法分组

组别	集料的名义尺寸	集料的空间数量密度	断面圆名义尺寸范围	断面圆的数量密度
1	$\dfrac{1}{2}\Delta$	$N_V(1)$	$0 \sim \Delta$	$N_A(1)$
2	$\dfrac{3}{2}\Delta$	$N_V(2)$	$\Delta \sim 2\Delta$	$N_A(2)$
3	$\dfrac{5}{2}\Delta$	$N_V(3)$	$2\Delta \sim 3\Delta$	$N_A(3)$
…	…		…	
i	$\left(i-\dfrac{1}{2}\right)\Delta$	$N_V(i)$	$(j-1)\Delta \sim j\Delta$	$N_A(j)$
…	…		…	
n	$\left(n-\dfrac{1}{2}\right)\Delta$	$N_V(n)$	$(n-1)\Delta \sim n\Delta$	$N_A(n)$

根据表 17-2 中的分组可知,第 i 组集料的名义尺寸 $R_i = \left(i - \dfrac{1}{2}\right)\Delta$,第 j 组集料断面圆的名义尺寸 $r_j = \left(i - \dfrac{1}{2}\right)\Delta$。

3. 威克塞尔法

威克塞尔法对球形集料和集料断面圆按尺寸分组,也分为 n 组,组距均为 $\Delta = \dfrac{R_{\max}}{n}$,第 i 组的名义尺寸 $R_i = i\Delta$,第 j 组的集料断面圆的名义尺寸 $r_j = j\Delta$,但是各组的名义尺寸范围不同于前两种方法。第 i 组集料的名义尺寸范围为

$\left(i-\dfrac{1}{2}\right)\Delta\sim\left(i+\dfrac{1}{2}\right)\Delta$，第 j 组断面圆的名义尺寸范围为 $\left(j-\dfrac{1}{2}\right)\Delta\sim\left(j+\dfrac{1}{2}\right)\Delta$，分组见表 17-3。

表 17-3　威克塞尔法分组

组别	集料的名义尺寸	集料的空间数量密度	断面圆名义尺寸范围	断面圆的数量密度
1	Δ	$N_V(1)$	$\dfrac{1}{2}\Delta\sim\dfrac{3}{2}\Delta$	$N_A(1)$
2	2Δ	$N_V(2)$	$\dfrac{3}{2}\Delta\sim\dfrac{5}{2}\Delta$	$N_A(2)$
3	3Δ	$N_V(3)$	$\dfrac{5}{2}\Delta\sim\dfrac{7}{2}\Delta$	$N_A(3)$
...	...	...	...	...
i	$i\Delta$	$N_V(i)$	$\left(j-\dfrac{1}{2}\right)\Delta\sim\left(j+\dfrac{1}{2}\right)\Delta$	$N_A(j)$
...	...	...	...	...
n	$n\Delta$	$N_V(n)$	$\left(n-\dfrac{1}{2}\right)\Delta\sim\left(n+\dfrac{1}{2}\right)\Delta$	$N_A(n)$

17.1.3　基于施瓦茨–萨尔特科夫法的骨料修正系数的计算

在《公路工程沥青及沥青混合料试验规程》中，利用机械筛分方法分析集料级配时，规定筛孔形状都为正方形，正方形的边长就是筛孔尺寸，试验室中的套筛都是按照规定尺寸订制的。采用通过体视学方法分析沥青混合料集料级配时，为了简化模型和计算方便，将集料假设为理想球体，球体截面均为圆形，统计时使用等效粒径，也就相当于假设筛孔形状为圆形。同样是截面面积为 A 的集料，不难看出通过方孔筛时所需的最小筛孔尺寸明显大于通过圆孔筛时所需的最小筛孔尺寸，原理如图 17-1 所示。因此，通过使用体视学理论方法分析沥青混合

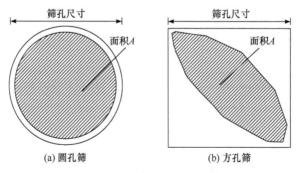

图 17-1　面积为 A 的集料通过圆孔筛和方孔筛

料级配组成时，各筛孔上得到的累计筛余百分比结果要小于机械筛分的试验结果，也就是该假设计算的通过率大于机械筛分结果，在球形集料假设条件下的沥青混合料级配要高于机械筛分级配。

1. 骨料修正系数

为了使一组粒径相同的沥青混合料集料颗粒采用圆孔筛与方孔筛两种工具时的累计通过率保持一致，务必对球形集料假设条件下求得的集料级配结果进行修正。引入新参数骨料修正系数 C，即集料在圆孔筛中的粒径为在方孔筛中粒径的 C 倍，先通过体视学理论在一定假设的前提下计算出沥青混合料集料颗粒的圆孔筛通过率，然后与设计级配的方孔筛通过率进行对比，求得骨料修正系数 C。通过研究沥青混合料中集料颗粒的二维断面尺寸和三维真实尺寸间的关系，可以求得沥青混合料骨料修正系数。在选择混合料种类时，考虑到 CT 图像清晰程度、沥青混合料类型的代表性等因素，最终选择间断级配 SMA，同时为了使扫描结果更好，应尽可能地减少沥青用量。

采用 SMA-20 混合料，通过 CT 获取沥青混合料试件断面图像，利用数字图像处理技术对图像进行处理，骨料修正系数的具体计算方法和步骤如图 17-2 所示。

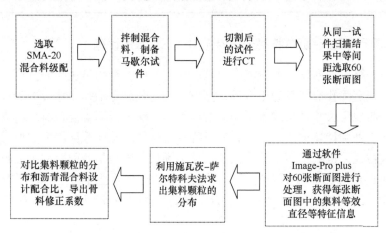

图 17-2　骨料修正系数计算过程

2. 二维尺寸分布

根据体视学理论可知，$N_A(j)$ 表示第 j 组二维断面圆在截面上的数量密度，这一参数可以通过处理沥青混合料试件或沥青混合料路面芯样的 CT 断面图像或相机拍照图得出：

$$N_A(j) = \frac{M}{N} \tag{17-9}$$

式中，M 为沥青混合料试件 CT 断面图像上半径从 $(j-1)\Delta$ 到 $j\Delta$ 的集料断面圆数量；N 为沥青混合料试件 CT 断面图像的截面面积。

按照表 17-4 的设计级配，制备 5 个 SMA-20 马歇尔试件，用于后期 CT。5 个试件是平行试件，以便试验中试件相互替代。为了使得到的 CT 断面图像较清晰便于后期处理，将标准马歇尔试件切割成两半，分别进行扫描。

表 17-4　SMA-20 设计级配

级配	不同筛孔尺寸的通过率/%											
	0.075 mm	0.15 mm	0.30 mm	0.60 mm	1.18 mm	2.36 mm	4.75 mm	9.50 mm	13.20 mm	16.00 mm	19.00 mm	26.50 mm
级配上限	12	13	14	16	20	22	30	55	82	92	100	100
级配下限	8	8	9	10	12	13	18	40	62	72	90	100
级配中值	10	10.5	11.5	13	16	17.5	24	47.5	72	82	95	100
设计级配	8	9.6	10.7	12.6	14.8	16.8	22.8	45	75.5	85.3	98.8	100

SMA-20 试件使用如图 17-3 所示的级配，试件制作过程均按照沥青混合料试验规程严格操作，每个试件单独配料拌和，制作一组试件，总共五个。

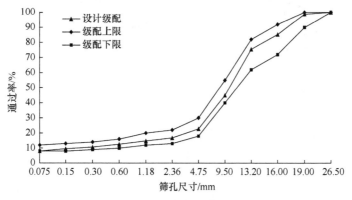

图 17-3　混合料设计级配

对高度为 64.1mm 的沥青混合料试件进行切割，切割后的两部分高度分别为 30.9mm 和 28.3mm。为了避免切割造成的沥青混合料断面损失，切割时对试件进行特别的固定措施，分别固定试件在切割线两边的部分，以减少试件在切割过程中的晃动；并且使试件轴线和切刀平面尽可能地垂直，以形成与试件端面平行的切割面。

对切割后的试件进行 CT，得到如图 17-4 所示的图像。

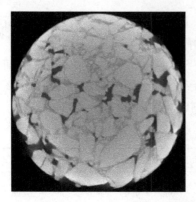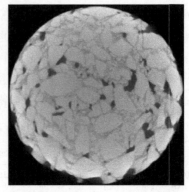

图 17-4　试件 CT 断面图像

通过软件 Image-Pro Plus 对 60 张断面图像进行处理，获得每张断面图像中的集料等效粒径等有效信息。图 17-5 为三张切片间距约为 0.8mm 的断面圆经图像处理、信息提取后获得的集料二值化图和集料轮廓图。

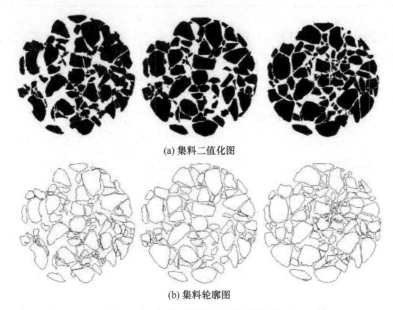

(a) 集料二值化图

(b) 集料轮廓图

图 17-5　集料二值化图和集料轮廓图

综合分析沥青混合料试件断面图像中集料颗粒断面的等效粒径及 SMA-20 设计级配，确定利用威克塞尔法推导沥青混合料集料分布的粒径上限 R_{max}。将断面圆的尺寸分成 20 组，为了让所得的尺寸分界点尽可能地逼近集料套筛的筛孔，尺寸间距(组距)设置为 1.18mm，这就意味着等效粒径的分组分别为 0～1.18mm、1.18～2.36mm 等，如表 17-5 所示。

表 17-5　以组距为 1.18mm 划分等效粒径的组别

组数	粒径范围/mm	组数	粒径范围/mm
1	0~1.18	11	11.80~12.98
2	1.18~2.36	12	12.98~14.16
3	2.36~3.54	13	14.16~15.34
4	3.54~4.72	14	15.34~16.52
5	4.72~5.90	15	16.52~17.70
6	5.90~7.08	16	17.70~18.88
7	7.08~8.26	17	18.88~20.06
8	8.26~9.44	18	20.06~21.24
9	9.44~10.62	19	21.24~22.42
10	10.62~11.80	20	22.42~23.60

统计表明，粒径较小的集料个数明显比粒径较大的集料个数多，但是由于拍摄技术和图像识别技术的不足，当集料颗粒面积很小时，很难将大量的颗粒准确地统计出来，所以需要对集料颗粒等效粒径小于 2.36mm 的集料出现频次进行幂函数修正。二维断面各组集料颗粒分布频次如图 17-6 所示。

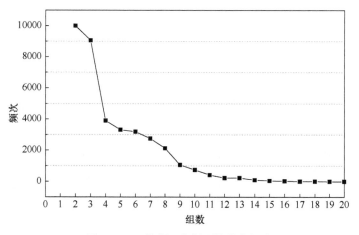

图 17-6　二维断面集料颗粒分布频次

3. 基于体视学方法的 N_V 求解

通过数字图像处理技术对大量沥青混合料断面图像进行处理，通过图像增强、阈值分割、图像尺寸标定等程序，得到大量沥青混合料集料颗粒的二维尺寸分布情况，用颗粒的等效粒径代替颗粒粒径，将计算结果代入式(17-10)：

$$N_A(j) = 2\Delta \sum_{i=j}^{n} k_{ij} N_V(i) \tag{17-10}$$

得到新的表达式：

$$N_V(i) = \frac{1}{2\varDelta}\sum_{i=j}^{n} a_{ij} N_A(j) \tag{17-11}$$

式中，a_{ij} 为以 k_{ij} 为元素的矩阵 $\boldsymbol{K}$ 的逆矩阵 $\boldsymbol{A}$ 中元素，以 k_{ij} 为元素的矩阵 $\boldsymbol{K}$ 为 20×20 阶的方阵；$\varDelta$ 为 1.18mm，可以通过概率分布计算求出集料在球形假设条件下的 N_V 分布，然后可将集料的数量分布换算为集料的体积分布。试验中采用的集料料源相同、集料岩性相同、集料的组成相同，可以认为粗细集料的密度近似相等，因此可以通过集料体积分数求出集料质量分数，这样就能得出球形集料假设条件下的级配和粒径分布，获得的集料级配如图 17-7 所示。

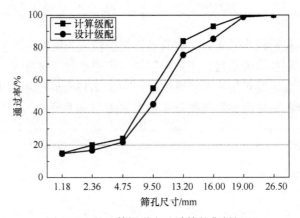

图 17-7　基于体视学方法计算的集料级配

经计算，修正系数约为 0.88，之后对初步计算结果进行修正后的曲线如图 17-8 所示，图中筛孔尺寸 2.36mm、4.75mm、13.20mm 和 19.00mm 的通过率

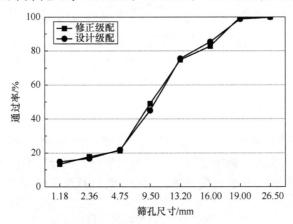

图 17-8　修正后的体视学计算级配

与设计通过率吻合得很好，但是值得注意的是，本次修正不包括公称最大粒径及以上粒径。

17.1.4　骨料修正系数验证

采用体视学理论中通过大量二维截面计算三维尺寸分布的方法，对沥青混合料试件进行 CT，并利用数字图像处理技术获取集料的二维截面，最终推导集料三维尺寸。由于计算过程中使用的集料假定为球体，二维断面是圆形，其直径是集料断面面积的等效粒径。试验室筛分集料的标准筛为方孔筛，对骨料等效粒径或者累计筛余结果应该进行修正，从而引入骨料修正系数，为 0.88。为了验证其准确性，利用 AC-16 和 OGFC-13 混合料级配进行检验，检验结果分别如图 17-9 和图 17-10 所示。

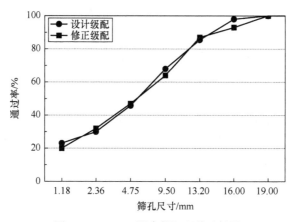

图 17-9　AC-16 混合料级配检验结果

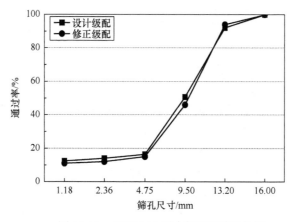

图 17-10　OGFC-13 混合料级配检验结果

　　为了验证骨料修正系数取 0.88 的可靠性，利用 CT 设备获取沥青混合料试件断面图像，将试件按高度五等分，然后每段提取一张图片。对所得五张断面图像利用 IPP(Image-Pro Plus)软件进行处理，提取集料颗粒并利用骨料修正系数 C 进行修正。级配检验结果表明，骨料修正系数 0.88 同样可以用于 AC 混合料和 OGFC 混合料的级配检验。

17.2　沥青混合料堆积结构的体积特性识别

　　早在 20 世纪初期，人们就已经认识到体积参数对沥青混合料路用性能有很重要的影响。体积指标直接关系到沥青混合料的使用性能，包括沥青混合料的强度、高温稳定性、耐久性和透水性能等。在道路材料学科不断的发展和完善过程中，科学家和研究者已经越来越清楚地认识到沥青混合料中空隙率及空隙分布、集料的均匀性等沥青混合料属性对沥青混合料的路用性能起着关键的作用。性能良好的沥青混合料一般具有比较合理的体积组成，混合料中其他方面的指标在某些情况下可以弥补其体积组成不合理的缺陷。因此，沥青混合料的空隙、集料平面分布和空间分布逐渐受到国内外专家学者的重视，其分布参数和指标也成为沥青混合料性能和质量检测的一部分。相关领域的学者研究显示[4]，普通沥青混合料粗集料的离析使混合料疲劳寿命和拉伸强度明显降低，布朗等提出，出现沥青混合料离析的路面使用寿命在一定程度上严重减少，减少幅度 10%~50%[5]。美国同类试验研究表明，沥青路面轻微的离析也能使路面寿命减少 10%。

　　对于沥青路面离析的判别测定，传统方法有视觉观察、铺砂法、取芯法、核子密度仪测定法、激光构造深度仪法、红外摄像仪检测法、探地雷达与红外摄像仪联合测定法几种。由于沥青混合料路面的特点决定了测定沥青混合料离析特点和均匀性的复杂性，上述方法在一定程度上可以评价沥青混合料路面的离析情况。混合料的离析是其宏观特性。从微观层面上，沥青混合料集料和砂浆的分布均匀程度决定混合料的各项性能。沥青混合料的均匀性是沥青混合料中各组分均匀程度的综合反映。许多研究表明，混合料中集料的分布对其均匀程度影响最大，也可以理解为空隙和沥青砂浆的均匀性很大程度上受集料分布的影响。

　　基于数字图像处理技术，对沥青路面芯样断面图像中集料和空隙的分布进行研究，进一步定量地评价沥青路面芯样的均匀性。对图像进行灰度处理、图像增强及灰度图像的二值化分割等处理，然后对试件断面图像中的集料、沥青砂浆、空隙等进行识别，分别计算空隙沥青砂浆和集料的面积，根据空隙和芯样断面的面积比计算芯样空隙率；分别对试样的圆形断面图像和矩形断面图像进行集料的均匀性分析，建立圆形断面图像直角坐标系并计算集料惯量，评价均匀性，将图像绕中心每旋转一定角度计算一组惯量，最后根据惯量的变化情况，得出集料的离散程度。对于矩形断面图像，采用直接统计的方法，计算集料的分布矩阵，然后根据数学方法分析离散程度。

17.2.1　基于图像处理的混合料空隙特征

空隙率(volume of air voids，VV)是压实沥青混合料试件内除矿料毛体积和有效沥青体积之外的间隙(不包括矿料自身内部的孔隙)体积占试件毛体积的百分比[6]。沥青路面的空隙率一直是道路工程领域研究的焦点，这是因为空隙率测定方法较多、测定结果混杂，更重要的是空隙率的大小直接影响沥青混合料的各种路用性能。空隙率的大小不仅影响沥青混合料的强度、劲度等力学性能，而且对沥青路面的高温稳定性、水稳定性及耐久性也有显著影响。

数字图像处理方法通过 CT 技术或数码相机拍摄技术获取芯样断面图像，并将数字图像进行灰度化、阈值分割、边缘检测等处理，然后将图像中的空隙、集料及结合料分离出来，进而通过面积换算沥青混合料的空隙率。利用 X-ray CT 或者数码相机对现场取回的沥青混合料芯样进行断面拍照，采取合理方法得到需要测量空隙特征试件和芯样的断面扫描图像；利用 IPP 等软件对获得的沥青混合料现场芯样的断面图像进行处理，依次为图像数字化、图像增强、图像分割和图像识别，并合理有效地分离空隙、集料与沥青砂浆。通过软件处理得到的空隙被分离的数字化图像，计算沥青混合料的空隙参数并描述空隙特征。

1. 空隙率计算

空隙率是沥青混合料重要的体积指标之一，空隙率的大小直接关系着沥青混合料的高温和低温性能，也关系着沥青路面的透水性、抗滑性等性能。利用数字图像处理技术对多张沥青混合料芯样断面图像进行分析，对数字图像处理得到的空隙率和实测的空隙率进行对比分析，得出合理的通过数字图像处理技术获取沥青路面芯样空隙率的方法。

空隙率的大小一般通过实验室沥青混合料试件的实测密度和理论最大密度计算求得，沥青混合料密度的测定方法有很多种，《公路工程沥青及沥青混合料试验规程》中仅试件密度就提供了多种测定方法，主要有表干法、水中重法、体积法和蜡封法，得到的试件密度分别为表干密度、表观密度、毛体积密度和蜡封密度。沥青混合料最大理论密度是指理论上无任何空隙状态下的混合料能够达到的最大密度，可以采用理论计算法和真空最大相对密度法两种方法，这些不同密度的取用产生了多种空隙率测定方法。

运用这两种方法得到的沥青混合料最大理论密度结果不尽相同。一般认为，真空最大相对密度法测定的结果最接近真实的最大密度，美国规范中就采用这种方法，但是由于该方法并未考虑混合料中比表面积最大的矿粉吸收的沥青，加之操作繁琐等原因，在我国极少被采用。理论计算法按照沥青混合料中集料、矿粉和沥青的组成比例，采用集料、矿粉和沥青的密度来计算混合料密度。

沥青混合料试件的空隙率：

$$VV=1-\rho_1/\rho_2 \times 100\% \tag{17-12}$$

式中，ρ_1 为试件的实测密度；ρ_2 为试件的理论密度。

由式(17-12)可知，混合料试件实测密度和理论密度的选用对于空隙率的计算结果影响很大。计算时，试件实测密度 ρ_1 和理论密度 ρ_2 各有 3 种选择，即表干密度、毛体积密度和表观密度，所以将两种密度按不同组合计算以后，空隙率的计算结果会相差 0%~4%不等。

沥青混合料空隙率是研究者关注的重点，一些学者采用简单性能试验仪研究评价了不同空隙率沥青混合料的动态模量差异和不同空隙率混合料的形变及破坏差异，同时对不同空隙率的不同沥青混合料在宽频、宽温范围内的黏弹性进行了研究。此外，道路工程研究者建立了很多模型，代表性的有 Power Law 模型、CAS 模型、DS 模型、CA 模型等，描述沥青和沥青混合料的流变特性。研究表明，随着空隙率的增加，弹性极限阈值显著减小，即随着空隙率增加，混合料低温性能降低；空隙率大于 4%时，弹性极限阈值变化速率变小。沥青混合料复数剪切模量受体积指标空隙率的影响大，即随着沥青混合料空隙率的增加，复数剪切模量减小，同时相位角随着沥青混合料空隙率的减小而增大，空隙率的变化使混合料的形态发生了垂直移动[7]。

空隙率的大小也直接关系着沥青混合料动态模量、疲劳寿命和车辙性能的好坏。研究表明，沥青混合料的动态模量随空隙率的增大而减小，沥青混合料的疲劳寿命随空隙率的增大而减少[8]。沥青混合料芯样断面的空隙如图 17-11 所示。

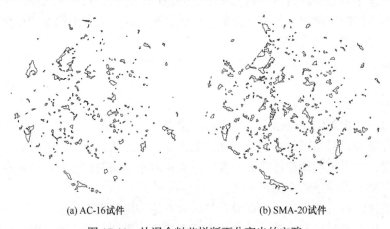

(a) AC-16试件　　　　　　　　　　(b) SMA-20试件

图 17-11　从混合料芯样断面分离出的空隙

为了准确描述沥青混合料芯样断面得到的空隙率和实验室实测路面空隙率之间的关系，选用沥青混合料 AC-16 和 SMA-20，每个马歇尔试件选用六个层位，在实验室测定沥青混合料的表观密度，测试方法选用水中重法。当试件不吸水时，通过水中重法测定的表观密度和通过表干法测定的毛体积密度相差不大。两种混合料都选用《公路工程沥青及沥青混合料试验规程》中的 T0705—2011 方法计算最大理论密度。

对图像进行灰度处理、图像增强及灰度图像的二值化分割等处理，然后计算空隙率，即断面图像中空隙面积和断面面积之比，计算结果如图 17-12 所示。从分离出的 AC-16 芯样和 SMA-20 芯样的空隙轮廓可以看出：由于路面深度方向压实机具的压实功不尽相同，两种混合料芯样断面图像中靠近两端三分之一处的空隙面积明显大于中间部分，比中间部分大 1.0%~2.0%，甚至 AC-16 芯样靠近端部的空隙率接近 7.0%，远大于试验实测的空隙率，因此计算空隙率时根据断面图像位置的不同分段修正其空隙率。统计发现，AC-16 试件的空隙率略大于 SMA-20 试件。

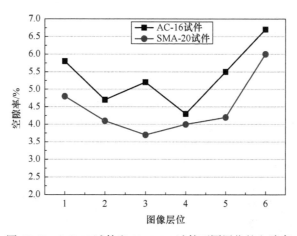

图 17-12　AC-16 试件和 SMA-20 试件不同层位的空隙率

根据数据不难看出，沥青混合料 AC-16 试件和 SMA-20 试件在端部的空隙率偏大，AC-16 试件和 SMA-20 试件各层位空隙率的平均值分别为 5.4% 和 4.4%。同时在实验室测得 AC-16 芯样和 SMA-20 芯样的空隙率分别为 4.9% 和 3.8%，两种方法的计算结果有明显差异，AC-16 和 SMA-20 混合料通过试验测得的空隙率约为根据图像求得空隙率的 91% 和 86%。

结合空隙率的计算过程，空隙率结果出现误差有以下几个原因。

(1) 一般情况下，受限于马歇尔击实方式或路面压实方式，混合料试件和路面芯样两端的空隙率都会大于试件和芯样的中间部位。研究表明，马歇尔试件的空隙呈不均匀分布，上部和中部空隙较少，下部空隙较多[9]。

(2) 沥青混合料路面芯样和马歇尔试件断面灰度图中，空隙是灰度值偏大(通常大于 200)的部分，但是一小部分深色集料和砂浆灰度值也可能在该范围内，在后期二值化的时候很容易将该部分深色集料和砂浆列为空隙，进而增大空隙的面积。

(3) 图像阈值分割后，定义空隙边缘时会将部分空隙周围灰度值跟空隙灰度值相近的像素点也列为空隙部分，使得空隙面积增大。

由于上述误差的出现，对根据图像测得的空隙率进行修正，分别对 AC 和 SMA 路面芯样用断面图像测得的空隙率和对应的修正系数进行修正，如果断面图像取自两端三分之一部分，修正系数分别取 0.91 和 0.86；如果断面图像取自中间三分之一部分，修正系数分别取 0.90 和 0.85。

2. 空隙特征描述

目前，存在一些常用的试验方法来测量多孔材料的孔隙率和孔径大小分布。现有多孔材料的孔隙率测定方法有质量-体积直接计算法、浸泡介质法、真空浸渍法、漂浮法；检测孔径及孔径分布的方法有气泡法、透过法、气体渗透法、压汞法、气体吸附法等。基于数字图像处理技术，可以实现沥青路面芯样中空隙等效粒径、空隙形状、空隙分形维数等二维信息的提取。图 17-13 为沥青混合料芯样断面图像，图 17-14 为其中的空隙单元。

图 17-13　芯样断面图像

图 17-14　空隙单元提取

1) 空隙等效粒径和空隙形状

由于空隙分布的不规则性，在二维平面内不可能准确获得空隙的基本特征量。因此，利用空隙等效粒径 d 来描述空隙的几何特征，空隙等效粒径是指与原空隙面积相等的圆的直径。

$$d=2\sqrt{A/\pi} \qquad (17\text{-}13)$$

式中，A 为空隙面积；d 为空隙等效粒径。

将沥青混合料路面芯样断面图像(图 17-13)中的空隙按照等效粒径分别计算出空隙的个数和面积，等效粒径的间距取 1mm。表 17-6 是沥青混合料空隙分布结果。

表 17-6　空隙分布结果

等效粒径范围/mm	空隙数量/个	空隙面积/mm²
0～1	25	15.95
1～2	23	34.17
2～3	7	17.57
3～4	12	41.55
4～5	5	22.95
5～6	5	27.18
6～7	1	6.50
7～8	3	22.43

等效粒径间距取 1mm 时，沥青混合料芯样的空隙数量和空隙面积分布曲线如图 17-15 所示。可以看出该芯样空隙的分布情况，当芯样空隙等效粒径越小时，空隙数量越多，但各等效粒径空隙的面积相差不大。

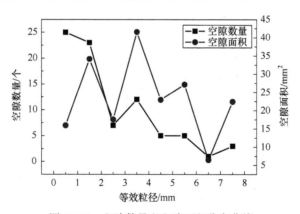

图 17-15　空隙数量和空隙面积分布曲线

空隙形状极不规则，研究空隙时可以计算空隙的长轴和短轴，并计算长短轴之比，以便之后分析沥青混合料性能与空隙分布情况之间的关系。沥青混合料断面图像中空隙长短轴之比的分布情况如图 17-16 所示。在 81 个空隙中，将近有

50%的空隙长短轴之比在 1～2。

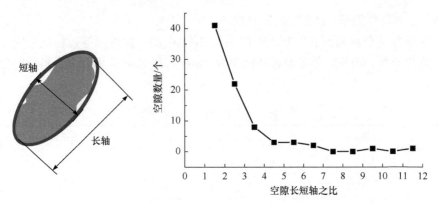

图 17-16 空隙长短轴之比分布情况

2) 空隙分形维数

欧氏空间中，研究者习惯把空间看成三维，把球面或平面看成二维，把曲线或直线看成一维。进一步加以推广，可以认为点是零维的，也可以将其引入高维空间，但一般情况下人们习惯采用整数的维数。分形理论把维数看成分数，这一类维数是国内外物理学家在研究探索混沌吸引子等理论时引入的重要概念。为了定量地描述客观事物的"非规则"程度，1919 年，数学家从测度的角度引入了维数概念，将维数从整数扩大到分数，从而突破了一般拓扑集维数为整数的界限[10]。

分形这一学科的历史较短，目前正处在发展之中，分形理论涉及面广但还不够成熟，然而其具有强大的生命力。"分形"这一名词是由国际商业机器公司(International Business Machines Corporation，IBM 公司)研究中心物理部研究员、哈佛大学数学教授曼德尔布罗在 19 世纪 70 年代首次提出的，其本义是"不规则的、支离破碎的、分数的"物体，这个名词是参照拉丁文 fractus(碎的)一词创造出来的，它含有英文 fraction(分数)和 fracture(分裂)的双重意义[11]。

分形具有"自相似和粗糙"的直观特点。一个物体的自相似性是指某种结构或某个过程的特征从不同的空间尺度或不同的时间尺度来看都是相似的，或者某结构或系统的局域性质和局域结构与整体类似。此外，在整体与整体之间或者部分与部分之间，也会存在一定的自相似性。通常情况下，自相似性有非常复杂的表现形式和方法，并不是简单地局域放大一定倍数后与整体重合。沥青混合料断面空隙分形维数的计算方法如下：

(1) 利用数字图像处理技术从沥青混合料试件断面图像中分割出空隙部分，并将空隙轮廓利用细线描绘出来。

(2) 通过画图辅助软件，在空隙轮廓上分别打出 1×1、2×2、4×4、5×5、

10×10、15×15、20×20、30×30 的正方形网格,并分别统计出空隙轮廓所占的方形网格数目 N。

(3) 绘制出以 $L_n(1/r)$(r 为方形网格的边长)为横坐标、以 $L_n(N)$ 为纵坐标的散点图。

(4) 绘制出散点图的趋势线并求出线性趋势线的表达式,其中趋势线的斜率就是所求的空隙分形维数。

根据表 17-7 所示的数据分析结果,可求出趋势线表达式为 $L_n(N)=1.181L_n(1/r)+0.321$,相关系数为 0.99。由此可知该沥青混合料试件断面图像中的空隙分形维数为 1.181。

表 17-7　数据分析结果

边长等分数	$L_n(N)$	$L_n(1/r)$
1	0	−0.0317
2	1.386	0.6614
4	2.639	1.3546
5	2.996	1.5777
10	4.094	2.2709
15	4.575	2.6763
20	4.942	2.9640
30	5.403	3.3695

17.2.2　沥青路面芯样横向均匀性分析方法

沥青混合料的均匀性是混合料中集料和空隙分布状况的一种体现,一个均匀的沥青混合料体系能够真实地反映混合料的温度稳定性、水稳定性及疲劳和老化特性。国内外采用许多方法评价沥青混合料的均匀程度,如采用热成像和激光断面仪结合的手段评价离析程度,采用核子密度仪评价离析程度,采用数字图像处理技术判别均匀性特性,通过路面芯样的空隙率、沥青含量、压实度和级配分析离析的严重程度等。

对于沥青路面芯样的集料均匀性,从横向均匀性和竖向均匀性两个方面进行分析,利用沥青路面芯样的横断面分析混合料的横向均匀性,利用竖向截面分析竖向均匀性,两种方法相互补充,可以合理地评价混合料的均匀性。芯样的横断面和纵断面如图 17-17 所示。

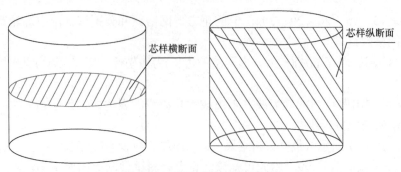

图 17-17　芯样横断面和纵断面

沥青混合料横向均匀性表示混合料在某一高度平面内粗集料、细集料及砂浆的分布均匀程度。混合料横向分布不均匀可能是混合料自身级配特征导致的，也可能是混合料在运输、摊铺和碾压过程中运输车、摊铺机和压路机扰动导致的。混合料横向均匀性的好坏直接影响混合料性能，但是沥青混合料路面铺筑时没有一种合理有效的方法能够评价其均匀程度。

对沥青路面芯样横向断面图像进行一系列的图像处理和分析，引入集料对坐标轴的惯量 I_x 和 I_y 两个指标，以 SMA-20 为例分别分析沥青混合料各档集料惯量 I_x 和 I_y 的变化，并提出评价集料横向离析的新指标。

1. 沥青混合料集料特征信息提取

采用钻芯机获取沥青路面实体试件，芯样为圆柱体，直径 100mm，芯样横断面图像和集料颗粒图像如图 17-18 所示。利用沥青混合料图像处理技术获取断面图像中集料部分，然后标定尺寸，提取等效粒径大于 2.36mm 的集料及其轮廓，并根据集料粒径的分布情况分别提取 2.36mm、4.75mm、9.50mm、13.20mm、16.00mm 五档集料。

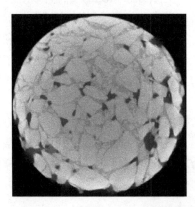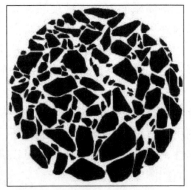

图 17-18　芯样横断面图像和集料颗粒图像

2. 横向均匀性系数计算

以断面图像圆心为坐标轴中心，建立直角坐标系，如图 17-19 所示。确定每个集料几何中心 M 的坐标(x, y)，见表 17-8。值得注意的是，由于研究中通过软件得到的沥青混合料集料颗粒位置坐标基于软件默认的坐标系，其 x 轴和 y 轴方向与普通坐标轴方向有区别，需要对初步结果进行处理，得到的数据如表 17-8 所示。

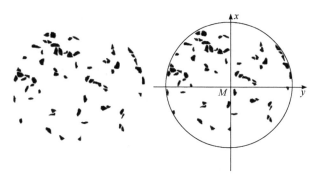

图 17-19 以断面图像圆心为中心建立直角坐标系

表 17-8 部分集料颗粒面积和几何中心的坐标

颗粒序号	集料颗粒面积/mm²	集料几何中心的 x 坐标	集料几何中心的 y 坐标
1	10.15439	0.6750	−50.1037
2	16.59044	−8.2391	−48.2011
3	6.82973	0.2407	−45.4419
4	10.26750	15.6170	−42.7744
5	6.87952	−14.8969	−46.8949
6	4.52570	10.3359	−46.1051
7	4.76449	−19.1526	−45.6987
8	9.89286	−23.3360	−43.9914
9	11.14640	−13.7227	−39.7106
10	15.55310	31.1985	−34.3056

根据表 17-8 中数据计算各档集料对 x 轴和 y 轴的惯量 I_x^S 和 I_y^S，计算方法如下：

$$I_x^S = \sum_1^{N_S} Ay^2 \tag{17-14}$$

$$I_y^S = \sum_1^{N_S} Ax^2 \tag{17-15}$$

$$U_x^S = \sqrt{\frac{1}{n}\sum_1^n \left(I_x^S - \bar{I}_x^S\right)^2} \Big/ \bar{I}_x^S , \quad V_x^S = 1 - U_x^S \tag{17-16}$$

$$U_y^S = \sqrt{\frac{1}{n}\sum_1^n \left(I_y^S - \bar{I}_y^S\right)^2} \Big/ \bar{I}_y^S , \quad V_y^S = 1 - U_y^S \tag{17-17}$$

式中，S 为集料分类，主要是 2.36mm、4.75mm、9.50mm、13.20mm、16.00mm 五档集料；I_x^S、I_y^S 和 $\bar{I}_x^S$、$\bar{I}_y^S$ 分别为粒径 S 的集料对 x 轴、y 轴的惯量和对 x 轴、y 轴惯量的平均值；U_x^S 和 U_y^S 分别为粒径 S 的集料对 x 轴和 y 轴的集中系数；V_x^S 和 V_y^S 分别为粒径 S 的集料对 x 轴和 y 轴的均匀性系数；N_s 为粒径 S 的集料颗粒总数；n 为沥青路面芯样断面图像旋转惯量计算次数；A 为该集料颗粒的面积；x、y 分别为该集料颗粒的横坐标、纵坐标。

由于集料在芯样断面圆平面内面积分布密度有所不同，因此坐标轴或图像本身沿一定方向旋转某一角度后，集料对两个坐标轴的惯量(I_x^S 和 I_y^S)就会发生变化。I_x^S 和 I_y^S 随旋转角度的波动情况能够很好地反映图像中集料的分布均匀程度，如果波动幅度小，说明集料比较分散，分布比较均匀。

假设坐标轴不变，沥青混合料芯样断面图像沿顺时针方向旋转，并且每旋转 $10°$ 计算一次该档集料对两个坐标轴的惯量 I_x^S 和 I_y^S，也就是分别计算图像旋转 $10°$、$20°$、$30°$、$\cdots$、$180°$ 后的 I_x^S 和 I_y^S。研究各档集料惯量之前，先研究集料总体的惯量，如图 17-20 和图 17-21 所示。

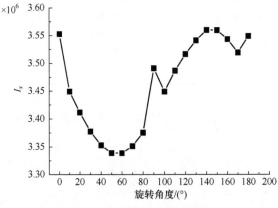

图 17-20 集料的惯量 I_x

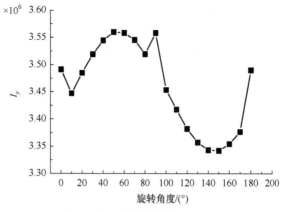

图 17-21　集料的惯量 I_y

根据所得数据，计算所有集料断面图像旋转不同角度后惯量 I_x、I_y 的均值 $\overline{I}_x$、$\overline{I}_y$ 及均匀性系数 V_x、V_y，求得 $\overline{I}_x = \overline{I}_y = 3.46 \times 10^6$，$V_x = V_y = 0.98$。显然，根据几何知识不难理解，图像旋转 180° 后集料对两个坐标轴的惯量 I_x 和 I_y 具有相关性，因此在后文的计算中只使用惯量 I_x。

沥青混合料芯样断面图像沿顺时针方向旋转，并且每旋转 10° 计算一次该档集料对两个坐标轴的惯量 I_x^S，也就是分别计算图像在旋转 10°、20°、30°、…、180° 后的 I_x^S，部分结果见图 17-22。

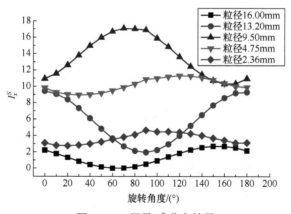

图 17-22　惯量 I_x^S 分布结果

粒径为 2.36～4.75mm 和大于 16.00mm 的两档集料关于 x 轴的惯量较小，粒径为 9.50～13.20mm 的集料关于 x 轴的惯量最大，这关系到集料颗粒的面积总和，也就是混合料的粒径分布从根本上取决于沥青混合料的设计配合比；粒径为 2.36mm、4.75mm 和 16.00mm 的三档集料在断面图像绕中心旋转的过程中起伏较小，这说明这三档集料分布较其他粒径的集料均匀。

进一步根据上述数据和计算公式对各档集料的均匀性进行量化分析。因为旋转 180°后每一档集料关于两个坐标轴的惯量都是相关的，仅用集料关于 x 轴的惯量就足以表征集料的分布情况，所以规定：

$$I = I_x \tag{17-18}$$

$$I^S = I_x^S \tag{17-19}$$

$$V = V_x \tag{17-20}$$

$$V^S = V_x^S \tag{17-21}$$

式中，I 为图像中所有集料的惯量；I^S 为图像中粒径为 S 的集料惯量；V 为图像中所有集料的均匀性系数；V^S 为图像中粒径为 S 的集料均匀性系数。

根据上述公式，计算得出不同粒径集料的惯量：$I^{2.36} = 361448$，$I^{4.75} = 1014767$，$I^{9.50} = 1358966$，$I^{13.20} = 585710$，$I^{16.00} = 140540$；不同粒径集料的均匀性系数：$V^{2.36} = 0.82$，$V^{4.75} = 0.92$，$V^{9.50} = 0.82$，$V^{13.20} = 0.53$，$V^{16.00} = 0.30$。集料惯量 I 和均匀性系数 V 的分布结果如图 17-23 所示。

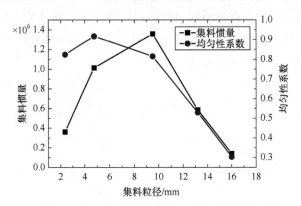

图 17-23　集料惯量 I 和均匀性系数 V 的分布结果

17.2.3　沥青路面芯样竖向均匀性分析方法

沥青混合料的均匀性是混合料中集料和空隙分布状况的一种体现，一个均匀的沥青混合料体系能够真实地反映混合料的温度稳定性、水稳定性及疲劳和老化特性。不均匀的沥青混合料体系，其实验室及现场试验的诸多性能参数和指标很难准确详细地描述相关性能。

1. 沥青混合料芯样纵断面图像集料信息提取

对一个高约 140mm、直径约 100mm 的 AC-13 路面芯样进行分析,对沥青混合料断面图像中集料的分布进行统计分析,得出集料的分布统计表,根据集料数量的离散程度定义混合料的竖向均匀程度。

为了研究沥青混合料的竖向均匀性,先通过 CT 或者数码相机拍摄的方法获得沥青混合料路面芯样的纵断面图像,见图 17-24;利用数字图像处理技术对图像进行灰度化、图像增强、阈值分割等处理,得到集料和沥青砂浆的二值化图,然后通过 Image-Pro Plus 软件提取等效粒径大于 2.36mm 的集料分布,如图 17-25所示。

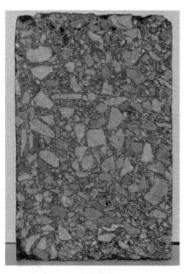 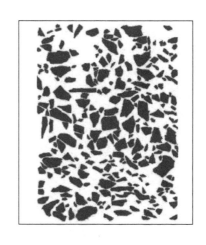

图 17-24　沥青混合料路面芯样纵断面图像　图 17-25　等效粒径大于 2.36mm 的集料分布

不同粒径的集料颗粒聚集到一起,很难判断总体的离散程度和均匀程度。为了更准确地描述集料的分布情况,先将集料按照等效粒径的不同进行分离。为了提高数字图像处理过程中集料获取的精度,只提取等效粒径大于 2.36mm的集料颗粒。然后,将获得的集料按等效粒径分为 2.36～4.75mm、4.75～9.50mm、大于 9.50mm 三档。由于采用了 AC-13 型沥青混合料,图像中等效粒径大于 13.20mm 的集料仅有一个,无法定义它的均匀性,因此将其归为大于9.50mm 档,分布如图 17-26～图 17-29 所示。其他沥青混合料的分类方法可以根据集料公称粒径的不同进行区分,由于粗集料数量较少,建议将大于公称最大粒径的集料归为下一档。

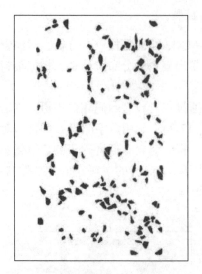

图 17-26　等效粒径为 2.36～4.75mm 的
集料分布

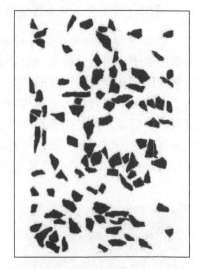

图 17-27　等效粒径为 4.75～9.50mm 的
集料分布

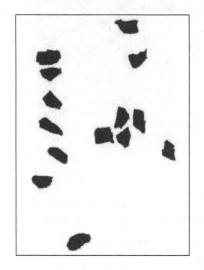

图 17-28　等效粒径为 9.50～13.20mm 的
集料分布

图 17-29　等效粒径大于 13.20mm 的
集料分布

　　将沥青混合料断面图像中的集料完全分离出来之后，利用数字图像处理软件提取图像的数字信息，图像数字信息包括图像中集料的数量、集料的面积和集料几何中心的坐标位置。由于细集料的数量较多，在进行数字信息提取时应注意集料颗粒图像粘连的情况。出现相邻集料粘连，应及时通过图像处理软件中的"SPLIT"命令进行分离，否则集料粘连后面积增大，该档集料的数量减少，直接影响整个试件集料数字信息的准确性。

2. 竖向均匀性系数计算

对于分离后的各档集料，提取等效粒径为 2.36mm、4.75mm 及大于 9.50mm 三组集料的数字信息。根据获取的集料等效粒径和集料几何中心的坐标信息，绘制集料形心分布散点图。图 17-30 是试件竖向断面图像中等效粒径为 2.36～4.75mm 集料的形心分布散点图。

根据试件的尺寸特征，将竖向断面图像划分成 20mm×20mm 的网格，如图 17-31 所示，并统计每个方格包含的集料数量，如表 17-9 所示。

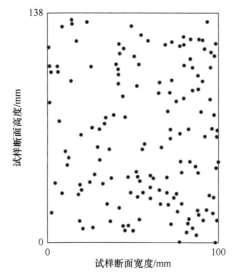

图 17-30 等效粒径为 2.36～4.75mm 集料的形心分布

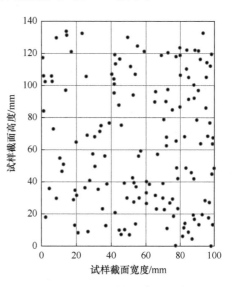

图 17-31 集料形心分布图的网格划分

表 17-9 集料数量分布

列数	行数				
	1	2	3	4	5
1	4	1	3	2	4
2	5	1	8	4	7
3	2	0	3	6	4
4	2	5	1	4	7
5	3	4	4	3	5
6	4	5	9	9	2
7	2	3	5	3	12

图 17-30 和图 17-31 直观地反映了芯样断面上等效粒径为 2.36～4.75mm 集料分布的均匀程度，为了量化其分布均匀特性，对图 17-31 中网格区域内的集料进行统计，并定义断面图像竖向均匀性系数：

$$S_a = 1 - \sqrt{\frac{1}{ij} \sum \left(k_{ij} - \sum k_{ij} / ij \right)^2} \Bigg/ \sum k_{ij} / ij \qquad (17\text{-}22)$$

式中，S_a 为沥青混合料竖向均匀性系数；k_{ij} 表示第 i 行、第 j 列方格的集料数量。

针对沥青混合料集料分布均匀性，提出新的表征指标和方法，用竖向均匀性系数 S_a 表征芯样断面上粒径为 a 的集料分布情况，计算得出 $S_{2.36} = 0.38$。该指标数值越大，说明沥青混合料中集料的竖向分布越均匀；数值越小，表明集料竖向分布越集中。由于粒径处于 2.36～4.75mm 的集料数量较多，统计这些集料的形心坐标能够很好地反映该档集料的离散情况。粒径大于 9.50mm 的集料数量较少，并且此时随着集料粒径的增大，数量越来越少，为了防止统计少量的大粒径集料均匀性时出现误差，将大于 9.50mm 的集料一起统计分析。

基于数字图像处理技术选用数量分布和位置分布这两个沥青混合料集料的分布状态参数，可以很好地定量评价沥青混合料的均匀程度；沥青路面的均匀程度可以通过沥青混合料均匀性系数等指标来反映，一般情况下，随着集料公称最大粒径增大，沥青混合料均匀程度变差。

17.3　多孔沥青混合料堆积结构的空隙分布特征

空隙是沥青混合料的固有特征，直接影响路面的路用性能和长期使用性能。目前采用的沥青混合料设计方法中只有空隙率(VV)、粗集料骨架间隙率(VCA)、矿料间隙率(VMA)等参数，而这些参数并不能客观地反映沥青混合料空隙的所有内涵和外延，导致不能解释实践中出现的许多问题的深层原因。因此，选用空隙率较大的多孔沥青混合料作为载体，对沥青混合料的空隙空间信息进行深入研究，以揭示空隙之于沥青混合料的本质属性和内在规律。

17.3.1　多孔沥青混合料空隙分布描述的基本参数

1. 空隙率与连通空隙率

空隙是指混合料总体积扣除固体骨架所占体积后的剩余部分，由三部分组成，分别是全连通空隙、半连通空隙和封闭非连通空隙。从排水角度看，空隙连通情况又分为面内连通和面外连通，面内连通如图 17-32 所示。全连通空隙可以有效排水，而对于非连通情况，还需要考察面外(三维空间)的情况，有可能在面外连通时空隙有效，有可能在面外不连通时空隙无效。面外连通的研究及测量更为复杂。从另外的角度看，空隙又分为有效空隙和无效空隙。空隙率是全部空隙体积占混合料总体积的百分比，有效空隙率则是指有效空隙体积占混合料总体积的百分比。

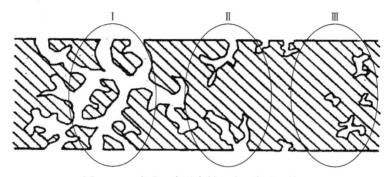

图 17-32 多孔沥青混合料空隙面内连通情况
Ⅰ为全连通空隙；Ⅱ为半连通空隙；Ⅲ为封闭非连通空隙

多孔沥青混合料密度根据式(17-23)求得。用天平以 0.1g 精度称量干燥试件的重量，然后用卡尺以 0.1mm 精度量取试件的直径与厚度，直径选 2 个方位测量，厚度按交互 90°测 4 个数据，各取均值用式(17-23)进行密度计算：

$$试件的密度 = \frac{M_s}{A \times H} \left(g \,/\, cm^3 \right) \tag{17-23}$$

式中，M_s 为试件的重量，g；A 为试件的断面面积，cm^2；H 为试件的平均厚度，cm。

试件的空隙率计算方法为

$$VV = 1 - \frac{\rho_m}{\rho_t} \times 100\% \tag{17-24}$$

式中，VV 为试件的空隙率，%；ρ_m 为试件的密度，g/cm^3；ρ_t 为试件的理论最大密度，g/cm^3。

多孔沥青路面的排水性能取决于其有效空隙率，也称连通空隙率。连通空隙率越大，排水性能越好，所以在测试马歇尔试件空隙率的同时，对其连通空隙率也进行了测试，具体步骤及方法如下：

(1) 测得马歇尔试件的毛体积 $V(cm^3)$ 与试件的干重 $G(g)$；

(2) 将试件置于常温水中约 1min，测定其在水中的质量 $C(g)$；

(3) 按照式(17-25)计算试件的连通空隙率。

$$V_t = (V - C') \,/\, V \times 100\% \tag{17-25}$$

式中，C' 为集料与独立空隙的体积，cm^3，$C' = (G - C) / r_w$，r_w 为常温下水的密度，$r_w \approx 1.0 g/cm^3$。

2. 空隙等效粒径

空隙直径是空隙的名义直径，是一个平均或等效的概念。混合料中的空隙构造极其复杂，为了便于研究，通过修正将其复杂的空隙形状简化成横截面为圆形的当量圆(图 17-33)，其表征参数有最大空隙直径、平均空隙直径、空隙直径分布等。空隙直径及其分布对多孔材料的渗透性能和力学性能有较大影响。采用空隙等效粒径来表征空隙的大小，其计算方法为

$$d = 2 \times \sqrt{\frac{\sum_{i=1}^{n} A_i}{N_i \times \pi}} \tag{17-26}$$

式中，d 为沥青混合料的空隙等效粒径，mm；A_i 为二维 CT 图像中的单个空隙面积，mm^2；N_i 为二维 CT 图像中的空隙数量，个。

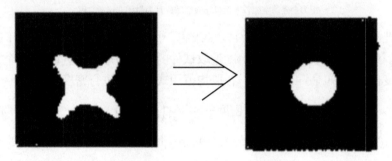

图 17-33　空隙形状简化为当量圆
白色部分为空隙

3. 空隙数量

在二维 CT 图像中对空隙进行阈值分割，再在试件高度方向上对二维 CT 图像中的空隙进行加权平均，得到空隙数量，其计算方法如下：

$$N_{\text{v}} = \frac{\sum_{i=1}^{n} N_{\text{v}i}}{n} \tag{17-27}$$

式中，N_{v} 为沥青混合料中的空隙数量，个；$N_{\text{v}i}$ 为二维 CT 图像中的空隙数量，个；n 为沥青混合料试件中二维 CT 图像的数量，个。

4. 空隙分形维数

空隙分形维数包括空隙轮廓分形维数和空隙面积分形维数，采用空隙分形维数对空隙的复杂程度进行描述。二维 CT 图像中空隙分形维数具体计算采用分形

理论中的"盒子计数法"，即将混合料的 CT 二维图像划分为边长为 r 的单元，然后记下图像中至少包含正方形的盒子数 N，改变单元的边长 r 又可得到新的正方形盒子数 N，于是可得正方形的盒子数 N 与单元的边长 r 的关系，$N(r) \sim r^{-D}$。这种关系若在双对数坐标上表现为直线关系，其负斜率即为分形维数。

沥青混合料空隙轮廓分形维数与空隙面积分形维数计算如下：

$$D_{\mathrm{p}} = \frac{\sum\limits_{i=1}^{n} D_{\mathrm{p}i}}{n} \tag{17-28}$$

$$D_{\mathrm{a}} = \frac{\sum\limits_{i=1}^{n} D_{\mathrm{a}i}}{n} \tag{17-29}$$

式中，D_{p} 为沥青混合料的空隙轮廓分形维数；$D_{\mathrm{p}i}$ 为二维 CT 图像中空隙轮廓分形维数；D_{a} 为沥青混合料的空隙面积分形维数；$D_{\mathrm{a}i}$ 为二维 CT 图像中空隙面积分形维数；n 为沥青混合料试件二维 CT 图像的数量，个。

17.3.2　多孔沥青混合料 CT 图像解析

1. 多孔沥青混合料 CT 图像二维解析

采用多孔沥青混合料单张 CT 图像作为计算实例，其原始图像和阈值处理图像分别见图 17-34 和图 17-35，空隙特征提取图像见图 17-36，该试件目标空隙率为 20%。对图片进行提取分析与计算，可得到空隙属性分析数据，包括每个空隙的面积、周长与等效粒径等(表 17-10)。处理过程中，混合料原始图像的分辨率为 1mm，等于 2.56 像素。

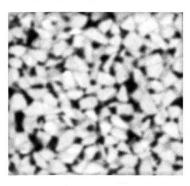

图 17-34　CT 原始图像

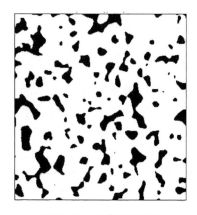

图 17-35　阈值处理图像

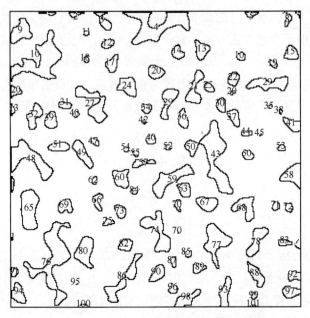

图 17-36　空隙特征提取图像

表 17-10　多孔沥青混合料 CT 图像空隙数据统计

指标	数值
图像编号	20052369
空隙数量/个	101
平均空隙面积/mm²	27.540
平均空隙周长/mm	22.045
平均等效粒径/mm	5.023
空隙率/%	20.00

2. 多孔沥青混合料 CT 图像空间解析

采用 CT 设备对切割的车辙板试件(尺寸 15cm×15cm)进行扫描,高度为 5cm,扫描间隔为 2mm。试件两端部会有一定的不平整,导致部分图像无效,因此采用高度 8~38mm 处共 16 张图像进行分析,得到的结果见表 17-11。

表 17-11　多孔沥青混合料试件中空隙参数汇总

高度/mm	图像编号	空隙数量/个	空隙率/%	周长分形维数	面积分形维数	空隙等效粒径/mm
8	1	68	0.282	1.148	1.0082	8.533
10	2	85	0.245	1.1513	0.9975	7.152

续表

高度/mm	图像编号	空隙数量/个	空隙率/%	周长分形维数	面积分形维数	空隙等效粒径/mm
12	3	88	0.262	1.1415	1.0005	7.287
14	4	91	0.250	1.1895	1.0051	6.955
16	5	90	0.218	1.1420	0.9973	6.520
18	6	101	0.200	1.1434	0.9891	5.922
20	7	105	0.199	1.1489	0.9936	5.761
22	8	107	0.202	1.1658	0.9988	5.773
24	9	110	0.191	1.2055	1.0069	5.511
26	10	93	0.199	1.1905	1.0141	6.137
28	11	86	0.223	1.1780	1.0074	6.769
30	12	91	0.232	1.1935	1.0124	6.701
32	13	90	0.232	1.1703	1.0043	6.735
34	14	103	0.217	1.1657	0.9944	6.046
36	15	97	0.206	1.1724	0.9948	6.116
38	16	95	0.217	1.1520	0.9918	6.333

注：周长分形维数通常指通过测量对象周长计算的分形维数。

17.3.3　空隙级配分析与分形表达

1. 空隙级配分析

空隙级配是指空隙直径的大小分布，主要指空隙直径分布比例。混合料在荷载作用下，随着骨架结构的变形，空隙结构及其分布都会受到影响，空隙级配也将发生变化。多孔沥青混合料空隙级配如表 17-12 和图 17-37 所示，可以看出，空隙等效粒径主要分布在 $1\text{mm}<d\leqslant4\text{mm}$，占空隙总面积的 66%，且这个范围内的空隙数量也最多。其中，等效粒径在 $1\text{mm}<d\leqslant2\text{mm}$ 的空隙占总面积的 20%，等效粒径在 $2\text{mm}<d\leqslant3\text{mm}$ 的空隙占总面积的 25%，等效粒径在 $3\text{mm}<d\leqslant4\text{mm}$ 的空隙占总面积的 21%。

表 17-12　多孔沥青混合料空隙级配分析

等效粒径/mm	空隙数量/个	面积/mm²	占比/%
$d\leqslant1$	11	6.260	2
$1<d\leqslant2$	35	51.219	20
$2<d\leqslant3$	26	65.736	25
$3<d\leqslant4$	15	52.672	21
$4<d\leqslant5$	6	27.391	11
$5<d\leqslant6$	4	21.737	9
$6<d\leqslant7$	1	6.919	3
$7<d\leqslant8$	3	21.780	9

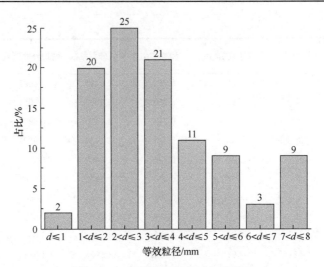

图 17-37　多孔沥青混合料空隙级配

2. 空隙分形表达分析

采用分形理论中的盒子计数法，计算多孔沥青混合料空隙的分形维数，结果见图 17-38。其中，空隙的轮廓分形维数为 1.1434，空隙的面积分形维数为 0.9891。可以采用分形维数来评价空隙的复杂程度，分形维数越大，说明空隙的复杂程度越高。此外，根据分形理论，二维空间中分形维数应满足 $1<D<2$，图 17-38 中的空隙轮廓分形维数满足要求，而面积分形维数不满足要求，但都十分接近 1，具体原因有待进一步研究。

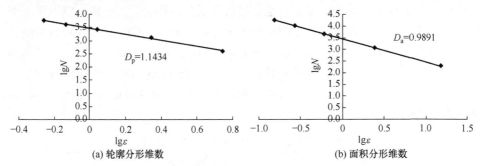

(a) 轮廓分形维数　　　　　　　　　　(b) 面积分形维数

图 17-38　多孔沥青混合料空隙的分形维数计算结果

ε 为单元边长，单位为 mm

17.3.4　多孔沥青混合料堆积结构的空隙横向分布特征

为了了解多孔沥青混合料空隙横向分布情况，采用马歇尔试件(代号为 G3-1)进行横向 CT，扫描位置如图 17-39 所示。扫描间隔为 2mm，抽取试件高度方向

上中间部位的两张原始图像，进行阈值处理与空隙特征提取，结果见图 17-40 和
图 17-41。

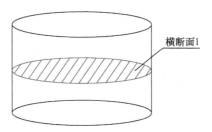

图 17-39　横向扫描位置示意图

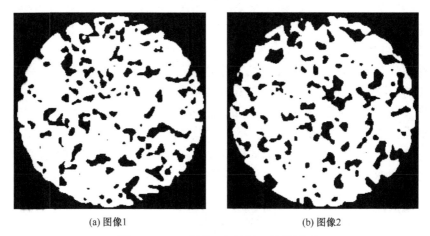

(a) 图像1　　　　　　　　　　　　　(b) 图像2

图 17-40　CT 图像经阈值处理的效果图

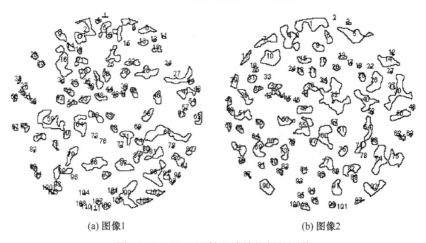

(a) 图像1　　　　　　　　　　　　　(b) 图像2

图 17-41　G3-1 试件空隙特征提取图像

图 17-40 中图像 1 与图像 2 经处理后，得到的空隙分布参数见表 17-13。

表 17-13　G3-1 试件 CT 图像空隙分布参数

图像编号	高度/mm	空隙数量/个	空隙率/%	空隙轮廓分形维数	空隙面积分形维数	空隙等效粒径/mm
1	30	108	19.4	1.1146	1.0013	4.142
2	40	98	21.6	1.1073	0.9885	4.584

从表 17-13 空隙分形维数可以看出，空隙轮廓分形维数大于空隙面积分形维数，且图像 1 的空隙轮廓分形维数与空隙面积分形维数均大于图像 2，表明图像 1 中空隙分布情况比图像 2 更复杂。此外，图像 2 的空隙率大于图像 1 的空隙率，因此在空隙数量相差不大的情况下，图像 2 的空隙等效粒径大于图像 1 的空隙等效粒径。

横向分布中，图像 1 与图像 2 的空隙级配见图 17-42。从图中可以看出：图像 1 的空隙等效粒径主要分布在 3mm$<d\leqslant$6mm，占全部空隙的 50.9%；图像 2 的空隙等效粒径主要分布在 4mm$<d\leqslant$9mm，占全部空隙的 69.1%。同时，两张图像中空隙等效粒径小于 3mm 的占比基本保持一致，上述两个现象与图像 2 的空隙率大于图像 1 的空隙率是相匹配的。此外，图像 2 中的最大空隙等效粒径也比图像 1 中要大。

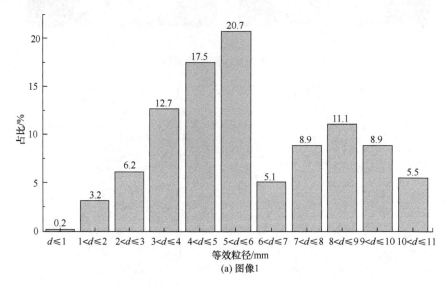

(a) 图像1

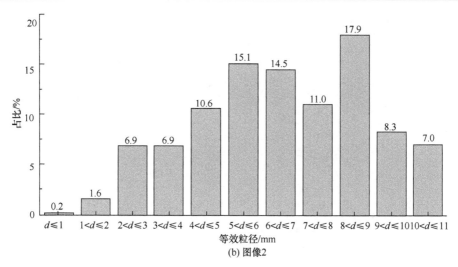

图 17-42　横向分布中的空隙级配

图 17-42(a)和(b)来自同一个试件，但空隙的参数有出一些不同。由此可以说明，在试件不同高度方向上，空隙的分布呈现不均匀性。

17.3.5　多孔沥青混合料堆积结构的空隙竖向分布特征

为了了解多孔沥青混合料空隙竖向分布情况，采用马歇尔试件 G3-1 进行 CT，扫描间隔为 2mm，扫描位置如图 17-43 所示。分别对图中的 6 个截面进行扫描，其空隙特征提取图像见图 17-44。

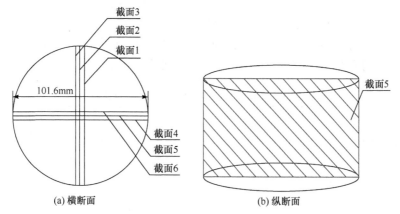

图 17-43　多孔沥青混合料纵断面扫描位置示意图

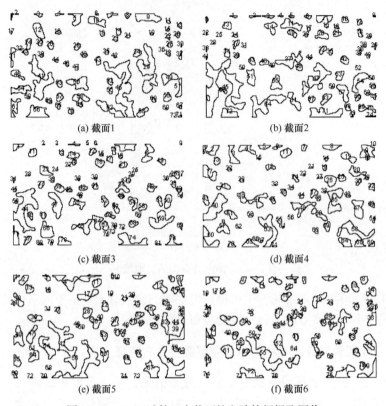

(a) 截面1　　　　　　　　　　(b) 截面2

(c) 截面3　　　　　　　　　　(d) 截面4

(e) 截面5　　　　　　　　　　(f) 截面6

图 17-44　G3-1 试件 6 个截面的空隙特征提取图像

从图 17-44 空隙特征提取图像可知，竖向截面中未见面内连通空隙，大部分是封闭的非连通空隙，且大于试件高度一半的半连通空隙在一些试件中有所显现，同时这些半连通空隙均靠近试件两侧，这可能与试件的成型方法有关。对图 17-44 中的空隙分布参数进行处理，得到结果见表 17-14。

表 17-14　竖向分布 CT 图像的空隙分布参数

图像编号	空隙率/%	空隙数量/个	空隙轮廓分形维数	空隙面积分形维数
截面 1	22.2	68	1.1473	1.0041
截面 2	21.8	74	1.1474	1.0024
截面 3	19.1	84	1.1389	0.9974
截面 4	19.9	68	1.1581	1.0127
截面 5	20.4	73	1.1521	1.0071
截面 6	17.7	75	1.1562	1.0174

从表 17-14 中可以看出，6 个截面的空隙轮廓分形维数大于空隙面积分形维

数。对比 G3-1 试件空隙的竖向分布与横向分布情况可以看出，G3-1 试件空隙的竖向分布参数如空隙率、空隙轮廓分形维数、空隙面积分形维数，均比横向分布的参数大。此外，竖向除截面 3 的分形维数较小外，其余截面的空隙轮廓分形维数都在 1.147 以上，明显大于横向的空隙轮廓分形维数。

由于试件竖向的断面面积比横向的要小，因此空隙数量没有对比性，但是经过等效面积换算之后，竖向的空隙数量与横向基本一致。

图 17-45 为截面 2 与截面 5 的空隙级配。结合图 17-44 可以看出：截面 5 空隙等效粒径分布范围较小，主要分布在 4mm<d≤8mm，占全部空隙的 57.4%；截面 2 的空隙等效粒径分布范围较大，最大的一个空隙为半连通空隙，占总空隙的 20.9%。对比图 17-42 可以得知，马歇尔试件中竖向空隙等效粒径的最大值比横向要大，且竖向有大空隙存在。

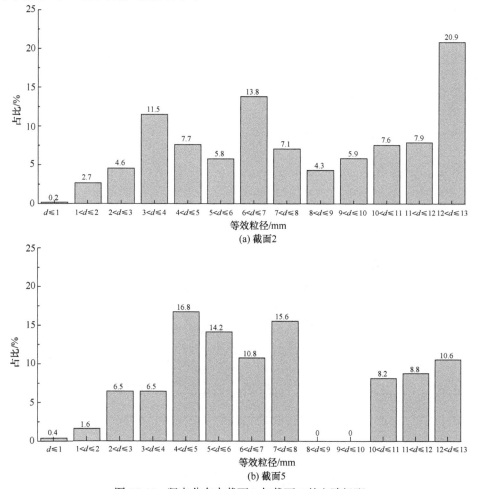

图 17-45　竖向分布中截面 2 与截面 5 的空隙级配

17.3.6 多孔沥青混合料堆积结构的空隙空间分布特征

为了了解沥青混合料空隙率空间分布情况, 采用马歇尔试件 G3-1 进行横断面扫描, 扫描方式为每隔 2mm 进行逐层扫描, 得到的空隙分布参数见表 17-15。

表 17-15 横断面扫描空隙分布参数汇总

图像编号	试件高度/mm	空隙数量/个	空隙率/%	空隙轮廓分形维数	空隙面积分形维数	空隙等效粒径/mm
1	8	97	15.1	1.1152	0.9924	3.853
2	10	89	13.2	1.1252	0.9982	3.756
3	12	84	11.9	1.1366	0.9994	3.682
4	14	83	11.3	1.1041	0.9793	3.607
5	16	84	8.5	1.1234	0.9981	3.100
6	18	90	10.7	1.1196	0.9990	3.366
7	20	104	13.1	1.1258	0.9985	3.468
8	22	111	13.9	1.1474	1.0011	3.455
9	24	118	15.4	1.1475	1.0025	3.524
10	26	118	17.1	1.1256	0.9960	3.713
11	28	103	18.9	1.1155	1.0043	4.180
12	30	108	19.4	1.1146	1.0013	4.142
13	32	97	21.1	1.1171	1.0062	4.550
14	34	108	21.1	1.1282	1.0148	4.312
15	36	115	21.2	1.1281	1.0044	4.191
16	38	94	21.3	1.1189	0.9891	4.643
17	40	98	21.6	1.1073	0.9885	4.584
18	42	95	22.4	1.1221	0.9965	4.743
19	44	92	21.5	1.1207	1.0045	4.723
20	46	103	20.1	1.1283	1.0035	4.312
21	48	101	22.1	1.1340	1.0042	4.564
22	50	92	21.1	1.1112	1.0005	4.675
23	52	94	19.3	1.1248	1.0060	4.423
24	54	83	21.8	1.1042	0.9856	5.008
25	56	67	28.6	1.1312	0.9944	6.376
平均值		97	18.1	1.1231	0.9987	4.198

1. 空隙率的空间分布规律

试件 G3-1 空隙率随试件高度的分布见图 17-46。从图 17-46 可以看出, 混合料上部空隙率较小,下部空隙率较大。分析其原因,主要是试件在制备过程中混合料拌和不均匀,混合料上部细集料偏多,下部细集料偏少。同时,在 16mm 处空隙率出现最小值 8.5%,与目标空隙率相差较大,从混合料排水的角度分析,此处极有可能成为混合料的排水"瓶颈"。在混合料的底部,空隙率最大为 28.6%,此处空隙应为试件的表面空隙,主要是因为下部粗集料偏多,试件下表面空隙较多。此外,试件中间部位 28~54mm 处,空隙率基本保持在 19%~22%,空隙分布比较均匀,与目标空隙率 19.1%比较接近,空隙分布状况比较理想。

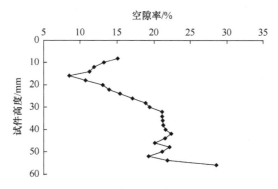

图 17-46 空隙率在试件高度方向的分布

2. 空隙等效粒径的空间分布规律

试件 G3-1 中各空隙等效粒径在试件高度方向的分布情况见图 17-47。从图 17-47 可以看出,空隙等效粒径的分布情况基本上与空隙率分布情况一致。空隙等效粒径的平均值为 4.198mm,等效粒径主要分布在 3.1~5.0mm,在试件的底部,空隙等效粒径出现最大值6.376mm。观察试件下表面可以得知,底部的表面空隙比较多,因此其空隙等效粒径较大。

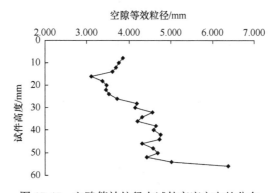

图 17-47 空隙等效粒径在试件高度方向的分布

3. 空隙数量的空间分布规律

多孔沥青混合料试件 G3-1 空隙数量随试件高度的分布情况见图 17-48。从图 17-48 可以看出，混合料中部空隙数量较多，上部和底部空隙数量较少。具体分布情况：在 8～14mm 处，空隙数量呈递减趋势；在 14～26mm 处，空隙数量逐渐增加到最大值 118 个；在 26～46mm 处，空隙数量总的分布趋势减少，空隙数量相对比较稳定且有小幅波动；在 46～56mm 处，空隙数量逐渐减少到最小值 67 个。

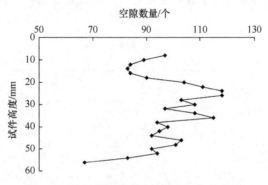

图 17-48　空隙数量在试件高度方向的分布

4. 空隙分形维数的空间分布规律

多孔沥青混合料试件 G3-1 空隙分形维数随高度的分布情况见图 17-49。从图 17-49 中可以看出，空隙轮廓分形维数(D_p)比面积分形维数(D_a)大，面积分形维数分布在 0.9793～1.0148，轮廓分形维数分布在 1.1041～1.1475，两者的分布规律表现出一致性。

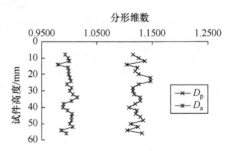

图 17-49　空隙分形维数在试件高度方向的分布

5. 多孔沥青混合料空隙级配分析

根据试件的 CT 图像，还可以得到空隙级配。以试件 G3-1 为例，在试件垂直方向上，每隔 10mm 采集一张 CT 图像，可以得到试件的空隙级配，如图 17-50 所示，横坐标为空隙等效粒径(mm)，纵坐标为通过该处空隙等效粒径的通过率(%)。

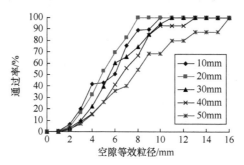

图 17-50　试件 G3-1 的空隙级配曲线

由 10～50mm 高度处五张 CT 图像的空隙级配曲线(图 17-50)可以得知，除 20mm 处的空隙等效粒径外，试件从上往下，空隙等效粒径呈递增规律，此变化规律与该试件空隙率分布(图 17-46)和空隙等效粒径分布(图 17-47)的变化规律相似。空隙等效粒径的最大值是 16mm，试件 G3-1 采用的是 OGFC-13，其最大粒径是 16mm。分析其原因可以得知，最大粒径的集料形成的最大空隙不能超过最大粒径的尺寸，因此图中最大空隙等效粒径 16mm 是合理值。

17.4　多孔沥青混合料堆积结构的空隙分布特征影响因素

17.4.1　矿料级配对多孔沥青混合料空隙分布特性的影响

1. 不同级配多孔沥青混合料空隙分布特性

为了分析不同级配和同一级配不同试件对空隙分布的影响，针对 5 种不同级配的试件进行空隙特征提取，其结果如图 17-51 和表 17-16 所示。图 17-52～图 17-54 分别为空隙率、空隙等效粒径、空隙数量在试件高度方向上的分布。

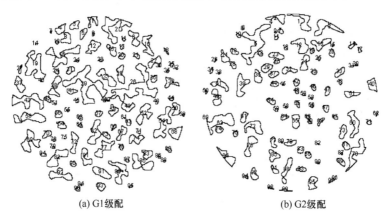

(a) G1级配　　　　　　　　　　　(b) G2级配

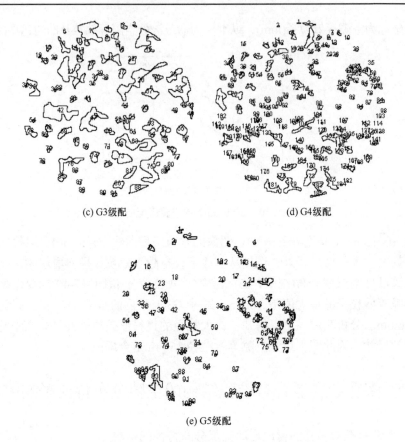

(c) G3级配　　　　　　　　　(d) G4级配

(e) G5级配

图 17-51　不同级配试件空隙特征提取图像

表 17-16　不同级配试件空隙分布影响参数

级配	试件编号	空隙率/%	空隙平均等效粒径/mm	空隙等效粒径范围/mm	平均空隙数量/个	空隙轮廓分形维数 D_p	空隙面积分形维数 D_a	空隙率竖向分布标准差	混合料均匀性排序
G1	G1-1	25.0	4.9	4.2~5.6	102	1.0984	0.9966	2.08	4
G2	G2-1	23.7	5.1	4.1~5.5	86	1.0805	0.9918	3.08	5
G3	G3-1	19.1	4.2	3.1~5.0	97	1.1231	0.9987	4.70	7
G3	G3-2	18.8	4.3	3.9~4.8	99	1.1245	1.0014	1.28	2
G3	G3-3	18.9	4.5	3.6~5.4	89	1.1176	1.0014	3.37	6
G4	G4-1	13.6	2.434	2.1~2.6	215	1.2583	1.0134	1.27	1
G5	G5-1	4.0	2.01	1.5~2.9	101	1.2964	1.0004	1.89	3

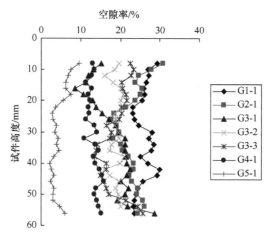

图 17-52 不同级配试件空隙率的分布

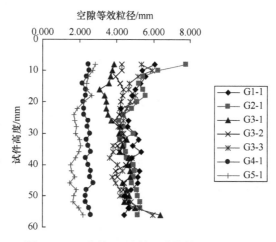

图 17-53 不同级配试件空隙等效粒径的分布

结合表 17-16 与图 17-52、图 17-53 可以看出，混合料空隙率越大，空隙等效粒径也越大。试件 G1-1 的空隙率在上部和中间较大，G2-1、G3-3 和 G5-1 上部与下部空隙率较大，中间较小；级配 G3 的三个试件变化各异，试件 G3-1 上部空隙率较小，下部空隙率较大，且在高度方向上 16mm 处，空隙率最小，只有8.5%，远小于其目标空隙率 19.1%，极有可能成为该试件排水性能的"瓶颈"。通过观察试件外观，可以看出该试件出现了较为严重的离析现象，上部粗集料较多，下部细集料较多，由此导致空隙率竖向分布不均匀。试件 G3-2 空隙率上下比较均匀，但是整个试件的空隙率在高度方向上波动比较大。试件 G4-1 空隙率上部分布最均匀。从以上 7 个试件的空隙率分布情况可以看出，空隙率在试件高度方向上并没有明显的规律。

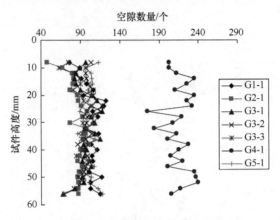

图 17-54　不同级配试件空隙数量的分布

　　此外，通过表 17-16 可以看出，试件 G3-1 空隙率竖向分布标准差最大，试件 G4-1 空隙率竖向分布标准差最小，混合料最均匀，由此可以把空隙率竖向分布标准差作为混合料离析评价指标。

　　从表 17-16 与图 17-54 可以看出，除试件 G4-1 平均空隙数量较多外，其余试件平均空隙数量比较少，在 86～102，且同一级配(G3)不同试件的空隙数量变化也较小。由此可以看出，在空隙率相差不大时，空隙数量没有明显的差别。

　　运用分形理论对多孔沥青混合料空隙分布进行研究，用空隙轮廓分形维数和面积分形维数两个参数对混合料内部空隙进行描述，结果分别如图 17-55 和图 17-56 所示。从图 17-55 和图 17-56 可以看出，空隙轮廓分形维数和面积分形维数在试件高度上变化比较复杂，但是两参数的变化趋势具有一致性。

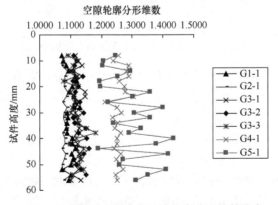

图 17-55　多孔沥青混合料空隙轮廓分形维数分布

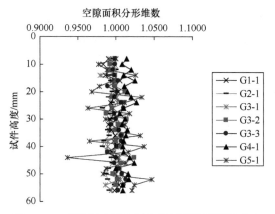

图 17-56　多孔沥青混合料空隙面积分形维数分布

空隙分形维数见表 17-16，可以看出，随着试件空隙率的增大，空隙轮廓分形维数基本呈增大趋势，见图 17-57，可以建立如下关系式：

$$VV = -98.779D_p^2 + 157.22D_p - 31.491 (R^2 = 0.8785)\qquad(17\text{-}30)$$

式中，VV 为空隙率，%；D_p 为空隙轮廓分形维数，$1 < D_p < 2$。

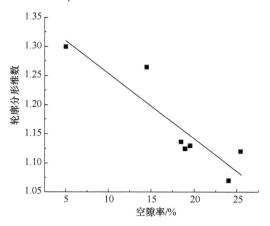

图 17-57　空隙率与空隙轮廓分形维数关系

空隙面积分形维数与空隙率之间没有明显的规律可循。同时，从级配 G3 的三个试件可以看出，空隙率比较接近，空隙轮廓分形维数与面积分形维数也十分接近。由此可以说明，在空隙率大小比较接近的情况下，空隙分布的复杂程度相当。

2. 多孔沥青混合料空隙横向分布与竖向分布的对比分析

为了分析多孔沥青混合料空隙横向分布与竖向分布的区别，采用级配 G3，分别对试件 G3-1、G3-2、G3-3 进行横断面扫描和纵断面扫描。横断面扫描是为了研究混合料中空隙竖向分布特征，纵断面扫描是为了研究混合料中空隙横向分布特征，扫描方式如前所述。3 个试件的分析参数见表 17-17。

表 17-17　多孔沥青混合料竖向空隙与横向空隙分布比较

级配	试件编号和方向	空隙率/%	空隙等效粒径/mm
G3	G3-1 竖向	19.1	4.198
	G3-1 横向		4.425
	G3-2 竖向	18.8	4.293
	G3-2 横向		4.647
	G3-3 竖向	18.9	4.520
	G3-3 横向		4.475

　　多孔沥青混合料三个试件的横向空隙率均大于纵向空隙率，且试件 G3-1 与 G3-2 横向的空隙平均等效粒径都大于纵向空隙平均等效粒径，试件 G3-3 的该参数也非常接近。由此可见，多孔沥青混合料横向排水能力大于纵向排水能力。

17.4.2　压实功对多孔沥青空隙分布特性的影响

　　为了研究压实功对空隙分布的影响，采用级配 G3，制作三个标准的马歇尔试件 G3-1、G3-2、G3-3[图 17-58(a)]，与一个双面击实 75 次的马歇尔试件 G3-4 进行对比分析。通过图像处理，其空隙特征提取图像见图 17-58，空隙参数汇总结果见表 17-18，空隙率、空隙等效粒径、空隙数量在试件高度方向上的分布分别见图 17-59～图 17-61。

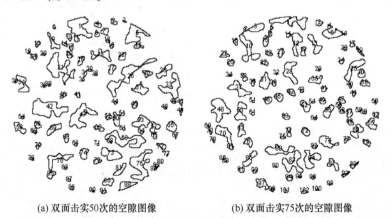

(a) 双面击实50次的空隙图像　　　　　　(b) 双面击实75次的空隙图像

图 17-58　不同击实次数试件的空隙特征提取图像

表 17-18　不同击实次数试件的空隙分布影响参数

试件编号	空隙率/%	空隙平均等效粒径/mm	空隙等效粒径范围/mm	平均空隙数量/个	空隙轮廓分形维数 D_p	空隙面积分形维数 D_a	空隙率竖向分布标准差	混合料均匀性排序
G3-1	19.1	4.2	3.1~5.0	97	1.1231	0.9987	4.70	4
G3-2	18.8	4.3	3.9~4.8	99	1.1245	1.0014	1.28	1
G3-3	18.9	4.5	3.6~5.4	89	1.1176	1.0014	3.37	3
G3-4	18.9	4.4	4.3~5.0	94	1.1178	1.0017	2.37	2

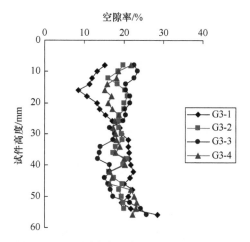

图 17-59　不同击实次数试件的空隙率分布

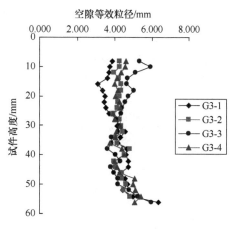

图 17-60　不同击实次数试件的空隙等效粒径分布

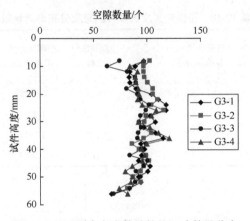

图 17-61　不同击实次数试件的空隙数量分布

结合表 17-18 与图 17-59～图 17-61 可以看出，试件双面击实 75 次与 50 次对混合料空隙率影响不大，但根据空隙率竖向分布标准差可以得知，试件双面击实 75 次时，混合料内部空隙比较均匀。此外，两种击实效果对空隙平均等效粒径影响不大，四个试件该参数变化很小，但是双面击实 75 次的试件空隙等效粒径范围比标准马歇尔试件的范围要小，为 4.3～5.0mm，说明在双面击实 50 次的基础上再增加击实次数对混合料空隙率影响不大，但是空隙大小分布更加均匀。同时，从图 17-61 可以看出空隙数量变化不大。

图 17-62、图 17-63 为各试件的空隙轮廓分形维数、空隙面积分形维数在试件高度方向上的分布情况。从图 17-62、图 17-63 可以看出，空隙轮廓分形维数与空隙面积分形维数在试件高度上向上变化比较复杂，波动较大。此外，四个试件的空隙率基本一致，空隙轮廓分形维数与面积分形维数变化幅度很小，没有明显规律。

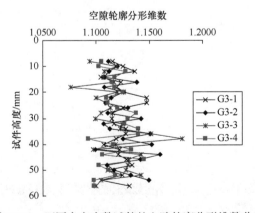

图 17-62　不同击实次数试件的空隙轮廓分形维数分布

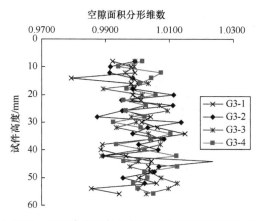

图 17-63 不同击实次数试件的空隙面积分形维数分布

17.4.3 压实方法对多孔沥青空隙分布特性的影响

对比分析击实成型方法与碾压成型方法对多孔沥青混合料空隙分布的影响。马歇尔击实试件采用整张图像进行分析。由于车辙板试件太大，CT 视野有限，不能扫描出全部图像，因此将车辙板试件切割成如图 17-64 所示的 3 块，选择中间 15cm×30cm 区域进行扫描。扫描图像与马歇尔试件图像相比较，发现车辙板试件图像过大，导致其相对分辨率比马歇尔试件图像小，在图像分割时会产生一定的误差；而且扫描图像中间和四个角落亮度偏低，其他区域偏亮，导致图像不能采用全局阈值法进行分割；如果将该区域分成多个区域，再采用局部阈值与空隙率相匹配的原则，将导致部分图像的空隙失真。仔细观测图像发现，

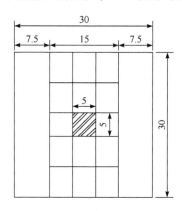

图 17-64 车辙板切割示意图(单位：cm)

图像中间 5cm×5cm(图 17-64 中阴影部分)整体亮度一致，且车辙轮迹也正好是 5cm 宽度，因此经综合考虑，选择该区域进行车辙碾压前与碾压后的对比分析。

选用级配 G3 分析压实方法对空隙分布的影响。采用击实成型方法制作马歇尔试件 G3-1、G3-2、G3-3，采用碾压成型方法制作车辙板试件 G3-5，其空隙特征提取图像见图 17-65，空隙参数结果汇总见表 17-19，空隙率、空隙等效粒径在高度方向上的分布结果分别见图 17-66、图 17-67。结合图 17-66 与图 17-67 可以发现，车辙板试件上部的空隙率与空隙等效粒径比下部的要大，且上部的空隙率与空隙等效粒径比马歇尔试件大。

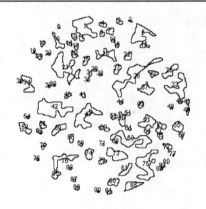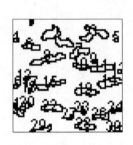

(a) 击实成型试件　　　　　　　　　(b) 碾压成型试件

图 17-65　不同压实方法试件的空隙特征提取图像

表 17-19　不同压实方法试件的空隙分布影响参数

试件编号	空隙率/%	空隙等效粒径/mm	空隙等效粒径范围/mm	平均空隙数量/个	空隙轮廓分形维数 D_p	空隙面积分形维数 D_a	空隙率竖向分布标准差	混合料均匀性排序
G3-1	19.1	4.2	3.1~5.0	97	1.1231	0.9987	4.70	3
G3-2	18.8	4.3	3.9~4.8	99	1.1245	1.0014	1.28	1
G3-3	18.9	4.5	3.6~5.4	89	1.1176	1.0014	3.37	2
G3-5	18.9	4.7	3.0~6.3	85	1.3150	1.0118	5.14	4

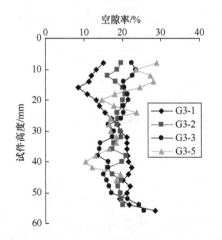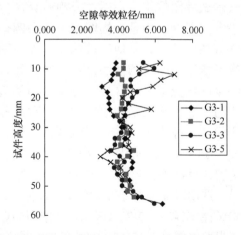

图 17-66　不同压实方法试件的空隙率分布　　图 17-67　不同压实方法试件的空隙等效粒
径分布

　　从表 17-19 中数据可以看出，车辙板试件的空隙数量(已经换算为马歇尔试件同等面积下的空隙数量)略小于马歇尔试件的空隙数量，且前者的空隙等效粒径范围大于后者。通过此现象结合空隙率竖向分布标准差，可以说明击实成型方法制作的试件比碾压成型方法制作的试件更加均匀。

图 17-68、图 17-69 为各试件的空隙轮廓分形维数、空隙面积分形维数在试件高度方向上的分布情况。从图 17-68 与图 17-69 可以看出，车辙板试件的空隙轮廓分形维数明显大于马歇尔试件的空隙轮廓分形维数，空隙面积分形维数也是前者大于后者，且前者的两个分形维数波动较大。分析其原因，主要是车辙板试件过大，图像的相对分辨率比马歇尔试件小，识别空隙边界时产生较大的误差，从而引起空隙分形维数波动较大。

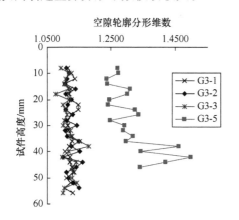

图 17-68 不同压实方法试件的空隙轮廓分   图 17-69 不同压实方法试件的空隙面积分
形维数分布   形维数分布

参 考 文 献

[1] Masad E, Muhunthan B, Shashidhar N, et al. Internal structure characterization of asphalt concrete using image analysis[J]. Journal of Computing in Civil Engineering, 1999, 13(2): 88-95.

[2] 李智. 基于数字图像处理技术的沥青混合料体积组成特性分析[D]. 哈尔滨: 哈尔滨工业大学, 2002.

[3] 彭勇, 孙立军, 杨宇亮, 等. 一种基于数字图像处理技术的沥青混合料均匀性研究新方法[J]. 公路交通科技, 2004, 21(11): 10-12.

[4] Stroup-Gardiner M, Brown E R. Segregation in Hot-Mix Asphalt Pavements[M]. Washington: Transportation Research Board, 2000.

[5] McGhee K K, Flintsch G W, de Leon Izeppi E. Using high-speed texture measurements to improve the uniformity of hot-mix asphalt[R]. Washington: Virginia Center for Transportation Innovation and Research, 2003.

[6] 李立寒, 张南鹭. 道路建筑材料[M]. 北京: 人民交通出版社, 1999.

[7] 张肖宁, 尹应梅, 邹桂莲. 不同空隙率沥青混合料的粘弹性能[J]. 中国公路学报, 2010, 23(4): 1-7.

[8] 胡苗, 祁锋, 杨红. 空隙率对沥青混凝土性能影响的模型研究[J]. 中外公路, 2010, 30(4): 277-280.

[9] 彭兴坤, 琚晓辉. CT 数字图像处理技术在沥青混合料微观结构分析中的应用[J]. 市政技术, 2009, 27(2): 176-178.

[10] 杨培中. 零件表面微观结构特征重构及表面粗糙度的三维评定[D]. 上海: 上海交通大学, 2004.

[11] 白学伟. 分形天线的优化研究与设计[D]. 哈尔滨: 哈尔滨工程大学, 2011.

第 18 章　沥青混合料堆积结构的传荷特性

18.1　沥青混合料堆积结构的数字化重构

18.1.1　基于图像处理技术的真实沥青混合料细观模型重构

1. 数字图像及图像处理技术

数字图像，是指以有限二维像素矩阵形式表示的图像，每个像素基本信息包括整数行(高)和列(宽)的空间位置坐标，以及整数灰度值或颜色值，如图 18-1 所示。沥青混合料数字图像采集设备主要包括数码相机、光学扫描仪和电子计算机 X 射线断层扫描仪，根据材料反射的光线及材料对 X 射线的吸收系数差异来成像，图像很好地再现了沥青混合料细观结构的非均质性。

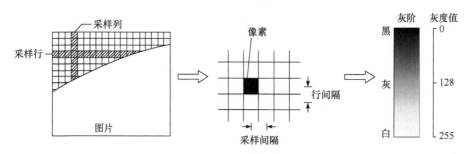

图 18-1　数字图像基本信息

数字图像处理技术(digital image processing，DIP)是通过计算机对采集的数字图像进行去除噪声、增强、复原、分割、提取信息等处理的一系列方法。数字图像处理技术为分析沥青混合料细观结构特征及建立细观仿真模型提供了一个可行的途径。需要特别指出的是，由于沥青混合料材料组成的多样性和复杂性，并不存在具有普遍适用性的最优图像处理方法，应结合实际图像特征进行合理选择。另外，采集清晰可用的原图像比设计一系列复杂的图像处理方法更为有用。以 AC-13 混合料为例，在室内通过旋转压实成型及切割，制备成直径 100mm、高 150mm 的圆柱形试件，然后从试件的中部切割开，通过数码相机获取截面高分辨率数字图像，每个像素对应 0.2mm。AC-13 试件采用的矿料级配如表 18-1 所示，获取的原始截面图像见图 18-2。

表 18-1　AC-13 试件采用的矿料级配

筛孔粒径/mm	16.00	13.20	9.50	4.75	2.36	1.18	0.60	0.30	0.15	0.075
通过率/%	100.0	95.0	76.5	53.0	37.0	26.5	19.0	13.5	10.0	6.0

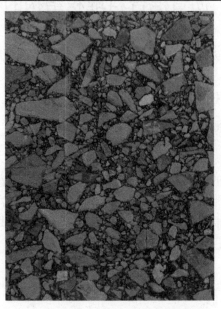

图 18-2　AC-13 试件的原始截面图像

从图 18-2 可以看出，原始截面图像中粗集料与沥青砂浆基体颜色较为接近，二者边界并不明显，粗集料内部纹理较多、颜色不一，且个别集料存在微裂纹。这些图像特征及图像获取过程中不可避免的噪声因素，都会对后续粗集料形态特征、级配等信息的提取产生不利影响，因此需要对混合料图像进行灰度变换、图像增强、形态学操作及图像分割等处理。

2. 图像增强、分割与识别

1) 图像增强

为了便于后续图像处理，先将原始截面图像转换为灰度图像，如图 18-3 所示，灰度图像中灰度值越大，介质在图像上显示越亮，反之灰度值越小，介质在图像上显示越暗。可以看出，粗集料在图像中大体呈现灰白色，沥青砂浆在图像中大体呈现灰黑色。图 18-4 进一步显示了图 18-3 中 A、B 两点间的灰度值变化情况，可以看出不同介质间灰度值变化较为明显，但同一个介质内灰度值变化较小。

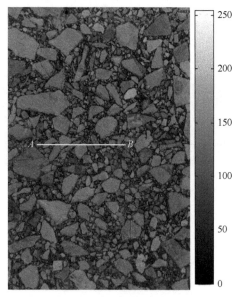

图 18-3　灰度图像

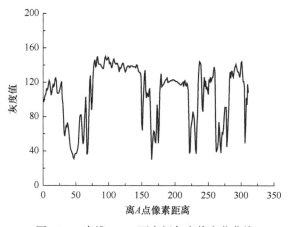

图 18-4　直线 A、B 两点间灰度值变化曲线

图 18-5 和图 18-6 分别为三维灰度曲面图和灰度直方图,可以看出沥青混合料的灰度值呈现较为明显的双峰状分布特征。粗集料的灰度值变化范围为 100～170,平均值为 130;沥青砂浆的灰度值变化范围为 0～75,平均值为 50。此时若直接采用阈值分割方法(设定某一特定的阈值,灰度值大于该阈值识别为粗集料,低于该阈值识别为沥青砂浆)进行图像分割,会影响部分较黑粗集料特征的提取,并造成图像的空蚀。因此,实际操作中并不直接对混合料图像进行阈值分割,而先采用亮度变换的方式,对原始灰度图像进行增强处理。

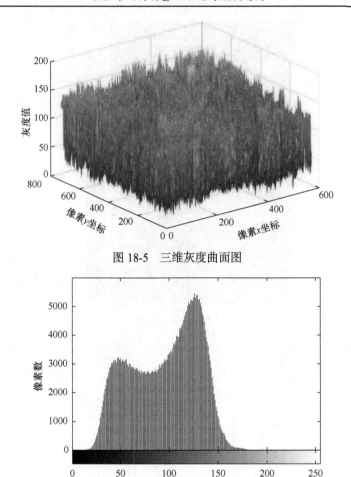

图 18-5　三维灰度曲面图

图 18-6　灰度直方图

　　亮度变换通过灰度变化函数进行，如式(18-1)所示，将原始图像的灰度值映射到一个新的数值范围内，以此增加粗集料与沥青砂浆基体的对比度。

$$s = T(r) \tag{18-1}$$

式中，s 表示原始图像中某一点的灰度值；T 表示灰度变换函数；r 表示通过亮度变化后新图像对应点的新灰度值。

　　图 18-7 和图 18-8 分别为亮度变换后的灰度图像和对应的灰度直方图。可以看出，亮度变换后粗集料的整体亮度变大，而沥青砂浆的整体亮度变小；灰度直方图中灰度值分布总体向两侧偏移，即粗集料部分整体灰度值增大，沥青砂浆部分整体灰度值变小，二者的对比度明显提高。

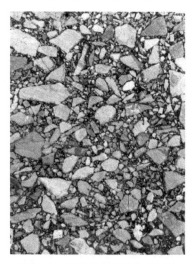

图 18-7   亮度变换后的灰度图像

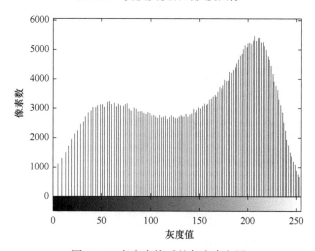

图 18-8   亮度变换后的灰度直方图

2) 图像分割

为了进一步分析沥青混合料的细观结构，必须将粗集料从混合料截面中分割出来。图像灰度值的非连续性及相似性是图像分割的两大基本依据，基于此，常采用的方法包括阈值分割、边缘检测和形态学分割等。需要特别指出的是，基于分水岭法的形态学分割方法可以通过全局形式产生一个明确且闭合的区域，并可以利用图像的先验知识改善分割效果，经过多次试验，决定采用该方法对图 18-7 进行分割处理。分水岭变换的基本原理是将灰度图像视为一个拓扑表面和灰度值表示的三维表面，计算梯度或距离从而产生分水岭脊线(图像亮度变化最大的区域)。通过式(18-2)来计算灰度图像的梯度幅值 ∇f，通过式(18-3)来计算梯度的方

向 $\alpha(x,y)$，并借此找到图像的分水岭脊线。图 18-9 为分水岭变换结果及局部放大图，可以看出分水岭法可以较好地将粗集料颗粒从沥青砂浆基体中分割出来。从局部放大图中依然可以发现一些与粗集料不对应的分水岭脊线，研究认为其主要原因在于亮度变换后的粗集料和沥青砂浆基体仍为非均质材料，同一材料间依然存在灰度梯度，加之来自孔隙和噪声的影响，须进一步对图像进行中值滤波除噪，去除粒径在 2.36mm 以下的颗粒与空隙。

$$\nabla f = \left[\left(\frac{\partial f}{\partial x} \right)^2 + \left(\frac{\partial f}{\partial y} \right)^2 \right]^{1/2} \tag{18-2}$$

$$\alpha(x,y) = \arctan \left(\frac{\partial f}{\partial x} \middle/ \frac{\partial f}{\partial y} \right) \tag{18-3}$$

式中，∇f 为二维灰度图像函数 f 的梯度幅值；$\dfrac{\partial f}{\partial x}$ 和 $\dfrac{\partial f}{\partial x}$ 分别为图像函数 f 对 x 轴和 y 轴的偏导数；$\alpha(x,y)$ 为图像梯度的方向。

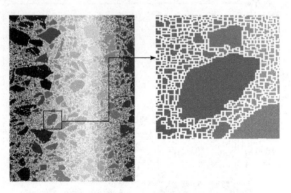

图 18-9　经过分水岭变换的结构与局部放大图

3) 图像形态学处理及边缘识别

经分水岭变换的图像中，粗集料边界依然存在较多锯齿。另外，由于边界处粗集料与沥青砂浆基体颜色较为接近，在图像分割中丢失了部分边界信息，因此利用形态学运算对图像进行进一步处理。形态学运算包括腐蚀和膨胀两种基本运算。腐蚀使二值图像中目标区域的边界收缩，可以消除小而无意义的目标物；膨胀使二值图像中目标区域增大，可以填补目标区域中某些空洞及消除包含在目标区域中的小颗粒噪声。在实际操作中，常二者结合对图像进行处理，即开运算(先腐蚀再膨胀)和闭运算(先膨胀再腐蚀)。边缘识别通过识别亮度梯度变化最大的像素点从而检测出物体的边缘，常用的边缘识别检测器包括 Sobel、Canny、Laplacian 等。对比多种检测器后发现，Canny 检测器能够较好地识别粗集料颗粒较弱的边界，边界连续性良好且集料颗粒形状清晰。

图 18-10 为形态学运算后的结果和 Canny 检测器识别的集料边界。从图 18-10 可以看出，通过结合多种图像处理方法，最终较为完整地获取了混合料内部粗集料的边界图像，为下一步分析粗集料形态、分布、级配等混合料细观特征参数和建立混合料真实细观模型奠定了基础，同时为随机模型的构建提供了参数设置依据。

图 18-10 形态学处理结果及 Canny 检测器识别的集料边界

3. 集料形态、分布与级配检测

粗集料形态特征与混合料性能密切相关，现有规范尚缺乏集料个体形态的定量评价指标。在前人研究的基础上[1-2]，借助 Image-Pro Plus 图像分析软件对混合料截面图像进行分析，通过圆度和针状指数来定量评价集料的形状，通过集料主轴倾角来评价集料的分布状态，通过集料最小包围矩形的宽度评价集料粒径，统计获得其图像级配，并与设计级配进行对比。

1) 圆度和针状指数

圆度(roundness)为集料颗粒图像周长与面积的比值，是最基本的二维形状指标，可以反映集料颗粒轮廓整体接近或偏离圆的程度，该值越接近于 1，表示该集料形状越接近于圆，计算方法如式(18-4)所示。针状指数(acicularity index)定义为集料长度与宽度的比值，计算方法如式(18-5)所示，该指标表征了集料的针状程度。为保证混合料的高温稳定性，现有规范对长度与宽度或厚度之比在 3 以上的针片状集料数量有限制。

$$\text{Roundness} = \frac{P^2}{4\pi S} \tag{18-4}$$

$$\text{Elongation} = \frac{L}{W} \tag{18-5}$$

式中，P 为集料颗粒图像周长；S 为集料颗粒图像面积；L 和 W 分别为集料的长度和宽度。

图 18-11 为混合料截面集料圆度的分布直方图，通过统计分析，发现集料颗粒圆度的平均值为 1.9812，说明集料整体形状偏离于圆形，形状复杂的集料有利于提高集料间的咬合力，从而提高集料整体骨架的稳定性。图 18-12 为集料针状指数的分布直方图，通过统计分析，发现集料针状指数平均值为 1.8210，其中针片状集料(针状指数大于 3)的比例为 3.74%，说明集料的形状总体偏离于针状。

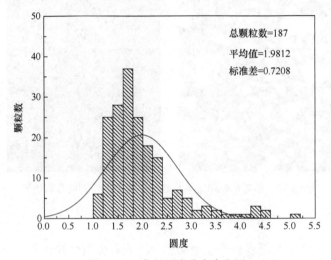

图 18-11　集料圆度分布直方图

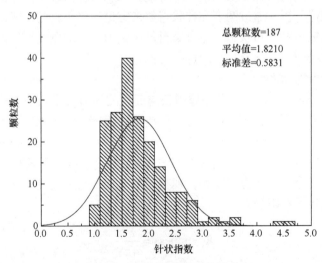

图 18-12　集料针状指数分布直方图

2) 主轴倾角

粗集料主轴倾角 α 表征粗集料长轴与垂直轴的夹角($0° \leq \alpha \leq 180°$)，长轴定义为粗集料边界距离最远两点间的线段，短轴为与长轴垂直的线段，如图 18-13 所示。当主轴倾角为 0°或 180°时，表示集料垂直放置于混合料截面；当主轴倾角为 90°时，表示集料水平放置于混合料截面。图 18-14 为集料主轴倾角分布直方图，可以看出沥青混合料中粗集料的主轴倾角并未呈现显著的正态分布特征，其在垂直、水平及倾斜三个方向分布都较为均匀，在 60°~100°分布相对较多，一定程度上说明集料在旋转压实作用下倾向于水平稳定方向分布。图 18-15 对比了理想均匀分布状态和实际分布状态下集料主轴倾角的累计频率曲线，二者之间的相对误差为 10.42%，表明旋转压实作用下混合料集料主轴倾角分布接近于均匀分布状态。

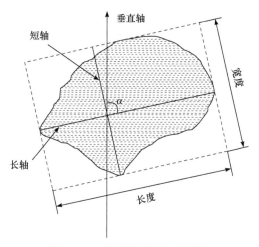

图 18-13　集料主轴倾角示意图

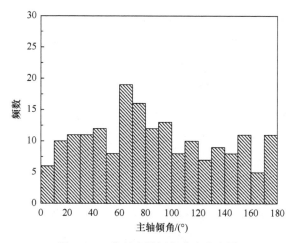

图 18-14　集料主轴倾角分布直方图

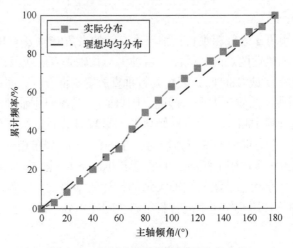

图 18-15　集料主轴倾角的累计频率曲线

3) 级配分析

截面图像处理得到的是混合料二维信息，并不能直接表征混合料三维信息。Mora 等[3]研究认为，同一来源的集料具有形状自相似性，即集料的厚度与宽度存在一定的比例关系。假设集料的宽厚比为 κ，可以通过式(18-6)计算得到集料的平均厚度 H。宽厚比 κ 反映集料形状的扁平程度，可以通过集料质量与集料图像面积、宽度参数计算得到，如式(18-7)所示。

$$H = \kappa \times W \tag{18-6}$$

$$\kappa = \frac{M}{\rho \times \sum_{i=1}^{n}(S \times W)} \tag{18-7}$$

式中，κ 为粗集料的宽厚比；H 为粗集料的平均厚度；W 为粗集料的宽度；M 为粗集料的质量；ρ 为粗集料的密度；S 为粗集料的面积。因此，可以利用粗集料的宽厚比将二维级配(面积分数)转换为三维级配(体积和质量分数)，各档筛孔的筛余百分率 $P(D)$ 则通过式(18-8)计算得到：

$$P(D) = \frac{\rho \times \sum_{k=1}^{n_i}(S \times \kappa \times W)}{\rho \times \sum_{k=1}^{N}(S \times \kappa \times W)} = \frac{\sum_{k=1}^{n_i}(S \times W)}{\sum_{k=1}^{N}(S \times W)} \tag{18-8}$$

式中，n_i 为第 i 档筛孔筛余的粗集料颗粒数量；N 为粗集料颗粒总数量。

图 18-16 为粗集料图像级配曲线与设计级配曲线，可以看出图像得到的粗集料级配曲线通过率要小于设计采用的级配曲线，主要原因在于图像处理时采用集

料最小包围矩形的宽度来表征粗集料的粒径并进行筛分，此时筛孔形状相当于圆孔筛，而实际室内级配设计时采用方孔筛对集料进行筛分。假设筛孔尺寸相同，方孔筛的通过率要大于圆孔筛，因此设计级配曲线的通过率要大于图像级配曲线的通过率。另外，Bernhardt 等研究认为，可以通过筛孔形状修正系数使方孔筛与圆孔筛的通过能力一致，如式(18-9)所示，该修正系数一般为 0.7～0.9，与粗集料的形状有关。

$$S_{\text{s}} = C \times S_{\text{c}} \tag{18-9}$$

式中，C 为筛孔形状修正系数；S_{s} 和 S_{c} 分别为方孔筛和圆孔筛的筛孔尺寸。

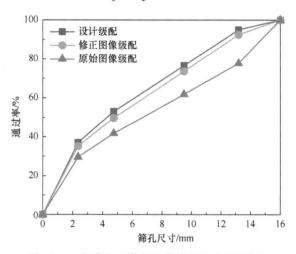

图 18-16　粗集料图像级配曲线与设计级配曲线

研究发现，当筛孔形状修正系数取 0.84 时，筛孔尺寸修正后重新计算得到的图像级配曲线已经十分接近实际设计采用的级配曲线，平均误差为 4.37%。

4. 真实沥青混合料细观模型的重构

图像处理最终获得的是混合料的二值图像，即图像由灰度为值 0 和 1 的像素点组成，为了开展离散元仿真计算，需要将其转换为对应的离散元颗粒模型。利用 MATLAB 中的 find 函数分别获得二值图像中灰度值为 0 和 1 的像素点坐标位置，并将此信息赋给离散元模型中颗粒的坐标位置。通常情况下，由于图像分析时采用的图像分辨率较高，生成的离散元小球颗粒数量过多，计算效率降低。一般认为在不影响计算结果稳定性的情况下，可以降低二值图像分辨率处理从而减小离散元模型颗粒数量，同时保证计算效率和精度。通过图像处理技术生成的沥青混合料真实细观模型纵截面和横截面如图 18-17 所示。

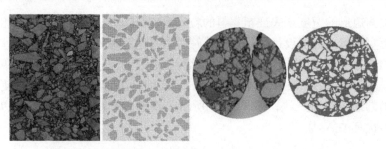

图 18-17　图像处理技术生成的沥青混合料真实细观模型

18.1.2　基于 Monte Carlo 方法的二维随机沥青混合料细观模型重构

1. Monte Carlo 方法与随机数

蒙特卡罗(Monte Carlo)方法是一种基于随机数的计算方法，也称作统计模拟方法或随机模拟方法，基本思想是依据目标问题建立一个概率模型或随机过程，然后通过对模型或过程进行观察或抽样试验，结合概率统计方法求得该模型的某些统计特征参数，并利用这些参数求得问题模型的近似解。由于其具有程序结构简单、收敛的概率性和收敛度与问题维度无关、对问题条件适应性强的优点，Monte Carlo 方法被广泛应用到数学、物理等科学领域，用以解决相关的随机性问题和确定性问题，并展现出特殊的优越性。

模拟问题时，Monte Carlo 方法需要产生特定概率分布的随机变量，这种随机变量的抽样值称为随机数，可以说随机数的产生方式是 Monte Carlo 方法的核心。早期研究者通过大量的抽样试验生成随机数并将其编制成随机抽样数字表，但数字表构成的随机数序列长度有限，无法满足复杂问题的求解。这一方法逐渐被物理方法和数学方法取代。其中，物理方法通过抛掷钱币、转轮、使用电子元件的噪声、核裂变等物理现象来生成随机数，这些随机数是真随机数(完全随机)，其主要缺点是对技术要求较高且无法重复；数学方法则是通过计算机根据特定的数学递推公式(算法)来产生随机数(伪随机数，具有一定的周期性)，这种方法具有简单便捷且可以重复的优点，若伪随机数能通过随机性检验，就可以认为其相关性质近似于真随机数，从而满足大部分的实际应用需求。

MATLAB 产生的随机数均为伪随机数，其生成算法主要包括 Mersenne Twister、Multiplicative Congruential Generator、Multiplicative Lagged Fibonacci Generator、Combined Multiple Recursive Generator 等，其中 Mersenne twister 是默认使用且先进的随机数生成算法，可以满足 Monte Carlo 模拟对随机性的要求。最新版本的 MATLAB 通过构造函数 RandStream 或 RandStream.create 设定种子和伪随机数生成算法产生一组随机数序列，并使用 RandStream.setDefaultStream 函数将确定的序列对象设置为当前 MATLAB 使用的序列，最后可以通过 rand 等函

数直接使用此序列生成的随机数。

　　由于沥青混合料可以视作粗集料随机分布于砂浆基体中，即可以将其看作是一个随机过程，因此可以采用 Monte Carlo 方法建立沥青混合料随机集料结构。最基本的随机变量是在区间[0, 1]服从均匀分布的随机变量，该随机变量 X 的概率密度函数 $f(x)$ 如下：

$$f(x)=\begin{cases} 1, & x \in [0,1] \\ 0, & x \notin [0,1] \end{cases} \tag{18-10}$$

　　基础随机变量的抽样序列 $\{x_n\}$ 可通过数学变换得到其他分布形式的随机变量，即可以得到其他分布形式的随机变量。例如，可以通过 $Y = a + (b-a)X$ 计算求得在区间[a, b]均匀分布的随机变量 Y。

　　2. 集料颗粒级配确定方法及几何参数表达

　　在生成二维随机细观模型时，首先应当确定各档粒径集料的投放量(级配)。由于是平面模型，因此只能通过控制集料面积分数的方式来控制各档集料颗粒的生成。Walraven 等[4]提出了一个累计分布函数，该函数给出了水泥混凝土截面内任一点具有特定粒径大小的集料累计分布概率，从而建立了水泥混凝土集料体积级配与其随机截面集料面积级配之间的关系。该公式推导基于圆形集料及水泥混凝土富勒(Fuller)级配组成的假设，而多数沥青混合料级配与 Fuller 级配差异较大，且为了保证高温稳定性，沥青混合料多使用棱角丰富的破碎集料，因此该公式不能直接用于沥青混合料二维级配的确定。基于 18.1.1 小节的图像分析结果，采用式(18-11)计算各档集料的投放面积：

$$A_{\text{agg}}\left[D_s, D_{s+1}\right] = \frac{P(D_{s+1}) - P(D_s)}{P(D_{\max}) - P(D_{\min})} \times R_{\text{agg}} \times A_{\text{mixture}} \tag{18-11}$$

式中，$A_{\text{agg}}\left[D_s, D_{s+1}\right]$ 为筛分粒径在$\left[D_s, D_{s+1}\right]$的集料颗粒面积；$P(D)$ 为通过筛孔尺寸 D 的集料累计通过率；$D_{\max}$ 为最大粗集料粒径；$D_{\min}$ 为最小粗集料粒径，取 2.36mm；R_{agg} 为粗集料总面积与混合料截面面积之比，通过图像分析可以计算得到 AC-13 混合料粗集料面积约为截面面积的 45%；A_{mixture} 为混合料截面面积。

　　位置参数、大小参数和形状参数是集料颗粒模型的三大几何参数，这些参数共同决定着随机模型的细观结构。从前文图像分析中可以发现混合料试件截面上的集料形状近似于边数为 4~10 的不规则多边形。根据空间几何学，不规则多边形的位置参数由多边形的几何中心 O 决定，可假设多边形的几何中心在混合料截面区域内均匀分布；在二维极坐标系下，多边形的形状参数由多边形的边数 n、多边形顶点对应的极半径 r_i 和极半径夹角 θ_i 决定；多边形的大小参数(粒径)

由最小外接矩形确定，最小外接矩形为包容多边形骨料(多边形的顶点均位于矩形内部或矩形边上)的最小矩形，取最小外接矩形的短边作为多边形的粒径。集料颗粒的几何参数如图 18-18 所示。

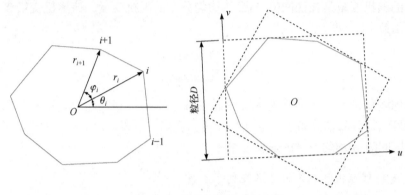

图 18-18　集料颗粒的几何参数
u、v 分别表示水平方向、竖直方向

根据 Monte Carlo 理论，上述几何参数均属于随机变量，可以通过生成随机数进行控制。几何中心的位置通过式(18-12)和式(18-13)进行计算；边数 n 通过式(18-14)计算，为 4～10 的整数型随机变量；极半径 r_i 控制集料的粒径大小，假设生成集料的目标粒径区间为 $[D_s, D_{s+1}]$，极半径可以通过式(18-15)计算。另外，为了避免由于极半径相差太大而生成薄形畸形集料，采用限制相邻夹角差 $\varphi_i (\varphi_i = \theta_{i+1} - \theta_i)$ 在一定范围内波动的方法来控制集料的形状。由于多边形的边数为 n，因此相邻夹角差 φ_i 的平均值应为 $2\pi/n$，相邻夹角差的计算方法如式(18-16)所示。

$$x_c = x_{\min} + \eta_1 \times (x_{\max} - x_{\min}) \tag{18-12}$$

$$y_c = y_{\min} + \eta_2 \times (y_{\max} - y_{\min}) \tag{18-13}$$

$$n = 4 + \eta_i \times (10 - 4) \tag{18-14}$$

$$r_i = \frac{1}{2}\left[D_s + \eta_i \times (D_{s+1} - D_s)\right] \tag{18-15}$$

$$\varphi_i = \frac{2\pi}{n} + (2\eta_i - 1) \times \delta \times \frac{2\pi}{n} \tag{18-16}$$

式中，x_c 和 y_c 为多边形几何中心 O 的坐标；$x_{\min}$、$x_{\max}$、$y_{\min}$、$y_{\max}$ 为混合料截面最小和最大的 x 和 y 坐标；η_1、η_2、η_i 均为 $[0,1]$ 均匀分布的独立随机数；δ 为不大于 1 的常数。

根据式(18-16)求得的 n 个相邻夹角差 φ_i 的总和通常情况下不等于 2π，为了保证多边形的闭合性，通过式(18-17)对得到的 φ_i 进行修正，修正后的值 $\overline{\varphi}_j$ 为

$$\overline{\varphi}_j = \varphi_i \times \frac{2\pi}{\sum_{j=1}^{n} \varphi_i} \tag{18-17}$$

因此，每个夹角 θ_i 可以通过式(18-18)计算：

$$\theta_i = \alpha + \sum_{j=1}^{i-1} \overline{\varphi}_j \tag{18-18}$$

式中，α 为决定多边形颗粒方向的相位角，可设其在 $0°\sim180°$ 均匀分布。

式(18-15)生成的多边形集料粒径 D 通常情况下并不满足预先设定的集料粒径范围 $[D_s, D_{s+1}]$，因此根据式(18-19)计算出修正系数 ξ，对集料粒径进行修正。经过粒径修正的新集料几何信息通过式(18-20)和式(18-21)计算。

$$\xi = \frac{\eta_i (D_{s+1} - D_s) + D_s}{D} \tag{18-19}$$

$$r_i' = \xi \cdot r_i \tag{18-20}$$

$$\theta_i' = \theta_i \tag{18-21}$$

通过上述研究，已经解决了随机集料的级配控制参数和单颗集料几何参数确定的问题，下一步是将集料颗粒逐步投放至混合料截面空间，生成随机集料分布模型。

3. 随机集料分布模型的生成与程序设计

生成随机细观模型的本质是，通过随机投放集料颗粒至混合料试件空间而形成随机集料分布结构。生成过程采用"取"和"放"的方法。"取"是指从粒径满足特定级配曲线的集料颗粒资源库中取出某一粒径的集料颗粒，"放"是指将取出的集料颗粒投放至截面空间，这两个过程不断循环进行。在取的过程中，将级配曲线划分为几个粒径区间，按照级配粒径从大到小的顺序取出集料，这种顺序有利于小集料有效填充到大集料间隙中，从而提高集料的投放效率。在放的过程中，主要解决边界相容性和集料相容性两个问题，边界相容性是指生成的集料不能溢出模型边界，集料相容性是指新生成的集料不能侵入已生成的集料空间范围。

Wittmann 等[5]研究认为，由于边界效应的存在，接近试件表面区域的集料颗粒数量较少，集料与边界存在一个约为集料颗粒半径的距离。采用式(18-22)对新生成集料 i 的几何中心进行边界相容性判别：

$$1.5r_i < x_c^i < H - 1.5r_i, \quad 1.5r_i < y_c^i < H - 1.5r_i \tag{18-22}$$

多边形集料的侵入判别应同时满足"点侵入"和"边侵入"两个判别条件。点侵入条件是指多边形 A 的所有顶点均位于多边形 B 的外部,边侵入条件是指多边形 A 的任一边与多边形 B 的边不相交。针对第一个条件,通过多边形 B 上任意一个顶点与多边形 A 相邻两顶点围成的三角形 S 的面积方程来进行判别,如式(18-23)所示。当顶点位于多边形内部时,有任意 $S_i > 0$;当顶点位于多边形边

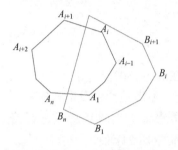

界时,则至少有一个 $S_i = 0$;当顶点位于多边形外界时,则至少有一个 $S_i < 0$。当出现点侵入条件时,仍可能出现图 18-19 的情况,即多边形 B 所有顶点均位于多边形 A 外部,但两多边形存在边相交情况,此时就需要通过边侵入判别加以排除。可利用 MATLAB 中 inpolygon 函数进行判别,当函数返回值为 1 时,则存在边相交情况,所有返回值均为 0 时,则不存在边相交情况。

图 18-19　两多边形的边界相交

$$S = \frac{1}{2} \begin{vmatrix} x_{B_i} & y_{B_i} & 1 \\ x_{A_i} & y_{A_i} & 1 \\ x_{A_{i+1}} & y_{A_{i+1}} & 1 \end{vmatrix} \tag{18-23}$$

图 18-20 为基于 Monte Carlo 理论和 MATLAB 软件平台生成随机集料分布模型的程序设计流程图。

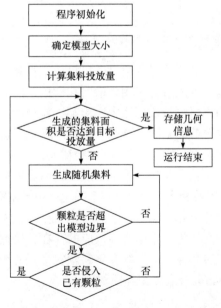

图 18-20　生成随机集料分布模型的程序设计流程图

具体算法设计流程包括：

(1) 确定集料投放区域(混合料二维试件大小)；

(2) 计算各档粒径集料的投放量；

(3) 生成数组用于存储集料几何信息(位置、形状以及大小参数)；

(4) 利用 rand 函数生成[0,1]内均匀分布的基础随机变量，并通过相应的变换得到其他所需的随机变量；

(5) 设置终止条件，即判断生成的集料面积是否达到目标投放量；

(6) 根据集料几何信息生成集料颗粒；

(7) 检查集料边界相容性和集料侵入相容性，若不满足两个相容性条件均返回第3步，否则进行下一步；

(8) 集料颗粒生成，存储其几何信息；

(9) 检查投放量，若满足某一档粒径集料的投放量，则改变集料的粒径，返回第 3 步生成新一档粒径(更小粒径)的集料颗粒，反之则不改变集料粒径返回至第3步；

(10) 当集料总投放量或最后一档粒径的集料投放量满足要求，则程序运行结束。

图 18-21 为利用该程序生成的一个 AC-13 混合料随机集料分布模型，模型尺寸为 100mm×150mm。

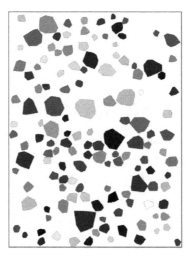

图 18-21　AC-13 混合料随机集料分布模型

4. 二维随机沥青混合料细观模型的重构

为了开展仿真分析，需要将随机集料分布模型转换成相应的混合料离散元模型，步骤如下：

(1) 在试件范围内生成均匀分布的基体小球;

(2) 通过离散元软件 PFC 2D 中的 geometry polygon positions 命令导入集料顶点信息，生成集料 geometry 几何文件;

(3) 判断基体小球与集料的位置关系，将位于集料空间范围内的基体小球设置为粗集料单元，外部则设置为沥青砂浆单元;

(4) 由于沥青混合料中空隙的数量较多且尺寸较小，现阶段的仿真能力还很难考虑真实空隙模型，多数研究者通过在沥青砂浆内部随机删除一定数量的小球来间接模拟空隙，以此研究混合料空隙特征对混合料力学性能的影响。

生成的沥青混合料二维随机细观模型如图 18-22 所示。

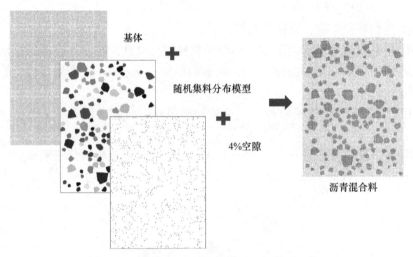

图 18-22　沥青混合料二维随机细观模型重构

18.1.3　三维集料颗粒生成与三维随机沥青混合料细观模型重构

尽管已有研究利用 VG Studio 和 Mimics 等软件对沥青混合料 CT 图像进行了三维分析，但是利用图像处理生成沥青混合料三维离散元模型只能通过叠加多张二维 CT 图像模型的方法实现。单张 CT 图像的处理过程与拍摄图像的处理过程基本一致，最终目标均是完成图像组分分割及提取粗集料信息。由于二维图像理论上并无"厚度"，而构建的三维离散元模型存在一定的"厚度"，因此只能将单层图像模型在第三个维度上重复扩展。这种方法生成的模型最大缺陷是对集料个体的识别十分有限，且多个二维模型图像分割产生的误差将不断传递累积，从而导致整体三维模型误差较大。

考虑到沥青混合料的随机性，采用随机生成三维模型的方法来进行沥青混合料力学仿真。由于离散元软件自身建模方法的限制，随机生成沥青混合料三维模型与二维模型的流程有所不同，即不采用二维模型中直接投放不规则集料颗粒的方式，而是先生成不规则集料三维模型，然后从集料模型库中随机选择集料颗粒模型，进而取代混合料基本球堆积模型。

1. 三维集料颗粒模型生成

离散元仿真中，形态复杂颗粒的建模有两种处理方式：一是对颗粒接触的本构模型及相关参数进行设置，如摩擦系数和抗旋转摩擦系数；二是利用多个小颗粒重叠组合的方式生成复杂形态颗粒 cluster 或刚性簇(clump)模型。第一种方法具有计算量小的优点，第二种方法能较为准确地表征集料形态和混合料非均质细观结构，因此优先采用第二种方法。真实集料颗粒的三维形态十分复杂，随着逆向建模技术的发展，采用光学或 CT 获取真实集料颗粒的三维模型已较容易实现。图 18-23 为利用三维光学密集点云测量系统生成的真实集料模型，试验过程包括喷涂集料表面，光栅扫描，获得表面三维点云坐标，通过逆向设计软件 Geomagic 导入点云文件，通过拼接、删除异常点、填补空隙、抽稀点云，最后封装生成集料 STL 格式文件(该格式文件可直接导入离散元软件，用于生成复杂形态颗粒模型)。

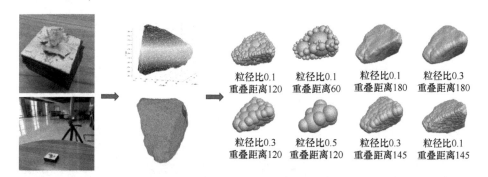

图 18-23　基于三维光学密集点云测量系统得到的真实集料模型

尽管通过扫描的方法能逼真地还原集料的三维形态形貌，但从图 18-23 可以看出，模型转换为相应离散元颗粒模型时，设置的填充参数(ratio 和 distance)不同将生成不同形态的集料颗粒模型，填充参数 ratio 和 distance 分别决定填充小球粒径比和重叠距离。例如，当填充参数 ratio 取 0.3、distance 取 180 时，生成颗粒模型十分接近真实集料形态，但这种模型填充颗粒数量巨大，对计算机处理能力提出很高要求，目前尚难以用于实际计算；当填充参数 ratio 取 0.3、distance 取 145 时，即采用数量较少的小球填充，生成的集料颗粒模型与真实集料形态大体相近，但微观纹理细节有所缺失。另外，由于沥青混合料集料数量众多且形态各异，采用对单颗集料进行扫描然后建模的方法，工作量巨大，且颗粒选择很难具有代表性。在综合考虑仿真效率和精度的情况下，采用计算机方法来随机生成与真实集料形态具有一定相似性的不规则多面体集料模型，并通过调整颗粒表面摩擦系数来近似模拟颗粒表面纹理作用。

针对不规则多面体的随机生成，已有研究者提出了包括六面体随机切割法、圆球体随机拓展法、椭球表面基构造法等在内的诸多算法[6-7]，但这些算法在算法复杂性及精确化控制集料模型尺寸(粒径、针状、片状)方面仍存在一定的缺陷。鉴于此，提出一种基于随机凸包算法的不规则多面体集料生成方法，该方法具有算法设置简单且集料形状参数可控的优点，并基于 MATLAB 平台开发了相关程序。具体的随机多面体集料颗粒生成过程如图 18-24 所示。

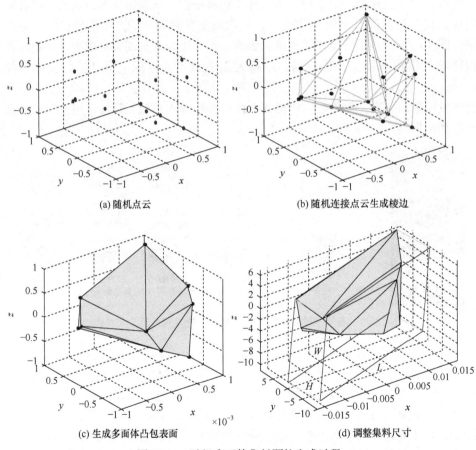

(a) 随机点云   (b) 随机连接点云生成棱边

(c) 生成多面体凸包表面   (d) 调整集料尺寸

图 18-24 随机多面体集料颗粒生成过程

先在单位立方体空间生成随机点云，点云的数量应大于目标多面体的顶点数，如图 18-24(a)所示；然后通过凸包 convhulln 函数生成多面体凸包的棱边和表面，如图 18-24(b)和(c)所示；再通过多面体在三个方向上的缩放，生成最终目标大小的多面体集料，如图 18-24(d)所示。初始点云数量、不同方向的缩放比例决定多面体的形状参数，利用编写的 stl.write 函数根据多面体几何信息生成集料三维 STL 模型。

通过调整算法参数，可以生成具有特定形状(针片状)特征的集料颗粒模型，如图 18-25 所示，模型数据库可用于开展特定集料形状影响因素研究分析。

图 18-25　具有特定形状特征的集料颗粒模型

2. 三维随机沥青混合料细观模型的重构

在生成随机不规则集料颗粒模型数据库的基础上，依据仿真沥青混合料力学特性的研究目的，提出两种构建三维沥青混合料随机细观模型的方法。

1) 模型一：集料 cluster 模型+均匀分布砂浆模型

离散元 cluster 模型由多个基本球颗粒单元黏结组成，该模型内部颗粒参与计算(存在接触)，适用于模拟材料小变形受力(黏弹性力学行为)及开裂破坏问题。由于 cluster 模型不能追踪颗粒旋转和运动，当模拟与集料运动特征密切相关的沥青混合料力学行为时，如压实、高温大变形(车辙)等，该模型并不适用。

集料 cluster 模型+均匀分布砂浆模型体系具体生成步骤如图 18-26 所示。①利用具有一定形状和尺寸的墙体来设定沥青混合料模型的尺寸空间，根据混合料集料的级配和体积分数编写具有级配特征的球形粗集料混合料生成程序，将各档粒径的粗集料逐次投放到墙体构成的尺寸空间，通过"循环命令使生成的粗集料颗粒互不重叠，如图 18-26(a)所示。②从不规则集料数据库中随机取出集料模板，利用不规则集料随机取代球形集料，再次通过"循环"命令使生成的粗集料颗粒互不重叠，如图 18-26(b)所示。③在沥青混合料整个空间内，填充规则排列且半径较小的基体小球单元(相当于颗粒网格)，如图 18-26(c)所示。④根据粗集料与小球的接触判断关系，将与粗集料接触的小球识别为粗集料 cluster 单元，将不与粗集料接触的小球单元识别为沥青砂浆，如图 18-26(d)所示。⑤通过在沥青砂浆单元内部随机删除一定数量的小球，模拟随机分布的混合料空隙，如图 18-26(e)所示。最终生成的沥青混合料三维离散元模型如图 18-26(f)所示。

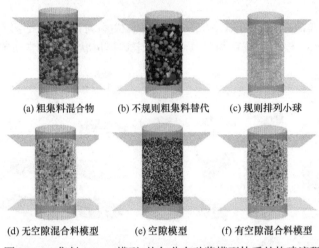

(a) 粗集料混合物　　(b) 不规则粗集料替代　　(c) 规则排列小球

(d) 无空隙混合料模型　　(e) 空隙模型　　(f) 有空隙混合料模型

图 18-26　集料 cluster 模型+均匀分布砂浆模型体系的构建流程

2) 模型二：集料 clump 模型+随机分布砂浆模型

离散元集料 clump 模型采用的填充小球数量较多，计算效率较低。若采用均匀分布的小球模型来表征沥青砂浆，一定程度上会导致集料模型运动受限，不能很好地模拟与集料运动有关的混合料力学行为。因此，综合考虑计算效率及仿真目的，以随机分布的小球来表征沥青砂浆。

集料 clump 模型+随机分布砂浆模型体系具体生成步骤如图 18-27 所示。①建模中考虑沥青砂浆的体积组分，直接生成沥青砂浆和粗集料球模型，通过压实和"循环"命令使堆积体系到达一定的压实和平衡状态，如图 18-27(a)所示。②从不规则集料数据库中随机取出集料模板，利用不规则集料取代球形集料，再次通过"循环"命令使粗集料颗粒互不重叠，达到系统平衡状态，如图 18-27(b)所示。

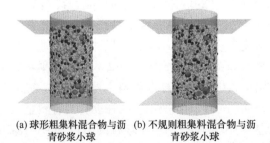

(a) 球形粗集料混合物与沥　　(b) 不规则粗集料混合物与沥
青砂浆小球　　　　　　　青砂浆小球

图 18-27　集料 clump 模型+随机分布砂浆模型体系的构建流程

18.2 沥青混合料细观颗粒堆积结构与骨架传荷特性

沥青混合料由大量离散集料颗粒堆积而成，集料颗粒间的细观堆积结构(颗粒在空间的排列状态)与混合料力学及耐久性能密切相关。颗粒材料堆积结构的形成与许多因素有关，如颗粒的形态、形貌、界面、级配、中间介质、边界条件(空间限制、外部压实激励)。1907 年，Fuller 提出连续粒径分布的级配设计方法，即通过不同粒径颗粒组合，使颗粒体系达到最紧密堆积状态，从而有效减少胶结材料的用量和降低工程成本，被应用于沥青混合料级配设计中。由于原材料的多样性和设计目标的复杂性，基于 Fuller 方法设计的沥青混合料往往满足不了性能要求。在此基础上，研究人员开展了大量的级配优化研究，提出 K 法、I 法、Superpave 法、基于颗粒干涉和骨架填充的间断级配设计方法(SMA、SAC、CAVF)、贝雷法和分形法等[8]。尽管级配设计方法众多，但尚不存在一种最优的级配设计方法。我国现阶段混合料级配设计更注重考察材料的整体路用性能。长期以来，关于混合料堆积状态与路用性能相关性的研究，多采取唯象学的方法来分析宏观室内试验结果，尝试建立包括级配分形维数、某一粒径的通过率、空隙率、矿料间隙率在内的宏观堆积指标与路用性能之间的关系，但得到数据十分离散，甚至结论互相矛盾，其根本原因在于这些宏观指标无法完全反映沥青混合料内部细观堆积特征[9]。

现阶段研究基于颗粒堆积理论，采用离散元模拟方法构建理想形状的沥青混合料内部集料颗粒堆积模型(无黏结颗粒体系)，从堆积密度、配位数、径向分布函数及力链等指标开展沥青混合料细观颗粒堆积结构和骨架研究，分析影响堆积结构的关键因素，包括颗粒摩擦、颗粒干涉、颗粒级配及振动激励的作用效应，并重点对比研究三种典型沥青混合料级配类型 AC、SMA、OGFC 细观骨架传荷特性的差异。

18.2.1 颗粒堆积模拟 0.6 方法与参数

1. 堆积模型

与《公路工程集料试验规程》(JTG 3432—2024)中测定粗集料堆积密度及空隙率的试验方法(T 0309—2024)类似，采用圆柱形容器进行堆积模型的构建，如图 18-28 所示。图 18-28 包括三种堆积模型：一元等粒径颗粒堆积模型、二元等粒径颗粒堆积模型和多元级配颗粒堆积模型。一元等粒径颗粒堆积模型和二元等粒径颗粒堆积模型用于简要分析颗粒摩擦与相互干涉对堆积结构的影响，多元级配颗粒堆积模型用于分析不同级配类型混合料的堆积结构及研究振动对堆积结构的影响。颗粒堆积模型生成过程：先在圆柱形区域内生成目标粒径的颗粒小球，通过"落雨法"，使颗粒在重力的作用下堆积和重排；然后通过墙体伺服和循环命令，使颗粒堆积体系达到压缩平衡状态，参考已有研究[10]将压缩平衡状态默认为整个颗粒系统压力为 500kPa，且不平衡力平均值与所有接触力总和的比值小于 $1×10^{-5}$。由于真实集料颗粒形态和表面纹理十分复杂，现阶段只是通过理想化模型来研究沥青混合料的堆积结构，因此只采用简单的圆球颗粒模型，通过设置不同的摩擦系数来近似表征颗粒的形态和表面纹理对颗粒堆积的作用效应。每个堆积模型均进行三次平行试验。

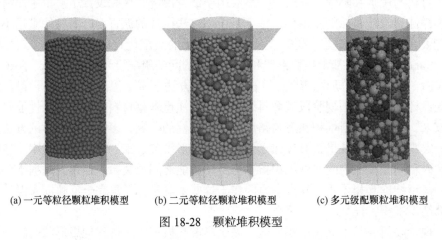

(a) 一元等粒径颗粒堆积模型   (b) 二元等粒径颗粒堆积模型   (c) 多元级配颗粒堆积模型

图 18-28 颗粒堆积模型

2. 接触本构模型与参数

集料在力学上属于弹性材料，因此选择离散元模型中的线性接触模型(linear contact model)来模拟集料间的相互作用。由于涉及颗粒的动态平衡过程，需要引入阻尼系数来吸收体系的能量。线性接触本构模型如图 18-29 所示。颗粒间产生的相互作用力可通过式(18-24)和式(18-25)计算：

$$F_n = -k_n \delta_n - \beta_n v_n^r \tag{18-24}$$

$$F_s = -k_s \delta_s - \beta_s v_s^r \tag{18-25}$$

式中，F_n 和 F_s 分别为法向接触力和切向接触力；k_n 和 k_s 分别为法向接触刚度和切向接触刚度；β_n 和 β_s 分别为法向阻尼和切向阻尼；δ_n 和 δ_s 分别为法向颗粒重叠量和切向颗粒重叠量；v_n^r 和 v_s^r 分别为颗粒相对速度的法向分量和切向分量。当 $|F_s| > \mu |F_n|$ 时，颗粒发生相对滑动，其中 μ 为颗粒摩擦系数。

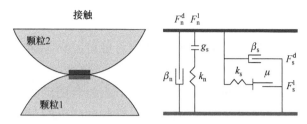

图 18-29 集料颗粒的线性接触本构模型

g_s 表示剪切塑性流动的势函数；上标 d 和 l 分别表示阻尼力和线性力

参考已有研究成果[11]，为了加快模型计算，采用的模拟参数如表 18-2 所示。

表 18-2 颗粒体系堆积模拟参数

参数	容量筒直径/mm	容量筒高/mm	μ	k_n /(N/m)	k_s /(N/m)	β_n
取值	100	150	0~0.9	1×10^6	1×10^6	0.7

18.2.2 细观堆积结构评价指标

1. 堆积密度

颗粒材料堆积密度也称堆积密实度，是指颗粒固体体积占堆积体总体积的比例。颗粒材料堆积结构组成如图 18-30 所示，堆积密度计算方法如式(18-26)所示。堆积密度表征颗粒材料内部堆积的紧密程度和结构状态，与颗粒形状关系密切。其中，等粒径圆球体随机堆积密度为 0.58~0.64[12-14]。

$$\varphi=\frac{V_s}{V}=\frac{\sum_{i=1}^{n}V_s^i}{V} , \quad V = V_s + V_{\text{Air}} \tag{18-26}$$

式中，φ 为堆积密度；V_s 为颗粒固体体积；V 为堆积体总体积；V_{Air} 为颗粒堆积体空隙体积；n 为颗粒数量；V_s^i 为第 i 颗粒的体积。堆积密度与堆积空隙率之和为 1。

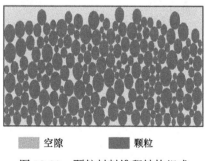

■ 空隙 ■ 颗粒

图 18-30 颗粒材料堆积结构组成

2. 配位数

配位数(coordination number，CN)是指颗粒堆积体中每颗颗粒与周围其他颗粒接触点的数量，反映了颗粒堆积体系中颗粒之间的拓扑关系和堆积的紧密程度。已有研究人员根据室内试验结果拟合得到等径球体随机堆积接触配位数与空隙率之间的关系方程，包括 Smith、Ridgway 和 Rumpf 关系方程，由于采用的试验方法不同，各拟合方程差异较大。离散元模拟仿真中，当颗粒间距小于判断间距(reference gap)时，认为两颗粒间发生接触。若将判断间距均设为 0，即认为两颗颗粒表面需要产生实质接触，此时颗粒堆积结构的配位数如图 18-31 所示。

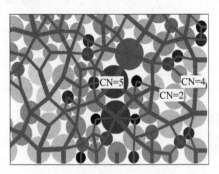

图 18-31　颗粒堆积结构的配位数

3. 径向分布函数

径向分布函数(radial distribution function，，RDF)给定一个空间距离，在此空间以一个参考颗粒为中心，去寻找周围颗粒的概率，用 $g(r)$ 表示。径向分布函数如图 18-32 所示，计算方法如式(18-27)所示。径向分布函数峰的位置和高度表征颗粒堆积体系细观结构的无序化程度。

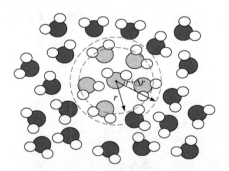

图 18-32　径向分布函数示意图

$$g(r) = \frac{\Delta N(r)}{4\pi r^2 \Delta r \rho_0}$$
(18-27)

式中，$\Delta N(r)$ 为距离参考颗粒 r 到 $r+\Delta r$ 球壳内的颗粒数量；ρ_0 为单位堆积体积内颗粒数量；Δr 为计算距离的递增值。选定堆积体中心位置的颗粒为参考颗粒，Δr 为 $0.1r$（r 为颗粒半径），计算空间大小为 $5r$。

4. 力链

颗粒堆积体系在外部荷载或自身重力的作用下，相邻颗粒间产生接触，接触形成的网络结构为力的传递路径，称为力链网络。颗粒力学研究认为，力链网络是颗粒材料骨架结构的基本物理图像，其复杂的动力学响应决定了颗粒材料宏观力学行为[15]。颗粒力链可以通过光弹试验直接观测到，如图 18-33 所示[16]，颗粒接触处图像越亮表示该接触点的接触应力越大，反之则越小。由图可以看出，颗粒堆积体系中局部颗粒受力大小不同，传递荷载的份额不同。

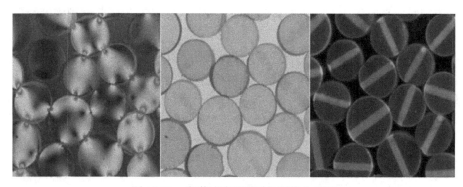

图 18-33　光弹试验观测到的颗粒力链[16]

与光弹试验相比，离散元方法更容易提取力链的定量信息并开展统计分析。力链可再细分为强力链和弱力链，其中强力链承担颗粒堆积体系荷载份额较大，弱力链承担颗粒堆积体系荷载份额较小。强、弱力链的判别标准尚无统一定论，已提出的标准主要包括力的大小判据和角度判据，以力的大小判据应用较多。力的大小判据如式(18-28)所示，比较某点接触力与平均接触力 $\langle F \rangle$ 之间的大小，将接触力大于平均接触力的力链识别为强力链，反之则识别为弱力链。

$$F > \langle F \rangle \qquad (18\text{-}28)$$

以某一颗粒材料离散元单轴压缩仿真试验为例，得到的力链网络及以力大小判据划分的强、弱力链如图 18-34 所示。由图可以看出，强力链贯穿整个试件长度，总体方向与荷载加载方向一致，弱力链长度约为几个颗粒大小，方向较为随机。通过统计分析，得到强力链约占堆积体系力链份额的 70%，弱力链约占堆积体系力链份额的 30%。

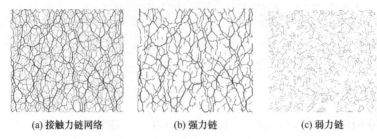

(a) 接触力链网络   (b) 强力链   (c) 弱力链

图 18-34 颗粒力链网络及强、弱力链

18.2.3 理想堆积模型的颗粒摩擦与干涉效应

1. 摩擦效应与堆积密度

不同摩擦系数下，一元等粒径(颗粒粒径 5mm)颗粒堆积体系堆积密度的变化曲线如图 18-35 所示。从图 18-35 可以看出，随着颗粒摩擦系数增大，堆积密度不断减小，摩擦系数超过 0.7 后，堆积密度趋于稳定。颗粒接触的摩擦系数综合表征了颗粒的形状和表面纹理，通常情况下，颗粒棱角性越丰富，纹理越复杂，摩擦系数越大。当摩擦系数为 0 时，模拟得到的一元等粒径颗粒堆积体系的堆积密度为 0.617；当摩擦系数为 0.9 时，堆积密度为 0.566。这一结果与 Aste 等[17]通过试验得到的等粒径圆球体随机堆积密度为 0.58~0.64 的结果基本一致。从图 18-36 的颗粒堆积状态也可以看出，摩擦系数 μ 越小时，颗粒排列得越紧凑、有规律。

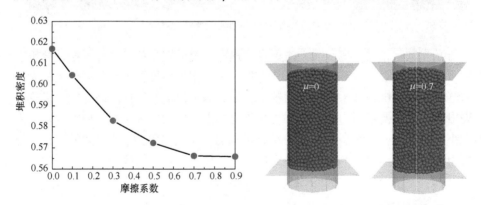

图 18-35 颗粒摩擦系数对堆积密度的影响   图 18-36 不同摩擦系数下的颗粒堆积状态

2. 摩擦效应与配位数

不同摩擦系数下，颗粒堆积体系配位数分布如图 18-37 所示。由图可以看出，随机堆积情况下，各堆积体系配位数均呈现正态分布特征，且主要分布在

4～8。根据颗粒堆积理论，三维空间等粒径颗粒堆积体系的最大配位数为 12，此时颗粒为立方最密堆积状态。随着颗粒摩擦系数增大，配位数分布曲线向左侧移动，即配位数减小，主要原因在于颗粒间摩擦系数增大，颗粒间更易形成堵塞(jamming)结构，堆积紧密程度降低，颗粒间接触数量减少。当摩擦系数为 0 时，颗粒间接触配位数以 6、7 和 8 为主；当摩擦系数为 0.9 时，颗粒间接触配位数以 4、5 和 6 为主。不同摩擦系数下颗粒堆积体系的平均配位数变化曲线如图 18-38 所示，可以看出随着摩擦系数的增大，颗粒平均配位数逐渐减小，但摩擦系数超过 0.7 后，平均配位数变化不大，这与摩擦系数对堆积密度的影响规律基本一致。当摩擦系数为 0 时，平均配位数为 6.21；当摩擦系数为 0.9 时，平均配位数为 4.93。

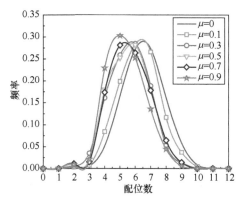

图 18-37　不同摩擦系数下颗粒堆积体系配位
数分布

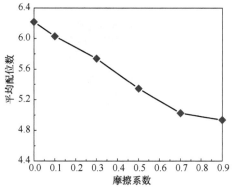

图 18-38　摩擦系数对平均配位数的影响

3. 摩擦效应与径向分布函数

为了探究随机堆积的颗粒体系内部细观结构的无序性，生成两种规则排列的一元等粒径颗粒堆积体系(立方堆积和六方堆积)，用以参照对比，结果如图 18-39 所示。立方堆积中，每颗颗粒与 6 颗相邻颗粒接触，三维情况下理论堆积密度约为 0.52；六方堆积中，每颗颗粒与 12 颗相邻颗粒接触，三维情况下理论堆积密度约为 0.74。不同摩擦系数(0 和 0.7)和规则排列颗粒堆积体系的径向分布函数结果如图 18-40 所示。从图 18-40 可以看出，规则排列的颗粒堆积体系径向分布函数峰的位置呈现规律性分布特征，即具有长程的峰，表明规则排列颗粒体系具有有序的内部结构。相比之下，随机堆积的颗粒体系径向分布函数只有短程的峰，第一个峰的位置在 $1r$ 处，第二个峰的位置在 $2r$ 处。当径向距离超过 $2r$ 后，其径向分布函数呈现无序波动特征，表明随机堆积颗粒体系内部结构具有无序性。另外，第二个峰的位置与颗粒共线三球几何单元结构有关。径向分布函数峰的高度表征颗粒堆积体系区域密度与全局密度的比值，可以发现，不同堆积密度下等粒径颗粒堆积体系第二个峰的高度差异较大。颗粒堆积体系堆积密度越大(全局密度越大)时，径向分布函数第二个峰的高度越大；当摩擦系数为 0 时，径向分布函数第二个峰的高度为 6.43；当摩擦系数为 0.7 时，径向分布函数第二个峰的高度为 5.84。不同摩擦系数下一元等粒径颗粒堆积体系径向分布函数第二个峰的高度变化如图 18-41 所示，可以看出随着摩擦系数的增大，径向分布函数第二个峰的高度不断减小，表明颗粒堆积体系堆积密度随摩擦系数的增大而降低。

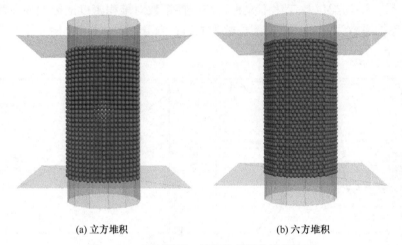

(a) 立方堆积　　　　　　　　　　　　　　(b) 六方堆积

图 18-39　规则排列一元等粒径颗粒堆积体系

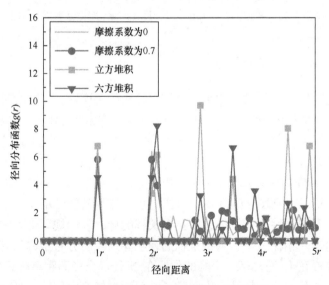

图 18-40　不同堆积体系的径向分布函数

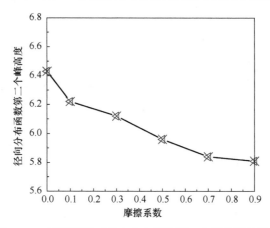

图 18-41　摩擦系数对径向分布函数第二个峰高度的影响

4. 摩擦效应与力链

以摩擦系数为 0 和 0.7 的堆积体系为例，其堆积力链网络的接触数量和平均接触力如图 18-42 所示。从图 18-42 可以看出，摩擦系数越大，颗粒堆积体系的接触数量越少，但颗粒平均接触力越大。这表明当颗粒摩擦系数较大时，较少的接触就可以支撑起颗粒堆积骨架，可使颗粒体系达到力学稳定状态。因此，对于道路工程而言，当选择棱角性较好的集料时，更应当保证集料的强度，以防止集料因接触力过大而发生破碎。

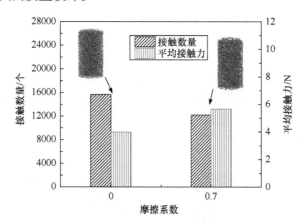

图 18-42　不同摩擦系数堆积体系的接触数量和平均接触力

5. 干涉效应与堆积密度

两种粒径颗粒构成的二元颗粒堆积体系在工程实践中较为常见，如混凝土、土石混合体等。二元颗粒堆积体系具有独特的力学特性，如振动分离(巴西果效应、反巴西果效应)、颗粒时钟现象等。关于二元颗粒堆积密度的预测,已有研究者提出了包括 Furnas 模型、Modified Toufar 模型、Linear Packing 模型、2-parameter 模型、Compressible 模型和 3-parameter 模型等在内的诸多预测模型[18-20]。需要指出的是,这些模型均是通过对特定的宏观堆积试验结果进行拟合得到,各参数不具有明确的物理意义,只是从拟合的角度对参数进行解释,且不同研究者采用的颗粒材料不同,因此不同模型不具有普适性,也无法真正地对大小颗粒的细观相互作用进行科学分析。比较成熟的堆积理论认为,二元颗粒堆积体系中大小颗粒间主要存在松动效应(loosening effect)和壁效应(wall effect)两种干涉效应,如图 18-43 所示。

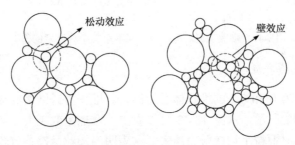

图 18-43　二元颗粒堆积体系的大小颗粒干涉效应

松动效应是指小颗粒填充入大颗粒为主的堆积体系中,由于小颗粒粒径大于大颗粒堆积空隙尺寸,小颗粒的挤入作用使大颗粒的填充变得疏松;壁效应是指大颗粒填充入小颗粒为主的堆积体系中,干扰了小颗粒的填充,使位于接触面的小颗粒空隙增大,小颗粒在大颗粒周围形成了“壁状边界”。利用离散元方法生成大小颗粒粒径比分别为 0.3、0.5 和 0.7 的二元颗粒堆积模型,通过改变颗粒体积分数来研究大小颗粒堆积密度的变化情况,并通过分析细观力链结构进一步认识大小颗粒间的干涉效应,生成的部分堆积模型如图 18-44 和图 18-45 所示,堆积模型 L0.5B0.7S0.3 表示模型中大小颗粒粒径比为 0.5,大颗粒体积分数为 70%,小颗粒体积分数为 30%,其他模型编号以此类推。

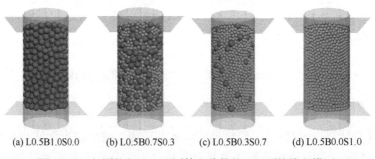

(a) L0.5B1.0S0.0　　(b) L0.5B0.7S0.3　　(c) L0.5B0.3S0.7　　(d) L0.5B0.0S1.0

图 18-44　相同粒径比、不同体积分数的二元颗粒堆积模型

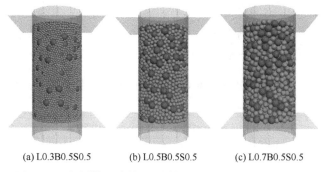

(a) L0.3B0.5S0.5　　　(b) L0.5B0.5S0.5　　　(c) L0.7B0.5S0.5

图 18-45　相同体积分数、不同粒径比的二元颗粒堆积模型

　　模拟得到的不同粒径比和小颗粒体积分数的二元颗粒堆积体系堆积密度如图 18-46 所示。从图 18-46 可以看出，二元颗粒堆积体系的堆积密度要大于一元颗粒堆积体系(小颗粒体积分数为 0%或 100%)的堆积密度，即可以通过大小颗粒组合获得比单一大粒径或单一小粒径颗粒体系更大的堆积密度；粒径比越小，即大小颗粒粒径相差更大的二元颗粒堆积体系的堆积密度随小颗粒体积分数的变化幅度更大；在相同小颗粒体积分数下，随着粒径比的增大，二元颗粒堆积体系的堆积密度下降；不同粒径比的颗粒堆积体系堆积密度差异随着小颗粒体积分数的增大先增大后减小；任一粒径比下，二元颗粒堆积体系的堆积密度均随着小颗粒体积分数的增大先增大后减小，且存在一个最佳组合比例使二元颗粒堆积体系的堆积密度最大，此时小颗粒体积分数为 30%~50%。

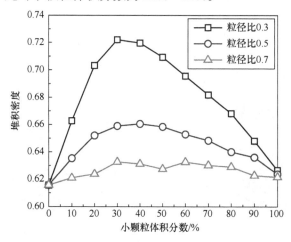

图 18-46　颗粒粒径比和小颗粒体积分数对堆积密度的影响(模拟)

　　为了验证仿真模型的可靠性，通过室内粗集料堆积密度和空隙率的试验方法(《公路工程集料试验规程》T 0309—2024)，选取筛分粒径为 4.75mm、9.50mm、13.20mm 和 16.00mm 的四档粗集料，测试不同粒径组合集料颗粒的捣

实堆积密度(堆积密度=1–空隙率)，结果如表 18-3 所示。室内试验结果表现出与仿真结果一致的规律，即随着小粒径颗粒体积的增大，堆积密度先增大而后降低，当较小粒径颗粒体积分数为 30%时，达到最大堆积密度。

表 18-3　　不同体积比粗集料组合的堆积密度(捣实法实测)

体积比	堆积密度/%		
	4.75mm : 16.00mm	9.50mm : 16.00mm	13.20mm : 16.00mm
0 : 10	61.42	61.42	61.42
1 : 9	63.94	62.14	61.85
3 : 7	64.87	62.26	61.99
5 : 5	64.42	61.65	61.41
7 : 3	62.34	61.43	61.32
9 : 1	60.09	60.42	61.39
10 : 0	58.52	60.60	60.93

6. 干涉效应与力链

二元颗粒堆积体系中，大小颗粒通过细观接触发生干涉作用，随着颗粒体积分数和粒径比的变化，二元颗粒堆积体系细观力链网络结构发生改变。因此，可以通过对力链网络结构演化进行分析，进一步阐释二元颗粒堆积体系中的大小颗粒细观作用机制。将二元颗粒堆积体系总力链根据力链两端的颗粒属性划分成三种类型的力链：大颗粒与大颗粒接触的力链(L-L 力链)、小颗粒与小颗粒接触的力链(S-S 力链)、大颗粒与小颗粒接触的力链(L-S 力链)，如图 18-47 所示。从图 18-47 可以看出，二元颗粒堆积体系中不同类型力链的数量及大小(线段粗细程度表示接触力的大小)不同。

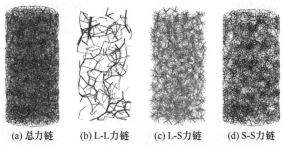

(a) 总力链　　　(b) L-L力链　　　(c) L-S力链　　　(d) S-S力链

图 18-47　　二元颗粒堆积体系细观力链划分

不同体积分数和粒径比的二元颗粒堆积体系力链如图 18-48 所示。从图 18-48 可以看出，不同体积分数和粒径比的二元颗粒堆积体系力链组成数量和大小差别较大。

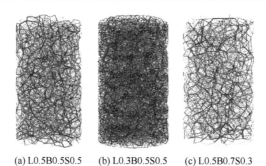

(a) L0.5B0.5S0.5　　　(b) L0.3B0.5S0.5　　　(c) L0.5B0.7S0.3

图 18-48　不同体积分数和粒径比的二元颗粒堆积体系力链

通过 PFC 内置 fish 函数可以导出各类型力链信息，进而可以对其在整个力链结构中的数量占比和传荷占比进行定量分析。不同类型细观力链数量占比和传荷占比随小颗粒体积分数和粒径比的变化如图 18-49 所示。可以看出，随着小颗粒体积分数的增大，L-L 力链即大颗粒间力链数量占比不断减小，S-S 力链即小颗粒间力链数量占比不断增大，L-S 力链即大小颗粒之间的力链数量占比先增大后减小。力链传荷占比与数量占比变化规律一致，主要原因是小颗粒数量较少时，大颗粒为体系中的主导颗粒，体系力链结构以大颗粒接触为主；随着小颗粒数量的增加，小颗粒逐渐参与大颗粒的接触结构，大小颗粒之间的力链数量随之增加；当小颗粒数量继续增加，体系将变成以小颗粒为主导颗粒的体系，力链结构也以小颗粒接触为主，大小颗粒之间的力链数量由于大颗粒数量的减少而减少。因此，可以将 L-L 力链与 S-S 力链的数量或传荷曲线交叉点作为判断堆积体系属于大颗粒主导体系还是小颗粒主导体系的依据，即主导体系转换点。另外，对比图 18-46 与图 18-49 可以看出，二元颗粒堆积体系的堆积密度与体系中 L-S 力链变化具有一定的统一性，且 L-S 力链数量占比和传荷占比峰值位于主导体系转换点附近，说明大小颗粒在主导体系转换点处相互作用最强。

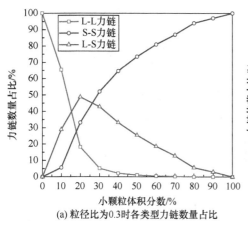

(a) 粒径比为0.3时各类型力链数量占比

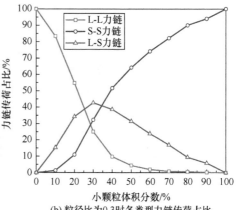

(b) 粒径比为0.3时各类型力链传荷占比

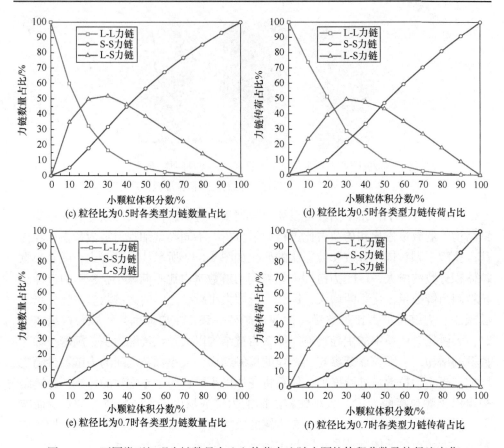

图 18-49　不同类型细观力链数量占比和传荷占比随小颗粒体积分数及粒径比变化

18.2.4　沥青混合料堆积模型的级配效应与骨架传荷特性

1. 混合料级配

沥青混合料由不同粒径的集料颗粒以一定的数量比例(级配曲线)组合而成，是一种典型的多元颗粒堆积体系。不同级配类型的沥青混合料按其组成结构，可分为悬浮密实型、骨架密实型和骨架空隙型，代表性混合料分别为 AC、SMA 和 OGFC。以《公路沥青路面施工技术规范》(JTG F40—2004)推荐的级配中值，生成 AC-16、SMA-16、OGFC-16、AC-13、SMA-13、OGFC-13 离散元堆积模型，分析级配类型和公称最大粒径对粗集料堆积密度的影响，通过细观颗粒力链评价混合料的骨架结构，并对比不同粒径粗集料在骨架中的承载作用差异。沥青混合料的级配组成如表 18-4 所示。

表 18-4　沥青混合料级配组成

类型	通过不同尺寸筛孔的质量分数/%										
	19.00mm	16.00mm	13.20mm	9.50mm	4.75mm	2.36mm	1.18mm	0.60mm	0.30mm	0.15mm	0.075mm
AC-16	100	95	84	70	48	34	24.5	17.5	12.5	9.5	6
SMA-16	100	95	75	55	26	19.5	18	15	12.5	11.5	10
OGFC-16	100	95	80	57.5	21	16	12	9.5	7.5	5.5	4
AC-13	—	100	95	76.5	53	37	26.5	19	13.5	10	6
SMA-13	—	100	95	62.5	27	20.5	19	16	13	12	10
OGFC-13	—	100	95	70	21	16	12	9.5	7.5	5.5	4

　　沥青混合料中粒径小于 2.36mm 的细集料颗粒主要起填充作用，且考虑模拟的时效性，仅对粒径大于 2.36mm 的粗集料颗粒堆积结构进行分析。因此，将各混合料中的细集料部分扣除，同时保持粗集料比例不变，从而计算得到各粒径粗集料的体积分数，结果如表 18-5 所示。

表 18-5　沥青混合料堆积模型粗集料体积分数

粒径/mm	粗集料体积分数/%					
	AC-16	SMA-16	OGFC-16	AC-13	SMA-13	OGFC-13
16.00~19.00	8.5	6	6	—	—	—
13.20~16.00	16.5	25	18	9	6	6
9.50~13.20	21	25	27	29	41	30
4.75~9.50	33	35	43	37	45	58
2.36~4.75	21	9	6	25	8	6

　　混合料堆积模型生成过程中，假设各档集料粒径服从均匀分布，生成的堆积模型如图 18-50 所示。

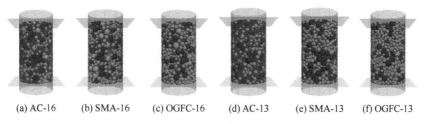

　　(a) AC-16　　(b) SMA-16　　(c) OGFC-16　　(d) AC-13　　(e) SMA-13　　(f) OGFC-13

图 18-50　多元颗粒体系堆积模型

2. 级配效应与堆积密度

不同级配类型的沥青混合料粗集料堆积模型的堆积密度模拟结果如表 18-6 所示。为了验证仿真的合理性，实测各粗集料混合物的捣实堆积密度。从表 18-6 可以看出，仿真模型的粗集料堆积密度与实测的粗集料捣实堆积密度变化规律基本一致，即在相同公称最大粒径的情况下，AC 混合料的堆积密度最大(矿料间隙率最小)，SMA 混合料次之，OGFC 混合料最小(矿料间隙率最大)，这一结果证明了沥青路面设计规范中 SMA 混合料比 AC 混合料矿料间隙率更高的要求是合理的。另外，在相同级配类型的情况下，随着公称最大粒径的增大，体系堆积密度减小(矿料间隙率增大)，这一结果验证了规范中公称最大粒径较大的混合料比公称最大粒径较小的混合料矿料间隙率更高的要求是合理的。

表 18-6   沥青混合料堆积模型的堆积密度

级配类型	堆积密度(仿真)	堆积密度(捣实法实测)
AC-13	0.694	0.702
SMA-13	0.683	0.687
OGFC-13	0.666	0.675
AC-16	0.681	0.695
SMA-16	0.670	0.672
OGFC-16	0.659	0.665

3. 级配效应与力链

不同级配混合料的粗集料颗粒力链结构如图 18-51 所示，其统计结果如表 18-7 所示。力链结构中，颜色越深，表明颗粒接触力越大。从图 18-51 可以看出，不同级配的沥青混合料内部粗集料颗粒力链数量和大小差异较大。表 18-7 为不同沥青混合料堆积模型的力链统计结果，可以看出，相同公称最大粒径下，AC 密级配混合料内部的接触数量和总接触力均要大于 SMA 间断级配混合料和 OGFC 开级配混合料。主要原因是 AC 混合料堆积体系中小粒径集料占比较大，体系总颗粒数较多，在体系处于良好接触状态时，体系总接触数量较多。另外，AC 混合料内部集料颗粒平均接触力小于 SMA 和 OGFC 混合料，这也与其体系中集料颗粒数较多有关，即更多的集料颗粒参与荷载分担，从而使每个颗粒的平均接触力减小。

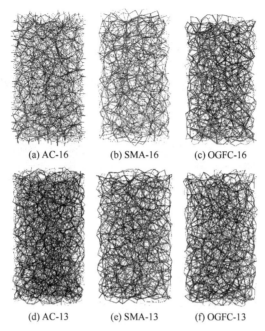

(a) AC-16　　　　　　(b) SMA-16　　　　　　(c) OGFC-16

(d) AC-13　　　　　　(e) SMA-13　　　　　　(f) OGFC-13

图 18-51　不同级配混合料粗集料颗粒力链

表 18-7　沥青混合料堆积模型的力链统计

级配类型	总接触数量	总接触力/10^5N	平均接触力/N
AC-16	7817	0.369	4.724
SMA-16	3407	0.313	9.194
OGFC-16	3483	0.327	9.396
AC-13	10466	0.421	4.022
SMA-13	4271	0.356	8.342
OGFC-13	4475	0.369	8.244

　　为了揭示不同粒径集料颗粒在级配骨架中传荷承载作用的差异，对各个体系中的力链进行进一步划分，将与某一粒径集料颗粒接触产生的力链定义为该粒径集料颗粒力链。需要特别说明的是，以这种方法划分的单一粒径集料颗粒的接触数量总和大于体系总接触数量。因为力链均是由两个集料颗粒接触产生，所以力链数量会被重复计算，在这种情况下也可能存在某一粒径集料颗粒力链数量大于体系总接触数量的情况。以 AC-16 为例，不同粒径集料颗粒的力链如图 18-52 所示，可以看出不同粒径颗粒的力链数量和大小差别较大。

(a) 16.00~19.00mm　　　　　　　(b) 13.20~16.00mm　　　　　　　(c) 9.50~13.20mm

(d) 4.75~9.50mm　　　　　　　　(e) 2.36~4.75mm

图 18-52　AC-16 不同粒径集料颗粒的力链

　　通过统计分析，得到不同级配混合料集料颗粒堆积体系中各粒径集料颗粒的接触数量、接触合力和平均接触力，结果如图 18-53 所示。

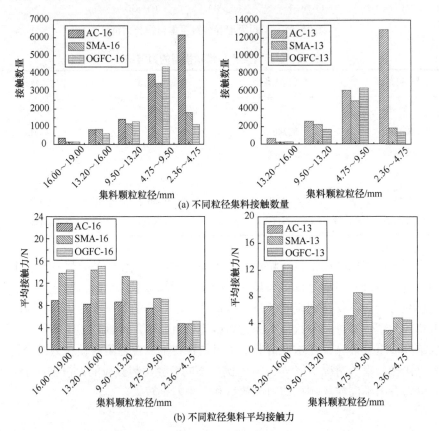

(a) 不同粒径集料接触数量

(b) 不同粒径集料平均接触力

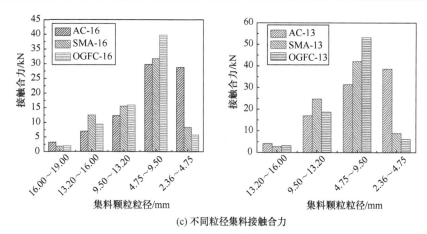

(c) 不同粒径集料接触合力

图 18-53 不同级配的混合料中各粒径集料颗粒的力链统计结果

从图 18-53 可以看出，总体上 AC 混合料各粒径集料颗粒的接触数量大于
SMA 与 OGFC 混合料，尤其是粒径为 2.36～4.75mm 的集料颗粒；另外，可以看
出 SMA 和 OGFC 混合料中粒径为 4.75～9.50mm 的集料颗粒力链与 AC 混合料相
比数量相当或较少，但其接触合力均远大于 AC 混合料；随着集料颗粒粒径的减
小，颗粒的平均接触力总体呈现下降趋势；SMA 和 OGFC 混合料颗粒平均接触
力较为接近，均远大于 AC 混合料颗粒平均接触力；随着公称最大粒径减小，颗
粒的平均接触力减小；AC-16、SMA-16、OGFC-16 中平均接触力最大的颗粒粒
径分别为 16.00～19.00mm、13.20～16.00mm、13.20～16.00mm；AC-13、SMA-
13、OGFC-13 中平均接触力最大的颗粒粒径均为 13.20～16.00mm。

为了进一步对比不同粒径集料颗粒在混合料骨架传荷中发挥作用的差异，对
各个粒径集料颗粒的接触合力进行归一化处理，分别计算其在各自堆积体系中的
传荷占比，结果如图 18-54 所示。可以看出，对于公称最大粒径为 16.00mm 的混
合料，各级配类型沥青混合料中粒径为 4.75～9.50mm 的颗粒传荷占比最大，说
明 4.75～9.50mm 是其关键筛孔粒径；对于公称最大粒径为 13.20mm 的混合料，
AC-13 中粒径为 2.36～4.75mm 的颗粒传荷占比最大，粒径为 4.75～9.50mm 的颗
粒传荷占比与之接近，SMA-13 和 OGFC-13 均是粒径为 4.75～9.50mm 的颗粒传
荷占比最大；相同公称最大粒径情况下，不同级配类型粒径为 4.75～9.50mm 的
颗粒传荷占比中 OGFC 最大，SMA 次之，AC 最小，说明开级配和间断级配混合
料比密级配混合料更依赖于较大粒径集料颗粒的传荷作用；相同级配类型情况
下，随着公称最大粒径的减小，粒径为 4.75～9.50mm 的颗粒传荷占比增大，如
SMA-16 中粒径为 4.75～9.50mm 的颗粒传荷占比为 45.4%，SMA-13 中粒径为
4.75～9.50mm 的颗粒传荷占比为 53.6%；相同公称最大粒径情况下，不同级配类
型粒径为 2.36～4.75mm 的颗粒传荷占比从大到小依次是 AC、SMA、OGFC，主

要原因在于 AC 混合料中粒径为 2.36～4.75mm 的颗粒数量较多，更多地参与接触结构。

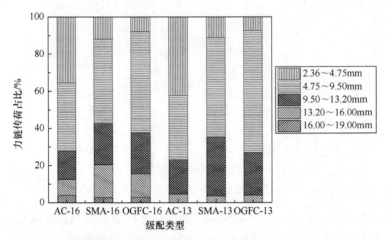

图 18-54　不同级配类型堆积体系中各粒径集料颗粒的力链传荷占比

4. 基于强弱力链的混合料骨架分析

沥青混合料根据内部组成结构特征，可分为悬浮密实型、骨架密实型和骨架空隙型，但这种区分标准非常主观，骨架自身的定义及骨架与内部组成的相互关系尚不明确。沥青混合料骨架被定义为用于支持其承受外界荷载的细观构造。对于离散颗粒构成的沥青混合料，其骨架结构性能评价可以通过颗粒细观接触力链分析来实现。颗粒材料细观力链网络结构中，强力链(接触力大于平均接触力)承担了大部分外界荷载，而弱力链(接触力小于平均接触力)承担了较少外界荷载。本小节提出将沥青混合料骨架划分为主导骨架和辅助骨架，以强力链来表征沥青混合料的主导骨架结构，以弱力链来表征沥青混合料的辅助骨架结构，并对主导骨架上的颗粒构成进行分析。以 AC-16 堆积体系为例，根据式(18-28)，通过接触遍历判断 fish 函数识别出的强力链主导骨架和弱力链辅助骨架如图 18-55 所示，主导骨架和辅助骨架上的颗粒构成如图 18-56 所示。

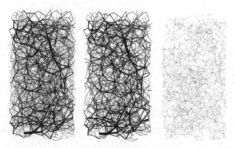

图 18-55　强力链主导骨架与弱力链辅助骨架

图 18-56　主导骨架和辅助骨架上的颗粒构成

为了评价不同级配类型混合料的骨架状态，基于细观力链及力链上的颗粒构成，提出一个定量化指标，即主骨架颗粒参与率(participation rate of main skeleton particles，PRMSP)，定义为强力链主导骨架上颗粒数量 N_{ms} 与整个堆积体系中颗粒数量 N_{all} 的百分比，计算方法如式(18-29)所示。该值越大表示该堆积体系中更多数量的集料颗粒参与主导骨架的构成，一定程度上反映该混合料骨架程度较高。

$$PRMSP = \frac{N_{ms}}{N_{all}} \times 100\% \qquad (18\text{-}29)$$

不同级配类型混合料堆积体系的 PRMSP 如图 18-57 所示。可以看出，在相同公称最大粒径情况下，PRMSP 从大到小的混合料排序均是 OGFC>SMA>AC；AC-16、SMA-16、OGFC-16 的 PRMSP 分别为 29.8%、31.1%、35.6%，说明开级配混合料的骨架程度要大于间断级配和密级配混合料。另外，随着公称最大粒径减小，各混合料的 PRMSP 均增大，如 AC-13 的 PRMSP 为 37.6%，说明较小粒径混合料的骨架程度要大于较大粒径混合料。

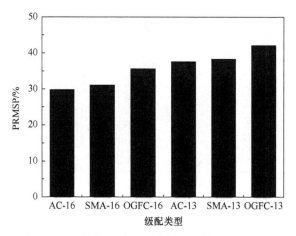

图 18-57　不同级配类型混合料堆积体系的 PRMSP

5. 堆积模型的力链骨架传荷验证

为了验证混合料堆积模型中力链骨架传荷结果的合理性，开展粗集料压碎试验(《公路工程集料试验规程》T 0316—2024)，对集料颗粒进行压碎，并通过筛分试验分析集料压碎前后的粒径变化。压碎过程是外界荷载在集料颗粒堆积体中传递的过程，集料颗粒的破碎情况间接表征集料颗粒的传荷作用。图 18-58 为压碎前后集料颗粒粒径变化。

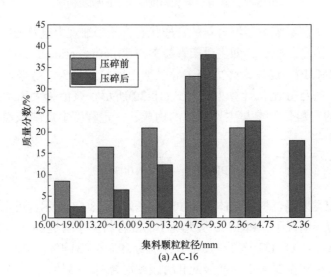

(a) AC-16

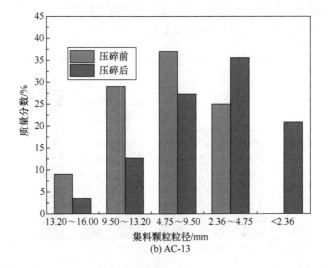

(b) AC-13

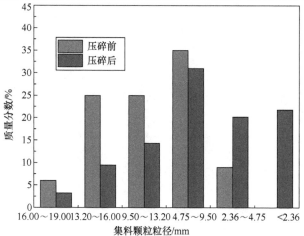

(c) SMA-16

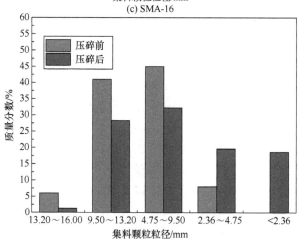

(d) SMA-13

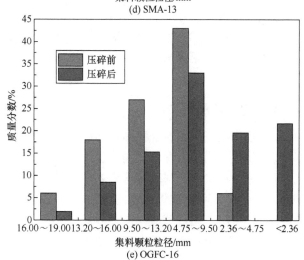

(e) OGFC-16

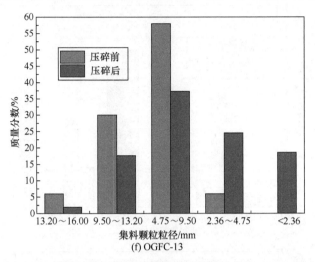

图 18-58　压碎前后集料颗粒粒径变化

从图 18-58 可以看出，公称最大粒径为 16.00mm 的混合料压碎后，粒径为 9.50～19.00mm 的较大粗集料质量分数均减小，公称最大粒径为 13.20mm 的混合料压碎后，粒径为 4.75～16.00mm 的较大粗集料质量分数均减小，说明这些粒径的集料发生了明显的破碎。从图 18-53 力链分析结果可以看出，这些粒径的粗集料在堆积体系中所受的平均接触力明显大于其他粒径的集料，因此在压碎试验过程中更容易发生破碎。另外，公称最大粒径为 16.00mm 的 AC 混合料中，压碎后粒径为 4.75～9.50mm 的粗集料质量分数有较明显的增大，公称最大粒径为 13.20mm 的混合料中，压碎后粒径为 2.36～4.75mm 的粗集料质量分数有较明显的增大。研究认为，主要原因有两点：一是该粒径集料有一部分由较大粒径集料破碎转换而来；二是该粒径集料在整个堆积体系中起到主要承载作用，能在压碎荷载作用下保持动态稳定。从图 18-53 力链分析结果也可以看出，该粒径集料平均接触力较小，不易发生破碎。压碎试验结果充分证明了混合料堆积模型中力链骨架传荷结果的合理性。

18.2.5　振动压实对堆积结构的激励效应

在外界振动荷载激励作用下，颗粒堆积体系会从随机松堆积状态转换到随机密堆积状态，这一致密化过程与沥青混合料的压实及其他工业颗粒材料生产过程密切相关。因此，可通过对沥青混合料颗粒堆积体系施加垂直振动荷载的方式，来研究振动应力幅值和加载频率对堆积体系的影响。设置振动为半正弦加载形式，控制方程如式(18-30)所示。通过离散元内置"伺服机制"，加载板与颗粒间的接触应力保持在目标应力小区间范围波动。施加的目标振动荷载(应力幅值 600kPa，加载频率 10Hz)如图 18-59 所示。

$$\sigma' = \left| A\sin(2\pi ft) \right| \tag{18-30}$$

式中，A 为应力幅值；f 为加载频率；t 为加载时间。

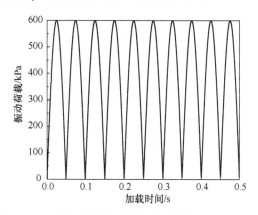

图 18-59　目标振动荷载–加载时间曲线(600kPa，10Hz)

1. 振动应力幅值对堆积结构的影响

当加载频率固定为 50Hz 时，不同振动应力幅值下 AC-16 混合料颗粒堆积密度随加载时间的变化如图 18-60 所示。由图可以看出，体系的堆积密度随着振动作用发生波动，这是振动荷载压缩和松弛作用的结果。另外，堆积密度在压实初期增长较快，而后逐渐趋于稳定，总体增长曲线近似指数/对数曲线，这与混合料在室内振动和旋转压实结果的规律一致[21]。不同振动应力幅值下，颗粒堆积密度的发展规律差异较大。小应力作用下，颗粒堆积密度初期增长较慢，在相同加载时间内达到的稳定堆积密度较小，堆积密度的波动幅度也较小，大应力作用下的规律则与之相反。因此，若平衡堆积密度最大和堆积密度波动较小的压实要求，振动加载应力应控制在一个合理区间内。

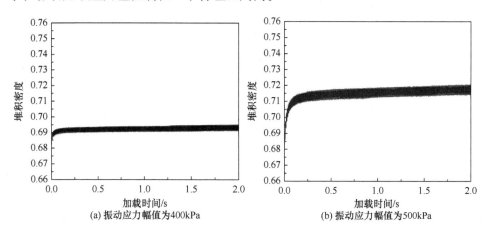

(a) 振动应力幅值为400kPa　　　　(b) 振动应力幅值为500kPa

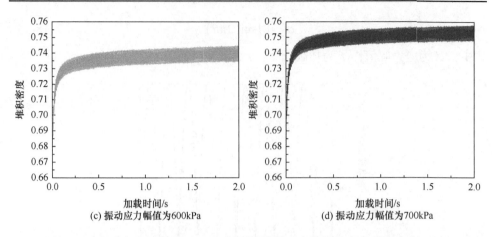

(c) 振动应力幅值为600kPa　　　　　(d) 振动应力幅值为700kPa

图 18-60　振动应力幅值对 AC-16 混合料颗粒堆积密度的影响(加载频率为 50Hz)

2. 加载频率对堆积结构的影响

振动应力幅值固定为 600kPa，不同加载频率下 AC-16 混合料颗粒堆积密度随加载时间的变化如图 18-61 所示。可以看出，不同加载频率下，颗粒堆积密度的发展规律差异较大。频率较小时，颗粒堆积密度增长较快，在相同加载时间内达到的稳定堆积密度较大，堆积密度的波动幅度也较大，而大加载频率作用下的规律则与之相反。因此，振动加载频率应控制在一个合理区间内，并非频率越大越好，同时达到堆积密度较大和堆积密度波动较小的压实目的。

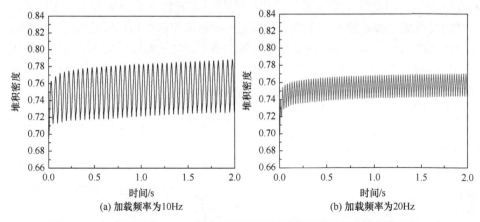

(a) 加载频率为10Hz　　　　　(b) 加载频率为20Hz

图 18-61　加载频率对 AC-16 混合料堆积密度的影响(振动应力幅值为 600kPa)

18.3　常温下沥青混合料细观黏弹性力学特性与演化行为

沥青混合料在常温低应力条件下主要表现黏弹性力学响应特性，在 20℃动态荷载作用下，其动态黏弹性参数之一动态模量是沥青路面设计的重要力学参数。大量研究者开展了沥青混合料动态模量预估模型的研究，基于大量试验数据提出了经验性的回归模型，包括 Witczak 1-37A 模型、改进的 Witczak 模型、NCHRP1-40D 模型和 Hirsch 模型等，或基于复合材料细观力学理论提出稀疏分布模型、Mori-Tanaka 模型、自洽模型、广义自洽模型及多相球模型等沥青混合料有效模量预估模型。经验预估模型需要实测大量原材料物理、力学及体积参数，且不同模型间选取的输入参数差异较大，不同地区材料、试验方法及环境条件不同，各个经验预估模型的适用性也不尽相同。不同细观力学预估模型建模对材料细观结构特征的基本假设不同，且多数模型难以真正有效考虑沥青混合料的颗粒效应、尺寸效应、界面效应和黏弹效应，因此在预测精度上存在较大局限。近些年，基于沥青混合料细观结构获取和重构的细观力学仿真方法，成为除经验法和理论法的另一种具有较大潜力的动态模量预测方法。

　　基于图像处理和随机算法生成的沥青混合料细观结构模型，根据常温下混合料各组分的力学特征和黏弹性力学特性，建立离散元细观接触本构模型，推导各细观接触本构模型参数与材料宏观参数之间的对应转换关系；利用室内 UTM-25 试验设备测得沥青砂浆和沥青混合料的动态模量和相位角，并基于动态模量和相位角结果计算沥青砂浆细观动态黏弹性参数；建立动态模量仿真试验模型，利用 fish 函数追踪虚拟试验过程中混合料的应力、应变响应，并依此计算得到动态模量和相位角虚拟仿真结果，通过与实测结果对比，验证提出的模型及参数的正确性和有效性；通过颗粒力链网络和颗粒速度场角度，分析黏弹态沥青混合料在荷载作用下的细观力学响应及演化特性；通过参数化研究，分析集料长径比(aspect ratio)、取向、针片状含量及空隙率对沥青混合料黏弹性力学响应的影响。

18.3.1　沥青混合料细观黏弹性本构模型及参数

1. 细观黏弹性本构模型

　　沥青混合料为非均质材料，在细观本构模型设置时应考虑粗集料与沥青砂浆力学属性的差异。以真实图像模型为例，沥青混合料细观颗粒单元间设置的离散元接触模型如图 18-62 所示，其中粗集料单元采用 cluster 模型，即集料颗粒单元内部存在接触。由于粗集料的力学响应接近弹性，因此采用线性接触模型(linear contact model)来表征粗集料单元的接触。另外，考虑沥青砂浆的黏弹性，采用离散元用户自定义的伯格斯接触模型(Burgers contact model)来表征沥青砂浆单元的接触，粗集料与沥青砂浆界面的接触本构模型采用修正后的伯格斯接触模型(modified Burgers contact model)。真实动态模量测试时，须控制混合料的力学响应在线弹性范围，因此可以认为该过程不涉及材料的损伤破坏。考虑上述本构模型均无黏结属性，为了防止试件在模拟过程中发生开裂破坏而与实际情况不符，在上述模型的基础上对所有接触赋予接触黏结模型(contact bond model)，且设置较大的接触黏结力(1×10^{10}N)。该模型简化了陈俊等[7]提出的对集料单元和砂浆单元分别赋予接触黏结和平行黏结的复杂组合模型。

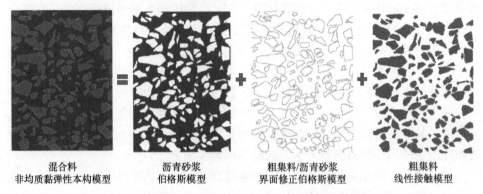

混合料　　　　　沥青砂浆　　　　　粗集料/沥青砂浆　　　　　粗集料
非均质黏弹性本构模型　伯格斯模型　界面修正伯格斯模型　线性接触模型

图 18-62　沥青混合料细观颗粒单元的离散元接触模型

2. 细观、宏观参数对应关系

离散元仿真是通过设置颗粒单元间的细观接触本构模型及相应参数来间接模拟材料的宏观力学行为，根据弹性梁与黏弹性梁等效原理，离散元中颗粒细观接触参数(如刚度、刚度比)与材料宏观力学参数(如弹性模量、泊松比)存在着对应转换关系，并将系统阻尼参数设置为 0，已实现对准静态力学行为的模拟。混合料内部各接触模型的细观参数及其与宏观参数的对应转换关系如下。

1) 粗集料 cluster 单元的线性接触模型

粗集料内部颗粒单元间线性接触模型由两个弹簧串联组成，如图 18-63 所示。在二维(2D)和三维(3D)情况下，集料颗粒接触弹簧的法向刚度、切向刚度与宏观模量、泊松比的对应关系如式(18-31)所示：

$$\begin{cases} k_n^1 = k_n^2 = 2E\begin{cases} t & \text{(2D)} \\ L & \text{(3D)} \end{cases} \\ k_s^1 = k_s^2 = 2G\begin{cases} t & \text{(2D)} \\ L & \text{(3D)} \end{cases} \\ G = \dfrac{E}{2(1+\nu)} \\ L = R_1 + R_2 \end{cases} \tag{18-31}$$

式中，k_n^1、k_n^2 分别为集料颗粒 1、2 的法向刚度；k_s^1、k_s^2 分别为集料颗粒 1、2

的切向刚度；E 为集料的宏观弹性模量；G 为剪切模量；ν 为集料的泊松比；t 为二维颗粒厚度；R_1、R_2 为接触两端颗粒的半径；L 为弹性梁的长度，是接触两端颗粒的半径之和。

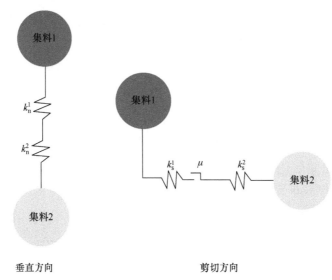

垂直方向　　　　　　　　　　　　剪切方向

图 18-63　粗集料颗粒单元接触的线性本构模型参数

2) 沥青砂浆单元的伯格斯模型

沥青砂浆颗粒单元接触的伯格斯(Burgers)模型由一个麦克斯韦(Maxwell)模型与一个开尔文(Kelvin)模型串联而成，如图 18-64 所示。细观伯格斯模型参数与沥青砂浆的宏观伯格斯参数对应关系如式(18-32)所示：

$$
\begin{cases}
C_{mn} = \eta_1 \begin{cases} t & (2\text{D}) \\ L & (3\text{D}) \end{cases}, & K_{mn} = E_1 \begin{cases} t & (2\text{D}) \\ L & (3\text{D}) \end{cases} \\[4pt]
C_{kn} = \eta_2 \begin{cases} t & (2\text{D}) \\ L & (3\text{D}) \end{cases}, & K_{kn} = E_2 \begin{cases} t & (2\text{D}) \\ L & (3\text{D}) \end{cases} \\[4pt]
C_{ms} = \dfrac{\eta_1}{2(1+\nu)} \begin{cases} t & (2\text{D}) \\ L & (3\text{D}) \end{cases}, & K_{ms} = \dfrac{E_1}{2(1+\nu)} \begin{cases} t & (2\text{D}) \\ L & (3\text{D}) \end{cases} \\[4pt]
C_{ks} = \dfrac{\eta_2}{2(1+\nu)} \begin{cases} t & (2\text{D}) \\ L & (3\text{D}) \end{cases}, & K_{ks} = \dfrac{E_2}{2(1+\nu)} \begin{cases} t & (2\text{D}) \\ L & (3\text{D}) \end{cases}
\end{cases}
\tag{18-32}
$$

式中，C_{mn}、K_{mn}、C_{kn}、K_{kn} 为细观伯格斯接触模型的四个法向参数；C_{ms}、K_{ms}、C_{ks}、K_{ks} 为细观 Burgers 接触模型的四个切向参数；η_1、E_1、η_2、E_2 为沥青砂浆的宏观伯格斯参数，可通过室内试验获得。

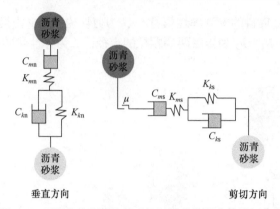

垂直方向　　　　　　　　　　　剪切方向

图 18-64　沥青砂浆颗粒单元接触的伯格斯本构模型参数

由于沥青砂浆单元间伯格斯接触实质是两个黏弹性沥青砂浆颗粒串联组成的，因此沥青砂浆颗粒单元自身的伯格斯模型参数 c_{mn}、k_{mn}、c_{kn}、k_{kn}、c_{ms}、k_{ms}、c_{ks}、k_{ks} 与接触伯格斯模型参数存在式(18-33)和式(18-34)的关系：

$$c_{mn} = 2C_{mn}, \quad k_{mn} = 2K_{mn}, \quad c_{kn} = 2C_{kn}, \quad k_{kn} = 2K_{kn} \tag{18-33}$$

$$c_{ms} = 2C_{ms}, \quad k_{ms} = 2K_{ms}, \quad c_{ks} = 2C_{ks}, \quad k_{ks} = 2K_{ks} \tag{18-34}$$

3) 粗集料/沥青砂浆界面的修正伯格斯模型

粗集料与沥青砂浆界面接触可以简化为一个集料单元弹簧与一个砂浆单元伯格斯模型相互串联而成，对伯格斯模型中 Maxwell 部分的弹簧参数进行修正(与集料的弹簧相互串联后等效为一个大弹簧)，如图 18-65 所示，最终通过式(18-35)计算界面接触参数：

$$\begin{cases} \overline{C}_{mn} = 2\eta_1 \begin{cases} t & (2\mathrm{D}) \\ L & (3\mathrm{D}) \end{cases}, \quad \overline{K}_{mn} = \dfrac{2EE_1}{E + E_1} \begin{cases} t & (2\mathrm{D}) \\ L & (3\mathrm{D}) \end{cases} \\[4mm] \overline{C}_{kn} = 2\eta_2 \begin{cases} t & (2\mathrm{D}) \\ L & (3\mathrm{D}) \end{cases}, \quad \overline{K}_{kn} = 2E_2 \begin{cases} t & (2\mathrm{D}) \\ L & (3\mathrm{D}) \end{cases} \\[4mm] \overline{C}_{ms} = \dfrac{\eta_1}{1+\nu} \begin{cases} t & (2\mathrm{D}) \\ L & (3\mathrm{D}) \end{cases}, \quad \overline{K}_{ms} = \dfrac{2GE_1}{G(1+\nu) + E_1} \begin{cases} t & (2\mathrm{D}) \\ L & (3\mathrm{D}) \end{cases} \\[4mm] \overline{C}_{ks} = \dfrac{\eta_2}{1+\nu} \begin{cases} t & (2\mathrm{D}) \\ L & (3\mathrm{D}) \end{cases}, \quad \overline{K}_{ks} = \dfrac{E_2}{1+\nu} \begin{cases} t & (2\mathrm{D}) \\ L & (3\mathrm{D}) \end{cases} \end{cases} \tag{18-35}$$

式中，$\overline{C}_{mn}$、$\overline{K}_{mn}$、$\overline{C}_{kn}$、$\overline{K}_{kn}$ 为细观修正伯格斯接触模型的四个法向参数；$\overline{C}_{ms}$、$\overline{K}_{ms}$、$\overline{C}_{ks}$、$\overline{K}_{ks}$ 为细观修正伯格斯接触模型的四个切向参数。

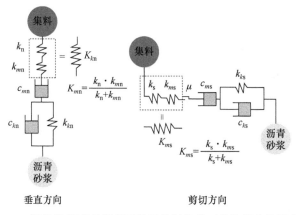

图 18-65　粗集料/沥青砂浆界面单元接触的修正伯格斯本构模型参数

另外，上述各模型在切向均存在一个滑动控制器，即摩擦系数 μ，该参数依据库仑摩擦定律限制颗粒间的相对滑动。由于动态模量模拟时对颗粒赋予较大黏结力，摩擦系数的影响作用可忽略不计，可取定值 0.5。

3. 材料宏观参数的确定方法

根据前文分析，粗集料所需确定的参数包括弹性模量 E 和泊松比 ν。本章采用的粗集料为石灰岩集料，根据《岩石力学参数手册》选取粗集料力学参数，其中弹性模量取 55.5GPa，泊松比取 0.15。需要确定的沥青砂浆参数包括伯格斯模型的四个参数 η_1、E_1、η_2、E_2。需要说明的是，沥青砂浆的伯格斯模型参数并非固定值，而与沥青砂浆试验方法和试验条件有关，可通过动态模量、蠕变及松弛等试验结果拟合得到。Liu 等[22]给出了动态模量试验半正弦应力作用下沥青砂浆黏弹性伯格斯模型四个参数的近似解，计算方法如式(18-36)～式(18-38)所示，即可以通过测试沥青砂浆动态模量和相位角来计算不同加载频率下的沥青砂浆伯格斯模型参数。

$$E_1 = \left| E^* \right|_{\omega \to \infty}, \quad \eta_1 = \left| \frac{E^*}{\omega} \right|_{\omega \to 0} \tag{18-36}$$

$$\frac{1}{\left| E^* \right|} = \sqrt{\frac{1}{E_1^2} + \frac{1}{\eta_1^2 \omega^2} + \frac{1 + 2\left(E_2/E_1 + \eta_2/\eta_1 \right)}{E_2^2 + \eta_2^2 \omega^2}} \tag{18-37}$$

$$\tan\theta = \frac{E_1 \left[E_2^2 + \eta_2 \left(\eta_1 + \eta_2 \right) \omega^2 \right]}{\eta_1 \omega \left(E_2^2 + E_1 E_2 + \eta_2^2 \omega^2 \right)} \tag{18-38}$$

式中，$\left| E^* \right|$ 为动态模量；θ 为相位角；ω 为角频率。

18.3.2　沥青砂浆及混合料动态模量室内试验

1. 原材料及配合比设计

该阶段动态模量研究采用的沥青混合料均由石灰岩集料、磨细石灰岩矿粉和 SK-90 基质沥青制成，各项指标满足相应技术规范要求。为了准确模拟沥青混合料黏弹性力学行为，沥青砂浆使用的细集料、矿粉和沥青比例应与混合料组成相统一。沥青砂浆各粒径通过率通过扣除混合料中粒径大于 2.36mm 粗集料部分进行换算，即保持各细集料比例不变且各粒径细集料的筛余百分率之和为 100%。沥青混合料和沥青砂浆集料级配的筛孔通过率如表 18-8 所示。各沥青混合料的最佳油石比根据马歇尔设计方法确定，其中 AC-13 沥青混合料最佳油石比为 4.7%，SMA-13 沥青混合料最佳油石比为 5.0%，目标配合比设计过程此处不再详细阐述。

表 18-8　沥青混合料和沥青砂浆集料级配的筛孔通过率

混合料和砂浆	不同粒径通过率/%									
	16.00mm	13.20mm	9.50mm	4.75mm	2.36mm	1.18mm	0.60mm	0.30mm	0.15mm	0.075mm
AC-13 混合料	100.0	95.0	76.5	53.0	37.0	26.5	19.0	13.5	10.0	6.0
AC-13 砂浆	—	—	—	—	100.0	71.6	51.3	36.5	27.0	16.2
SMA-13 混合料	100.0	95.0	62.5	27.0	20.5	19.0	16.0	13.0	12.0	10.0
SMA-13 砂浆	—	—	—	—	100.0	92.6	78.0	63.4	58.5	48.8

沥青砂浆具有较高流动性，其油石比无法采用常规混合料目标配合比设计方法进行确定。假定沥青混合料中沥青能均匀裹附在集料表面，即集料颗粒裹附的沥青质量与其表面积成固定比例关系，可以根据《公路沥青路面施工技术规范》中的推荐公式，分别计算混合料中集料总比表面积与沥青砂浆中集料总比表面积，基于比例等效关系将沥青混合料的油石比转换为沥青砂浆的油石比。以 AC-13 为例，其沥青砂浆的油石比计算方法和步骤如下。

1) 计算沥青混合料和沥青砂浆集料总比表面积

沥青混合料和沥青砂浆集料比表面积计算方法：

$$SA = \sum (P_i \times FA_i) \tag{18-39}$$

式中，SA 为集料总比表面积；P_i 为各档粒径集料的通过率；FA_i 为各档粒径集料的表面积系数。各参数取值如表 18-9 所示。

表 18-9　AC-13 沥青混合料和沥青砂浆集料的比表面积

筛孔尺寸/mm	表面积系数	混合料通过率/%	混合料比表面积/(m²/kg)	砂浆通过率/%	砂浆比表面积/(m²/kg)
16.00	0.0041	100.0	0.4100	—	—
13.20	—	95.0	—	—	—
9.50	—	76.5	—	—	—
4.75	0.0041	53.0	0.2173	—	—
2.36	0.0082	37.0	0.3034	100.0	0.8200
1.18	0.0164	26.5	0.4346	71.6	1.1742
0.60	0.0287	19.0	0.5453	51.3	1.4723
0.30	0.0614	13.5	0.8289	36.5	2.2411
0.15	0.1229	10.0	1.2290	27.0	3.3183
0.075	0.3277	6.0	1.9662	16.2	5.3087

2) 根据沥青比例等效关系计算沥青砂浆油石比

根据式(18-39)和表 18-9 计算得到的 AC-13 沥青混合料和沥青砂浆集料总比表面积分别为 5.9347m²/kg 和 14.3346m²/kg。AC-13 沥青混合料最佳油石比为 4.7%，根据沥青比例等效关系，即假设单位集料表面积上附着的沥青质量相同，因此可以确定 AC-13 沥青砂浆油石比 P_{m}。

$$P_{\mathrm{m}} = \frac{14.3346}{5.9347} \times 4.7\% = 11.35\% \tag{18-40}$$

同理，计算得到 SMA-13 沥青砂浆油石比为 22.57%。

2. 试验方法与结果分析

利用旋转压实法成型沥青混合料试件，将试件切割成直径 100mm、高 150mm 的动态模量试验标准试件。由于沥青砂浆具有较高的流动性，因此直接采用静压法成型砂浆试件，砂浆试件尺寸与混合料相同。动态模量试验采用 UTM-25 试验机，试验前在沥青砂浆和沥青混合料试件表面以 120°间隔、70mm 间距粘贴三组位移传感器，试验时根据"先低温后高温、先高频后低频"的原则进行测试。结合研究目的及沥青砂浆实际情况，设定沥青砂浆的试验温度为 0℃、10℃和 20℃，沥青混合料的试验温度为 5℃、20℃和 40℃，施加动态荷载的频率为 0.1Hz、0.5Hz、1Hz、5Hz、10Hz 和 25Hz。

不同温度和加载频率下,AC-13 和 SMA-13 沥青砂浆动态模量和相位角的试验结果如图 18-66 所示。同一温度下,随着加载频率的增大,沥青砂浆动态模量逐渐增大;同一加载频率下,随着温度的升高,沥青砂浆的动态模量减小。同一温度下,随着加载频率的增大,沥青砂浆相位角逐渐减小;同一加载频率下,随着温度的升高,沥青砂浆相位角逐渐增大。这一结果表明,沥青砂浆力学响应对温度和加载频率十分敏感,属于典型黏弹性材料。相位角在宏观试验中表示应变滞后应力的角度,微观尺度上则表示黏弹性材料力学元件中黏性部分与弹性部分的比例,相位角越大,材料黏性成分越大。由此可以认为,在较高温度及较低频率下,沥青砂浆表现出更显著的黏性。

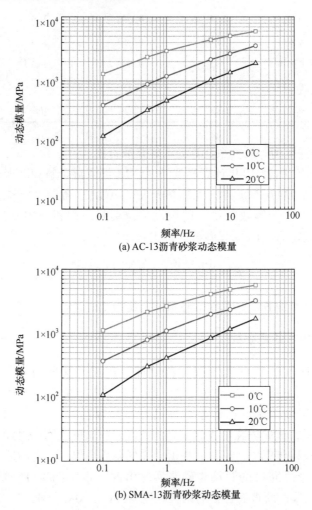

(a) AC-13沥青砂浆动态模量

(b) SMA-13沥青砂浆动态模量

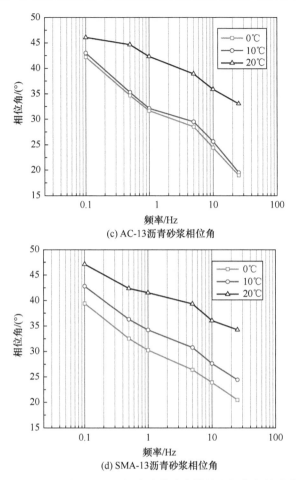

(c) AC-13沥青砂浆相位角

(d) SMA-13沥青砂浆相位角

图 18-66 AC-13 和 SMA-13 沥青砂浆动态模量和相位角的试验结果

不同温度和加载频率下，AC-13 和 SMA-13 沥青混合料动态模量与相位角的试验结果如图 18-67 所示。可以看出，沥青混合料的动态模量随着加载频率的增大而逐渐增大，随着温度的升高而减小。另外，沥青混合料的动态模量相对沥青砂浆的动态模量更大，这是因为混合料中集料体积分数更大，且集料的模量远大于沥青结合料的模量，集料增强效应使混合料整体模量更大。混合料相位角随频率的变化规律与沥青砂浆一致，即随着加载频率的增大，混合料相位角逐渐减小；随温度的变化与沥青砂浆情况有所不同，沥青砂浆的相位角随温度的升高而不断增大，而沥青混合料的相位角在20℃时最大，40℃时相位角小于20℃时相位角。可能原因在于：高温条件下集料骨架发挥了更多抵抗荷载的作用，集料在力学上属于弹性材料，整体混合料的弹性增加，最终使相位角减小。沥青混合料的相位角总体上小于沥青砂浆的相位角，再次表明集料颗粒对沥青混合料黏弹性响应有显著影响。

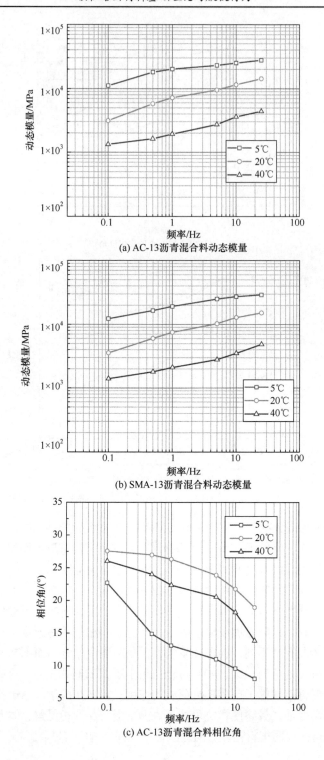

(a) AC-13沥青混合料动态模量

(b) SMA-13沥青混合料动态模量

(c) AC-13沥青混合料相位角

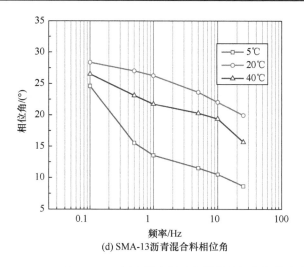

(d) SMA-13 沥青混合料相位角

图 18-67　AC-13 和 SMA-13 沥青混合料动态模量和相位角的试验结果

3. 动态模量主曲线

　　黏弹性沥青混合料或沥青砂浆力学特征具有时间-温度等效原则，在动态模量试验中加载频率表征时间效应。从图形上选定一个参考温度，可以将"高温"试验结果向"低频"方向移动，将"低温"试验结果向"高频"方向移动，最后与参考温度试验结果拟合一条曲线，即主曲线，这一曲线表示该参考温度下的全频域试验结果。

　　选用西格摩德(Sigmoidal)函数拟合动态模量主曲线函数：

$$\log\left|E^*\right| = \delta + \frac{\alpha}{1 + \mathrm{e}^{(\beta + \gamma \log f_\mathrm{r})}} \tag{18-41}$$

式中，$\left|E^*\right|$ 为动态模量，MPa；f_r 为缩减频率，rad/s；δ、α、β、γ 均为函数拟合参数。缩减频率 f_r 与测试频率 f 满足：

$$f_\mathrm{r} = f \cdot \alpha_T \tag{18-42}$$

$$\log f_\mathrm{r} = \log f + \log \alpha_T \tag{18-43}$$

式中，α_T 为时温转换因子，与温度有关。

　　根据 Williams-Landel-Ferry(WLF)方程，时温转换因子的计算公式为

$$\log \alpha_T = \frac{c_1\left(T - T_\mathrm{r}\right)}{c_2 + T - T_\mathrm{r}} \tag{18-44}$$

式中，T 为试验温度；T_r 为参考温度；c_1 和 c_2 为拟合参数。

选定 10℃为沥青砂浆的参考温度，拟合主曲线，结果见图 18-68。从图 18-68 可以看出，Sigmoidal 函数能较好地拟合沥青砂浆动态模量主曲线。

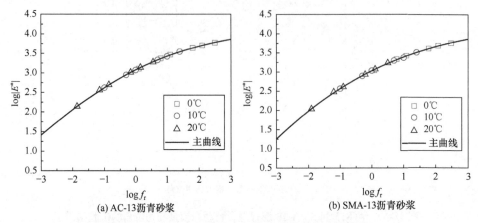

图 18-68　AC-13 和 SMA-13 沥青砂浆的拟合主曲线

选定 20℃为沥青混合料的参考温度，拟合主曲线，结果见图 18-69。从图 18-69 可以看出，相对于沥青砂浆，沥青混合料的动态模量主曲线表现出明显的 S 形分布特征，且拟合度相对较差，这反映了沥青混合料具有比沥青砂浆更显著的非均质细观结构特征，其力学测试结果的随机性更大。

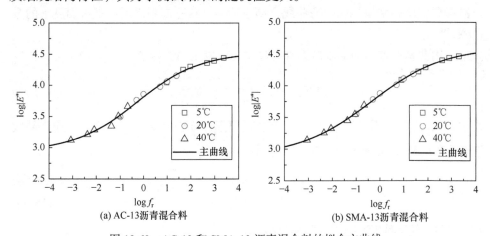

图 18-69　AC-13 和 SMA-13 沥青混合料的拟合主曲线

沥青砂浆和沥青混合料的时温转换因子见图 18-70。利用 Sigmoidal 函数拟合动态模量主曲线的相关拟合参数见表 18-10。

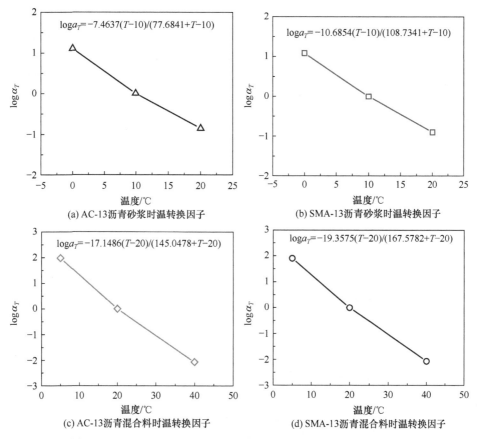

图 18-70　AC-13、SMA-13 沥青砂浆和沥青混合料的时温转换因子

表 18-10　动态模量主曲线拟合参数

材料类型	δ	α	β	γ	c_1	c_2	R^2
AC-13 沥青砂浆	4.2229	−6.2344	1.4920	0.4317	−7.4637	77.6841	0.999
SMA-13 沥青砂浆	4.4076	−12.8045	2.1156	0.3321	−10.6854	108.7341	0.999
AC-13 沥青混合料	2.9375	1.5974	−0.1931	−0.7409	−17.1486	145.0478	0.995
SMA-13 沥青混合料	4.6134	−1.7257	0.2269	0.6481	−19.3575	167.5782	0.999

18.3.3　动态模量虚拟仿真试验

1. 动态模量仿真模型边界与加载条件

采用三种模型进行动态模量仿真试验，包括图像模型及随机生成的二维随机模型、三维随机模型(集料为 cluster 类型)，其中随机模型的基本小球单元粒径为

0.5mm。试件的两侧为自由边界，仿真试验过程中通过生成上加载板对试件施加正弦荷载，通过生成下加载板对试件进行边界限定，如图18-71所示。加载板为规则排列的颗粒小球，通过离散元fish函数控制其加载应力。另外，由于随机模型的细观结构是粗集料随机生成与投放产生的，具有一定随机性，因此每组随机模型生成3个试件，试件的粗集料长径比在1~3均匀分布，取向在0°~90°均匀分布。

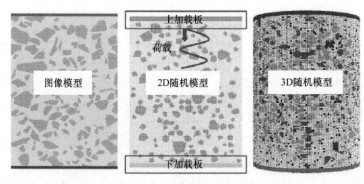

图18-71　动态模量仿真模型

考虑路面设计规范，将沥青混合料在20℃、10Hz(面层混合料)或5Hz(基层混合料)条件下测得的动态压缩模量作为设计指标，且该温度下沥青混合料具有显著的黏弹性。因此，研究中主要对20℃沥青混合料的动态模量和相位角这两个黏弹性力学指标进行预测，并研究其细观响应特性。根据18.3.1小节推导的公式和18.3.2小节沥青砂浆室内试验结果，计算得到20℃下AC-13和SMA-13沥青砂浆伯格斯模型参数，如表18-11所示。

表 18-11　沥青砂浆伯格斯模型参数(20℃)

加载频率/Hz	AC-13 沥青砂浆				SMA-13 沥青砂浆			
	E_1/GPa	η_1/(GPa·s)	E_2/GPa	η_2/(GPa·s)	E_1/GPa	η_1/(GPa·s)	E_2/GPa	η_2/(GPa·s)
0.1	21.718	6.778	0.184	0.293	33.654	7.446	0.207	0.183
0.5	27.576	3.758	0.424	0.135	21.367	5.633	0.533	0.156
1.0	94.208	6.552	0.573	0.091	83.453	7.425	0.649	0.084
5.0	71.241	1.136	1.379	0.037	76.445	2.145	1.435	0.046
10.0	68.178	0.324	2.048	0.023	66.347	1.028	2.062	0.028
25.0	91.361	0.479	2.655	0.013	89.624	0.694	3.544	0.017

模拟试验过程中，采用在试件内部设置测量圆的方式来记录应力应变响应，得到的部分应力、微应变如图18-72所示。可以看出，采用的细观本构模型和参

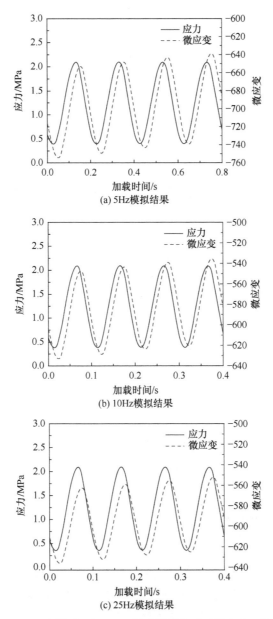

(a) 5Hz模拟结果

(b) 10Hz模拟结果

(c) 25Hz模拟结果

图 18-72　不同频率下 AC-13 混合料模拟试验的应力、微应变

数可以准确地模拟沥青混合料的黏弹性，各个频率下应力、微应变均呈现稳定的正弦变化规律。需要说明的是，由于模型采用的颗粒数量较多，加上伯格斯模型力学响应的时间敏感性和模拟过程中需要动态迭代计算参数等，仿真运算非常耗时，因此仅模拟 4 个加载周期，并以最后 2 个加载周期计算得到的动态模量和相

位角平均值作为最终模拟结果。动态模量和相位角根据式(18-45)计算：

$$\left|E^*\right|=\frac{\sigma_{\max}-\sigma_{\min}}{\varepsilon_{\max}-\varepsilon_{\min}}, \quad \theta=\frac{\Delta T}{T} \tag{18-45}$$

式中，$\sigma_{\max}$ 和 $\sigma_{\min}$ 分别为模拟试验中所施加最大和最小的应力；$\varepsilon_{\max}$ 和 $\varepsilon_{\min}$ 分别为最大微应变和最小微应变；ΔT 为两相邻峰值应力、微应变的时间差；T 为加载周期。

2. 模拟结果与试验结果

图 18-73 为各模型模拟得到的混合料动态模量与实测得到的混合料动态模量对比。可以看出，各模型均能很好地模拟动态模量随加载频率增大而增大的变化趋势，但总体上模拟得到的动态模量均低于实测动态模量。主要原因包括：①仿真效率和精度的限制，部分细集料未被充分考虑；②模型中粗集料被沥青砂浆分割开，集料间相互咬合作用被弱化；③随机模型无法考虑真实空隙结构；④通过修正伯格斯模型，仍无法精细化模拟粗集料与沥青砂浆界面本构关系等。

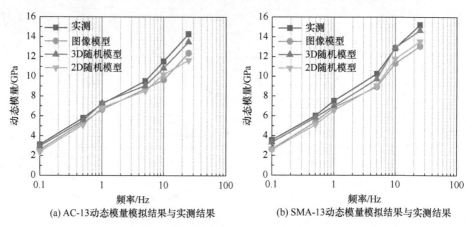

(a) AC-13动态模量模拟结果与实测结果　　　　(b) SMA-13动态模量模拟结果与实测结果

图 18-73　不同频率下混合料动态模量模拟结果与实测结果对比

对比三类模型，可以看出 3D 随机模型结果与实测结果最为接近，2D 随机模型的仿真精度与图像模型的仿真精度相当，说明采用随机算法生成的模型来模拟沥青混合料的力学行为是可行的。需要特别指出的是，尽管 3D 随机模型在模拟动态模量时仿真精度高，但 2D 随机模型的结果也具有较高的精度。另外，考虑真实沥青混合料具有结构组成的随机性和力学行为的变异性特征，仿真模拟试验时可以通过不断"修正"结构和"标定"参数使模型更加优化，即可认为 2D 随机模型在经过结构和参数修正后具有良好的可靠性。研究人员对 2D 随机模型中粗集料的体积分数进行放大，得到与实测结果误差较小的仿真结果。由于 2D 随机模型颗粒单元数量较少，计算效率远远高于 3D 随机模型，因此在计算资源有限及模拟荷载作用时间较长的试验情况下，可以优先考虑使用 2D 随机模型。

图 18-74 为各模型模拟得到的混合料相位角与实测得到的混合料相位角对比。可以看出，各模型均能很好地模拟相位角随加载频率增大而减小的变化趋势，但总体上模拟得到的相位角均大于实测相位角，主要原因可能在于模型将细集料和矿粉归于沥青砂浆组分，未考虑这些集料颗粒的"弹性"作用，混合料整体的"黏性"成分更多，相位角更大。总体上看，3D 随机模型相位角模拟结果与实测结果最为接近。

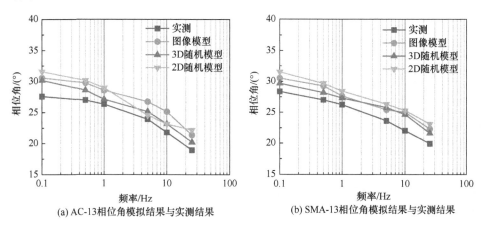

(a) AC-13相位角模拟结果与实测结果　　　　　(b) SMA-13相位角模拟结果与实测结果

图 18-74　不同频率下相位角模拟结果与实测结果对比

为了进一步对比各模型的仿真精度，将 AC-13 和 SMA-13 模拟结果汇总于图 18-75，并进行误差分析。从图 18-75 可以看出，对于混合料动态模量和相位

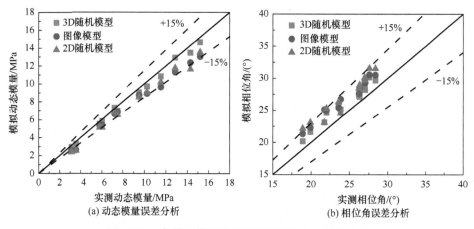

(a) 动态模量误差分析　　　　　　　　　　(b) 相位角误差分析

图 18-75　各模型模拟动态模量和相位角的误差分析

角这两个黏弹性力学参数,构建的细观模型具有较高的仿真精度,大部分结果的误差在±15%以下,满足工程应用需求。模拟动态模量时,3D 随机模型的最大误差、平均误差和最小误差分别为 7.08%、4.49%和 0.44%,图像模型的最大误差、平均误差和最小误差分别为 26.18%、12.97%和 7.85%,2D 随机模型的最大误差、平均误差和最小误差分别为 28.14%、14.07%和 5.36%。模拟相位角时,3D 随机模型的最大误差、平均误差和最小误差分别为 11.84%、6.60%和 3.02%,图像模型的最大误差、平均误差和最小误差分别为 15.43%、10.34%和 5.33%,2D 随机模型的最大误差、平均误差和最小误差分别为 17.13%、11.17%和 2.74%。

18.3.4　细观黏弹性力学特性与演化行为

1. 细观颗粒力链场演化

常规室内试验和连续介质力学仿真都难以获取荷载作用下沥青混合料细观力学响应特性,相比之下,离散元细观力学仿真可以实时追踪各组分颗粒单元的力链网络、速度场、位移场、旋转角度等诸多细观参量,为进一步分析沥青混合料宏观力学行为的细观机制提供了有效手段。为减少仿真时间,以沥青混合料在 20℃和 10Hz 条件下的动态模量仿真试验为例,分析黏弹性状态下混合料细观力学演化特性。取虚拟试件小块区域进行放大,分析集料颗粒单元内部接触、沥青砂浆颗粒单元内部接触、集料/沥青砂浆界面接触的力链情况,结果如图 18-76 所示。

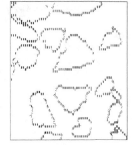

(a) 集料颗粒单元内部接触　　(b) 沥青砂浆颗粒单元内部接触　　(c) 集料/沥青砂浆界面接触

图 18-76　混合料内部各接触类型的力链

从图 18-76(a)可以看出,在压缩荷载作用下,集料内部颗粒单元接触全为压力链,且与加载方向一致的力链较粗(接触力较大),而水平方向的力链较细(接触力较小),这主要是因为集料的刚度较大,荷载通过集料颗粒单元时,其内部仍能保持整体受压状态。从图 18-76(b)可以看出,沥青砂浆颗粒单元内部以压力链为主，也存在部分拉力链，拉力链方向较为随机，且总体拉力链数量和大小均小于压力链。从图 18-76(c)可以看出，集料/沥青砂浆界面接触同时存在拉力链和压力链，但仍以压力链为主，这与体系属于整体受压状态有关。沥青砂浆内部和集料/沥青砂浆界面处拉力链的存在，表明荷载作用下混合料中沥青砂浆和集料/沥青砂浆界面有拉伸破坏(开裂)趋势。

进一步对不同介质的力链进行量化分析，图 18-77 为黏弹态沥青混合料细观各接触类型的力链随加载时间的演化结果(每间隔 0.5×10^{-5}s 记录各个接触类型的最大接触力)。从图 18-77 可以看出，随着加载时间的延长，不同类型力链的最大接触力均逐渐增大，这反映了荷载在沥青混合料内部的传递过程；在相同的加载时刻，集料颗粒单元内部的最大接触力最大，集料/沥青砂浆界面的最大接触力次之，沥青砂浆颗粒单元内部的最大接触力最小，主要原因在于集料的模量远大于沥青砂浆的模量，在混合料内部将承担更大的荷载。对比 AC-13 和 SMA-13 混合料细观最大接触力，可以发现 AC-13 混合料总体上不同接触类型的最大接触力差距较小，这可能与混合料内部结构差异有关。

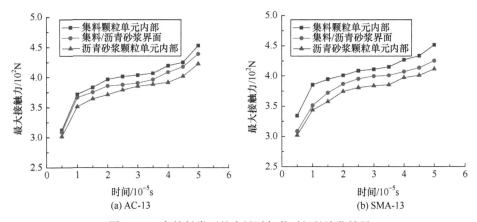

图 18-77 各接触类型的力链随加载时间的演化结果

2. 细观颗粒速度场演化

不同加载时间下集料颗粒单元与沥青砂浆颗粒单元的速度场演化结果表明，靠近外界荷载的试件上方区域速度场较大，随着时间的延长，速度场较大区域逐渐向试件下方扩散。总体上看，集料的速度场要大于沥青砂浆的速度场，这主要是因为集料为刚性材料，速度响应具有瞬时性，而沥青砂浆具有一定黏滞性，对荷载的响应速度小于刚性集料。研究认为，集料与沥青砂浆在荷载作用下速度场差异可能是沥青从集料表面剥落的原因之一。进一步对黏弹态沥青混合料不同介质的细观颗粒速度场(最大速度)进行量化分析，结果如图 18-78 所示。

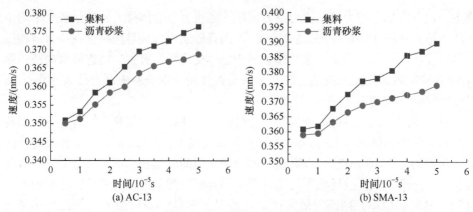

图 18-78　集料与沥青砂浆颗粒速度场量化分析结果

从图 18-78 可以看出，在荷载作用初期，沥青砂浆与集料颗粒的速度相差较小，主要原因是较短的加载时间下，沥青砂浆的黏性部分尚未发挥作用，主要是弹性部分发挥作用，与弹性集料颗粒的速度较为接近。随着加载时间的延长，集料与沥青砂浆的最大速度均不断增大，且二者速度差距有不断增大的趋势，这反映了弹性集料受荷作用下力学响应的瞬时性，以及黏弹性沥青砂浆受荷作用下力学响应的延滞性。

18.3.5　细观参数对黏弹性力学特性的影响

以 AC-13 混合料 3D 随机模型为研究对象，通过改变模型中粗集料与空隙的相关参数，定量化研究这些细观结构参数对混合料整体黏弹性力学响应(动态模量与相位角)的影响。

1. 集料取向与长径比的影响

从集料模型数据库选取特定长径比的集料，通过离散元函数命令改变集料的取向(orientation)，生成具有特定取向和长径比的集料混合料模型，选取的集料取向和长径比如表 18-12 所示，生成的粗集料模型如图 18-79 所示。

表 18-12　集料取向和长径比

组别	取向	长径比
Z1	0°~30°均匀分布	1.5
Z2	0°~30°均匀分布	2.0
Z3	0°~30°均匀分布	2.5
Z4	30°~60°均匀分布	1.5

续表

组别	取向	长径比
Z5	30°～60°均匀分布	2.0
Z6	30°～60°均匀分布	2.5
Z7	60°～90°均匀分布	1.5
Z8	60°～90°均匀分布	2.0
Z9	60°～90°均匀分布	2.5

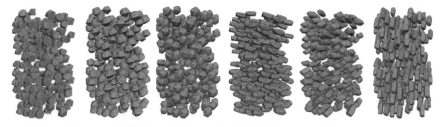

图 18-79　不同取向和长径比的粗集料模型(粒径 9.5～13.2mm)

不同集料长径比和取向的混合料动态模量如图 18-80 所示。从图 18-80 可以看出，集料的长径比和取向(集料长径比在 1.5～2.5 均匀分布，取向在 0°～90°均匀分布)对混合料动态模量有综合影响效应。当集料取向为 0°～30°时，如图 18-80(a)所示，预测的动态模量均小于 3D 随机基础模型，且随着长径比的增大，动态模量减小；当集料取向为 60°～90°时，如图 18-80(c)所示，预测的动态模量均大于 3D 随机基础模型，且随着长径比的增大，动态模量增大；当集料取向为 30°～60°时，如图 18-80(b)所示，预测的动态模量与 3D 随机基础模型较为接近，且长径比变化对动态模量的影响不如集料取向小于 30°或大于 60°时显著，这主要是因为集料取向为 30°～60°时，其平均取向为 45°，即集料取向不偏向水平或垂直任一个方向，另外 3D 随机基础模型的集料平均取向也为 45°，二者结果较为接近。当集料长径比大于 1 时，动态模量随集料取向发生改变可以通过复合材料细观力学理论予以解释。当集料取向接近 90°时，混合料结构接近并联模型(parallel model，Voigt 模型)；当集料取向接近 0°时，混合料结构接近串联模型(series model，Reuss 模型)。通过细观力学 Voigt 公式与 Reuss 公式计算得到的有效模量，分别为复合材料有效模量的上下限[23]。因此，集料趋向水平放置时，即与加载方向垂直，得到的动态模量接近于下限；集料趋向垂直放置时，即与加载方向一致，得到的动态模量接近于上限。尽管只是参数化研究，但上述研究结果对混合料的压实方法优化有一定的指导意义。例如，当真实集料的长径比较大时，为获得较大模量的沥青混合料，采用的压实方法应当使混合料中集料的取向趋向于垂直方向。

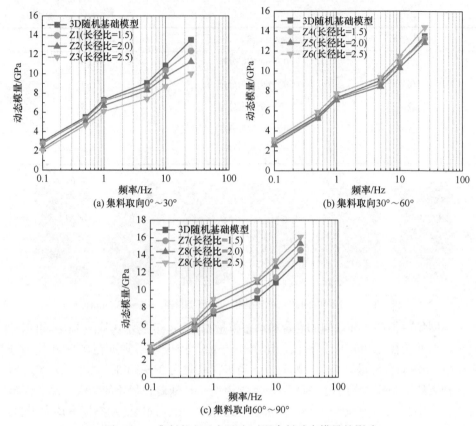

(a) 集料取向0°～30° (b) 集料取向30°～60°

(c) 集料取向60°～90°

图 18-80　集料长径比与取向对混合料动态模量的影响

不同集料长径比和取向混合料的 10Hz 相位角如图 18-81 所示。可以看出，对于 Z1～Z3，相位角逐渐增大，这一变化趋势与三者动态模量的变化趋势正好

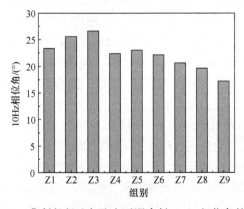

图 18-81　集料长径比与取向对混合料 10Hz 相位角的影响

相反，且相位角均大于3D随机基础模型；Z4～Z6 的相位角变化幅度不大；Z7～Z9 的相位角逐渐减小，这一变化趋势与三者动态模量的变化趋势也正好相反，且相位角均小于 3D 随机基础模型。因此，总体上看，集料取向和长径比对相位角和动态模量的影响作用是相反的。

2. 针片状集料含量的影响

生成针片状集料(长径比为 4)模型，随机取代基础模型中的集料，取代比例(针片状集料含量)分别为 0%、5%、10%、15%、20% 和 25%。不同针片状集料含量的混合料 10Hz 动态模量和相位角如图 18-82 所示。

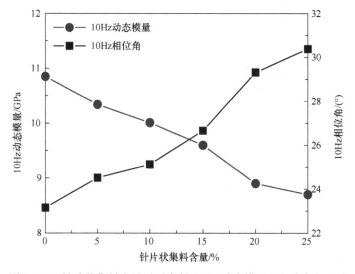

图 18-82　针片状集料含量对混合料 10Hz 动态模量和相位角的影响

由图 18-82 可以看出，随着针片状集料含量的增加，混合料动态模量逐渐下降，而相位角逐渐增大，说明针片状集料对混合料力学性能有不利影响。另外，当针片状集料含量超过 15%时，混合料动态模量的下降幅度突然增大，当针片状集料含量超过 20%，动态模量下降幅度减小，因此可以认为针片状集料含量 15%～20%是个敏感区，这一结论与规范中针片状集料含量的限定范围基本一致。

3. 空隙率的影响

由于随机生成的空隙模型无法模拟真实空隙大小及形态特征，本小节仅通过生成不同空隙率的空隙模型来近似研究空隙率对混合料动态模量的影响。不同空隙率的空隙模型如图 18-83 所示，空隙率对混合料 10Hz 动态模量的影响如图 18-84 所示。

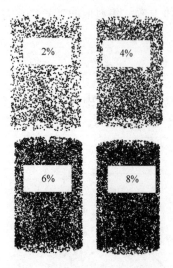

图 18-83　不同空隙率的空隙模型　　　　图 18-84　空隙率对 10Hz 动态模量的影响

由图 18-84 可以发现，随着空隙率的增大，混合料动态模量逐渐减小。当空隙率增大到 2%时，混合料动态模量减少 5.2%，当空隙率增大到 8%时，混合料动态模量减少 18%。这一变化规律与已有研究结果[24-25]基本一致，但 Seo 等[24]和 Mogawer 等[25]认为空隙率对动态模量的影响也受混合料类型和级配影响。

18.4　高温下沥青混合料细观塑性力学特性与演化行为

沥青混合料在高温重复荷载作用下易发生塑性永久变形，这一力学行为与沥青路面的车辙病害密切相关。为了研究和评价沥青混合料的塑性力学行为和抗车辙能力，研究者提出了包括静态蠕变、动态蠕变、车辙试验、汉堡车辙试验和沥青路面分析仪等在内的多种试验方法和相应评价指标，基于室内试验或试验路观测结果提出了多种经验预估模型、半理论-半经验模型和理论模型[26-29]。试验方法很难有效控制各试验变量，结果十分离散；理论模型多是将沥青混合料视为均质材料，并基于多种力学元件组合来匹配材料的力学行为，模型参数十分复杂且适用性有较大的局限性。事实上，沥青混合料是以集料颗粒为主体，通过沥青黏结而成的非均质颗粒材料，其在高温环境下的宏观塑性变形行为，本质上来源于其细观颗粒的相互作用和相对运动。

本节利用颗粒离散元方法，从细观尺度出发，考虑沥青混合料的颗粒属性和非均质属性，模拟和研究沥青混合料在高温条件下静态蠕变试验和车辙试验过程中的细观塑性力学行为，从颗粒运动和颗粒间相互作用力链分析其细观结构在永久变形发展过程中的演化特性，并通过参数敏感性研究方法分析粗集料形状和针片状集料含量对沥青混合料高温车辙变形的影响。

18.4.1　模拟沥青混合料塑性变形的细观本构模型及参数

1. 采用集料 clump 模型的沥青混合料细观本构模型

由于模拟沥青混合料塑性力学行为涉及集料颗粒的运动，因此采用集料 clump 模型+随机沥青砂浆小球组成的沥青混合料三维随机模型进行混合料蠕变试验和车辙试验仿真。clump 模型计算效率较低，优选采用较大的沥青砂浆小球粒径来提高整体模型计算效率。参考现有研究成果并经过多次验算，最终选择的沥青砂浆小球半径为 1mm。另外，由于真实车辙试验模型尺寸较大，为提高计算效率，可采取缩小尺寸的方式进行车辙模型建模，模型大小为 300mm×50mm×50mm。生成的蠕变试件模型和车辙试件模型如图 18-85 所示。

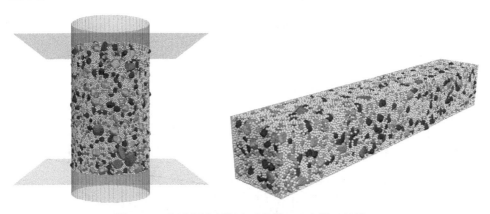

图 18-85　沥青混合料蠕变试件模型和车辙试件模型

以蠕变试件为例，混合料模型中存在的接触类型及各接触设置的本构模型如图 18-86 所示。集料与集料 clump 单元间的接触采用线性接触模型，沥青砂浆与沥青砂浆球单元间接触采用 Burgers 接触模型，集料与沥青砂浆单元间采用修正 Burgers 接触模型。

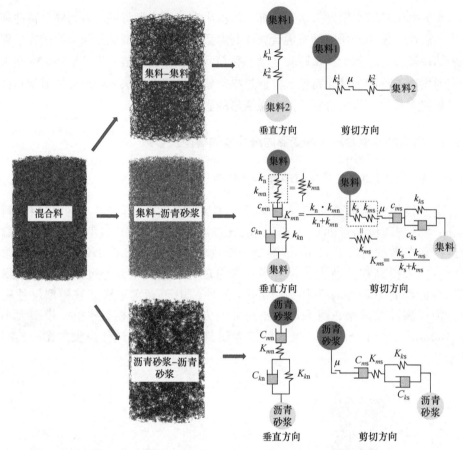

图 18-86　沥青混合料蠕变试件细观接触类型及本构模型

2. 静态蠕变荷载作用下沥青砂浆黏弹性参数的确定方法

在静态蠕变荷载作用下，沥青砂浆应力应变响应可通过式(18-46)计算：

$$\varepsilon(t) = \sigma_0 \left[\frac{1}{E_1} + \frac{t}{\eta_1} + \frac{1}{E_2}\left(1 - e^{-\frac{E_2}{\eta_2}t}\right) \right] \tag{18-46}$$

式中，η_1、E_1、η_2、E_2 为沥青砂浆 Burgers 模型参数；σ_0 为蠕变应力；ε 为蠕变应变；t 为加载时间。可以通过拟合沥青砂浆蠕变试验结果得到沥青砂浆的 Burgers 模型参数，采用 UTM-25 试验机测试沥青砂浆蠕变参数，试验温度为 60℃，加载时间为 1800s。

沥青砂浆蠕变试验结果如图 18-87 所示，纵坐标为蠕变柔量 $J(t)$，

$J(t)=\dfrac{\varepsilon(t)}{\sigma_0}$，为应变与应力之比。由于 SMA-13 沥青砂浆油石比较大，在高温下进行蠕变试验比较困难，因此可在获得 AC-13 沥青砂浆参数的基础上采用反演方法确定 SMA-13 沥青砂浆参数，即通过不断调整参数进行模拟试验。当模拟结果与试验结果较为吻合时，设置的一组参数即为最终参数。

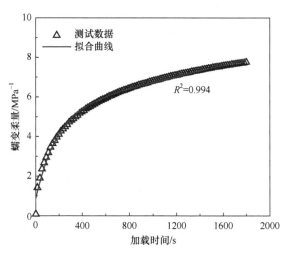

图 18-87　沥青砂浆蠕变柔量拟合曲线(AC-13)

利用 1stOpt 软件对蠕变数据进行拟合，最终确定的静态蠕变荷载作用下 AC-13 沥青砂浆 Burgers 模型参数、通过参数反演得到的 SMA-13 沥青砂浆 Burgers 模型参数如表 18-13 所示。

表 18-13　沥青砂浆 Burgers 模型参数(0.7MPa，60℃)

砂浆类型	Burger's 模型参数			
	E_1 / MPa	η_1/(MPa·s)	E_2 / MPa	η_2/(MPa·s)
AC-13 沥青砂浆	1.178	692.248	0.224	40.151
SMA-13 沥青砂浆	0.569	973.214	0.329	65.412

3. 基于时-温等效原理的计算时间缩减方法

利用 Burgers 接触模型模拟材料力学行为的运算过程十分耗时，按真实蠕变试验时间进行模拟运算的话，其模拟时间可达数年。为了减少运算时间同时又不影响模拟试验结果的准确性，提出一种基于时-温等效原理的时间缩减技术，即通过时间缩减因子将真实时间转换为缩减时间，同时调整模型参数使对应时间计算得到的应变相同，如式(18-47)所示，真实时间与缩减时间的转换关系如式(18-48)所示：

$$\varepsilon(t)=\varepsilon(t_r) \tag{18-47}$$

$$t=\lambda t_r \tag{18-48}$$

式中，$\varepsilon(t)$ 和 $\varepsilon(t_r)$ 分别为真实时间和缩减时间下的蠕变应变；t 和 t_r 分别为真实时间和缩减时间；λ 为时间缩减因子。将式(18-47)和式(18-48)代入式(18-46)，得到

$$\sigma_0\left[\frac{1}{E_1}+\frac{t}{\eta_1}+\frac{1}{E_2}\left(1-\mathrm{e}^{\frac{E_2}{\eta_2}t}\right)\right]=\sigma_0\left[\frac{1}{E_1}+\frac{t/\lambda}{\eta_1/\lambda}+\frac{1}{E_2}\left(1-\mathrm{e}^{-\frac{E_2}{\eta_2/\lambda}t/\lambda}\right)\right]$$

$$=\sigma_0\left[\frac{1}{E_1}+\frac{t_r}{\eta_1/\lambda}+\frac{1}{E_2}\left(1-\mathrm{e}^{-\frac{E_2}{\eta_2/\lambda}t_r}\right)\right]$$

$$=\sigma_0\left[\frac{1}{E_1}+\frac{t_r}{\overline{\eta_1}}+\frac{1}{E_2}\left(1-\mathrm{e}^{\frac{E_2}{\overline{\eta_2}}t_r}\right)\right] \tag{18-49}$$

从式(18-49)可以看出，可以对 Burgers 接触模型 η_1 和 η_2 参数进行修正，从而抵消时间缩减对蠕变应变的影响，修正 Burgers 接触模型参数 $\overline{\eta_1}$ 和 $\overline{\eta_2}$ 通过式(18-50)和式(18-51)计算：

$$\overline{\eta_1}=\eta_1/\lambda \tag{18-50}$$

$$\overline{\eta_2}=\eta_2/\lambda \tag{18-51}$$

经过多次试算，发现当时间缩减因子 λ 取值不大于 10000 时，计算结果较为稳定，因此将蠕变仿真试验时间缩减因子取为 10000。

4. 蠕变模型与参数可靠性验证

在生成沥青混合料蠕变试件的基础上，利用离散元伺服机制，采用上加载墙对混合料进行静态蠕变模拟试验，同时利用室内 UTM-25 试验机测试相应条件下沥青混合料真实蠕变数据，二者对比结果如图 18-88 所示。可以看出，静态蠕变荷载作用下，虚拟试件应变发展规律和最终蠕变应变仿真结果与实测结果较为吻合，存在较小的误差。存在误差的原因是多方面的，如集料模型与真实集料的形状仍有一定差距，无法完全模拟集料表面微观纹理特征；真实试件中空隙的分布更加复杂无规律；实测得到的砂浆参数具有一定的随机性。总体上看，构建的三维模型、拟合确定的参数及提出的时间缩减方法可以较为准确地模拟沥青混合料静态蠕变塑性力学行为，并可作为进一步分析沥青混合料车辙试验永久变形的研究手段。

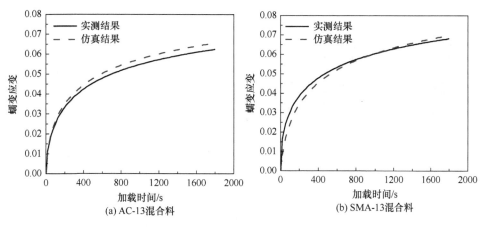

(a) AC-13混合料　　　　　　　　　　(b) SMA-13混合料

图 18-88　蠕变试验仿真结果与实测结果对比

18.4.2　车辙虚拟仿真试验

1. 虚拟车辙试验加载方法

根据《公路工程沥青及沥青混合料试验规程》(JTG E20—2011)，车辙试验试件大小为 300mm×300mm×50mm，橡胶轮质量为 78kg，轮宽 50mm，与混合料试件接触压力为 0.7MPa，试验过程行走距离为 230mm，往返碾压速度为 42 次/min，试验时间为 60min。记录 45min 和 60min 的永久变形，计算混合料的动稳定度，以评价混合料的抗高温永久变形性能。虚拟试验很难精确模拟橡胶轮胎的本构关系，以及同时控制加载轮的横向运动和接触压力的稳定。因此，可将车辙动态荷载等效转换为静态荷载，以真实试验过程中橡胶轮在试件表面某点作用的累积时间作为虚拟试验静态荷载总加载时间。根据式(18-52)可以计算车轮与混合料表面的接触长度，根据接触长度通过式(18-53)可以计算等效荷载作用时间：

$$l = \frac{m \times g}{p \times d} \qquad (18\text{-}52)$$

$$t = \frac{3600 \times l}{230} \qquad (18\text{-}53)$$

式中，m 为橡胶轮质量；g 为重力加速度；p 为车轮与混合料接触压力；d 为橡胶轮宽度；l 为橡胶轮与混合料车辙试件表面的接触长度；t 为等效静态荷载作用时间。通过计算，l 为 21.84mm，t 约为 342s。因此，车轮动态碾压作用可以等效为 0.7MPa 的静态荷载作用在试件表面 342s。由于真实车辙试件尺寸较大，计算较为困难，研究中仅针对 300mm×50mm×50mm 试件进行模拟加载，在试件上方生成墙体，如图 18-89 所示，并利用 fish 函数控制加载墙体与试件的接触压力为 0.7MPa。

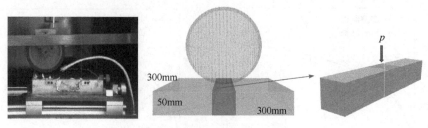

图 18-89　虚拟车辙试验加载

2. 虚拟车辙试验与真实车辙试验

图 18-90 为真实车辙试验与虚拟车辙试验中 AC-13 沥青混合料的塑性永久变形发展过程对比。从图 18-90 可以看出，随着加载时间的延长，虚拟试件的塑性车辙深度逐渐增大，增大速度逐渐减缓，与真实试件发展规律一致。在荷载作用初期，沥青混合料主要是压密变形，在荷载作用后期，混合料已经趋于密实的状态，主要发生剪切变形。另外，虚拟试件的车辙深度要略大于真实试件，主要原因在于离散元自身颗粒单元球形形态的限制，无法精细化模拟沥青砂浆密实的状态，即虚拟试件的"实际空隙"要大于真实试件的空隙，虚拟试件车辙深度较大。此外，研究中采用静态荷载来替代移动荷载可能也是造成误差的原因之一。

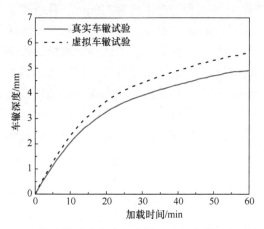

图 18-90　虚拟车辙试验与真实车辙试验的车辙深度(永久变形)

图 18-91 为不同加载时间对应的虚拟试件塑性永久变形演化过程。在荷载作用下，沥青混合料塑性变形逐渐增大，虚拟模型很好地再现了混合料真实车辙发展过程。加载初期混合料的塑性变形增长较快，而加载后期塑性变形发展较慢，即沥青混合料具有"固化"效应，分析认为其本质原因是已经压缩密实的沥青混合料内部细观结构响应与外部荷载达到了一种"动态平衡"状态。另外，在荷载作用边界，可以发现部分颗粒单元向上隆起，这与真实路面"流动型"车辙形式

一致，其主要原因是在车轮荷载作用边缘，沥青混合料受到较大的剪切力，当剪切力超过混合料的剪切强度时，混合料的骨架逐渐失稳，集料发生平动和转动，导致整体材料发生流动变形。已有研究认为，混合料塑性流动导致的变形占路面车辙的 90%，而压密导致的变形仅有 10%。

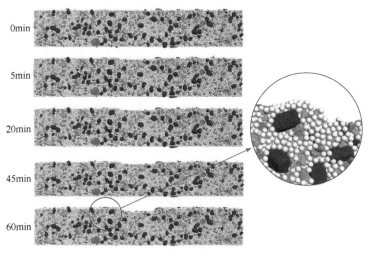

图 18-91　虚拟试件塑性永久变形演化过程

为了进一步验证虚拟车辙试验的可靠性，每组混合料均生成 3 个虚拟试件，对比分析虚拟车辙试验与真实车辙试验得到的动稳定度和变形量差异，结果如表 18-14 所示。从表中可以看出，虚拟车辙试验得到的沥青混合料动稳定度均小于真实车辙试验，而变形量均大于真实车辙试验，但总体上二者误差范围小于 15%。另外，虚拟试验动稳定度的变异系数小于 20%，满足规范对混合料动稳定度测试结果变异系数的要求，因此提出的虚拟车辙试验可以作为研究沥青混合料高温稳定性的辅助手段。相比已有研究通过二维车辙模型得到的仿真结果，建立的三维车辙模型误差更小，体现了该模型的优越性。

表 18-14　虚拟车辙试验与真实车辙试验结果汇总

混合料	试件	动稳定度/(次/mm)		动稳定度误差/%	变形量/mm		变形量误差/%
		真实车辙试验	虚拟车辙试验		真实车辙试验	虚拟车辙试验	
AC-13	试件 1	1722	1326	—	4.901	5.487	—
	试件 2	1678	1483	—	5.104	5.255	—
	试件 3	1605	1523	—	4.854	5.356	—
	平均值	1668	1444	13.4	4.953	5.366	8.3

混合料	试件	动稳定度/(次/mm)		动稳定度误差/%	变形量/mm		变形量误差/%
		真实车辙试验	虚拟车辙试验		真实车辙试验	虚拟车辙试验	
SMA-13	试件 1	3125	2845	—	2.743	3.052	—
	试件 2	3365	2937	—	2.556	3.157	—
	试件 3	3233	2844	—	3.014	3.344	—
	平均值	3241	2875	11.3	2.771	3.184	14.9

18.4.3　车辙试验过程细观塑性变形力学特性与演化行为

为了进一步探究沥青混合料车辙发生机理，对混合料内部结构及力学响应在车辙试验过程中的细观演化行为进行分析。

1. 细观颗粒位移场演化

图 18-92 和图 18-93 分别为加载 5min 和 60min 时沥青混合料内部颗粒单元细观位移场，可以看出，试件内部位移呈现非连续分布特征，主要原因是沥青混合

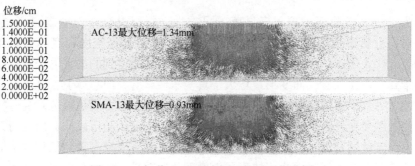

图 18-92　加载 5min 时虚拟试件细观位移场

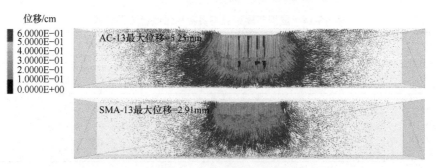

图 18-93　加载 60min 时虚拟试件细观位移场

料细观结构具有材料分布及材料参数的非连续性。整体位移场有向水平两侧扩散趋势，其中荷载作用边缘有明显的颗粒向上运动趋势，且荷载作用后期(60min)这种趋势更加显著，这是沥青混合料局部隆起变形的内在原因。颗粒单元位移沿垂直方向向下逐渐减小，水平方向上则是距离作用荷载越远越小；随着荷载作用时间的延长，垂直和水平位移均不断增大。对比 AC-13 和 SMA-13 沥青混合料位移场可以发现，在相同荷载作用时间下，AC-13 内部颗粒单元水平扩散范围及最大位移均大于 SMA-13，5min 时 AC-13 和 SMA-13 内部单元最大位移分别为 1.34mm 和 0.93mm，60min 时则分别为 5.25mm 和 2.91mm。SMA-13 内部单元位移小于 AC-13 内部单元位移的主要原因是 SMA-13 具有更强的骨架性，能够限制内部材料流动。另外，二者位移在荷载作用早期差异较小，5min 时 AC-13 最大位移为 SMA-13 的 1.44 倍，相差 0.41mm，荷载作用后期(60min)为 1.80 倍，相差 2.34mm，这表明沥青混合料级配骨架主要在荷载作用后期材料发生剪切变形时发挥作用，早期混合料主要是压密变形，级配影响作用并不显著。

　　进一步对混合料内部粗集料和沥青砂浆位移场进行对比分析。图 18-94 为加载 60min 时 AC-13 沥青混合料内部粗集料和沥青砂浆的位移场，沥青砂浆的整体位移大于粗集料。图 18-95 为不同加载时间下混合料内部粗集料和沥青砂浆最大位移定量分析结果，可以看出，AC-13 和 SMA-13 混合料内部沥青砂浆的最大位移均要大于粗集料的最大位移。其中，AC-13 混合料加载 5min 时沥青砂浆和粗集料最大位移分别为 1.34mm 和 1.15mm，加载 60min 时二者最大位移分别为 5.25mm 和 5.14mm；SMA-13 混合料加载 5min 时沥青砂浆和粗集料最大位移分别为 0.93mm 和 0.92mm，加载 60min 时二者最大位移分别为 2.91mm 和 2.71mm。这表明在车辆荷载作用下，沥青砂浆有从集料中"挤压溢出"的趋势，最终将导致沥青路面出现高温泛油现象。

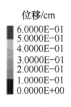
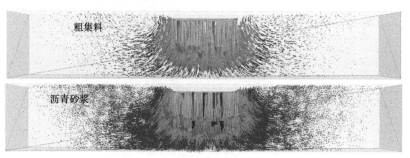

图 18-94　加载 60min 时粗集料与沥青砂浆细观位移场(AC-13)

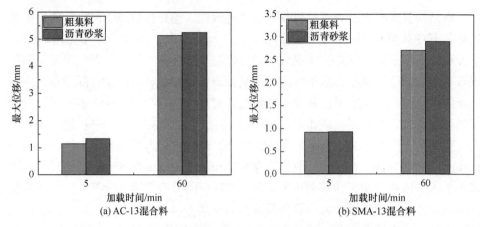

图 18-95 不同加载时间下混合料内部粗集料和沥青砂浆最大位移

2. 细观颗粒力链场演化

图 18-96 为沥青混合料内部力链场演化结果。试件内部接触力大小分布并不均匀，但总体上越靠近作用荷载的区域，颗粒单元间的接触力越大；随着荷载作用时间的延长，接触力不断增大，这是沥青混合料细观力学响应与外界荷载动态平衡的结果。对比 AC-13 和 SMA-13 混合料力链场可以发现，在相同荷载作用时间下，AC-13 内部颗粒单元最大接触力要大于 SMA-13，5min 时 AC-13 和 SMA-13

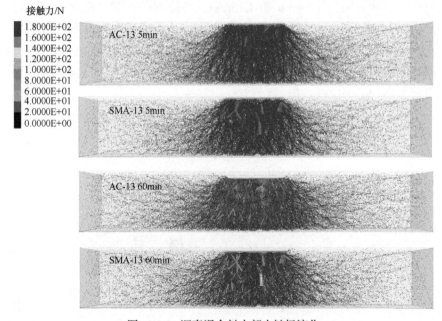

图 18-96 沥青混合料内部力链场演化

内部单元最大接触力分别为 50.7N 和 38.7N，60min 时 AC-13 和 SMA-13 内部单元最大接触力分别为 173.5N 和 124.9N。主要原因在于，相同作用时间下，AC-13 混合料骨架承载能力更弱，更容易被压制密实，密实后的混合料受到周围边界的限制，使颗粒单元接触力更大。

以加载 60min 时的混合料试件为例，其内部不同类型力链(压力链和拉力链)的分布情况如图 18-97 所示。可以看出，局部车轮压力荷载作用下，沥青混合料内部以压力链为主，荷载正下方压力链的方向与荷载作用方向基本一致，即垂直向下，荷载作用边缘区域压力链的方向与垂直方向呈一定夹角分布，荷载作用远端区域压力链的方向趋向水平。说明荷载正下方试件区域主要受到纵向压缩作用，荷载作用边缘区域受到纵向和横向共同压缩作用，荷载作用远端区域主要受到横向压缩作用。拉力链主要集中于荷载作用边缘区域，说明在车辆作用荷载下，轮迹边缘处更容易开裂；试件中部的拉力链主要呈开口向上弧形分布特征，主要原因与车辙试验过程中混合料受到加载板和模具的边界限制有关，已经压密的集料颗粒骨架无法继续压缩，只能向两端和上方扩展，最终形成拉力链。

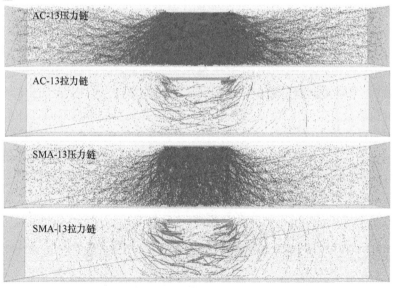

图 18-97　加载 60min 时沥青混合料内部压力链和拉力链分布

图 18-98 为加载 60min 时沥青混合料内部各组分力链分布情况。总体上，粗集料间的接触力最大，集料与沥青砂浆间接触力次之，沥青砂浆间接触力最小。说明在车轮荷载作用下，沥青混合料发生塑性变形时集料承担较大的荷载，沥青砂浆承担较小的荷载，主要原因是高温时沥青砂浆的刚度较低而集料的刚度较高。

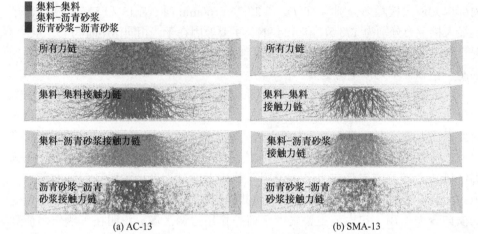

(a) AC-13　　　　　　　　　　　　　　　(b) SMA-13

图 18-98　加载 60min 时沥青混合料内部各组分的力链分布

　　表 18-15 为不同加载时间下沥青混合料内部不同类型的接触数量和接触力统计结果。从表中可以看出，对于两种级配类型的混合料，其内部各类型接触数量和接触力均随着加载时间的增长而增大，主要原因是沥青混合料在荷载作用下不断被压密，更密实的混合料将形成更多的接触和更大的接触力，使混合料整体处于更"稳定"的状态，从而抵抗外界荷载对其进一步压缩变形。对比不同类型的接触，可以看出混合料中集料-集料平均接触力最大，集料-沥青砂浆平均接触力次之，沥青砂浆-沥青砂浆平均接触力最小，说明集料颗粒构成混合料主要传力骨架。集料-集料接触数量最少，集料-沥青砂浆接触数量居中，沥青砂浆-沥青砂浆接触数量最多，这主要与模型中采用较小的颗粒单元来模拟沥青砂浆有关，即模型中沥青砂浆小球数量较多。集料-沥青砂浆接触合力最大，沥青砂浆-沥青砂浆接触合力次之，集料-集料接触合力最小，说明在高温状态下，混合料中集料与沥青砂浆共同发挥抵抗荷载作用。需要特别说明的是，受当前建模效率的限制，无法对沥青结合料和细集料分别予以考虑，因此模型无法完全区分集料与沥青砂浆对沥青混合料高温永久变形的贡献。

表 18-15　不同加载时间下沥青混合料内部不同类型的接触数量和接触力统计结果

混合料	时间/min	接触类型	接触数量	平均接触力/N	接触合力/10^4N	接触数量占比/%	接触合力占比/%
AC-13	5	集料-集料	11923	1.167	1.393	7.8	19.0
		集料-沥青砂浆	69564	0.525	3.652	45.4	49.6
		沥青砂浆-沥青砂浆	71672	0.322	2.311	46.8	31.4

续表

混合料	时间/min	接触类型	接触数量	平均接触力 /N	接触合力 /10⁴N	接触数量占 比/%	接触合力占 比/%
AC-13	60	集料-集料	12113	5.269	6.382	7.7	18.5
		集料-沥青砂浆	70772	2.423	17.145	45.3	49.7
		沥青砂浆-沥青砂浆	73447	1.495	10.983	47.0	31.8
SMA-13	5	集料-集料	6130	1.295	0.794	4.5	16.1
		集料-沥青砂浆	55994	0.415	2.327	41.0	47.3
		沥青砂浆-沥青砂浆	74433	0.241	1.797	54.5	36.6
	60	集料-集料	6183	4.195	2.593	4.5	15.3
		集料-沥青砂浆	56620	1.419	8.037	40.9	47.4
		沥青砂浆-沥青砂浆	75621	0.837	6.329	54.6	37.3

3. 细观颗粒转动演化

集料颗粒之间的内摩阻力和嵌挤力在沥青混合料高温承载时发挥着重要的作用。在车辙试验过程中，集料发生运动，其空间位置不断地调整，从而影响集料之间的相互作用，最终决定了混合料高温抗永久变形性能。伴随着集料平移运动的平移角度和集料自身旋转运动的旋转角度是两个重要的集料运动表征量，分析这两个表征量的演化过程有助于阐释沥青混合料车辙机理。目前，尚难以通过室内试验手段对集料颗粒三维运动进行实时和有效监测，相比之下，通过虚拟模拟的手段可以较为方便地跟踪集料颗粒在车辙发展过程中的时空运动特征。图 18-99 为沥青混合料(AC-13)加载 60min 时集料颗粒旋转角速度分布。集料颗粒旋转运动主要集中于荷载作用正下方区域，其他区域集料颗粒旋转运动并不显著。另外，从图 18-93 也可以得出，集料在除正下方区域外的其他区域内平移运动也不显著。因此，仅对荷载作用正下方区域(试件中间区域 50mm×50mm×50mm)的集料颗粒旋转角度和平移角度进行分析。

旋转角速度/(°/s)

图 18-99　沥青混合料集料颗粒旋转角速度分布

平移角度的定义如图 18-100 所示，计算方法为

$$L=\sqrt{\left(x_1-x_0\right)^2+\left(y_1-y_0\right)^2+\left(z_1-z_0\right)^2} \tag{18-54}$$

$$\alpha = \arctan\left|\frac{y_1-y_0}{x_1-x_0}\right|, \quad \beta = \arctan\left|\frac{z_1-z_0}{x_1-x_0}\right|, \quad \gamma = \arctan\left|\frac{z_1-z_0}{y_1-y_0}\right| \tag{18-55}$$

式中，L 为位移增量；α、β 和 γ 分别为 xy 平面平移角度、xz 平面平移角度和 yz 平面平移角度；$O\left(x_0,y_0,z_0\right)$ 和 $O_1\left(x_1,y_1,z_1\right)$ 分别为集料颗粒运动前和运动后的质心坐标。由于集料运动比较随机，取各平移分量比值的绝对值计算平移角度，各平移角度的取值范围为 0°～90°。

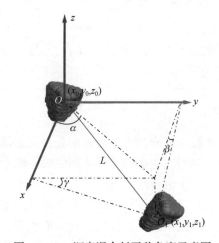

图 18-100　沥青混合料平移角度示意图

旋转角度定义为集料颗粒以模型中心为原点其主轴方向绕坐标轴旋转角度，在三维空间中集料颗粒旋转角度有三个分量，即分别绕 x 轴、y 轴和 z 轴的旋转角度，本小节主要关注颗粒的旋转运动程度，取三个旋转角度分量的平均值。旋转角度通过式(18-56)计算：

$$\theta = \sum \omega_i \Delta t_i \tag{18-56}$$

式中，θ 为旋转角度；ω_i 为第 i 个计算时步的角速度；Δt_i 为第 i 个计算时步。

图 18-101 为加载 60min 时混合料内部集料颗粒的三个平移角度分布。AC-13 混合料在统计区域内的集料颗粒总数为 830，SMA-13 混合料在统计区域内的集料颗粒总数为 457。从图 18-101 可以看出，两种级配类型的沥青混合料集料颗粒平移角度分布规律基本一致。其中，xy 平面平移角度 α 主要集中于 0°～40°，xz 平面平移角度 β 主要集中于 70°～90°，yz 平面平移角度 γ 主要集中于 80°～90°，且三个平移角度的分布区间逐渐变窄。平移角度可以表征不同方向上位移分量的

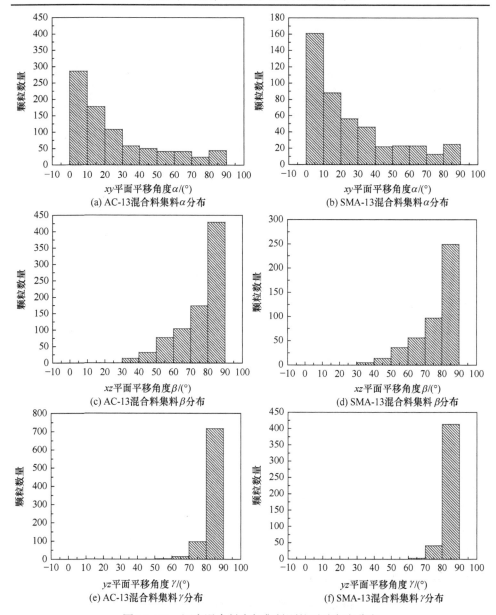

(a) AC-13 混合料集料 α 分布

(b) SMA-13 混合料集料 α 分布

(c) AC-13 混合料集料 β 分布

(d) SMA-13 混合料集料 β 分布

(e) AC-13 混合料集料 γ 分布

(f) SMA-13 混合料集料 γ 分布

图 18-101　沥青混合料内部集料颗粒平移角度分布

差异。例如，大部分集料颗粒的 α 小于 45°，说明集料 y 方向的位移增量小于 x 方向的位移增量；大部分集料 β 和 γ 接近 90°，说明集料 z 方向的位移增量远大于 x 和 y 方向的位移增量，也表明集料在车辙试验过程中主要沿荷载作用方向即垂直方向运动，y 方向位移增量较小的原因与模型边界限制有关。通过计算，AC-13 混合料集料颗粒平移角度 α、β、γ 的平均值分别为 25.65°、76.29°、

85.74°，SMA-13 混合料集料颗粒平移角度 α、β、γ 的平均值分别为 25.99°、77.29°、86.23°，二者差异较小。

图 18-102 为不同加载时间混合料中集料颗粒的平均旋转角度。可以看出，随着加载时间的延长，集料平均旋转角度逐渐增大，尤其在荷载作用早期，集料平均旋转角度增长较快，而加载后期平均旋转角度增长较慢。这一趋势与混合料永久变形随时间发展的规律基本一致，主要原因是荷载持续作用迫使集料骨架通过集料旋转等运动形成新的骨架结构，从而保持与外界荷载的动态平衡，荷载作用时间越长，集料旋转角度越大；荷载作用早期，集料颗粒旋转角度增长较快的原因是加载初期混合料还处于未密实的状态，即集料旋转运动空间较大，混合料永久变形增长较快；加载后期，混合料已经趋于密实，同时试件受到加载板和边界的限制，集料颗粒旋转运动空间有限，集料颗粒旋转角度变化较小。对比 AC 和 SMA 混合料集料颗粒平均旋转角度可以发现，AC 混合料集料颗粒的平均旋转角度大于 SMA 混合料集料颗粒的平均旋转角度，这表明 SMA 集料骨架结构在荷载作用下更加稳定。

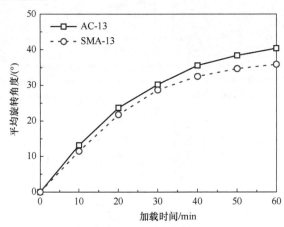

图 18-102　混合料内部集料颗粒平均旋转角度随加载时间的变化

18.4.4　细观参数对沥青混合料永久变形的影响

粗集料是沥青混合料的重要组成部分，目前研究主要是通过大量的试验手段获得粗集料力学及形态性质对混合料高温永久变形影响的规律性认知。不同研究者采用的粗集料形态评价指标并不统一，且试验研究受人为等因素影响较大，部分影响因素间存在交叉作用，因此有必要通过仿真模拟来研究粗集料单一因素对混合料高温永久变形的影响。本小节主要分析沥青混合料中粗集料形状和针片状集料含量两个细观参数对沥青混合料永久变形的影响，沥青混合料均采用 AC-13 级配。

1. 粗集料形状对永久变形的影响

采用的粗集料形状包括球形、椭球形和多面体，其中椭球模型采用多面体模型的等效椭球模型。不同粗集料形状的沥青混合料车辙试件动稳定度如图 18-103 所示，球形粗集料和椭球形粗集料的沥青混合料永久变形模型如图 18-104 所示。从图 18-103 可以看出，多面体粗集料的沥青混合料动稳定度最大，椭球形粗集料的沥青混合料动稳定度次之，球形粗集料的沥青混合料动稳定度最小，其平均值分别为 1444 次/mm、1282 次/mm 和 1192 次/mm。在相同级配组成下，多面体粗集料的沥青混合料抗高温变形性能最好，椭球形粗集料的沥青混合料次之，球形粗集料的沥青混合料抗高温变形性能最差。这一仿真结果与许多研究者开展的粗集料形态对混合料抗车辙性能影响的室内试验结果一致。相比椭球形和球形粗集料，多面体粗集料棱角性更显著，更容易形成集料间面与棱、面与面接触，即增大了接触长度，从而有利于提高集料间咬合力，使骨架更加稳定。相比球形粗集料，椭球形粗集料由于长径比不同而更容易形成"拱"结构，从而能有效限制粗集料旋转，因此其动稳定度大于球形粗集料。

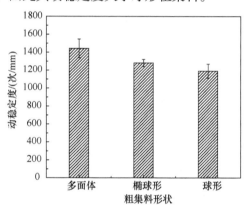

图 18-103　不同粗集料形状的沥青混合料车辙试件动稳定度

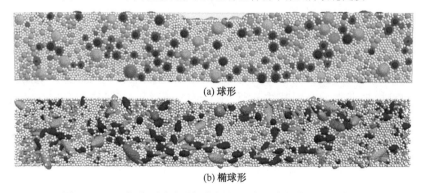

(a) 球形

(b) 椭球形

图 18-104　球形和椭球形粗集料的沥青混合料永久变形模型

2. 针片状粗集料含量对永久变形的影响

选用针片状粗集料含量分别为 0%、5%、10%、15%和 20%的五种细观沥青混合料试件进行车辙试验模拟，得到的动稳定度如图 18-105 所示。从图中可以看出，随着针片状粗集料含量增多，混合料动稳定度先增大而后减小，针片状粗集料含量在10%以内时，沥青混合料动稳定度没有显著下降，这一模拟结果与部分研究者通过室内试验得到的沥青混合料动稳定度随针片状粗集料含量增大而减小的结果并不完全一致。主要原因可能在于，本小节采用的是集料 clump 模型，该模型不能模拟针片状集料颗粒在真实车辙试验中开裂破碎的情况，在针片状粗集料含量较低的情况下，混合料动稳定度不降反升。研究认为，当工程实践中采用强度较高的粗集料时，可以适当放宽对其针片状含量的要求。

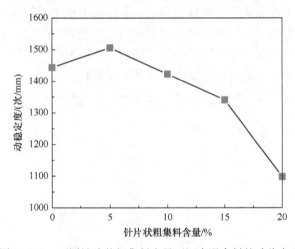

图 18-105　不同针片状粗集料含量下沥青混合料的动稳定度

18.5　低温下沥青混合料细观断裂力学特性与演化行为

沥青混合料在低温条件下的断裂力学行为与沥青路面低温裂缝病害密切相关。近些年，关于沥青混合料低温抗裂性能的研究大多是基于试验的宏观唯象分析，不仅浪费大量资源，而且得到的试验数据相对离散；另有部分研究者采用均质仿真模型模拟沥青混合料整体开裂力学响应，但忽略了沥青混合料内部复杂的细观结构影响，难以有效揭示材料开裂破坏的物理机制。随着数值计算的发展，从混合料细观结构出发，建立沥青混合料细观结构模型，并利用计算机技术对沥青混合料断裂过程进行数值模拟，已经成为研究者研究沥青混合料低温开裂破坏机制的重要研究手段。

通过半圆弯拉试验(SCB 试验)评价不同类型的沥青混合料低温抗裂性能，实测数据为后续仿真结果提供验证基础。同时，利用细观离散元仿真技术，将沥青混合料视为粗集料、沥青砂浆及二者之间界面组成的非均质材料，建立各组分细观离散元断裂接触本构模型，开展沥青混合料 SCB 试验仿真模拟，并从细观力链及微裂纹演化规律分析沥青混合料低温开裂破坏机制，利用参数敏感性分析方法研究粗集料抗拉强度对沥青混合料低温开裂力学行为的影响。

18.5.1　SCB 室内试验

近几十年，国内外研究者已经提出了多种沥青混合料低温抗裂性能测试方法，如小梁弯曲试验(trabecular bending test)、无侧限抗压强度试验(unconfined compressive strength test，UCS 试验)、间接拉伸试验(indirect tensile test，IDT)、圆盘紧凑拉伸试验(disk-shaped compact tension test，DCT 试验)、半圆弯拉试验(semi-circular bending test，SCB 试验)和美国得克萨斯州覆盖层试验等。由于各试验基于的力学计算原理及采用的试件尺寸、加载方法、试验温度和评价指标等各方面存在差异，各试验得到的结论尚不完全统一，研究者对最优的抗裂测试方法及指标仍没有形成共识。在上述这些方法中，SCB 试验由于具有试件制备简便(可直接采用路面芯样，被作为一种有效的道路质量检验质量保证方法)及良好的结果重现性、灵敏性、一致性等优点，得到越来越广泛的应用。另外，Mahmoud 等[30]认为 SCB 试验中试件的开裂破坏主要由拉应力引起，相比 IDT 试件开裂由拉压应力共同引起的情况，更符合实际路面开裂时的应力状态。因此，采用 SCB 试验开展沥青混合料低温抗裂性能研究。

1. 试验材料

为了更显著区分沥青混合料抗裂性能的差异，本小节在前述沥青混合料种类的基础上增加了一个级配，命名为 AC-5，不同级配组成如表 18-16 所示。AC-5 为砂粒式沥青混合料，公称最大粒径为 4.75mm，由于其具有良好的抗裂性，被广泛用作半刚性基层沥青路面的应力吸收层、防水黏结层及薄层罩面材料[31]。

表 18-16　沥青混合料不同级配组成

混合料	不同粒径的通过率/%								
	16.00mm	13.20mm	9.50mm	4.75mm	2.36mm	1.18mm	0.60mm	0.30mm	0.15mm	0.075mm
AC-13 混合料	100.0	95.0	76.5	53.0	37.0	26.5	19.0	13.5	10.0	6.0
SMA-13 混合料	100.0	95.0	62.5	27.0	20.5	19.0	16.0	13.0	12.0	10.0
AC-5 混合料	—	—	100.0	95.0	65.0	45.0	30.0	20.0	12.5	7.5

2. 试验方法与设计

1) 加载方法

SCB 试验采用的加载方法主要包括静态加载方法和动态加载方法，前者主要适用于沥青混合料抗低温开裂性能评价，后者主要适用于沥青混合料常温抗疲劳开裂性能评价。由于本阶段研究主要模拟沥青混合料低温开裂力学行为，因此采用静态加载方法。静态加载主要分为两种加载模式，一是采用恒定的加载头加载速率，二是采用裂缝张开位移(crack mouth opening displacement，CMOD)控制模式，即保持 CMOD 速度恒定。由于仿真中难以实现 CMOD 控制模式，为保证真实加载方法和虚拟加载方法的一致性，室内试验均采用恒定的加载头加载速率对试件进行加载，但仍在试件底部布置引伸计对试验过程的 CMOD 进行监测。不同研究者对加载速率的选择有所不同，包括 50mm/min、5mm/min、1mm/min 和 0.5mm/min[32-34]，与各研究采用的试验温度和试件尺寸有关。参考已有研究成果，并考虑试验设备的控制精度，以及根据本小节主要测试沥青混合料低温抗裂性能的研究目的，最终确定的加载速率为 5mm/min。

2) 试件制备

SCB 试件可采用马歇尔试件和旋转压实试件，但已有研究认为旋转压实试件得到的 SCB 结果变异系数要小于马歇尔试件[35]，且普遍观点认为旋转压实试件的内部结构更接近实际路面内部结构。因此，优选采用旋转压实方法成型混合料试件，并将试件切割成直径 150mm、厚度 50mm 的半圆试件。SCB 试件可以采用无切口试件和有切口试件，由于真实道路内部存在一定的微裂缝缺陷，且预设的切口能够有效控制起裂点，因此决定采用有切口试件。切口深度不宜过小，应能满足材料在切口处因应力集中而开裂，具有较高的试验可重复性；切口深度也不宜过大，以防止试件在自重下断裂。参考已有研究成果，以及为后续不同切口试件的试验结果计算相关评价指标，选择的切口深度为 10mm、20mm 和 30mm。

3) 试验设计

参考 AASHTO 规范，试验过程选择的支座间距为试验直径的 0.8 倍，即 120mm。每组试验采用三个平行试件，试验测试温度为 0℃和−15℃。试验采用 CMT5504/5105 MTS 万能试验机进行加载，试验前试件在保温箱中保温 3h，当试件完全断裂或荷载小于 0.1kN 时试验结束。SCB 试验如图 18-106 所示。

3. 试验结果分析

试验过程仪器记录荷载和位移曲线，以 AC-5 混合料为例，不同切口深度和不同温度的荷载−位移曲线如图 18-107 所示，图中 10-1 表示切口深度为 10mm 的

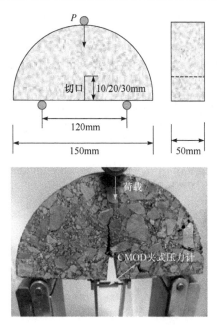

图 18-106　SCB 试验示意图

第一个平行试件，以此类推。从图中可以看出，选择的试验参数得到的 SCB 试验结果具有良好的重复性。切口深度和温度对沥青混合料力学响应有十分显著的影响。切口深度越大，混合料的峰值力越小，主要原因在于切口深度越大类似于混合料原始缺陷越严重，混合料能承受的外界荷载越小，且根据线弹性断裂力学理论，切口深度越大，计算的形状因子越大，裂端应力场强度越大，试件更容易断裂破坏。对比两个温度下的试验结果可以发现，沥青混合料在 0℃ 和−15℃ 均表现较为明显的脆性断裂特征，破坏时临界位移均小于 1mm，温度越低，试件发生断裂时的位移越小，且峰后曲线更短或几无峰后曲线。

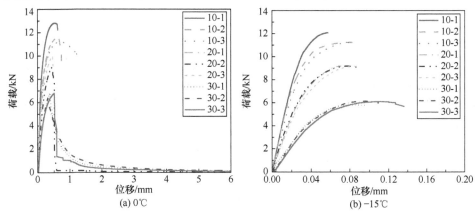

图 18-107　不同切口深度和温度下混合料荷载-位移曲线(AC-5)

在 SCB 试验结果的基础上，不同研究者提出了不同的评价指标，包括基于荷载-位移曲线包围面积计算得到的断裂能[36]、基于断裂能和峰值力计算得到的抗裂因子(cracking resistance index，CRI)[37]、基于断裂能和峰值反弯点斜率计算得到的柔性因子(flexibility index，FI)[38]、基于峰值力计算得到的抗拉强度、基于线弹性断裂力学理论计算得到的断裂韧度 K_{IC} (峰值力对应的应力强度因子)[39]、基于弹塑性断裂力学 J 积分理论计算得到的临界 J 积分 J_c (也称为临界应变能释放率)[40]。考虑采用的是不同切口深度的试件，且实际情况下沥青混合料的松弛效应在裂缝尖端附近存在一定的软化区，因此研究中采用基于弹塑性断裂力学理论的临界 J 积分来评价沥青混合料的低温抗裂性能，其计算方法为

$$J_c = -\frac{1}{b}\left(\frac{\partial U}{\partial a}\right) \tag{18-57}$$

式中，U 为峰值力对应的临界应变能，如图 18-108 所示；a 为试件切口深度；b 为试件厚度。

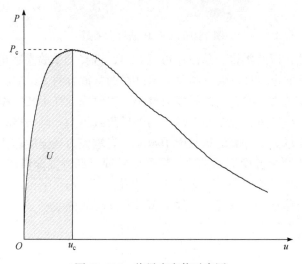

图 18-108　临界应变能示意图

根据式(18-57)，通过线性拟合不同切口深度试件的应变能，得到拟合直线斜率，用以计算临界应变能，如图 18-109 所示。从图 18-109 可以看出：相同温度条件下，随着切口深度的增大，沥青混合料的临界应变能不断减小；相同切口深度时，随着温度的降低，混合料的临界应变能显著下降，但随着切口深度的增大，不同温度间的临界应变能差距减小。

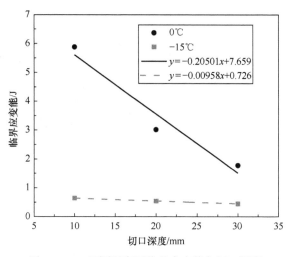

图 18-109　不同温度下临界应变能与切口深度

在试验过程中，发现试验结果存在如图 18-110 所示的情况，即混合料 A 的拟合线与混合料 B 的拟合线斜率相当，但截距有较大差异。如果按照 J 积分计算方法，混合料 A 和 B 的抗裂性能基本一致，但可以明显看出相同切口深度下，混合料 A 断裂时所需的能量要远大于 B，即混合料 A 的抗裂性能优于混合料 B。为了进一步区分混合料抗裂性能的差异，提出了一种基于拟合截距的评价指标，即将混合料 A 和 B 的两条拟合线延长，直至与纵轴临界应变能相交于一点，得到拟合线的截距。将该点的能量定义为基准临界应变能 U_r，其物理意义是切口深度为 0(无切口)时，混合料开裂破坏所需的临界应变能。从图 18-110 可以看出，混合料 A 的基准临界应变能大于混合料 B 的基准临界应变能，因此该指标可以用于进一步区分混合料抗裂性能差异。

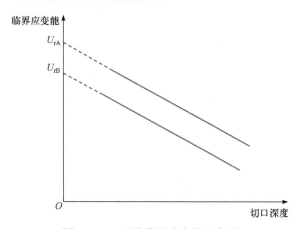

图 18-110　基准临界应变能示意图

图 18-111 和图 18-112 分别为不同混合料在不同温度下的临界 J 积分(临界应变能释放率)和基准临界应变能试验结果。从图 18-111 可以看出，AC-5 混合料的临界 J 积分要明显大于 AC-13 混合料和 SMA-13 混合料，AC-13 和 SMA-13 的临界 J 积分差别并不明显，说明公称最大粒径对混合料抗裂性能的影响要显著大于级配类型对混合料抗裂性能的影响，且公称最大粒径越小，混合料的抗裂性能越好。从图 18-112 可以看出，AC-5 混合料的基准临界应变能也大于 SMA-13 和 AC-13 混合料，再次表明公称最大粒径较小的混合料抗裂性能优于公称最大粒径较大的混合料。AC-13 和 SMA-13 混合料的临界 J 积分差别并不明显，0℃时 AC-13 混合料临界 J 积分略大于 SMA-13 混合料，其平均值分别为 3.62kJ/m² 和 3.59kJ/m²，−15℃时 AC-13 混合料临界 J 积分略小于 SMA-13 混合料，其平均值

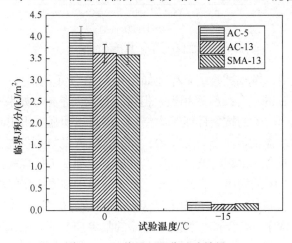

图 18-111　临界 J 积分试验结果

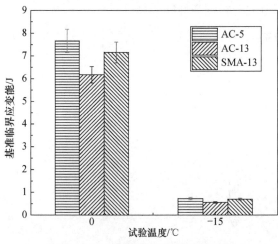

图 18-112　基准临界应变能试验结果

分别为 0.14kJ/m² 和 0.16kJ/m²。从图 18-112 看出，SMA-13 混合料的基准临界应变能要大于 AC-13 混合料。综合来看，0℃时 AC-13 和 SMA-13 混合料抗裂性能相当，−15℃时 SMA-13 混合料抗裂性能要优于 AC-13 混合料。需要特别说明的是，SCB 试验结果还取决于试验采用的加载速率、试件尺寸及混合料组成等因素，因此未来仍需要进一步对这些影响因素开展研究。

18.5.2　SCB 虚拟仿真试验

1. SCB 仿真模型

前文研究中发现，相同公称最大粒径的沥青混合料低温性能差异并不显著，因此本小节主要对比具有不同公称最大粒径的 AC-13 和 AC-5 混合料开裂力学行为差异。研究发现，采用随机二维模型也能较好地模拟混合料的力学行为，且考虑到 SCB 仿真模拟并不涉及集料颗粒的运动，但可能涉及集料的开裂破碎，因此采用集料 cluster 模型。另外，为保证切口的平滑性和微裂纹发展的稳定性，模拟需要设置较小的颗粒单元。综合以上几点考虑，研究采用集料 cluster 模型+均匀分布砂浆小球模型来构建沥青混合料 SCB 仿真模型。Kim 等[41]认为，采用均匀小球模型来模拟混合料开裂行为应当优先采用六边形(hexagonal)分布的小球单元，主要原因是该形式的单元更能模拟微裂纹扩展的随机性。通过随机算法生成的随机集料分布模型和沥青混合料非均质 SCB 试件模型分别如图 18-113 和图 18-114 所示。

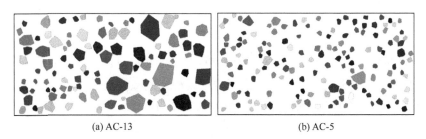

(a) AC-13　　　　　　　　　　　　　　　(b) AC-5

图 18-113　随机集料分布模型

图 18-114 中，采用随机集料模型+规则六边形分布颗粒单元方式生成非均质沥青混合料细观模型，即落入粗集料模型边界范围的单元设定为粗集料 cluster，其余为沥青砂浆。考虑到模拟微裂纹的精细度要求，参考已有研究并经过多次试算，最终确定的颗粒单元半径为 0.2mm。通过删除部分颗粒单元实现"虚拟切割"，模拟混合料开裂行为采用的切口深度为 20mm。需要说明的是，采用"虚拟切割"方法对最终确定的沥青混合料中材料体积分数略有影响。考虑真实 SCB 试件制备时也需要进行切割操作，生成随机模型时各材料组分满足均匀分

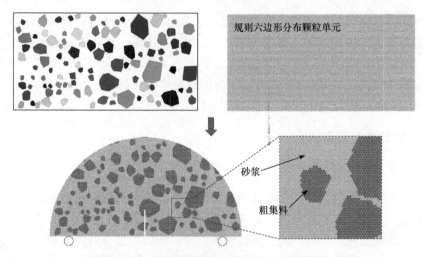

规则六边形分布颗粒单元

砂浆

粗集料

图 18-114 沥青混合料非均质 SCB 试件模型

布原则，因此经过切割的试件仍在一定程度上满足均匀分布原则，即材料组分比例基本一致。为了减少虚拟切割的影响，每组混合料虚拟试验均生成三个随机试件。

为了模拟真实试验的支撑轴和加载头，仿真模型生成两个圆形"墙"作为虚拟支撑轴，试验过程中将速度设置为零，另外生成一个 5mm 的线段"墙"来模拟加载头，对其施加与真实试验一致的速度。模拟试验过程中，对加载墙的位移和接触力进行监测。

2. 细观开裂本构模型

与基于连续介质力学的 FEM 模拟材料准脆性开裂时设置均匀的内聚力单元不同，DEM 通过设置接触单元间不同接触模型来模拟非均质材料的开裂。沥青混合料内部接触类型及设置的开裂接触模型如图 18-115 所示，可见非均质沥青混合料内部存在三种接触，集料内部接触、集料/沥青砂浆界面接触、沥青砂浆内部接触。参考 Kim 等[42]研究，假设集料是不存在软化行为的线弹性材料，沥青砂浆和界面具有黏结软化行为，因此利用离散元中的线性模型来模拟集料，采用双线性内聚力模型来模拟沥青砂浆及集料砂浆界面。规则六边形分布的线弹性接触的细观刚度与材料宏观模量和泊松比有如下的对应转换关系[41]：

$$K^{n} = \frac{E}{\sqrt{3}(1+v)(1-2v)} \tag{18-58}$$

$$K^{s} = \frac{E(1-4v)}{\sqrt{3}(1+v)(1-2v)} \tag{18-59}$$

式中，K^n 和 K^s 分别为法向刚度和切向刚度；E 为材料宏观模量；ν 为材料泊松比。

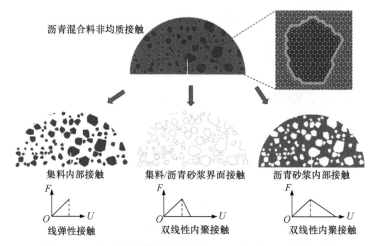

图 18-115　沥青混合料内部接触类型及设置的开裂接触模型

F 为接触力；U 为位移

　　双线性内聚力模型是一个用户自定义 DEM，其在模拟裂纹的萌生和扩展方面与有限元中的 CZM 模型类似。模型假设裂纹的形成是一个渐进过程，通过张力-开裂位移曲线(内聚力准则)描述颗粒单元被拉开时产生的应力，如图 18-116 所示。当颗粒单元接触表面分离时，应力逐渐增大直到最大值(从 A 点到 B 点)，然后逐渐减小到零(从 B 点到 C 点)，此时裂纹开裂完成。张力-开裂位移曲线形成的面积等于接触界面完全分离时所需的断裂能，在两个颗粒接触界面嵌入的双线性内聚力如图 18-117 所示。

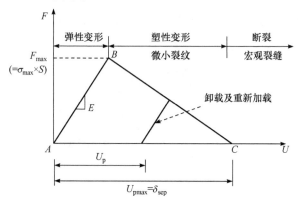

图 18-116　张力-开裂位移曲线

σ_{max} 为法向黏结强度；S 为接触的面积；δ_{sep} 为临界位移(最终开裂时的位移)；U_p 为残余位移；U_{pmax} 为累积塑性位移，即临界位移；F 为接触合力；F_{max} 为接触强度；图线斜率表示材料模量

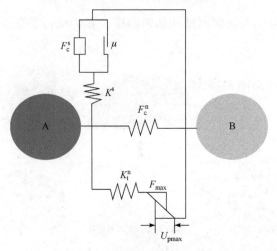

图 18-117　双线性内聚力模型

F_c^s 为剪切强度；F_c^n 为抗拉强度(黏结强度)；K_t^n 为拉伸状态的法向刚度

当法向力处于压缩状态时，接触力通过式(18-60)计算：

$$
\begin{cases}
F^n = -\sum K_c^n \Delta U^n \\
F^s = \begin{cases}
\sum K^s \Delta U^s; & \sum \left| K^s \Delta U^s \right| < \mu \left| K_c^n \right| + F_c^s \\
\left(\mu F^n + F_c^s \right) \mathrm{sgn} \left(\sum \Delta U^s \right); & \sum \left| K^s \Delta U^s \right| \geqslant \mu \left| K_c^n \right| + F_c^s
\end{cases}
\end{cases}
\tag{18-60}
$$

式中，F^n 和 F^s 分别为接触平面的法向接触力和切向接触力；K_c^n 为压缩状态的法向刚度；K^s 为切向刚度；F_c^s 为剪切强度；μ 为摩擦系数；ΔU^n 和 ΔU^s 分别为法向和切向的接触位移增量。

当法向力处于拉伸状态时，接触力通过式(18-61)~式(18-63)计算。

$$
\begin{cases}
\begin{cases}
F^n = \sum K_t^n \Delta U^n \\
F^s = \sum K^s \Delta U^s
\end{cases}; & F \leqslant F_{\max} \\
\begin{cases}
F^n = F_c^n \left(1 - \dfrac{U_p^n}{U_{p\max}} \right) \\
F^s = F_c^s \left(1 - \dfrac{U_p^s}{U_{p\max}} \right)
\end{cases}; & F > F_{\max}
\end{cases}
\tag{18-61}
$$

$$
F = \sqrt{F^{n2} + F^{s2}}
\tag{18-62}
$$

$$F_{\max} = \left(1 - \frac{2\alpha}{\pi}\right) \cdot F_c^n + \frac{2\alpha}{\pi} \cdot F_c^s \tag{18-63}$$

式中，K_t^n 为拉伸状态的法向刚度；U_p^n 和 U_p^s 分别为法向和切向塑性位移；$U_{pmax}\left(U_{pmax} = \delta_{sep}\right)$ 为累积塑性位移，即临界位移；F_c^n 为抗拉强度(黏结强度)；F 为接触合力；$F_{\max}$ 为接触强度；α 为接触力方向与两个颗粒中心连接线之间的角度。当接触合力大于接触强度时，接触开始屈服，法向接触力和切向接触力线性减小到零。

双线性内聚力模型包括三个重要参数：抗拉强度 $\sigma_{\max}$、断裂能 G_f 和临界位移 δ_{sep}，这三个参数中只有两个是独立的。三个参数间有着如式(18-64)所示的计算关系：

$$G_f = \int_0^{\delta_{sep}} \sigma(\delta)\mathrm{d}\delta \tag{18-64}$$

由于临界位移很难通过试验手段获得，通常情况下将断裂能和抗拉强度作为内聚力模型的输入参数。

3. 参数的确定

根据上述分析，非均质沥青混合料开裂模型中的每种接触类型均需要一组独立的材料参数，如弹性模量、抗拉强度和断裂能。现有的试验方法不可能精确测试所有参数，尤其是集料/沥青砂浆界面的参数。因此，需要在实验室内对集料和沥青砂浆开展相应的试验，以尽可能确定更多的参数。另外需要指出的是，虽然部分模型参数可以通过试验获得，但由于沥青混合料实测结果具有一定的变异性，这些模型参数仍需要通过不断校准，直到仿真结果与试验结果较为一致。通过单轴压缩动态模量试验(频率 10Hz)、间接拉伸试验和半圆弯拉试验分别测定集料和沥青砂浆的弹性模量、抗拉强度和断裂能。另外，参考已有文献[43]，假定集料/沥青砂浆界面的模量等于沥青砂浆的模量，抗拉强度和断裂能分别为沥青砂浆的 90% 和 50%。最终确定的沥青混合料细观开裂接触本构模型参数如表 18-17 所示。从表 18-17 可以看出，沥青混合料的弹性模量和抗拉强度随着温度的降低而增大，断裂能随温度的降低而减小。

表 18-17　沥青混合料细观开裂接触本构模型参数

温度/℃	混合料	接触类型	弹性模量/GPa	泊松比	抗拉强度/MPa	断裂能/(J/m²)
		集料内部	55.50	0.15	6.35	1250
0	AC-13	沥青砂浆内部	5.82	0.25	3.44	992
		集料/沥青砂浆界面	5.82	0.25	3.09	496

续表

温度/℃	混合料	接触类型	弹性模量/GPa	泊松比	抗拉强度/MPa	断裂能/(J/m²)
0	AC-5	集料内部	55.50	0.15	6.35	1250
		沥青砂浆内部	6.07	0.25	3.76	898
		集料/沥青砂浆界面	6.07	0.25	3.38	449
−15	AC-13	集料内部	55.50	0.15	6.35	1250
		沥青砂浆内部	7.63	0.25	3.85	375
		集料/沥青砂浆界面	7.63	0.25	3.47	188
	AC-5	集料内部	55.50	0.15	6.35	1250
		沥青砂浆内部	8.58	0.25	3.94	308
		集料/沥青砂浆界面	8.58	0.25	3.55	154

4. 仿真试验结果验证

图 18-118 为 AC-13 和 AC-5 混合料在 0℃和−15℃(20mm 切口深度)条件下的 SCB 室内试验结果。从图 18-118(a)可以看出，在 0℃条件下，与 AC-5 混合料相比，AC-13 混合料的峰值荷载更低，软化曲线的柔度更大，说明公称最大粒径对沥青混合料的断裂行为有显著的影响。在 SCB 试验中，当达到峰值荷载时，裂纹在切口尖端处萌生，随着裂纹在试件中不断扩展，荷载不断减小，位移逐渐增大，直至断裂。因此，当裂纹扩展较快时，峰后位移会很小；相反，当裂纹扩展较慢时，峰后位移会较大。AC-13 混合料具有比 AC-5 混合料更大的峰后位移，原因可能是在裂纹扩展过程中，如果主裂纹的路径中有一个相对较强的集料颗粒，那么裂纹可能发生偏转，这意味着集料的存在可能会延缓裂纹的扩展。此外，粒径较大的集料颗粒的延缓效应可能比粒径较小的集料颗粒更为显著，因为裂纹需要沿着较长的路径传播以绕过大集料。平均集料粒径较大的 AC-13 混合料峰后位移可能大于 AC-5 混合料，主要原因在于其裂纹扩展速度较慢。此外，三个重复试件的峰后曲线差异较大，也表明非均匀微观结构对沥青混合料的裂纹扩展有显著影响。从图 18-118(b)可以看出，在−15℃的低温下，沥青混合料表现出更为明显的脆性破坏特性，变形非常小，因为随着温度的降低，沥青混合料的脆度将明显增大。当达到极限荷载时，脆性材料立刻发生断裂破坏，因此只有很短的峰后曲线或者几无峰后曲线。另外，该温度下 AC-5 混合料的峰值荷载及对应的临界位移大于 AC-13 混合料，这与 0℃的结果一致。需要特别说明的是，上述沥青混合料的开裂行为还与试件尺寸、加载速率等因素有很大关系，这些因素还需要进一步研究。

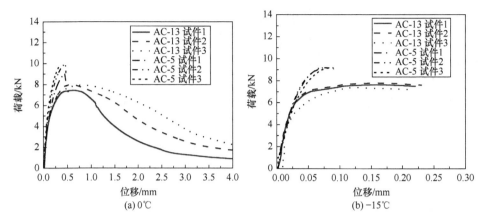

图 18-118　不同温度下 AC-13 和 AC-5 混合料的 SCB 室内试验结果

　　每组 SCB 仿真试验均生成三个平行试件，平行试件的各组分体积组成相同，但粗集料的随机生成和随机投放会使各试件间微观结构有细微差异。图 18-119 为仿真模拟结果与实测荷载-位移实则结果的对比，可以看出模拟得到的两种沥青混

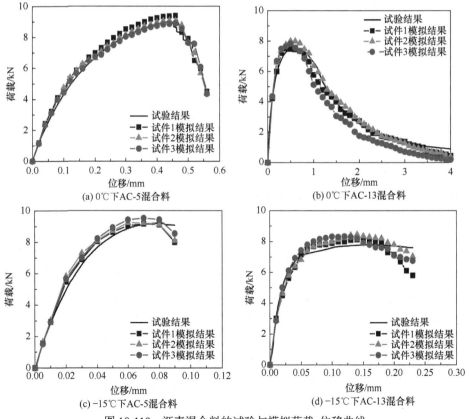

图 18-119　沥青混合料的试验与模拟荷载-位移曲线

合料在两种温度下的荷载-位移曲线基本符合室内试验结果，由此也说明确定的模型参数是合理的。此外，模拟曲线在峰前范围内几乎重叠，尤其在弹性阶段，但峰后曲线差异相对较大，这从仿真角度再次表明沥青混合料的裂纹演化与细观结构的分布特征有密切关系。

模拟和室内试验实测得到的 SCB 峰值荷载如表 18-18 所示，可以看出，峰值荷载的最大误差仅为 7.9%，表明采用的随机非均质开裂模拟方法在模拟沥青混合料低温准脆性断裂行为方面具有较高的可靠性和准确性。误差原因可能包括：沥青砂浆在实际情况下并不是连续材料，没有考虑小粒径集料(粒径<2.36mm)的影响；二维非均质模型不能模拟裂纹在厚度方向的扩展；虽然可以通过随机删除颗粒单元来模拟空隙的体积，但空隙大小和分布具有不确定性，并没有考虑空隙的影响；模拟中使用的集料/沥青砂浆界面参数与实际情况之间仍存在一定的误差。因此，在未来计算机计算能力和试验测试手段不断发展的情况下，还需要进一步研究如何采用更真实的三维非均质模型及更精确的界面参数来降低仿真模拟误差。

表 18-18　模拟和室内试验实测得到的 SCB 峰值荷载对比

混合料	温度/℃	模拟结果/kN			试验结果/kN	最大误差/%	平均误差/%
		试件 1	试件 2	试件 3			
AC-5	0	9.39	9.07	8.88	9.02	4.1	2.2
	−15	9.17	9.24	9.53	9.19	3.7	1.5
AC-13	0	7.51	8.01	7.83	7.45	7.5	4.5
	−15	8.12	8.40	8.33	7.78	7.9	6.4

18.5.3　细观断裂力学特性与演化行为

1. 细观力链场演化分析

图 18-120 为 SCB 模拟试验中沥青混合料的内部接触力演化过程，由于细观接触力分布并无明显规律，因此仅对其进行定性评价。从图中可以明显看出，沥青混合料 SCB 试件内部接触力分布并不均匀，且存在应力集中现象。开裂前，试件内部的接触压力(压力链)主要集中于试件的顶部(与加载头接触)和底部(与支撑轴接触)，接触拉力(拉力链)主要集中于试件切口尖端。开裂后，随着裂纹不断向上扩展，接触拉力集中区逐渐向试件顶部移动，但始终位于裂纹尖端。因此，认为拉力是沥青混合料 SCB 试件裂纹扩展的驱动力。

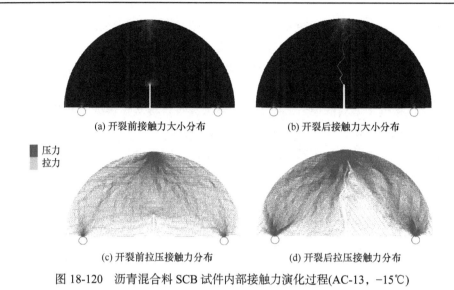

(a) 开裂前接触力大小分布　　　　　　　　(b) 开裂后接触力大小分布

■ 压力
  拉力

(c) 开裂前拉压接触力分布　　　　　　　　(d) 开裂后拉压接触力分布

图 18-120　沥青混合料 SCB 试件内部接触力演化过程(AC-13，−15℃)

2. 细观颗粒界面微裂纹的演化分析

图 18-121 为不同温度下沥青混合料 SCB 试件的微裂纹演化，可以看出温度和沥青混合料非均质细观结构对裂纹扩展路径均有显著影响。SCB 试验设置了切口导致切口尖端处存在应力集中，因此裂纹通常情况下从切口尖端处开始萌生，然后沿着试件中部区域逐渐向试件顶部扩展。另外，还可以看出微裂纹主要出现在沥青砂浆内部和沥青砂浆与集料界面。如在裂纹扩展路径中遇到集料，裂纹通常沿集料边界发展以越过集料，这主要与集料强度大于沥青砂浆强度有关。

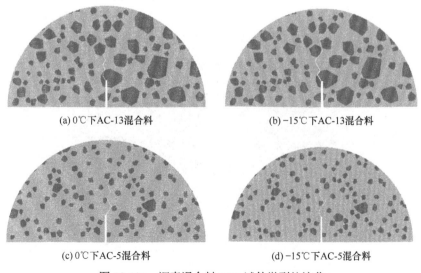

(a) 0℃下 AC-13 混合料　　　　　　　　(b) −15℃下 AC-13 混合料

(c) 0℃下 AC-5 混合料　　　　　　　　(d) −15℃下 AC-5 混合料

图 18-121　沥青混合料 SCB 试件微裂纹演化

对比不同温度下微裂纹萌发位置，结果如图 18-122 所示。0℃下，微裂纹倾向于从切口尖端附近集料与沥青砂浆界面处萌生，如图 18-122(a)所示；在更低的-15℃温度下，微裂纹直接从切口尖端集料界面处萌生，如图 18-122(b)所示，这是因为随着温度的降低，沥青砂浆的模量不断增大，即在更低的温度下集料砂浆的模量更接近于集料的模量，应力集中下微裂纹直接从集料单元处萌生。相似的开裂结果在室内试验时也有发现，如图 18-123 所示，部分切口尖端处的集料颗粒单元发生开裂破坏，主要原因是切口尖端处接触拉力集中，低温条件下应力得不到充分的释放，且在裂纹扩散路径方面，裂纹主要倾向于发生在集料界面。

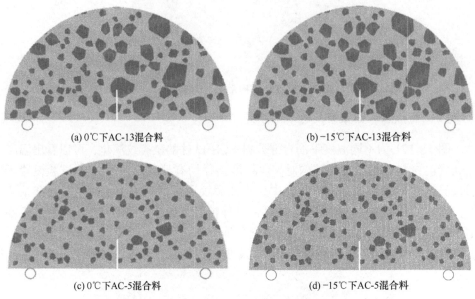

(a) 0℃下AC-13混合料   (b) -15℃下AC-13混合料

(c) 0℃下AC-5混合料   (d) -15℃下AC-5混合料

图 18-122 沥青混合料 SCB 试件内部微裂纹萌发位置

集料开裂

图 18-123　室内试验 SCB 试件开裂破坏形态

进一步对断裂破坏后微裂纹的分布情况进行统计分析，结果如图 18-124 所示(峰后荷载下降为峰值荷载的 30%时，无明显峰后曲线则为最终加载时刻)。从图 18-124 可以看出，微裂纹主要分布于沥青砂浆单元，集料与沥青砂浆界面单元次之，集料单元最少；随着温度的降低，集料单元的裂纹数量占比有所增大。例如，AC-13 混合料 0℃时的集料单元裂纹数量占比为 8.95%，−15℃时数量占比增加到 15.2%。

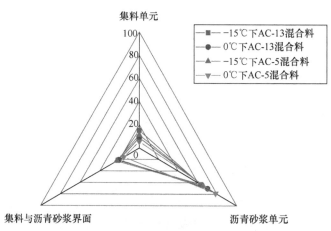

图 18-124　微裂纹分布情况统计结果

图中数字表示裂纹数量占比(%)

18.5.4　细观参数与混合料断裂力学行为

尽管已有大量关于沥青混合料低温抗裂性能影响因素的试验研究，但多数研究集中于沥青结合料的性能评价及评价指标与沥青混合料低温抗裂性能的关联性研究，对占沥青混合料较大体积分数的粗集料性能与低温抗裂性能关联性研究较少，且试验研究结果容易受到多种因素的交叉影响。因此，采用虚拟仿真试验，保持沥青混合料其他细观参数不变，通过改变粗集料力学参数来研究粗集料强度对沥青混合料低温性能的影响。

1. 粗集料强度对荷载位移的影响

图 18-125 为通过 SCB 虚拟试验得到的不同抗拉强度粗集料沥青混合料(AC-13，0℃)的荷载-位移曲线。从图 18-125 可以看出，粗集料抗拉强度对沥青混合料峰前硬化和峰后软化曲线均有显著影响，随着抗拉强度的增大，峰前弹性阶段的曲线更陡，即混合料的模量提大。当粗集料的抗拉强度分别提高和降低 30%时，沥青混合料整体峰值荷载分别提高 16.6%和降低 13.15%。因此，为优化沥青混合料低温开裂性能，应当优先使用抗拉强度较高的粗集料。

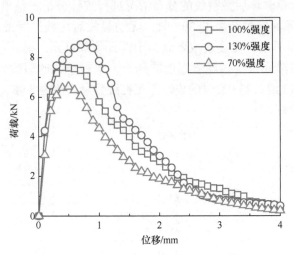

图 18-125　不同抗拉强度粗集料的沥青混合料荷载-位移曲线(AC-13，0℃)

2. 粗集料强度对微裂纹扩展的影响

图 18-126 为不同粗集料强度的沥青混合料微裂纹扩展路径。当粗集料的强度较低时，沥青混合料试件内部微裂纹更多地穿过粗集料，如图 18-126(a)所示；当粗集料的强度较高时，粗集料内部基本不出现微裂纹，微裂纹基本发生在沥青砂浆及集料与沥青砂浆界面，如图 18-126(b)所示。图 18-127 为 Kim 等[42]采用不同粗集料类型(石灰岩和花岗岩)的沥青混合料 DCT 试件在-20℃时的开裂断面，可以看出当采用强度较低的石灰岩时，沥青混合料开裂断面有较多的集料发生破碎，而采用强度较高的花岗岩时，沥青混合料断面基本没有出现集料破碎。对比图 18-126 和图 18-127 可以看出，二者具有良好的一致性，表明建立的沥青混合料低温开裂模型可以作为沥青混合料低温抗裂性能研究的辅助手段。

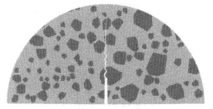
(a) 粗集料强度较低

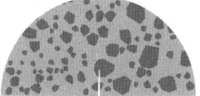
(b) 粗集料强度较高

图 18-126　不同粗集料强度的沥青混合料微裂纹扩展路径

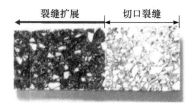
裂缝扩展　切口裂缝
(a) 采用强度较低的石灰岩

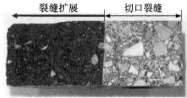
裂缝扩展　切口裂缝
(b) 采用强度较高的花岗岩

图 18-127　不同粗集料类型的沥青混合料 DCT 试件开裂断面[41]

参 考 文 献

[1] 嵇绍华. 纤维混凝土细观结构及破裂过程数值模拟研究[D]. 西安: 长安大学, 2014.

[2] 张东, 侯曙光, 边疆. 粗集料形态对沥青混合料性能的影响研究现状[J]. 南京工业大学学报(自然科学版), 2017(6): 152-157.

[3] Mora C F, Kwan A K H, Chan H C. Particle size distribution analysis of coarse aggregate using digital image processing[J]. Cement and Concrete Research, 1998, 28(6): 921-932.

[4] Walraven J C, Reinhardt H W. Concrete mechanics. Part A: Theory and experiments on the mechanical behavior of cracks in plain and reinforced concrete subjected to shear loading[J]. NASA STI/Recon Technical Report N, 1981, 82: 25417.

[5] Wittmann F H, Sadouki H, Steiger T. Experimental and Numerical Study of Effective Properties of Composite Materials[M]. Lausanne: Presses Polytechniques et Universitaires Romandes, 1993.

[6] 石崇, 徐卫亚. 颗粒流数值模拟技巧与实践[M]. 北京: 中国建筑工业出版社, 2015.

[7] 陈俊, 张东, 黄晓明. 离散元颗粒流软件(PFC)在道路工程中的应用[M]. 北京: 人民交通出版社股份有限公司, 2015.

[8] Fang M, Park D, Singuranayo J L, et al. Aggregate gradation theory, design and its impact on asphalt pavement performance: A review[J]. International Journal of Pavement Engineering, 2019, 20(12): 1408-1424.

[9] 李添帅. 基于堆积理论的矿质混合料组成结构特性研究[D]. 哈尔滨: 哈尔滨工业大学, 2017.

[10] 李永琴, 张德才. 集料及沥青混合料堆积过程的数值模拟[J]. 公路交通科技, 2013, 30(11): 13-17.

[11] Baule A, Makse H A. Fundamental challenges in packing problems: From spherical to non-spherical particles[J]. Soft Matter, 2014, 10(25): 4423-4429.

[12] Torquato S, Stillinger F H. Jammed hard-particle packings: From Kepler to Bernal and beyond[J]. Reviews of Modern Physics, 2010, 82(3): 2633.

[13] Jalali P, Li M. An estimate of random close packing density in monodisperse hard spheres[J]. The Journal of Chemical Physics, 2004, 120(2): 1138-1139.

[14] Brujić J, Song C, Wang P, et al. Measuring the coordination number and entropy of a 3D jammed emulsion packing by confocal microscopy[J]. Physical Review Letters, 2007, 98(24): 248001.

[15] 孙其诚, 刘晓星, 张国华, 等. 密集颗粒物质的介观结构[J]. 力学进展, 2017, 47(1): 267-312.

[16] Tordesillas A, Zhang J, Behringer R. Buckling force chains in dense granular assemblies: Physical and numerical experiments[J]. Geomechanics and Geoengineering: An International Journal, 2009, 4(1): 3-16.

[17] Aste T, Saadatfar M, Senden T J. Geometrical structure of disordered sphere packings[J]. Physical Review E, 2005, 71(6): 061302.

[18] Suzuki M, Shinmura T, Iimura K, et al. Study of the wall effect on particle packing structure using X-ray micro computed tomography[J]. Advanced Powder Technology, 2008, 19(2): 183-195.

[19] Chan K W, Kwan A K H. Evaluation of particle packing models by comparing with published test results[J]. Particuology, 2014, 16: 108-115.

[20] Kwan A K H, Chan K W, Wong V. A 3-parameter particle packing model incorporating the wedging effect[J]. Powder Technology, 2013, 237: 172-179.

[21] 沙爱民, 王玲娟, 耿超. 大粒径碎石沥青混合料振动压实方法[J]. 长安大学学报(自然科学版), 2008, 28(2): 5-8.

[22] Liu Y, You Z. Visualization and simulation of asphalt concrete with randomly generated three-dimensional models[J]. Journal of Computing in Civil Engineering, 2009, 23(6): 340-347.

[23] Crosson R S, Lin J W. Voigt and Reuss prediction of anisotropic elasticity of dunite[J]. Journal of Geophysical Research, 1971, 76(2): 570-578.

[24] Seo Y, El-Haggan O, King M, et al. Air void models for the dynamic modulus, fatigue cracking, and rutting of asphalt concrete[J]. Journal of Materials in Civil Engineering, 2007, 19(10): 874-883.

[25] Mogawer W S, Austerman A J, Daniel J S, et al. Evaluation of the effects of hot mix asphalt density on mixture fatigue performance, rutting performance and MEPDG distress predictions[J]. International Journal of Pavement Engineering, 2011, 12(2): 161-175.

[26] Suh Y C, Cho N H, Mun S. Development of mechanistic-empirical design method for an asphalt pavement rutting model using APT[J]. Construction and Building Materials, 2011, 25(4): 1685-1690.

[27] 张久鹏. 基于粘弹性损伤理论的沥青路面车辙研究[D]. 南京: 东南大学, 2008.

[28] Suh Y C, Cho N H. Development of a rutting performance model for asphalt concrete pavement based on test road and accelerated pavement test data[J]. KSCE Journal of Civil Engineering, 2014, 18: 165-171.

[29] 陈光伟, 刘黎萍, 苏凯, 等. 基于沥青路面抗剪性能的车辙预估模型标定[J]. 西南交通大学学报, 2013, 48(4): 672-677.

[30] Mahmoud E, Saadeh S, Hakimelahi H, et al. Extended finite-element modelling of asphalt mixtures fracture properties using the semi-circular bending test[J]. Road Materials and Pavement Design, 2014, 15(1): 153-166.

[31] 颜义忠. 砂粒式改性沥青混合料的性能与应用研究[D]. 长沙: 长沙理工大学, 2014.

[32] 吕光印, 郝培文, 庞立果, 等. 沥青混合料半圆弯曲试验力学特性数值分析[J]. 武汉理工大学学报, 2008, 30(3): 58-60.

[33] 陈龙. 沥青混合料半圆弯曲试件断裂的试验和数值模拟研究[D]. 武汉: 华中科技大学, 2014.

[34] 刘宇. 基于半圆弯曲试验的沥青混合料动态响应及断裂性能研究[D]. 哈尔滨: 哈尔滨工业大学, 2009.

[35] 曹轲铭. 沥青混合料半圆弯拉试验方法研究[D]. 长沙: 湖南大学, 2007.

[36] Zhang J, Tan H, Pei J, et al. Evaluating crack resistance of asphalt mixture based on essential fracture energy and fracture toughness[J]. International Journal of Geomechanics, 2019, 19(4): 06019005.

[37] Kaseer F, Yin F, Arámbula-Mercado E, et al. Development of an index to evaluate the cracking potential of asphalt mixtures using the semi-circular bending test[J]. Construction and Building Materials, 2018, 167: 286-298.

[38] Zhou F, Im S, Hu S, et al. Selection and preliminary evaluation of laboratory cracking tests for routine asphalt mix designs[J]. Road Materials and Pavement Design, 2017, 18(S1): 62-86.

[39] Kim K W, El Hussein M. Variation of fracture toughness of asphalt concrete under low temperatures[J]. Construction and Building Materials, 1997, 11(7-8): 403-411.

[40] Mull M A, Stuart K, Yehia A. Fracture resistance characterization of chemically modified crumb rubber asphalt pavement[J]. Journal of Materials Science, 2002, 37: 557-566.

[41] Kim H, Wagoner M P, Buttlar W G. Micromechanical fracture modeling of asphalt concrete using a single-edge notched beam test[J]. Materials and Structures, 2009, 42(5): 677.

[42] Kim H, Wagoner M P, Buttlar W G. Simulation of fracture behavior in asphalt concrete using a heterogeneous cohesive zone discrete element model[J]. Journal of Materials in Civil Engineering, 2008, 20(8): 552-563.

[43] Yin A, Yang X, Zeng G, et al. Experimental and numerical investigation of fracture behavior of asphalt mixture under direct shear loading[J]. Construction and Building Materials, 2015, 86: 21-32.

第19章 考虑颗粒相互作用的沥青混合料细观力学模型

19.1 沥青混合料细观力学模型

19.1.1 复合材料细观力学基本理论

在复合材料细观力学理论研究方面，Eshelby[1]提出的夹杂理论推动了复合材料细观力学的进步。近几十年来，复合材料细观力学理论在陶瓷基、金属基和聚合物基复合材料等材料科学领域取得了广泛的应用。采用细观力学理论建立本构模型，其本质是通过均匀化求解，建立相材料性质和细观结构参数与复合材料宏观性能的关联模型[2]。解决这一问题的基本思路是将非均匀介质等效为理想的均匀介质，该均匀介质具有与非均匀介质宏观等效的物理性能，如等效弹性[3]、黏弹性[4]等。

Buttlar 等[5]最早将复合材料细观力学的方法引入沥青混合料及沥青胶浆有效性能的研究，为道路研究者认识沥青混合料提供了一种全新的思路，这一领域的研究吸引了国内外诸多学者的兴趣。研究中通常假定粗、细集料及填料为线弹性各向同性的球形夹杂，空隙可等效为模量为零的球形夹杂，再运用复合材料细观力学方法建立沥青混合料有效宏观性能与各组分性能、微观结构参数之间的定量关系，进而根据沥青、集料和空隙的相关力学参数及其分布状态预测相应复合材料的有效模量。

19.1.2 单夹杂沥青混合料细观力学模型

基于单夹杂理论的细观力学模型主要适用于包含单一夹杂相的两相复合材料，如沥青胶浆。沥青胶浆中沥青结合料充当基体相，填料为单一夹杂相。基于单夹杂理论的分析方法主要包括稀疏分布法[6]、Mori-Tanaka 法(简称"M-T法")[7]、自洽法[8]、广义自洽法[9]、微分法[10]、三相球法[11]等，部分模型对复合材料的构型假设如图 19-1 所示。

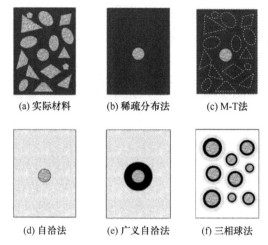

(a) 实际材料　　　　　(b) 稀疏分布法　　　　(c) M-T法

(d) 自洽法　　　　(e) 广义自洽法　　　　(f) 三相球法

图 19-1　复合材料的部分假设构型示意图

1. 稀疏分布法

稀疏分布法假设颗粒夹杂稀疏分布于基体中，如图 19-1(b)所示，由于颗粒夹杂的间距远大于其直径，颗粒夹杂之间的相互作用可以忽略[6]。稀疏分布模型预测多夹杂复合材料有效模量的公式为

$$L = L^0 + \sum_{r=1}^{n} c^r \left(L^r - L^0 \right) A^r \tag{19-1}$$

$$A^r = \left[\boldsymbol{I} + \boldsymbol{S}^r \left(L^0 \right)^{-1} \left(L^r - L^0 \right) \right]^{-1} \tag{19-2}$$

式中，L 为复合材料的有效模量；L^r 和 L^0 分别为第 r 相夹杂的模量和基体的模量；c^r 为第 r 相夹杂的体积分数；A^r 为应变集中因子；$\boldsymbol{I}$ 为四阶单位张量；n 为夹杂数；$\boldsymbol{S}^r$ 为四阶 Eshelby 张量，仅与基体的材料性能和夹杂物的形状有关[1]。

对于各向同性复合材料，其有效弹性模量可由两个独立的工程参数，即有效体积模量 κ 和有效剪切模量 μ 完全表示。基于稀疏分布的复合材料有效体积模量 κ 和有效剪切模量 μ 预测公式为

$$\kappa = \kappa_0 + \frac{c\kappa_0}{\dfrac{\kappa_0}{\kappa_1 - \kappa_0} + \dfrac{3\kappa_0}{3\kappa_1 - 4\mu_0} - c} \tag{19-3}$$

$$\mu = \mu_0 + \frac{c\mu_0}{\dfrac{\mu_0}{\mu_1 - \mu_0} + \dfrac{6}{5}\dfrac{\kappa_0 + 2\mu_0}{3\kappa_1 + 4\mu_0} - c} \tag{19-4}$$

式中，c 为体积分数；下标 0 和 1 分别表示基体和颗粒增强相，后文相同。

稀疏分布法一般仅适用于夹杂体积分数较小的情形，具体情况取决于夹杂形状和夹杂与基体材料的弹性失配大小等。Yin 等[12]在其研究中假设填料为刚性球、沥青基体为不可压缩材料，以此对稀疏分布模型进行简化，并指出该模型仅适用于体积分数不超过 40%的沥青胶浆有效模量预测，且预测值较试验值偏大。

2. M-T 法

Mori 和 Tanaka 在 1973 年解决了在有限体分比下使用 Eshelby 等效夹杂原理的基本理论问题[7]，其后等效夹杂原理被广泛用于各种复合材料的有效性能预测。较之其他近似方法，M-T 法能给出有效性质的显示表达式，为使用带来了很大的方便。基于 M-T 法的复合材料有效模量估计式为

$$L = \left[L^0 + \sum_{r=1}^n c^r \left(L^r - L^0 \right) A^r \right] \left[\boldsymbol{I} + \sum_{r=1}^n c^r \left(A^r - \boldsymbol{I} \right) \right]^{-1} \tag{19-5}$$

式中，各参数意义同前。有效体积模量 κ 和有效剪切模量 μ 预测公式为

$$\kappa = \kappa_0 + \cfrac{c\kappa_0}{\cfrac{\kappa_0}{\kappa_1 - \kappa_0} + \cfrac{3(1-c)\kappa_0}{3\kappa_1 + 4\mu_0}} \tag{19-6}$$

$$\mu = \mu_0 + \cfrac{c\mu_0}{\cfrac{\mu_0}{\mu_1 - \mu_0} + \cfrac{6(1-c)(\kappa_0 + 2\mu_0)}{5(3\kappa_1 + 4\mu_0)}} \tag{19-7}$$

M-T 法通过引入基体平均应力的概念，考虑了夹杂之间的相互作用，因此适用于中等夹杂的情形，加之其有效模量预测公式的显示表达，M-T 方法得以广泛应用。

3. 自洽法

在自洽模型中，假设一个颗粒夹杂埋入无限大的"等效基体"中，如图 19-1(d)所示，该"等效基体"的模量即为所求复合材料均匀化的有效模量。自洽模型预测多夹杂复合材料有效模量的公式为

$$L = L^0 + \sum_{r=1}^n c^r \left(L^r - L^0 \right) A^r \tag{19-8}$$

$$A^r = \left[\boldsymbol{I} + \boldsymbol{S}^r L^{-1} \left(L^r - L \right) \right]^{-1} \tag{19-9}$$

式中，各参数意义同前，但 A^r 中基体模量 L^0 变为复合材料有效模量 L。有效体

积模量 κ 和有效剪切模量 μ 预测公式为

$$\kappa = \kappa_0 + \frac{c(\kappa_1 - \kappa_0)(3\kappa + 4\mu)}{3\kappa + 4\mu} \tag{19-10}$$

$$\mu = \mu_0 + \frac{5c(\mu_1 - \mu_0)\mu(3\kappa + 4\mu)}{6\mu_1(\kappa + 2\mu) + \mu(9\kappa + 8\mu)} \tag{19-11}$$

　　自洽模型利用了 Eshelby 关于无限大均匀介质中含有单一夹杂的解，这与含有高体分比夹杂物的复合材料存在差距。Yin 等[12]在沥青胶浆有效模量预测模型的研究中，针对稀疏分布法、自洽法、广义自洽法和 M-T 法，对比了不同体分比下各个模型预测值与试验测试结果，结果表明自洽法具有最高预测精度。

　　4. 广义自洽法

　　广义自洽模型对自洽模型进行了改进，将一个夹杂及周围的基体埋入无限大的有效介质内，夹杂与基体所占的比例等于复合材料的体分比，如图 19-1(e)所示。广义自洽模型在概念上比自洽模型更合理，但增加了求解难度。广义自洽法的有效体积模量 κ 与 M-T 法结果相同，有效剪切模量 μ 的计算公式为

$$A\left(\frac{\mu}{\mu_0}\right)^2 + 2B\left(\frac{\mu}{\mu_0}\right) + C = 0 \tag{19-12}$$

式中，A、B 和 C 为各相模量和体分比的函数，具体表达式可参阅文献[13]。针对沥青胶浆中填料模量远大于沥青结合料的特点，Shashidhar 等[14]给出了广义自洽模型计算参数的简化形式，并用以预测不同填料体积分数沥青胶浆的有效复数剪切模量；结果显示，该模型预测结果偏低，为此引入逾渗理论对模型计算参数进行修正，修正之后的预测精度明显提高。

　　5. 微分法

　　为避免考虑夹杂相互作用和应用 Eshelby 单一夹杂理论的限制，微分法构造了一个往基体内逐渐添加夹杂物的微分过程，形成"少量添加—均匀化"的循环迭代过程，如图 19-2 所示。微分法估计单夹杂复合材料有效模量的估计式为

$$\frac{\mathrm{d}L(c)}{\mathrm{d}c} = \frac{1}{1-c}\left(L^1 - L(c)\right)A^1 \tag{19-13}$$

式中，L^1 为单夹杂体系下夹杂物的模量；A^1 为单夹杂体系下的应变集中因子。
　　边界条件为

$$L\big|_{c=0} = L_0 \tag{19-14}$$

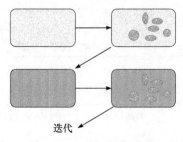

迭代

图 19-2　微分法示意图

Kim 等[15]给出了相应的有效体积模量 κ 和有效剪切模量 μ 预测公式：

$$\kappa = \kappa_1 - (1-c)(\kappa_1 - \kappa_0)\frac{3\kappa + 4\mu}{3\kappa_0 + 4\mu_0} \tag{19-15}$$

$$\mu = \mu_1 - (1-c)(\mu_1 - \mu_0)\left(\frac{\mu}{\mu_0}\right)^{2/5}\left(\frac{3\kappa + 4\mu}{3\kappa_0 + 4\mu_0}\right)^{1/5} \tag{19-16}$$

此外，Shu 等[16]利用微分法的基本思想，推导给出了沥青混合料动态模量预测的相关公式，并指出微分法在高体分比颗粒增强复合材料有效模量预测应用方面具有更好的适用性。Kim 等[15]的研究结果表明，低温条件下微分法预测沥青混合料动态模量具有较高精度。

6. 三相球法

Li 等[17]构建了一个两层夹杂的三相球模型，如图 19-1(f)所示，该模型假设沥青基体包覆的集料夹杂于有限大的等效介质中，三者构成一个有限大的三相同心球。运用弹性力学的基本知识，Li 等[17]推导给出了二维情形下复合材料有效杨氏模量 $E(a)$ 的估计式，但式中包含的复合材料泊松比 v 为未知参数，需要依据经验设定。Shu 等[11]将该模型推广到三维情形，并研究了沥青混合料的动态力学性能，其导出的三维有效杨氏模量 $E(a)$ 的估计式为

$$E(a) = \frac{E_0(1-n)(1-2v)}{x_1 - \dfrac{9E_1 n(1-v_0)^2}{4E_0(1-n)(1-2v_1) + 4E_1 x_2}} \tag{19-17}$$

式中，a 为集料半径，则 $b-a$ 为沥青膜厚度，$c-b$ 为等效介质厚度，如图 19-3 所示；$n = a^3/b^3$；$x_1 = 1/2n(1+v_0) + (1-2v_0)$；$x_2 = 1/2(1+v_0) + n(1-2v_0)$。

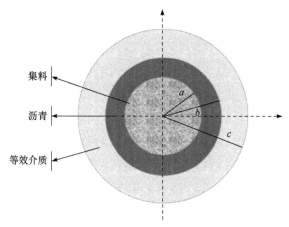

图 19-3　三相球模型示意图

由式(19-17)可知，复合材料的有效杨氏模量 $E(a)$ 为集料半径 a 的函数，因此该模型考虑了集料和空隙夹杂的粒径大小与分布对复合材料有效性能的影响。为考虑沥青与集料的界面效应，Huang 等[18]和 Zhu 等[19]对该模型作了进一步的推广。Huang 等将界面效应等效为具有一定厚度和力学特征的中间层，使得原来的三相球变为四相球；Zhu 等则将界面等效为厚度为零的线性弹簧层，并给出了有效杨氏模量 $E(a)$ 和有效剪切模量 $\mu(a)$ 的估计式[20]。

19.1.3　多夹杂沥青混合料细观力学模型

针对多相夹杂的沥青混合料复合材料，一种可行的方法是根据组分材料力学特性及其在混合料结构中作用的不同，采用分步均匀的思想进行"逐级添加—均匀化"，如图 19-4 所示。

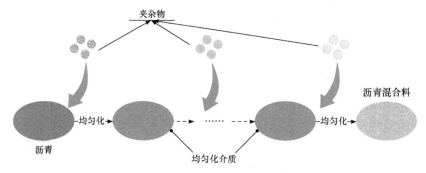

图 19-4　分步均匀化示意图

随着人们对沥青混合料细观结构认识的不断深入，渐渐意识到不同尺寸的集料在混合料的作用有着显著差异。Shashidhar 等[21]指出，沥青混合料的主要组成部分包括三种：集料、空隙和沥青胶浆，其中起胶结作用的是沥青胶浆而非沥青；Zhu 等[22]则认为，沥青与粒径小于 1.18mm 的细集料组成的沥青砂浆是黏结集料的主体。基于沥青胶浆与沥青砂浆的概念，许多学者提出了沥青混合料有效模量预测的新思路。Li 等[23]采用单夹杂模型，首先将沥青砂浆看成细集料和沥青胶浆(沥青与矿粉组成)组成的两相复合材料，再进一步将沥青混合料看作粗集料和沥青砂浆组成两相复合材料，由此提出了预测沥青混合料模量的两步法模型。黄晓明等[24]将沥青混合料看作沥青砂浆、粗集料和空隙组成的三相材料，从沥青砂浆基体性能出发，运用 M-T 法推导了考虑粗集料和空隙夹杂的沥青混合料黏弹性本构方程。Alam 等[25]认为，沥青混合料复合材料中的集料夹杂按照粒径大小的不同划分为填料与集料两相，从力学及结构特性上加以区别对待，然后基于广义自洽模型，分三步完成沥青混合料有效模量的预测。Aigner 等[26]将沥青混合料细分为沥青、胶浆、砂浆、混合料、宏观均匀材料五个尺度，分别基于广义自洽法和 M-T 法对沥青混合料有效性能进行了分尺度研究。

为更进一步区分不同粒径的粗集料对沥青混合料的不同影响，已有学者构建并采用能够考虑颗粒夹杂尺寸的细观力学模型，对沥青混合料有效模量进行了研究。朱兴一等[27]以两步法为基础，将其拓展为多步法，将各档粒径集料与空隙逐一投入基体，再进行均匀化求解，预测了沥青混合料的弹性模量。郭乃胜等[28]将沥青混合料视为沥青胶浆包裹的集料颗粒嵌入有效沥青混合料介质中的复合材料，并夹杂空隙，建立了考虑集料尺寸、级配组成和空隙影响的动态模量预测模型。

19.2　沥青混合料细观力学模型多尺度适用性分析

19.2.1　细观力学模型多尺度验证

1. 沥青混合料多尺度试验分析

沥青混合料是一种多尺度复合材料，具体包括沥青结合料、沥青胶浆、沥青砂浆和沥青混合料四个尺度[29]。沥青胶浆是沥青结合料与填料(粒径小于 0.075mm 的集料)组成的复合材料，沥青砂浆是沥青胶浆、细集料(粒径大于 0.075mm、小于 2.36mm 的集料)与空隙组成的复合材料，沥青混合料是沥青砂浆与粗集料(粒径大于 2.36mm 的集料)组成的复合材料。集料是一种弹性材料，其剪切模量与泊松比可分别取为 19000MPa 和 0.25[30]。不同尺度材料的组成特性与力学性能如表 19-1 所示。

表 19-1　不同尺度材料的组成特性与力学性能

材料尺度	基体相	颗粒增强相	体分比	泊松比
沥青结合料	—	—	—	0.495
沥青胶浆	沥青结合料	填料	0.26	0.495
沥青砂浆	沥青胶浆	细集料/空隙	0.65/0.065	0.350
沥青混合料	沥青砂浆	粗集料	0.43	0.350

　　由于沥青结合料具有黏弹性材料特性，沥青胶浆、沥青砂浆和沥青混合料也具有黏弹特性。为表征多尺度材料的有效模量，选取动态剪切流变仪(DSR)和简单性能试验仪(SPT)两种模量测试方法。前者用以测试沥青结合料、沥青胶浆和沥青砂浆的复数剪切模量 $|G^*|$，后者用以测量沥青混合料的有效动态模量 $|E^*|$。多尺度材料模量测试过程选用温度扫描和频率扫描两种方式，具体测试温度、频率及加载模式见表 19-2。

表 19-2　不同尺度材料的测试条件

材料尺度	温度/℃	频率/Hz	加载模式
沥青结合料及胶浆	10、16、19、22、25、30、40、54	14.00、6.50、3.00、1.40、0.65、0.30、0.14、0.10	震荡剪切测试
沥青砂浆	14、23、38、58	14.00、6.50、3.00、1.40、0.65、0.30、0.14、0.10	震荡剪切测试
沥青混合料	−10、5、20、40、54	25.00、10.00、5.00、1.00、0.50、0.10	正弦荷载测试

　　需要注意的是，沥青混合料的直接测试结果为有效动态模量 $|E^*|$ 与泊松比 ν，为便于与其他尺度材料测试结果进行比较，须将其统一为复数剪切模量 $|G^*|$，具体转换结果见文献[29]。不同测试温度下的模量测试结果按照时温等效原理转换到 15℃，并按照式(19-18)对主曲线进行拟合：

$$\log|G^*| = \alpha + \frac{\beta - \alpha}{1 + 10^{(f_0 - \log f)p}} \tag{19-18}$$

式中，$|G^*|$ 为复数剪切模量，Pa；f 为缩减频率，rad/s；α、β、f_0、p 为拟合参数。

　　多尺度复合材料复数剪切模量的试验值和拟合主曲线如图 19-5 所示，主曲线拟合参数如表 19-3 所示。

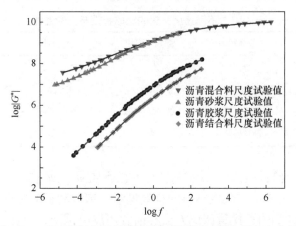

图 19-5　多尺度复合材料复数剪切模量试验值与拟合主曲线

表 19-3　主曲线拟合参数

材料尺度	拟合参数				
	α	β	f_0	p	R^2
沥青结合料	−1.57	9.14	−3.17	0.143	0.99
沥青胶浆	−0.68	9.29	−3.38	0.151	0.99
沥青砂浆	6.35	9.85	−2.33	0.230	0.99
沥青混合料	6.76	10.08	−2.12	0.187	0.99

2. 细观力学模型多尺度适用性验证

　　根据前述确定的材料参数，分别运用自洽(SC)模型、M-T 模型、广义自洽(GSC)模型、微分(DSEM)模型和三相球(TPS)模型 5 种常用细观力学模型，并结合弹性-黏弹性对应原理，对多尺度沥青复合材料的复数剪切模量进行预测。在沥青胶浆尺度，沥青结合料为基体相，填料为颗粒增强相。在沥青砂浆尺度，沥青胶浆为基体相，细集料和空隙均为颗粒增强相，空隙可视为模量为零的特殊颗粒增强相。采用两步法完成复数剪切模量的预测，即先向沥青胶浆基体中添加细集料颗粒形成中间等效介质，再以中间等效介质为基体添加空隙颗粒，完成沥青砂浆复合材料复数剪切模量的预测。在沥青混合料尺度，沥青砂浆为基体相，粗集料为颗粒增强相。分别在 $1.0 \times 10^{-5} \sim 1.0 \times 10^{5}$ rad/s 的 11 个数量级频率上对多尺度复合材料的复数剪切模量进行预测，并与试验值进行对比，如图 19-6～图 19-8 所示。

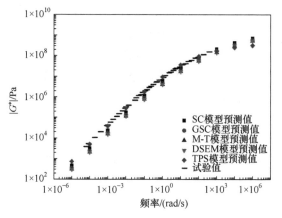

图 19-6　沥青胶浆复数剪切模量试验值与预测值

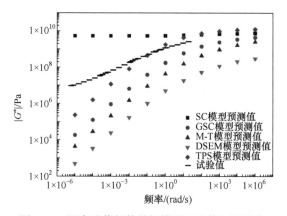

图 19-7　沥青砂浆复数剪切模量试验值与预测值

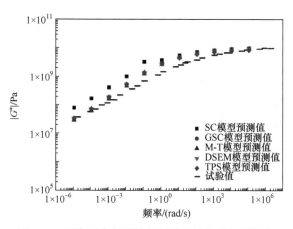

图 19-8　沥青混合料复数剪切模量试验值与预测值

由图 19-6～图 19-8 可知，不同细观力学模型在不同材料尺度上表现出不同的适用性。在沥青胶浆尺度上，5 种模型在整体频率范围内均能很好预测材料复数剪切模量。在沥青砂浆尺度上，5 种模型的适用性差异明显且整体偏差，相较而言，三相球(TPS)模型具有最高预测精度，其在低频(高温)条件下的预测值偏小而在高频(低温)条件下的预测值偏大。在沥青混合料尺度上，5 种模型的适用性差异不大，中频条件下的预测值略大于试验值，高、低频条件下则相对精确。

各模型在沥青胶浆尺度上表现出的良好适用性归因于沥青胶浆中填料颗粒的低体积分数特性，此时沥青胶浆复合材料的细观结构与各模型假设构型更为吻合。与沥青砂浆尺度相比，沥青混合料尺度上各模型预测精度更高，这同样得益于混合料中作为增强相的粗集料颗粒体积分数较低，在沥青砂浆尺度的分步预测中，细集料体积占等效中间介质总体积的65%。可以看出，随着不同尺度颗粒增强相体积分数的增加，各模型的适用性整体显著变差。此外，由沥青砂浆尺度复数剪切模量预测结果可知，不同频率(温度)条件下各模型的适用性也不尽相同，相较而言，高频(低温)条件下的模型预测精度高于低频(高温)。

19.2.2 细观力学模型适用性影响分析

1. 沥青胶浆 DSR 试验

选取 Underwood 等[29]不同填料体积分数的沥青胶浆动态模量试验数据，进一步验证与评价颗粒增强相的体积分数和基体与增强相间的模量失配对细观力学模型适用性的影响规律。将不同测试温度下的复数剪切模量测试结果按照时温等效原理转换到 15℃，并对主曲线进行拟合，具体试验值与拟合主曲线如图 19-9 所示，图中 MS 表示沥青胶浆，其后的数字表示该种沥青胶浆的填料体积分数。

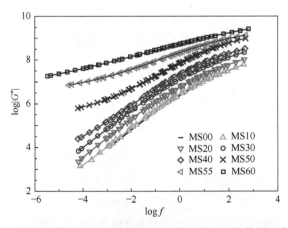

图 19-9　不同填料体积分数沥青胶浆复数剪切模量试验值与拟合主曲线

2. 填料的硬化效应

沥青基体是一种黏弹性材料，材料刚度远小于填料颗粒。沥青胶浆中，加入填料颗粒产生的硬化效应对胶浆起到了增强效果，且增强效果随加入填料颗粒体积分数的增大而增大。这种硬化效应可以用胶浆与沥青集体的模量比来衡量。图 19-10 为三种不同测试频率(0.01Hz、10Hz 和 50Hz)下模量比随填料体积分数的变化规律。可以看出，填料体积分数较低时，模量比随填料体积分数增大呈线性增大趋势，随着填料体积分数进一步增加，模量比开始呈指数增长趋势。还可发现，在相同填料体积分数条件下，低频的模量比大于高频的模量比。

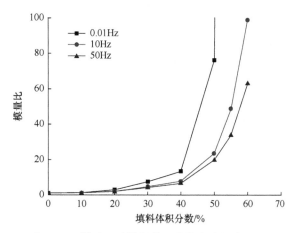

图 19-10　模量比随填料体积分数变化规律

按照 Faheem 等[31-32]提出的理论，依据填料体积分数的不同，其硬化效应可分为稀疏区和聚集区两个区域。在稀疏区，填料体积分数较小，填料颗粒呈均匀分布，且相互之间没有直接接触，此时沥青胶浆的细观结构与各细观力学模型对复合材料构型的假设能很好吻合，因而具有较高的预测精度。随着填料体积分数不断增大并进入聚集区，模型有效模量的预测值与试验值出现较大偏差，这一偏差可能源于各细观力学模型均未能考虑填料颗粒之间的相互作用。在沥青胶浆中，填料颗粒对沥青基体的硬化效应主要分为体积填充作用、界面交互作用和颗粒相互作用三部分[33]。体积分数小时，填料颗粒相互作用微弱，对硬化效应的贡献比例很小，忽略该作用的影响不大；随着填料体积分数不断增大，颗粒相互作用急剧增大，其对硬化效应贡献比例也急剧增大，甚至成为主要因素，此时各模型忽略颗粒相互作用便造成高体分比条件下的适用性变差。

另外，沥青基体与填料颗粒间的模量失配大小也会影响细观力学模型的适用性。由于沥青材料具有黏弹性力学特性，低频(高温)测试条件下沥青基体模量变小，而填料颗粒模量不变。此时，填料颗粒相互作用强于相同体积分数下的高频

(低温)测试条件，即颗粒相互作用对填料硬化效应的贡献比例更大，相应地忽略颗粒相互作用对各细观力学模型预测精度的影响也就更大。因此，细观力学模型的适用性随沥青基体与填料颗粒模量失配的增大而减小，高频(低温)条件下各细观力学模型适用性优于低频(高温)条件。

3. 填料体积分数影响分析

以频率 10rad/s 为例，获得了模型在 7 种填料体积分数(10%、20%、30%、40%、50%、55%、60%)下的模量测试值与预测值，分析填料体积分数对各模型预测精度的影响，结果如图 19-11 所示，自左向右(自下向上)对应各模型填料体积分数为 10%、20%、30%、40%、50%、55%、60%条件下模量的测试值(预测值)。可以看出，随着填料体积分数的增加，各模型模量的测试值与预测值逐渐增大。所有模型在30%体积分数范围内均能给出较好预测结果，随着填料体积分数的增加，预测值逐渐偏离测试值，且自洽(SC)模型的预测值大于测试值，其他4 种模型预测值则小于测试值。相比较而言，自洽(SC)模型和广义自洽(GSC)模型在高体分比条件下的适用性优于其他三种模型。

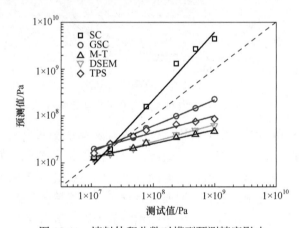

图 19-11　填料体积分数对模型预测精度影响

为定量评价不同模型在高体分比条件下适用性的优劣，进一步对图 19-11 计算结果进行双对数线性拟合，选用的拟合函数为

$$\log\left(\left|G^*_{\text{predicted}}\right|\right) = a + b\log\left(\left|G^*_{\text{measured}}\right|\right) \tag{19-19}$$

式中，$\left|G^*_{\text{predicted}}\right|$ 为动态剪切模量预测值；$\left|G^*_{\text{measured}}\right|$ 为动态剪切模量试验值；a 为截距；b 为斜率。

5 种模型的双对数线性拟合结果见表 19-4。斜率 b 可作为评价细观力学模型在高体分比条件下适用性的指标，数值越接近 1，表示该模型适用性越好。从斜

率 b 拟合结果可看出，自洽(SC)模型和广义自洽(GSC)模型在高体分比条件下的适用性优于其他三种模型。

表 19-4　双对数线性拟合结果

拟合参数	SC	M-T	GSC	DSEM	TPS
b	1.443	0.290	0.555	0.365	0.360
a	−3.189	5.091	3.349	4.531	4.760
R^2	0.96	0.98	0.99	0.99	0.93

4. 沥青与填料模量失配影响分析

以 GSC 模型为例，进一步分析沥青基体与填料颗粒间模量失配对模型预测精度的影响，如图 19-12 所示，自左向右(自下向上)分别对应模型在填料体积分数为 10%、20%、30%、40%、50%、55%、60%条件下模量的测试值(预测值)。同样，对计算结果进行双对数线性拟合，拟合结果见表 19-5。可以看出，沥青基体与填料颗粒间模量失配显著影响 GSC 模型的适用性，尤其在填料体积分数较大的条件下。随着测试频率的减小，沥青基体与填料颗粒间模量失配增大，GSC 模型的适用性变差。沥青基体与填料颗粒间模量失配对 GSC 模型适用性的影响规律，同样适用于其他 4 种力学模型。

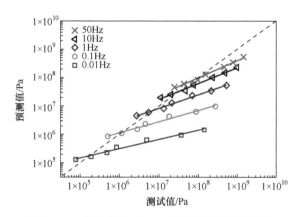

图 19-12　模量失配对 GSC 模型预测精度的影响

表 19-5　不同测试频率下 GSC 模型拟合结果

拟合参数	0.01Hz	0.10Hz	1.00Hz	10.00Hz	50.00Hz
b	0.327	0.398	0.476	0.555	0.605
a	3.531	3.644	3.587	3.349	3.148
R^2	0.98	0.98	0.99	0.99	0.99

19.3 考虑颗粒相互作用的沥青胶浆有效复数模量预测模型

19.3.1 考虑颗粒相互作用的细观力学模型

1. 双颗粒相互作用问题的近似解

两个同质球形颗粒(记为 x_1)嵌于均匀基体(记为 x_2)中，如图 19-13 所示。球形颗粒半径为 a，且为各向同性的线性弹性体。两球形颗粒的刚度张量记为 $\mathbf{C}_i(i=0,1)$，κ_i、$\mu_i(i=0,1)$ 分别表示各球形颗粒相的体积模量、剪切模量。

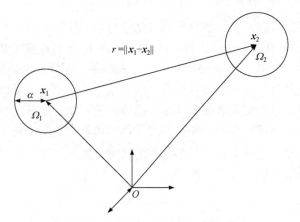

图 19-13　双颗粒相互作用问题示意图

在无穷远处均匀应变 $\boldsymbol{\varepsilon}^0$ 作用下，两个颗粒相互作用问题的近似解为

$$\overline{\boldsymbol{d}}^* = -\left[\boldsymbol{K}^{-1}\cdot\left(\rho^3\boldsymbol{H}_1+2\rho^5\boldsymbol{H}_2\right)\right]:\boldsymbol{\varepsilon}^{*0}-\rho^6\left[\boldsymbol{L}\cdot\boldsymbol{H}_1\right]:\boldsymbol{\varepsilon}^{*0}+O\left(\rho^8\right) \tag{19-20}$$

式中，

$$\overline{\boldsymbol{d}}^* = \frac{1}{\Omega}\int_{\Omega}\left(\boldsymbol{\varepsilon}^*(\boldsymbol{x})-\boldsymbol{\varepsilon}^{*0}\right)\mathrm{d}\boldsymbol{x} \tag{19-21}$$

$$\boldsymbol{K}_{ijkl} = \boldsymbol{F}_{ijkl}\left(0,0,0,0,\alpha,\beta\right) \tag{19-22}$$

$$\boldsymbol{L}_{ijkl} = \frac{5}{4\beta^2}\boldsymbol{F}_{ijkl}\left(-15,3v_0,\frac{6\alpha(1-2v_0)}{3\alpha+2\beta},\frac{6\alpha(1+v_0)}{3\alpha+2\beta},\frac{2\alpha(2-v_0)}{3\alpha+2\beta},1-2v_0\right) \tag{19-23}$$

$$\boldsymbol{H}_1(\boldsymbol{x}_1-\boldsymbol{x}_2) = 5\boldsymbol{F}\left(-15,3v_0,3,3-6v_0,-1+2v_0,1-2v_0\right) \tag{19-24}$$

$$\boldsymbol{H}_2(\boldsymbol{x}_1-\boldsymbol{x}_2) = 3\boldsymbol{F}\left(35,-5_0,-5,-5,1,1\right) \tag{19-25}$$

$\rho = a/r$，$r = \|\boldsymbol{x}-\boldsymbol{x}'\|$；$\boldsymbol{\varepsilon}^{*0}$ 为特征应变问题不考虑颗粒相互作用的解；v_0 为基

体材料的泊松比，且有

$$\alpha = 2\left(5\nu_0 - 1\right) + 10\left(1 - \nu_0\right) \cdot \left(\frac{\kappa_0}{\kappa_1 - \kappa_0} - \frac{\mu_0}{\mu_1 - \mu_0}\right) \tag{19-26}$$

$$\beta = 2\left(4 - 5\nu_0\right) + 15\left(1 - \nu_0\right) \cdot \frac{\mu_0}{\mu_1 - \mu_0} \tag{19-27}$$

四阶张量 $\boldsymbol{F}$ 表达式为

$$\begin{aligned}
\boldsymbol{F}_{ijkl}\left(B_m\right) &= B_1 n_i' n_j' n_k' n_l' + B_2 \left(\delta_{ik} n_j' n_l' + \delta_{il} n_j' n_k' + \delta_{jk} n_i' n_l' + \delta_{jl} n_i' n_k'\right) \\
&\quad + B_3 \delta_{ij} n_k' n_l' + B_4 \delta_{kl} n_i' n_j' + B_5 \delta_{ij} \delta_{kl} + B_6 \left(\delta_{ik} \delta_{jl} + \delta_{il} \delta_{jk}\right)
\end{aligned} \tag{19-28}$$

式中，标准向量 $\boldsymbol{n}' = \boldsymbol{r} / r$；$\delta_{ij}$ 为 Kronecker 记号。

2. 特征应变总体体积平均

基于双颗粒相互作用问题的近似解，将颗粒 $\boldsymbol{x}_1$ 的位置固定，在颗粒 $\boldsymbol{x}_2$ 所有可能的位置上对 $\bar{\boldsymbol{d}}^*$ 进行积分，即可得到总体体积平均解，具体表达式为

$$\left\langle \bar{\boldsymbol{d}}^* \right\rangle (\boldsymbol{x}_1) = \int_{V - \Omega_1} \bar{\boldsymbol{d}}^* (\boldsymbol{x}_1 - \boldsymbol{x}_2) P(\boldsymbol{x}_2 \mid \boldsymbol{x}_1) \mathrm{d}\boldsymbol{x}_2 \tag{19-29}$$

式中，$\left\langle \bar{\boldsymbol{d}}^* \right\rangle$ 为总体体积平均解；$\left\langle \ \right\rangle$ 表示总体平均运算；$P(\boldsymbol{x}_2 \mid \boldsymbol{x}_1)$ 为颗粒 $\boldsymbol{x}_1$ 的位置固定时，在任意位置找到颗粒 $\boldsymbol{x}_2$ 的条件概率函数，如图 19-14 所示。

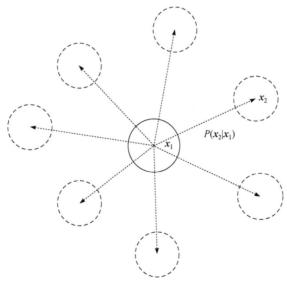

图 19-14　双颗粒相互作用条件概率示意图

显然，条件概率函数 $P(\boldsymbol{x}_2 \mid \boldsymbol{x}_1)$ 取决于复合材料的细观结构，具体由夹杂颗粒体积分数与颗粒形状决定。假设所有颗粒均为同质同形，在统计均匀的假设前提下，条件概率函数可表示为

$$P(\boldsymbol{x}_2 \mid \boldsymbol{x}_1) = \begin{cases} \dfrac{N}{V} g(r), & r \geqslant 2a \\ 0, & \text{otherwise} \end{cases} \tag{19-30}$$

式中，$\dfrac{N}{V}$ 为复合材料中夹杂颗粒的数密度；$g(r)$ 为径向分布函数。在颗粒同形假设下，数密度 $\dfrac{N}{V}$ 与夹杂体积分数 ϕ 之间恒满足式(19-31)：

$$\phi = \frac{4}{3}\pi a^3 \cdot \frac{N}{V} \tag{19-31}$$

可得到特征应变张量的总体体积平均，最终表达式为

$$\overline{\boldsymbol{d}}^* = \frac{5\phi}{4\beta^2} Y(g)\boldsymbol{W} : \boldsymbol{\varepsilon}^{*0} \tag{19-32}$$

且有，

$$W_{ijkl} = \xi_1 \delta_{ij}\delta_{kl} + \xi_2\left(\delta_{ik}\delta_{jl} + \delta_{il}\delta_{jk}\right) \tag{19-33}$$

$$\xi_1 = 12\left(13\nu_0 - 14\nu_0^2\right) - \frac{96\alpha}{3\alpha + 2\beta}(1 - 2\nu_0)(1 + \nu_0) \tag{19-34}$$

$$\xi_2 = 6\left(25 - 34\nu_0 + 22\nu_0^2\right) - \frac{36\alpha}{3\alpha + 2\beta}(1 - 2\nu_0)(1 + \nu_0) \tag{19-35}$$

$$Y(g) = \int_0^{1/2} \rho^2 g(\rho)\mathrm{d}\rho \tag{19-36}$$

更进一步，有

$$\left\langle \overline{\boldsymbol{\varepsilon}}^* \right\rangle = \boldsymbol{\Gamma} : \boldsymbol{\varepsilon}^{*0} \tag{19-37}$$

式中，

$$\boldsymbol{\Gamma} = \gamma_1 \delta_{ij}\delta_{kl} + \gamma_2\left(\delta_{ik}\delta_{jl} + \delta_{il}\delta_{jk}\right) \tag{19-38}$$

$$\gamma_1 = \frac{5\phi}{4\beta^2} Y(g)\xi_1 \tag{19-39}$$

$$\gamma_2 = \frac{1}{2} + \frac{5\phi}{4\beta^2} Y(g)\xi_2 \tag{19-40}$$

3. 径向分布函数

径向分布函数(RDF)描述对于给定位置的一个颗粒,其他颗粒在空间分布的概率,是数密度关于相距距离的函数[34]。在计算力学与统计力学相关方法中,硬球体系的珀卡斯-耶维克(Percus-Yevick,P-Y)积分方程已被广泛用于径向分布函数的求解计算。鉴于这一方法的重要性,已有的很多研究工作均致力于 P-Y 积分方程的求解[35-37]。

Ju 等[34]选用了 Trokhymchuk 等[37]提出的 P-Y 径向分布函数的近似解。Throop 等[36]对 Wertheim[35]推导的 P-Y 方程解在不同颗粒数密度下进行了径向分布函数数值求解,求解结果如图 19-15 所示,这对于理解径向分布函数具有极大帮助。可以看出,在低体积分数条件下,径向分布函数趋近于均匀分布 $g(r)=1$。

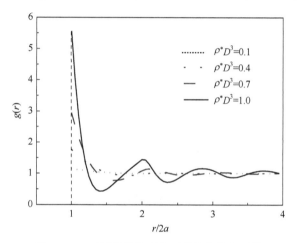

图 19-15　不同颗粒数密度下的径向分布函数

$g(r)$ 为径向分布函数,r 表示粒子之间的距离;$D=2a$,为球形颗粒直径;$\rho^{*}=N/V$,为数密度;$\rho^{*}D^{3}$ 取 0.1、0.4、0.7 和 1.0,分别等价于 ϕ 为 0.052、0.209、0.366 和 0.523

4. 两相复合材料有效弹性模量

前文推导给出了双颗粒相互作用的近似解,如不考虑颗粒相互作用,特征应变问题 ε^{*0} 的形式为

$$-A:\varepsilon^{*0}=\varepsilon^{0}+s:\varepsilon^{*0} \tag{19-41}$$

式中,$A=\left(C_{1}-C_{0}\right)^{-1}\cdot C_{0}$;$s$ 为 Eshelby 张量,对于球形夹杂,其表达式为

$$s_{ijkl}=\frac{1}{15\left(1-\nu_{0}\right)}\left\{\left(5\nu_{0}-1\right)\delta_{ij}\delta_{kl}+\left(4-5\nu_{0}\right)\left(\delta_{il}\delta_{jl}+\delta_{il}\delta_{jk}\right)\right\} \tag{19-42}$$

夹杂随机分布球形颗粒的两相复合材料，其平均应力 $\bar{\sigma}$、平均应变 $\bar{\varepsilon}$、无穷远处均匀应变 ε^0 与平均特征应变 $\bar{\varepsilon}^*$ 之间满足如下方程：

$$\bar{\sigma} = C_0 : \left(\bar{\varepsilon} - \phi\bar{\varepsilon}^*\right) \tag{19-43}$$

$$\bar{\varepsilon} = \varepsilon^0 + \phi s : \bar{\varepsilon}^* \tag{19-44}$$

可建立如下局部关系方程：

$$\bar{\varepsilon}^* = \left[\boldsymbol{\Gamma} \cdot \left(-A - s + \phi s \cdot \boldsymbol{\Gamma}\right)^{-1}\right] : \bar{\varepsilon} \tag{19-45}$$

可得有效刚度向量的表达式为

$$C_* = C_0 \cdot \left[I - \phi\boldsymbol{\Gamma} \cdot \left(-A - s + \phi s \cdot \boldsymbol{\Gamma}\right)^{-1}\right] \tag{19-46}$$

进而可得夹杂随机分布球形颗粒的两相复合材料有效体积模量 κ 与有效剪切模量 μ 表达式分别为

$$\kappa = \kappa_0 \left[1 + \frac{30(1-\nu_0)\phi(3\gamma_1 + 2\gamma_2)}{3\alpha + 2\beta - 10(1+\nu_0)\phi(3\gamma_1 + 2\gamma_2)}\right] \tag{19-47}$$

$$\mu = \mu_0 \left[1 + \frac{30(1-\nu_0)\phi\gamma_2}{\beta - 4(4-5\nu_0)\phi\gamma_2}\right] \tag{19-48}$$

5. 两相复合材料有效复数模量

前述所有推导过程均针对弹性问题，而在实际应用中，大量复合材料本身表现为黏弹性力学特性，如聚合物基复合材料。按照弹性与线性黏弹性的对应原理，可在拉普拉斯(Laplace)变换域内将弹性模量替换为对应的卡森(Carson)变换形式，进而将细观力学模型适用范围推广到黏弹性问题领域，实现黏弹性复合材料有效复数模量的预测。基于 Ju 等[38]提出的双颗粒作用近似解与 Laplace 变换技术，Li 等[39]提出了一种预估颗粒增强复合材料整体有效黏弹性能的细观力学模型。

颗粒增强复合材料的增强相颗粒通常为弹性材料，而基体相一般表现为线性黏弹性力学特性。将基体的体积模量和剪切模量替换为对应的变换形式，即可得到有效复数模量的预测模型。

19.3.2　沥青胶浆有效模量预测与验证

1. 沥青胶浆试验结果

选用 Underwood 等[30]给出的不同填料体积分数的沥青胶浆复数模量试验结果，作为沥青胶浆有效复数模量预测与验证的基础数据。在 15℃参考温度下，对不同填料体积分数的沥青胶浆复数剪切模量主曲线进行拟合，拟合所用

函数为

$$\log\left|G^*\right| = \alpha + \frac{\beta - \alpha}{1 + 10^{(f_0 - \log f)p}} \tag{19-49}$$

式中，$\left|G^*\right|$ 为复数剪切模量，Pa；f 为缩减频率，rad/s；α、β、f_0、p 为拟合参数。具体试验值与拟合主曲线如图 19-16 所示，图中 MS 表示沥青胶浆，其后的数字表示该种沥青胶浆的填料体积分数。

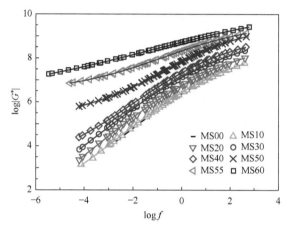

图 19-16 不同填料体积分数沥青胶浆复数剪切模量试验值与拟合主曲线

从图 19-16 可以看出，沥青胶浆复数剪切模量随填料体积分数增加而增加，整体而言，低频(高温)条件下的增加幅度高于高频(低温)。此外，还可看出填料体积分数从 40% 增加到 50% 时，沥青胶浆复数剪切模量出现大幅增加，这一现象表明填料增强了沥青胶浆的硬化效应。Faheem 等[32]认为，这一增强是因为沥青与填料之间开始出现强交互作用。填料颗粒之间的相互作用是硬化效应急剧增强的另一个原因，甚至可能是主要原因。

2. 模型简化与模量预测

填料是一种弹性石基材料，其剪切模量和泊松比可取值为 $u_1 = 19000\text{MPa}$ 和 $v_1 = 0.35$。沥青基体是一种黏弹性材料，其在不同测试频率下的复数剪切模量可由 MS00 的拟合主曲线计算获得。常温下沥青近似为不可压缩材料，其泊松比接近 0.5，将沥青基体泊松比取值为 0.49999。

要利用 J-C 模型预测沥青胶浆的有效剪切模量，尚有表征颗粒整体作用强弱的模型参数 $Y(g)$ 未知。$Y(g)$ 由径向分布函数 $g(r)$ 唯一确定，$g(r)$ 又取决于夹杂颗粒的体积分数与颗粒形状。如果简化处理填料颗粒为等粒径的球形颗粒，而不考虑其粒径分布，则 $Y(g)$ 的取值唯一取决于填料体积分数，其随填料体积分数增大而增大，且具有最小值 1/24。即便在等粒径球形颗粒假设下，计算 $Y(g)$ 的过程仍然是十分冗长的。因此，放弃对 $Y(g)$ 的直接数值求解，引入表征填料颗粒整体作用强弱的参数 ζ，并参照已有研究对其赋值为 1/24、1/20、1/16 和 1/12，用于填料体积分数变化时沥青胶浆复数剪切模量的预测。

　　基于上述给定的模型参数输入值，即可利用 J-C 模型对不同填料体积分数的沥青胶浆复数剪切模量进行预测，结果如图 19-17～图 19-23 所示，其中每种填料体积分数的沥青胶浆选定 8 个测试频率进行预测，并与试验值进行对比。

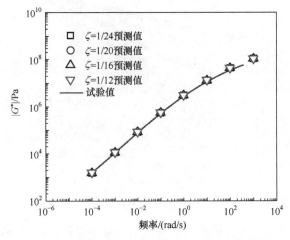

图 19-17　沥青胶浆 MS10 复数剪切模量预测结果

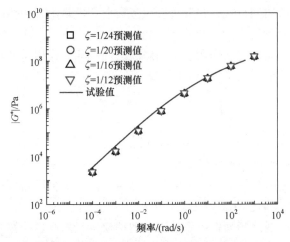

图 19-18　沥青胶浆 MS20 复数剪切模量预测结果

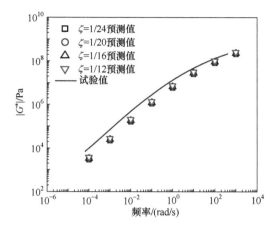

图 19-19　沥青胶浆 MS30 复数剪切模量预测结果

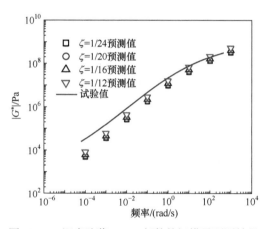

图 19-20　沥青胶浆 MS40 复数剪切模量预测结果

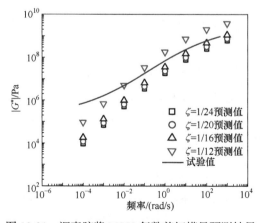

图 19-21　沥青胶浆 MS50 复数剪切模量预测结果

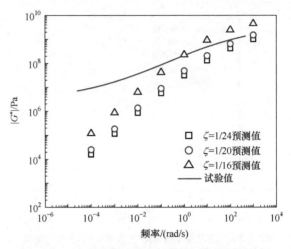

图 19-22 沥青胶浆 MS55 复数剪切模量预测结果

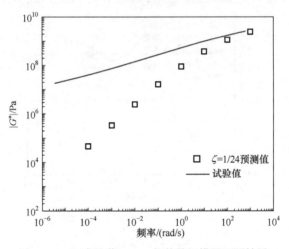

图 19-23 沥青胶浆 MS60 复数剪切模量预测结果

图 19-17 为 ζ 不同取值时 MS10 沥青胶浆复数剪切模量的预测结果，可以看出，在整个频率范围内，预测值与试验值均能很好吻合，且 ζ 取值对预测结果几无影响。图 19-18 为 ζ 不同取值时 MS20 沥青胶浆复数剪切模量的预测结果，可以发现，预测值与试验值之间偏差同样很小，不同 ζ 取值下的预测结果也无显著差异。当填料体积分数进一步增加到 30%和 40%时，预测值开始出现明显的误差，如图 19-19 和图 19-20 所示。此时，J-C 模型对沥青胶浆复数剪切模量的预测值总是趋于低估，且预测偏差随测试频率的减小而增大，但 30%和 40%填料体积分数条件下不同 ζ 取值的模型预测结果仍未表现出显著差异。当填料体积分数达到 50%时，预测误差和不同 ζ 取值的预测结果差异均显著，见图 19-21，

且填料体积分数进一步增加时更为显著，见图 19-22 和图 19-23。需要注意的是，图 19-22 和图 19-23 中分别缺失了 ζ =1/12 和 ζ =1/12、1/16、1/20 的预测结果，因其复数剪切模量预测结果为负值，当填料体积分数 ϕ 超过临界体积分数 ϕ_{cri} 时，模型出现奇异。临界体积分数 ϕ_{cri} 与所研究材料的性能与结构参数有关。根据预测结果可知，沥青胶浆的临界体积分数大于50%，因此限定沥青胶浆的填料体积分数在 50%以内，即中低填料体积分数范围。

基于上述预测结果，可得出如下结论：

(1) 在中低填料体积分数(不超过 50%)范围内，J-C 模型可以很好预测沥青胶浆复数剪切模量。当填料体积分数超过50%时，预测偏差急剧增大，甚至出现奇异，这一偏离可能与 J-C 模型对双颗粒作用问题的近似求解处理有关。此外，J-C 模型基于双颗粒作用的间接推导而非多颗粒作用的直接求解，也可能是高体分比条件下不适用的重要原因。

(2) 低体积分数条件下参数 ζ 的取值对预测结果影响不大，但体积分数增大时差异显著。为精确预测，表征颗粒整体作用强弱的参数 ζ 应随填料体积分数增大而增大，其原因是随着填料体积分数的增大，颗粒相互作用急剧增强，甚至成为填料硬化效应的主要因素。

3. 测试频率对参数 ζ 的影响分析

从图 19-17～图 19-23 的预测结果可看出，为精确预测沥青胶浆复数剪切模量，参数 ζ 的实际取值还与测试频率有关。选取 MS40 沥青胶浆相关结果，分析参数 ζ 与频率 f 的关系。定义误差向量 e：

$$e = \left|G^*\right|_{\text{measured}} - \left|G^*\right|_{\text{predicted}} \tag{19-50}$$

式中，$\left|G^*\right|_{\text{measured}}$ 为复数剪切模量试验值；$\left|G^*\right|_{\text{predicted}}$ 为复数剪切模量预测值。误差向量 e 可作为模型预测精度的评价指标，其绝对值越小，预测精度越高。在 0.01rad/s、10rad/s 和 1000rad/s 三个频率下，计算误差向量 e 随参数 ζ 取值的变化关系，如图 19-24 所示。

由图 19-24 可知，0.01rad/s 时误差向量 e 为零对应的参数 ζ 取值近似为0.12，当测试频率 f 增加到 10rad/s 和 1000rad/s 时，参数 ζ 取值分别减小为 0.09和 0.05。为精确预测，参数 ζ 取值应随测试频率 f 增大而减小，即填料颗粒整体作用强度随测试频率增大而降低。不难想象，由于沥青基体具有黏弹性材料特性，在低测试频率下模量减小，而作为增强颗粒的填料模量不随频率变化而变化，当模量相同的填料颗粒夹杂于更软的沥青基体中时，颗粒间相互扰动更大，即颗粒整体作用更强。尽管仅给出了填料体积分数为 40%的沥青胶浆分析结果，但这一规律适用于任意体积分数的沥青胶浆。

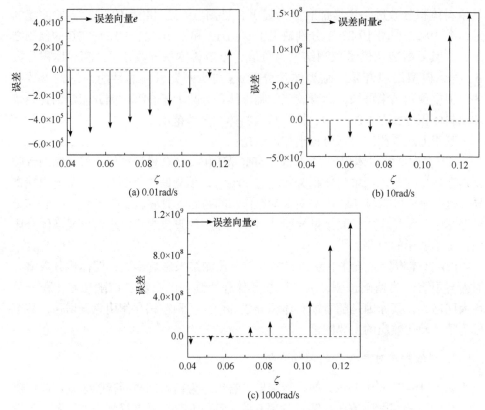

图 19-24　不同测试频率下误差向量 e 与参数 ζ 的关系

综上，参数 ζ 取值应随填料体积分数 ϕ 的增大而增大，随测试频率 f 的增大而减小。在 50%填料体积分数范围内，通过选取适合的 ζ 取值，J-C 模型可精确预测沥青胶浆的复数剪切模量。在此仅定性分析了参数 ζ 随填料体积分数 ϕ 和测试频率 f 的变化规律，并未给出其具体求解方法，这一工作有待后续研究。

4. 模型对比验证

为进一步验证 J-C 模型预测沥青胶浆复数剪切模量的可行性与优越性，将其预测结果与两个基于单夹杂理论的细观力学模型(M-T 模型和 DSEM 模型)预测结果进行对比。在 M-T 模型中，夹杂颗粒嵌于受均匀应变、大小为基体平均应变的基体中，夹杂颗粒的平均应变由无限介质中的单夹杂理论求解。M-T 模型的有效体积模量 κ 和有效剪切模量 μ 预测公式为

$$\kappa = \kappa_0 + \frac{\phi\kappa_0}{\dfrac{\kappa_0}{\kappa_1 - \kappa_0} + \dfrac{3(1-\phi)\kappa_0}{3\kappa_1 + 4\mu_0}} \tag{19-51}$$

$$\mu = \mu_0 + \cfrac{\phi\mu_0}{\cfrac{\mu_0}{\mu_1 - \mu_0} + \cfrac{6(1-\phi)(\kappa_0 + 2\mu_0)}{5(3\kappa_1 + 4\mu_0)}} \tag{19-52}$$

微分法通过构造向基体内逐步添加夹杂物的微分过程，避开了考虑夹杂物相互影响和应用 Eshelby 单一夹杂理论的限制，因而适用于高体分比复合材料的有效模量预测。选取 Kim 等[15]提出的 DSEM 模型，其有效体积模量 κ 和有效剪切模量 μ 预测公式为

$$\kappa = \kappa_1 - (1-\phi)(\kappa_1 - \kappa_0)\frac{3\kappa + 4\mu}{3\kappa_0 + 4\mu_0} \tag{19-53}$$

$$\mu = \mu_1 - (1-\phi)(\mu_1 - \mu_0)\left(\frac{\mu}{\mu_0}\right)^{2/5}\left(\frac{3\kappa + 4\mu}{3\kappa_0 + 4\mu_0}\right)^{1/5} \tag{19-54}$$

根据上述预测模型，并结合弹性黏弹性对应原理，可对沥青胶浆复数剪切模量进行预测。在 0.01rad/s、1rad/s 和 100rad/s 三个频率下，三种模型的预测模量比和试验模量比对比如图 19-25 所示，其中沥青胶浆的模量比定义为

$$\text{Stiffening Ratio} = \frac{\left|G^*\right|_{\text{mastic}}}{\left|G^*\right|_{\text{binder}}} \tag{19-55}$$

式中，Stiffening Ratio 为模量比；$\left|G^*\right|_{\text{mastic}}$ 为沥青胶浆的复数剪切模量；$\left|G^*\right|_{\text{binder}}$ 为沥青结合料的复数剪切模量。通过 $\left|G^*\right|_{\text{mastic}}$ 与 $\left|G^*\right|_{\text{binder}}$ 的比较，实现对矿粉增强作用的量化表征，其中 $\left|G^*\right|_{\text{binder}}$ 为定值。

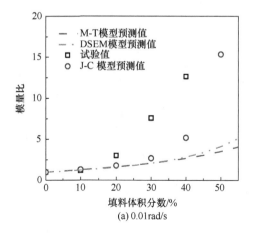

(a) 0.01rad/s

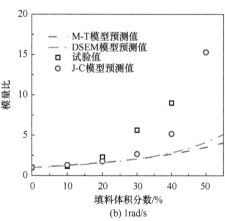

(b) 1rad/s

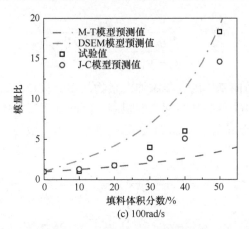

(c) 100rad/s

图 19-25　不同测试频率下三种模型预测值与试验值对比

可以看出，除100rad/s时的 DSEM 模型，其他模型预测值均趋于低估沥青胶浆的复数剪切模量，且预测误差随填料体积分数增大而增大。相对而言，在所有频率下，新引入的 J-C 模型具有最好预测精度。在 J-C 模型计算过程中，随填料体积分数的增加，参数 ζ 取值分别为 1/24、1/24、1/20、1/16 和 1/16，并未考虑不同测试频率的影响。前述分析表明，测试频率会显著影响参数 ζ 的取值，所以如果对参数 ζ 合理取值，相比于 M-T 模型和 DSEM 模型，J-C 模型的预测精度还会进一步提高。

19.4　考虑颗粒相互作用的沥青混合料动态模量预测模型

19.4.1　考虑颗粒相互作用的细观力学模型

1. 考虑颗粒相互作用的细观力学 J-C 模型

Ju 等[38]推导给出了弹性基体中嵌入两个相同弹性球体相互作用问题的近似解，之后利用双颗粒作用的概率模型，实现特征应变总体体积平均，并在此基础上结合 Eshelby 等效夹杂基本理论，推导了考虑颗粒相互作用情形下的局部关系表达式，以此建立了夹杂随机分布球形颗粒的两相复合材料有效模量预测细观力学 J-C 模型。基于 J-C 模型的有效体积模量 κ 和有效剪切模量 μ 预测公式为

$$\kappa = \kappa_0 \left[1 + \frac{30(1-\nu_0)\phi(3\gamma_1 + 2\gamma_2)}{3\alpha + 2\beta - 10(1+\nu_0)\phi(3\gamma_1 + 2\gamma_2)} \right] \tag{19-56}$$

$$\mu = \mu_0 \left[1 + \frac{30(1-\nu_0)\phi\gamma_2}{\beta - 4(4-5\nu_0)\phi\gamma_2} \right] \tag{19-57}$$

式中，κ_i、μ_i、$\nu_i (i=0,1)$ 分别为各相材料的体积模量、剪切模量、泊松比；ϕ 为增强颗粒的体积分数；下标"0"表示基体相；下标"1"表示颗粒增强相。中间参数 α、β、γ_1 和 γ_2 的具体表达式为

$$\alpha = 2(5\nu_0 - 1) + 10(1-\nu_0) \cdot \left(\frac{\kappa_0}{\kappa_1 - \kappa_0} - \frac{\kappa_0}{\kappa_1 - \kappa_0} \right) \tag{19-58}$$

$$\beta = 2(4 - 5\nu_0) + 15(1-\nu_0) \cdot \frac{\mu_0}{\mu_1 - \mu_0} \tag{19-59}$$

$$\gamma_1 = \frac{5\phi}{4\beta^2} Y(g) \xi_1 \tag{19-60}$$

$$\gamma_2 = \frac{1}{2} + \frac{5\phi}{4\beta^2} Y(g) \xi_2 \tag{19-61}$$

其中，

$$\xi_1 = 12(13\nu_0 - 14\nu_0{}^2) - \frac{96\alpha}{3\alpha + 2\beta}(1 - 2\nu_0)(1 + \nu_0) \tag{19-62}$$

$$\xi_2 = 6(25 - 34\nu_0 + 22\nu_0{}^2) - \frac{36\alpha}{3\alpha + 2\beta}(1 - 2\nu_0)(1 + \nu_0) \tag{19-63}$$

$$Y(g) = \int_{2a}^{\infty} \frac{a^3}{r^4} g(r) \mathrm{d}r = \int_0^{1/2} \rho^2 g(\rho) \mathrm{d}\rho \tag{19-64}$$

式中，a 为球形颗粒的半径；r 为两球形颗粒球心之间的空间距离；$\rho = a/r$；$g(r)$ 为径向分布函数(RDF)。

进而，有效弹性模量 E 为

$$E = \frac{9\kappa\mu}{3\kappa + \mu} \tag{19-65}$$

2. 径向分布函数解析

选取均匀分布和 P-Y 分布两种径向分布假设，描述沥青混合料的细观结构特性。均匀分布假设认为复合材料细观结构是均匀、统计各向同性的，此时径向分布函数 $g(r)$ 恒等于 1。引入袁长迎等[40]提出的 P-Y 径向分布函数解析表达式，按照其结果，标准化的 P-Y 径向分布函数 $\tilde{g}(r)$ 满足：

$$\tilde{g}(r) = \begin{cases} H(r-1) \cdot \tilde{g}_1(r) + H(r-2) \cdot \tilde{g}_2(r) + H_3(r-3) \cdot \tilde{g}_3(r), & 1 < r/2a < 4 \\ 1, & r/2a \geqslant 4 \end{cases} \tag{19-66}$$

式中，$H(r-n)$ 为 Heaviside 函数；$\tilde{g}_i(r)\ (i=1,2,3)$ 满足

$$\tilde{g}_1(r) = \frac{1}{r}\sum_{i=0}^{2}\frac{L(t_i)}{S'(t_i)}\cdot t_i \cdot \mathrm{e}^{t_i\cdot(r-1)} \tag{19-67}$$

$$\tilde{g}_2(r) = -\frac{24\eta}{r}\sum_{i=0}^{2}\left[\frac{L(t_i)}{S'(t_i)}\right]^2\cdot t_i \cdot \mathrm{e}^{t_i\cdot(r-1)}\cdot A(t_i,r) \tag{19-68}$$

$$\tilde{g}_3(r) = \frac{72\eta^2}{r}\sum_{i=0}^{2}\left[\frac{L(t_i)}{S'(t_i)}\right]^3\cdot t_i \cdot \mathrm{e}^{t_i\cdot(r-1)}\cdot B(t_i,r) \tag{19-69}$$

式中，$t_i\,(i=0,1,2)$ 为 $S(t)=0$ 的三个根，且有

$$S(t) = (1-\phi)^2 t^3 + 6\phi(1-\phi)t^2 + 18\phi^2 t - 12\phi(1+2\phi) \tag{19-70}$$

$$L(t) = \left(1+\frac{\phi}{2}\right)t + 2\phi + 1 \tag{19-71}$$

$$A(t,r) = \frac{L'(t)}{L(t)} - \frac{S''(t)}{2S'(t)} + \frac{1}{2}\left(r-2+\frac{1}{t}\right) \tag{19-72}$$

$$B(t,r) = 6\left[\frac{L'(t)}{L(t)}\right]^2 + \frac{6L'(t)}{L(t)\cdot t} + \frac{2(r-3)}{t} + \frac{6L'(t)\cdot(r-3)}{L(t)} + (r-3)^3$$

$$+ \frac{3\left[S''(t)\right]^2 - S'(t)S'''(t)}{\left[S'(t)\right]^2} - \frac{3S''(t)}{S'(t)}\left(\frac{3L'(t)}{L(t)}r - 3 + \frac{1}{t}\right) \tag{19-73}$$

图 19-26 为 4 种给定颗粒体积分数下的标准化径向分布函数 $\tilde{g}(r)$。

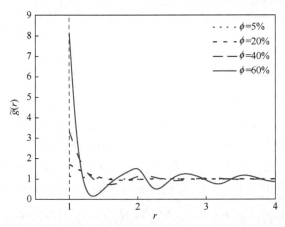

图 19-26　不同颗粒体积分数下的标准化径向分布函数

按照标准化径向分布函数 $\tilde{g}(r)$ 的函数形式，定积分可改写为

$$Y(g) = \int_0^{1/2} \rho^2 g(\rho) \mathrm{d}\rho$$

$$= \int_0^{1/8} \rho^2 \mathrm{d}\rho + \int_{1/8}^{1/2} \rho^2 \tilde{g}\left(\frac{1}{2\rho}\right) \mathrm{d}\rho$$

$$= \int_{1/8}^{1/2} \rho^2 \tilde{g}\left(\frac{1}{2\rho}\right) \mathrm{d}\rho + \frac{1}{1536} \tag{19-74}$$

综上可知，$Y(g)$ 为与颗粒体积分数 ϕ 相关的参数，理论上只要颗粒体积分数 ϕ 给定，$Y(g)$ 的数值便可精确求解。由于理论推导过程复杂繁琐，后续计算中采取数值积分的方式，利用 MATLAB 对 $Y(g)$ 进行求解。

3. 沥青混合料有效动态模量的两步预测

在细观尺度上，沥青混合料可视为沥青、集料、沥青–集料界面相、损伤微裂纹和空隙组成的多相复合材料。由于占混合料结构主体的粗、细集料比表面积较小，沥青–集料界面相在混合料结构中的比例很小，其对混合料整体性能影响可忽略；损伤微裂纹又主要存在于服役一定时间以后的沥青混合料之中，将沥青混合料简化为仅由沥青结合料、集料和空隙组成的三相复合材料。

按照一般复合材料对材料组分的划分，在沥青混合料中，沥青结合料可视为基体相，集料与空隙均为颗粒增强相。实际应用中，这一分类思想并不适用于沥青混合料这种特殊的复合材料，其原因在于作为增强相的集料颗粒表现出明显的尺寸效应，即不同粒径范围的集料颗粒在沥青混合料中的作用不同。现有研究通常将集料按粒径范围分为填料(粒径小于 0.075mm 的集料)、细集料(粒径大于 0.075mm、小于 2.36mm 或 4.75mm 的集料)与粗集料(粒径大于 2.36mm 或 4.75mm 的集料)三大类，对应地，可将沥青混合料在细观尺度上进一步细分为沥青胶浆、沥青砂浆与沥青混合料三个研究亚尺度。

针对不同粒径的集料颗粒在沥青混合料中的作用差异，研究人员提出了不同的分类方法，获得普遍认同的主要有两种。一种观点认为，在沥青混合料中起黏结作用的是沥青结合料与填料组成的沥青胶浆，而非沥青结合料本身。此时，沥青胶浆作为一个单独的整体，对细、粗集料形成包覆，沥青胶浆本身又由沥青结合料包覆填料而成。另一种观点则认为，沥青混合料中由沥青结合料、填料和细集料组成的沥青砂浆，才是起黏结作用的基体材料，而粗集料单独则为颗粒增强相。

基于第二种观点，将沥青混合料视为沥青砂浆、粗集料和空隙组成的三相复合材料，并通过弹性–黏弹性对应原理，推广前述给出的考虑颗粒相互作用的两相复合材料 J-C 模型，构建预测沥青混合料有效动态模量的两步法。第一步将弹性粗集料添加于黏弹性沥青砂浆基体中，形成中间有效介质，并预测中间有效介质的动态模量；第二步将空隙等效为模量为零的特殊颗粒，将其添加于第一步形成的中间有效介质中，形成最终的沥青混合料复合材料，并预测沥青混合料的有效动态模量。两步法预测沥青混合料有效动态模量的过程如图 19-27 所示，过程中不考虑粗集料和空隙的粒径影响。

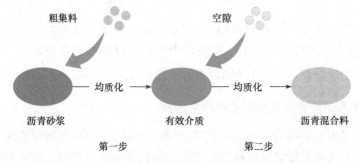

图 19-27　沥青混合料有效动态模量两步法预测示意图

根据弹性-黏弹性对应原理，将基体的体积模量和剪切模量替换为对应的动态模量形式，则沥青混合料有效动态模量 κ^* 和 μ^* 的预测公式为

$$\kappa^* = \kappa_0 \left[1 + \frac{30(1-\nu_0)\phi^*\left(3\gamma_1^* + 2\gamma_2^*\right)}{3\alpha^* + 2\beta^* - 10(1+\nu_0)\phi^*\left(3\gamma_1^* + 2\gamma_2^*\right)} \right] \tag{19-75}$$

$$\mu^* = \mu_0 \left[1 + \frac{30(1-\nu_0)\phi^*\gamma_2^*}{\beta^* - 4(4-5\nu_0)\phi^*\gamma_2^*} \right] \tag{19-76}$$

19.4.2　沥青混合料动态模量测试

1. 原材料与试件制备

选取 AC-13 沥青混合料和 SK70#基质沥青，试验测得的沥青主要技术指标如表 19-6 所示。选用集料为石灰岩，填料为石灰岩矿粉，沥青混合料集料级配与密度如表 19-7 所示。

表 19-6　沥青主要技术指标

技术指标	技术要求	测试结果
针入度(25℃，5s)/(100g/0.1mm)	60～80	72
针入度指数	−1.5～+1.0	−0.94
延度(15℃)/cm	＞100	116

续表

技术指标	技术要求	测试结果
软化点(环球法)/℃	≥46	48.2
动力黏度(60℃)/(Pa·s)	≥180	182
闪点/℃	≥260	345
密度(15℃)/(g/cm³)	—	1.030
薄膜烘箱试验(163℃，5h)		
质量损失/%	≤±0.8	0.1
残留针入度比(25℃)/%	≥61	70.8
残留延度(15℃)/cm	≥15	94

表 19-7　集料级配与密度

粒径/mm	通过率/%		密度/(g/cm³)
	混合料	砂浆	
16.00	100.00	—	—
13.20	95.05	—	2.704
9.50	72.23	—	2.695
4.75	46.26	—	2.696
2.36	33.13	100.00	2.713
1.18	24.09	72.71	2.700
0.60	17.01	51.34	2.701
0.30	11.83	35.70	2.658
0.15	8.14	24.56	2.526
0.075	5.09	15.35	2.643
<0.075	—	—	2.702

　　按照《公路沥青路面施工技术规范》(JGT F40—2004)，确定的 AC-13 沥青混合料最佳油石比为 4.7%，沥青砂浆选用的集料级配为 AC-13 沥青混合料除去粗集料。采用静压成型法制备沥青砂浆试件，成型试件的尺寸为直径 100mm、高度 100mm。采用旋转压实法制备沥青混合料试件，旋转压实次数为 100 次，成型试件的尺寸为直径 150mm、高度 165mm，之后从试件中心钻取直径 100mm、高度 100mm 的标准试件，两种级配类型均制备 3 个重复试件。经测定，沥青混合料试件的空隙率为 4.01%，沥青砂浆试件的空隙率假设为零。

2. 动态模量测试

选用 UTM-25 型万能试验机对沥青砂浆和沥青混合料试件进行动态模量试验。在 5℃、10℃ 和 20℃ 三个温度条件下测试沥青砂浆试件的动态模量，在 5℃、20℃ 和 40℃ 三个温度条件下测试沥青混合料试件的动态模量，具体试验结果如图 19-28 和图 19-29 所示，其中测试结果为 3 个重复试件结果的平均值。可以看出，沥青砂浆和沥青混合料的动态模量随测试温度的增高而减小，随测试频率的增大而增大。

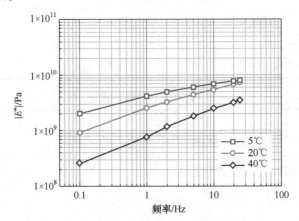

图 19-28　沥青砂浆动态模量测试结果

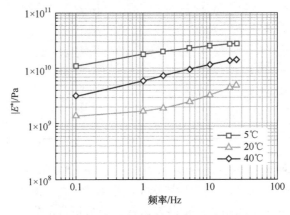

图 19-29　沥青混合料动态模量测试结果

3. 动态模量主曲线

为了便于综合比较沥青砂浆与沥青混合料的动态模量变化规律，并进行后续 J-C 模型的模量预测与验证，进一步将图 19-28 和图 19-29 的测试结果转换为动态模量主曲线的形式。主曲线选取参考温度 10℃，主曲线拟合公式为

$$\log\left|E^*\right| = \delta + \frac{\alpha}{1 + e^{\beta - \gamma \log f_r}} \qquad (19\text{-}77)$$

式中，$\left|E^*\right|$ 为动态模量，Pa；f_r 为缩减频率，rad/s；δ、α、β、γ 为拟合参数。不同温度条件下的测试频率 f 与参考温度下对应的缩减频率 f_r 满足：

$$f_r = f \cdot \alpha(T) \qquad (19\text{-}78)$$

式中，$\alpha(T)$ 为 t–T 时温转换因子，计算公式为

$$\log\alpha(T) = \frac{c_1(T - T_R)}{c_2 + T - T_R} \qquad (19\text{-}79)$$

式中，T 为测试温度；T_R 为参考温度；c_1、c_2 为拟合参数。

根据图 19-28 和图 19-29 的动态模量测试结果，计算并拟合沥青砂浆与沥青混合料的主曲线及时温转换因子，结果如图 19-30～图 19-33 所示。

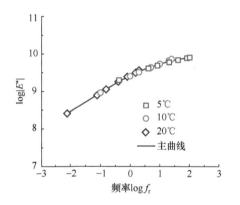

图 19-30 沥青砂浆动态模量主曲线

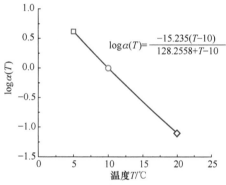

图 19-31 沥青砂浆时温转换因子

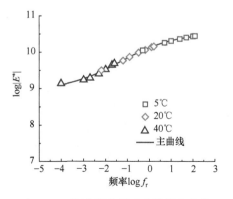

图 19-32 沥青混合料动态模量主曲线

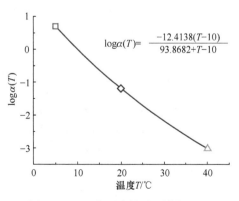

图 19-33 沥青混合料时温转换因子

19.4.3　沥青混合料动态模量预测与模型验证

1. 模型参数初值

粗集料是一种弹性石基材料，其剪切模量和泊松比可分别取值为 19000MPa 和 0.2。沥青砂浆的泊松比假设为 0.3，由此可根据沥青砂浆的动态模量试验值，计算得出模型预测所需的动态体积模量与动态剪切模量。根据 AC-13 沥青混合料的级配可计算得到，作为夹杂相的粗集料颗粒体积分数为 59.6%，空隙夹杂的体积分数为 4.01%。

参数 $Y(g)$ 的值取决于径向分布函数和颗粒体积分数。在均匀分布假设下，$Y(g)$ 恒等于 0.0417。在 P-Y 径向分布假设下，借助 MATLAB 的数值积分可知，两步法预测中 $Y(g)$ 的取值分别为 0.0868 和 0.0442。

2. 动态模量预测

基于前文给定的模型参数输入值，即可利用 J-C 模型、采用两步法完成沥青混合料有效动态模量的预测，结果如图 19-34 所示。

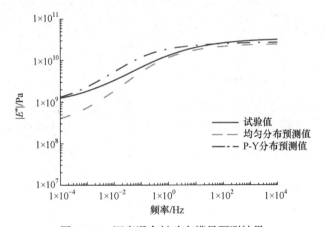

图 19-34　沥青混合料动态模量预测结果

由图 19-34 可看出，在高频条件下，均匀分布和 P-Y 分布的预测值相差很小，且二者均能很好预测沥青混合料的有效动态模量。随着测试频率的减小，不同分布假设预测值之间的差异逐渐增大，但沥青混合料动态模量的试验值始终介于均匀分布和 P-Y 分布预测值之间。在整个频率范围内，均匀分布的预测值始终小于 P-Y 分布，二者可分别作为 J-C 模型预测沥青混合料有效动态模量的上界、下界。均匀分布假设仅适合描述夹杂颗粒体积分数较小的复合材料，当体积分数较大时，由其计算的条件概率偏低，因此均匀分布预测值可作为有效动态模量预测值的下界。基于热力学平衡理论的 P-Y 分布，在推导过程中考虑了粒子本身的布朗运动，但沥青混合料中的集料颗粒并不满足这一假设，由其计算的条件概率偏高，因此 P-Y 分布预测值可作为有效动态模量预测值的上界。

3. 模型对比验证

同上一小节的模型验证方法一致，M-T 模型和 DSEM 模型的有效动态模量预测过程也基于弹性-黏弹性对应原理推广，并经两步法完成。以沥青混合料动态模量的试验值为横坐标、三种模型的预测值为纵坐标作图，结果如图 19-35 所示。

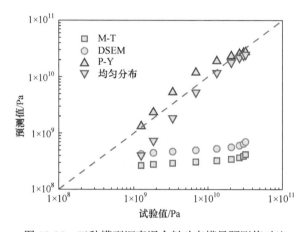

图 19-35　三种模型沥青混合料动态模量预测值对比

从图中可看出，相比于基于单夹杂理论的 M-T 模型和 DSEM 模型，基于均匀分布和 P-Y 分布的 J-C 模型可以更好预测沥青混合料有效动态模量。M-T 模型和 DSEM 模型对沥青混合料有效动态模量的预测值偏低，其原因在于未能考虑粗集料颗粒间的相互作用。图 19-35 的对比结果进一步验证了 J-C 模型的适用性。

参 考 文 献

[1] Eshelby J D. The determination of the elastic field of an ellipsoidal inclusion, and related problems[J]. Proceedings of the Royal Society of London. Series A. Mathematical and Physical Sciences, 1957, 241(1226): 376-396.

[2] 杨卫. 细观力学和细观损伤力学[J]. 力学进展, 1992, 22(1): 1-9.

[3] 杜修力, 金浏. 混凝土静态力学性能的细观力学方法述评[J]. 力学进展, 2011, 41(4): 411-426.

[4] Liu P, Hu J, Wang D, et al. Modelling and evaluation of aggregate morphology on asphalt compression behavior[J]. Construction & Building Materials, 2017, 133: 196-208.

[5] Buttlar W G, Roque R. Evaluation of empirical and theoretical models to determine asphalt mixture stiffnesses at low temperatures (with discussion)[C]. Baltimore: Asphalt Paving Technology, 1996.

[6] Hudson J A. Overall properties of heterogeneous material[J]. Geophysical Journal International, 1991, 107(3): 505-511.

[7] Mori T, Tanaka K. Average stress in matrix and average elastic energy of materials with misfitting inclusions[J]. Acta Metallurgica, 1973, 21(5): 571-574.

[8] Hill R. A self-consistent mechanics of composite materials[J]. Journal of the Mechanics and Physics of Solids, 1965, 13(4): 213-222.

[9] Kerner E H. The elastic and thermo-elastic properties of composite media[J]. Proceedings of the Physical Society. Section B, 1956, 69(8): 808.

[10] McLaughlin R. A study of the differential scheme for composite materials[J]. International Journal of Engineering Science, 1977, 15(4): 237-244.

[11] Shu X, Huang B. Dynamic modulus prediction of HMA mixtures based on the viscoelastic micromechanical model[J]. Journal of Materials in Civil Engineering, 2008, 20(8): 530-538.

[12] Yin H, Buttlar W, Paulino G H, et al. Assessment of existing micro-mechanical models for asphalt mastics considering viscoelastic effects[J]. Road Materials and Pavement Design, 2008, 9(1): 31-57.

[13] Christensen R M, Lo K H. Solutions for effective shear properties in three phase sphere and cylinder models[J]. Journal of the Mechanics and Physics of Solids, 1979, 27(4): 315-330.

[14] Shashidhar N, Shenoy A. On using micromechanical models to describe dynamic mechanical behavior of asphalt mastics[J]. Mechanics of Materials, 2002, 34(10): 657-669.

[15] Kim M, Buttlar W G. Differential scheme effective medium theory for hot-mix asphalt $|E^*|$ prediction[J]. Journal of Materials in Civil Engineering, 2011, 23(1): 69-78.

[16] Shu X, Huang B. Predicting dynamic modulus of asphalt mixtures with differential method[J]. Road materials and Pavement Design, 2009, 10(2): 337-359.

[17] Li G, Li Y, Metcalf J, et al. Elastic modulus prediction of asphalt concrete[J]. Journal of Materials in Civil Engineering, 1999, 11(3): 236-241.

[18] Huang B, Shu X, Li G, et al. Analytical modeling of three-layered HMA mixtures[J]. International Journal of Geomechanics, 2007, 7(2): 140-148.

[19] Zhu X, Wang X, Yu Y. Micromechanical creep models for asphalt-based multi-phase particle-reinforced composites with viscoelastic imperfect interface[J]. International Journal of Engineering Science, 2014, 76: 34-46.

[20] Zhu X, Yang Z, Guo X, et al. Modulus prediction of asphalt concrete with imperfect bonding between aggregate-asphalt mastic[J]. Composites Part B: Engineering, 2011, 42(6): 1404-1411.

[21] Shashidhar N, Romero P. Factors affecting the stiffening potential of mineral fillers[J]. Transportation Research Record, 1998, 1638(1): 94-100.

[22] Zhu H, Nodes J E. Contact based analysis of asphalt pavement with the effect of aggregate angularity[J]. Mechanics of Materials, 2000, 32(3): 193-202.

[23] Li Y, Metcalf J B. Two-step approach to prediction of asphalt concrete modulus from two-phase micromechanical models[J]. Journal of Materials in Civil Engineering, 2005, 17(4): 407-415.

[24] 黄晓明, 李汉光, 张裕卿. 考虑粗集料和空隙的沥青混合料粘弹性细观力学分析[J]. 华南理工大学学报(自然科学版), 2009, 37(7): 31-36.

[25] Alam S Y, Hammoum F. Viscoelastic properties of asphalt concrete using micromechanical self-consistent model[J].

Archives of Civil and Mechanical Engineering, 2015, 15(1): 272-285.

[26] Aigner E, Lackner R, Pichler C. Multiscale prediction of viscoelastic properties of asphalt concrete[J]. Journal of Materials in Civil Engineering, 2009, 21(12): 771-780.

[27] 朱兴一, 黄志义, 陈伟球. 基于复合材料细观力学模型的沥青混凝土弹性模量预测[J]. 中国公路学报, 2010, 23(3): 29-34.

[28] 郭乃胜, 赵颖华. 基于细观力学的沥青混合料动态模量预测[J]. 工程力学, 2012, 29(10): 13-19.

[29] Underwood B S, Kim Y R. Experimental investigation into the multiscale behaviour of asphalt concrete[J]. International Journal of Pavement Engineering, 2011, 12(4): 357-370.

[30] Underwood B S, Kim Y R. A four phase micro-mechanical model for asphalt mastic modulus[J]. Mechanics of Materials, 2014, 75: 13-33.

[31] Faheem A F, Bahia H U. Conceptual phenomenological model for interaction of asphalt binders with mineral fillers[J]. Asphalt Paving Technology-Proceedings, 2009, 28: 679.

[32] Faheem A F, Bahia H U. Modelling of asphalt mastic in terms of filler-bitumen interaction[J]. Road Materials and Pavement Design, 2010, 11(S1): 281-303.

[33] Buttlar W G, Bozkurt D, Al-Khateeb G G, et al. Understanding asphalt mastic behavior through micromechanics[J]. Transportation Research Record, 1999, 1681(1): 157-169.

[34] Ju J W, Yanase K. Micromechanics and effective elastic moduli of particle-reinforced composites with near-field particle interactions[J]. Acta Mechanica, 2010, 215: 135-153.

[35] Wertheim M S. Exact solution of the Percus-Yevick integral equation for hard spheres[J]. Physical Review Letters, 1963, 10(8): 321.

[36] Throop G J, Bearman R J. Numerical solutions of the Percus-Yevick Equation for the hard sphere potential[J]. The Journal of Chemical Physics, 1965, 42(7): 2408-2411.

[37] Trokhymchuk A, Nezbeda I, Jirsák J, et al. Hard-sphere radial distribution function again[J]. The Journal of Chemical Physics, 2005, 123(2): 024501.

[38] Ju J W, Chen T M. Effective elastic moduli of two-phase composites containing randomly dispersed spherical inhomogeneities[J]. Acta Mechanica, 1994, 103(1-4): 123-144.

[39] Li D, Hu G. Effective viscoelastic behavior of particulate polymer composites at finite concentration[J]. Applied Mathematics and Mechanics, 2007, 28(3): 297-307.

[40] 袁长迎, 孙悦. 硬球径向分布函数解析表达式的研究[J]. 四川大学学报: 自然科学版, 2004, 41(4): 799-802.

第 20 章　沥青混合料堆积结构的破坏

20.1　不同受力模式下沥青混合料破坏特征

20.1.1　沥青混合料的破坏特点

对于黏弹性物体，赖纳(Reiner)提出了与材料力学不同的破坏分类：

(1) 超过某一"度"引起的破坏；

(2) 超过某一"变形值"引起的破坏；

(3) 超过某一"应力松弛状态"引起的破坏。

沥青混合料基于小梁弯曲试验表现出的破坏模式可以分为如图 20-1 所示的三种，A：脆性区破坏；B：过渡区破坏；C：流动区破坏。

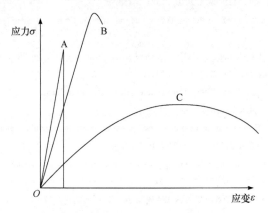

图 20-1　沥青混合料的三种破坏模式

脆性破坏的应力-应变呈现线性关系。当低温、快速加载时，沥青混合料的破坏模式为脆性破坏，破坏表现为突然的断裂，一到破坏点立即丧失承载能力。流动破坏是混合料发生流动变形时的柔性破坏，当高温、慢速加载时，沥青混合料呈流动状态破坏。在荷载作用下，材料既发生应力松弛，又有蠕变变形，应力-应变关系呈曲线形式。应力达到极值时，试件已产生明显裂缝，事实上已经破坏，因此定义曲线的峰值为破坏点。还有一种破坏介于脆性破坏和流动破坏之间，应力-应变曲线保持一段时间的直线关系后，在接近应力最大值时产生类似屈服点的转折或较小的曲线，过了峰值后只维持极短时间就会断裂。

20.1.2 不同受力模式下沥青混合料的强度

进行不同围压条件下沥青混合料的三轴试验，沥青混合料的三轴抗压强度如表 20-1 所示。

表 20-1 不同围压下沥青混合料的三轴抗压强度

围压/kPa	三轴抗压强度/MPa
0	3.05
138	3.52
276	4.08
414	4.53

由试验结果可知，随着围压的增大，沥青混合料的三轴抗压强度也呈现不断增大的趋势。这主要是因为沥青混合料在轴向力作用下会出现横向裂缝，围压的作用限制了横向裂缝的发展，即围压对沥青混合料内部微裂纹扩展有明显的约束作用，这种约束作用随着围压的增大而不断增大，所以出现了上述试验结果。

围压记为 σ_3，当围压为零时，沥青混合料的抗压强度记为 f_c，沥青混合料的三轴抗压强度记为 σ_1，则由表 20-1 可以得到表 20-2。

表 20-2 $\dfrac{\sigma_3}{f_c}$ 与 $\dfrac{\sigma_1}{f_c}$ 的对应关系

$\dfrac{\sigma_3}{f_c}$	$\dfrac{\sigma_1}{f_c}$
0	1
0.045	1.154
0.090	1.338
0.135	1.485

记 $\dfrac{\sigma_3}{f_c}$ 为 x，$\dfrac{\sigma_1}{f_c}$ 为 y，则 x 与 y 具有如图 20-2 所示的关系。

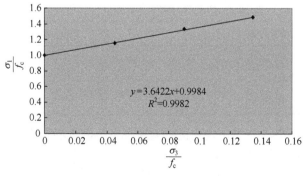

图 20-2 $\dfrac{\sigma_1}{f_c}$ 与 $\dfrac{\sigma_3}{f_c}$ 的拟合曲线

$\dfrac{\sigma_1}{f_c}$ 与 $\dfrac{\sigma_3}{f_c}$ 的函数关系式为

$$\frac{\sigma_1}{f_c} = 3.6422\frac{\sigma_3}{f_c} + 0.9984 \tag{20-1}$$

由试验结果拟合出沥青混合料 $\dfrac{\sigma_1}{f_c}$ 与 $\dfrac{\sigma_3}{f_c}$ 的关系，沥青混合料的 $\dfrac{\sigma_1}{f_c}$ 与 $\dfrac{\sigma_3}{f_c}$ 呈线性关系，沥青混合料的三轴抗压强度 σ_1 与围压 σ_3 符合莫尔-库仑破坏准则，两者基本呈线性关系。

根据沥青混合料在不同围压条件下的轴向应力峰值，可以得到沥青混合料在极限平衡状态时的一组应力圆，绘制莫尔圆曲线，如图 20-3 所示。进而得到沥青混合料的抗剪参数黏聚力 c=779.451kPa，内摩擦角 φ=35°。

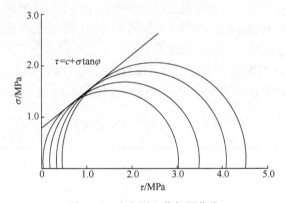

图 20-3　应力圆和莫尔圆曲线

沥青混合料是一种黏弹性材料，不同受力方式对沥青路面产生的影响有很大不同。不同受力模式下沥青混合料的强度如表 20-3 所示，其中三轴抗压强度选取围压为 138kPa 时沥青混合料的强度。

表 20-3　不同受力模式下沥青混合料的强度

试验方法	强度/MPa
劈裂试验	2.25
单轴压缩试验	3.47
三轴试验	3.52

由表 20-3 可知，在规范规定的加载速率下，沥青混合料的强度大小关系依次为三轴抗压强度>单轴抗压强度>劈裂强度。

沥青混合料的强度指其承受外力作用而不被破坏的能力。在规范规定的试验条件下，沥青混合料的三轴抗压强度大于单轴抗压强度，是因为沥青混合料在轴向力作用下会出现横向裂纹，但施加的围压限制了横向裂纹的发展，即围压对沥青混合料内部的微裂缝扩展具有明显的约束作用，在宏观上表现为围压约束了沥青混合料的横向膨胀。如果三轴试验与单轴压缩试验的试验条件完全相同，即三轴试验的试件尺寸、加载速率和单轴压缩试验的试件尺寸、加载速率完全相同，则三轴抗压强度更要大于单轴抗压强度。三轴试验试件的直径与单轴压缩试验试件的直径相同，而三轴试验试件的高度却是单轴压缩试验试件高度的两倍，并且三轴试验的加载速率小于单轴压缩试验的加载速率，两方面因素对沥青混合料的三轴抗压强度都有削弱作用。即当试件直径相同时，试件高度越大，其三轴抗压强度越小；三轴试验的加载速率越小，三轴抗压强度也越小。

沥青混合料的强度由两方面因素构成，即集料间的内摩阻力和嵌挤力、沥青与集料间的黏聚力，而且前者抵御破坏的能力要大于后者。不同的试验方法都是以不同的受力原理为基础。在单轴压缩试验条件下，沥青混合料试件主要承受压应力作用，压应力使集料颗粒之间相互靠近，随着压应力的不断增大，集料形成的骨架结构开始抵御压应力的作用，此时荷载作用主要由集料间的内摩阻力和嵌挤力承担。在劈裂试验(间接拉伸试验)条件下，试件中部产生拉应力，此时集料间的内摩阻力和嵌挤力无法抵御拉应力的作用，荷载主要由沥青与集料间的黏聚力承担。集料间的内摩阻力和嵌挤力抵御破坏的能力大于沥青与集料间黏聚力抵御破坏的能力，所以沥青混合料的单轴抗压强度大于劈裂强度。如果劈裂试验的加载速率与单轴压缩试验的加载速率相同，为 2mm/min 而非 50mm/min，则劈裂强度更小于单轴压缩强度。

20.1.3　不同受力模式下沥青混合料的破坏特征

1. 劈裂试验条件下沥青混合料的破坏特征

计算得到试件在加载过程中每一加载时刻的应力、应变，绘制劈裂试验条件下沥青混合料的应力-应变曲线，如图 20-4 所示。

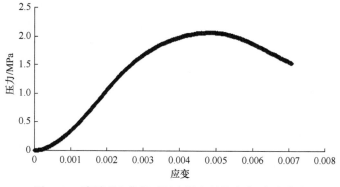

图 20-4　劈裂试验条件下沥青混合料的应力-应变曲线

由图 20-4 可知，应力达到峰值后，试件仍具有一定的承载能力，说明在劈裂试验条件下，沥青混合料发生了柔性破坏。

沥青混合料在劈裂试验条件下的受力状况十分复杂，试件尺寸、压头形式等都对破裂面和裂纹的开展有很大影响。对多个试件进行劈裂试验，试验后试件的破坏形式如图 20-5 所示。通过分析劈裂试验条件下沥青混合料试件在整个加载过程中裂隙的形成、贯通及破裂面的特征，得到以下结论：①试验过程中，试件中部受拉应力，所以裂缝多处于试件的中间位置，如图 20-5(a)所示；②裂纹一般在两端压头处首先产生，然后沿着两端压头的方向向中间扩展，通过仔细观察裂纹可以发现靠近压头处有一些细小的裂纹，其主要原因是对试件进行加载时试件与压头的接触处产生了巨大的压应力，该压应力使试件产生了局部的塑性变形，如图 20-5(b)所示；③随着加载过程的进行，压力逐渐增加，试件与压头接触处出现细小的裂纹，该裂纹可以"吸收"局部的塑性变形；④裂纹持续发展，最终形成贯通的裂缝。虽然这些贯通的裂缝形状略有不同，但形状基本如图 20-5 所示。

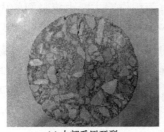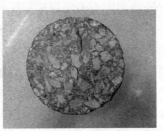

(a) 中部受压开裂　　　　　　　　　　　　　(b) 压头处受压开裂

图 20-5　试件的劈裂破坏形式

2. 单轴压缩试验条件下沥青混合料的破坏特征

在单轴压缩试验的过程中，每隔一段时间采集一次荷载和竖向变形。计算得到试件在单轴压缩试验过程中每一加载时刻的应力、应变，绘制应力-应变曲线，单轴压缩试验条件下沥青混合料的应力-应变曲线如图 20-6 所示。

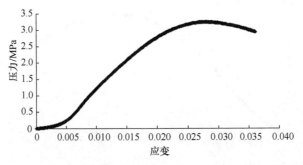

图 20-6　单轴压缩试验条件下沥青混合料的应力-应变曲线

由图 20-6 可知，应力达到峰值后，试件仍具有一定的承载能力，说明在单轴压缩试验条件下，沥青混合料也发生了柔性破坏。单轴压缩试验条件下沥青混合料的应力-应变曲线与劈裂试验条件下沥青混合料的应力-应变曲线相比，具有如下特点：在应力作用下，沥青混合料试件发生流动变形，其应变增加较快，而应力的增加则较为缓慢，具有更加明显的流动变形特征。

在单轴压缩试验的开始阶段，试件的竖向变形平稳增加，试件表面并没有明显的裂纹。随着加载过程的进行，试件表面逐渐出现一条与加载方向大约 20°角的裂纹，并且试件中部有明显的隆起现象，如图 20-7 所示，说明试件发生斜剪破坏，并伴有明显的挤压流动变形。此时，应力峰值已经出现，出于保护试验机的目的，停止加载。试件表面之所以会出现一条斜裂缝，并且试件中部有明显的隆起现象，是因为沥青混合料具有黏弹性，并且试件端面受到了压头的横向摩擦约束。

图 20-7　试件的单轴压缩破坏形式

3. 三轴试验条件下沥青混合料的破坏特征

在三轴试验的过程中，每隔一段时间采集一次荷载和竖向变形，计算得到试件在三轴试验过程中每一加载时刻的应力、应变，绘制应力-应变曲线。围压为276kPa 时，三轴试验条件下沥青混合料的应力-应变曲线如图 20-8 所示。

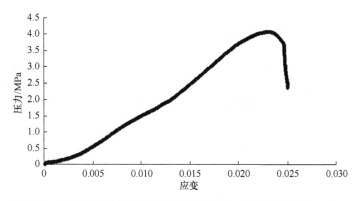

图 20-8　三轴试验条件下沥青混合料的应力-应变曲线(围压 276kPa)

由图 20-8 可知，三轴试验条件下沥青混合料试件发生流动变形，与单轴压缩试验的应力-应变曲线相比，应力增加更快，而应变的增加则相对缓慢。在应力达到峰值前，应力-应变基本呈线性关系；当应力达到峰值后，应力-应变曲线下降很快，试件很快失去承载能力。这说明在三轴试验条件下，沥青混合料的破坏形态介于柔性破坏与脆性破坏之间。

试件的三轴破坏形式如图 20-9 所示。由图可知，在三轴试验条件下，试件破坏后，试件表面出现一条与加载方向大约 30°角的裂纹，并且试件中部有明显的隆起现象，这是因为试件不仅在端面处受到了压头的横向摩擦约束，而且试件周围有围压作用，所以裂纹与加载方向呈现更大的角度。

图 20-9　试件的三轴破坏形式(围压 276kPa)

20.2　沥青混合料堆积体破坏的细观结构信息

20.2.1　沥青混合料破坏的评价指标

一般认为，沥青混合料的承载能力由集料和沥青胶浆提供，而沥青混合料内部的空隙不能够为沥青混合料提供承载能力。空隙是指混合料总体积扣除固体骨架所占体积后的剩余部分。空隙率是全部空隙体积占混合料总体积的百分比，有效空隙率则是指有效空隙体积占混合料总体积的百分比。大量研究表明，空隙率对沥青混合料的路用性能有重大影响。

在对空隙[1]进行研究的过程中，有几个概念非常重要。

1) 空隙直径

空隙直径是空隙名义上的直径，是一个平均或者等效的概念。沥青混合料中的空隙构造极其复杂，为了方便研究，通过修正方法将复杂的空隙形状简化为横截面为圆形的当量圆，见图 17-33(白色部分为空隙)，孔隙直径的表征参数有最大空隙直径、平均空隙直径、空隙直径分布等。研究表明，空隙直径对沥青混合料的力学性能有较大影响。空隙等效粒径的计算方法公式为

$$d = 2 \times \sqrt{\frac{\sum_{i=1}^{n} A_i}{N_i \times \pi}} \qquad (20\text{-}2)$$

式中，d 为沥青混合料的空隙等效粒径，mm；A_i 为二维 CT 图像中的单个空隙面积，mm^2；N_i 为二维 CT 图像中的空隙数量，个。

2) 空隙数量

在二维 CT 图像中对空隙进行阈值分割，再在试件高度方向上对二维 CT 图像中的空隙进行加权平均，空隙数量计算方法见式(20-3)：

$$N_v = \frac{\sum_{i=1}^{n} N_{vi}}{n} \qquad (20\text{-}3)$$

式中，N_v 为沥青混合料中的空隙数量，个；N_{vi} 为二维 CT 图像中的空隙数量，个；n 为沥青混合料试件中二维 CT 图像的数量，个。

利用 Image-Pro Plus 提取试件破坏前二维 CT 图像的各个空隙面积和试件破坏后二维 CT 图像的各个空隙与裂纹面积，将试件破坏前二维 CT 图像的各个空隙面积相加，然后将试件破坏后二维 CT 图像的各个空隙与裂纹面积相加，试件破坏后总的空隙与裂纹面积和试件破坏前总的空隙面积相减，空隙与裂纹的增量在某种程度上可以反映沥青混合料的破坏，再除以试件破坏前总的空隙面积。将得到的变量定义为沥青混合料的破坏系数 F，用破坏系数 F 表征沥青混合料试件的破坏程度：

$$F = \frac{S_a - S_b}{S_b} \times 100\% \qquad (20\text{-}4)$$

式中，F 为破坏系数；S_a 为试件破坏后二维 CT 图像总的空隙与裂纹面积，mm^2；S_b 为试件破坏前二维 CT 图像总的空隙面积，mm^2。

20.2.2　不同受力模式下沥青混合料破坏的细观结构

1. 劈裂破坏的细观结构研究

将劈裂破坏后的沥青混合料试件放入工业 CT 中进行扫描，选取试件中层的一张 CT 图像用直观的 CT 图像分析方法对其进行分析。图 20-10 是沥青混合料

劈裂破坏后中层部位的 CT 图像。

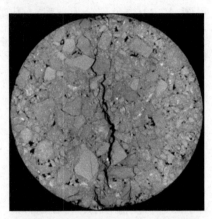

图 20-10　　沥青混合料劈裂破坏后中层部位的 CT 图像

　　从图 20-10 能够很明显地看出沥青混合料试件劈裂破坏后内部的裂纹形式。试件中部有一条贯穿整个试件的裂缝，在靠近两端压头的位置，试件有明显的塑性变形，并且有微小裂纹产生。进一步选取试件破坏前与破坏后的上、中、下层扫描图像进行对比研究。图 20-11 为试件上层部位劈裂破坏前后 CT 图像对比，利用 Image-Pro Plus 对 CT 图像进行处理、识别，利用该软件的 "Count/Size" 命令测量得到试件上层部位劈裂破坏前的空隙面积 $S_b = 139.96\text{mm}^2$，劈裂破坏后的空隙与裂纹面积 $S_a = 199.25\text{mm}^2$。可得试件上层部位在劈裂试验条件下的破坏系数 F：

$$F = \frac{S_a - S_b}{S_b} \times 100\% = \frac{199.25 - 139.96}{139.96} \times 100\% = 42.36\% \tag{20-5}$$

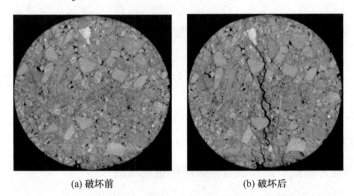

(a) 破坏前　　　　　　　　　　　　　　　(b) 破坏后

图 20-11　　试件上层部位劈裂破坏前后 CT 图像

　　对 CT 图像进行测量后，使用 Image-Pro Plus 软件的 "Make Mask" 命令提取试件上层部位劈裂破坏前后的空隙、裂纹分布，如图 20-12 所示。

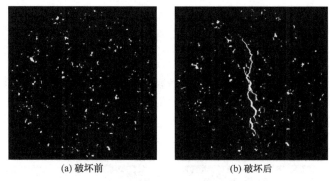

(a) 破坏前　　　　　　　　　　　　(b) 破坏后

图 20-12　试件上层部位劈裂破坏前后空隙、裂纹分布

试件中层部位劈裂破坏前后 CT 图像如图 20-13 所示。同理，利用 Image-Pro Plus 软件对试件中层部位劈裂破坏前后 CT 图像进行处理、识别，运用该软件的 "Count/Size" 命令测量得到试件中层部位劈裂破坏前的空隙面积 $S_b = 169.66\text{mm}^2$，劈裂破坏后的空隙与裂纹面积 $S_a = 243.55\text{mm}^2$，可得破坏系数 $F = 43.55\%$。利用 Image-Pro Plus 软件对 CT 图像进行处理、识别，借助该软件的 "Make Mask" 命令得到试件中层部位劈裂破坏前后的空隙、裂纹分布，如图 20-14 所示。

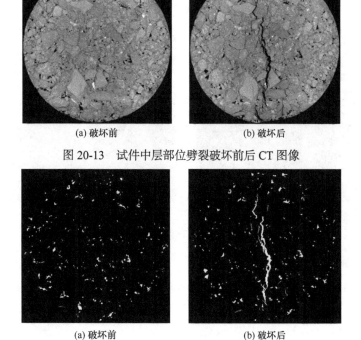

(a) 破坏前　　　　　　　　　　　　(b) 破坏后

图 20-13　试件中层部位劈裂破坏前后 CT 图像

(a) 破坏前　　　　　　　　　　　　(b) 破坏后

图 20-14　试件中层部位劈裂破坏前后的空隙、裂纹分布

试件下层部位劈裂破坏前后 CT 图像如图 20-15 所示。利用 Image-Pro Plus 软件对试件下层部位劈裂破坏前后 CT 图像进行处理、识别，运用该软件的"Count/Size"命令测量得到试件下层部位劈裂破坏前的空隙面积 $S_b = 156.49\text{mm}^2$，劈裂破坏后的空隙与裂纹面积 $S_a = 237.63\text{mm}^2$。由式(20-5)可得试件下层部位在劈裂试验条件下的破坏系数 $F = 51.85\%$。对 CT 图像进行测量，然后使用 Image-Pro Plus 软件的"Make Mask"命令提取试件下层部位劈裂破坏前后的空隙、裂纹分布，如图 20-16 所示。

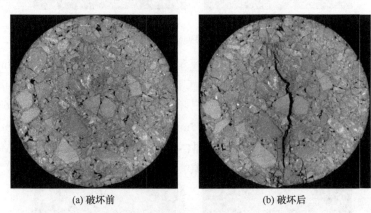

(a) 破坏前 　　　　　　　　　　　　　(b) 破坏后

图 20-15　试件下层部位劈裂破坏前后 CT 图像

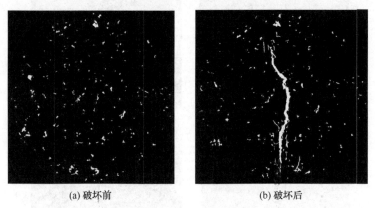

(a) 破坏前 　　　　　　　　　　　　　(b) 破坏后

图 20-16　试件下层部位劈裂破坏前后的空隙、裂纹分布

劈裂破坏后，仔细观察试件的上层、中层、下层 CT 图像，可知图像中部均有一条在水平方向几乎贯穿整个试件的裂缝，说明沥青混合料试件劈裂破坏后，裂缝在竖直方向上贯穿了整个试件。试件上层、中层、下层的破坏系数如表 20-4 所示。

表 20-4　劈裂破坏后试件上层、中层、下层的破坏系数

层位	破坏系数/%
上层	42.36
中层	43.55
下层	51.85

由表 20-4 可知，劈裂破坏后试件上层、中层、下层的破坏系数基本相同，说明试件从上到下基本上发生了同等程度的破坏，产生裂纹的面积及空隙的变化基本相同。将劈裂破坏后试件上层、中层、下层的破坏系数取平均值，可得劈裂破坏后试件的破坏系数 F：

$$F = \frac{42.36\% + 43.55\% + 51.85\%}{3} = 45.92\% \tag{20-6}$$

2. 单轴压缩破坏的细观结构研究

沥青混合料试件单轴压缩破坏后，放入工业 CT 中进行扫描。选取 CT 图像中的两张典型图片，用直观的 CT 图像分析方法对其进行分析。沥青混合料单轴压缩破坏后试件内部边缘处的 CT 图像如图 20-17 所示。

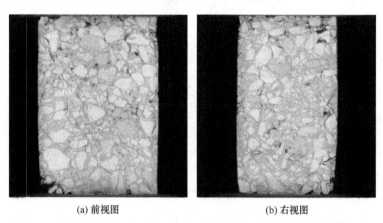

(a) 前视图　　　　　　　　　　　(b) 右视图

图 20-17　单轴压缩破坏后试件内部边缘处的 CT 图像

由图 20-17 可知，沥青混合料内部边缘处裂纹的分布规律与沥青混合料表面的裂纹分布规律基本相同。沥青混合料内部边缘处有一条与加载方向呈 20°角的裂纹，但是观察沥青混合料试件最内部的 CT 图像，并没有发现明显的裂纹，说明沥青混合料试件经单轴压缩破坏后，其裂纹并不像劈裂破坏后试件的裂纹贯穿整个试件。裂纹的发展只是集中在沥青混合料试件的边缘部分，并没有在水平方向上贯穿整个试件。沥青混合料最内部破坏后的 CT 图像如图 20-18 所示。

(a) 前视图　　　　　　　　　　　　　　　　(b) 右视图

图 20-18　试件最内部破坏后的 CT 图像

从上层、中层、下层各选择一张典型图片，分析试件破坏前后内部结构的变化。试件上层部位单轴压缩破坏前后 CT 图像如图 20-19 所示。

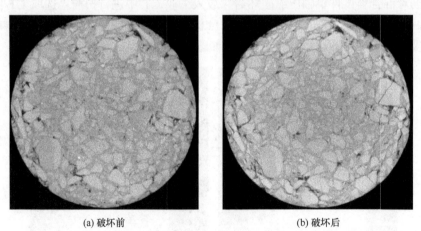

(a) 破坏前　　　　　　　　　　　　　　　　(b) 破坏后

图 20-19　试件上层部位单轴压缩破坏前后 CT 图像

利用 Image-Pro Plus 对 CT 图像进行处理、识别，借助 Image-Pro Plus 软件的"Count/Size"命令测量得到试件上层部位单轴压缩破坏前的空隙面积 $S_b = 115.31\text{mm}^2$，单轴压缩破坏后的空隙与裂纹面积 $S_a = 139.23\text{mm}^2$，可得试件上层部位单轴压缩试验条件下的破坏系数 $F = 20.74\%$。利用 Image-Pro Plus 软件对 CT 图像进行测量，借助该软件的"Make Mask"命令提取试件上层部位单轴压缩破坏前后的空隙、裂纹分布，如图 20-20 所示。

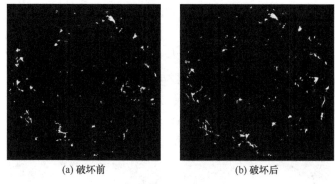

(a) 破坏前　　　　　　　　　　　(b) 破坏后

图 20-20　试件上层部位单轴压缩破坏前后的空隙、裂纹分布

　　试件中层部位单轴压缩破坏前后 CT 图像如图 20-21 所示。同理，可得试件中层部位单轴压缩破坏前的空隙面积 $S_b = 95.23\text{mm}^2$，单轴压缩破坏后的空隙与裂纹面积 $S_a = 116.97\text{mm}^2$，可得试件中层在单轴压缩破坏条件下的破坏系数 $F = 22.83\%$。对 CT 图像进行测量后，利用 Image-Pro Plus 软件的 "Make Mask" 命令提取试件中层部位单轴压缩破坏前后的空隙、裂纹分布，如图 20-22 所示。由图可知，试件在单轴压缩破坏后，并没有在水平方向上形成贯穿整个试件的裂缝。

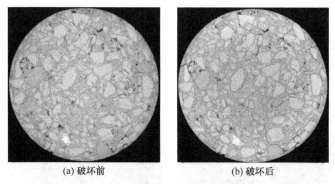

(a) 破坏前　　　　　　　　　　　(b) 破坏后

图 20-21　试件中层部位单轴压缩破坏前后 CT 图像

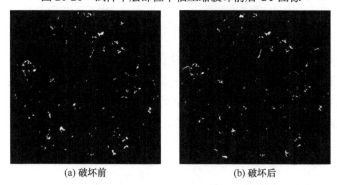

(a) 破坏前　　　　　　　　　　　(b) 破坏后

图 20-22　试件中层部位单轴压缩破坏前后的空隙、裂纹分布

试件下层部位单轴压缩破坏前后 CT 图像如图 20-23 所示。利用 Image-Pro Plus 软件对试件下层单轴压缩破坏前后 CT 图像进行处理、识别，借助该软件的 "Count/Size" 命令测量得到试件下层部位单轴压缩破坏前的空隙面积 $S_b = 92.27\text{mm}^2$ ，单轴压缩破坏后的空隙与裂纹面积 $S_a = 108.83\text{mm}^2$ ，可得试件下层部位单轴压缩破坏条件下的破坏系数 $F = 17.95\%$ 。对 CT 图像进行测量，然后使用 Image-Pro Plus 软件的 "Make Mask" 命令提取试件下层部位单轴压缩破坏前后的空隙、裂纹分布，如图 20-24 所示。

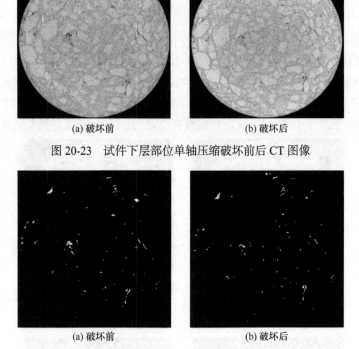

(a) 破坏前   (b) 破坏后

图 20-23　试件下层部位单轴压缩破坏前后 CT 图像

(a) 破坏前   (b) 破坏后

图 20-24　试件下层部位单轴压缩破坏前后的空隙、裂纹分布

仔细观察单轴压缩破坏后试件的上层、中层、下层 CT 图像，可知试件内部只有一些微小的裂纹，并不存在贯穿整个试件的裂纹。这是因为在加载过程中，达到应力峰值后观察一段时间，如果应力持续减小，则停止加载，并没有等到应力急剧减小、试件完全破坏才停止加载。试件上层、中层、下层的破坏系数如表 20-5 所示。

表 20-5　单轴压缩破坏后试件上层、中层、下层的破坏系数

层位	破坏系数/%
上层	20.74
中层	22.83
下层	17.95

由表 20-5 可知，单轴压缩破坏后试件中层的破坏系数大于试件上层、下层的破坏系数。因为试件上层、下层部位受到压头的横向摩擦约束，试件中层部位的横向应变获得了不断发展，所以试件中层部位出现了明显隆起的现象，发生了更为严重的破坏。将单轴压缩破坏后试件上层、中层、下层部位的破坏系数取平均值，可得单轴压缩试验条件下沥青混合料试件的破坏系数 $F=20.51\%$。

3. 三轴破坏的细观结构研究

三轴试验试件的尺寸为直径 100mm、高度 200mm，但进行工业 CT 时，一般情况下试件的最大尺寸为直径 100mm、高度 100mm。虽然工作人员可以利用工业 CT 的 "horizontal scalability" 功能扫描高度为 200mm 的试件，但如果试件尺寸过大，往往难以获取高精度的 CT 图像。三轴试验条件下，沥青混合料试件破坏后，裂纹及隆起现象大部分发生在试件的中层。为了能够获得沥青混合料破坏后的高精度 CT 图像，将破坏后的沥青混合料试件上、下各切割 50mm，剩下高度为 100mm 的沥青混合料试件放入工业 CT 中进行扫描，破坏前试件高度为 200mm，如图 20-25 所示。

(a) 破坏前　　　　　　　　　　(b) 破坏后

图 20-25　三轴试验破坏前后的试件对比

沥青混合料试件三轴破坏后，放入工业 CT 中进行扫描。选取众多 CT 图像中的两张典型图片，用直观的 CT 图像分析方法对其进行分析。沥青混合料试件三轴破坏后的典型 CT 图像如图 20-26 所示。

(a) 前视图　　　　　　　　　　　(b) 右视图

图 20-26　试件三轴破坏后的典型 CT 图像

由图 20-26 可知，试件在压应力 σ_1 的作用下，沿两个垂直方向产生拉应变 $(\varepsilon_2 = \varepsilon_3)$，围压 σ_1 和 σ_2 的作用阻止了拉应变的继续发展，使得沥青混合料试件的横向应变很小。试件内部的粗骨料与沥青胶浆的界面及沥青胶浆本身主要承受压应力。随着荷载不断地增大，试件又受到围压的约束，试件内部比较软弱的粗骨料在很大的压应力 $(\sigma_1、\sigma_2、\sigma_3)$ 和剪应力 $((\sigma_1-\sigma_2)/2、(\sigma_1-\sigma_3)/2)$ 作用下局部破碎，产生较大的压缩变形与剪切移动，使试件的塑性应变有很大发展。达到极限荷载时，试件沿轴向已经发生很大的塑性变形，试件中部也在膨胀。沥青混合料试件在三轴压应力作用下，发生了巨大的挤压流动变形，显然内部的结构与材料已经遭受很大损伤，粗骨料和沥青胶浆发生相对错位，试件内部的裂纹广为分布，此时试件的抗剪能力很弱。因此，达到极限荷载后，试件很快丧失承载能力，发生斜剪破坏，在试件表面产生一条与轴向呈 30°的裂纹。

从沥青混合料试件三轴破坏前后的上、中、下三层各选择一张典型图片，分析试件破坏前后内部结构的变化。试件上层部位三轴破坏前后 CT 图像如图 20-27 所示。由 CT 图像可知，虽然试件成型方式为静压成型，试件在成型过程中承受了

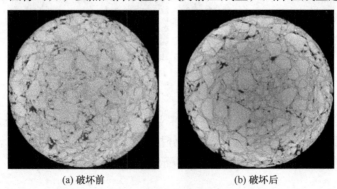

(a) 破坏前　　　　　　　　　　　(b) 破坏后

图 20-27　试件上层部位三轴破坏前后 CT 图像

很大的压应力，但破坏前沥青混合料试件的骨料颗粒仍然比较完整。三轴破坏后，能够很明显地发现，许多粗骨料出现破碎现象，试件内部有大量纵横交错的裂纹。

利用 Image-Pro Plus 软件对 CT 图像进行处理、识别，借助该软件的"Count/Size"命令测量得到试件上层部位三轴破坏前的空隙面积 $S_b = 200.74\text{mm}^2$，三轴破坏后的空隙与裂纹面积 $S_a = 294.27\text{mm}^2$。计算可得试件上层部位三轴试验条件下的破坏系数 $F = 46.59\%$。

对 CT 图像进行测量，使用 Image-Pro Plus 软件的"Make Mask"命令得到试件上层部位三轴破坏前后的空隙、裂纹分布，如图 20-28 所示。

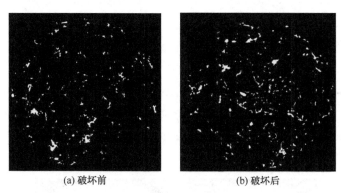

(a) 破坏前　　　　　　　　　　(b) 破坏后

图 20-28　试件上层部位三轴破坏前后的空隙、裂纹分布

图 20-29 为试件中层部位三轴破坏前后 CT 图像。同理，可得试件中层部位三轴破坏前的空隙面积 $S_b = 208.89\text{mm}^2$，三轴破坏后的空隙与裂纹面积 $S_a = 373.08\text{mm}^2$，计算可得试件中层部位三轴试验条件下的破坏系数 $F = 78.60\%$。对 CT 图像进行测量，然后使用 Image-Pro Plus 软件的"Make Mask"命令得到试件中层部位三轴破坏前后的空隙、裂纹分布，如图 20-30 所示。由图 20-30 能够更加直观地发现沥青混合料试件破坏前后内部结构的变化。

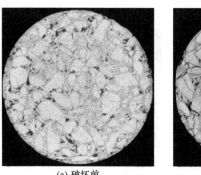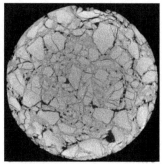

(a) 破坏前　　　　　　　　　　(b) 破坏后

图 20-29　试件中层部位三轴破坏前后 CT 图像

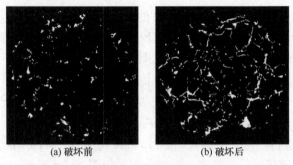

(a) 破坏前   (b) 破坏后

图 20-30 试件中层部位三轴破坏前后的空隙、裂纹分布

图 20-31 是试件下层部位三轴破坏前后 CT 图像。利用 Image-Pro Plus 软件对试件下层部位三轴破坏前后 CT 图像进行处理、识别，借助该软件的"Count/Size"命令测量得到试件下层部位三轴破坏前的空隙面积 $S_b = 215.27\text{mm}^2$，三轴破坏后的空隙与裂纹面积 $S_a = 328.51\text{mm}^2$，计算可得试件下层部位三轴试验条件下的破坏系数 $F = 52.60\%$。对 CT 图像进行测量，利用 Image-Pro Plus 软件的"Make Mask"命令提取试件下层部位三轴破坏前后的空隙、裂纹分布，如图 20-32 所示。

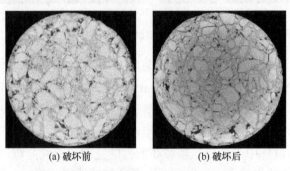

(a) 破坏前   (b) 破坏后

图 20-31 试件下层部位三轴破坏前后 CT 图像

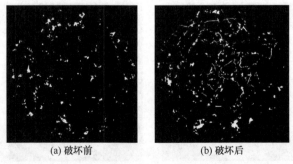

(a) 破坏前   (b) 破坏后

图 20-32 试件下层部位三轴破坏前后的空隙、裂纹分布

仔细观察试件三轴破坏后上层、中层、下层 CT 图像，可知试件在各个断面上都分布着很多裂纹，并且很多粗集料已经被压碎，这与劈裂试验和单轴压缩试验条件下沥青混合料试件的破坏特征有明显区别。试件在压应力的作用下，沿两个垂直方向产生拉应变，但是围压的作用阻止了拉应变的继续发展，使得沥青混合料试件的横向应变很小。试件内部比较软弱的粗骨料在很大的压应力和剪应力作用下局部破碎。达到应力峰值后，试件内部的材料与结构都发生了明显破坏，继续加载，应力随时间急剧减小，裂纹迅速扩展，试件很快失去承载能力，所以试件内部会出现各个断面上都分布着很多裂纹的现象，并且很多粗集料已经被压碎。三轴破坏后试件上层、中层、下层的破坏系数如表 20-6 所示。

表 20-6 三轴破坏后试件上层、中层、下层的破坏系数

层位	破坏系数/%
上层	46.59
中层	78.60
下层	52.60

由表 20-6 可知，三轴破坏后试件中层的破坏系数大于试件上层、下层的破坏系数，这与单轴压缩破坏后试件中层的破坏系数大于试件上层、下层的破坏系数原因基本相同，主要是试件上层、下层受到压头的横向摩擦约束，试件中层的横向应变则获得了不断发展，试件中层出现了明显隆起的现象，发生了更为严重的破坏。将三轴破坏后试件上层、中层、下层的破坏系数取平均值，可得三轴破坏后试件的破坏系数 $F = 59.26\%$。

4. 不同受力模式下沥青混合料破坏系数的比较与分析

沥青混合料在劈裂、单轴压缩和三轴试验条件下发生破坏，试件的破坏系数如表 20-7 所示。

表 20-7 不同受力模式下沥青混合料的破坏系数

试验方法	破坏系数/%
劈裂试验	45.92
单轴压缩试验	20.51
三轴试验	59.26

由表 20-7 可知，三轴试验的破坏系数>劈裂试验的破坏系数>单轴压缩试验的破坏系数。原因是三轴试验条件下，特别是大围压的三轴试验条件下，围压的

作用阻止了试件横向应变的发展，随着轴向荷载的不断增大，试件内部的结构与材料发生了严重破坏。达到应力峰值以后，试件很快丧失承载能力，试件内部遍布裂纹，所以三轴试验条件下沥青混合料的破坏系数最大。劈裂试验条件下，试件中部虽然出现贯穿整个试件的巨大裂缝，但是试件其他位置并没有出现比较明显的裂纹，所以劈裂试验条件下的破坏系数小于三轴试验条件下的破坏系数。单轴试验条件下，裂纹主要产生在试件表面，试件内部虽然也有裂纹，但是这些裂纹都是微小裂纹，尺寸极小，所以单轴压缩试验条件下的破坏系数最小。

参 考 文 献

[1] 张嘉林. 多孔排水沥青混合料空隙精细描述与分布特性研究[D]. 西安: 长安大学, 2008.

第21章 基于集料单体几何特征的沥青混合料级配设计

21.1 集料单体几何特征的分形几何表达

21.1.1 分形几何体系下的集料形态特征

1. 集料表面纹理的分形与变化规律

通常情况下，当集料在轮廓形状、棱角性上的形态特征没有显著差别时，其表面纹理就成为影响集料内摩擦角的主要因素。具有明显细微凸出粗糙表面的集料，碾压后能互相嵌挤锁结而具有很大的内摩擦角。在其他条件相同的情况下，丰富的集料表面纹理有助于提高沥青混合料抗剪强度。另外，粗糙的表面可以增加集料的比表面积，有利于增加沥青与集料的接触面积，即有助于增强沥青与集料间的黏附力；而且集料表面粗糙，沥青膜不会轻易从集料表面剥离。集料表面纹理对沥青混合料的路用性能有重要的影响。

根据前文所述分形的特点，分形是一种相对性的描述，与观测尺度无关。通过表面纹理分形维数，可以定量表示集料表面的粗细程度。以结构函数表示集料表面纹理分形的方法如下所述。

将粗集料表面轮廓曲线视为表面粗糙点的高度序列 $Z(x)$，随断面上的位置 x 不同而随机变化。该随机函数的增变量 $V(x)$ 定义为两点间粗糙高度增量的平方均值，即

$$V(r) = \frac{1}{N-j} \sum_{i=1}^{N-j} \left[Z(x_i + r) - Z(x_i) \right]^2 \tag{21-1}$$

式中，$V(r)$ 为增变量，mm^2；r 为两样本点间距，mm；N 为样本点总数；j 为在间距 r 内的子样本数；$Z(x_i)$ 为 x_i 点处断面粗糙点的高度，mm。

式(21-1)是平稳和同性的，即增变量 $V(r)$ 仅随样本点间距 r 变化，增变量反映了分形特征，即

$$V(x) = \left\langle \left| Z(x_2) - Z(x_i) \right|^2 \right\rangle (x_2 - x_1)^{4-2D} \tag{21-2}$$

将式(21-2)写成显式方程：

$$\begin{cases} V(r) = Kr^B \\ B = 4 - 2D \end{cases} \tag{21-3}$$

式中，K 为系数，在 $V(r)$ 与 r 的对数关系图中，为曲线在 $V(r)$ 轴上的截距；B 为对数曲线的斜率。由此可得表面纹理分形维数为

$$D = (4 - B) / 2D \tag{21-4}$$

以上推理表明，在 $\lg V(r)$ 与 $\lg r$ 的双对数曲线中，粗集料纹理曲线如果在一定范围内存在线性部分，则表明粗集料表面纹理曲线在该范围内均具有分形特性。通过对双对数曲线中的线性部分进行线性回归分析，再结合式(21-3)和式(21-4)，便可计算出粗集料表面纹理分形维数 D 和分形截距 K。

2. 集料特征粗糙度

以分形维数作为集料表面纹理粗糙度的评定参数，可以获得对集料表面纹理具有可比性的定量评价。如果仅用分形维数作为独立参数来表达粗集料表面纹理的粗糙度，分形维数与粗糙度水平有时不能一一对应，即同一个表面纹理分形指标下可能会有不同的表面粗糙度，这里便表现出了分形维数这一相对指标的局限性。在分形维数的计算过程中，如果回归直线的斜率相同，则计算所得分形维数相同，但是不能仅据此说明集料表面粗糙程度相同，很大程度上还取决于另外一个因素，即回归曲线在纵轴上的截距。因此，借鉴磨削、车削钢表面的研究方法，将分形维数与尺度参数结合在一起，引入特征粗糙度的概念来表示集料表面的粗糙程度。特征粗糙度是能使表面高度的均方根达到单位微米的尺度减去单位尺度[1]。特征粗糙度越小说明表面越光滑、粗糙程度越低，反之表面越粗糙、粗糙程度越高。特征粗糙度的计算公式为

$$r^* = K^{\frac{1}{4-2D}} \tag{21-5}$$

式中，K 的对数是回归直线在对数坐标系纵轴上的截距；$4-2D$ 为分形维数计算过程中回归曲线的斜率；D 为集料表面纹理分形维数。

特征粗糙度的优点：能够区分集料的表面粗糙程度，该量化指标与集料实际的粗糙程度可以一一对应，克服了相对指标即分形维数在描述不同粗糙程度时有可能无法区分的缺点；特征粗糙度与沥青混合料的高温稳定性、水稳定性等都表现出较好的相关性。

特征粗糙度的缺点：只能在一定范围内使用，当数据量较大，即有较多不同斜率和截距的情况下，特征粗糙度的数值会出现近似或者相等，不能广泛地表示集料粗糙程度。

集料表面纹理分形也是对集料形态特征的一种描述，是不同于传统的欧氏几

何方法的对复杂、无规律形貌的一种定量表示。集料表面纹理分形维数或者特征粗糙度，同几种集料表面纹理的定量描述方式一样，均可以作为混合料设计的参数之一。

21.1.2 集料级配的分形

不同粒径的矿料混合后，表征集料特征尺寸的粒径(筛孔孔径)具有一定的分布特征，其分布函数是一种数学分形，因此其质量分布函数(通过率)、体积结构也具有分形特征。集料粒径分布函数的分形模型的推导如下。

定义粒径分布函数：

$$F(x) = \frac{N(x)}{N_0} \tag{21-6}$$

式中，$F(x)$ 为粒径分布函数；$N(x)$ 为粒径不大于 x 的集料颗粒总数；N_0 为集料颗粒总数；粒径 x 用筛孔孔径表示。

对于研究的集料级配，用线段表示粒径，按照线段的长度将它们分为 n 个等级排列，每级集料颗粒数目为 $N_i(i=1,2,\cdots,n)$，显然有

$$\sum_{i=1}^{n} N_i = N_0 \tag{21-7}$$

从统计意义上来看，集料的粒径分形类似于第 4 章所述的三分康托集，集料粒径分形属于无规分形，即只在一定层次上表现出分形特性。集料整形与分形之间的关系可表示为

$$N = N_1 (x/x_{\max})^{-D} \tag{21-8}$$

式中，$x_{\max}$ 为集料最大粒径。根据 $F(x_{\max}) = 1$，得

$$F(x) = (x/x_{\max})^{-D} \tag{21-9}$$

式(21-9)为集料尺寸分布的分形表征；同样地，可以定义集料的质量分布函数：

$$P(x) = \frac{M(x)}{M_0} \tag{21-10}$$

式中，$M(x)$ 为粒径不大于筛孔孔径 x 的集料颗粒总质量；M_0 为集料总质量；$P(x)$ 为集料筛分中的通过率。对式(21-10)微分，可得

$$\mathrm{d}M(x) = M_0 \mathrm{d}P(x) \tag{21-11}$$

由质量和体积的关系得到

$$dM(x) = \rho v(x) dN(x) \tag{21-12}$$

式中，ρ 为集料密度；$v(x)$、$dN(x)$ 分别为位于区间 $(x, x+dx)$ 内的集料体积、颗粒数目。由体积量纲可知

$$V(x) = k_v x^3 \tag{21-13}$$

式中，k_v 为光滑集料的体积形状因子。

对粒径分布函数微分，可得

$$dN(x) = N_0 dF(x) \tag{21-14}$$

将粒径分布的分形表达式代入式(21-14)，可得

$$dF(x) = -Dx_{\max}^D x^{1-D} dx \tag{21-15}$$

联立并积分，得到

$$P(x) = \frac{k_v \rho N_0 x_{\max}^D}{M_0 (3-D)} x^{3-D} + c \tag{21-16}$$

式中，c 为积分常数。

根据通过率的定义，有

$$\begin{cases} P(x_{\max}) = 1 \\ P(x_{\min}) = 0 \end{cases} \tag{21-17}$$

式中，$x_{\max}$、$x_{\min}$ 分别为集料最大、最小粒径。

集料级配的分形表达式为

$$P(x) = \frac{x^{3-D} - x_{\min}^{3-D}}{x_{\max}^{3-D} - x_{\min}^{3-D}} \tag{21-18}$$

式中，x 为集料粒径；$P(x)$ 为粒径为 x 的颗粒通过率；$x_{\min}$ 为最小粒径；$x_{\max}$ 为最大粒径；D 为分形维数。

根据式(21-18)，给定一个分形维数 D，便可计算得到一种相应的级配，反之，可以利用 $\lg P(x)$ 与 $\lg x$ 的关系坐标图求出已知级配的分形维数 D，即只要在双对数坐标 $\lg P(x)$ 与 $\lg x$ 函数图中存在直线段，就表明混合料骨料颗粒分布具有分形结构。$\lg P(x)$ 与 $\lg x$ 关系用数学方法回归是一次方程，因此 $\lg P(x)$ 与 $\lg x$ 存在直线关系。根据线性拟合，$\lg P(x) = (3-D) \lg x + a$，由拟合直线的斜率 k 可求出 $D = 3 - k$ [2-3]。

1. 连续级配的分形特征及变化规律

以《公路沥青路面施工技术规范》(JTG F40—2004)中 AC-16 矿料级配的上限、下限为例，分析连续级配的分形特征。AC-16 矿料级配的上限、下限如表21-1 所示。采用双对数坐标对 AC-16 矿料级配结果进行转化，如表21-2 所示。

表 21-1　AC-16 矿料级配的上限、下限

级配类型	不同筛孔孔径的通过率/%									
	16.00mm	13.20mm	9.50mm	4.75mm	2.36mm	1.18mm	0.60mm	0.30mm	0.15mm	0.075mm
AC-16 上限	100	92	80	62	48	36	26	18	14	8
AC-16 下限	90	76	60	34	20	13	9	7	5	4

表 21-2　AC-16 矿料级配的双对数坐标转化

粒径/mm	$\lg x$	$\lg P(x)$ 上限	$\lg P(x)$ 下限
16.00	1.2041	2.0000	1.9542
13.20	1.1206	1.9638	1.8808
9.50	0.9777	1.9031	1.7782
4.75	0.6767	1.7924	1.5315
2.36	0.3729	1.6812	1.3010
1.18	0.0719	1.5563	1.1139
0.60	−0.2218	1.4150	0.9542
0.30	−0.5229	1.2553	0.8451
0.15	−0.8239	1.1461	0.6990
0.075	−1.1249	0.9031	0.6021

根据表 21-2，绘制 AC-16 矿料级配上限、下限的双对数坐标图，如图 21-1 所示。由图 21-1 可以看出，在双对数坐标图上，AC-16 矿料级配上限、下限均为线性关系。采用最小二乘法原理进行直线拟合，求得斜率 k，再由 $D = 3 - k$ 计算矿料级配的分形维数，计算结果如表21-3 所示。

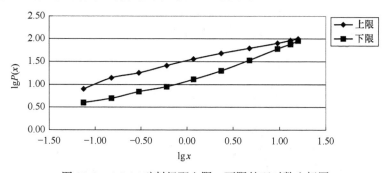

图 21-1　AC-16 矿料级配上限、下限的双对数坐标图

表 21-3 AC-16 矿料级配上限、下限的分形维数

级配类型	斜率 k	分形维数 D	R^2
AC-16 上限	0.4475	2.5525	0.9906
AC-16 下限	0.5943	2.4057	0.9803

表 21-3 计算结果表明，AC-16 矿料级配上限、下限双对数曲线拟合的相关系数较高，分形维数 D 可以较好地表示矿料颗粒的分布特征。连续级配的颗粒分布是一重分形分布，即只需要一个分形维数 D 就可以描述矿料颗粒的分布。

2. 间断级配的分形特征及变化规律

与连续级配类似，间断级配的矿料混合后也具有多种分形性质。由于 SMA 混合料骨料级配为典型的间断级配，因此以规范中 SMA-16 矿料级配的上限、下限及一典型的 SMA-16 配合比为例，分析间断级配的分形特征。SMA-16 矿料级配的上限、下限及典型级配如表 21-4 所示，其中"示例"为 SMA-16 的典型级配。三种级配曲线如图 21-2 所示。

表 21-4 SMA-16 矿料级配的上限、下限及典型级配

级配类型	不同筛孔孔径的通过率/%									
	16.00mm	13.20mm	9.50mm	4.75mm	2.36mm	1.18mm	0.60mm	0.30mm	0.15mm	0.075mm
SMA-16 上限	100.0	85.0	65.0	32.0	24.0	22.0	18.0	15.0	14.0	12.0
示例	96.9	77.8	57.5	26.1	20	16	14.2	13	12.1	8.9
SMA-16 下限	90.0	65.0	45.0	20.0	15.0	14.0	12.0	10.0	9.0	8.0

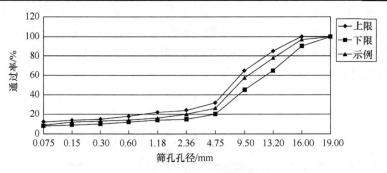

图 21-2 SMA-16 矿料级配曲线

由图 21-2 可以看出，SMA-16 的级配曲线在 4.75mm 处有明显的转折。根据表 21-4 中 0.15mm、0.30mm 的通过率，结合图 21-2 可以发现，级配曲线在 0.15～0.30mm 处近似水平直线，即级配曲线在 0.15～0.30mm 处间断，缺失粒径为 0.15～

0.30mm 的集料。转折点和间断点在双对数坐标图中的反映如图 21-3 所示。

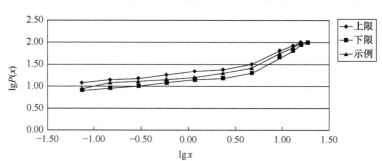

图 21-3　SMA-16 矿料级配双对数坐标图

由通过率确定的曲线间断点及双对数坐标曲线图中明显的转折点，将集料级配对数曲线分为三段，分别拟合其斜率，得到表 21-5。

表 21-5　双对数坐标曲线分段回归斜率

级配	斜率		
	0.075～0.15mm	0.30～4.75mm	4.75～16.00mm
上限	0.2223	0.2345	0.9416
示例	0.4431	0.2057	1.0742
下限	0.1699	0.1996	1.2111

由表 21-5 可知，对于 SMA-16 级配的上限，间断点前后两个线段即 0.075～0.15mm 线段和 0.30～4.75mm 线段的斜率几乎相同(0.2223 和 0.2345)，这意味着间断点前后这两段直线接近平行，表明这两段直线粒径的分形维数基本相同，集料级配分形特征相同，集料级配的间断点并不是级配分形特征的间断点；SMA-16 级配下限也是如此；而示例级配则不然，间断点前后斜率差别比较明显(0.4431 和 0.2057)，图 21-3 中示例级配曲线间断点前后两个线段不平行，这表明集料级配的分形特征不同，即级配的间断点同时也是级配分形特征的间断点。图 21-3 中曲线转折点前后的两段直线斜率明显不同，虽然集料级配没有间断，但是该点前后两段直线的分形维数不同，因此成为级配分形特征的间断点。

通过上述分析可知，集料级配分形特征发生变化的情况有两种：①级配曲线有明显的转折点；②间断级配在某一档或某几档断开或接近断开，使原本一个具有分形特征的散料体系裂断成两个或多个更小的分形体系，即分形体存在统计意义上的无标度区上下限发生变化(级配间断点可能是分形的间断点，也可能不是分形的间断点，需要通过计算确定)。因此，应该将集料的级配分形分成多个分形度域，否则不能准确地描述集料的级配分形特征。采用不同级配分形特征的集料进行组合，便可以得到多种级配曲线，即可以将分形维数作为集料级配设计的参数，通过不同分形维数的组合来控制级配，从而集料级配的设计过程便转化为集料分形维数组合的取舍问题。博弈论就是关于策略组合选择的理论，借鉴静态非合作博弈论中的有关概念及理论，进行集料级配组合的选择，进而提出一种全新的集料级配设计方法。

21.2　基于矩阵博弈的沥青混合料级配设计方法

21.2.1　矩阵博弈级配设计模型

1. 矩阵博弈形成的条件及基本假设

矩阵博弈是博弈的一种，构成矩阵博弈的条件如下：

(1) 参与者集 $N = \{1, 2\}$；

(2) 参与者 1 有有限个策略组成的策略集 $S_1 = \{\alpha_1, \alpha_2, \cdots, \alpha_m\}$，参与者 2 有有限个策略组成的策略集 $S_2 = \{\beta_1, \beta_2, \cdots, \beta_n\}$。任取 $\alpha_i \in S_1$，$1 \le i \le m$，任取 $\beta_j \in S_2$，$1 \le j \le n$，则 (α_i, β_j) 构成一个策略组合；

(3) 对于一个策略组合 (α_i, β_j)，参与者 1 的期望支付为 $P_1(\alpha_i, \beta_j)$，参与者 2 的期望支付为 $P_2(\alpha_i, \beta_j)$，且满足 $P_1(\alpha_i, \beta_j) + P_2(\alpha_i, \beta_j) = 0$，$1 \le i \le m$，$1 \le j \le n$。

根据矩阵博弈的思想建立级配设计的理论模型，首先需要进行一些假定，使得模型合理建立并且适用博弈理论。假设如下：

(1) 假定粗集料、细集料均为理性的参与者；

(2) 假定参与者即粗、细集料的策略集为有限集(实际粗、细集料的策略集是无限集，在其策略空间上选择代表性策略形成有限集)；

(3) 参与者对双方的策略集清楚，并且清楚与自己策略对应的对方策略下各自的得益(需要经过试验过程确定)。

2. 矩阵博弈模型设计理念

这方面大部分的研究以加州承载比(CBR)作为评判指标，在骨架效应可以继承的基础上，认为上一级形成最优骨架后进行次一级填充，集料间的作用会从大量填充、偶然干涉到最后的必然干涉，表现为 CBR 先上升后下降，认为峰值时达到了最佳的骨架效应[4-5]。博弈论中纳什均衡点的含义为参与者选定的策略组成纳什均衡后，形成平衡局势，任何一个参与者单方面地改变自己的策略，只可能使自己的收益下降(或不变)，绝不可能使自己的收益增加。如此一来，上述博弈模型在集料级配的设计过程中以 CBR 为收益函数找到的纳什均衡点，其附近一定范围内的 CBR 一定不会比均衡点的 CBR 大，即纳什均衡点恰好是一定范围内 CBR 变化曲线的峰值，纳什均衡点必然形成骨架。一个博弈中可能不止一个纳什均衡点，也就是说可能会存在多种集料的组合方式都可以形成骨架，只是骨架强度不同。若出现多个纳什均衡点，在最终结果的选择过程中，还应综合考虑其他宏观性能，如 VCA 等。

3. 矩阵博弈模型的建立

级配设计矩阵博弈模型如表 21-6 所示。其中，矩阵的列标题为细集料的策略集，分别为 D_{F1}、D_{F2}、D_{F3}、D_{F4}，分别表示 4 种不同级配分形维数的细集料；矩阵的行标题为 D_{C1}、D_{C2}、D_{C3}、D_{C4}，它们分别表示 4 种不同级配分形维数的粗集料。矩阵的行、列值分别为粗、细集料相应策略组合下的支付函数值，可以通过组合后的试验值来赋值，如 CBR、VCA 等具体的试验数据。如果进行连续级配的设计，则 D_{C1}、D_{C2}、D_{C3}、D_{C4} 和 D_{F1}、D_{F2}、D_{F3}、D_{F4} 足以描述所有可能的组合；如果进行间断级配或者折断级配的设计，D_{C1}、D_{C2}、D_{C3}、D_{C4} 和 D_{F1}、D_{F2}、D_{F3}、D_{F4} 中的任何一个，都可能被间断的粒级进一步划分为两个，即两个分形维数的组合 $(D_x + D_y)$ 作为粗、细集料策略空间中的一种取值。

表 21-6　级配设计矩阵博弈模型

S_1 粗集料	S_2 细集料			
	D_{F1}	D_{F2}	D_{F3}	D_{F4}
D_{C1}	$P_1(\alpha_1,\beta_1)$	$P_1(\alpha_1,\beta_2)$	$P_1(\alpha_1,\beta_3)$	$P_1(\alpha_1,\beta_4)$
D_{C2}	$P_1(\alpha_2,\beta_1)$	$P_1(\alpha_2,\beta_2)$	$P_1(\alpha_2,\beta_3)$	$P_1(\alpha_2,\beta_4)$
D_{C3}	$P_1(\alpha_3,\beta_1)$	$P_1(\alpha_3,\beta_2)$	$P_1(\alpha_3,\beta_3)$	$P_1(\alpha_3,\beta_4)$
D_{C4}	$P_1(\alpha_4,\beta_1)$	$P_1(\alpha_4,\beta_2)$	$P_1(\alpha_4,\beta_3)$	$P_1(\alpha_4,\beta_4)$

矩阵中的粗、细集料各种策略组合下有可能恰好构成现有的一些级配，如 AC 类型的级配、SMA 类型的级配或者 OGFC 类型的级配，也有可能完全不同于现有的任何一种级配。根据矩阵博弈的结果，即纳什均衡点作为级配设计的结果。

线性规划求解原理：若矩阵博弈 G 中参与者 1 的收益矩阵为 $A = \left(a_{ij}\right)_{m \times n}$，设参与者 1 的混合策略为 $x = (x_1, x_2, \cdots, x_m)$。有定理：矩阵博弈 G 中，若

$S_1 = \{\alpha_1, \alpha_2, \cdots, \alpha_m\}$，$S_2 = \{\beta_1, \beta_2, \cdots, \beta_n\}$，参与者 1 的收益函数为 $A = \left(a_{ij}\right)_{m \times n}$，则有

$$v_1 = \max_{x \in x_m} \min_{1 \le j \le n} \sum_{i=1}^m a_{ij} x_i \tag{21-19}$$

令 $u(x) = \min_{1 \le j \le n} \sum_{i=1}^m a_{ij} x_j$，则式(21-19)可记为以下数学规划问题：

$$v = \max u(x)$$

$$\text{s.t} \begin{cases} \sum_{i=1}^m a_{ij} x_i \geqslant u(x), & j = 1, 2, \cdots, n \\ x_1 + x_2 + \cdots + x_m = 1 \\ x_i \geqslant 0, & i = 1, 2, \cdots, m \end{cases} \tag{21-20}$$

若 $u(x) > 0$，令 $x_i' = \dfrac{x_i}{u(x)}$，则式(21-20)的约束方程为

$$\text{s.t} \begin{cases} \sum_{i=1}^m a_{ij} x_i' \geqslant 1, & j = 1, 2, \cdots, n \\ x_1' + x_2' + \cdots + x_m' = \dfrac{1}{u(x)} \\ x_i' \geqslant 0, & i = 1, 2, \cdots, m \end{cases} \tag{21-21}$$

令 $v' = \dfrac{1}{u(x)}$，于是数学规划可以写成以下线性规划：

$$\min v' = x_1' + x_2' + \cdots + x_m'$$

$$\text{s.t} \begin{cases} \sum_{i=1}^m a_{ij} x_i' \geqslant 1, & j = 1, 2, \cdots, n \\ x_i' \geqslant 0, & i = 1, 2, \cdots, m \end{cases} \tag{21-22}$$

对以上线性规划求得最优解 $(x_1^{*\prime}, x_2^{*\prime}, \cdots, x_m^{*\prime})$ 和最优值 $v^{*\prime}$，可以推算出

$$\begin{cases} x_i^* = x_i^{*\prime} / v^{*\prime} \\ v(G) = \dfrac{1}{v^{*\prime}} \end{cases} \tag{21-23}$$

参与者 2 的混合策略为 $y = \left(y_1^*, y_2^*, \cdots, y_m^*\right)$，同理，可以推导等价的线性规划为

$$\max v'' = y_1' + y_2' + \cdots + y_n'$$

$$\text{s.t}\begin{cases}\sum_{j=1}^{n}a_{ij}y_i' \leqslant 1, \quad i=1,2,\cdots,m \\ y_j' \geqslant 0, \quad j=1,2,\cdots,m\end{cases} \tag{21-24}$$

对以上线性规划求得最优解 $(y_1^{*\prime},y_2^{*\prime},\cdots,y_n^{*\prime})$ 和最优值 $v^{*\prime\prime}$，可以推算出相应的参与者 2 的纳什均衡点和博弈值分别为

$$\begin{cases}y_j^* = y_j^{*\prime}/v^{*\prime\prime} \\ v(G) = \dfrac{1}{v^{*\prime\prime}}\end{cases} \tag{21-25}$$

显然，式(21-22)和式(21-24)是两个互为对偶的线性规划，因此 $v^{*\prime}=v^{*\prime\prime}$，即两式求得的博弈值 $v(G)$ 是相同的。这也可以作为计算结果的校核条件，如果两个对偶的线性规划求解得出的博弈值不相等，即 $v(G)_1 \neq v(G)_2$，则说明计算过程中有错误，必须返回重新计算。

21.2.2　基于矩阵博弈的集料级配设计

1. 基于 CBR 的集料骨架强度设计

依照粗、细集料的策略组合，以 CBR 对粗集料的支付函数进行赋值(数据全部为假设，仅探讨理论意义)，形成的矩阵博弈如表 21-7 所示。

表 21-7　基于 CBR 的集料骨架强度设计博弈矩阵

S_1 粗集料	S_2 细集料			
	$D_{F1}=2.5$	$D_{F2}=2.6$	$D_{F3}=2.7$	$D_{F4}=2.8$
$D_{C1}=2.3$	6.0	7.6	4.5	5.3
$D_{C2}=2.4$	5.3	5.5	7.0	7.6
$D_{C3}=2.5$	8.9	10.0	10.3	9.5
$D_{C4}=2.6$	9.4	9.3	8.5	6.4

注：表中数据为 CBR，%。

将表 21-7 所示矩阵输入至 Excel 表格中，设定对应的约束条件(注意 x 与 y 的约束条件不同)，应用电子表格规划求解的工具对以上博弈矩阵进行求解，如图 21-4 所示。求解结果如表 21-8 所示。

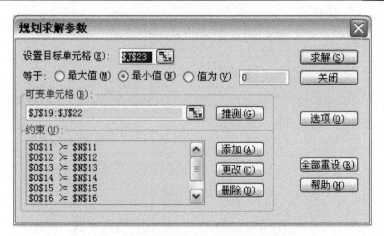

图 21-4　线性规划求解过程(x 的求解)

表 21-8　基于 CBR 的混合策略纳什均衡点

粗集料				细集料			
D_{C1} =2.3	D_{C2} =2.4	D_{C3} =2.5	D_{C4} =2.6	D_{F1} =2.5	D_{F2} =2.6	D_{F3} =2.7	D_{F4} =2.8
0	0	0.83	0.17	0.86	0	0	0.14

注：表中数据为 CBR, %; $v(G)$=8.98。

这一设计结果的意义可解释为：在粗、细集料以多种分形维数 D 为策略的组合下，最终取得的纳什均衡结果为 x=(0, 0, 0.83, 0.17)，y=(0.86, 0, 0, 0.14)，博弈值 $v(G)$=8.98。解向量 x=(0, 0, 0.83, 0.17)表示的粗集料选择方案：不选择 D_{C1}=2.3 与 D_{C2}=2.4 的粗集料，D_{C3}=2.5 的粗集料占粗集料总质量的 83%，D_{C4}=2.6 的粗集料占粗集料总质量的 17%，以此构成粗集料的混合策略，如图 21-5 所示。

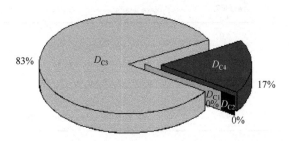

图 21-5　基于 CBR 的粗集料混合策略

该矩阵博弈同一个纳什均衡点下，与粗集料解向量对应的细集料解向量为 y=(0.86, 0, 0, 0.14)，表示的细集料选择方案：D_{F1}=2.5 的细集料占细集料总质量的 86%，不选取 D_{F2}=2.6 和 D_{F3}=2.7 的细集料，D_{F4}=2.8 的细集料占细集料总质量的 14%，如图 21-6 所示。

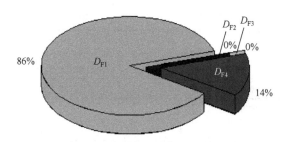

图 21-6　基于 CBR 的细集料混合策略

博弈值 $v(G)$=8.98 表示在求解得到的纳什均衡点混合策略组合下，可以保证集料的 CBR 不小于 8.98%。以 CBR 作为集料骨架强度，该评判指标具有以下特点：在骨架效应可以继承的基础上，认为上一级形成最优骨架后进行次一级填充，集料间的作用会从大量填充、偶然干涉到最后的必然干涉，表现为 CBR 先上升后下降，认为峰值时达到了最佳的骨架效应。反观博弈论中纳什均衡点的含义，当参与者选定的策略组成纳什均衡后，形成一个平衡局势，任何一个参与者单方面地改变自己的策略，只可能使自己的收益下降(或不变)，绝不可能使自己的收益增加。因此，纳什均衡点恰好是一定范围内 CBR 变化曲线的峰值，即纳什均衡点必然形成骨架。

根据设计流程，如果上述设计结果能够满足骨架强度的目标要求，则按照上述组合初步确定级配。这一步结果可以直接应用于级配碎石或只需少量胶结料的稳定碎石。对于沥青混合料而言，为了保证混合料的高温、低温、疲劳等路用性能，集料形成级配后应该有足够的空隙使得沥青胶浆有充足的填充空间，出于对这一点的考虑，设计的下一步即用 VCA 修正级配设计结果。

2. 基于 VCA 的集料骨架空隙设计

根据设计流程，如果前述初步骨架强度的设计结果符合要求，则以其为基础，进行 VCA 赋值(数据为假设，仅探讨设计方法的理论意义)，并且对博弈矩阵进行求解，如表 21-9 所示。求解结果如表 21-10 所示。

表 21-9　骨架空隙设计值

S_1 粗集料	S_2 细集料			
	D_{F1} = 2.5	D_{F2} = 2.6	D_{F3} = 2.7	D_{F4} = 2.8
D_{C1} = 2.3	39.5	40.0	40.5	39.0
D_{C2} = 2.4	38.5	39.0	41.0	39.5
D_{C3} = 2.5	38.5	39.5	40.0	42.0
D_{C4} = 2.6	39.5	39.0	40.5	40.0

注：表中数据为 VCA，%。

表 21-10　基于 VCA 的混合策略纳什均衡点

粗集料				细集料			
$D_{C1}=2.3$	$D_{C2}=2.4$	$D_{C3}=2.5$	$D_{C4}=2.6$	$D_{F1}=2.5$	$D_{F2}=2.6$	$D_{F3}=2.7$	$D_{F4}=2.8$
0.5	0	0	0.5	0.56	0.22	0	0.22

注：表中数据为 VCA，%；$v(G)$=39.5。

这一设计结果的意义可解释为：在粗、细集料以多种分形维数 D 为策略的组合下，最终取得的纳什均衡结果为 x=(0.5, 0, 0, 0.5)，y=(0.56, 0.22, 0, 0.22)，博弈的结果为 $v(G)$=39.5。解向量 x=(0.5, 0, 0, 0.5)表示的粗集料选择方案：D_{C1}=2.3 的粗集料占粗集料总质量的50%，不选择 D_{C2}=2.4 和 D_{C3}=2.5 的粗集料，D_{C4}=2.6 的粗集料占粗集料总质量的50%，以此构成粗集料的混合策略，如图 21-7 所示。

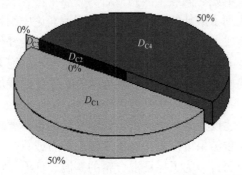

图 21-7　基于 VCA 的粗集料混合策略

该矩阵博弈同一个纳什均衡点下，与粗集料的混合策略集对应的细集料解向量为 y=(0.56, 0.22, 0, 0.22)，表示的细集料选择方案：D_{F1}=2.5 的细集料占到细集料总质量的 56%，D_{F2}=2.6 的细集料占到细集料总质量的 22%，不选取 D_{F3}=2.7 的细集料，D_{F4}=2.8 的细集料占到细集料总质量的 22%，如图 21-8 所示。

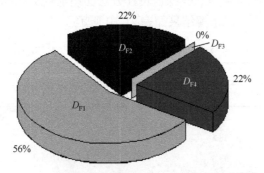

图 21-8　基于 VCA 的细集料混合策略

博弈值 $v(G)=39.5$ 表示在求解得到的纳什均衡点混合策略组合下，可以保证集料的 VCA 不小于 39.5%。

3. 基于两次设计结果的合成级配

综合考虑集料形成级配后的骨架强度与骨架空隙，采用式(21-26)对设计结果进行修正：

$$\begin{cases} X = \alpha X_{\mathrm{VCA}} + \beta X_{\mathrm{CBR}} \\ Y = \alpha Y_{\mathrm{VCA}} + \beta Y_{\mathrm{CBR}} \\ \alpha + \beta = 1 \end{cases} \tag{21-26}$$

按照骨架强度或矿料间隙率不同的需求来确定适当的 α、β。

假定设计目标偏重骨架强度，分别取 $\alpha=0.2$，$\beta=0.8$，将 $x_{\mathrm{VCA}} = (0.5, 0, 0, 0.5)$，$y_{\mathrm{VCA}} = (0.56, 0.22, 0, 0.22)$，$x_{\mathrm{CBR}} = (0, 0, 0.83, 0.17)$，$y_{\mathrm{CBR}} = (0.86, 0, 0, 0.14)$ 代入，得到修正后的结果：$X = (0.100, 0, 0.664, 0.236)$；$Y = (0.800, 0.044, 0, 0.156)$。

这一设计结果的意义可解释为：在粗、细集料以多种分形维数 D 为策略的组合下，最终取得的纳什均衡结果为 $X = (0.100, 0, 0.664, 0.236)$，$Y = (0.800, 0.044, 0, 0.156)$。解向量 $X = (0.100, 0, 0.664, 0.236)$ 表示的粗集料选择方案：$D_{\mathrm{C1}} = 2.3$ 的粗集料占粗集料总质量的 10.0%，不选择 $D_{\mathrm{C2}} = 2.4$ 的粗集料，$D_{\mathrm{C3}} = 2.5$ 的粗集料占粗集料总质量的 66.4%，$D_{\mathrm{C4}} = 2.6$ 的粗集料占粗集料总质量的 23.6%，以此构成粗集料的混合策略，如图 21-9 所示。

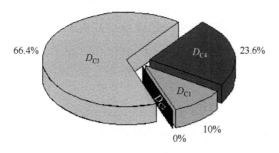

图 21-9　修正后的粗集料混合策略

该矩阵博弈同一个纳什均衡点下，与粗集料的混合策略集对应的细集料解向量为 $Y = (0.800, 0.044, 0, 0.156)$，表示细集料的选择方案：$D_{\mathrm{F1}} = 2.5$ 的细集料占细集料总质量的 80.0%，$D_{\mathrm{F2}} = 2.6$ 的细集料占细集料总质量的 4.4%，不选择 $D_{\mathrm{F3}} = 2.7$ 的细集料，$D_{\mathrm{F4}} = 2.8$ 的细集料占细集料总质量的 15.6%，以此构成细集料的混合策略，如图 21-10 所示。

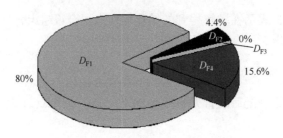

图 21-10　修正后的细集料混合策略

由于式(21-18)推导过程中应用了边界条件 $P(x_{\max})=1$ 和 $P(x_{\min})=0$ ，因此在应用式(21-18)的过程中，如果采用 $x_{\min}=0.075\text{mm}$ (实际筛孔的最小尺寸)，则无可避免地出现所有级配在 0.075mm 处的通过率全部为 0%，显然不符合实际要求。根据示例设计结果，直接采用式(21-18)计算通过率获得的级配曲线如图 21-11 所示。

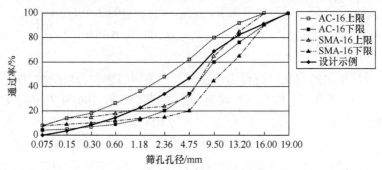

图 21-11　直接计算通过率获得的级配曲线

为了解决上述问题，在计算通过率的过程中添加一个虚拟的 0.0375mm 筛孔，认为 $x_{\min}=0.0375\text{mm}$ ，即在不改变分形特征的前提下将双对数坐标下的细集料拟合直线延长一级。在这一基础上，应用式(21-18)计算每一筛孔的通过率，可以获得比较接近实际情况的 0.075mm 筛孔通过率，并且基本不影响其他筛孔的通过率。修正后的级配曲线如图 21-12 所示。

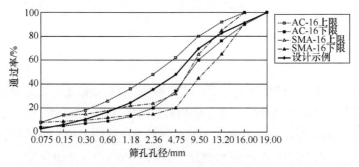

图 21-12　修正后的级配曲线

若经过试验验证，修正后的级配 CBR 和 VCA 仍然能够符合要求，则以修正后的策略组合作为最终级配设计结果。

21.2.3 集料形态特征指标的引入

1. 基于概率统计的矩阵博弈模型

集料的形态特征量化指标，无论观察尺度(集料形貌量化指标)、形态量化指标，还是表面纹理量化指标，均是对有限个集料颗粒进行观测后得出的指标值。被观测的集料颗粒来源可以看作是一个总体 $F(x)$，观测采用的集料颗粒构成一个样本，每一个颗粒的具体观测数值的集合 (X_1, X_2, L, X_n) 是来自总体 $F(x)$ 的一个容量为 n 的简单随机样本。在确定的级配基础上，以不同的样本数字特征作为集料选择的新策略，重新构造矩阵博弈并根据试验结果对其赋值，求解结果可以作为集料形态特征基于统计规律的定量要求

若随机变量 X 的概率密度函数为 $f(x)$，则其分布函数为

$$F(x) = \int_{-\infty}^{x} f(t)\mathrm{d}t \tag{21-27}$$

该式表达了分布函数 $F(x)$ 在 x 处的函数值就是 X 落在区间 $(-\infty, x]$ 内的概率。由此可得 X 在区间 $[a, b]$ 内的概率为

$$P\{a \leqslant X \leqslant b\} = F(b) - F(a) \tag{21-28}$$

例如，当随机变量 X 服从正态分布，即 $X \sim N(\mu, \sigma^2)$ 时，有

$$P\{a \leqslant X \leqslant b\} = F(b) - F(a) = \Phi\left(\frac{b-\mu}{\sigma}\right) - \Phi\left(\frac{a-\mu}{\sigma}\right) \tag{21-29}$$

式中，a、b 为给定的区间范围；$\Phi\left(\dfrac{b-\mu}{\sigma}\right)$ 和 $\Phi\left(\dfrac{a-\mu}{\sigma}\right)$ 的值可以通过正态分布表查得(式中 μ、σ 未知时，可通过样本进行参数估计确定)。

以一组实际观测的具体数据为例，进一步说明 9.5mm 玄武岩-1 形状指数 F 的观测值，结果如表 21-11 所示。

表 21-11 9.5mm 玄武岩-1 形状指数 F

集料编号	形状指数 F			
	投影面 A	投影面 B	投影面 C	平均值
1	1.04	1.12	1.09	1.08
2	1.06	1.07	1.15	1.09
3	1.10	1.14	1.07	1.10

集料编号	形状指数 F			
	投影面 A	投影面 B	投影面 C	平均值
4	1.05	1.17	1.09	1.10
5	1.07	1.11	1.06	1.08
6	1.06	1.17	1.02	1.08
7	1.11	1.01	1.08	1.07
8	1.11	1.07	1.11	1.10
9	1.16	1.26	1.17	1.19
10	1.08	1.21	1.24	1.18
11	1.06	1.16	1.14	1.12
12	1.10	1.06	1.11	1.09
13	1.07	1.06	1.07	1.07
14	1.16	1.24	1.14	1.18
15	1.17	1.09	1.13	1.13
16	1.07	1.04	1.12	1.08
17	1.03	1.09	1.05	1.06
18	1.11	1.06	1.10	1.09
19	1.11	1.14	1.13	1.13
20	1.13	1.22	1.13	1.16

以三个投影面观测值的平均值作为样本，随机变量 X 的数字特征：样本均值 $\overline{X} = 1.109$，样本方差 $S^2 = 0.002$。根据中心极限定理，可以认为 9.5mm 玄武岩-1 集料总体形状指数 F 的分布近似地服从正态分布 $N(\mu, \sigma^2)$。由于样本均值 $\overline{X}$、样本方差 S^2 分别是 μ、σ^2 的无偏估计量，因此以样本均值和样本方差对正态分布参数进行矩估计，参数估计如下：

$$\hat{\mu} = \overline{X} = \frac{1}{n}\sum_{i=1}^{n} X_i = 1.109 , \quad \hat{\sigma}^2 = S^2 = \frac{1}{n-1}\sum_{i=1}^{n}\left(X_i - \overline{X}\right)^2 = 0.002\left(\sigma^2 = 0.045\right)$$

根据以上条件，以保证概率60%为例对概率区间进行推算。对于服从正态分布 $N(\mu, \sigma^2)$ 的任意随机变量 X，可以得到 $\dfrac{X - \mu}{\sigma}$ 服从标准正态分布 $N(0,1)$，标准正态分布的分布函数值可以通过专用数学用表查得，因此 $\Phi\left(\dfrac{X - \mu}{\sigma}\right)$ 的函数值可以通过数学用表查得，可以得到

$$P\left\{\mu - a\sigma \leqslant X \leqslant \mu + a\sigma\right\} = \Phi\left(\frac{\mu + a\mu - \mu}{\sigma}\right) - \Phi\left(\frac{\mu - a\mu - \mu}{\sigma}\right) = 2\Phi(a) - 1 \quad (21\text{-}30)$$

式中，a 为任意大于零的实数；$(\mu - a\sigma, \mu + a\sigma)$ 为目标区间。

当给定目标约束概率，等式右边通过查表可得 $\Phi(0.85) = 0.8023$，则 $2\Phi(0.85) - 1 \approx 0.6$ 满足等式要求，因此对应的区间 $(\mu - a\sigma, \mu + a\sigma)$ 为 (1.109−0.85×0.045, 1.109+0.85×0.045)=(1.07, 1.15)。同理，对于不同的保证概率 P，可以得到与其对应的一个区间。以上计算表明，通过对样本的观察分析，9.5mm 玄武岩-1 的形状指数 F 在(1.07, 1.15)内的概率约为 60%。可见，如果给定一个区间 $[a, b]$，则已知概率密度函数或分布函数的随机变量 X 落在该区间的概率就可以确定；反之，对于给定的约束概率，也可以确定与其对应的一个区间。在实际生产中，不可能也没有必要要求每个集料颗粒的形态特征量化指标都能达到指定的值，因此设计方法中对集料形态特征量化指标(如扁平比、球形度、棱角性、算数评价偏差等)作区间约束，以随机变量 X 落在该区间的概率为设计参数，在前文确定的级配即 $X = (0.100, 0, 0.664, 0.236)$，$Y = (0.800, 0.044, 0, 0.156)$ 的基础上引入集料形态特征量化指标。新的矩阵博弈如表 21-12 所示。

表 21-12　引入集料形态特征指标的矩阵博弈

粗集料		细集料		
		$D_{F1} = 2.5(80.0\%)$ $P_F\{a \leqslant X \leqslant b\}$	$D_{F2} = 2.6(4.4\%)$ $P_F'\{a \leqslant X \leqslant b\}$	$D_{F4} = 2.8(15.6\%)$ $P_F''\{a \leqslant X \leqslant b\}$
$D_{C1} = 2.3(10.0\%)$	$P_C\{a \leqslant X \leqslant b\}$	$P_1(\alpha_1, \beta_1)$	$P_1(\alpha_1, \beta_2)$	$P_1(\alpha_1, \beta_3)$
$D_{C3} = 2.5(66.4\%)$	$P_C'\{a \leqslant X \leqslant b\}$	$P_1(\alpha_2, \beta_1)$	$P_1(\alpha_2, \beta_2)$	$P_1(\alpha_2, \beta_3)$
$D_{C4} = 2.6(23.6\%)$	$P_C''\{a \leqslant X \leqslant b\}$	$P_1(\alpha_3, \beta_1)$	$P_1(\alpha_3, \beta_2)$	$P_1(\alpha_3, \beta_3)$

表 21-12 中粗、细集料的策略集为任一个形态特征量化指标(如扁平比、球形度、棱角性、算数评价偏差等)的区间概率，P_C、P_C'、P_C'' 和 P_F、P_F'、P_F'' 表示不同的保证概率，即来自不同总体的样本形态特征量化指标在指定区间 $[a, b]$ 内的概率。当然，粗、细集料的策略集并不局限于表 21-12。

2. 集料形态特征定量约束

为进一步说明建立的设计方法，对表 21-12 所示模型进行假设赋值并求解，以阐述其物理意义，赋值后的矩阵博弈如表 21-13 所示。

表 21-13　赋值后的矩阵博弈

粗集料		细集料		
		$D_{F1} = 2.5(80.0\%)$ 概率 60%	$D_{F2} = 2.6(4.4\%)$ 概率 70%	$D_{F4} = 2.8(15.6\%)$ 概率 80%
$D_{C1} = 2.3(10.0\%)$	概率 60%	7.7	7.8	7.9
$D_{C3} = 2.5(66.4\%)$	概率 70%	8.5	8.1	8.3
$D_{C4} = 2.6(23.6\%)$	概率 80%	8.3	8.4	8.2

注：表中数据为 CBR, %。

　　表 21-13 表示从三个不同的总体中以相同的级配分别抽取一个样本，样本的级配分形特征相同，而来自不同总体的样本任一个形态特征量化指标(如扁平比、球形度、棱角性、算数评价偏差等)落在某一个区间 $[a,b]$ 内的概率不同，分别为 60%、70%、80%。将矩阵输入至 Excel 电子表格中，设定对应的约束条件(注意 x 与 y 的约束条件不同，二者互为对偶的线性规划)，应用电子表格规划求解的工具对以上博弈矩阵进行规划求解，结果如表 21-14 所示。

表 21-14　基于 CBR 的混合策略纳什均衡点(集料形态特征定量约束)

粗集料			细集料		
$P_C = 0.6$	$P_C' = 0.7$	$P_C'' = 0.8$	$P_F = 0.6$	$P_F' = 0.7$	$P_F'' = 0.8$
0	0.5	0.5	0	0.25	0.75

注：表中数据为 CBR, %；$v(G) = 8.25$。

　　在确定的级配基础之上，对粗集料形态特征提出的要求是：形态特征定量化指标(如扁平比、球形度、棱角性、算数评价偏差等)落在某一区间 $[a,b]$ 内的粗集料含量应该占粗集料总质量的 75%($0\times0.6+0.5\times0.7+0.5\times0.8$)；同理，对细集料形态特征提出的要求是：形态特征定量化指标(如扁平比、球形度、棱角性、算数评价偏差等)落在某一区间 $[a,b]$ 内的细集料含量应该占细集料总质量的 77.5%($0\times0.6+0.25\times0.7+0.75\times0.8$)。博弈结果 $v(G) = 8.25$ 表示基于该混合策略纳什均衡结果，矿质混合料的 CBR 为 8.25%。根据设计流程，如果该结果满足 CBR 设计要求，则进行下一步，即基于 VCA 的设计修正，以 VCA 为支付函数赋值的矩阵博弈如表 21-15 所示。

表 21-15　以 VCA 为支付函数赋值的矩阵博弈

粗料集		细集料		
		$D_{F1}=2.5(80.0\%)$ 概率 60%	$D_{F2}=2.6(4.4\%)$ 概率 70%	$D_{F4}=2.8(15.6\%)$ 概率 80%
$D_{C1}=2.3(10.0\%)$	概率 60%	34.6	35.7	36.1
$D_{C3}=2.5(66.4\%)$	概率 70%	35.4	36.3	36.8
$D_{C4}=2.6(23.6\%)$	概率 80%	36.5	37.3	38.2

注：表中数据为 VCA，%。

　　观察此矩阵博弈，发现 $V_1=\max\limits_{1\leqslant i\leqslant m}\ \min\limits_{1\leqslant j\leqslant n}a_{ij}=\min\limits_{1\leqslant j\leqslant n}\ \max\limits_{1\leqslant i\leqslant m}a_{ij}=V_2$，满足前文所述纯策略纳什均衡点存在的条件，所以以纯策略纳什均衡为 (α_3,β_1)，博弈值为 36.5。如果不进行纯策略纳什均衡点的分析而直接进行线性规划求解，求解结果如表 21-16 所示。

表 21-16　基于 VCA 的混合策略纳什均衡点(集料形态特征定量约束)

粗集料			细集料		
$P_C=0.6$	$P_C'=0.7$	$P_C''=0.8$	$P_F=0.6$	$P_F'=0.7$	$P_F''=0.8$
0	0	1	1	0	0

注：表中数据为 VCA，%；$v(G)$=36.5。

　　由表 21-16 所示的线性规划求解结果可以看出，混合策略解 x=(0, 0, 1)和 y=(1, 0, 0)，与分析所得的纯策略纳什均衡点结果相同，只是表达方式不同。就其本质来讲，纯策略是混合策略的一个特例(在策略集中以概率为 1 选择某个策略，其他策略选择的概率为 0，即形成纯策略)。实际中很少出现这种现象(纯策略纳什均衡)，为了更全面地反映实际情况，以 VCA 对所有策略组合重新赋值并求解，如表 21-17、表 21-18 所示。

表 21-17　基于 VCA 的骨架空隙

粗集料		细集料		
		$D_{F1}=2.5(80.0\%)$ 概率 60%	$D_{F2}=2.6(4.4\%)$ 概率 70%	$D_{F4}=2.8(15.6\%)$ 概率 80%
$D_{C1}=2.3(10.0\%)$	概率 60%	34.6	36.2	35.5
$D_{C3}=2.5(66.4\%)$	概率 70%	36.8	37.2	35.4
$D_{C4}=2.6(23.6\%)$	概率 80%	35.7	36.3	37.5

注：表中数据为 VCA，%。

表 21-18 基于 VCA 的混合策略纳什均衡点

粗集料			细集料		
P_C =0.6	P_C' =0.7	P_C'' =0.8	P_F =0.6	P_F' =0.7	P_F'' =0.8
0	0.56	0.44	0.66	0	0.34

注：表中数据为 VCA，%；$v(G)$=36.3。

在前文确定的级配基础之上，对粗集料的形态特征提出的要求是：形态特征量化指标（如扁平比、球形度、棱角性、算数评价偏差等）落在某一区间 $[a,b]$ 内的粗集料含量应该占粗集料总质量的 74.4%(0×0.6+0.56×0.7+0.44×0.8)；同理，对细集料的形态特征提出的要求是：形态特征量化指标（如扁平比、球形度、棱角性、算数评价偏差等）落在某一区间 $[a,b]$ 内的细集料含量应该占细集料总质量的 66.8%(0.66×0.6+ 0×0.7+0.34×0.8)。博弈结果 $V(G)=36.3$ 表示基于该混合策略纳什均衡结果，矿质混合料的 VCA 为 36.3%。此时，综合考虑集料形成级配后的骨架强度与骨架空隙，对设计结果进行修正，按照对骨架强度或矿料间隙率不同的需求来确定适当的 α、β。对以上计算结果进行修正，假定设计目标偏重骨架强度，分别取 α = 0.2，β = 0.8，x_{VCA} =(0, 0.56, 0.44)，y_{VCA} =(0.66, 0, 0.34)和 x_{CBR} =(0.5, 0.5, 0)，y_{CBR} =(0, 0.25, 0.75)，得到最终设计结果：X = (0, 0.512, 0.488)，Y = (0.132, 0.2, 0.668)。

粗集料的选择方法：分形维数 D_{C3} =2.5 的粗集料占粗集料总质量的 83%，分形维数 D_{C4} =2.6 的粗集料占粗集料总质量的 17%；在此级配基础之上，对粗集料的形态特征提出的要求是，形态特征量化指标（如扁平比、球形度、棱角性、算数评价偏差等）落在某一区间 $[a,b]$ 内的粗集料应该占粗集料总质量的 74.88%。细集料的选择方法：分形维数 D_{F1} =2.5 的细集料占细集料总质量的 86.00%，分形维数 D_{F4} =2.8 的细集料占细集料总质量的 14.00%；在此级配基础之上，对细集料的形态特征提出的要求是，形态特征量化指标（如扁平比、球形度、棱角性、算数评价偏差等）落在某一区间 $[a,b]$ 内的细集料应该占细集料总质量的 75.36%。

21.2.4 基于假设检验的设计结果可靠性分析

21.2.3 小节的设计结果对集料的形态特征量化指标提出了定量的要求，在实际生产过程当中如何切实应用该设计结果，即如何应用该结果对集料的选择提出要求，或者如何根据该结果对集料的选择做出判断，则需要通过假设检验的方法来控制集料料源的选择。以表 21-19 所示的实测数据为例，说明假设检验的具体过程。

表 21-19　9.5mm 玄武岩-2 形状指数 F

集料编号	形状指数 F			
	投影面 A	投影面 B	投影面 C	平均值
1	1.09	1.28	1.19	1.19
2	1.16	1.14	1.17	1.16
3	1.13	1.25	1.20	1.19
4	1.21	1.14	1.21	1.19
5	1.19	1.25	1.30	1.25
6	1.21	1.19	1.08	1.16
7	1.21	1.14	1.13	1.16
8	1.12	1.19	1.22	1.18
9	1.44	1.20	1.27	1.30
10	1.45	1.33	1.18	1.32
11	1.13	1.10	1.33	1.19
12	1.20	1.15	1.10	1.15
13	1.15	1.18	1.16	1.16
14	1.18	1.08	1.12	1.13
15	1.23	1.31	1.23	1.26
16	1.27	1.26	1.08	1.20
17	1.34	1.35	1.31	1.33
18	1.34	1.24	1.21	1.26
19	1.11	1.15	1.32	1.19
20	1.27	1.10	1.14	1.17

　　来自另一总体的 9.5mm 玄武岩-2 样本颗粒形状指数 F 如表 21-19 所示。如果设计过程中 9.5mm 颗粒使用的是玄武岩-1 并且经过两步设计最终设计结果符合要求，根据前文参数估计的结果，基于 9.5mm 玄武岩-1 形状指数 F 的集料总体分布应接近于正态分布 $N(1.109, 0.002)$。对于来自不同总体的 9.5mm 玄武岩-2，颗粒集料是否能够满足这一要求的判断如下。

　　9.5mm 玄武岩-2 样本均值为 $\overline{X} = \dfrac{1}{20}(1.19 + 1.16 + \cdots + 1.17) = 1.207$，$\mu_0 = 1.109$，$n = 20$，$\sigma_0 = 0.045$，设检验的显著性水平 $\alpha = 0.05$，查表可得 $u_{1-\frac{\alpha}{2}} = u_{0.975} = 1.96$，检验的拒绝域为 $W = \{|u| > 1.96\}$。根据要求作假设，有

$$H_0:\ \mu = \mu_0 = 1.109;\quad H_1:\ \mu \neq \mu_0$$

统计量 u 的观测值为

$$u = \frac{\overline{X} - \mu_0}{\sigma_0}\sqrt{n} = \frac{1.207 - 1.109}{0.045} \times \sqrt{20} = 9.739$$

由于 $|u|$ =9.739>1.96，即观测值落在拒绝域 W 之内，拒绝接受原假设 H_0，接受备择假设 H_1，即认为 9.5mm 玄武岩-2 形状指数的水平与 9.5mm 玄武岩-1 形状指数的水平有明显差异。如果采用 9.5mm 玄武岩-2 作为集料的组成部分之一，则混合料的设计效果不能保证。

21.3　沥青混合料级配设计方法的试验验证

21.3.1　基于 CBR 试验的设计方法验证

1. 策略组合下的 CBR 试验

为了验证建立的矩阵博弈级配设计模型设计效果，按照设计流程进行 CBR 试验，以试验结果对矩阵博弈中的支付函数赋值，试验过程如下。

(1) 备料：根据试模容积及集料密度，分别计算分形维数 D_{C1} =2.3、D_{C2} =2.4、D_{C3} =2.5、D_{C4} =2.6 的粗集料用量和 D_{F1} =2.6、D_{F2} =2.7、D_{F3} =2.6、D_{F4} =2.7 的细集料用量，按照表 21-6 中粗、细集料的策略组合进行配料。

(2) 拌和：按照策略组合搭配混合料，向其中加入适量普通硅酸盐水泥、纯净水，搅拌均匀备用。

(3) 试件成型：将拌和均匀的混合料分三次填入试模，每层分别以标准击实筒击实 25 次，完成最后一次击实后去除试模顶端套筒，将试件表面整平后准备进行贯入试验。

(4) 贯入试验：架设好量力环(量力环系数 C=39.9352N/0.01mm)、贯入杆(贯入杆面积 A=1.9635×10^{-3} m^2)及百分表等，先以 45N 的力预压试件，预压完成后将位移百分表和测力计百分表再次归零，启动试验机，使加荷贯入杆以 1～1.25mm/min 的速度压入试件，同时观测三个百分表的读数。

(5) 数据处理：由于试验量、数据量较大，仅列举部分试验数据加以阐述。其中一组试验数据如表 21-20 所示。

表 21-20　CBR 试验数据

加荷		贯入量/0.01mm		
测力计读数/0.01mm	单位压力 P/kPa	左测点值	右测点值	平均值
4.9	99.7	30	36	33
10.0	203.4	60	66	63
17.9	364.1	90	97	94
26.9	547.1	120	125	123
36.8	748.5	150	153	152
48.9	994.6	180	184	182

续表

加荷		贯入量/0.01mm		
测力计读数/0.01mm	单位压力 P/kPa	左测点值	右测点值	平均值
61.8	1256.9	210	216	213
75.0	1525.4	240	246	243
90.0	1830.5	270	278	274
104.5	2125.4	300	309	305
120.5	2450.8	330	341	336
136.3	2772.2	360	372	366
153.4	3120.0	390	404	397
170.0	3457.6	420	435	428
186.9	3801.3	450	465	458
202.8	4124.7	480	495	488
217.1	4415.5	510	522	516

将试验观测得到的测力计读数及左、右两个位移百分表的读数填入表 21-20 相应位置，根据左、右两个百分表的读数，计算贯入量的平均值并填入试验记录表 21-20 中相应位置。单位压力 P 的计算公式为

$$P = \frac{C \times R}{A} \tag{21-31}$$

式中，P 为单位压力，kPa；C 为量力环系数，$C = 39.9352\text{N}/0.01\text{mm}$；$A$ 为贯入杆的面积，$A = 1.9635 \times 10^{-3}\text{m}^2$。

将试验数据输入 Origin 软件中，以贯入量 L 为横坐标，单位压力 P 为纵坐标，绘制 L-P 关系曲线。表 21-20 中数据的 L-P 关系曲线如图 21-13 所示。

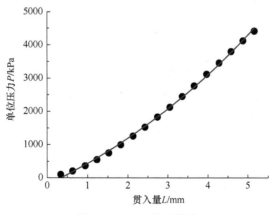

图 21-13　L-P 关系曲线

为了得到贯入量分别为 2.5mm 与 5.0mm 时的单位压力，采用 Origin 软件对图中散点数据进行函数拟合，拟合结果如表 21-21 所示。

表 21-21　*L-P* 曲线拟合函数

方程	相关系数	y_0	A_1	t_1
$y=A_1\exp(-x/t_1)+y_0$	0.99855	−4166.3	3949.6	−656.7

表 21-21 中的拟合函数自变量 x 表示贯入量 L，因变量 y 表示单位压力 P，分别将 $x=250$ 与 $x=500$ 代入，相应地可以得到

$$L=2.5\text{mm 时}，P=1613.1\text{kPa}，\text{CBR}=\frac{P}{7000}\times100\%=23.0\%$$

$$L=5.0\text{mm 时}，P=4290.7\text{kPa}，\text{CBR}=\frac{P}{10500}\times100\%=40.9\%$$

由于多次试验均得到贯入量为 5.0mm 时的 CBR 大于贯入量为 2.5mm 时的 CBR，因此根据《公路土工试验规程》(JTG 3430—2020)的规定，以贯入量为 5.0mm 时的 CBR 平均值作为该组级配的最终试验结果，如表 21-22 所示。

表 21-22　CBR 赋值后的矩阵博弈

粗集料	细集料			
	$D_{F1}=2.5$	$D_{F2}=2.6$	$D_{F3}=2.7$	$D_{F4}=2.8$
$D_{C1}=2.3$	36.5	37.6	41.3	38.5
$D_{C2}=2.5$	38.0	34.8	36.0	39.3
$D_{C3}=2.4$	33.6	38.9	42.7	41.1
$D_{C4}=2.6$	41.5	35.8	41.6	38.8

注：表中数据为 CBR，%。

2. 集料骨架强度设计结果验证

对表 21-22 的矩阵博弈进行求解，结果如表 21-23 所示。

表 21-23　基于 CBR 的混合策略纳什均衡点(验证)

粗集料				细集料			
$D_{C1}=2.3$	$D_{C2}=2.4$	$D_{C3}=2.5$	$D_{C4}=2.6$	$D_{F1}=2.5$	$D_{F2}=2.6$	$D_{F3}=2.7$	$D_{F4}=2.8$
0	0	0.52	0.48	0.28	0.72	0	0

注：表中数据为 CBR，%；$v(G)$=37.4。

解向量 $x=(0, 0, 0.52, 0.48)$ 表示的集料的选择方案：不选择 $D_{C1}=2.3$ 和 $D_{C2}=2.4$ 的粗集料，$D_{C3}=2.5$ 的粗集料占粗集料总质量的 52%，$D_{C4}=2.6$ 的粗集料占粗

集料总质量的 48%，以此构成粗集料的混合策略，如图 21-14 所示。

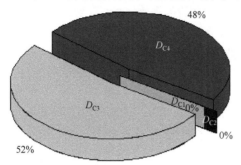

图 21-14　基于 CBR 的粗集料混合策略(验证)

　　该矩阵博弈同一个纳什均衡点下，与粗集料的混合策略对应的细集料解向量为 $y = (0.28, 0.72, 0, 0)$，表示的细集料选择方案：$D_{F1} = 2.5$ 的细集料占细集料总质量的 28%，$D_{F2} = 2.6$ 的细集料占细集料总质量的 72%，不选取 $D_{F3} = 2.7$ 和 $D_{F4} = 2.8$ 的细集料，如图 21-15 所示。

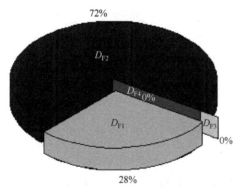

图 21-15　基于 CBR 的细集料混合策略(验证)

　　博弈值 $v(G)=37.4$ 表示在求解得到的纳什均衡点混合策略组合下，可以保证集料的 VCA 不小于 37.4%。为了验证矩阵博弈结果的正确性，按照表 21-23 的级配设计结果进行 CBR 试验，试验数据如表 21-24 所示。

表 21-24　基于 CBR 的设计结果验证(集料骨架强度设计)

贯入量/mm	第一次		第二次		第三次	
	P/kPa	CBR/%	P/kPa	CBR/%	P/kPa	CBR/%
2.5	1512.7	21.6	1908.0	27.3	1721.3	25.0
5.0	3767.0	35.9	4539.2	43.2	4125.6	39.3

　　表 21-24 记录了同一级配(表 21-23 所示均衡点的策略组合)的三次平行试验

结果，同样由于贯入量为 5.0mm 时的 CBR 大于贯入量为 2.5mm 时的 CBR，因此按照规范要求取贯入量为 5.0mm 时的三次 CBR 平均值为作为该级配的骨架强度，即 CBR=39.5%。表 21-23 中矩阵博弈值 $v(G)$=37.4%，该博弈值含义为粗、细集料在纳什均衡点混合策略组合下集料骨架的 CBR 不低于 37.4%。设计级配的 CBR 试验结果 39.5%>37.4%，这一结果表明基于 CBR 的集料骨架强度设计结果可信、可行。

21.3.2 基于 VCA 试验的设计方法验证

1. 策略组合下的 VCA 试验

按照设计流程进行 VCA 试验，以试验结果对矩阵博弈中的收益函数赋值，试验过程如下。

(1) 计算集料毛体积密度。粗集料骨架间隙率的计算如式(21-32)所示：

$$\text{VCA}_{\text{DRC}} = \left(1 - \frac{\rho}{\rho_b}\right) \times 100\% \tag{21-32}$$

式中，VCA_{DRC} 为捣实状态下的粗集料骨架间隙率；ρ_b 为粗集料毛体积密度；ρ 为按捣实法测定的粗集料自然堆积密度。

因此，为了计算粗集料骨架间隙率，需要先测定不同粒径粗集料的毛体积密度，计算公式为

$$\rho_b = \frac{m_a}{m_f - m_w} \tag{21-33}$$

式中，ρ_b 为粗集料毛体积密度；m_a 为集料烘干质量；m_f 为集料的表干质量；m_w 为集料水中质量。

按照《公路工程集料试验规程》(JTG 3432—2024)中 T 0304—2024 方法，将粗集料按照粒径 16.00mm、13.20mm、9.50mm、4.75mm 分档，每档备料不小于 1kg，洗净后浸泡 24h，以挂篮法分别测量四档粗集料的水中质量；每一档粗集料水中质量测量结束后立即用拧干的湿毛巾擦拭，测量其表干质量，整个过程持续时间不得过长，也不得丢失集料颗粒；四档集料的水中质量全部测量完成后，将其置入烘箱，调节恒温至 105℃±5℃，烘干至恒重后取出并冷却至室温，分别测定其烘干质量，试验数据如表 21-25 所示。

表 21-25 不同粒径的粗集料毛体积密度

粒径/mm	m_w/g	m_f/g	m_a/g	ρ_b/(g/cm³)
16.00	696.09	1101.83	1098.06	2.706
13.20	699.92	1108.68	1106.04	2.706

粒径/mm	m_w / g	m_f / g	m_a / g	ρ_b /(g/cm³)
9.50	691.94	1102.12	1099.07	2.680
4.75	694.31	1109.25	1103.27	2.659

(2) 测定 VCA_{DRC} 时，需要按照不同的级配将各档粗集料混合拌匀后进行测定，级配不同则各档集料用量不同。由于各档集料密度不同，不同级配集料混合后平均毛体积密度也不同，四档混合集料的平均毛体积密度 $\overline{\rho}_b$ 推导如下。

设每一档集料在混合集料中的质量分数分别为 a_1、a_2、a_3、a_4，则其应满足：

$$a_1 + a_2 + a_3 + a_4 = 1 \tag{21-34}$$

设集料总质量为 M，各档集料毛体积密度为 ρ_{b1}、ρ_{b2}、ρ_{b3}、ρ_{b4}，则其应满足：

$$\frac{a_1 M}{\rho_{b1}} + \frac{a_2 M}{\rho_{b2}} + \frac{a_3 M}{\rho_{b3}} + \frac{a_4 M}{\rho_{b4}} = \frac{M}{\overline{\rho}_b} \tag{21-35}$$

可以得到

$$\overline{\rho}_b = \frac{\rho_{b1} \rho_{b2} \rho_{b3} \rho_{b4}}{a_1 \rho_{b2} \rho_{b3} \rho_{b4} + a_2 \rho_{b1} \rho_{b3} \rho_{b4} + a_3 \rho_{b1} \rho_{b2} \rho_{b4} + a_4 \rho_{b1} \rho_{b2} \rho_{b3}} \tag{21-36}$$

将不同级配下的各档集料质量分数和每档集料的毛体积密度代入式(21-36)，便可以得到相应级配的平均毛体积密度 $\overline{\rho}_b$，计算结果如表 21-26 所示。

表 21-26　不同级配的混合料平均毛体积密度

级配	$\overline{\rho}_b$ /(g/cm³)
$D_{C1} = 2.3$	2.681
$D_{C2} = 2.4$	2.680
$D_{C3} = 2.5$	2.680
$D_{C4} = 2.6$	2.679

(3) 称取容量筒的质量 m_1，按照级配将集料混合并拌和均匀后，分三次装入容量筒中，每次装入约 1/3 容量筒高度并捣实 25 次，最后一次捣实后抹平表面，用适量的细集料填充表面较大的空隙，称取容量筒与集料的总质量 m_2，则捣实状态下的自然堆积密度为

$$\rho = \frac{m_2 - m_1}{V} \tag{21-37}$$

式中，ρ 为捣实法测定的粗集料自然堆积密度；m_1 为容量筒的质量；m_2 为容量筒与集料的总质量；V 为容量筒的容积。

每组级配进行三次平行试验，计算得到的各组级配捣实状态下的平均自然堆积密度如表 21-27 所示。

表 21-27　不同级配混合料的平均自然堆积密度

分形维数(级配)	$\rho /(\text{g/cm}^3)$
$D_{C1} = 2.3$	1.612
$D_{C2} = 2.4$	1.588
$D_{C3} = 2.5$	1.626
$D_{C4} = 2.6$	1.635

将表 21-26、表 21-27 中的数据代入式(21-32)，得到捣实状态下的粗集料骨架间隙率 VCA_{DRC} 如表 21-28 所示。

表 21-28　VCA 赋值后的矩阵博弈(捣实状态下的粗集料骨架间隙率)

粗集料	细集料			
	$D_{F1} = 2.5$	$D_{F2} = 2.6$	$D_{F3} = 2.7$	$D_{F4} = 2.8$
$D_{C1} = 2.3$	39.9%	39.9%	39.9%	39.9%
$D_{C2} = 2.4$	40.7%	40.7%	40.7%	40.7%
$D_{C3} = 2.5$	39.3%	39.3%	39.3%	39.3%
$D_{C4} = 2.6$	39.0%	39.0%	39.0%	39.0%

2. 集料骨架空隙设计结果验证

观察表 21-28 所示的矩阵博弈，发现 $V_1 = \max_{1 \leq i \leq m} \min_{1 \leq j \leq n} a_{ij} = \min_{1 \leq j \leq n} \max_{1 \leq i \leq m} a_{ij} = V_2$，满足前文所述纯策略纳什均衡点存在的条件，所以纯策略纳什均衡为 (α_2, β_i)，博弈值 $v(G) = 40.7$。该纯策略纳什均衡表示仅选择分形维数 $D_{C2} = 2.4$ 的粗集料即可，不与其他分形维数的粗集料混合，博弈值作为分形维数 $D_{C2} = 2.4$ 的粗集料的骨架间隙率。

由于该矩阵博弈以粗集料骨架间隙率为支付函数赋值，粗集料骨架间隙率的定义与试验测定均与细集料无关，因此该博弈退化成从四种方案中优选的问题。可以看出，从矩阵博弈的角度出发，不仅可以解决复杂策略组合的选择问题，也可以涵盖简单的策略选择问题。

参 考 文 献

[1] 葛世荣. 粗糙表面的分形特征与分形表达研究[J]. 摩擦学学报, 1997, 17(1): 73-80.

[2] 杨瑞华, 许志鸿, 张超, 等. 沥青混合料分形级配理论[J]. 同济大学学报: 自然科学版, 2008, 36(12): 1642-1646.

[3] 杨彦昌. 分形理论在沥青混合料中的应用研究[D]. 长沙: 长沙理工大学, 2009.

[4] 田波, 侯芸, 杜二鹏, 等. 沥青混合料中骨架结构特征的评价[J]. 同济大学学报: 自然科学版, 2001, 29(5): 541-545.

[5] 盛晓军, 陈忠达, 戴经梁. 粗集料骨架优化研究[J]. 城市道桥与防洪, 2010(4): 158-160.

第五篇 流 变 问 题

沥青混合料的流变行为源于组分材料的流变特性叠加(沥青非晶态物质+集料颗粒物质),沥青的流变性能依赖于温度和应力的双重作用,而集料颗粒的流变则依赖于密度(堆积结构)和应力条件。因此,温度、密度和应力构成了决定沥青混合料流变特性的三个维度,这三个维度也始终贯穿沥青混合料/沥青路面的全寿命周期。拌和阶段通过控制温度保证松散热态的沥青混合料具有良好的施工和易性;压实阶段在高温条件下快速振动使沥青混合料结构密实,进而实现沥青混合料从流态向固态的相变;运营阶段则需要保证沥青混合料在服役工况下(温度、荷载应力)的固态稳定性。

实际上,对于沥青混合料工程性能的预期,也无非是对于一种特殊软物质材料的流动(unjammed)-阻塞(jammed)态调控问题。在拌和摊铺过程中,松散热态的沥青混合料处于流动态以增加施工和易性;在碾压成型之后的服役过程中,希望沥青混合料处于阻塞态以抵抗环境和交通荷载。实际工程应用当中,正是通过控制材料的温度和密度变化,进而实现沥青混合料流动-阻塞态的相互转变。另外,以沥青路面的高温抗车辙形变问题为例,本质上而言,对于沥青混合料高温稳定性的优化设计,正是以保证沥青混合料在高温条件下不会从阻塞态进入流动态为目的而开展的。

借助软物质科学中颗粒物质体系复杂动力学行为相关理论可以优化沥青路面的压实工艺,利用颗粒物质最大填充的相关理论可以指导沥青混合料的级配设计工作。因此,将沥青混合料纳入软物质科学研究范畴,更接近和阐释沥青混合料物质属性和所有行为的根本基础。不同阶段沥青混合料的流变特性表现状态不同,然而目前对于拌和、压实阶段混合料的流变特性研究较少,因此应当开发适用于不同阶段(拌和、压实、服役)不同状态(松散态、密实态)沥青路面材料流变特性测试设备和评价方法。再者,沥青混合料作为具有多尺度结构特征的材料,本篇研究不同尺度下沥青材料(沥青结合料、沥青胶浆、沥青砂浆、沥青混合料)流变特性的联系。

沥青混合料的流变特性取决于集料与沥青的性质,本篇研究确定集料颗粒几何特性和级配组成、沥青黏度、界面特性等参数与沥青混合料流变特性的联系。众所周知,沥青材料的黏弹性流变特性具有时间-温度-应力等效特性,为了深入剖析沥青材料的黏弹性流变特性,则需要建立起相应的等效准则及其与速度-温度-荷载的对应法则。实际路面服役过程中,存在着多轴车辆、重载交通、慢速荷载、高温天气、路面坡度等复杂条件,应当进一步研究这些特殊条件对路面材料流变特性的影响,建立不同温度、荷载条件下沥青路面车辙分析方法,揭示车辙发生机理及其发展规律,最终形成沥青路面车辙综合防治技术体系。

第 22 章　拌和阶段沥青混合料的流变特性

22.1　松散热态沥青混合料流变特性测试

沥青混合料是由沥青结合料和集料颗粒混合而成的颗粒型材料，其流变特性对温度非常敏感。低温时，沥青混合料趋于散体为不均匀的颗粒型材料，并且由于沥青硬化，混合料硬结成块，流动性非常小。高温时，由于沥青的黏度较小，沥青在混合料中起到润滑的作用，沥青混合料的流动性很强，更趋于连续介质流体。目前，对热态流动型混合料流变特性的研究甚少，而拌和和压实试验的研究不能提供混合料力和位移之间的关系。对于热态混合料的流变特性仅限于定性认识，因此提出一种便捷的方法，对混合料的流变特性进行量化研究，接下来介绍拌和阶段沥青混合料流变特性测试方法。

22.1.1　流体流变特性及分类

流体在受到外部剪切力作用时会发生流变，流体层之间剪切速度不同，必然会引起层与层之间对相互变形(位移)的抵抗作用，并且这种抵抗作用以黏滞力的形式表现出来。任何流体在产生相对运动时都会产生黏滞力，这是流体固有的物理属性。通常将流体流动时所表现出的抵抗流变的物理性质称作流体的黏性或黏滞性。牛顿内摩擦定律在理论上对流体的黏性进行了描述：流体层之间单位面积上产生的剪切应力或黏滞力与剪切速率或速度梯度成正比，牛顿流体剪切应力表达式为

$$\tau = \mu(\mathrm{d}v_x / \mathrm{d}y) = \mu\dot{\gamma} \tag{22-1}$$

式中，τ 为剪切应力；μ 为比例系数；$\mathrm{d}v_x/\mathrm{d}y$ 为法向速度梯度。由式(22-1)可以看出，牛顿流体剪切应力和剪切速率表现为线性关系，符合这一关系的流体为牛顿流体。但是大部分流体的应力-应变曲线并不是线性的，不符合牛顿线性流变关系的流体统称为非牛顿流体。非牛顿流体的表达式为

$$\tau = \mu\left(\mathrm{d}v_x / \mathrm{d}y\right)^n = \mu\left(\dot{\gamma}\right)^n \tag{22-2}$$

式中，比例系数μ同样反映的是流体的内摩擦特性，称之为广义的牛顿黏度。只不过μ不再是常数，而是随着流体流动情况的不同而变化，μ不但与流体的物理性质

密切相关，而且受外界剪切应力、剪切速率的影响非常大。描述非牛顿流体的内摩擦特性或者黏性的流变模型包括如 Bingham 模型、Ellis 模型、Carreau 模型、Ostwald-Dewaele 的幂律模型等。其中，Ostwald-Dewaele 的幂律模型公式简单，最为常用。幂律模型中非牛顿流体的剪切应力函数是剪切速率或速度梯度的指数函数，其表达式为

$$\tau = K(\dot{\gamma})^n \tag{22-3}$$

式中，K 为稠度系数，与温度和剪切速率有关，N·s/m；n 为材料的流动指数或者非牛顿指数，表示与牛顿流体差异的程度。

根据流动指数 n 的大小，对流体进行分类如下：

(1) 当 $n=1$ 时，$\mu=K$，此时流体为牛顿流体；

(2) 当 $n<1$ 时，流体为剪切变稀流体或者假塑性流体，n 偏离 1 的程度越大，表明材料的假塑性越强；

(3) 当 $n>1$ 时，流体为膨胀塑性或剪切增稠流体。

22.1.2　松散热态沥青混合料流变特性

沥青混合料拌和完成后，是一种松散状流动型的颗粒材料，在外力的作用下颗粒会产生滑动、滚动等，而这种滑动、滚动作用能够引起混合料的重新排列，小颗粒不断填充到大颗粒中，最终达到一种嵌挤稳定的状态。

松散热态沥青混合料作为一种流体，在受到外部剪切力时，混合料内部产生相对运动趋势，混合料内部颗粒之间就要抵抗其相对运动，并且这种抵抗力以黏滞力的形式表现出来。如图 22-1 所示，沥青混合料在剪切力的作用下发生流变，由于混合料中集料颗粒之间的相互作用，与施加外部剪切力接触的下面层混合料将会带动与其接触的上面层混合料发生流变，由于力的相互作用，上面层混合料会阻止下面层混合料的流变，混合料速度 v 沿垂直方向梯度递减。假设将混合料沿速度梯度方向划分为无数个平面层，则相邻平面层的接触表面产生相对运动的趋势时，就会产生阻碍相互之间相对运动的摩擦力，这个摩擦力就是混合料的黏滞力。黏滞力是混合料的固有物理属性之一，沥青混合料在受到剪切力作用时产生黏滞力的性质称为黏性。沥青混合料的黏性与其抵抗流变的能力直接相关，因此沥青混合料的黏性可以作为评价混合料流变特性的一种方法。根据这一原理，可以通过测定沥青混合料的黏度作为评价混合料力学特性的一种手段，并测试松散热态沥青混合料应力-应变关系曲线，根据流体分类，判定沥青混合料的流体类型，分析其流变行为。

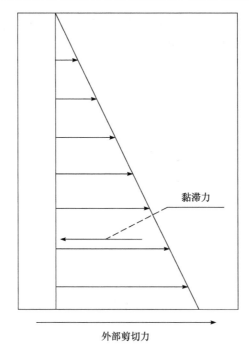

图 22-1　沥青混合料的黏滞力

22.1.3　沥青混合料流变测试仪设计

非牛顿流体的流变与黏度测定可以归结为流体内部剪切应力和剪应变之间关系的测定。测定分为两种模式：一种是施加恒定或者变化的剪切速率测定剪切应力；另一种是施加剪切应力测定剪切速率的情况。不管是哪种测定模式，剪切应力和剪切速率之间表现为对应的函数关系[1]。因此，非牛顿流体的流变关系可以用式(22-4)表达：

$$S = \eta f(D) \tag{22-4}$$

式中，S 为剪切应力；η 为流变系数(又称"一致性系数")；$f(D)$ 为剪切速率的函数。

工程上大都采用剪切方式测定材料的流变曲线，并使用施加的外部剪切力和剪切速率作为衡量流变的评价物理量。目前，沥青结合料的高温流变特性主要通过双旋筒黏度计和动态剪切流变仪进行测试，测试原理都是旋转剪切。沥青结合料属于连续介质，而沥青混合料属于典型的颗粒性材料，因此沥青黏度试验方法不适合用于沥青混合料的流变测试。

试验采用剪切的方式测试松散热态沥青混合料的力学特性，流变测试的原理示意图见图 22-2。该测试仪组成部分非常简单，主要包括试验容器、加载板及加载量测系统三部分。试验过程中加载板以一定的速率向下运动，测定施加在加载板上的压力，或者在加载板的顶端施加一定的压力，测定加载板的位移变化。力或者位移作为评价沥青混合料流变特性的指标。

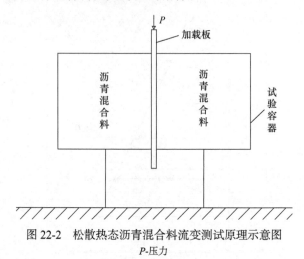

图 22-2　松散热态沥青混合料流变测试原理示意图

P-压力

1. 试验箱设计

对于松散沥青混合料这种松散颗粒型材料，必须提供周边约束才能使其具有一定的形状结构，只有这样才能使各种试验研究具有可行性。对于松散型材料，有无侧向约束对试验结果的影响非常大，因此试验容器的尺寸对试验结果至关重要。在松散材料研究中，试件尺寸应该以研究材料最大颗粒尺寸的 6～7 倍为宜[2]。对于 AC-20 沥青混合料，最大粒径为 26.5mm，则要求试验容器的边长在 115～159mm，选取试验容器尺寸为 150mm×150mm×150mm 的立方体是可行的。

为了受力均匀，试验箱形状为长方体，箱子由厚钢板焊接而成，耐高温且不易变形。综合考虑各方面因素，取试验容器尺寸为 150mm×150mm×150mm。为克服偏心压力，采用左右对称试验容器同时试验，当加载板就位后，试验容器被分隔为左右两个箱室，左右两室都是边长 150mm 的立方体。

2. 加载板设计

加载板插入试验容器后既能够自由上下移动，又不能出现明显的晃动影响测量结果，所以要保证加载板与试验容器壁处于近似接触的状态。试验容器中间有两条上下垂直对齐的开缝，开缝宽度为 9mm，所以取加载板厚度为 8mm 的长方体板，加载板宽度为 149mm。当试验容器中装满沥青混合料后，加载板在运动过程中始终保持穿出混合料堆，加载板侧面与混合料颗粒接触的宏观高度(被混合料颗粒包围部分的高度)保持不变。

加载板的长度除了满足与试验箱接触的长度外，还要有足够的富余长度，从而保证试验过程中加载板行走全程与试验箱接触面积不变。因此，加载板的长度取 250mm。

3. 加载板表面设计

分析对象为集料或者沥青与集料混合而成的沥青混合料,集料颗粒尺寸较大,传统滑板黏度计中的加载板不能产生足够的力从而带动集料颗粒运动。为了增大剪切的带动力，在加载板表面刻上密集的花纹。假设集料为球形颗粒，半径为 r，相同粒径的集料排列在一起，如图 22-3 所示。

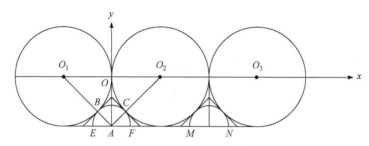

图 22-3　集料颗粒简化模型

从图 22-3 中很容易计算出圆 A 的半径：$AC=AO_2-CO_2=r\left(\sqrt{2}-1\right)$。加载板上突起设置为半球形，半球形突起边缘间距 $FM=2(r-AF)$。考虑沥青混合料粗细集料的分界粒径为 4.75mm，以此作为纹理的控制尺寸标准。当集料直径为 4.75mm 时，计算得 $AC=0.9775$mm。

实际加工制作过程中，由于球形突起制作复杂，最终选定在加载板表面雕刻纹理的方法。分别在与运动方向呈 45°和 135°的方向雕刻相互交叉的斜纹组成网格，纹理宽度、深度均为 1mm。为了减少突起的磨损，加载板材料选用 8mm 厚的钢板。

4. 加载量测系统

加载量测系统采用 WDW-100N 微机控制电子万能试验机，该试验机可以根据负载的大小切换不同的档位，确保测量精度。另外，试验机还可以根据不同的试件，任意改变试验速度。微机系统能够实现数据的动态显示和输出。WDW-100N 微机控制电子万能试验机技术参数见表 22-1。

表 22-1　WDW-100N 微机控制电子万能试验机技术参数

技术参数	数值
最大试验力/kN	100
试验力分辨率	1/200000
位移最小读数/mm	0.01
示值相对误差(1%～100%量程)/%	±1
试验力示值重复性相对误差/%	≤1
试验力零点相对误差/%	±0.1
剪切速率/(mm/min)	0.001～500
试验空间(高×宽)/(mm×mm)	800×400
加载方式	电动

可以看出，WDW-100N 万能试验机的测力范围和速度控制范围比较大，能满足试验要求。

5. 加载板垂直运动控制

为保证加载板在竖直方向的直线运动，力的作用方向必须在加载板的中线位置。因此，在加载板顶端设置了与压力机压头配套的螺栓头。通过螺栓结构，加载板和压力机连接在一起，既消除加载过程中的偏心，又能克服加载板自重对试验结果的影响。另外，由于测试材料为松散的沥青混合料，试验过程中必须有充足的时间保证颗粒的移动，加载速率需要设置在较小的范围内。

22.1.4　流变特性测试试验参数

松散沥青混合料本质来讲是一种典型的颗粒型材料，等应变控制加载模式中，剪切速率对试验具有非常重要的影响。为了选取试验加载速率，对 AC-13、AC-16 两种沥青混合料分别在不同加载速率(剪切速率)下进行试验。为了使颗粒材料和加载板之间充分作用，选用了较低的速度范围。试验结果如图 22-4 和图 22-5 所示。

图 22-4 和图 22-5 分别为 AC-13 沥青混合料和 AC-16 沥青混合料在三种加载速率下的黏滞力–位移关系曲线。从图 22-4 试验结果可以看出，剪切速率越大，需要施加的力越小。不同加载速率下，黏滞力–位移的变化曲线不同。加载速率为 0.5mm/min 时，黏滞力随着位移增加线性增大，并且增长幅度较大；剪切速率为 1mm/min 和 2mm/min 时，黏滞力的增长速率明显降低，黏滞力的增长曲线比较平滑，黏滞力波动性较小，这主要是因为剪切速率较低时，加载板和颗粒之间能够充分作用，颗粒有足够的时间进行滚动、移动或者滑动，从而混合料逐渐密实。

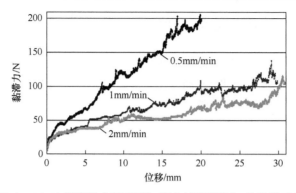

图 22-4　AC-13 沥青混合料不同加载速率下黏滞力–位移关系曲线

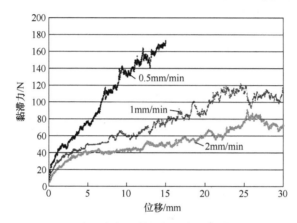

图 22-5　AC-16 沥青混合料不同加载速率下黏滞力–位移关系曲线

图 22-5 中也显示了相同的变化规律。从图 22-4 和图 22-5 可以看出，位移达到 20mm 时，黏滞力变化趋于平稳。考虑到沥青材料的感温性，试验时间不宜过长，因此选取 1mm/min 作为加载速率。

22.1.5　流变特性评价指标

1. 沥青混合料的黏弹性变形特性

沥青混合料是一种典型的黏弹塑性材料，低温小变形时，其力学行为表现为线弹性，高温大变形时表现为黏塑性，在通常温度范围内表现为黏弹性。沥青混合料流变特性主要是指黏弹性。沥青混合料的黏弹性主要表现如下：

(1) 沥青混合料的应力–应变关系为曲线，并且卸载后不可全部恢复。

(2) 沥青混合料的强度和刚度随着加载速率的增加而增加，随着温度的升高而降低。

(3) 在恒定的温度和应力条件下，沥青混合料应变随着时间的增长而增加。在恒定应变条件下，所施加的应力随着时间的增加而减小，具有明显的蠕变和应力松弛特性。

常温下对沥青混合料进行加载,然后反向卸载得到混合料变形的典型应力-应变曲线如图 22-6 所示。我们定义曲线上任意一点的切线为切线模量 E，切线模量是时间 t 的函数，见式(22-5)：

$$E(t) = \frac{\mathrm{d}\sigma(t)}{\mathrm{d}\varepsilon(t)} \tag{22-5}$$

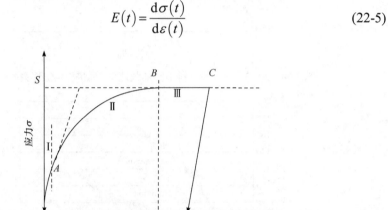

图 22-6　沥青混合料应力-应变曲线

从图 22-6 可以看出，沥青混合料变形曲线可以分为三个阶段：Ⅰ-弹性阶段(图 22-6 中 OA 段)，在加载初期，应力-应变表现为明显的线性关系，切线模量为常数，在数值上与材料的弹性模量相同。Ⅱ-黏弹性阶段(图 22-6 中 AB 段)，切线模量随着加载时间的延长而逐渐减小，减小的速度逐渐增加。Ⅲ-黏塑性阶段(图 22-6 中 BC 段)，应力-应变曲线表现为直线，随着应变增加，应力保持不变，材料发生塑性流动。在 C 点卸载后，部分变形逐渐恢复，但是会有很大一部分的永久变形。

2. 松散热态沥青混合料的黏滞力和位移关系

图 22-7 为 AC-16 沥青混合料(沥青用量(质量分数)4.5%)的黏滞力-位移关系曲线，试验加载速率为 1mm/min，试验初始温度 160℃。通过对图 22-7 的分析，可以对沥青混合料的黏滞力-位移的关系有基本的认识。

从图 22-7 可以看出，加载速率一定时，松散热态沥青混合料的黏滞力-位移关系表现为曲线，黏滞力随着位移的增加呈现增长的趋势，但是位移不同时，黏滞力的增长幅度是有区别的。试验开始前位移为零时，将微机计数系统清零。试验刚开始，黏滞力由零急剧增加到 10N 左右，此时黏滞力与沥青混合料的最大静

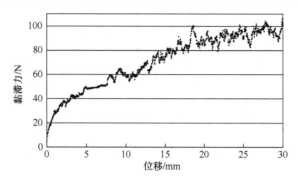

图 22-7　AC-16 沥青混合料黏滞力–位移关系曲线

摩擦力相关。试验曲线可以分为三段：0～3min，黏滞力–位移表现为明显的线性关系，黏滞力随着位移的增加增长较快；3～20min，黏滞力偏离起初的增长趋势，随着位移的增加，呈现小波动态增加；20min 后，黏滞力趋于稳定，在 100N 左右波动。

从宏观方面来讲，当加载板向下缓慢运动时，加载板会引起与其接触的集料颗粒运动，这种运动包括颗粒的向下转动和滑动。这种颗粒的运动产生的力又会引起与其相互嵌挤在一起的其他颗粒运动，依次类推逐层向外，从而导致混合料产生整体向下的压密趋势，混合料黏滞力不断增加。但是，加载板的携带作用力是有限的，因此当颗粒系统的压实度(密实度比)达到一定程度时，黏滞力不会无限增大。从图 22-7 中可以看出，当加载板以一定的速率向下运动时，试验所需施加的荷载并非平滑增加，而是出现很多波动。这主要是因为加载板在向下运动时，与其接触的集料颗粒受到向下的摩擦力，当较大的颗粒与加载板接触，加载板的运动需要克服大颗粒的阻碍，将大颗粒向外排挤，此时黏滞力较大。当大颗粒被挤开，力又会有所降低，从而出现施加荷载的波动。

根据颗粒力学理论，沥青混合料装填完成后在重力作用下逐渐密实并趋于稳定状态。在外荷载作用下，系统内部颗粒形成力链，力链上的颗粒支撑并传递力，当加载板表面与集料颗粒发生相对滑移时，加载板的运动引起与其接触颗粒的滚动和滑动，颗粒受到向下的剪切应力，原来稳定的力链结构受到剪切应力发生变形，导致力链的断裂和重新组成，局部颗粒堆积密度也发生改变，造成力的波动。

为分析热态沥青混合料的黏滞力和位移关系，对 AC-16 沥青混合料(沥青用量 4.5%)的试验结果进行数据拟合分析。加载速率 1mm/min，试验初始温度为160℃。根据观察推测，黏滞力–位移关系曲线符合幂律关系，幂函数拟合曲线见图 22-8，拟合方程见式(22-6)。

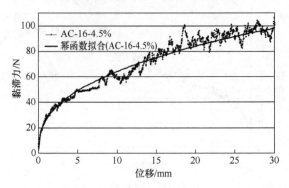

图 22-8　AC-16 沥青混合料的黏滞力-位移拟合曲线

AC-16 沥青混合料拟合结果：

$$y = 26.455x^{0.3716}, \quad R^2 = 0.9698 \tag{22-6}$$

从拟合结果可以得出，常规直角坐标系下，松散热态沥青混合料的黏滞力-位移的曲线可以拟合成幂函数曲线 $y = ax^b$，式中 a、b 为拟合参数。AC-16 沥青混合料，拟合方程为 $y = 26.455x^{0.3716}$，相关系数为 0.9698。按照上面的拟合方法，对 AC-13、AC-16、AC-20、SMA-13、SMA-16 五种沥青混合料进行拟合分析，拟合结果见表 22-2。

表 22-2　五种沥青混合料的黏滞力-位移曲线拟合结果

混合料类型	沥青用量/%	拟合参数		拟合方程	R^2
		a	b		
AC-13	4.7	24.111	0.3299	$y = 24.111x^{0.3299}$	0.9279
AC-16	4.5	26.455	0.3716	$y = 26.455x^{0.3716}$	0.9698
AC-20	4.3	32.105	0.3743	$y = 32.105x^{0.3743}$	0.9725
SMA-13	5.9	27.768	0.3736	$y = 27.768x^{0.3736}$	0.9598
SMA-16	5.5	31.373	0.4568	$y = 31.373x^{0.4568}$	0.9781

由此可以看出，五种沥青混合料的拟合相关系数都在 0.9 以上，进一步证明了松散热态沥青混合料黏滞力和位移之间的幂函数关系。可以看出五种沥青混合料的拟合参数 b 均小于 1，根据流体分类，松散热态沥青混合料属于假塑性流体。通过比较 AC-13、AC-16、AC-20 混合料拟合结果，发现三种混合料拟合参数 a、b 从小到大的排序都是 AC-13<AC-16<AC-20，具有很好的规律性，即随着混合料最大公称粒径增大，拟合参数增大。比较 SMA-13 与 AC-13，SMA-16 与 AC-16

发现，最大公称粒径相同的 SMA 间断级配混合料拟合参数值高于 AC 密级配混合料。因此，可以认为松散热态沥青混合料的黏滞力-位移曲线符合幂函数曲线，松散热态沥青混合料属于假塑性流体。

3. 流变特性评价指标选取

由上述分析可知，松散热态沥青混合料的黏滞力和位移之间表现为幂函数关系。在双对数坐标下 AC-16 沥青混合料(沥青用量 4.5%)的拟合结果见图 22-9，拟合式见(22-7)。

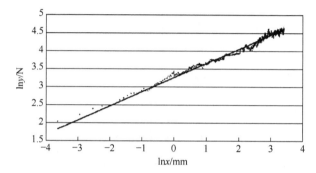

图 22-9　双对数坐标下 AC-16 沥青混合料的黏滞力–位移拟合曲线

y-黏滞力；x-位移

AC-16 沥青混合料在双对数坐标下的拟合结果：

$$\ln y = 0.3939\ln x + 3.2551, \quad R^2 = 0.9746 \tag{22-7}$$

从式(22-7)可以看出，双对数坐标下松散热态沥青混合料黏滞力和位移之间表现为明显的线性关系。双对数坐标下的拟合结果与幂函数曲线拟合结果具有一定的差异性。同样，AC-13、AC-16、AC-20、SMA-13、SMA-16 五种混合料在双对数坐标下的拟合结果见表 22-3。

表 22-3　双对数坐标下五种沥青混合料的黏滞力–位移曲线拟合结果

混合料类型	沥青用量/%	拟合方程	斜率 k	R^2
AC-13	4.7	$\ln y = 0.3358\ln x + 3.1675$	0.3358	0.9300
AC-16	4.5	$\ln y = 0.3939\ln x + 3.2551$	0.3939	0.9746
AC-20	4.3	$\ln y = 0.3825\ln x + 3.4485$	0.3825	0.9775
SMA-13	5.9	$\ln y = 0.3661\ln x + 3.3295$	0.3661	0.9646
SMA-16	5.5	$\ln y = 0.4496\ln x + 3.1866$	0.4496	0.9761

可以看出，双对数坐标下黏滞力和位移具有明显的线性相关性，相关系数均在 0.9 以上。AC-13、AC-16、AC-20、SMA-13、SMA-16 拟合曲线斜率分别为 0.3358、0.3939、0.3825、0.3661、0.4496，可以看出，同种级配沥青混合料，随着最大粒径增加，斜率 k 增加；级配类型不同时，SMA 型沥青混合料的 k 大于相同粒径的 AC 型沥青混合料。这说明斜率 k 可以作为区分不同沥青混合料性质的指标。由于混合料的黏滞力是沥青混合料一个固有的物理属性，可表征沥青混合料的黏性。根据这一原理，可以通过测定沥青混合料的黏滞力作为评价沥青混合料力学特性的一种手段，使用黏滞力峰值 F 作为评价指标。

22.2　拌和阶段松散热态沥青混合料的流变特性评价

22.2.1　不同沥青用量下的混合料流变特性

1. AC-16 沥青混合料

对 AC-16 级配混合料，沥青用量分别为 3.5%、4.5%、5.5%时，剪切速率取 1mm/min、温度取 160℃时，进行试验研究，分析不同沥青用量沥青混合料的流变特性，试验结果见图 22-10。

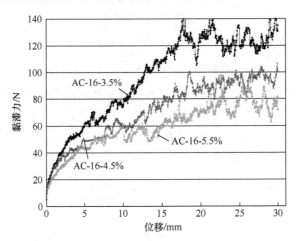

图 22-10　AC-16 沥青混合料不同沥青用量时黏滞力-位移关系曲线

从图 22-10 可以看出，AC-16 沥青混合料沥青用量为 3.5%、4.5%、5.5%时，黏滞力峰值分别为 140N、100N、90N，随着沥青用量的增加，沥青混合料的黏性降低；当沥青用量小于最佳沥青用量(4.5%)时，黏滞力-位移曲线波动性大，且黏滞力的增长速度较快，当沥青用量达到最佳沥青用量后，黏滞力-位移曲线变得比较平缓，增长速度变缓，且随着沥青用量增加，混合料的黏性降低幅度较小。对 AC-

16 沥青混合料的试验结果在双对数坐标下进行拟合的结果见图 22-11，拟合公式见式(22-8)～式(22-10)。

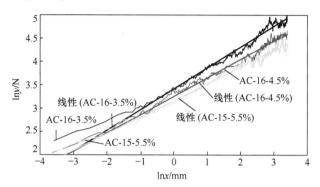

图 22-11　AC-16 沥青混合料沥青用量分别为 3.5%、4.5%、5.5%的黏滞力–位移拟合曲线

沥青用量 3.5%时：

$$\ln y = 0.4433 \ln x + 3.4199, \quad R^2 = 0.9654 \tag{22-8}$$

沥青用量 4.5%时：

$$\ln y = 0.3940 \ln x + 3.2550, \quad R^2 = 0.9746 \tag{22-9}$$

沥青用量 5.5%时：

$$\ln y = 0.3558 \ln x + 3.1683, \quad R^2 = 0.9603 \tag{22-10}$$

从以上的拟合结果可以得出，随着沥青用量增加，拟合斜率 k 逐渐减小，这与黏滞力的变化情况是一致的。

2. AC-20 沥青混合料

为进一步分析不同沥青用量沥青混合料的流变特性，选取 AC-20 沥青混合料，沥青用量为 3.3%～5.3%，间隔 0.5%进行试验，试验结果如图 22-12 所示。

可以看出，当级配和最大粒径相同时，相同加载速率下随着沥青用量的增加，试验所施加的力越小，沥青用量越大，黏滞力–位移关系曲线越平缓。从图 22-12 中可以看出，沥青用量从 3.3%增加到 5.3%时，黏滞力–位移关系曲线明显分为两类：沥青用量小于 4.3%时，黏滞力增长较快；沥青用量大于等于 4.3%时，黏滞力–位移关系曲线非常相似且变化平缓。

在高温情况下，沥青的黏度较低，与集料的嵌挤作用相比，沥青发挥的黏滞作用可以忽略。此时，沥青更多的是扮演一种润滑剂的作用，根据前面级配设计，确定 AC-20 沥青混合料的最佳沥青用量为 4.3%，当沥青用量小于 4.3%时，沥青不足以完全裹覆集料的表面，集料与集料之间相互接触，从而使混合料的黏滞力

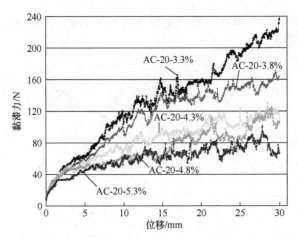

图 22-12　AC-20 沥青混合料不同沥青用量时黏滞力–位移关系曲线

增加较快，且峰值较大。当沥青用量超过 4.3%时，集料被沥青完全裹覆且有较多的多余沥青，从而使得混合料整体表现出来的黏性降低，黏滞力较小，很快达到基本稳定的状态。

　　沥青用量为 4.3%、4.8%、5.3%的情况下，黏滞力随着位移的变化情况基本相似且大小接近，主要是因为在松散热态沥青混合料中，对混合料整体黏性起主要作用的是集料颗粒，所以达到最佳沥青用量以后，随着沥青用量增加，混合料的黏滞力不会有大幅降低。

　　由以上分析得出结论：沥青用量越多，热态沥青混合料的黏滞力越小。在高温情况下，沥青的黏度较低，与集料的嵌挤作用相比，沥青所发挥的黏滞作用可以忽略。此时，沥青更多的是扮演一种润滑剂的作用，而这种润滑作用只在沥青用量小于混合料最佳沥青用量时才明显。

　　从图 22-11 中可以看出，当 $\ln x$ 小于 0 时，即 x 小于 1 时，点的离散性较强，主要是试验刚刚开始，试验设备不稳定，因此试验研究过程中不考虑 1min 前的数据。对不同沥青用量的 AC-20 沥青混合料进行拟合，拟合曲线见图 22-13，绘制 AC-20 沥青混合料沥青用量与拟合参数 k 的关系曲线见图 22-14。

　　可以看出，AC-20 沥青混合料沥青用量由 3.3%增长到 5.3%时，拟合参数 k 随着沥青用量的增大而减小。从图 22-14 可以看出，沥青用量小于 4.3%时的 k 与大于等于 4.3%的 k 差异性较大，与黏滞力随沥青用量变化的趋势一致。

　　综上所述，可以选用拟合参数 k 与黏滞力同时作为评价热态沥青混合料黏性的指标。黏滞力 F 可以作为直观的黏性指标，拟合参数 k 可以作为评价黏滞力增长速度的指标。

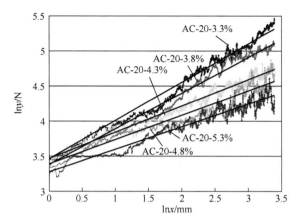

图 22-13　AC-20 沥青混合料不同沥青用量时双对数坐标下黏滞力-位移关系曲线

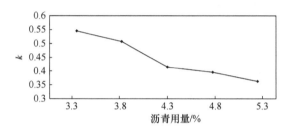

图 22-14　AC-20 沥青混合料沥青用量与拟合参数 k 的关系曲线

22.2.2　不同最大公称粒径沥青混合料流变特性

选取沥青用量大致相同时的混合料进行试验，分析沥青用量相同时，集料最大公称粒径对沥青混合料流变特性的影响。

1. AC 型沥青混合料

图 22-15 为 AC 型沥青混合料沥青用量大致相同时的黏滞力-位移关系曲线。

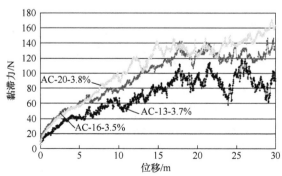

图 22-15　AC-13、AC-16、AC-20 沥青混合料沥青用量分别为 3.7%、3.5%、3.8%时
黏滞力-位移关系曲线

从图 22-15 可以看出，沥青用量相当时，AC-20 沥青混合料的黏性最强，黏滞力峰值为 168N，其次为 AC-16 沥青混合料，黏滞力峰值为 150N，AC-13 沥青混合料的黏性最差，黏滞力峰值为 120N。这说明集料粒径的大小对于沥青混合料的黏性具有一定的影响。随着最大公称粒径的增加，沥青混合料的内部黏滞力增加，这主要是因为粒径较大的混合料骨架结构较好。同时，沥青混合料中集料之间是相互接错排列，粒径较大的沥青混合料单位体积中大尺寸颗粒间的接触点较少，接触点上应力较大，因此表现为混合料的黏滞力较大。沥青用量相同时，AC-13、AC-16、AC-20 沥青混合料的拟合参数 k 分别为 0.4427、0.4433、0.5081，说明随着最大公称粒径增加，k 也增加。

2. SMA 型沥青混合料

图 22-16 和图 22-17 为 SMA-13、SMA-16 沥青混合料沥青用量相同时，黏滞力–位移关系曲线对比图。

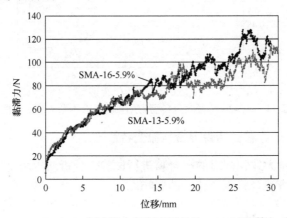

图 22-16　SMA-13、SMA-16 沥青混合料沥青用量为 5.9%时黏滞力–位移关系曲线

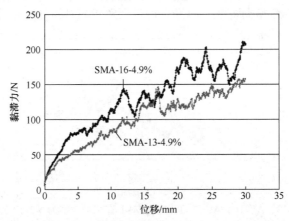

图 22-17　SMA-13、SMA-16 沥青混合料沥青用量为 4.9%时黏滞力–位移关系曲线

可以看出，随着最大公称粒径的增加，沥青混合料的内部黏滞力增加，沥青用量相同时，SMA-16 沥青混合料的黏滞力较大。从图 22-16 和图 22-17 可以看出，沥青用量为最佳沥青用量，即 SMA-13 沥青用量为 5.9%，SMA-16 沥青用量为 2.9%时，两种混合料的黏滞力差异较小，SMA-16 的黏滞力峰值为 128N，SMA-13 的黏滞力峰值为 116N。从图 22-17 可以看出，沥青用量为 4.9%时，SMA-16 的黏滞力峰值为 208N，SMA-13 的黏滞力峰值为 157N，差距较大，主要是沥青用量小于最佳沥青用量时，沥青的润滑作用较弱，因此集料之间的嵌挤作用较强的 SMA 混合料的黏性较强。

总之，不管沥青混合料的类型为 AC 型或者 SMA 型，松散热态沥青混合料黏性随着混合料最大公称粒径增加而增大，拟合参数 k 随着最大公称粒径增加而增大。

22.2.3　不同级配沥青混合料的流变特性

针对级配类型对热态沥青混合料内黏滞力带来的影响，将 AC-13 和 SMA-13、AC-16 和 SMA-16 沥青混合料沥青用量相同时的试验结果进行对比分析。

1. AC-13 沥青混合料与 SMA-13 沥青混合料

AC-13、SMA-13 沥青混合料不同沥青用量下的黏滞力-位移曲线见图 22-18、图 22-19。

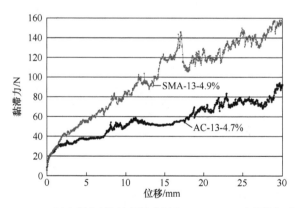

图 22-18　SMA-13、AC-13 沥青混合料沥青用量分别为 4.9%、4.7%时黏滞力–位移关系曲线对比图

由图 22-18 可知，AC-13 沥青混合料沥青用量为 4.7%时，黏滞力峰值为 95N，拟合参数 k 为 0.3299；SMA-13 沥青混合料沥青用量为 4.9%时，黏滞力峰值为 160N，拟合参数 k 为 0.4817。由图 22-19 可知，AC-13 沥青混合料沥青用量为 5.7%时，黏滞力峰值为 80N，拟合参数 k 为 0.3201；SMA-13 沥青混合料沥青用量为 5.9%时，黏滞力峰值为 113N，拟合参数 k 为 0.3820。沥青用量大致相同时，相同最大公称沥青的 AC 型沥青混合料的黏滞力小于 SMA 型沥青混合料，并且沥青

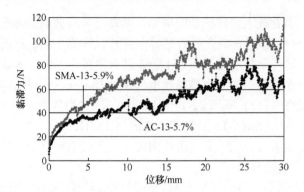

图 22-19　SMA-13、AC-13 沥青混合料沥青用量分别为 5.9%、5.7%时黏滞力–位移关系曲线对比图

用量小于混合料的最佳沥青用量时，差异比较明显。说明沥青用量大致相同时，随着沥青用量增大，两种级配类型混合料之间黏性差异有所减小。

2. AC-16 沥青混合料与 SMA-16 沥青混合料

AC-16、SMA-16 沥青混合料不同沥青用量下的黏滞力–位移曲线见图 22-20 和图 22-21。

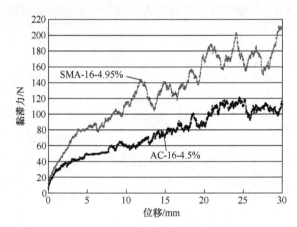

图 22-20　SMA-16、AC-16 沥青混合料沥青用量分别为 4.95%、4.5%时黏滞力–位移关系曲线
对比图

从图 22-21 得出，AC-16 沥青混合料沥青用量为 5.5%时，黏滞力峰值约为 90N，拟合参数 k 为 0.3558；SMA-16 沥青混合料沥青用量为 5.95%时，黏滞力峰值为 130N，拟合参数 k 为 0.4812。沥青用量大致相同时，相同最大公称沥青的 AC 型沥青混合料的黏滞力小于 SMA 型沥青混合料。总之，可以发现当沥青用量和集料最大公称粒径相同时，SMA 型沥青混合料的嵌挤能力大于 AC 型沥青混合料。

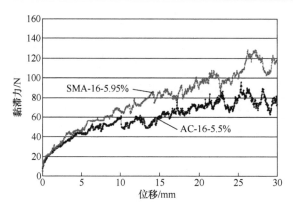

图 22-21 SMA-16、AC-16 沥青混合料沥青用量分别为 5.95%、5.5%时黏滞力–位移关系曲线对比图

22.2.4 沥青混合料流变特性与压实性能相关性

1. 沥青混合料压实性能评价

1) 旋转压实试验结果分析

对 AC-13 沥青混合料(沥青用量分别为 3.7%、4.7%、5.7%)、AC-16 沥青混合料(沥青用量分别为 3.5%、4.5%、5.5%)、AC-20 沥青混合料(沥青用量分别为 3.3%、4.3%、5.3%)进行旋转压实试验。AC-13 沥青混合料、AC-16 沥青混合料、AC-20 沥青混合料密实度比曲线(简称"密实曲线")见图 22-22。

从图 22-22 可以看出:

(1) 沥青混合料密实度比曲线符合幂函数曲线关系。随着旋转压实次数的增加,密实度比曲线变得越来越平缓,沥青混合料压实越来越困难。主要是因为随着旋转压实次数的增加,混合料越来越密实,集料之间的嵌挤作用也越强,混合料的抗压实性能增强。这与松散态沥青混合料试验中随着加载位移增加,混合料

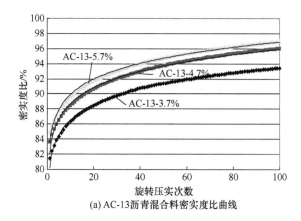

(a) AC-13沥青混合料密实度比曲线

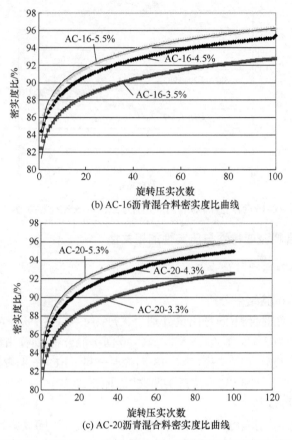

(b) AC-16沥青混合料密实度比曲线

(c) AC-20沥青混合料密实度比曲线

图 22-22　AC-13、AC-16、AC-20 沥青混合料密实度比曲线

的黏性越来越强一致，并且松散态混合料的试验结果也是对压实结果的一种直观解释。

(2) 对于同种沥青混合料，同一旋转压实次数下，随着沥青用量增加，密实度比增加。主要是因为沥青用量越大，混合料的孔隙越小，混合料的密实度比越高。沥青用量为最佳沥青用量时，拟合幂曲线的次数最高，密实度比的变化速率最快，此时混合料最容易达到密实状态。

(3) 不同沥青混合料，沥青用量相同时，随着混合料最大公称粒径的增加，密实度比拟合曲线的系数降低，密实度比和压实度变化速率均降低，说明混合料不容易压实。这与上文沥青混合料黏性随着集料最大公称粒径的增大而增大的变化趋势是一致的。

2) 压实性能评价指标选取

沥青混合料压实性能的评价指标包括密实度比曲线斜率，回归曲线上任意一点的斜率反映混合料在该时刻的压实速率，斜率越大说明混合料越容易压实，如果曲线越平缓则斜率越小，说明混合料越难被压实，密实度比曲线斜率可以反映混合料的压实特性。密实度比曲线上任何一点的斜率都是不同的，难以用一个统一的指标去量化压实性能。对旋转压实次数取对数，然后绘制密实度比和旋转压实次数半对数的曲线见图 22-23，并对曲线进行拟合分析，结果见表 22-4。

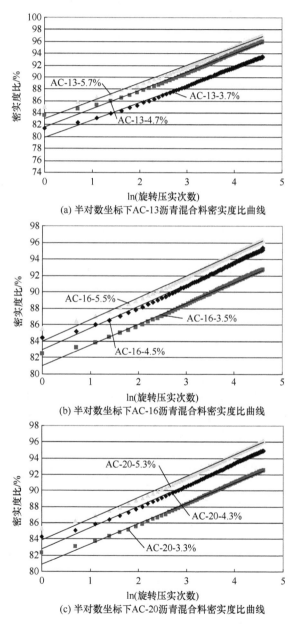

(a) 半对数坐标下 AC-13 沥青混合料密实度比曲线

(b) 半对数坐标下 AC-16 沥青混合料密实度比曲线

(c) 半对数坐标下 AC-20 沥青混合料密实度比曲线

图 22-23　半对数坐标下 AC-13、AC-16、AC-20 沥青混合料密实度比曲线

表 22-4　三种沥青混合料的拟合结果

混合料类型	沥青用量/%	拟合公式	相关系数(R^2)
	5.7	$y = 2.9865\ln x + 83.078$	0.9913
AC-13	4.7	$y = 3.0852\ln x + 81.653$	0.9912
	3.7	$y = 2.9458\ln x + 79.826$	0.9941
	5.5	$y = 2.6388\ln x + 84.032$	0.9938
AC-16	4.5	$y = 2.6433\ln x + 82.932$	0.9939
	3.5	$y = 2.5355\ln x + 81.003$	0.9937
	5.3	$y = 2.6335\ln x + 85.864$	0.9938
AC-20	4.3	$y = 2.6350\ln x + 83.774$	0.9940
	3.3	$y = 2.5304\ln x + 82.841$	0.9937

通过分析图 22-23 和表 22-4 可以看出，半对数坐标下，密实度比与旋转压实次数表现为明显的线性关系，相关系数均在 0.99 以上。直线斜率 a 表示混合料密实度比的变化速率，反映了沥青混合料压实的难易程度。a 越大，沥青混合料越容易压实。直线截距 b 为沥青混合料的初始密实度比，表示沥青混合料自然堆积下的压实度，受集料大小、棱角性及人为因素的影响较大。从表 22-4 中还可以发现，混合料类型不同时，集料公称粒径越大，斜率 a 越小，说明混合料越不容易压实，主要是因为集料粒径越大，混合料的流动性越差。同一沥青混合料，沥青用量为最佳沥青用量时，斜率 a 最大，混合料最容易被压实，因此选取斜率 a 作为评价沥青混合料压实性能的指标。

2. 沥青混合料流变特性与压实性能关联性分析

汇总分析 AC-13 沥青混合料(沥青用量分别为 3.7%、4.7%、5.7%)、AC-16 沥青混合料(沥青用量分别为 3.5%、4.5%、5.5%)、AC-20 沥青混合料(沥青用量分别为 3.3%、4.3%、5.3%)的黏滞力峰值和拟合参数 k，以及表征混合料压实性能的拟合参数 a、b，结果见表 22-5。

表 22-5　沥青混合料流变特性指标和压实性能指标

混合料类型	沥青用量/%	流变特性指标		压实性能指标	
		黏滞力峰值	斜率 k	a	b
	5.7	80	0.3201	2.9865	83.078
AC-13	4.7	90	0.3299	3.0852	81.653
	3.7	115	0.4427	2.9458	79.826
	5.5	90	0.3558	2.6388	84.032
AC-16	4.5	100	0.3940	2.6433	82.932
	3.5	140	0.4433	2.5355	81.003

续表

混合料类型	沥青用量/%	流变特性指标		压实性能指标	
		黏滞力峰值	斜率 k	a	b
AC-20	5.3	95	0.3622	2.6335	85.864
	4.3	120	0.4143	2.6350	83.774
	3.3	220	0.5446	2.5304	82.841

由表 22-5 可以得出：

(1) 同种沥青混合料，随着沥青用量减小，黏滞力峰值和斜率 k 增大，初始密实度比 b 减小。沥青用量较小时，混合料的黏性越强，混合料的流变能力减弱，在自重作用下混合料不容易形成致密的堆积，使得混合料的初始密实度比较小。

(2) 对于同种沥青混合料，沥青用量为最佳沥青用量时，压实指标 a 最小，混合料最容易压实至紧密状态。根据前文分析，热态沥青混合料的黏滞力峰值和黏滞力变化速率(斜率 k)在最佳沥青用量时出现转折。因此，黏滞力变化的转折点处沥青用量比较接近最佳沥青用量，混合料具有较好的压实性能。

(3) 不同沥青混合料，沥青用量大致相同时，集料公称粒径越大，黏滞力和黏滞力的变化速率 k 越大，密实度比变化斜率 a 越小，混合料越不容易被压实。

松散热态沥青混合料的黏滞力 F 及黏滞力变化速率 k 能够用来初步评价沥青混合料的压实特性。F 和 k 越大，沥青混合料的压实越困难。

参 考 文 献

[1] 张肖宁. 沥青与沥青混合料的粘弹力学原理及应用 [M]. 北京: 人民交通出版社, 2006.

[2] 王端宜, 张俊丽. 沥青混合料集料颗粒间摩擦性能的直剪实验评价 [J]. 中南公路工程, 2005, 30(3): 1-4.

第 23 章　压实阶段沥青混合料的流变特性

23.1　压实阶段热拌沥青混合料的压实特性

23.1.1　基于旋转压实的热拌沥青混合料压实特性

由于旋转压实能更好地模拟路面现场压实，因此采用室内旋转压实试验来分析热拌沥青混合料的压实特性。Superpave 旋转压实仪是德州旋转压实仪的进一步改造，它的基本原理如下：试件在一个控制室中，以其轴线呈锥面的形式运动，圆锥的顶点正好是试件的顶部。其设计的最初目的是希望实现混合料的压实达到实际路面气候和荷载条件下压实度的现实意义。对旋转压实、轮碾压实、马歇尔击实三种方法成型的试件和现场钻芯试件进行相关性分析，发现旋转压实成型的时间与现场钻芯试件的工程性质的相关性较好，它能使混合料逼真地达到实际路面气候和荷载条件下所能达到的密实状态。

1. 旋转压实成型方法概述

为真实模拟实际中荷载对道路的压实过程，压实成型试件采用旋转压力为 600kPa，旋转压实角为 1.25°，旋转速率为 30r/min。保证混合料在压实过程中同时受到竖向压力和水平剪切应力两种力的作用。

气候对设计旋转压实次数 N_{des} 的影响并不大[1]，因此按照交通量确定设计旋转压实次数 N_{des}，而设计旋转压实次数 N_{des}，初始旋转压实次数 N_{ini} 和最大旋转压实次数 N_{max} 之间存在简单的换算关系，确定了 N_{des} 就可以确定 N_{ini} 和 N_{max}。因此，ASSHTO 2000 暂行规范对旋转压实次数的规定如表 23-1 所示。

表 23-1　Superpave 设计旋转压实次数

设计道路交通量/10⁶	旋转压实次数		
	N_{ini}	N_{des}	N_{max}
<0.3	6	50	75
0.3～3	7	75	115
3～30	8	100	160
>30	9	125	205

试验选择 N_{des}=125 次作为设计旋转压实次数，N_{ini}=9 次，N_{max}=205 次分别为初始和最大旋转压实次数。

2. 沥青混合料旋转压实密实曲线分析

对悬浮密实结构 AC-13、AC-20、AC-25 三种级配的沥青混合料，按照确定的最佳沥青用量，分别在 120℃、140℃、160℃三种初始温度条件下成型。为了有效控制温度梯度，使压实时温度更加稳定、准确，增加了沥青混合料的控温过程。将混合料在 160℃下拌好后放入所需温度的恒温烘箱中一定时间，待温度稳定后再压实成型。

1) 密实曲线

主要研究沥青混合料施工过程中的压实特性，所以取不同温度下设计旋转压实次数为 125 次的密实曲线，如图 23-1 所示。

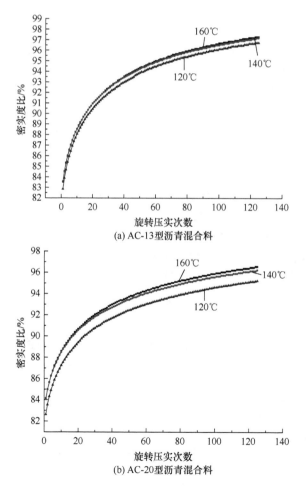

(a) AC-13型沥青混合料

(b) AC-20型沥青混合料

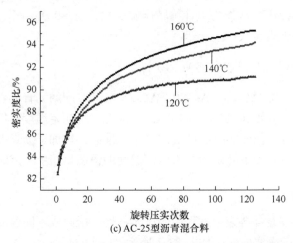

图 23-1 不同温度下沥青混合料旋转压实密实度比曲线

由图 23-1 看出：

(1) 随着旋转压实次数的增加，沥青混合料的密实度比都增加，但随着试件越来越密，压实变得越来越困难，密实度比的增长速率也变得越来越缓慢。

(2) 不同类型沥青混合料在不同温度下的密实度比变化不同。在同一旋转压实次数下，随着温度的降低，密实度比也降低，但温度对于三种沥青混合料密实度比的影响不尽相同，公称粒径越大，影响越明显。当混合料的旋转压实次数达到设计次数 125 次时，混合料的温度从 160℃降到 140℃，温度下降了 20℃，AC-13 的密实度比下降了 0.1 个百分点，AC-20 的密实度比下降了 0.33 个百分点，AC-25 的密实度比下降了 1.05 个百分点；混合料的温度从 140℃降至 120℃，温度同样下降 20℃，AC-13 的密实度比下降了 0.45 个百分点，AC-20 的密实度比下降了 1 个百分点，AC-25 的密实度比下降了 3.1 个百分点。分析其原因可能是沥青混合料的压实性受到集料和沥青性质的影响，集料的公称粒径比较小，集料偏细，集料棱角性差，集料本身的流动性很好，在荷载作用下容易被压实。因此，沥青对于集料间的润滑作用不是很明显。

2) 密实曲线斜率分析

常规坐标下的 SGC 沥青混合料的密实曲线可以拟合成幂函数曲线 $y = a \times x^b$，a、b 为拟合参数。对 AC-20 初始温度为 160℃的密实曲线进行拟合，如图 23-2 所示。其拟合方程为 $y = 81.865 \times x^{0.0360}$，$R^2 = 0.9943$。回归曲线上任意一点的斜率反映混合料在该时刻的压实速率，斜率越大说明混合料越容易被压实，如果曲线越平缓则斜率越小，说明混合料越难被压实，即曲线斜率可以反映混合料的压实特性。按照上述方法对三种混合料在不同温度下的密实曲线拟合，拟合参数如表 23-2 所示。

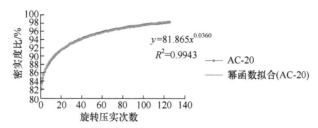

图 23-2　旋转压实密实度比拟合曲线

表 23-2　旋转压实密实曲线拟合参数

混合料类型	温度/℃	a	b	R^2
AC-13	160	81.865	0.0360	0.9943
	140	81.915	0.0356	0.9951
	120	81.315	0.0363	0.9952
AC-20	160	82.445	0.0327	0.9939
	140	82.509	0.0318	0.9945
	120	81.125	0.0332	0.9951
AC-25	160	80.979	0.0337	0.9947
	140	81.407	0.0299	0.9881
	120	82.500	0.0214	0.9814

通常将密实曲线分成两部分，即 $N_{ini} \sim N_{des}$ 和 $N_{des} \sim N_{max}$。$N_{ini} \sim N_{des}$ 的密实曲线反映沥青混合料施工压实过程中的特性；$N_{des} \sim N_{max}$ 的密实曲线反映运营后混合料的再压实过程的性质。主要分析沥青混合料在施工过程中的特性，因此对 $N_{ini} \sim N_{des}$ 的曲线采用半对数坐标，其近似呈一条直线。对图 23-2 的标准坐标曲线取半对数坐标，如图 23-3 所示。

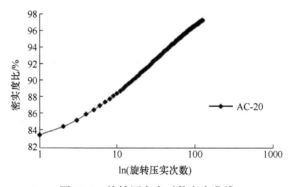

图 23-3　旋转压实半对数密实曲线

通常利用公式 $K = \dfrac{\gamma_{N_{des}} - \gamma_{N_{ini}}}{\ln N_{des} - \ln N_{ini}}$ 计算得到半对数坐标下的密实曲线的平均斜率。对各种沥青混合料的密实曲线进行分析，其斜率的具体计算结果见表 23-3。

表 23-3　沥青混合料旋转压实密实特性

沥青混合料类型	160℃			140℃			120℃		
	半对数坐标下 N_{ini}~N_{des}平均斜率	自然坐标下的斜率		半对数坐标下 N_{ini}~N_{des}平均斜率	自然坐标下的斜率		半对数坐标下 N_{ini}~N_{des}平均斜率	自然坐标下的斜率	
		N_{ini}	N_{des}		N_{ini}	N_{des}		N_{ini}	N_{des}
AC-13	3.44	0.354	0.028	3.43	0.350	0.0277	3.40	0.355	0.0281
AC-20	3.16	0.322	0.0253	3.15	0.313	0.0245	3.05	0.322	0.0253
AC-25	3.17	0.327	0.026	2.90	0.288	0.0225	1.85	0.206	0.0157

综上所述，可以看出：

(1) 混合料级配类型相同的情况下，AC-13 型混合料随着温度的升高，其半对数坐标下 N_{ini}~N_{des} 的平均斜率基本不变，说明在这个温度范围内，温度对 AC-13 的压实特性影响不大，分析其原因可能是该级配混合料的压实特性受集料特性的影响比受沥青黏度的影响大；AC-20 型混合料在 160℃和 140℃时的平均斜率基本相同，而 120℃斜率较低，说明对于 AC-20 型混合料在 140℃以上继续升高混合料的温度对于压实性能的提高不大，而低于 140℃时 AC-25 型混合料压实性能变差；AC-25 型沥青混合料的压实性能受温度的影响较大，随着温度的升高，N_{ini}~N_{des} 的平均斜率变小，说明随着温度的升高沥青的黏性降低，对集料的润滑作用变大，压实变得容易。

(2) 在同种温度下，三种类型的沥青混合料随着粒径的增大，粗集料的增加，N_{ini}~N_{des} 的平均斜率呈变小趋势，说明集料越粗，沥青在施工时的可压实性越差。

(3) 初始的压实斜率小于设计压实次数时的压实斜率，说明随着压实次数的增加，混合料变得越来越难压实，主要是两方面的原因，其一，温度下降，沥青黏度增大，混合料的流动性变差；其二，颗粒之间相互挤紧，抗剪切能力增强。

3. 压实度能量分析

虽然半对数密度曲线的平均斜率可以反映温度对于沥青混合料相对压实性能的影响，但是它并不能精确反映混合料在不同的温度压实时所需要的总能量，可以用压实度曲线任意两点间围成的区域面积来表示旋转压实所需要的总能量，如图 23-4 所示。旋转压实总能量用于减小混合料的空隙率，可以分成两部分：

一部分能量用于抵抗集料颗粒之间的剪切作用，并没有改变混合料的体积。

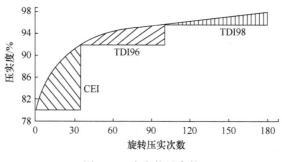

图 23-4 密实能量参数

另一部分用于改变混合料的体积，此时所消耗的功可以用施加的荷载乘以加载杆的位移来表示。

压实时更多的能量消耗在抵抗集料颗粒之间的剪切应力，而真正用来改变混合料体积的那部分能量很少，从旋转压实曲线上可以得到两个密实能量参数。

(1) 施工过程中的密实能量指数(construction energy index，CEI)。

施工过程中的密实能量指数是指混合料在铺筑过程中，使其压实到指定的压实度时，摊铺机和压路机所做的功。许多规范要求路面压实度为92%，所以用混合料从松散状态压实到92%压实度曲线下的面积来表示压路机在施工期间所做的功。如果混合料所需的压实能量越低，那么施工和易性越好。

(2) 交通密实指数(traffic densification index，TDI)。

如在压实度为92%水平下开放交通，混合料在交通荷载下不断被压实。在目前的混合料设计中，要求混合料的目标设计空隙率为4%。预计在路面服务早期，由于交通荷载作用，压实度为96%。TDI96 定义为将压实度从92%压实到96%所做的功，在数值上等于密实曲线上这两点间的面积。TDI98 定义为将压实度从96%进一步压实到98%时所做的功。当混合料被压实到98%时，已经达到了极限压实度，即混合料处于塑性破坏区。TDI98 越高，则意味着要使混合料达到极限密度时，需要更多的交通荷载作用。

由密实曲线计算得到施工过程中的密实能量指数 CEI 如表 23-4 所示。

表 23-4　沥青混合料施工密实能量指数 CEI

混合料类型	160℃	140℃	120℃
AC-13	1499.994	1547.966	1898.503
AC-20	1775.848	1964.681	3177.387
AC-25	3165.711	4583.066	—

由表 23-4 得出以下结论：

(1) 在混合料类型相同的情况下，随着温度的降低，施工过程中的密实能量指数 CEI 增大。AC-25 在设计旋转压实次数内不能达到 92%的压实度，所以 AC-25 的压实初始温度不能低于 120℃。AC-13 和 AC-20 温度从 160℃降低到 140℃，密实能量指数增加的幅度低于温度从 140℃降低到 120℃需要增加的密实能量指数。

(2) 同一温度下，随着混合料粒径的增大，施工密实能量指数变大。160℃时，AC-25 是 AC-13 密实能量指数的 2 倍多，而在 140℃时竟达到了将近 3 倍。说明粒径越大，集料越粗，混合料的压实特性对温度的敏感性越强。

23.1.2　基于马歇尔击实的热拌沥青混合料压实特性

为分析三种不同粒径的沥青混合料在不同击实温度下的压实特性，每种沥青混合料同样以 20℃为间隔，分别在 160℃、140℃、120℃三种不同温度下双面击实 15 次、30 次、45 次、60 次、75 次成型，并且按照试验规范测定各试件的体积参数。试验中的恒温控制过程采用与旋转压实法相同的控温方法。通过变温变功马歇尔击实试验，依据《公路工程沥青及沥青混合料试验规程》(JTG E20—2011)进行混合料体积指标的测试和计算。体积指标包括空隙率、矿料间隙率、沥青饱和度。

1) 空隙率

为研究不同温度下空隙率变化规律，从而确定施工条件，分析了变温、不同击实次数下空隙率变化规律，具体结果如图 23-5 所示。

由图 23-5 可知，同等击实温度条件下，随着击实次数的增加空隙率逐渐减少。击实次数由 15 次增加到 45 次时，空隙率减小幅度明显大于击实次数由 45 次增加到 75 次。AC-13 型沥青混合料从击实 15 次到击实 45 次，在三种击实温度下空隙率都下降了 3%左右，是击实次数从 45 次到 75 次空隙率下降幅度的 3 倍左右；AC-20 型沥青混合料从击实 15 次到击实 45 次，在三种击实温度下空隙率下降了 3.5%左右，是击实次数从 45 次到 75 次空隙率下降幅度的 2 倍左右；AC-25 型沥青混合料从击实 15 次到击实 45 次，在三种击实温度下空隙率下降了 3.1%～3.7%，是击实次数从 45 次到 75 次空隙率下降幅度的 2.5 倍左右。分析其原因，在击实初期，混合料温度较高，沥青黏度较大，沥青可以自由流动裹附集料表面，在击实功作用下，材料颗粒互相嵌挤，降低空隙率。击实 45 次以后温度降低，沥青黏度增大，由于颗粒之间的摩擦作用增大，在同样的击实功作用下，材料的空隙率降低变得困难，所以沥青混合料施工时要抓紧施工碾压的前期时间。

同等击实次数条件下，随着击实温度的降低，空隙率增大，温度从 140℃降低到 120℃的空隙率增大幅度比温度从 160℃降到 140℃空隙率的增大幅度大得多。在 120℃的击实温度下，三种沥青混合料的最终空隙率接近 6%，符合施工规范设计空隙率在 3%～6%的要求，所以确定混合料的施工温度应不小于 120℃。

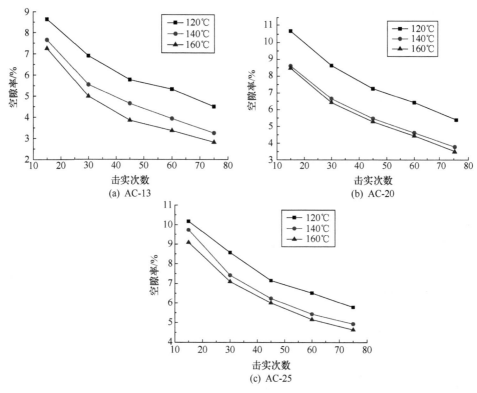

图 23-5　变温、不同击实次数下空隙率变化规律

2) 矿料间隙率

矿料间隙率对于混合料施工有着不可忽略的影响，本部分分析了变温、不同击实次数下的矿料间隙率变化规律，结果如图 23-6 所示。

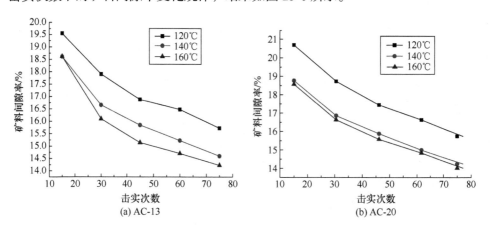

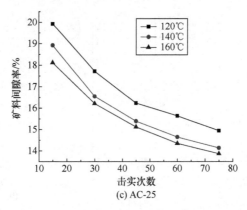

图 23-6　变温、不同击实次数下的矿料间隙率变化规律

由图 23-6 分析可知，三种沥青混合料的矿料间隙率在变温、不同击实次数条件下的变化趋势及幅度与其空隙率相似，说明了空隙率的减小是由于矿料间隙率的减小。击实温度由 120℃变为 140℃，在同样的击实功条件下，矿料间隙率明显减小；击实温度由 140℃上升 20℃，矿料间隙率也减小，但没有 120℃上升 20℃变化的幅度大，说明混合料的击实温度对于混合料击实的影响很大。

按照施工规范，对于 AC-13、AC-20、AC-25 三种沥青混合料，设计空隙率为 3%~6%时，其设计矿料间隙率分别为 13%~16%、12%~15%、11%~14%。在 120℃时双面击实 75 次，三种沥青混合料的矿料间隙率大于设计要求的上限，所以混合料的击实初始温度应该大于 120℃。

3) 沥青饱和度

沥青混合料对沥青饱和度有一定的要求，因此需要分析变温、不同击实次数下的沥青饱和度变化规律，结果如图 23-7 所示。

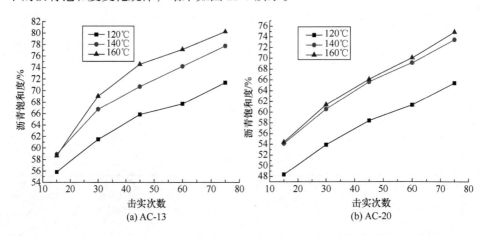

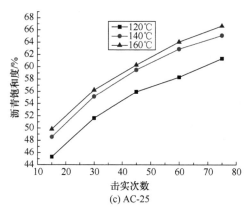

图 23-7　变温、不同击实次数下的沥青饱和度变化规律

　　由图 23-7 分析可知，随着击实次数的增加，混合料的沥青饱和度逐渐变大。在同等击实次数下，随着温度的升高，混合料的沥青饱和度增大。在相同的击实次数条件下，击实温度由 120℃变为 140℃比由 140℃上升到 160℃沥青饱和度增大更明显。根据施工规范要求，三种混合料的沥青饱和度要达到65%～75%，很明显三种沥青混合料在初始温度为 120℃条件下击实 75 次后，只有 AC-13 型的沥青饱和度满足施工规范要求，其他两种沥青混合料均不能满足施工规范要求。

23.2　热拌沥青混合料的温度演化规律及压实工艺

23.2.1　碾压温度场

　　目前，沥青路面温度场分析的主要方法是现场温度实测的统计分析和以热传导学和气象学为基础的理论分析法两种。现场实测统计分析法需要消耗大量的人力、物力和时间，且通用性相对较差，因此从工程实用考虑，在满足实用精度要求的基础上，采用简化的边界条件和参数进行一定的理论分析还是很有必要的。

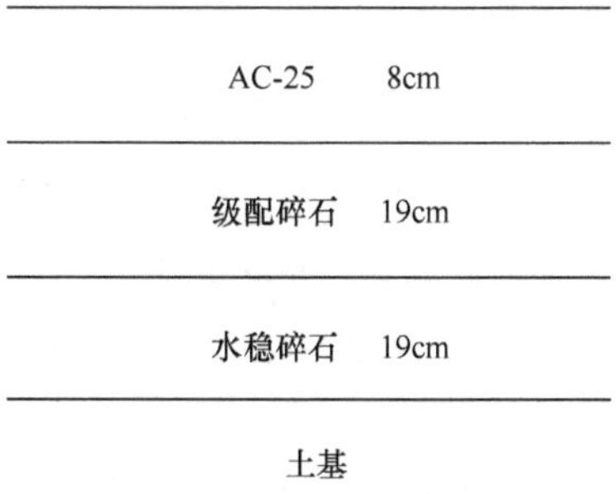

　　1. 路面结构模型

　　研究的沥青层及道路以下结构如图 23-8 所示。

AC-25	8cm
级配碎石	19cm
水稳碎石	19cm
土基	

图 23-8　沥青层及道路以下结构

选择下面层 AC-25 作为摊铺层进行路面温度场分析。实际上，与路宽方向相比，路面深度方向都趋于无限。当采用有限元方法进行求解时，不可能在无限域内划分单元。路面建模宽度取 4m，土基深度取 6m。为了使研究区域结果更精确，网格划分采用对沥青层进行局部细化的方式。

建立模型的假设如下：

(1) 路面各层均为均质和各向同性的连续体。

(2) 路面各层接触良好，热传导连续。

(3) 假设摊铺带两边的路缘石是绝热的，考虑到路面结构的横向距离要比深度大得多，并且温度场沿深度方向的变化也要比沿横向的变化大得多，因此沥青路面温度场沿横向外部介质传递的热量可以忽略不计。在计算模型中，将侧面边界视为绝热边界，即路面不会向旁边的路缘石传递热量。

2. 路面结构热力学参数

Bruce 等对沥青混凝土的热学参数进行了详细研究，认为导热系数不仅与混合料各组成材料的导热系数、每一项的含量及分布状态、配合比和压实度有关，还与温度和密度有关，但导热系数随温度的变化不大。相关文献表明，沥青的比热容随沥青的性质及温度区间略有不同，但在可压实温度和密度范围内其差别不大。因此，为了研究方便将沥青混合料的比热容视为常数[2]。

式(23-1)为准确度可达 90%的沥青混合料导热系数式——Williamson 公式[3]：

$$k_m = k_a^m \cdot k_b^n \cdot k_v^p \cdot k_w^q \qquad (23\text{-}1)$$

式中，k_m 为沥青混合料的导热系数；k_a 为骨料的导热系数；k_b 为结合料的导热系数；k_v 为空气的导热系数；k_w 为水的导热系数；m、n、p、q 分别为混合料中的骨料、结合料、空气和水的体积分数。

从 Williamson 公式可以看出，干燥沥青混合料在沥青和集料热物理性质一定的情况下，其导热系数随着空气含量的变化而变化，取

$$m = 0.79, n = 0.17, q = 0,\ k_b = 0.74\text{W}/(\text{m} \cdot \text{℃})$$

$$k_v = 1.569 \times 10^{-5}\,\text{W}/(\text{m} \cdot \text{℃}),\quad k_a = 2.2\text{W}/(\text{m} \cdot \text{℃})$$

沥青混合料松铺系数为 1.2，我国规定密级配沥青混合料的空隙率为 3%～6%，取沥青路面的设计空隙率为 4%，则摊铺后松散状态的沥青混合料的空隙率为 20%。

基于 Williamson 公式确定压实状态下即空隙率为 4%时的路面结构热力学参数如表 23-5 所示[4-5]。

表 23-5　压实状态下路面结构热力学参数

路面结构材料	导热系数/[W/(m·℃)]	比热容/[J/(kg·K)]	密度/(kg/m³)
AC-25	1.48	800	2300
级配碎石	1.39	921	1800
水稳碎石	1.10	810	2077
土基	1.30	860	1700

如果取压实状态下的热力学参数，沥青混合料在施工时的散热最慢，相反，如果取沥青混合料松铺时，即空隙率为20%的热力学参数，路面结构放热最快。混合料在摊铺后松铺状态下的导热系数结合 Williamson 公式及排水性沥青路面磨耗层导热系数等综合考虑选定，如表 23-6 所示。

表 23-6　松铺状态下的路面结构参数

混合料状态	空隙率/%	导热系数/[W/(m·℃)]	密度/(g/cm³)
摊铺后(松铺系数 1.2)	20	0.5	1916

3. 温度场分析结果

1) 当量温度

在有限元分析过程中，摊铺层沿深度方向在不同时刻都是不同的，我们单取某一深度的温度表示摊铺层的整体温度，来研究摊铺层的温度随时间的变化显然是不符合实际的。众所周知，沥青的黏度和温度有着非常密切的关系，通过黏度可反映不同温度对沥青碾压特性的影响。当量温度就是通过温度和黏度的对应关系，先求出混合料摊铺层各点某时刻温度所对应的沥青黏度，求出其平均黏度，再通过黏度–温度换算公式反算出这个平均黏度对应的温度，此温度即某时刻混合料的当量温度。

2) 温度与黏度的关系

国际上通用的沥青黏度–温度换算公式是 Saal 公式[6]，对石油沥青，该公式表述如式(23-2)所示：

$$\lg\left[\lg\left(\eta \times 10^3\right)\right] = a - b\lg(273 + T) \tag{23-2}$$

式中，η 为黏度，Pa·s；T 为温度，℃，$273 + T = K$，K 为热力学温度。

SK70 号基质沥青的黏度测试结果如表 23-7 所示。

表 23-7　　SK70 号基质沥青黏度测试结果

温度/℃	黏度/(Pa·s)
110	0.2720
120	0.1420
130	0.0805
135	0.0630
140	0.0493
150	0.0310
160	0.0206
170	0.0160

用表 23-7 数据对公式(23-2)的回归结果见式(23-3):

$$\lg\left[\lg\left(\eta\times10^3\right)\right]=13.17-4.95\lg(273+T) \tag{23-3}$$

由式(23-3)可以进行沥青黏度和温度的互相反算。

3) 不同条件下的沥青混合料温度随时间的变化关系

(1) 松铺状态不同条件下沥青混合料温度(用当量温度表示)随时间的变化关系。

通过 ANSYS 软件的数值模拟,以及上面的黏度–温度换算公式得到沥青混合料在不同条件下的当量温度和时间的关系,结果如图 23-9 所示。

(2) 密实状态不同条件下沥青混合料温度(用当量温度表示)随时间的变化关系。

同样通过 ANSYS 软件数值模拟,与松铺状态不同的是采用不同的热力学参数。通过黏度–温度换算公式得到沥青混合料在不同条件下的当量温度和时间的关系,结果如图 23-10 所示。

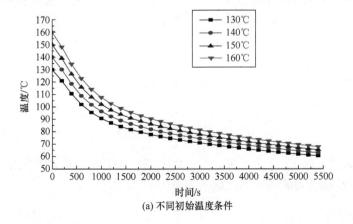

(a) 不同初始温度条件

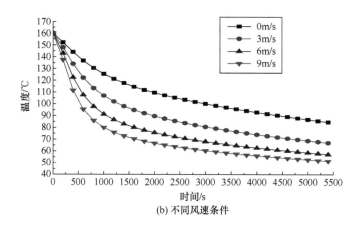

(b) 不同风速条件

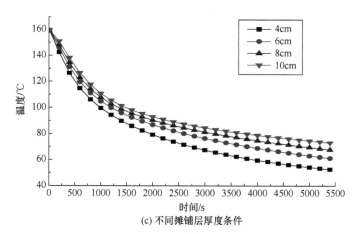

(c) 不同摊铺层厚度条件

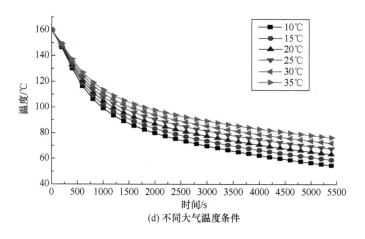

(d) 不同大气温度条件

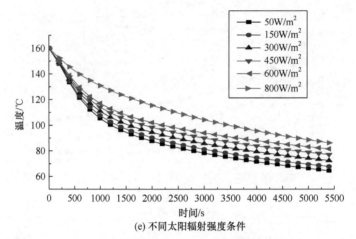

(e) 不同太阳辐射强度条件

图 23-9　松铺状态不同条件下温度变化规律

图中温度为当量温度, 图 23-10~图 23-12 同

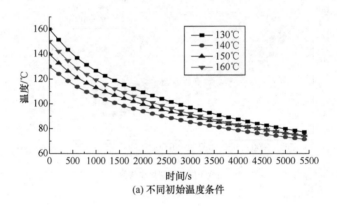

(a) 不同初始温度条件

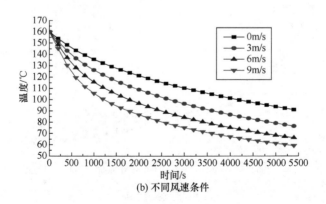

(b) 不同风速条件

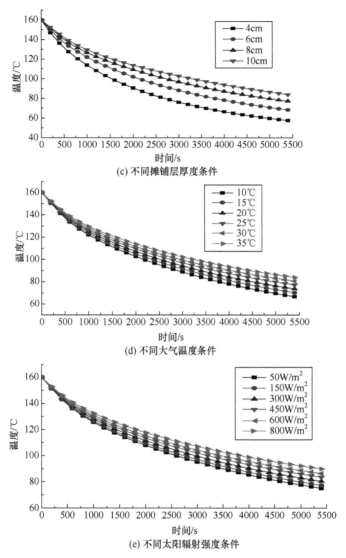

(c) 不同摊铺层厚度条件

(d) 不同大气温度条件

(e) 不同太阳辐射强度条件

图 23-10 密实状态不同条件下温度变化规律

从图 23-9 和图 23-10 可以看出：

(1) 不管是松铺状态还是密实状态，沥青混合料的温度都随着时间而降低。在摊铺初期，温度下降的速率明显大于后期的温度下降速率，这与刚开始热态的沥青混合料接触到较冷的下卧层产生热交换有关，随着时间的延长，热交换速率慢慢变缓。

(2) 五种不同的条件下，沥青混合料温度降低的速率随着风速的增大而增大；随着大气温度的升高而降低；随着太阳辐射强度的增加而降低；随着摊铺层厚度的增加而降低。摊铺的初始温度越高，温度下降速率越大，但是在摊铺碾压过程中，初始温度高的沥青混合料施工温度始终高于初始温度低的沥青混合料，这是因为初始温度较高，混合料的温度与下卧层的温差较大，导热系数较大，施工过程中温度一直较高。

(3) 通过比较相同条件下的图 23-9 与图 23-10 可以看出，密实状态下沥青混合料的温度时间曲线斜率明显小于松铺状态，说明密实状态下混合料的温度下降速率较慢。

4) 同一时刻不同条件下沥青混合料的当量温度

(1) 松铺状态任一时刻不同条件下沥青混合料的当量温度如图 23-11 所示。

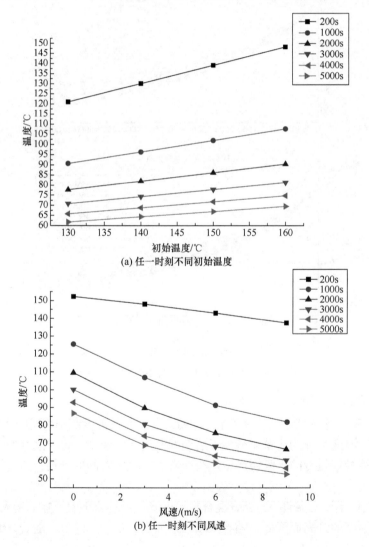

(a) 任一时刻不同初始温度

(b) 任一时刻不同风速

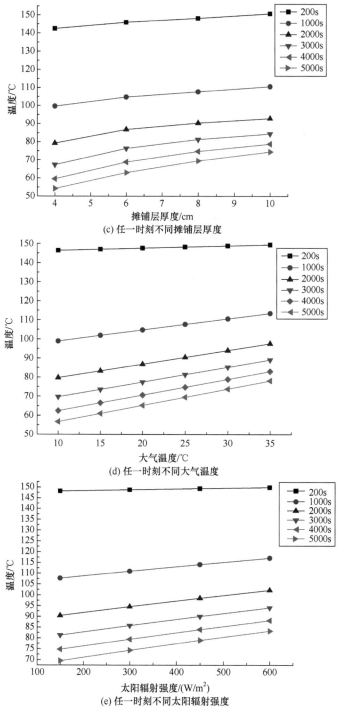

图 23-11　松铺状态任一时刻不同条件和混合料温度关系

(2) 密实状态任一时刻不同条件下沥青混合料的当量温度如图 23-12 所示。

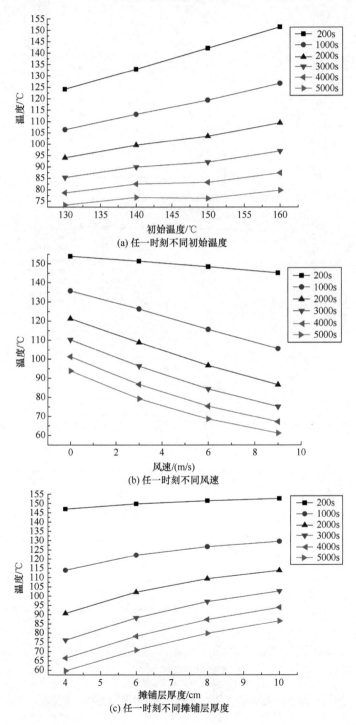

(a) 任一时刻不同初始温度

(b) 任一时刻不同风速

(c) 任一时刻不同摊铺层厚度

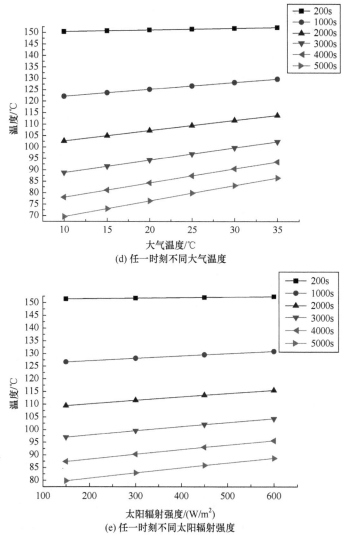

(d) 任一时刻不同大气温度

(e) 任一时刻不同太阳辐射强度

图 23-12 密实状态任一时刻不同条件和混合料温度关系

由图 23-11 和图 23-12 可以得出:

(1) 任一时刻混合料的温度随单个因素的变化基本呈线性变化规律。

(2) 随着时间的延长,线条逐渐变密,说明在同样的时间间隔下混合料的降温幅度随着时间逐渐减小,这与图 23-9 和图 23-10 随着时间的增长温度逐渐趋于平缓的结论一致。可以看出,开始前 1000s 温度下降幅度很大,在 2000s 以后下降幅度很小。例如,松铺状态下,在大气温度为 10℃时混合料温度在 1000s 内下降了 61℃,在 1000~2000s 下降了 19℃,在 2000~3000s 时温度下降了不到 10℃;

松铺状态在风速为 3m/s 时混合料温度在 1000s 内下降了 53℃，在 1000～2000s 下降了 17℃，在 2000～3000s 时温度也下降了不到 10℃。

(3) 在不同的初始温度条件下，混合料摊铺初期，直线斜率较大，混合料温度受初始温度影响较大，随着时间的增长，直线斜率逐渐变小；其余四个因素的影响与初始温度因素的影响刚好相反。在混合料摊铺初期，各因素对混合料温度的影响变化不大，直线斜率很小，但随着时间的增长直线斜率逐渐变大，最后斜率变化很小，直线基本平行。这可能是因为在摊铺初期混合料温度较高，环境因素的影响远远小于混合料与下卧层的热交换对混合料温度的影响。

23.2.2　沥青混合料的有效压实时间

沥青路面碾压分为三个阶段：初压、复压和终压。初压是为了整平和稳定混合料，为复压创造条件；复压是混合料压密、稳定成型的主要阶段，是一道关键工序；终压是使路面更加平整，并消除表面裂纹。因此，复压对降低路面的空隙率，达到路面的压实度起到极其重要的作用。

对于普通的沥青混合料，沥青路面的"有效压实时间"一般是指从开始摊铺至终压完成经历的时间。在这个时间内只要保证终压的碾压温度和复压的碾压温度，路面的空隙率可以降低到预定的目标。对于改性沥青混合料路面，在终压温度前完成碾压，并不能保证复压的碾压温度，这主要是因为改性沥青混合料的复压温度与摊铺温度之间的差距很小，对应的复压时间短，而复压的压实次数多、碾压速度慢，所需要的时间长，这就产生了矛盾。复压对路面的空隙率影响很大，因此改性沥青混合料可以将开始摊铺至复压完成经历的时间定为沥青混合料的有效压实时间。美国研究表明，沥青混合料的温度降到 85～90℃时，混合料的空隙率在机械的作用下变化很小。美国还曾对碾压终了温度做过大量的施工调查，发现大多数碾压温度在 82～110℃，从野外路面观察情况发现，80℃以下压实的路段剥落破坏现象最为严重。研究中提到对于干硬性沥青混合料，终压温度应不低于 80℃。由于是普通沥青混合料，以温度降到 85℃的时间作为"有效压实时间"。

1. 有效压实时间的单因素回归分析

通过上面不同因素下的沥青混合料摊铺碾压温度场的分析可以看出，不同因素对混合料的温度场影响是不同的，从而对有效压实时间的影响也不同。大气温度越高，风速越小，太阳辐射强度越大，摊铺层越厚，初始温度越高，有效压实时间也越长。因此，进行各影响因素对有效压实时间的单因素回归分析。

(1) 松铺状态各单因素回归分析结果如图 23-13 所示。

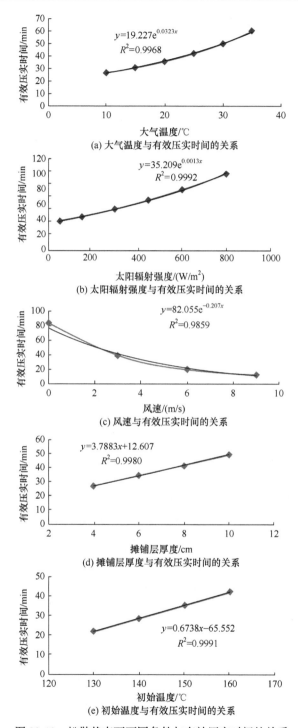

图 23-13　松散状态下不同条件与有效压实时间的关系

(2) 密实状态各单因素回归分析结果如图 23-14 所示。

由图 23-13 和图 23-14 可以看出，松铺和密实状态下的有效压实时间的单因素回归具有相似的规律。

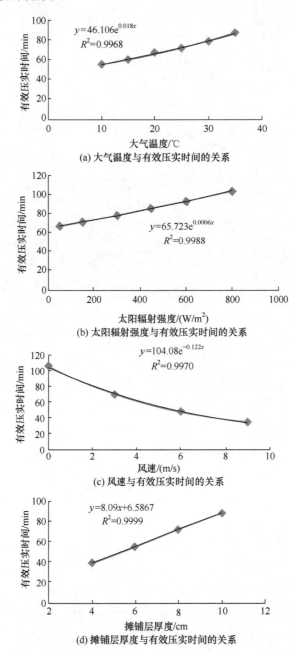

(a) 大气温度与有效压实时间的关系

(b) 太阳辐射强度与有效压实时间的关系

(c) 风速与有效压实时间的关系

(d) 摊铺层厚度与有效压实时间的关系

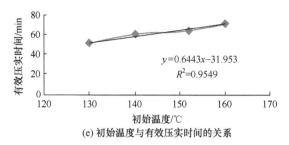

(e) 初始温度与有效压实时间的关系

图 23-14 密实状态下不同条件与有效压实时间的关系

(1) 随着大气温度的升高，松铺状态和密实状态有效压实时间都增长，并且都随着大气温度呈指数增长，其相关系数都达到了 0.99 以上。

(2) 随着太阳辐射强度的升高，松铺状态和密实状态有效压实时间都增长，并随着太阳辐射强度呈指数增长，其相关系数也都达到了 0.99 以上。

(3) 随着风速的增大，松铺状态和密实状态的有效压实时间都减短，且都随着风速呈指数减小，其相关系数都很高，松铺状态达到了 0.9859，密实状态相关系数略高于松铺状态，达到了 0.9970。

(4) 随着摊铺层厚度的增长，松铺状态和密实状态的有效压实时间都增长，且都随着摊铺厚度呈线性增长，其相关系数都接近于 1。

(5) 随着摊铺初始温度的升高，松铺状态和密实状态的有效时间都增长，且随着初始温度呈线性增长，松铺时的相关系数很高，达到了 0.9991；密实状态的相关系数偏低，只有 0.9549，分析可能是 140℃时的摊铺温度场计算有误差，去掉 140℃时的坏点，其相关系数达到了 0.9921。

2. 有效压实时间的多因素回归分析

根据前面的单因素回归分析结果，初步建立多因素的回归模型见式(23-4)：

$$t = ax_1 + bx_2 + cx_3 + dx_4 + ex_5 + t_0 \tag{23-4}$$

式中，t 为沥青混合料有效压实时间，min；a、b、c、d、e、t_0 为待定的回归系数；x_1、x_2、x_3、x_4、x_5 分别对应大气温度 T_1(℃)、太阳辐射强度 q_F(W/m²)、风速 v_f(m/s)、摊铺层厚度 h(cm)、初始温度 T_2(℃)。

通过分别对上面松铺和密实状态下的有效压实数据进行回归分析，确定式 (23-4)中的待定参数，得到最短和最长有效压实时间的多元回归模型，如式 (23-5)和式(23-6)所示：

$$t_{\min} = 81.746T_1 + 4.370q_F - 424.902v_f + 254.159h_{松} + 49.012T_2 - 8623.257 \tag{23-5}$$

$$t_{\max} = 75.696T_1 + 2.697q_F - 435.524v_f + 504.950h_{密} + 44.116T_2 - 7753.738 \tag{23-6}$$

将现场测得的环境因素代入式(23-5)和式(23-6)，就可以得到混合料的有效压实时间，为后续的碾压工作提供参考。

23.2.3 热拌沥青混合料压实能量

1. 室内压实能量

不同的沥青混合料在相同的成型工艺下具有不同的压实效果。对于不同的沥青混合料，达到需要的压实度所需要的能量不尽相同。采用了马歇尔击实试验结果对沥青混合料的击实功进行分析。

由马歇尔击实试验可知，在不同的击实初始温度条件下，混合料的体积指标变化不尽相同。要达到设计的目标空隙率，所需要的马歇尔击实次数也不同，也就是击实功不同。以目标空隙率为 4%，来研究沥青混合料的击实功。不同温度下，三种沥青混合料在不同击实次数下的压实度见图 23-15。

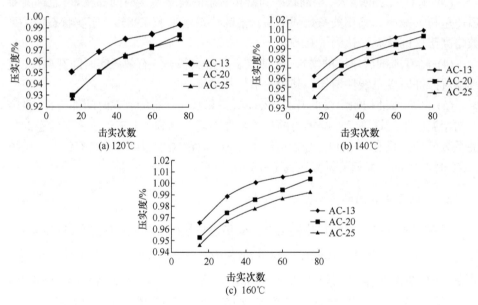

图 23-15　不同温度下击实次数与 AC 型沥青混合料压实度的关系

由图 23-15 可知，随着击实次数的增加，沥青混合料的压实度均增加。随着粒径的增大，混合料的压实变得困难，同样的击实次数下，粒径越大，压实度越小。AC-25 较难压实，其次是 AC-20，AC-13 最容易压实。

三种沥青混合料在不同的初始温度下击实，达到 4%的目标空隙率所需要的击实次数见图 23-16。

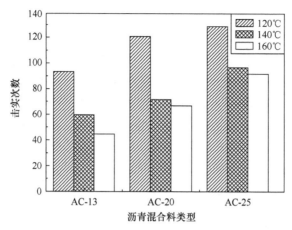

图 23-16 不同初始温度沥青混合料达到目标空隙率所需要的击实次数

综合分析可知，120℃的初始击实温度下，三种沥青混合料都不能满足要求，因此沥青混合料的施工初始温度应大于 120℃或者提高击实功，按照压实度与击实次数曲线的拟合公式得到 AC-13 需要击实 94 次，AC-20 需要击实 121 次，AC-25 需要击实 129 次；140℃时，AC-13 需要击实 60 次，AC-20 需要击实 72 次，AC-25 不能满足要求，按照拟合曲线得需要 97 次；160℃时，AC-13 需要击实 45 次，AC-20 需要击实 67 次，AC-25 双面击实 75 次时，压实度达到 99.34%，同样拟合得到 AC-25 要达到 4%的目标空隙率需要击实 92 次。

马歇尔击实试验采用的是标准马歇尔击实试验仪器。击实锤的质量为 4.536kg，击实高度为 457.2mm，所提供的能量由击实锤的重力势能转化，因此单次击实提供的能量计算见式(23-7)：

$$e_0 = mgh \tag{23-7}$$

式中，e_0 为单次击实提供的击实功；m 为击实锤的质量；g 为重力加速度；h 为击实高度。

单次击实提供的击实功为 20.3J。马歇尔击实试验采用双面击实，由于混合料内的大量空隙，单面击实时，能量大量用于缩小该击实面附近的空隙，另一面并没有吸收多少能量,因此可以认为对于整个试件均匀的击实次数为单面击实次数，则试件成型过程中所消耗的总能量见式(23-8)：

$$E = ne_0 \tag{23-8}$$

式中，E 为击实提供的总击实功，J；n 为单面击实次数。

一个标准马歇尔成型试件所需要的击实功为 1524J。并不是所有能量都被混合料吸收来提高混合料的压实度，由上面分析可知，以 160℃作为初始温度，要达到 4%的目标空隙率，AC-13 需要 913.5J，AC-20 需要 1360J，AC-25 则需要

1867.6J 的击实功。

2. 现场压实能量

1) 现场压实机械的能量分析

(1) 摊铺机压实能量。

摊铺机的摊铺捣实不仅使沥青路面平整，为后续压路机的压实提供了工作平台，有利于压实机械的压实，而且对沥青混合料进行了预压，使混合料达到了一定的压实度。可以通过无核密度仪测试摊铺机作用后沥青混合料的初始压实度。摊铺后沥青混合料的压实度基本能够达到 90%左右。由不同沥青混合料在拌和温度为 160℃的马歇尔击实试验可知，在双面击实 15 次时，沥青混合料的压实度在 90%左右，因此可以认为摊铺机对沥青混合料提供的能量等于马歇尔双面击实 15 次所提供的能量，通过重力势能计算的马歇尔的击实功满足 E_T=304.9J。

(2) 振动压路机的压实能量

复压是热拌沥青混合料路面碾压的重要阶段，而振动压路机以其优良的压实效果被运用于混合料的复压，它的压实作用主要是由压路机的自重和钢轮的振动产生的。振动压路机对混合料施加一系列的激振作用，引起材料颗粒的相对运动，在垂直压力的作用下，使颗粒重新排列，变得更为密实。能量以压力波的形式向下传动，引起更深部材料颗粒的振动，因此比静力钢轮压路机的压实范围更深，压实效果更好。同时，沥青混合料在压实过程中，其力学性质随混合料压实度的变化而变化，因此其对压实设备的反力是动态变化的，目前还没有精确的能量数学模型来分析这种动态的反馈过程。工程振动理论对振动压实机械的能量进行了近似的分析，但还没有考虑动态反馈作用。

根据工程振动理论，振动压路机的振动作用力见式(23-9)：

$$P = W + F_0 \sin(\omega t) \tag{23-9}$$

如果不考虑阻尼的影响，其竖向位移和速度分别见式(23-10)和式(23-11)：

$$x = A \sin(\omega t) \tag{23-10}$$

$$\dot{x} = A\omega \cos(\omega t) \tag{23-11}$$

其压实能量见式(23-12)：

$$E_0 = 2\int_0^{\frac{T}{2}} P\mathrm{d}x = 2\int_0^{\frac{\pi}{2\omega}} \left[W + F_0 \sin(\omega t)\right] A\omega \cos(\omega t)\mathrm{d}t = 2A\left(W + F_0 / 2\right) \tag{23-12}$$

式中，E_0 为在一个周期内振动器施加的能量，即压实能量；A 为名义振幅；F_0 为激振力；W 为参振能量；ω 为角频率。

实际压实时，阻尼是不容忽略的，若考虑阻尼的影响，振动压实时试件的竖向位移滞后振动作用力一个相位差 φ ，故其竖向振动位移及速度分别见式(23-13)和式(23-14)：

$$x = A\sin(\omega t) \tag{23-13}$$

$$\&= A\omega\cos(\omega t) \tag{23-14}$$

图 23-17 为振动周期与压实能量关系。

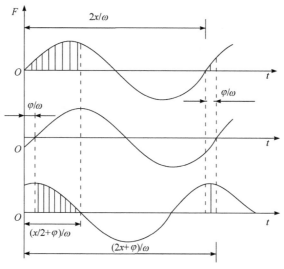

图 23-17　振动周期与压实能量关系

F-压实能量

如图 23-17 所示，每一振动周期内，振动力做正功的时间含两个时段，振动器在一个振动周期内的压实能量计算公式见式(23-15)：

$$E_0 = \int_1^2 P\mathrm{d}x + \int_3^4 P\mathrm{d}x = WA + 1/2F_0A\left(\cos\varphi + \frac{\pi}{2}\sin\varphi\right) + WA\sin\varphi + \frac{1}{2}F_0A\varphi\sin\varphi$$

$$= WA(1+\sin\varphi) + \frac{1}{2}F_0A\left[\cos\varphi + \left(\frac{\pi}{2}+\varphi\right)\sin\varphi\right]$$

$$\tag{23-15}$$

当 $\varphi = 0$ 时，$E_0 = A(W + F_0/2)$ ；当 $\varphi = \pi/2$ 时，$E_0 = 2A(W + F_0/4)$ 。

由于沥青混合料的性质类似于弹-塑性材料，因此 $\varphi \neq 0$ 。在最佳激振频率下，试件的振动状态接近共振，此时 φ 趋于 $\pi/2$ ，为计算简便，采用 $\varphi = \pi/2$ 时的激振能量。

工程中常用的振动压路机为双钢轮 DD110 振动压路机，施工中取 2 档作为振动档，则名义振幅 $A=0.51\text{mm}$ ，参振质量 $W=1.137\times10^4\text{kg}$ ，激振力 $F_0=70.7\text{kN}$ 。根据式(23-15)可以计算出振动压路机在一个周期内施加给沥青混合料的能量为 172.6J。按照一般经验，这些能量中 70%用于混合料的压实，而剩下的 30%被消耗，因此双钢轮 DD110 振动压路机提供给混合料的有效压实能量为 120.8J。

在压实效果相同的情况下，静力作用的压路机所需要的质量为振动压路机的 2 倍，因此在相同结构质量的情况下，静力压路机对沥青混合料提供的压实能量为振动压路机的一半，而双钢轮 DD110 振动压路机在静力模式下碾压一遍提供给混合料的有效压实能量为 60.4J。

(3) 胶轮压路机的压实能量。

胶轮压路机主要利用机械的自重进行压实，胶轮压路机通过轮胎气压的均匀性和胶轮的弹性，对混合料产生揉搓作用，在竖向和水平方向都做功。竖向力对混合料实现垂直压实。竖向和水平共同作用对材料实现揉搓作用，使材料颗粒发生移动、重新排列并相互靠近，提高了压实度，其作用很难计算。水平力并非通过直接作用来提高混合料的压实度，因此只计算胶轮压路机竖向力所做的功。

轮胎压路机碾压一遍提供给沥青混合料的能量可以用混合料高度变化求得，见式(23-16):

$$E_L = Fh \tag{23-16}$$

式中， E_L 为轮胎压路机碾压一遍提供给沥青混合料的能量，J； F 为轮胎质量，kg； h 为轮胎压路机碾压一遍沥青混合料的高度变化，m。

试验结果表明，轮胎压路机 XP260，自重为 $2.60\times10^4\text{kg}$ ，碾压一遍的混合料的平均高度变化 $h=0.04\,\text{m}$ ，则胶轮压路机提供给混合料的能量 $E_L=104\text{J}$ 。

2) 基于能量等效的现场压实次数的确定

通过马歇尔击实试验已经知道沥青混合料达到密实所需的能量，前面分析了各种施工机械碾压一遍提供给沥青混合料的有效压实能量，那么各种施工机械要碾压 n 遍后才能使混合料达到目标空隙率，因此通过能量等效关系来求出现场压实机械的压实次数。复压在路面施工碾压过程中非常重要，对路面空隙率的影响比较大，因此主要确定复压的压实次数。

方案采用典型的碾压方案，初压采用双钢轮 DD110 振动压路机的静压模式，静压两遍；复压先采用双钢轮 DD110 振动压路机的振动模式，然后采用轮胎压路机 XP260；终压仍然采用双钢轮 DD110 振动压路机的静压模式，静压两遍。压实能量等效公式见式(23-17):

$$E = E_T + n_1 E_0 + n_2 E_L + 4E_0' \tag{23-17}$$

式中，E_T 为摊铺机的压实能量；E_0 为 DD110 振动压路机振动模式碾压一遍的压实能量；E_L 为轮胎压路机的碾压一遍的压实能量；E_0' 为 DD110 振动压路机静压模式碾压一遍的压实能量；n_1 为 DD110 振动压路机振动模式下的压实次数；n_2 为轮胎压路机的压实次数。

公路工程施工规范规定 70#普通沥青混合料的拌和温度为 155～165℃，因此分析选择初始温度为 160℃的马歇尔击实试验结果分析沥青混合料的现场压实次数。根据计算并结合施工经验得：AC-13 型沥青混合料 n_1=2，n_2=2 或者 n_1=1，n_2=3；AC-20 型沥青混合料 n_1=4，n_2=4 或者 n_1=3，n_2=5；AC-25 型沥青混合料 n_1=5，n_2=7。

23.2.4　基于有效压实时间的热拌沥青混合料现场压实工艺

碾压是沥青路面成型的最后一道工序，也是最主要的一道工序，决定沥青路面是否具有良好的使用性能。一些沥青路面施工直接采用相似工程的碾压工艺，或者按照规范取值，为了提高平整度，往往压实度达不到要求，路面随后出现车辙、断裂、水损害等一系列问题。

沥青路面的碾压分为初压、复压和终压三个阶段，初压是为了整平和稳定混合料，为复压创造条件；复压是混合料稳定成型阶段，是使混合料密实的一道关键程序；终压的目的是消除表面裂纹和轮迹，保证路面平整度。

1. 压实工艺参数

在整个沥青路面的施工期间，虽然沥青混合料的类型相对一定，但外界环境却是实时变量。一种碾压方式组合不能适用于所有情况，因此如何结合现场情况，合理地安排振动压路机、胶轮压路机和钢轮压路机的施工工艺显得尤为重要。对于各种压路机来说，在碾压过程中，能够控制的参数主要有压路机的速度、压路机的压实次数、碾压区域和碾压方式。

1) 压路机的速度

在沥青混合料表面的某个点上，压路机行驶得越快，压路机的重量停在这个点上的时间就越短，这就意味着在混合料上作用的压实功越小。随着压路机速度的增加，压路机每碾压一次混合料压实度提高的程度降低。压路机速度的选择由以下因素综合决定：摊铺机的速度、摊铺层厚度、压路机在压路机车列中的位置。

美国联邦航空管理局编著的《热拌沥青混合料铺面手册》规定静力钢轮压路机的碾压速度为 3～9km/h，轮胎压路机的碾压速度为 3～12km/h，振动压路机的碾压速度为 3～6km/h。在初压时，每种压路机应该以速度范围的最下限速度行驶。在复压时，压路机的速度可以稍微增加一点，一般以速度范围的中间速度行驶。

在终压时，压路机以速度范围接近最上限的速度行驶。表 23-8 为三种不同型号的压路机在不同的施工阶段的行驶速度范围。

表 23-8　压路机速度范围　　　　　　(单位：km/h)

压路机类型	工作阶段		
	初压	复压	终压
静力钢轮压路机	3.2～5.6	4.0～6.4	4.8～8.0
轮胎压路机	3.2～5.6	4.0～6.4	6.4～11.2
振动压路机	3.2～4.8	4.0～5.6	—

压路机的速度受摊铺机速度的控制。如果摊铺机经常和压路机拉开距离，压路机必须加快速度才能跟上摊铺机的速度，将导致沥青混合料在压路机碾压相同次数后压实度下降。摊铺机速度应当和沥青拌和场的沥青混合料生产供应速度相匹配，而且这个速度应当保持不变。每台压路机的作业速度应当根据摊铺机的速度和每台压路机必须的压实次数确定。改变压路机的速度仅引起压实度的改变，"慢而稳定"压实方法是保证混合料压实度的关键。

如果摊铺机作业时始终拉开压路机一段距离，可以采取一些措施来改善这种状况。首先，可以降低摊铺机速度，使拌和场生产速度及压路机速度相匹配。其次，如果拌和场的生产量基本满足摊铺机快速摊铺所需的量，为了达到足够的压实度，则必须增加压路机；再次，可以使用宽幅压路机，如可以用 2.1m 宽的压路机来代替 1.4m 宽的压路机；最后，可以改变压路机的类型，如可以用双筒振动压路机来代替单钢轮振动压路机或者静力钢轮压路机。

2) 压路机的压实次数

为了在沥青混合料面层上获得要求的空隙率和均匀的压实度，应该对路面上每个点碾压一定的次数。压实次数取决于很多因素，这些因素中最重要的是压实机具的类型。三轮钢轮压路机、串联钢轮压路机、轮胎压路机及单钢轮振动压路机都有不同的压实能力。同时，每种类型压路机的压实能力和面层厚度、混合料温度、混合料的设计特性(沥青含量、沥青进度和集料特性)及周围环境条件有关。压路机的压实次数还和压路机在压路机车列中的位置有关。

在任何重要铺面工程开始时，应当铺筑一条或者多条试验路，确定达到合适压实度时所需要的压路机最小压实次数。应当用不同的压路机组合形式和压路机模式来确定最佳压实组合，以尽可能高的效率获得所需的压实度。压路机类型、压实次数及被压实区域的第一次组合尝试很难提供最有效的压实工序，除非施工单位已经多次使用过这种混合料。

压路机的压实次数必须在整个面层上分布均匀。通常在所铺筑车道中间(单车道路面轮迹带之间的区域)可以获得足够的压路机碾压,但是面层边缘处的压实效果就不佳,在整个车道上压实次数的一致性和压实次数本身同样重要。

3) 碾压区域

只有当混合料中的沥青胶结料的黏度和混合料的劲度足够低,并允许压路机反复碾压使集料颗粒产生重分布时,混合料才能被压实,也就是为了进行有效的压实,面层应该一直保持足够的温度。

为了最快地得到所需的压实度,初压应直接紧跟在摊铺机后面进行。如果沥青混合料足够稳定,则初压压路机可以和摊铺机相隔很近,这时面层温度仍然很高。在混合料温度为 120℃时碾压一次获得的压实度比在 110℃时碾压一次获得的压实度大。因此,压实区域的前端应该和摊铺机后端尽可能近。

在摊铺较软的混合料时,为了避免在压路机作用下,混合料过多推移或出现细裂缝,初压就需推迟。根据混合料特性,只要应用的压路机组合得当和压实功足够就能达到比较好的压实效果,并获得要求的压实度。然而,在有些情况下,混合料太软且稳定性太差,初压必须推迟很长一段时间才能开始,这时候很难达到要求的压实度,应当尝试别的解决方法。当遇到稳定性差的混合料时,就必须查明其稳定性差的原因,并对混合料生产及铺筑工作进行改进。

4) 碾压方式

压路机大部分时间都在工作,问题是其工作的方法是否正确,效率是否高。压实经常没有作用在合适的位置上。许多压实调查表明,摊铺机中间位置的混合料一般比边缘位置获得的压实功要多。然而,车辆的轮迹带通常邻近路面边缘而不是车道中心处。因此,应当确定最佳碾压方式,使面层各点压实均匀,并且在面层冷却前,获得足够的压实功。

确定最佳碾压方式,第一项应当确定摊铺机的速度,它根据拌和场混合料的产量、路面的摊铺宽度及摊铺层厚度来确定。同样,摊铺机速度的选择也应均衡考虑由压路机所获得的压实度、平整度及路面表面均匀性来确定。

第二项应确定碾压长度以确保能够得到足够的压实度。碾压长度的选择要在压路机最佳作业速度的条件下,根据混合料的初始温度、碾压最终温度、摊铺层厚度和环境温度等实际选择。始终要坚持原则:摊铺层越薄,碾压时间越少,碾压长度越短,要保证在最有效的温度范围内完成整个碾压作业。

第三项应计算的内容包括:铺筑面层的宽度和使用的压路机宽度比,以确定为了覆盖整个路面宽度车道横向所需的压路机(车道)数量。压实次数必须和摊铺机速度相匹配,(碾压一遍定义为压路机在一个方向上覆盖路面表面任意一点的一次碾压)。已知摊铺机的速度、碾压长度、压路机的速度和在路面表面整个宽度上的横向车道数量,当压路机跟上摊铺机时,就能够计算得到每台压路机在路面每个点上的压实次数。

　　压路机在路面表面每个点上的压实次数由许多因素决定，其中最重要的一个因素就是路面面层需要的压实度。如果用规范的计算方法，则容易算出需要的压实次数，然而，在规定的次数完成后，并不知道混合料获得的空隙率。如果要求达到试验密度或者最大理论密度的某个百分率，则规定的百分率越高，在路面面层上施加的压实功就越大。

　　2. 基于有效压实时间的压实工艺研究

　　复压在沥青混合料压实度改变中起着举足轻重的作用，因此主要确定复压时压实工艺参数，结合前面确定的有效压实时间，以及通过能量等效确定的压实次数，确定其他可以人为控制的复压碾压参数：碾压长度、碾压速度、压路机数量。为了方便施工，同样采用初压双钢轮 DD110 振动压路机的静压模式，静压两遍，复压先采用双钢轮 DD110 振动压路机的振动模式，然后采用轮胎压路机 XP260，终压仍然采用双钢轮 DD110 振动压路机的静压模式，静压两遍。

　　高速公路一侧铺筑宽度为 11.75m，规范规定铺筑高速公路、一级公路沥青混合料，一台摊铺机的铺筑宽度不宜超过 7.5m，所以采用两台摊铺机呈梯队同步摊铺，两幅之间有 30～60mm 宽度的搭接。松铺厚度为 8cm，压实后的厚度接近马歇尔试件的高度，由于摊铺机必须缓慢、均匀、连续不间断地摊铺，因此摊铺机速度采用规范下限 2m/min。采用的双钢轮 DD110 压路机的轮宽为 1.9m，每次碾压搭接 20cm，实际碾压宽度为 1.7m。采用的 XP260 轮胎压路机的有效碾压宽度为 2m。初压按照规范采用初压速度为 3km/h，约 50m/min，为了维持摊铺机摊铺速度和压路机碾压速度之间的平衡，采用两台双钢轮压路机。两台摊铺机摊铺长度为 l 时，完成高速公路一侧幅初压两遍所需要的时间见式(23-18)：

$$t_{初} = \left[11.75 \times l \times 2 / (1.7 \times 2) \right] / 50 \qquad (23\text{-}18)$$

式中，$t_{初}$ 为初压所用的时间，min；l 为摊铺碾压长度，m。

　　终压采用双钢轮 DD110 振动压路机的静力模式，终压的主要作用是为了消除轮迹，速度不宜过慢，采用规范规定的终压速度上限值 6km/h，约 100m/min，终压也采用两台双钢轮压路机，则完成高速公路一侧终压两遍所需要的时间见式(23-19)：

$$t_{终} = \left[11.75 \times l \times 2 / (1.7 \times 2) \right] / 100 \qquad (23\text{-}19)$$

式中，$t_{终}$ 为终压所用的时间，min。

　　根据沥青混合料适宜碾压温度确定的有效碾压总时间，可以确定留给复压的极限碾压时间范围见式(23-20)及式(23-21)：

$$t_{复min} = t_{min} - t_{初} - t_{终} = 81.746T_1 + 4.37q_F - 424.902v_f$$
$$+ 254.159h_{松} + 49.012T_2 - 8623.257 - 12.44l \tag{23-20}$$

$$t_{复max} = t_{max} - t_{初} - t_{终} = 75.696T_1 + 2.697q_F - 435.524v_f$$
$$+ 504.950h_{松} + 44.116T_2 - 7753.738 - 12.44l \tag{23-21}$$

式中，$t_{复min}$ 为复压的最小极限时间，s；$t_{复max}$ 为复压的最大极限时间，s。

通过马歇尔击实试验得到不同的沥青混合料达到目标密实所需要的能量，并且根据能量等效确定了复压所需的压实次数，因此在压实次数确定的情况下，必须在复压的极限碾压时间范围内合理地组合压路机的碾压速度、碾压长度和压路机数量。极限碾压时间为大于 $t_{复min}$ 并且小于 $t_{复max}$ 的某一个值，由于准确的极限时间难以确定，但只要保证碾压时间不超过 $t_{复min}$，就能保证混合料在较高的温度下进行碾压，保证混合料达到目标的压实度，因此振动压路机和胶轮压路机的碾压速度、碾压长度和压路机数量的组合形式应满足式(23-22)要求：

$$t_{复} \leqslant t_{复min} \tag{23-22}$$

则

$$t_0 + t_1 \leqslant t_{复min} \tag{23-23}$$

$$11.75 \times n_1 \times l / (1.7 \times m_1 \times v_1) + 11.75 \times n_2 \times l / (2 \times m_2 \times v_2) \leqslant t_{复min} \tag{23-24}$$

式中，$t_{复}$ 为复压所用的时间，min；t_0 为振动压路机的碾压时间，min；t_1 为轮胎压路机的碾压时间，min，n_1 为振动压路机的压实次数；n_2 为轮胎压路机的压实次数；m_1 为振动压路机数量；m_2 为轮胎压路机数量；v_1 为振动压路机的碾压速度，m/min；v_2 为轮胎压路机的碾压速度，m/min。

对于初始温度为 160℃的 AC-25 型沥青混合料，根据马歇尔能量等效结果及工程经验选择复压双钢轮 DD110 振动压路机压实 5 遍，振动频率为 30～50Hz，振幅为 0.3～0.8mm，XP260 轮胎压路机压实 7 遍。

如果外界现时环境因素为大气温度为 25℃，风速为 3m/s，太阳辐射强度为 150W/m²，则通过式(23-4)可以计算出有效压实时间为 2154s，约 36min，则由式 (23-24)得式(23-25)：

$$11.75 \times n_1 \times l / (1.7 \times m_1 \times v_1) + 11.75 \times n_2 \times l / (2 \times m_2 \times v_2) + 0.207l \leqslant 36(min) \tag{23-25}$$

如果采用 1 台振动压路机，1 台轮胎压路机，完成复压实际需要的时间如表 23-9 所示。可以得出采用这种机械组合，在满足有效压实时间的前提下的最大碾压长度为 30m 左右。如果采用 40m 或者更长的碾压长度，振动压路机和轮胎压路机的碾压速度都必须提高，甚至超过规范规定，而速度过高时压实能量不能被混合料充分吸收，还可能与压路机的频率、振幅等参数不相配，影响压路机的压实性能，达不到预期的压实效果。根据经验采用振动压路机的速度为 4km/h 或者 4.5km/h，轮胎压路机的速度为 5km/h。如果要增加碾压长度就必须增加压路机台数，在满足有效压实时间的情况下根据实际情况选择合适的碾压速度，在满足规范的前提下碾压速度不宜过大，以保证充分压实。压路机数量的选择应考虑碾压区域的范围大小，要满足压实机械不间断，连续地碾压，保证路面的平整度。

表 23-9　实际复压时间　　　　　　　（单位：min）

碾压长度	振动压路机速度											
	3km/h			3.5km/h			4km/h			4.5km/h		
	轮胎压路机速度			轮胎压路机速度			轮胎压路机速度			轮胎压路机速度		
	3km/h	4km/h	5km/h	3km/h	4km/h	5km/h	3km/h	4km/h	5km/h	3km/h	4km/h	5km/h
30m	51.6	45.5	41.8	48.7	42.5	38.8	46.4	40.3	36.6	44.7	38.5	34.8
40m	>36	>36	>36	>36	>36	>36	>36	>36	>36	>36	>36	36.3
50m	>36	>36	>36	>36	>36	>36	>36	>36	>36	>36	>36	>36
60m	>36	>36	>36	>36	>36	>36	>36	>36	>36	>36	>36	>36
70m	>36	>36	>36	>36	>36	>36	>36	>36	>36	>36	>36	>36
80m	>36	>36	>36	>36	>36	>36	>36	>36	>36	>36	>36	>36

　　沥青混合料只有在较高的温度范围进行碾压才能被有效压实。通过上述预估分析方法可以有效得出不同沥青混合料，在不同的环境因素下，在温度允许的时间范围内达到目标压实度所需要的碾压长度、碾压速度、压实次数的有效组合。

参 考 文 献

[1] 梁春雨. 30~#硬质沥青用于沥青路面中下面层的试验研究 [D]. 长春: 吉林大学, 2007.

[2] 冯德成, 李兴海, 等. 基于热物理特性的沥青混合料的研究 [J]. 公路交通科技, 2010, 27(3): 27-33.

[3] 任端波, 钟岱辉, 等. 柔性基层改善沥青路面半刚性底基层温度状况分析 [J]. 哈尔滨工业大学学报, 2004, 36(9): 1280-1284.

[4] 杨彦海, 张书立, 等. 再生沥青性能分析与评价 [J]. 东北公路, 2003, 26 (4): 9-12.

[5] 沙庆林. 高等级公路半刚性基层沥青路面 [M]. 北京: 人民交通出版社, 1998.

[6] 董刚. 沥青混合料压实特性与压实工艺研究 [D]. 西安: 长安大学, 2010.

第 24 章　服役阶段沥青混合料的流变特性

24.1　评价方法与试件处理

24.1.1　评价方法

为了开展材料在荷载作用下内部颗粒的变化研究，需要首先将混合料进行区域划分，分为均质区与非均质区两大类。其中，均质区、非均质区的定义如下。

均质区：并非指材料完全均匀分布，而是指在外部荷载作用下材料内部产生相对均匀的力学响应(假设颗粒位移小于 1mm 时视为均匀响应)。

非均质区：外荷载作用下产生不均匀响应的区域。

需要注意的是，定义的两区域范围并不是固定的。不同混合料类型在不同的外部条件作用下将得出不同的分界位置。对于路面结构，随着深度的增加，受到的荷载作用将逐渐变小，相应的应变也会逐渐减小。由此可预测混合料内部必定会存在分界位置，该位置以下区域在一定外界条件作用下将不会出现明显的应变响应差异，宏观上表现为材料内部颗粒不产生明显位移，即可假设该区域为该条件下材料内部可忽略其颗粒性特征的均质区域。反之，该分界位置以上部分产生差异较大的颗粒位移，故该区域的材料在进行理论分析时应充分考虑其颗粒性特征。

考虑车辙试验能很好地模拟真实荷载对路面材料的影响，将采用车辙试验进行评价。另外，为观察加载过程中材料内部颗粒的变化情况，需对试件进行一定处理。

24.1.2　试件处理

普通车辙试验无法观察到试件内部的变化，因此在试验前对试件进行如下处理。

1) 试件厚度

为了能观察试件内部不同深度范围内颗粒的运动规律,研究过程中采用 10cm 厚的试件进行试验。

2) 试件切割

为了更清晰观察到材料内部的颗粒运动情况，试验前对试件进行切割处理，将试件切割成如图 24-1 所示的三部分。

试验时荷载轮运动方向垂直于试件切割方向，如图 24-2 所示。

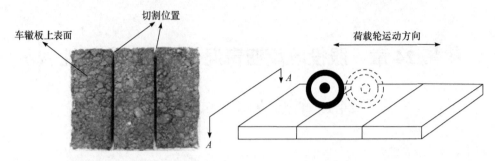

图 24-1　试件切割处理　　　　　　图 24-2　试验过程简化图

3) 位移等值线标注

在所得断面上标注如图 24-3 所示的位移等值线，以方便观察试验过程中断面内部颗粒变化的大致规律，其中第一条线距试件顶面 1cm，以下每隔 0.5cm 标注一条直线。在试验轮滚动过程中，荷载的传递会引起试件内部颗粒的运动，颗粒发生运动处的位移等值线会发生扭曲或折断现象，以此为依据对试件在该荷载作用下时内部颗粒的运动情况进行分析，并以出现折断与未出现折断的分界位置为划分界限，将混合料划分为均质区与非均质区。

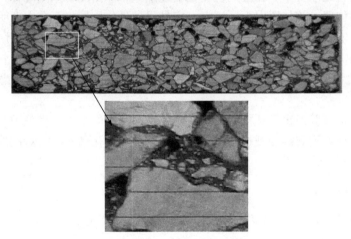

图 24-3　在断面上标注的位移等值线

24.2　断面颗粒运动规律

24.2.1　基于位移等值线的断面颗粒运动规律

沥青混合料主要由集料、沥青胶浆及空隙三相组成。其中，集料质量和体积占比均最大，集料对混合料整体的强度影响很明显，沥青胶浆受温度影响显著，不同温度条件下，混合料力学性质会发生较大变化，荷载作用时会引起内部材料运动规律的变化。同样，外部作用荷载的变化对混合料内部的受力及集料运动规律也会产生较大的影响，因此本节将开展不同温度条件、不同集料组成及不同荷载对加载过程中试件内部颗粒运动规律的影响。

1. 温度差异对混合料集料运动规律及非均质区范围的影响分析

1) 不同温度条件下车辙试验结果

不同车辙试验方法采用的试验温度也各不相同。其中，我国车辙试验规定的试验温度为 60℃；德国汉堡车辙试验有水条件下的试验温度为 50℃；美国佐治亚荷载轮测试仪(GLWT)的试验温度为 35～60℃；沥青路面分析仪(APA)试验温度为路面温度或性能分级(PG 分级)温度，以往研究中使用过的试验温度主要有 40℃、40.6℃、46.1℃、50℃、55℃、58℃、60℃、64℃。最初 APA 试验温度为 35℃，这一温度是依据美国佐治亚州夏季平均高温温度。此后，APA 的试验温度都有了很大提高。最新 APA 研究成果表明，试验温度应为路面高温温度或 PG 高温温度；法国流动车辙试验仪(FRT)表面层试验温度是 60℃，基层是 50℃；小型加速加载仪干燥条件下的试验采用 50℃和 60℃的温度，有水条件下采用 30℃的温度。

为了能全面研究不同温度条件下，沥青混合料在荷载作用下材料内部的响应情况，结合我国车辙试验常用温度将试验温度定为 30℃、40℃、50℃、60℃。进行试验前，需要将试件放入国产车辙试验机内，在试验温度下恒温 6～24h，以保证试件达到试验温度并且温度均衡。

考虑温度条件影响的试验方案如表 24-1 所示，开展研究四种混合料不同温度、荷载作用下的车辙试验，并观察试验过程中及试验结束后试件断面的变化。

表 24-1　温度条件影响的试验方案

混合料类型	AC-20、AC-25、SMA-20、SMA-25
试验温度/℃	30、40、50、60
荷载/MPa	标准轴载 0.7

对 AC-20、AC-25、SMA-20、SMA-25 四种混合料试件按上述处理方法处理之后进行车辙试验，获得不同温度条件下各时间段的车辙深度。结果表明，随着温度升高，四种混合料试件车辙深度均有明显增加，且间断级配混合料车辙深度普遍小于密级配混合料车辙深度。

2) 温度条件对断面颗粒运动规律及非均质区范围分析

根据位移等值线折断情况进行判断的方法，以 SMA-20 为例分析不同温度条件下断面颗粒的运动规律，如图 24-4 所示。

(a) 30℃

(b) 40℃

(c) 50℃

(d) 60℃

图 24-4　SMA-20 混合料试件在四种不同温度环境下车辙试验 60min 后的某断面图

随着试验的进行，车辙逐渐增加。当试验进行 60min 之后，30℃条件下加载后断面等值线出现折断的为自上而下前 7 条直线，40℃、50℃、60℃条件下出现折断的等值线数量依次为 8 条、10 条、14 条。由此可知 SMA-20 混合料 30℃、

40℃、50℃、60℃环境下发生颗粒不规则
运动，即不可视为均质材料而应考虑各
向异性特征的范围为自顶面以下的 4cm、
4.5cm、5.5cm、7.5cm。

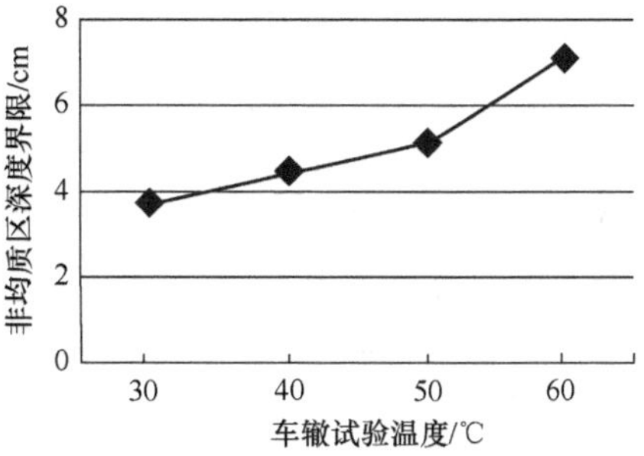

图 24-5　四种温度环境下 SMA-20 车辙
试验断面区域划分对比

从图 24-5 中曲线可观察得到，随着
温度的升高，应视为非均质区范围(深度
界限)呈明显扩大趋势，且当温度从 50℃
增加到 60℃时，扩大趋势相对更明显，
由此可见温度超过 50℃之后混合料材料
的性质发生了较大的变化。

对于 AC-20、SMA-20、AC-25、SMA-
25 四种混合料在 30℃、40℃、50℃、
60℃环境下进行类似试验，试验结果如图 24-6 所示。

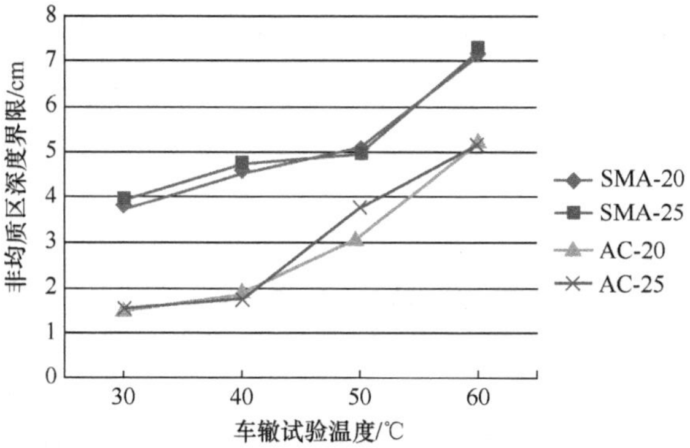

图 24-6　四种混合料分别在不同温度下非均质区深度界限

从图 24-6 可知，温度的升高会导致荷载作用时混合料内部颗粒产生不规则运
动的范围更大。30℃和 40℃两种温度条件下试件内部颗粒产生不规则运动的范围
变化相对较小，当温度进一步增加时，该范围增加趋势明显加快。密级配混合料
试件内部出现颗粒不规则运动的范围均小于间断级配混合料，原因可能是密级配
内部沥青胶浆含量略多，且集料之间嵌挤力较小，荷载作用时内部颗粒在沥青胶
浆的缓冲下质心位移未传至下部颗粒。间断级配由于颗粒互锁效果明显，上部颗
粒位移能很好地传递至下部颗粒。

2. 荷载差异对混合料集料运动规律及均质区范围的影响分析

本部分将分析混合料试件在荷载条件不同时试件内部颗粒的运动规律，并以
此为依据分析在荷载差异条件下，混合料内部可简化为均质材料的部分及应充分

考虑颗粒特性的非均质区。

1) 荷载条件的确定

常用的试验荷载即标准轴载为 0.7MPa，据张洪亮对我国车辆轴载和胎压调查研究表明，货车轮胎压强和轴载之间的相关关系如下：车辆单轴载为 100kN 及以下时，胎压一般为 0.7MPa；车辆单轴载为 150kN 左右时，胎压一般为 0.8~0.9MPa；当车辆单轴载为 200kN 左右时，胎压一般为 0.9~1.0MPa；车辆单轴载超过 200kN 以后，胎压一般为 1.0~1.1MPa。考虑不同荷载大小的影响，本阶段的试验方案如表 24-2 所示。

表 24-2　考虑荷载大小的试验方案设计

混合料类型	AC-20、SMA-20、AC-25、SMA-25
荷载/MPa	0.7、0.9、1.1
试验温度/℃	50

2) 荷载条件对断面颗粒运动规律及非均质区范围分析

通过观察试验前后试件各断面所标注的位移等值线折断情况进行判定。两种混合料在不同荷载条件下，根据车辙试验断面等值线折断情况判定的非均质区深度界限如图 24-7 所示。

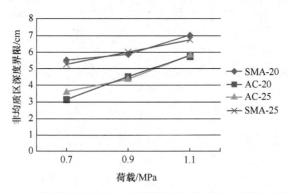

图 24-7　不同级配混合料在不同荷载作用下断面区域划分情况

分析可知，在 50℃条件下，AC-20 在 0.7MPa、0.9MPa、1.1MPa 荷载作用下试件内部材料应视为非均质区的范围依次为自荷载作用面以下 3.00cm、4.50cm、5.75cm 范围内，该范围以外区域即可简化为均质材料。SMA-20 在 0.7MPa、0.9MPa、1.1MPa 条件下应视为非均质区的范围依次为自作用面以下 5.13cm、5.88cm、7.00cm 深度范围内；AC-25 分别在 0.7MPa、0.9MPa、1.1MPa 荷载作用下试件内部材料应视为非均质区的范围依次为自荷载作用面以下 3.75cm、4.38cm、5.88cm 范围内。SMA-25 在 0.7MPa、0.9MPa、1.1MPa 条件下应视为均质区的范围依次为自作用面以下 5.00cm、6.00cm、6.75cm 深度范围内。

由图 24-7 可知，随着荷载的增大，试件内部发生不规则颗粒运动的区域呈明显扩大的趋势，且密级配的非均质区小于间断级配非均质区，该现象类似于前文研究温度影响时所得出的结论，分析其原因同样是间断级配混合料内部颗粒位移的传递效果优于密级配混合料。

3) 非均质区范围影响因素的灰色关联分析

由前文研究结果可以看出，外界温度条件及试验荷载不同都会对混合料内部非均质区范围产生影响，不同温度条件下及不同大小的荷载作用时混合料内部均质区与非均质区的范围均会发生变化。为了能更进一步了解不同因素对试验结果影响的效应，本阶段采用灰色关联分析方法对各因素的权重进行分析，进而得出不同影响因素与非均质区划分界限之间的相关关系。

4) 基于灰色关联分析方法的影响因素与非均质区深度界限的关联度分析

从前文得到的试验数据可知，不同混合料级配的试件在不同试验温度条件及不同作用荷载大小条件下得到的试验结果均会产生不同程度的变化，即这几种因素都会对非均质区深度界限产生影响。从前文中的数据并不能直观对比出哪种因素对试验结果的影响更大或关联程度更紧密，而这一问题实际具有很重要的显示意义。因此，本部分将借助灰色关联分析方法对这一问题进行分析。表 24-3 中列出了几种不同的试验组，表 24-4 为几种不同试验条件组合情况下沥青混合料非均质区深度界限。

表 24-3　条件组合情况

条件组合	温度/℃	荷载/MPa
1	30	0.7
2	40	0.7
3	50	0.7
4	60	0.7
5	50	0.9
6	50	1.1

表 24-4　不同混合料在不同条件组合下非均质区深度界限　　（单位：cm）

条件组合	AC-20	AC-25	SMA-20	SMA-25
1	1.500	1.500	3.750	4.000
2	1.875	1.750	4.500	4.750

续表

条件组合	AC-20	AC-25	SMA-20	SMA-25
3	3.000	3.750	5.125	5.000
4	5.125	5.125	7.125	7.125
5	4.500	4.375	5.875	6.000
6	5.750	5.875	7.000	6.750

按照灰色关联分析原理，将前文中不同混合料在各种条件组合下所得到的非均质区深度界限作为参考数列 $X_{01}\sim X_{04}$，以温度、荷载作为比较数列 X_1、X_3。以此得到的灰色关联分析原始数据如表 24-5 所示。

表 24-5　非均质区深度界限灰色关联分析原始数据

项目	条件 1	条件 2	条件 3	条件 4	条件 5	条件 6
X_{01}	1.500cm	1.875cm	3.000cm	5.125cm	4.500cm	5.750cm
X_{02}	1.500cm	1.750cm	3.750cm	5.125 cm	4.375cm	5.875cm
X_{03}	3.750cm	4.500cm	5.125cm	7.125cm	5.875cm	7.000cm
X_{04}	4.000cm	4.750cm	5.000cm	7.125cm	6.000cm	6.750cm
X_1	30℃	40℃	50℃	60℃	50℃	50℃
X_3	0.7MPa	0.7MPa	0.7MPa	0.7MPa	0.9MPa	1.1MPa

为进一步使数据无量纲化，下一步将对表 24-5 中的原始数据进行均值化处理，将每行的数据分别除以该行数列的平均值。处理之后的数据如表 24-6 所示。

表 24-6　均值化之后的非均质区深度界限灰色关联分析数据

项目	条件 1	条件 2	条件 3	条件 4	条件 5	条件 6
Y_{01}	0.4137931	0.5172414	0.8275862	1.4137931	1.2413793	1.5862069
Y_{02}	0.4022346	0.4692737	1.0055866	1.3743017	1.1731844	1.5754190
Y_{03}	0.6741573	0.8089888	0.9213483	1.2808989	1.0561798	1.2584270
Y_{04}	0.7137546	0.8475836	0.8921933	1.2713755	1.0706320	1.2044610
Y_1	0.6428571	0.8571429	1.0714286	1.2857143	1.0714286	1.0714286
Y_3	0.875	0.875	0.875	0.875	1.125	1.375

根据灰色关联分析方法进行计算，以温度和荷载条件两种影响因素与 4 种不同级配混合料的试件通过车辙试验得到的材料非均质区深度界限的关联分析结果如表 24-7 所示，其中 ξ_1、ξ_2 分别为温度和荷载条件与 4 种不同混合料试验结果的关联系数；γ_1、γ_2 则为温度和荷载条件与 4 种不同混合料试验结果的关联度。

表 24-7　非均质区深度界限灰色关联分析结果

混合料类型	项目	关联系数 ξ_i						关联度 γ
		条件 1	条件 2	条件 3	条件 4	条件 5	条件 6	
AC-20	温度	0.63557	0.51996	0.61727	0.79705	0.72109	0.40400	$\gamma_1 = 0.615828$
	荷载	0.43362	0.50515	1	0.39200	0.82122	0.65919	$\gamma_2 = 0.635200$
AC-25	温度	0.50935	0.41913	0.74444	0.78137	0.74856	0.34707	$\gamma_1 = 0.671655$
	荷载	0.41417	0.45639	0.78461	0.39954	1	0.66350	$\gamma_2 = 0.619706$
SMA-20	温度	0.88693	0.82740	0.58852	1	0.95218	0.53280	$\gamma_1 = 0.797975$
	荷载	0.51453	0.77247	0.83340	0.34124	0.76449	0.65023	$\gamma_2 = 0.646062$
SMA-25	温度	0.73948	0.95782	0.52721	0.93628	1	0.60076	$\gamma_1 = 0.793594$
	荷载	0.55360	0.88200	0.92387	0.33467	0.78788	0.53965	$\gamma_2 = 0.670282$

关联度矩阵 R 如下：

$$R = \begin{bmatrix} 0.615828 & 0.635200 \\ 0.691655 & 0.619706 \\ 0.797975 & 0.646062 \\ 0.793594 & 0.670282 \end{bmatrix}$$

从表 24-7 所示的数据可知，AC-20 沥青混合料，温度、荷载与混合料内部非均质区范围的关联度表现为 $\gamma_1 < \gamma_2$。AC-25 沥青混合料，温度、荷载与混合料内部非均质区范围的关联度大小为 $\gamma_1 > \gamma_2$。SMA-20 沥青混合料，温度、荷载与混合料内部非均质区范围的关联度大小为 $\gamma_1 > \gamma_2$。SMA-25 沥青混合料，温度、荷载与混合料内部非均质区范围的关联度大小为 $\gamma_1 > \gamma_2$。

综上所述，在所研究的 4 种不同级配混合料中，对于 SMA-20、SMA-25 两种混合料进行的试验及分析可知，荷载大小对于混合料内部非均质区范围的影响均明显强于温度对其的影响。AC-25 混合料温度大小与混合料内部非均质区范围的关联度略强于荷载与非均质区范围的关联度。对于 AC-20 混合料，荷载因素与混合料内部非均质区范围的关联度则略强于外加温度与混合料内部非均质区的关联度。

对上述结果进行分析，间断级配混合料强度主要来源于内部集料之间的嵌挤作用，因此受温度影响的大小较外界荷载要弱。

24.2.2 基于数字图像处理技术的断面颗粒运动规律

1. 断面图像数字化处理及参数介绍

1) 数字图像二值化处理

数字图像处理原理是将照片上每个单元元素(通常为 512×512 点)的影像数字化,每个点位均有明确的灰度值(0~255)(对应于黑~白),以灰度值排列识别各个点[1]。二值化之后的图像将具有灰度值的图像经处理或直接由阵列形光电感测器获得,经适当对比之后可从背景每个颗粒点测量,以做出更明确的判别[2-5]。

采用 IPP 软件对上一阶段研究中所得到的试件断面图像进行处理,首先将图像剪裁为固定大小,将噪声去除,经色度调整,高反差等处理过程,然后将图像转换成 8 级灰度图像,再将图像进行分割处理,最后转换为极黑和极白的二值化图像,如图 24-8 所示,不同过程的断面图及其对应的灰度值范围(图 24-8(a)~(c)中黑色表示粗集料,白色表示沥青胶浆、空隙及细集料)[6]。如此一来就可以凸显出骨材轮廓特性等参数,并可对比追踪试验过程中断面颗粒的运动情况。

分别拍摄每次车辙试验开始前以及试验过程中 20min、45min、60min 后的断

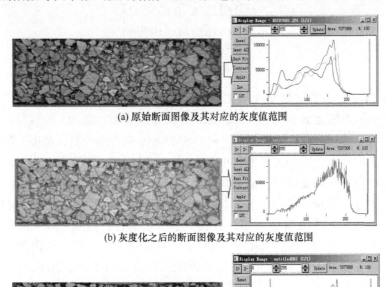

(a) 原始断面图像及其对应的灰度值范围

(b) 灰度化之后的断面图像及其对应的灰度值范围

(c) 断面图像分割处理其对应的灰度值范围

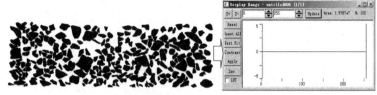

(d) 二值化之后的断面图像及其对应的灰度值范围

图 24-8　断面图像处理过程图像及其所对应的灰度值范围曲线

面图像，采用上述方法进行分析。图 24-9 为 AC-20 混合料 50℃标准荷载作用下在试验各个阶段断面的原始图像。

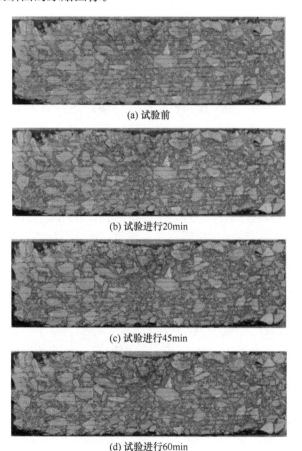

(a) 试验前

(b) 试验进行20min

(c) 试验进行45min

(d) 试验进行60min

图 24-9　AC-20 混合料试验各阶段断面原始图像

根据前面所提到的断面图像处理方法进行处理，得到其每个阶段二值化之后的图像如图 24-10 所示。

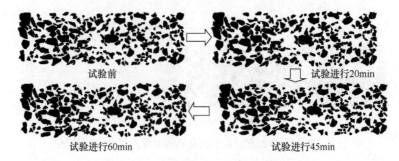

图 24-10　试验不同阶段试件断面二值化图像

2) 集料颗粒特征参数分析

将原始图像经过图像处理并进行影像分割得到图 24-10 后，可单独提取任意集料并计算该集料区域的像素数量，进而根据每个像素点表示的实际面积及长度便可求得每个集料的长轴长度、主轴角度(主轴颗粒方向角)、短轴长度、扁平比、周长、面积、质心位置及坐标等基本参数。其中，部分参数定义如下[7-8]：

$$扁平比 = 短轴长度 / 长轴长度 \tag{24-1}$$

$$形状指数 = 4\pi \times 集料面积 / 集料周长^2 \tag{24-2}$$

$$主轴方向平均值 = 100 \times \sqrt{\left(\sum \sin 2\theta\right)^2 + \left(\sum \cos 2\theta\right)^2} \tag{24-3}$$

集料面积即提取的集料颗粒所占的面积。主轴角度为如图 24-11 中所示的方向角，即颗粒的主轴或长轴方向与竖直方向的夹角，该角度大小范围为 0°～180°，当该角为 0°或 180°时，说明集料颗粒处于竖直"站立"状态。当该角为 90°时，则说明该集料处于"平躺"状态。从受力稳定角度考虑，当集料处于平躺状态时是最稳定的状态。

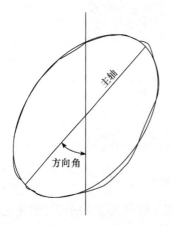

由于软件本身得到的集料质心坐标是单独的横坐标和纵坐标，为了能更直观地观察集料在加载过程中的质心位移情况，在得到断面每个集料的质心在试验不同阶段的坐标位置后，需根据毕氏定理计算总质心位移及移动角度，以描述粗集料移动轨迹，如图 24-12 所示。

$$L = \sqrt{\left(X_2 - X_1\right)^2 + \left(Y_2 - Y_1\right)^2} \tag{24-4}$$

$$\theta = \tan^{-1} \frac{Y_2 - Y_1}{X_2 - X_1} \tag{24-5}$$

图 24-11　集料颗粒主轴角度示意图

式中，X_1、Y_1 为试件加载第 i 阶段断面颗粒

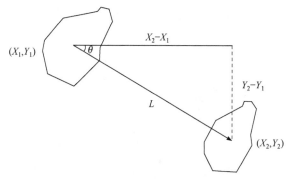

图 24-12　粗集料移动轨迹示意图

的相对坐标；X_2、Y_2 为试件加载第 j 阶段时断面颗粒的相对坐标；θ 为集料 $i\sim$ j 阶段颗粒位移的方向角。

2. 断面颗粒质心坐标原点修正及验证

1) 断面颗粒质心坐标原点修正

为能对比四阶段断面集料颗粒的质心位置坐标变化情况，首先需选定相同的坐标原点，而程序中定义对象的质心坐标是以所拍摄整张图片右下角为坐标原点，为消除拍摄引起的误差，本阶段将对断面颗粒坐标原点进行修正，修正过程中做如下假设：假设荷载作用过程中远离荷载作用出的某一集料颗粒不发生任何质心位移及偏转。

坐标原点修正方法如下：

首先，计算断面右下角选定为原点的颗粒的质心坐标，得该集料质心的坐标为(297.22668，202.29019)。

其次，将初始原点坐标设定为第一步中得到的目标号集料的坐标值，调整之后重新进行计算，计算之后得到该点的坐标，该集料质心坐标为(0.0003449，0.0002271)，此时目标号集料质心即为其他集料质心位置坐标的相对原点。

最后，将其他阶段断面图上该点的坐标调整至(0, 0)。如此一来，就可对比不同阶段任意颗粒相对于同一坐标原点的坐标位置。经原点修正后，即计算任意颗粒的各项参数。

2) 断面颗粒质心坐标原点验证

为验证上述原点修正中采用目标号颗粒质心作为原点的可行性，在原点修正过程中假设选定为原点所在的颗粒(上述断面假设原点为目标号颗粒质心所在位置)在荷载作用过程中不发生质心位移，为验证该假设的可行性，从以下两方面进行验证：

对比在以该点为原点时原点附件颗粒的质心位移情况。从理论上分析，如果该颗粒未产生质心位移，其四周与其相近的颗粒将不会产生明显质心位移，如图 24-13 所示，与目标号(196 号)颗粒相近的颗粒应考虑 172 号、181 号、190 号三颗粒。

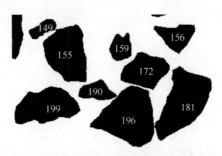

图 24-13　假设原点所在颗粒以及附件颗粒编号

172 号、181 号、190 号三颗粒坐标及质心、位移参数如表 24-8、表 24-9 所示。

表 24-8　原点所在颗粒其四周颗粒坐标参数

颗粒编号	试验前颗粒坐标及主轴角度			试验 45min 后颗粒坐标及主轴角度		
	X/mm	Y/mm	主轴角度/(°)	X/mm	Y/mm	主轴角度/(°)
172	3.925393	−10.65960	80.30629	4.47755	−10.81920	79.83845
181	13.07509	−3.40361	32.22918	12.68589	−2.82434	31.67646
190	−7.68208	−5.94551	93.01911	−7.65012	−6.22724	92.88344

表 24-9　原点所在颗粒其四周颗粒质心位移参数

颗粒编号	试验前后坐标及主轴角度变化			L/mm	θ/(°)
	X/mm	Y/mm	主轴角度/(°)		
172	−0.25216	0.15960	0.46784	0.298421	32.33142
181	0.18920	−0.27927	0.55272	0.337325	55.88312
190	−0.03196	0.28173	0.13567	0.283537	83.52792

从表 24-8、表 24-9 可知，加载 45min 后选为原点所在颗粒四周颗粒的质心位移及主轴偏转均很小，由此可认为原点所在颗粒及其四周颗粒在加载前后未发生相对运动。

进行原点坐标修正时仅仅将选定的原点所在颗粒(上述断面假设原点为目标号颗粒质心所在位置)在不同试验阶段的横纵坐标进行修正，其主轴角度在不同阶段未进行修改，可认为前文对原点坐标的假设及修正是合理的。

3. 集料颗粒主轴角度偏转

1) 试验进行前试件断面颗粒主轴角度分布规律

本部分分别对不同颗粒级配组成的混合料试件经压实成型后内部颗粒主轴角度分布情况进行研究。按照前文描述的颗粒主轴角度定义，计算得到研究过程中所选四种级配混合料在经过碾压成型后断面颗粒的主轴角度，并通过 Minitab 数据统计分析软件进行统计，可得出如图 24-14 所示的分布情况。

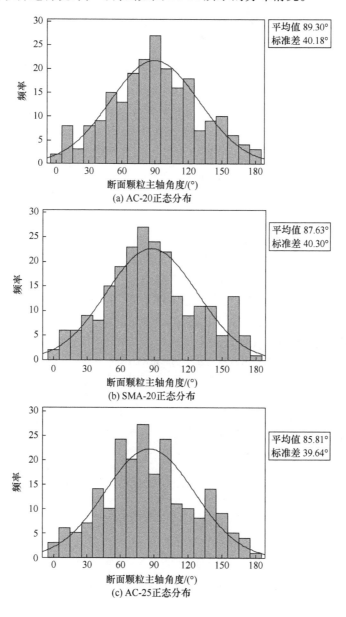

(a) AC-20正态分布

(b) SMA-20正态分布

(c) AC-25正态分布

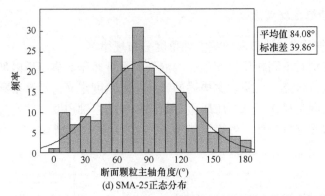

(d) SMA-25正态分布

图 24-14　不同混合料类型碾压成型后断面颗粒主轴角度分布规律

从图 24-14 可知，SMA-20、SMA-25、AC-20、AC-25 四种混合料在碾压成型后且尚未加载前断面内所有颗粒主轴角度的分布规律均服从正态分布，平均值分别为 87.63°、84.08°、89.30°、85.81°，标准差依次为 40.30°、39.86°、40.18°、39.64°。由此可见，经碾压成型后试件内部颗粒大部分处于"平躺"状态，即压实效果较好。对比不同级配混合料对应的平均值可知，AC-20 和 SMA-20 的主轴角度平均值相对 AC-25 和 SMA-25 的主轴角度平均值更接近 90°，产生该现象的原因可能是混合料级配组成中公称最大粒径增加，压实效果降低。另外，对比四种混合料平均值可知，密级配混合料内部颗粒主轴角度相比间断级配略大，说明在压实过程中密级配内部颗粒更易趋于"平躺"，而间断级配由于内部颗粒互锁效果，压实相对较难。

2) 加载过程中断面颗粒主轴角度分布

计算出不同混合料类型断面上颗粒主轴角度分布规律后，本部分将分析在不同试验条件下不同试验阶段时断面颗粒的分布情况。以 AC-20、SMA-20、AC-25、SMA-25 分布在 50℃、0.7MPa 环境下进行试验的四个时间点同一断面颗粒主轴角度分布规律为例，如图 24-15～图 24-18 所示。

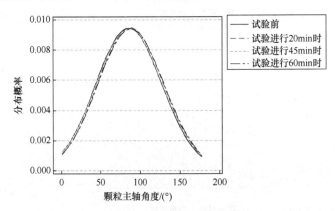

图 24-15　50℃、0.7MPa 作用时 SMA-20 不同阶段断面颗粒主轴角度分布图

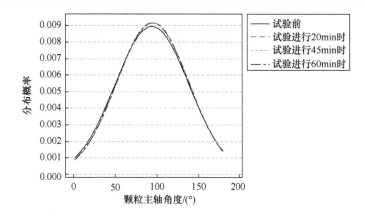

图 24-16 50℃、0.7MPa 作用时 AC-20 不同阶段断面颗粒主轴角度分布图

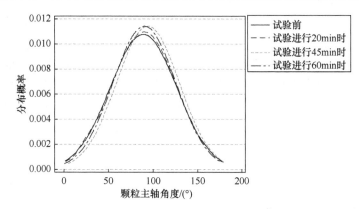

图 24-17 50℃、0.7MPa 作用时 AC-25 不同阶段断面颗粒主轴角度分布图

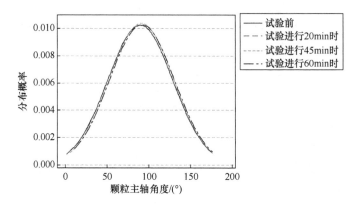

图 24-18 50℃、0.7MPa 作用时 SMA-25 不同阶段断面颗粒主轴角度分布图

50℃、0.7MPa 条件下四种不同级配混合料在试验进行过程中各个阶段断面颗粒主轴角度平均值的变化规律如图 24-19 所示。

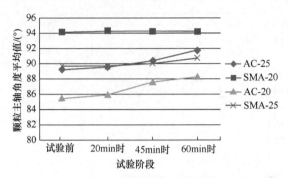

图 24-19　四种混合料试件 50℃、0.7MPa 时各阶段断面颗粒主轴角度平均值变化规律

从图 24-15～图 24-18 的概率分布图知，随着加载的进行，两试件断面颗粒主轴角度在 90°～100°的分布概率有所增加，平均值逐渐趋向于 90°。密级配的两种混合料试件，在试验进行到 20min 时颗粒主轴角度在 100°左右的概率有所增加，且随着试验的进行，其分布概率呈进一步增加的趋势，当试验进行到 45min 之后，主轴角度在 90°左右的分布概率有所增加。从图 24-19 的颗粒主轴角度平均值在四阶段的变化趋势可观察得知，AC-20、AC-25 两种混合料在加载的整个过程中颗粒主轴角度平均值均有相对较明显的变化趋势。由此说明，在整个试验过程中，断面颗粒均产生相对较明显的运动。对于间断级配混合料试件，在加载过程中，断面颗粒分布概率同样出现了一些变化，但该变化主要是在试验从开始时到 20min 阶段内出现，而在试验 20～45min 及 45～60min 这两个阶段中断面颗粒主轴角度分布概率变化并不明显，且主轴角度平均值变化相对于密级配混合料而言也更小。由此可知，间断级配试件在加载过程中，断面颗粒出现运动主要发生在试验进行 20min 内，且在加载过程中较密级配混合料稳定性更强。

其他 3 种温度环境及不同轴载大小条件下试验过程中试件断面颗粒主轴角度(平均值)的变化规律分别如图 24-20、图 24-21 所示。

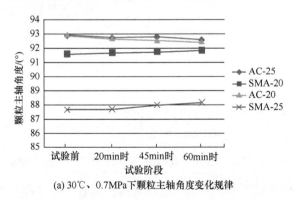

(a) 30℃、0.7MPa 下颗粒主轴角度变化规律

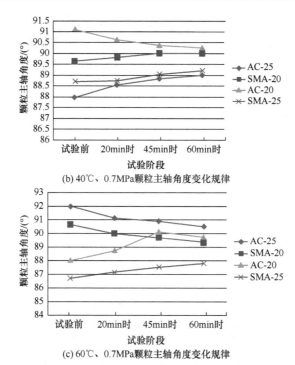

(b) 40℃、0.7MPa颗粒主轴角度变化规律

(c) 60℃、0.7MPa颗粒主轴角度变化规律

图 24-20　0.7MPa 不同温度条件下不同加载阶段断面颗粒主轴角度变化规律

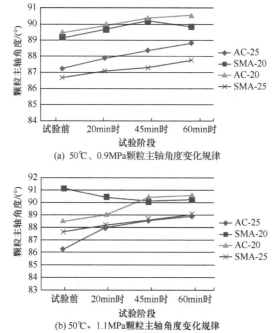

(a) 50℃、0.9MPa颗粒主轴角度变化规律

(b) 50℃、1.1MPa颗粒主轴角度变化规律

图 24-21　50℃不同荷载条件下断面颗粒主轴角度变化规律

由图 24-20、图 24-21 可知，温度条件及荷载对试验过程中颗粒主轴角度的变化情况均产生了不同程度的影响。相同荷载时随着试验温度的升高，混合料断面颗粒主轴角度变化的幅度明显增加。温度条件相同时，随着作用荷载的增大，颗粒主轴角度的变化幅度同样有增加的趋势。

4. 断面颗粒质心位移变化

试件在加载过程中颗粒的运动主要包含平动和转动。前文中就试件在加载过程中断面颗粒主轴角度的变化规律进行整体分析，以判断加载过程中试件内部颗粒的运动规律。本部分中将分析加载过程中断面颗粒质心的平移规律，并分析不同区域内颗粒发生质心位移 L 与运动角度 θ 的具体情况。

1) 试件断面不同区域内颗粒的位移大小及方向分布规律

为分析断面内颗粒的运动情况，将对试件断面进行划分，分别对每个区域进行研究，观察分析每个区域内颗粒的运动规律情况。划分方式如图 24-22 所示。

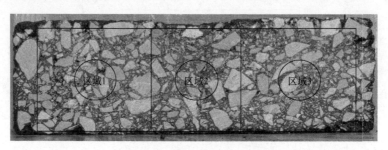

图 24-22　断面区域划分情况

SMA-20 混合料试件在 0.7MPa、40℃条件下试验所得的断面区域 2 中部分粗集料颗粒对应的编号如图 24-23 所示。

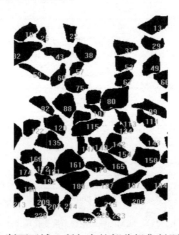

图 24-23　SMA-20 断面区域 2 所包含的部分粗集料颗粒及其对应的编号

经软件处理后，该区域中颗粒质心位移及其质心位移方向角频率分布曲线如图 24-24 所示。

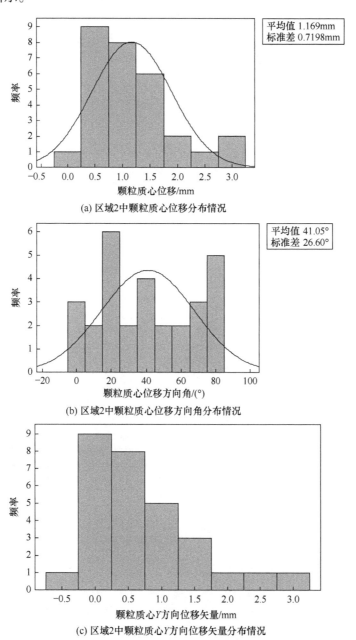

(a) 区域2中颗粒质心位移分布情况

(b) 区域2中颗粒质心位移方向角分布情况

(c) 区域2中颗粒质心Y方向位移矢量分布情况

图 24-24　SMA-20 混合料断面区域 2 中颗粒质心位移参数分布

分析图 24-24 可知，在该区域内颗粒的质心位移主要集中在 0.5～1.5mm。考虑到断面区域 1 和区域 3 具有一定的对称性，所以仅对区域 1 进行分析，该区域的分析结果如图 24-25 所示，从分布情况分析，该区域内颗粒质心位移主要集中在 0.75～1.25mm，且均值为 0.8957mm，小于区域 2 中颗粒位移均值 1.169mm。

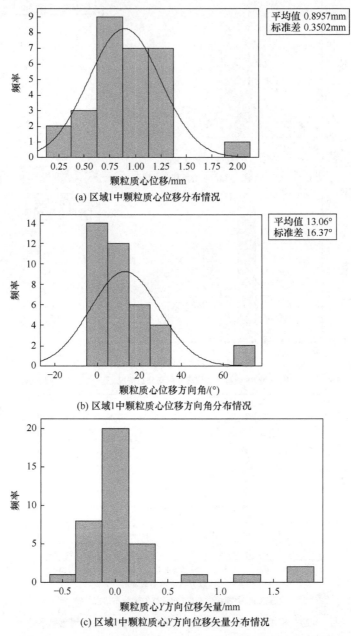

图 24-25　SMA-20 混合料断面区域 1 中颗粒质心位移参数分布

颗粒质心位移方向角主要集中在 0°～30°，由此可判断，在该区域内颗粒质心位移方向角偏向于横向位移。

对比图 24-24(c)与图 24-25(c)，观察两区域内颗粒在荷载作用下 Y 轴方向(竖向)颗粒位移矢量的正负性可知，在区域 2 内颗粒 Y 轴位移矢量基本为正(向下运动)，而图 24-15 中区域 1 内颗粒 Y 轴的位移存在一定比例的负向(向上运动)位移。由此可判断试件在荷载作用下两侧一定范围内的颗粒存在向上的挤压现象。

为对比间断级配和密级配试验结果的区别，按上述方法对 AC-20 混合料 40℃环境下标准荷载作用下的试验结果进行分析，其中区域 2 的结果如图 24-26 所示。

对比图 24-26(a)与图 24-25(a)可知，AC-20 混合料在加载过程中，试验轮下方区域 2 中颗粒质心的位移分布规律类似于 SMA-20 混合料，但位移在 0 左右的颗粒所占的比重明显大于其他位移，且相比 SMA-20 中的比重更大。另外，位移分布的连续性相比 SMA-20 混合料该区域位移较弱，由此可知，在加载过程中，AC-20 混合料内部颗粒之间位移的传递效果较 SMA-20 混合料更弱，图 24-26(c)中颗粒 Y 方向的分布也可以说明这一点。两混合料试件中该区域颗粒质心位移方向角分布类似，在 0°～90°分布都较均匀。

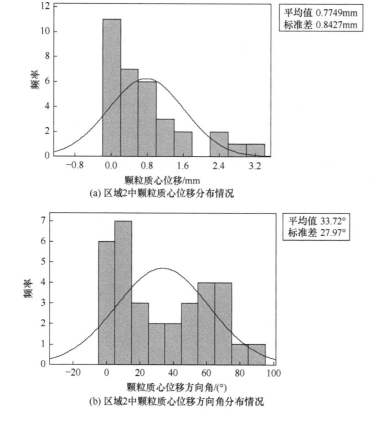

(a) 区域2中颗粒质心位移分布情况

(b) 区域2中颗粒质心位移方向角分布情况

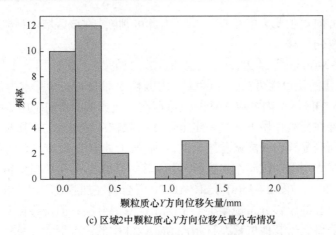

(c) 区域2中颗粒质心 Y 方向位移矢量分布情况

图 24-26　AC-20 混合料断面区域 2 中颗粒质心位移参数分布

AC-20 混合料试件断面区域 2 中颗粒位移参数如图 24-27 所示,从图 24-27(a) 中可知,该区域内颗粒质心位移主要集中在 0～0.5mm,且颗粒质心位移的分布出现明显的中段现象,该现象产生的原因主要是密级配混合料内部沥青胶浆含量较高,颗粒之间嵌挤强度较弱。从图 24-27(b) 中可观察到,该区域内颗粒质心位移方向角绝大部分集中在 0°～48°,说明密级配混合料类似于间断级配,在荷载作用下方两侧的颗粒有朝两侧移动的趋势。图 24-27(c) 是区域 1 中颗粒质心 Y 方向(竖向)的位移矢量分布情况,从该分布可明显看到该区域内颗粒质心 Y 方向的位移基本集中在 0～0.5mm,但-1.2～0mm 的位移占有一定的比例,且该比例及负向(向上运动)的位移均明显大于图 24-25(c)中所示的间断级配试件同区域的位移情况。由此可知,密级配混合料在试验轮重复加载过程中,轮迹两侧颗粒更容易因挤压出现隆起现象。

2) 基于颗粒质心位移的非均质区范围分析

为研究混合料内部可视为均质区的范围,分析图 24-22 断面上区域 2 内颗粒

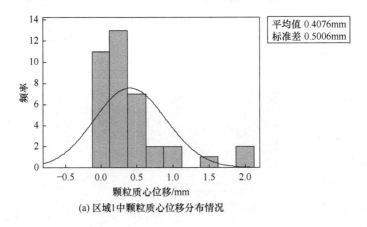

(a) 区域1中颗粒质心位移分布情况

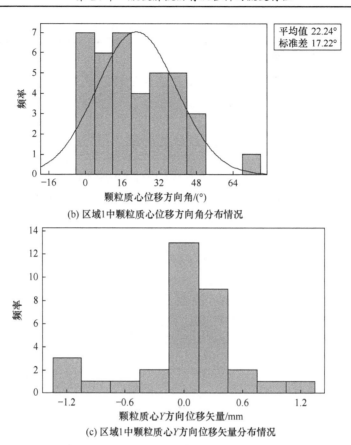

(b) 区域1中颗粒质心位移方向角分布情况

(c) 区域1中颗粒质心Y方向位移矢量分布情况

图 24-27　AC-20 混合料断面区域 1 中颗粒质心位移参数分布

的位移，其中自顶面以下 4.5cm 深度处所穿过的五个颗粒编号分别为 80 号、88 号、92 号、99 号、107 号，该深度及其上部和下部部分颗粒的坐标及位移如表 24-10 所示。

表 24-10　4.5cm 处颗粒及以上部分颗粒质心坐标及位移

颗粒编号	试验前颗粒坐标		试验后颗粒坐标		X 轴坐标变化	Y 轴坐标变化	位移/mm
	X/cm	Y/cm	X/cm	Y/cm			
75	139.3471	−41.6548	139.6549	−40.5222	0.3078	1.1326	1.1736795
67	157.8910	−42.1846	158.5042	−40.5477	0.6132	1.6369	1.7479862
68	171.6487	−42.6713	172.2101	−41.6965	0.5614	0.9748	0.9880714
80	152.5661	−35.9896	153.0131	−35.2194	0.4470	0.7702	0.8905150
88	135.0911	−31.3018	135.5102	−31.2483	0.4191	0.0535	0.4225010
92	124.0993	−32.9965	124.2442	−32.1843	0.1449	0.8122	0.8250240
99	167.0720	−30.8573	167.0256	−30.6612	−0.0464	0.1961	0.2015150

续表

颗粒编号	试验前颗粒坐标		试验后颗粒坐标		X轴坐标变化	Y轴坐标变化	位移/mm
	X/cm	Y/cm	X/cm	Y/cm			
107	144.5609	−30.8635	144.3938	−29.9876	−0.1671	0.8759	0.8916970
120	130.4165	−27.9412	130.6179	−27.2289	0.2014	0.7123	0.7402251
115	140.6571	−27.1653	140.6935	−26.8006	0.0364	0.3647	0.3665120

　　从表 24-10 可知,在 4.5cm 深度处颗粒的位移均小于 1mm,其以上颗粒位移大小基本大于 1mm,其以下范围内颗粒的位移均小于 1mm,根据前文对均质区与非均质区的定义可判断,SMA-20 混合料在 40℃、0.7MPa 时荷载作用面以下4.5cm 深度范围内区域应视为非均质区,以下区域可视为均质区。

　　AC-20 混合料在 40℃、0.7MPa 作用下,2cm 深度处所包含的颗粒位移依次为 0.8705mm、1.0174mm、0.81222mm、0.82178mm、0.83340mm,2cm 深度以下颗粒的位移基本小于 1mm。因此,对于 AC-20 混合料在该条件时,可简化为均质材料的范围应为距作用面 2cm 以下区域。按上述方法可得出其他不同条件组合时进行试验所划分出的非均质区深度界限如图 24-28、图 24-29 所示。

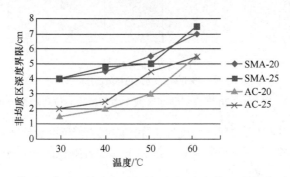

图 24-28　借助图像处理技术的混合料不同温度条件下非均质区深度界限

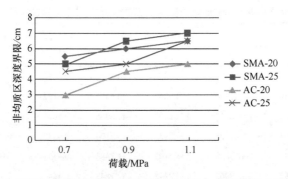

图 24-29　借助图像处理技术的混合料不同荷载大小时非均质区深度界限

　　本节借助于图像处理技术，对混合料试件在试验过程中各个阶段断面颗粒进行精确跟踪并进行统计分析，得出不同条件组合下混合料内部材料运动规律，进而将混合料划分成应该充分考虑材料本身非均质区和可以简化成均质材料的两个区域。

参 考 文 献

[1] 张洪亮, 陈拴发. 沥青路面大修结构组合研究 [J]. 公路工程, 2008, 33(6): 60-68.

[2] 窦振家. 数字图像修复技术研究 [D]. 哈尔滨: 哈尔滨工业大学, 2012.

[3] 张婧娜. 基于数字图像处理技术的沥青混合料微观结构分析方法研究 [D]. 上海: 同济大学, 2000.

[4] 李智. 基于数字图像处理技术的沥青混合料体积组成特性分析 [D]. 哈尔滨: 哈尔滨工业大学, 2002.

[5] 苑苗苗. 基于数字散斑相关方法的沥青混合料疲劳破坏机理研究 [D]. 广州: 华南理工大学, 2013.

[6] 徐永丽. 沥青混凝土路面芯样评价指标体系的研究 [D]. 哈尔滨: 哈尔滨工业大学, 2006.

[7] 包得祥. 基于数字图像处理技术的沥青路面芯样检测方法研究 [D]. 西安: 长安大学, 2013.

[8] 裴建中. 沥青路面细观结构特性与衰变行为 [M]. 北京: 科学出版社, 2010.

第 25 章　集料单体几何特性与沥青混合料流变特性

25.1　集料单体几何特性的表征

25.1.1　集料几何特性试验材料

本章所选用的集料包括人工切割的规则玻璃集料(六种)，以下简称规则集料；四种矿质集料(石灰岩 1、石灰岩 2、片麻岩、玄武岩)，以下简称破碎集料。

采用规则集料进行试验主要是由于人工切割的玻璃集料规则性和可控因素较多。研究前期，主要通过三种方法来获取规则集料：第一种，切割规则形状的矿质石料作为规则集料，其优点是所得规则集料与普通机械破碎的矿质集料力学性能接近，纹理相似，与沥青的黏附性相近，可控因素多，试验误差小等；其缺点是切割费用昂贵且切割工艺难，产量低。第二种，用水泥净浆或水泥砂浆浇筑规则形状的集料，其优点是集料形状选择范围广，集料强度可以人为控制；其缺点是浇筑的水泥砂浆或净浆养生时间长，试验周期长，且水泥砂浆或净浆集料的内部与边缘强度差异大。第三种，切割规则形状的玻璃，其优点是集料形状规则且可以在一定范围内变化，切割时间短，切割工艺较为简单，费用较低；其缺点是玻璃与矿料的强度有一定的差异且纹理差异较大，玻璃纹理很小，几乎可以忽略。考虑到试验的精确度、可控因素、试验条件、试验周期、可操作性及费用等多方面的因素，本章最终选取的规则集料为人工切割的玻璃集料。同时，选取规则集料的另一个原因是人工切割的规则玻璃集料可以将集料的几何特性(大小、形状、棱角性、纹理)单独分离出来进行分析。

1. 规则集料基本特性

规则集料可分为两类，一类为形状、棱角性相同，大小不同的四种规则集料，如图 25-1 所示；另一类为大小相近，形状、棱角性不同的三种规则集料，如图 25-2 所示。

1) 第一类规则集料(长方体)规格

集料 1：12.5mm×12.5mm×5mm；集料 2：20mm×20mm×8mm；集料 3：25mm×25mm×10mm；集料 4：30mm×30mm×12mm。

图 25-1　不同大小的规则集料　　　图 25-2　不同形状、棱角性的规则集料

2) 第二类规则集料的规格

集料 5：直径 D=16mm(球体)；集料 6：25mm×25mm×10mm(三棱柱)；集料 2：20mm×20mm×8mm(长方体)。

所选用玻璃为普通玻璃，其密度为 2.51g/cm³，硬度为 6 左右，较石灰岩硬，但其脆性大，玻璃颗粒在挤压及剪切作用下，容易出现棱角破碎。玻璃的化学成分主要是 SiO_2、CaO、Na_2O、K_2O，有很强的化学稳定性。

2. 破碎集料基本特性

被选用的破碎集料包括石灰岩 1、石灰岩 2、片麻岩、玄武岩，集料粒径包括 19mm、16mm、13.2mm、9.5mm、4.75mm。

石灰岩属于沉积岩，是以方解石为主要成分的碳酸盐岩，部分含有白云石、黏土矿物和碎屑矿物，有灰、灰白、灰黑、黄、浅红、褐红等色，硬度一般不大，密度在 2.5~2.8g/cm³，与沥青黏附性好。石灰岩 1、石灰岩 2 分别产自陕西和宁夏。

片麻岩是一种变质岩，而且变质程度深，具有片麻状构造或条带状构造，有鳞片粒状变晶，主要由长石、石英、云母等组成，其中长石和石英含量大于 50%，长石多于石英，产自陕西。

玄武岩是一种基性岩浆岩，其化学成分与辉长岩相似，SiO_2 含量为 45%~52%，属于基性岩，K_2O 和 Na_2O 含量较侵入岩略高，CaO、Fe_2O_3、FeO 及 MgO 含量较侵入岩略低。玄武岩体积密度为 2.8~3.3g/cm³，产自江苏。

25.1.2　集料几何特性评价指标

集料的几何特性对沥青混合料的拌和流变特性，压实及服役阶段的流变特性有重要的影响。集料的几何特性主要包括形态和形貌两个方面，其中颗粒形态特征可用 4 个不同层次且相互独立的特征分量来描述：大小、形状、棱角性和纹理。第一层次特征是大小，反映了集料颗粒的粒度及其分布特征；第二层次特征是形状，反映集料颗粒宏观整体的变化特征与状态；第三层次特征是棱角性，反映集料颗粒细观局部的变化特征和状态；第四层次特征是纹理，反映集料颗粒微观尺度范围内的变化状况。这四个层次的特征表征了集料从宏观到微观的形态变化。集料的几何特性影响集料的嵌挤作用，粗集料颗粒之间形成稳固的嵌挤骨架结构是沥青混合料高温稳定性的保证[1-4]，所以对集料几何特性的细化研究非常必要。

1. 集料大小的评价指标

表征颗粒的大小常用粒径和粒度两个术语，其用法和含义不同，粒径以单颗粒为对象，表示颗粒的大小；粒度以粒群为对象，表示所有颗粒大小的总体概念。

道路工程用到的集料是按照一定的级配按粒径分组来配比的，每一粒径分组是按照集料通过方孔筛的孔径大小来确定的，而标准筛筛孔直径分级尺寸的差别已经超过 10%。因此，同一级配、不同岩性或不同破碎方式集料的筛分直径大小差异很大，其均匀性也相差很远。首先通过数字图像处理软件(IPP)，获取集料三个垂直面的最小外接矩形的长和宽，从而获得集料的三维最小外接长方体各边长 D_1、D_2、D_3，将三个值按大小排序，分别表示为

$$D_L = \max(D_1, D_2, D_3) \tag{25-1}$$

$$D_S = \min(D_1, D_2, D_3) \tag{25-2}$$

式中，D_L 为最大边长；D_S 为最小边长。

按照 D_S、D_i(中间值)及 D_i/D_S 来确定集料的筛分直径 d_A(颗粒可通过的最小方筛孔的宽度)，当 $D_i/D_S > \sqrt{2}+1$ 时，$d_A = \sqrt{2}(D_i + D_S)/2$；当 $D_i/D_S < \sqrt{2}+1$ 时，$d_A = D_i$，如图 25-3 所示。

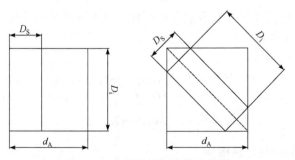

图 25-3　集料通过方孔筛示意图

当 $D_i/D_S = \sqrt{2}+1$ 时，$d_A = D_i = \sqrt{2}(D_i + D_S)/2$，集料恰好可以按图 25-3 所示

的两种方式通过方孔筛。因此，要确定集料的筛分直径，首先要确定 D_i/D_S 来确定集料通过筛孔的方式，然后再确定集料的筛分直径。

2. 集料形状的评价指标

集料的形状特征影响沥青混合料的力学特性和使用性能，一直是图像处理的研究热点之一。粗、细集料的形态包括轮廓形状和棱角性，轮廓形状反映了颗粒的针片状，棱角性体现出棱角的突出程度[5]。针片状颗粒在荷载的作用下易破碎，因此应尽量避免。颗粒棱角性凸出则增强彼此间的嵌锁，提高路面的强度和抗永久变形的能力[6]。

1) 集料形状的二维指标

集料形状的测算模型，投影面积的计算公式如下：

$$S = T \times a \tag{25-3}$$

式中，T 为图形的像素总数；a 为每个像素代表的实际面积。

形状指数计算模型为

$$F = \frac{L \times L}{4 \times \pi \times S} \tag{25-4}$$

式中，F 为形状指数；L 为投影轮廓周长；S 为投影面积。形状指数是圆形度倒数的平方值，因此 $F \geqslant 1$；F 越偏离 1，说明颗粒的投影轮廓偏离圆的程度越大，越接近针状，甚至纤维状，其表面的锐角也越大[7]。

集料的纵横比指集料等效椭圆的长轴与短轴之比(面积与一、二阶矩等效，即 D_1 与 D_2 之比)：

$$AR = D_1/D_2 \tag{25-5}$$

形状指数属于较为准确的计算指标，而纵横比是面积与一、二阶矩等效后的计算，会出现不同形状的纵横比相同的情况。

2) 集料形状的三维指标

集料形状的三维指标包括球形度 DS、扁平比 FER、形状指数 F，计算公式如下：

$$DS = \sqrt[3]{D_S \times D_i} \Big/ \sqrt[3]{D_L{}^2} \tag{25-6}$$

$$FER = D_L/D_S \tag{25-7}$$

$$F = D_S \Big/ \sqrt{D_L \times D_i} \tag{25-8}$$

式中，D_S 和 D_L 分别为正面图中每个颗粒的最小外接矩形长和宽；D_i 为剩下的一个中间值。

反映集料三维形状指标的扁平比只用到两个参数，该指标不能区分片状和针状集料，不能区分正方体或者球体，只能反映集料的扁平程度；球形度的三次方与形状指数的平方有相似之处，能较好地反映颗粒的扁平针状程度，但并不能反映颗粒较真实的形状，并且这三个指标中的参数 D_S、D_i、D_L 为二维投影面中最小外接矩形长、中间值、宽，并非完全的三维参数，在计算中无形中放大了数值，使得有些不同形状的颗粒计算出的指标相等。不同规则多边形的指标如表 25-1 所示。

表 25-1　不同规则多边形的指标对比

多边形	系数	边长	周长	形状指数
圆形	—	—	3.5449077	1
正十边形	7.694	0.3605155	3.6051547	1.0342796
正九边形	6.182	0.4021939	3.6197453	1.0426683
正八边形	4.828	0.4551100	3.6408799	1.0548795
正七边形	3.614	0.5260244	3.6821711	1.0789419
正六边形	2.598	0.6204123	3.7224740	1.1026902
正五边形	1.720	0.7624929	3.8124643	1.1566493
矩形 1:1	1	1	4	1.2732396
矩形 2:1	—	0.7071068	4.2426407	1.4323945
正三角形	0.433	1.5196937	4.5590810	1.6540352
矩形 3:1	—	0.5773503	4.6188022	1.6976528
矩形 4:1	—	0.5000000	5	1.9894368

3. 集料棱角性的评价指标

集料的棱角性(angularity)反映的是颗粒轮廓上角度的变化，角度变化越锐利则在轮廓上表现为更凹或凸[8-10]。为了对不同种类、不同形状及不同产地集料颗粒的棱角性进行量化分析，引入等效椭圆的概念，如图 25-4 所示，该椭圆与颗粒有着相同面积、相同一阶矩和二阶矩[11]。等效椭圆保留了颗粒轮廓形状特征，弱化了轮廓形状对棱角性量化的影响。集料棱角性的量化指标可以从颗粒和等效椭圆之间的对比值引出，因此提出 4 个指标表征集料的棱角性。

等效椭圆保留了集料轮廓形状特征,最小化了轮廓形状对棱角性量化的影响,

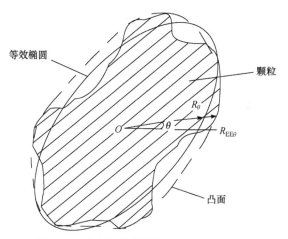

图 25-4　集料颗粒等效椭圆和凸面示意图

同时椭圆的棱角性为 0。因此，集料棱角性的量化指标可以从集料和等效椭圆之间的比值关系引出，建立两类四个棱角性指标进行量化研究[12]。

1) 半径方法

用上述的等效椭圆，并使其主轴方向与颗粒主轴方向保持一致的情况下，计算同一方向角上两者半径差，并累计求和。

$$\mathrm{AI}_R = \sum_{\theta=0°}^{\theta=356°} \frac{\left| R_\theta - R_{\mathrm{EE}\theta} \right|}{R_{\mathrm{EE}\theta}} \tag{25-9}$$

式中，θ 为方向角，$\theta=0°$，$4°$，$8°$，$\cdots$，$356°$；R_θ 为集料上 θ 角所对应的轮廓半径，即重心沿 θ 角与边界相交的直线长度；$R_{\mathrm{EE}\theta}$ 为集料上角 θ 所对应的等效椭圆的半径。

集料的棱角性指标，基于半径可表示为

$$R = \sum_{\theta=0°}^{\theta=356°} \frac{\left| R_\theta - R_{\mathrm{EE}\theta} \right|}{R_{\mathrm{EE}\theta}}, \quad \Delta\theta=5° \text{和} \quad R_{\max} = \max\left(\frac{R_\theta - R_{\mathrm{EE}\theta}}{R_{\mathrm{EE}\theta}} \right), \quad \Delta\theta=5° \tag{25-10}$$

式中，R 为半径差之和；$R_{\max}$ 为最大的半径差。

2) 周长法

等效椭圆周长比 $\mathrm{AI}_{\mathrm{pe}}$ 即集料颗粒的周长与等效椭圆周长的比值。其中，等效椭圆主要包括两个方面的等效，一是面积与集料颗粒的面积相等；二是椭圆的形状比率(AR)与集料相等。保证形状比率相等主要是为了消除轮廓形状特征对集料颗粒棱角性指标的影响。一般颗粒表面越光滑，凹凸细节的数量越少，其周长越接近等效椭圆的周长，则 $\mathrm{AI}_{\mathrm{pe}}$ 越小。

基于周长可表征为

$$P = \left[\frac{P}{P_{\mathrm{e}}} \right]^2 \text{ 和 } P_{\mathrm{c}} = \left[\frac{P_{\mathrm{c}}}{P_{\mathrm{e}}} \right]^2 \qquad (25\text{-}11)$$

式中，P 为集料轮廓周长；P_{c} 为凸面的周长；P_{e} 为等效椭圆的周长。

25.1.3 集料几何特性测试

1. 规则集料几何特性测试结果

集料的大小按照集料恰能通过方孔的边长来确定，试验所用的集料分为规则集料和破碎集料，规则集料主要有玻璃球和切割的规则集料。

本小节研究中用到的规则集料的规格分为两组，第一组集料(长方体)规格分别为集料 1：12.5mm×12.5mm×5mm；集料 2：20mm×20mm×8mm；集料 3：25mm×25mm×10mm；集料 4：30mm×30mm×12mm。

计算图 25-1 中所示的四种人工规则集料大小的参数——筛分直径，首先确定 $D_{\mathrm{i}} / D_{\mathrm{S}}$ 的大小，图 25-1 中的 4 种集料的 $D_{\mathrm{i}} / D_{\mathrm{S}}$ 均为 2.5，大于 $\sqrt{2}+1$，$d_{\mathrm{A}} = \sqrt{2}(D_{\mathrm{i}} + D_{\mathrm{S}})/2$，求得 4 种集料的筛分直径分别为 12.37mm、19.80mm、24.75mm、29.70mm。

计算图 25-1 中所示的四种人工规则集料的形状参数——形状指数，将集料尺寸代入式(25-3)和式(25-4)中，可求得四种不同规格集料的形状指数如表 25-2 所示。

表 25-2　四种长方体规则集料形状指数

编号	A	B	C	平均值
1	1.273	1.560	1.560	1.464
2	1.273	1.560	1.560	1.464
3	1.273	1.560	1.560	1.464
4	1.273	1.560	1.560	1.464

注：A 为基于集料的最大长度(长轴)，B 为基于集料的最大宽度(短轴)，C 为基于集料的厚度(对于三维形状)。

由表 25-2 可以得出，四种长方体规则集料的形状指数相同，其平均值能一定程度上反映集料的总体形状，但对于三个面形状指数差异很大的集料，平均值弱化了其本身的形状特点。

计算如图 25-1 所示的四种人工规则集料的棱角性，由于基于半径的棱角性较基于周长的棱角性评价指标更为集中，频率的拟合性更好，更能准确反映集料的整体棱角性。因此，选用基于半径的棱角性作为评价集料棱角性的指标。集料图像经 IPP 软件处理及其计算后，可以得出四种不同规格的集料基于半径的棱角性如表 25-3 所示。

表 25-3　四种长方体规则集料基于半径棱角性

编号	A	B	C	平均值
1	0.415	1.698	1.698	1.270
2	0.415	1.698	1.698	1.270
3	0.415	1.698	1.698	1.270
4	0.415	1.698	1.698	1.270

由表 25-3 可以看出，四种长方体规则集料的棱角性相同，大小、形状指数对棱角性没有影响，这使得棱角性能较为独立地处理。

本小节研究所选用的第二组人工规则集料的大小相近，形状、棱角性不同，集料规格分别为集料 5：D=16mm(球体)；集料 6：25mm×25mm×10mm(三棱柱)；集料 2：20mm×20mm×8mm(长方体)。

通过计算得出三种规则集料粒径大小的参数筛分直径分别为 16.00mm、17.68mm、19.80mm。值得特别注意的是，在计算三棱柱筛分直径时，所选用的三个垂直面中的最小截面为过三角形斜边中点，且垂直于三角形斜边的面，从而可以得出三棱柱集料的三维最小外接长方体各边长 D_1、D_2、D_3 为 35.36mm、17.68mm、10.00mm，D_i/D_S 为 1.768，小于 $\sqrt{2}+1$，所以三棱柱集料的筛分直径为 17.68mm。

计算图 25-2 中所示的三种人工规则集料的形状参数——形状指数，将集料尺寸代入公式(25-3)和公式(25-4)中，可求得三种不同规格的规则集料的形状指数如表 25-4 所示。

表 25-4　三种不同规格规则集料的形状指数

编号	A	B	C	平均值
5	1	1	1	1
6	1.379	1.852	1.855	1.695
2	1.273	1.560	1.560	1.464

通过表 25-4 给出的三种规则集料的形状指数，可以看出投影面越偏向于球形，形状指数越小，且越接近于 1；形状指数越接近 1.273，投影面的形状越接近正方形。集料 6 的三个投影面分别为矩形、直角三角形，长宽比分别为

1.768∶1、3.536∶1、1∶1,集料 5 的三个投影面均为矩形,长宽比为 1∶1、2.5∶1、2.5∶1。

　　计算图 25-1 中所示的三种人工规则集料的棱角性,集料图像经 IPP 软件处理及其计算后,可以得出三种不同规格的规则集料的棱角性见表 25-5。

表 25-5　三种不同规格规则集料的棱角性

编号	A	B	C	平均值
5	0	0	0	0
6	2.219	1.013	2.608	1.947
2	0.415	1.698	1.698	1.270

2. 破碎集料几何特性测试结果

1) 破碎集料筛分直径分析

　　通过数字图像处理技术及 IPP 软件处理,可以得出各种类型的粗集料三个垂直面的外切宽度、外切高度,通过对比计算,从而获得集料的三维最小外接长方体各边长 D_1、D_2、D_3。通过集料参数的计算,得出各个集料的筛分直径,下面对石灰岩 1、石灰岩 2、片麻岩、玄武岩粗集料的筛分直径进行数据统计,并通过数学方法进行数据分析,绘制粒径 19mm 的各类集料的筛分直径分布直方图,如图 25-5~图 25-8 所示。

　　由粒径为 19mm 的各类破碎集料的筛分直径直方图可以得出,石灰岩 1、石灰岩 2、片麻岩、玄武岩的筛分直径平均值均在 22.3~23.4mm,差异很小,其离散程度由小到大排列为石灰岩 1、片麻岩、玄武岩、石灰岩 2。集料筛分直径的离

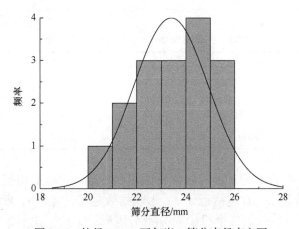

图 25-5　粒径 19mm 石灰岩 1 筛分直径直方图

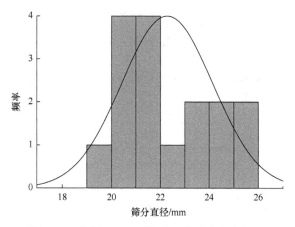

图 25-6　粒径 19mm 石灰岩 2 筛分直径直方图

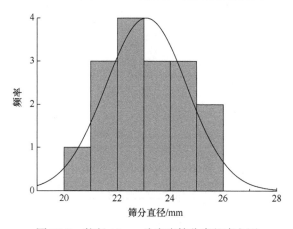

图 25-7　粒径 19mm 片麻岩筛分直径直方图

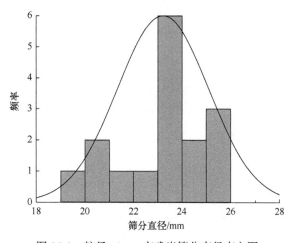

图 25-8　粒径 19mm 玄武岩筛分直径直方图

散程度一方面反映了石料破碎过程中的稳定程度，离散性越小，破碎越稳定；另一方面，集料筛分直径的离散程度一定程度上影响了集料的级配。筛分直径的离散性越大，级配越连续，适合于连续级配；反之，筛分直径离散性越小，级配越分散，越适合于间断级配。不同粒径各类集料筛分直径统计见表 25-6～表 25-9。

表 25-6　粒径 16mm 各类集料筛分直径统计

项目	石灰岩 1	石灰岩 2	片麻岩	玄武岩
总数	20	20	20	20
平均值/mm	17.36	17.38	17.69	17.63
标准差/mm	0.70	0.89	0.77	0.64
变异系数	0.040	0.051	0.044	0.037
最小值/mm	16.20	16.05	16.20	16.30
中位数/mm	17.28	17.44	17.85	17.73
最大值/mm	18.80	18.70	18.80	18.90
四分之一分位数/mm	16.80	16.54	17.20	17.18
四分之三分位数/mm	17.68	17.96	18.25	17.90
四分位差/mm	0.88	1.42	1.05	0.72

表 25-7　粒径 13.2mm 各类集料筛分直径统计

项目	石灰岩 1	石灰岩 2	片麻岩	玄武岩
总数	20	20	20	20
平均值/mm	14.76	14.60	14.54	14.46
标准差/mm	0.71	0.65	0.68	0.64
变异系数	0.048	0.044	0.047	0.044
最小值/mm	13.50	13.60	13.30	13.30
中位数/mm	14.85	14.45	14.45	14.37
最大值/mm	16.20	16.00	15.60	15.90
四分之一分位数/mm	14.25	14.23	13.98	14.05
四分之三分位数/mm	15.18	15.05	15.18	14.88
四分位差/mm	0.93	0.82	1.20	0.83

表 25-8　粒径 9.5mm 各类集料筛分直径统计

项目	石灰岩 1	石灰岩 2	片麻岩	玄武岩
总数	20	20	20	20
平均值/mm	11.70	11.20	11.50	12.10
标准差/mm	0.92	0.93	0.80	1.03
变异系数	0.079	0.083	0.070	0.085
最小值/mm	9.90	9.50	9.80	9.50
中位数/mm	11.65	11.37	11.57	12.37
最大值/mm	13.40	12.50	13.00	13.30
四分之一分位数/mm	11.15	10.30	10.90	11.43
四分之三分位数/mm	12.40	11.87	12.00	12.86
四分位差/mm	1.25	1.57	1.10	1.43

表 25-9　粒径 4.75mm 各类集料筛分直径统计

项目	石灰岩 1	石灰岩 2	片麻岩	玄武岩
总数	20	20	20	20
平均值/mm	6.53	6.56	6.56	6.13
标准差/mm	0.92	1.00	1.04	1.24
变异系数	0.14	0.15	0.16	0.20
最小值/mm	5.10	5.08	5.20	4.75
中位数/mm	6.40	6.50	6.10	5.90
最大值/mm	8.60	8.98	8.50	9.45
四分之一分位数/mm	5.95	5.90	5.80	5.38
四分之三分位数/mm	7.05	7.18	7.45	6.55
四分位差/mm	1.10	1.28	1.65	1.17

由表 25-6～表 25-9 中的集料筛分直径统计可以看出：

(1) 不同岩性，粒径分组相同的集料筛分直径平均值很接近，而标准差、变异系数与集料岩性之间也无一致的变化规律。

(2) 同一岩性，粒径分组不同的集料，随着集料粒径的减小，筛分直径的变异系数大多先减小再增大，除石灰岩 2 外，其余三种石料筛分直径变异系数均在粒径为 16mm 这一粒径分组中出现最小值，而石灰岩 2 的筛分直径变异系数在粒径为 13.2mm 这一粒径分组中出现最小值，同时各类破碎集料的筛分直径变异系数在粒径为 4.75mm 时出现最大值。

由此可知，集料在破碎过程中，16mm 和 13.2mm 这两组粒径分组中，集料筛分直径最为集中，筛分直径对后期使用的集料级配和沥青混合料性能的影响也最集中；同时，4.75mm 集料筛分直径最为分散，其对服役阶段集料级配的影响也最为分散和复杂。

粒径 4.75mm 的各类集料筛分直径直方图和箱形图分别见图 25-9 和图 25-10。

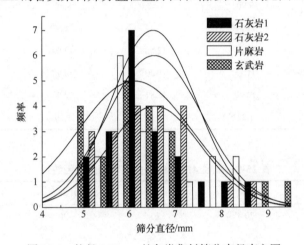

图 25-9 粒径 4.75mm 的各类集料筛分直径直方图

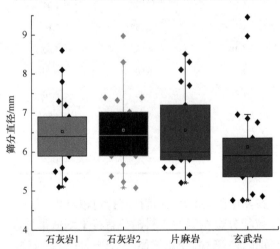

图 25-10 粒径 4.75mm 的各类集料筛分直径箱形图

图 25-9 和图 25-10 可以直观看到：粒径 4.75mm 的石灰岩 1 筛分直径有 50% 分布于 6～7mm，90%分布于 5～8mm，且分布集中；石灰岩 2 的分布与石灰岩 1

相似，片麻岩除四分位差较大外，筛分直径整体分布较为集中；玄武岩筛分直径90%分布集中，但有两个数值超过 9mm，离散性过大。

　　2) 破碎集料形状指数分析

　　通过数字图像处理技术及 IPP 软件处理，可以得出各类粗集料三个垂直面的形状指数，通过计算其平均值，得出各种集料的形状指数，下面对石灰岩 1、石灰岩 2、片麻岩、玄武岩粗集料的形状指数进行数据处理分析，如表 25-10～表 25-14所示。

表 25-10　粒径 19mm 各类集料形状指数统计

项目	石灰岩 1	石灰岩 2	片麻岩	玄武岩
总数	16	16	16	16
平均值	1.149	1.198	1.122	1.198
标准差	0.04254	0.04007	0.03415	0.04901
变异系数	0.03702	0.03344	0.03043	0.04093
最小值	1.08000	1.13333	1.06046	1.12667
中位数	1.15333	1.20333	1.12724	1.19000
最大值	1.22333	1.27000	1.17031	1.31000
四分之一分位数	1.10833	1.16833	1.09650	1.16667
四分之三分位数	1.17500	1.22000	1.14981	1.22333
四分位差	0.06667	0.05167	0.05331	0.05666

表 25-11　粒径 16mm 各类集料形状指数统计

项目	石灰岩 1	石灰岩 2	片麻岩	玄武岩
总数	20	20	20	20
平均值	1.158	1.235	1.118	1.195
标准差	0.06150	0.12335	0.04350	0.05630
变异系数	0.05311	0.09988	0.03892	0.04713
最小值	1.07333	1.07000	1.04818	1.08000
中位数	1.13333	1.22000	1.11042	1.18167
最大值	1.29667	1.50000	1.20984	1.32000
四分之一分位数	1.11167	1.13000	1.09930	1.16000
四分之三分位数	1.20333	1.30500	1.13391	1.22667
四分位差	0.09166	0.17500	0.03461	0.06667

表 25-12 粒径 13.2mm 各类集料形状指数统计

项目	石灰岩 1	石灰岩 2	片麻岩	玄武岩
总数	20	20	20	20
平均值	1.168	1.192	1.105	1.181
标准差	0.05706	0.05613	0.04728	0.05035
变异系数	0.04887	0.04711	0.04277	0.04264
最小值	1.07333	1.11000	1.03661	1.11333
中位数	1.16833	1.17500	1.09725	1.17333
最大值	1.27000	1.33667	1.21042	1.33667
四分之一分位数	1.11667	1.15500	1.08187	1.14667
四分之三分位数	1.21167	1.21833	1.11408	1.20000
四分位差	0.09500	0.06333	0.03221	0.05333

表 25-13 粒径 9.5mm 各类集料形状指数统计

项目	石灰岩 1	石灰岩 2	片麻岩	玄武岩
总数	20	20	20	20
平均值	1.168	1.196	1.095	1.187
标准差	0.05794	0.04699	0.03065	0.04769
变异系数	0.04959	0.03929	0.02800	0.04018
最小值	1.08333	1.12667	1.05073	1.12000
中位数	1.16167	1.18500	1.09348	1.18500
最大值	1.28000	1.27333	1.16359	1.30000
四分之一分位数	1.12833	1.15833	1.06904	1.16000
四分之三分位数	1.20667	1.24167	1.12100	1.19500
四分位差	0.07834	0.08334	0.05196	0.03500

表 25-14 粒径 4.75mm 各类集料形状指数统计

项目	石灰岩 1	石灰岩 2	片麻岩	玄武岩
总数	20	20	20	20
平均值	1.146	1.207	1.078	1.169
标准差	0.05528	0.07185	0.03147	0.03584

续表

项目	石灰岩 1	石灰岩 2	片麻岩	玄武岩
变异系数	0.04825	0.05956	0.02920	0.03066
最小值	1.06333	1.12667	1.00670	1.10333
中位数	1.14000	1.18833	1.07832	1.16667
最大值	1.27333	1.35667	1.13501	1.23000
四分之一分位数	1.11667	1.15167	1.06195	1.14333
四分之三分位数	1.16500	1.24000	1.09754	1.20000
四分位差	0.04833	0.08833	0.03559	0.05667

由表 25-10~表 25-14 各类不同形状、不同类型集料形状指数的统计表可以看出：

(1) 同种岩性，粒径分组不同的集料的形状指数平均值很接近，主要是由于岩石的成岩机理和岩性相同，以及破碎时的破碎面相似。

(2) 不同岩性，粒径分组相同的集料，其形状指数平均值的大小具有规律的排序，其由大到小的排序为石灰岩 2>玄武岩>石灰岩 1>片麻岩。石灰岩 1 形状指数平均值在 1.146~1.168，石灰岩 2 的形状指数平均值在 1.192~1.235，片麻岩的形状指数平均值在 1.078~1.122，玄武岩的形状指数平均值在 1.169~1.198。这种规律性与其岩石的物理化学性质不同有显著关系。

(3) 不同岩性，粒径分组相同的集料，片麻岩的形状指数标准差最小，其形状指数变异系数除 13.2mm 的粒径分组外，其余粒径分组的形状指数变异系数较其余岩性的集料都表现为最小，这说明片麻岩的形状指数最为集中。

3) 破碎集料棱角性分析

通过数字图像处理技术及 IPP 软件处理，可以得出各类粗集料三个垂直面的棱角性，通过计算其平均值，得出各种集料的棱角性，对石灰岩 1、石灰岩 2、片麻岩、玄武岩粗集料的棱角性进行数据处理分析，结果如表 25-15~表 25-19 所示。

表 25-15 粒径 19mm 各类集料棱角性统计

项目	石灰岩 1	石灰岩 2	片麻岩	玄武岩
总数	16	16	16	16
平均值	0.97708	0.82688	0.71568	0.87813
标准差	0.17650	0.19084	0.15969	0.22836
变异系数	0.18064	0.23080	0.22313	0.26005

项目	石灰岩 1	石灰岩 2	片麻岩	玄武岩
最小值	0.67333	0.49667	0.42807	0.56000
中位数	0.97500	0.82500	0.74997	0.82333
最大值	1.37667	1.33667	1.00584	1.43000
四分之一分位数	0.87000	0.71833	0.63024	0.75167
四分之三分位数	1.06833	0.91000	0.81444	0.97500
四分位差	0.19833	0.19167	0.18420	0.22333

表 25-16　粒径 16mm 各类集料棱角性统计

项目	石灰岩 1	石灰岩 2	片麻岩	玄武岩
总数	20	20	20	20
平均值	0.98882	0.83300	0.72445	0.88943
标准差	0.27272	0.19374	0.22007	0.27829
变异系数	0.27580	0.23258	0.30377	0.31289
最小值	0.56000	0.48333	0.37262	0.45333
中位数	0.97667	0.79500	0.70773	0.82450
最大值	1.42333	1.32667	1.24052	1.51000
四分之一分位数	0.79333	0.74500	0.56296	0.68000
四分之三分位数	1.18500	0.89833	0.78526	1.06333
四分位差	0.39167	0.15333	0.22230	0.38333

表 25-17　粒径 13.2mm 各类集料棱角性统计

项目	石灰岩 1	石灰岩 2	片麻岩	玄武岩
总数	20	20	20	20
平均值	0.99250	0.83950	0.73734	0.90700
标准差	0.25070	0.21954	0.26711	0.25636
变异系数	0.25259	0.26151	0.36226	0.28265
最小值	0.54333	0.49333	0.43145	0.50333
中位数	0.96552	0.77333	0.63011	0.88833
最大值	1.52667	1.42333	1.35172	1.54000

项目	石灰岩 1	石灰岩 2	片麻岩	玄武岩
四分之一分位数	0.80000	0.73833	0.57767	0.75667
四分之三分位数	1.20112	0.94500	0.82856	1.02000
四分位差	0.40112	0.20667	0.25089	0.26333

表 25-18　粒径 9.5mm 各类集料棱角性统计

项目	石灰岩 1	石灰岩 2	片麻岩	玄武岩
总数	20	20	20	20
平均值	0.98346	0.85917	0.74076	0.91600
标准差	0.27425	0.23171	0.18372	0.24354
变异系数	0.27886	0.26969	0.24801	0.26587
最小值	0.46780	0.42000	0.47335	0.59000
中位数	0.90667	0.88167	0.77074	0.88500
最大值	1.56667	1.33667	1.01974	1.48000
四分之一分位数	0.81750	0.70500	0.54914	0.74000
四分之三分位数	1.16500	1.04333	0.89779	1.06500
四分位差	0.34750	0.33833	0.34865	0.32500

表 25-19　粒径 4.75mm 各类集料棱角性统计

项目	石灰岩 1	石灰岩 2	片麻岩	玄武岩
总数	20	20	20	20
平均值	0.98519	0.84017	0.71595	0.88983
标准差	0.26516	0.26163	0.16550	0.20548
变异系数	0.26915	0.31140	0.23116	0.23092
最小值	0.48667	0.41000	0.46028	0.57333
中位数	0.95000	0.83667	0.73894	0.83333
最大值	1.72667	1.52000	0.98215	1.33667
四分之一分位数	0.80917	0.68667	0.55010	0.76833
四分之三分位数	1.10333	0.98000	0.86148	1.01833
四分位差	0.29416	0.29333	0.31138	0.25000

由表 25-15～表 25-19 各类不同粒径，不同岩性集料棱角性的统计表可以看出：

(1) 同种岩性，粒径分组不同集料的棱角性平均值很接近，主要是因为岩石的成岩机理和岩性相同，以及破碎时的破碎面相似。

(2) 不同岩性，粒径分组相同的集料，其棱角性平均值具有一定规律，由大到小的排序为石灰岩 1>玄武岩>石灰岩 2>片麻岩。石灰岩 1 棱角性平均值在 0.977～0.993，石灰岩 2 的棱角性平均值在 0.826～0.860，片麻岩的棱角性平均值在 0.715～0.741，玄武岩的棱角性平均值在 0.878～0.916。这种统一的规律性与其岩石的物理化学性质不同有关。

(3) 无论是同种岩性不同粒径，还是不同岩性同种粒径的集料棱角性标准差和变异系数之间没有明显的规律性。

25.2　集料单体几何特性对拌和阶段沥青混合料流变的影响

本节首先通过组装的仪器对集料、沥青混合料拌和流变特性进行测试，其次通过灰色关联分析方法来分析集料几何特性对集料及沥青混合料拌和流变特性的影响，确定对集料及沥青混合料拌和中流变特性影响最敏感的因素，最后通过回归及方程拟合，建立最敏感因素对流变特性影响的方程。

25.2.1　集料及沥青混合料拌和流变特性

流变特性普遍指流体或半流体在受到外部剪切力作用时发生变形(流动)，本节从固体颗粒(集料)开始入手，首先研究集料在拌和阶段的流变特性，其次进行单档集料与沥青拌和流变特性研究，最后测试沥青混合料拌和流变特性。通过测试规则集料、破碎集料及沥青混合料，寻找相关关系，从而进一步深入研究沥青混合料拌和流变特性。

1. 规则集料拌和流变特性

选用的规则集料为切割的规则玻璃颗粒，选取了两组规则集料，分别代表大小不同、形状和棱角性相同；大小相近、形状和棱角性不同的集料。

本节首先分别选取质量为 3.5kg，大小不同的规则集料进行不同速度下的集料拌和，拌和速率分别选取 30Hz、35Hz、40Hz、45Hz、50Hz、55Hz、60Hz 频率下的转速，对应的转速分别为 60r/min、70r/min、80r/min、90r/min、100r/min、110r/min、120r/min，测试各类集料在不同转速下的扭矩。流体在搅拌时，转速与扭矩呈线性关系,扭矩随转速的变化率即可反映流变特性,如果颗粒体在搅拌时,转速与扭矩呈线性关系,那么扭矩随转速的变化率即可反映颗粒体的流变特性,据此可以计算规则集料的流变特性。

集料体积相同时,立方体是长方体中表面积最小的形状,而球形是各种立方体形状中表面积最小的形状,显然当集料不是立方体,而是长方体,甚至是片状时,其沥青用量更多,所以按照沥青膜厚度 0.0008cm 分别计算质量为 3.5kg 的不同几何特性的规则集料所用的沥青用量(表 25-20),然后将玻璃和沥青进行拌和,拌和速率与纯规则集料相同,计算玻璃沥青混合料拌和流变特性。

表 25-20　各种人工规则集料的沥青用量

集料类型	集料 1	集料 2	集料 3	集料 4	三棱柱	玻璃球
粒径/mm	12.5	20	25	30	—	—
玻璃密度/(g/cm^3)	2.51	2.51	2.51	2.51	2.51	2.51
总质量/g	3500	3500	3500	3500	3500	3500
总体积/cm^3	1394.4	1394.4	1394.4	1394.4	1394.4	1394.4
单个体积/cm^3	0.78	3.20	6.25	10.80	3.13	1.61
集料数量	1785	436	223	129	446	866
单个表面积/cm^2	5.63	14.40	22.50	32.40	14.79	8.04
沥青膜厚/cm	0.0008	0.0008	0.0008	0.0008	0.0008	0.0008
沥青体积/cm^3	8.03	5.02	4.02	3.35	5.28	5.57
沥青密度/(g/cm^3)	0.997	0.997	0.997	0.997	0.997	0.997
沥青质量/g	8.01	5.00	4.01	3.34	5.26	5.55

1) 不同大小的规则集料和规则集料-沥青混合料拌和流变测试

本节采用的拌和流变测试仪为自行改装的仪器,因此先对其稳定性进行测试评判,通过测试转速为 100r/min 下四种不同大小规则集料的扭矩,计算其标准差,来判定其可靠性;然后通过计算扭矩平均值,分析集料大小对拌和扭矩数据的影响。分别绘制各种粒径规则集料在转速为 100r/min 下的扭矩直方图和扭矩箱形图,如图 25-11、图 25-12 所示。

测试不同拌和速率下不同大小的规则集料(玻璃)及规则集料–沥青混合料的扭矩,并求其平均值得出四种粒径下规则集料及规则集料–沥青混合料的扭矩,绘制转速–扭矩关系图,如图 25-13、图 25-14 所示。

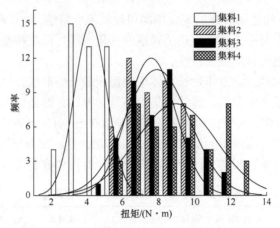

图 25-11　转速 100r/min 下的扭矩直方图

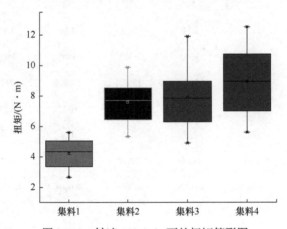

图 25-12　转速 100r/min 下的扭矩箱形图

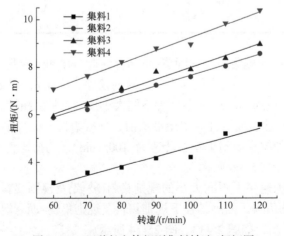

图 25-13　四种长方体规则集料转速–扭矩图

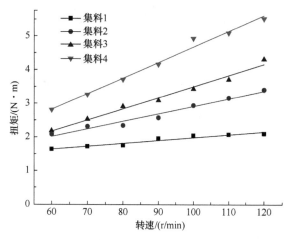

图 25-14　规则集料–沥青混合料拌和转速–扭矩图

通过曲线回归可以得出粒径 12.5mm、20mm、25mm、30mm 的拌和转速–扭矩回归方程，本章主要研究集料及沥青混合料拌和流变特性，因此回归方程不一一列出，仅列出反映拌和流变特性的 k(线性回归方程中的斜率)，进一步绘制长方体规则集料筛分直径与流变特性图，如图 25-15 所示。

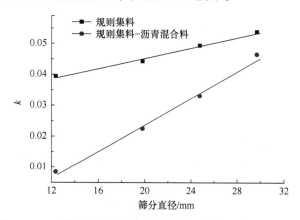

图 25-15　四种长方体规则集料筛分直径与拌和流变 k 的关系

由图 25-15 可以看出，不论是纯规则集料拌和还是规则集料–沥青混合料拌和，拌和流变特性与拌和时集料的粒径大小有很好的相关性，粒径越大，流变特性越差；同时，规则集料–沥青混合料的流变特性比同粒径的规则集料拌和流变特性小，并且随着粒径的增大，这种变化趋势逐渐减缓。

2) 三种形状棱角性不同的集料拌和流变特性测试

测试不同转速下，大小相近，形状、棱角性不同的规则集料拌和扭矩并绘制转速–扭矩图，如图 25-16 所示；测试不同转速下，大小相近，形状、棱角性不同的规则集料–沥青混合料拌和扭矩，并绘制转速–扭矩图，如图 25-17 所示。

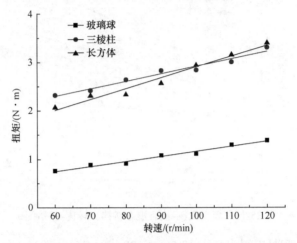

图 25-16　形状、棱角性不同的规则集料拌和转速–扭矩图

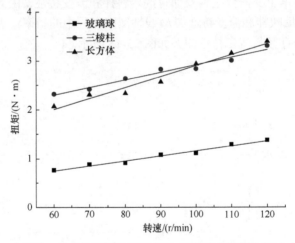

图 25-17　形状、棱角性不同的规则集料–沥青混合料拌和转速–扭矩图

　　规则集料及规则集料–沥青混合料转速与扭矩有很好的线性关系，对其进行线性回归，求出线性回归方程。对扭矩随转速的变化率，即线性回归方程的 k 进行分析，绘制不同形状的玻璃及玻璃沥青混合料拌和流变 k 散点图，如图 25-18 所示。

　　由图 25-18 可以看出，同类型的规则集料拌和流变特性比规则集料–沥青混合料拌和流变特性的 k 大。由于玻璃球、三棱柱、长方体的大小相近，对其流变特性起关键作用的主要是形状和棱角性。从形状方面分析，玻璃球形状指数为 1，长方体形状指数为 1.464，三棱柱的形状指数为 1.695。定性地看，玻璃球拌和流

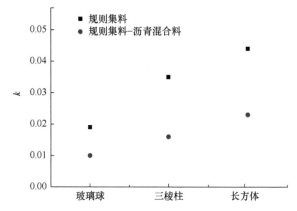

图 25-18　形状、棱角性不同的规则集料及规则集料–沥青混合料流变 k 散点图

变特性最强,即形状指数最小时,流变特性最弱,而随着形状指数增加到一定值,流变特性 k 最小,随后,流变特性 k 随着形状指数的增加而增强。

2. 破碎集料拌和流变特性

破碎集料选取石灰岩 1、石灰岩 2、片麻岩、玄武岩,测试了粒径分别为 19mm、16mm、13.2mm、9.5mm、4.75mm 的破碎集料,拌和过程中棱角性的磨耗变化引起了扭矩的减小,为避免因拌和时集料棱角性磨耗过多而引起测试不准确,一盘料最多只拌和两个速率,否则棱角性的变化会使其很难找到规律。

1) 单档集料拌和流变特性测试

首先测试不同集料在不同拌和速度下的扭矩,然后绘制转速–扭矩图,如图 25-19~图 25-22 所示。

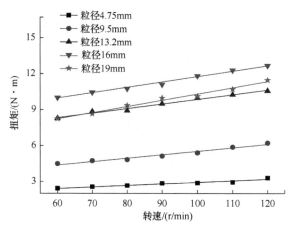

图 25-19　石灰岩 1 不同转速下的扭矩

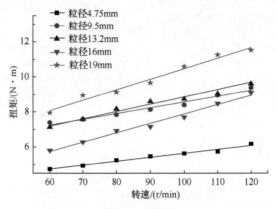

图 25-20　石灰岩 2 不同转速下的扭矩

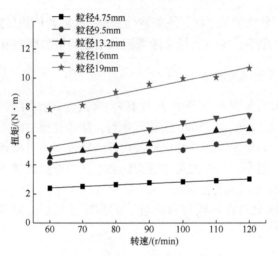

图 25-21　片麻岩不同转速下的扭矩

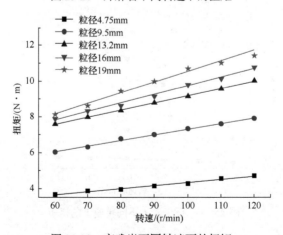

图 25-22　玄武岩不同转速下的扭矩

　　由图 25-19~图 25-22 可以较为直观地看出，在拌和过程中石灰岩 1 与片麻岩扭矩随转速的变化而变化的幅度较石灰岩 2、玄武岩变化幅度小，石灰岩 1、片麻岩拌和过程中，流变特性较石灰岩 2、玄武岩强，通过线性回归，得出线性方程，列出反映可以反映集料拌和流变特性的 k，如表 25-21 所示。表 25-21 中定量地显示了这种变化，纵向观察表 25-21，每种石料的 k 随着粒径的增大而增大，这种变化趋势与人工规则集料的变化趋势相近，但至于是否依然存在很好的线性关系，将在后续部分进一步说明。

表 25-21　各种破碎集料拌和流变 k

粒径/mm	石灰岩 1	石灰岩 2	片麻岩	玄武岩
4.75	0.0131	0.0225	0.0102	0.0170
9.5	0.0287	0.0331	0.0247	0.0312
13.2	0.0386	0.0390	0.0331	0.0402
16	0.0457	0.0537	0.0389	0.0480
19	0.0522	0.0600	0.0474	0.0567

2) 破碎集料–沥青混合料拌和流变特性测试

　　先测试四种破碎集料的表观密度，然后按照沥青膜厚度 0.0008mm 分别计算质量为 3.5kg 的不同几何特性破碎集料的沥青质量，其计算结果如表 25-22 所示。

表 25-22　不同粒径各类破碎集料沥青质量　　　　（单位：g）

粒径/mm	石灰岩 1	石灰岩 2	片麻岩	玄武岩
19	3.70	3.7	3.76	3.57
16	4.69	4.67	4.74	4.43
13.2	5.56	5.54	5.64	5.15
9.5	7.08	7.05	7.21	6.58
4.75	11.15	11.09	11.44	10.45

　　测试不同破碎集料–沥青混合料在不同拌和速度下的扭矩，绘制转速-扭矩图，如图 25-23~图 25-26 所示，通过线性回归，得出线性方程，由于方程过多，并且线性拟合方程中的斜率 k 可以反映集料拌和流变特性，最后在表 25-23 中列出表征不同粒径的石灰岩 1、石灰岩 2、片麻岩、玄武岩的流变特性的 k。

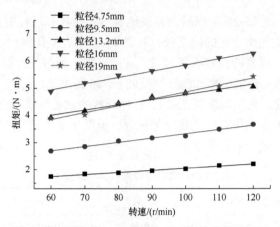

图 25-23　石灰岩 1–沥青混合料不同转速下的扭矩

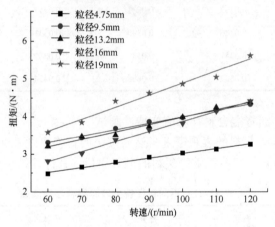

图 25-24　石灰岩 2–沥青混合料不同转速下的扭矩

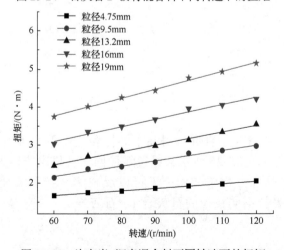

图 25-25　片麻岩–沥青混合料不同转速下的扭矩

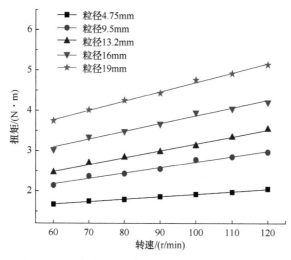

图 25-26　玄武岩-沥青混合料不同转速下的扭矩

表 25-23　各种破碎集料–沥青混合料拌和流变的 k

粒径/mm	石灰岩 1	石灰岩 2	片麻岩	玄武岩
4.75	0.0078	0.0126	0.0061	0.0094
9.5	0.0157	0.0171	0.0136	0.0163
13.2	0.0191	0.0198	0.0172	0.0204
16	0.0228	0.0268	0.0194	0.0242
19	0.0254	0.0320	0.0233	0.0310

由表 25-23 所示的数据可以看出，随着破碎集料粒径的增大，破碎集料–沥青混合料拌和流变 k 增大，相同粒径组分的破碎集料–沥青混合料，石灰岩 1、片麻岩分别较石灰岩 2、玄武岩与沥青混合料拌和流变 k 小，流变特性大。这与纯破碎集料拌和时流变特性趋势相似，说明沥青在拌和过程中对流变特性起到相同的影响，表 25-23 所示的数据与对应的表 25-21 所示的数据比较，破碎集料–沥青混合料拌和流变 k 均小于纯破碎集料拌和流变 k。

3. 沥青混合料拌和流变特性

经马歇尔击实试验确定最佳沥青用量为 4.1%，在整个沥青混合料中粒径为 16mm 的集料质量分数最大，为了研究集料几何特性对沥青混合料拌和流变特性的影响，本部分将选用近似大小的规则集料(集料 2、集料 5、集料 6)和其他破碎集料(石灰岩 2、片麻岩、玄武岩)代替粒径为 16mm 的破碎集料，进行拌和流变特性的测试，从而研究集料几何特性与沥青混合料拌和流变特性的关系。

沥青混合料拌和时，为与前面研究统一，拌和质量仍取 3.5kg，根据不同转速下的扭矩绘制转速-扭矩图，如图 25-27 所示，并且进行线性拟合，求出反映流变特性的 k，如表 25-24 所示。

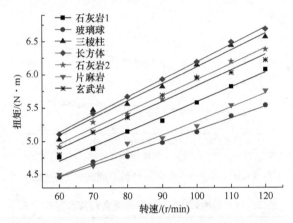

图 25-27　不同集料代替的沥青混合料拌和转速-扭矩图

表 25-24　不同集料代替的沥青混合料拌和流变的 k

项目	k
石灰岩 1 沥青混合料	0.0223
玻璃球代替粒径 16mm 破碎集料	0.0178
三棱柱代替粒径 16mm 破碎集料	0.0255
长方体代替粒径 16mm 破碎集料	0.0264
石灰岩 2 代替粒径 16mm 破碎集料	0.0241
片麻岩代替粒径 16mm 破碎集料	0.0209

由表 25-24 可以看出，沥青混合料拌和流变 k 从大到小的排序为长方体代替粒径 16mm 破碎集料、三棱柱代替粒径 16mm 破碎集料、石灰岩 2 代替粒径 16mm 破碎集料、石灰岩 1 沥青混合料、片麻岩代替粒径 16mm 破碎集料、玻璃球代替粒径 16mm 破碎集料。

25.2.2　集料几何特性与集料拌和流变特性关系

本小节对于集料几何特性与集料拌和流变特性关系的研究包括两部分内容：①集料几何特性对集料拌和流变特性的影响；②集料几何特性与集料拌和流变特性的相关性。

1. 集料几何特性对集料拌和流变特性的影响

1) 规则集料几何特性与规则集料流变特性相关性

(1) 分析形状和棱角性相同, 大小不同规则集料的几何特性与规则集料及规则集料–沥青混合料的流变特性之间的关系。由图 25-13 和图 25-14 可以看出, ①大小不同的规则集料及规则集料–沥青混合料拌和时, 拌和流变特性与集料的粒径有很好的线性相关性, 粒径越大, 流变特性越差; ②规则集料–沥青混合料的流变特性比同粒径的纯规则集料拌和流变特性更优, 这主要是因为规则集料–沥青混合料拌和时, 沥青质量少(表 25-20), 拌和温度高, 沥青在规则集料–沥青混合料拌和过程中主要起润滑作用, 同时因为玻璃表面光滑, 即使是切割的面也较为光滑, 沥青在拌和中所起的黏附作用很小, 几乎可以忽略; ③随着粒径的增大, 规则集料与规则集料–沥青混合料的流变特性的差异逐渐减小, 这主要是因为集料粒径越大, 比表面积越小, 所用的沥青质量越少, 沥青所起的润滑作用越小。

(2) 分析大小相近、形状、棱角性不同规则集料的几何特性与规则集料及规则集料–沥青混合料拌和流变特性之间的关系。由表 25-25 中大体可以看出, 规则集料大小、形状、棱角性会同时对规则集料及规则集料–沥青混合料拌和流变特性产生影响, 但影响的关联程度尚不明确。因此, 采用灰色关联分析方法, 分析集料几何特性对集料及集料混合料拌和流变特性影响的关联程度。

表 25-25　形状、棱角性不同的规则集料及规则集料–沥青混合料拌和流变特性

类型	筛分直径/mm	形状指数	棱角性	规则集料 k_1	规则集料–沥青混合料 k_2
玻璃球	16	1	0	0.019	0.010
三棱柱	17.68	1.695	1.947	0.035	0.016
长方体	19.80	1.464	1.270	0.044	0.023

以规则集料及规则集料–沥青混合料拌和流变特性为参考数列 X_0, 则参考数列有两组, 分别为 X_{01}、X_{02}。以集料的几何特性为比较数列: X_1(集料筛分直径)、X_2(集料形状指数)、X_3(集料的棱角性), 则规则集料及规则集料–沥青混合料灰色关联分析的原始数列如表 25-26 所示。

表 25-26　规则集料及规则集料–沥青混合料拌和流变特性灰色关联分析原始数列

项目	玻璃球	三棱柱	长方体
X_{01}	0.019	0.035	0.044
X_{02}	0.010	0.016	0.023
X_1	16	17.68	19.80

项目	玻璃球	三棱柱	长方体
X_2	1	1.695	1.464
X_3	0	1.947	1.270

注：灰色关联分析中的数据均已进行无量纲化处理，后同。

对表 25-26 中三种规则集料及规则集料–沥青混合料的原始数据进行均值化处理，生成新的数据序列见表 25-27。

表 25-27　规则集料及规则集料–沥青混合料拌和流变特性灰色关联分析生成数列

项目	玻璃球	三棱柱	长方体
Y_{01}	0.581633	1.071429	1.346939
Y_{02}	0.612245	0.979592	1.408163
Y_1	0.897532	0.991773	1.110696
Y_2	0.721327	1.222650	1.056023
Y_3	0	1.815667	1.184333

按上面介绍的灰色关联分析方法进行关联计算：以三种规则集料的筛分直径、形状指数、棱角性与规则集料及规则集料–沥青混合料拌和流变特性 k 的灰色关联分析结果见表 25-28。ξ_1、ξ_2、ξ_3 分别代表三种规则集料的筛分直径、形状指数、棱角性与规则集料及规则集料–沥青混合料拌和流变特性的关联系数，γ_1、γ_2、γ_3 分别代表三种规则集料的筛分直径、形状指数、棱角性与规则集料及规则集料–沥青混合料拌和流变特性的关联度。

表 25-28　规则集料及规则集料–沥青混合料拌和流变特性灰色关联分析结果

集料类型	项目	关联系数 ξ_i			关联度 γ_i
		玻璃球	三棱柱	长方体	
规则集料	筛分直径	1	1	1	$\gamma_1 = 1$
	形状指数	1	1	1	$\gamma_2 = 1$
	棱角性	1	0.33333	1	$\gamma_3 = 0.7778$
规则集料–沥青混合料	筛分直径	1	1	1	$\gamma_1 = 1$
	形状指数	1	1	1	$\gamma_2 = 1$
	棱角性	1	0.33333	1	$\gamma_3 = 0.7778$

从表 25-28 中的关联度可以看到：

规则集料拌和时,流变特性与集料几何特性之间的关联度排序为 $\gamma_1 = \gamma_2 > \gamma_3$;规则集料–沥青混合料拌和时,流变特性与集料几何特性之间的关联度排序为 $\gamma_1 = \gamma_2 > \gamma_3$。

从上述排序可以看出,γ_1 和 γ_2 的关联度均大于 γ_3,即与规则集料及规则集料–沥青混合料拌和流变特性的关联程度较好的是集料的筛分直径和形状指数,较差的为棱角性。

按上述关系与说明可得关联矩阵为

$$R = \begin{bmatrix} \gamma_{011} & \gamma_{012} & \gamma_{013} \\ \gamma_{021} & \gamma_{022} & \gamma_{023} \end{bmatrix} \tag{25-12}$$

将计算得到的关联度代入矩阵,即可得规则集料及规则集料–沥青混合料的关联矩阵:

$$R = \begin{bmatrix} 1 & 1 & 0.7778 \\ 1 & 1 & 0.7778 \end{bmatrix} \tag{25-13}$$

对上述矩阵进行优势分析,从 R 中可以看出:第一列(规则集料筛分直径与规则集料及规则集料–沥青混合料拌和流变特性的关联度列)和第二列(规则集料形状指数与规则集料及规则集料–沥青混合料拌和流变特性的关联度列)的关联度均大于同行的第三列(规则集料棱角性与规则集料及规则集料–沥青混合料拌和流变特性的关联度列),这说明规则集料的几何特性中筛分直径、形状指数对规则集料及规则集料–沥青混合料拌和流变特性影响更敏感;同一列中,第一行与第二行数值相等,这说明玻璃的几何特性对规则集料与规则集料–沥青混合料拌和流变特性的影响有相同的敏感性。

2) 破碎集料几何特性与破碎集料流变特性相关性

由各类不同类型、不同大小集料筛分直径的统计表(表 25-6~表 25-9)可以看出,不同类型、粒径分组相同的集料的筛分直径平均值差异很小,而标准差、变异系数与集料类型之间也无一致性。破碎集料的大小、形状、棱角性及其离散程度均会对破碎集料的流变特性产生一定的影响,但是关系较为复杂,本部分继续使用灰色关联分析方法对其关联程度进行分析。分别计算各类集料的大小、形状、棱角性及离散程度对破碎集料及破碎集料–沥青混合料流变特性的关联度。

按照破碎集料岩性的不同分析破碎集料几何特性与流变特性之间的关系,由表 25-21、表 25-23 显示的数据,分别计算石灰岩 1、石灰岩 2、片麻岩、玄武岩各档集料的筛分直径、形状指数、棱角性、筛分直径变异系数、形状指数变异系数、棱角性变异系数与各类破碎集料及破碎集料–沥青混合料拌和流变特性的关联度。

　　以粒径分别为 19mm、16mm、13.2mm、9.5mm、4.75mm 的破碎集料及破碎集料-沥青混合料拌和流变特性 k_1、k_2 为参考数列 X_0，则参考数列有两组，分别为 X_{01}、X_{02}。以集料的几何特性及离散程度为比较数列 X_1(筛分直径)、X_2(形状指数)、X_3(棱角性)、X_4(筛分直径变异系数)、X_5(形状指数变异系数)、X_6(棱角性变异系数)。

　　本部分通过灰色关联分析方法进行关联计算：以石灰岩 1、石灰岩 2、片麻岩、玄武岩粒径分别为 19mm、16mm、13.2mm、9.5mm、4.75mm 的筛分直径、形状指数、棱角性、筛分直径变异系数、形状指数变异系数、棱角性变异系数与破碎集料及破碎集料-沥青混合料拌和流变特性的灰色关联分析。ξ_1、ξ_2、ξ_3、ξ_4、ξ_5、ξ_6 分别为筛分直径、形状指数、棱角性、筛分直径变异系数、形状指数变异系数、棱角性变异系数与破碎集料及破碎集料-沥青混合料拌和流变特性的关联系数；γ_1、γ_2、γ_3、γ_4、γ_5、γ_6 分别为筛分直径、形状指数、棱角性、筛分直径变异系数、形状指数变异系数、棱角性变异系数与破碎集料及破碎集料-沥青混合料拌和流变特性的关联度。表 25-29 为石灰岩 1 拌和流变特性灰色关联分析结果。

表 25-29　石灰岩 1 拌和流变特性灰色关联分析结果

集料类型	项目	关联系数 ξ_i					关联度 γ_i
		粒径 19mm	粒径 16mm	粒径 13.2mm	粒径 9.5mm	粒径 4.75mm	
石灰岩 1 集料	筛分直径	1	0.788127	1	0.820535	0.908904	$\gamma_1 = 0.9035$
	形状指数	1	0.789873	1	0.642404	0.515535	$\gamma_2 = 0.7896$
	棱角性	1	0.784472	1	0.642668	0.521098	$\gamma_3 = 0.7895$
	筛分直径变异系数	1	0.664885	1	0.979239	0.420610	$\gamma_4 = 0.8129$
	形状指数变异系数	1	0.470558	1	0.461177	0.386230	$\gamma_5 = 0.6636$
	棱角性变异系数	1	0.432790	1	0.429971	0.333333	$\gamma_6 = 0.6392$
石灰岩 1 集料-沥青混合料	筛分直径	1	0.748197	1	0.792471	0.796685	$\gamma_1 = 0.8675$
	形状指数	1	0.807900	1	0.636656	0.537202	$\gamma_2 = 0.7965$
	棱角性	1	0.801837	1	0.636933	0.543697	$\gamma_3 = 0.7964$
	筛分直径变异系数	1	0.629291	1	0.995765	0.428896	$\gamma_4 = 0.8108$
	形状指数变异系数	1	0.462902	1	0.448922	0.390806	$\gamma_5 = 0.6605$
	棱角性变异系数	1	0.423833	1	0.417267	0.333333	$\gamma_6 = 0.6349$

　　从表 25-29 中的关联度可以得出：石灰岩 1 集料拌和时，集料几何特性与流变特性之间的关联度排序为 $\gamma_1 > \gamma_4 > \gamma_2 > \gamma_3 > \gamma_5 > \gamma_6$，石灰岩 1 集料-沥青混合料拌和时，集料几何特性与流变特性之间的关联度排序为 $\gamma_1 > \gamma_4 > \gamma_2 > \gamma_3 > \gamma_5 > \gamma_6$。

从上述排序可以看出，石灰岩 1 无论是以集料还是集料-沥青混合料拌和时，其与集料几何特性及其变异系数的关联度具有一致性。石灰岩 1 集料拌和时，筛分直径及其变异系数对拌和流变特性的影响更敏感，形状指数和棱角性对拌和流变特性的影响次之，形状指数变异系数与棱角性变异系数对拌和流变特性影响较弱。对集料拌和时关联度与集料-沥青混合料拌和时关联度进行比较可以看出，相同的影响因素下，集料拌和关联度大多大于集料-沥青混合料拌和关联度，这说明随着沥青的加入，集料几何特性对拌和流变特性的影响程度减小，沥青对拌和流变特性的影响起到一定的作用。

表 25-30 为石灰岩 2 拌和流变特性灰色关联分析结果。

表 25-30　石灰岩 2 拌和流变特性灰色关联分析结果

| 集料类型 | 项目 | 关联系数 ξ_i | | | | | 关联度 γ_i |
		粒径 19mm	粒径 16mm	粒径 13.2mm	粒径 9.5mm	粒径 4.75mm	
石灰岩 2 集料	筛分直径	1	0.900454	1	0.995412	0.954878	$\gamma_1 = 0.9701$
	形状指数	1	0.885232	1	0.752341	0.700807	$\gamma_2 = 0.8677$
	棱角性	1	0.902962	1	0.741166	0.682135	$\gamma_3 = 0.8653$
	筛分直径变异系数	1	0.784179	1	0.892339	0.705583	$\gamma_4 = 0.8764$
	形状指数变异系数	1	0.333333	1	0.579550	0.626602	$\gamma_5 = 0.7079$
	棱角性变异系数	1	0.902720	1	0.684065	0.629029	$\gamma_6 = 0.8432$
石灰岩 2 集料-沥青混合料	筛分直径	1	0.948687	1	0.967526	0.970968	$\gamma_1 = 0.9774$
	形状指数	1	0.847685	1	0.741039	0.698522	$\gamma_2 = 0.8574$
	棱角性	1	0.863486	1	0.730481	0.680453	$\gamma_3 = 0.8549$
	筛分直径变异系数	1	0.823485	1	0.918827	0.703139	$\gamma_4 = 0.8891$
	形状指数变异系数	1	0.333333	1	0.576320	0.626544	$\gamma_5 = 0.7072$
	棱角性变异系数	1	0.863270	1	0.676328	0.628905	$\gamma_6 = 0.8337$

从表 25-30 中的关联度可以得出：石灰岩 2 集料拌和时，集料几何特性与流变特性之间的关联度排序为 $\gamma_1 > \gamma_4 > \gamma_2 > \gamma_3 > \gamma_6 > \gamma_5$，石灰岩 2 集料-沥青混合料拌和时，集料几何特性与流变特性之间的关联度排序为 $\gamma_1 > \gamma_4 > \gamma_2 > \gamma_3 > \gamma_6 > \gamma_5$。

从上述排序可以看出，石灰岩 2 无论是集料还是集料-沥青混合料在拌和时，其与集料几何特性及其变异系数的关联度具有一致性。石灰岩 2 集料拌和时，集料筛分直径及其变异系数对拌和流变特性的影响更敏感，形状指数和棱角性对拌和流变特性的影响次之，棱角性变异系数与形状指数变异系数对拌和流变特性影响较弱。

表 25-31 为片麻岩拌和流变特性灰色关联分析结果。

表 25-31　片麻岩拌和流变特性灰色关联分析结果

| 集料类型 | 项目 | 关联系数 ξ_i | | | | | 关联度 γ_i |
		粒径 19mm	粒径 16mm	粒径 13.2mm	粒径 9.5mm	粒径 4.75mm	
片麻岩集料	筛分直径	1	0.89396	1	0.870411	0.952124	$\gamma_1 = 0.9433$
	形状指数	1	0.72521	1	0.61741	0.50459	$\gamma_2 = 0.7694$
	棱角性	1	0.707152	1	0.582221	0.473717	$\gamma_3 = 0.7526$
	筛分直径变异系数	1	0.738324	1	0.993172	0.469042	$\gamma_4 = 0.8401$
	形状指数变异系数	1	0.502327	1	0.395456	0.536885	$\gamma_5 = 0.6869$
	棱角性变异系数	1	0.461072	1	0.333333	0.43932	$\gamma_6 = 0.6467$
片麻岩集料–沥青混合料	筛分直径	1	0.868854	1	0.802767	0.837557	$\gamma_1 = 0.9018$
	形状指数	1	0.730459	1	0.642062	0.530606	$\gamma_2 = 0.7806$
	棱角性	1	0.711338	1	0.602487	0.495144	$\gamma_3 = 0.7618$
	筛分直径变异系数	1	0.715633	1	0.923432	0.489812	$\gamma_4 = 0.8258$
	形状指数变异系数	1	0.497912	1	0.398804	0.568164	$\gamma_5 = 0.6930$
	棱角性变异系数	1	0.455677	1	0.333333	0.456134	$\gamma_6 = 0.6490$

从表 25-31 中的关联度可以得出：片麻岩集料拌和时，集料几何特性与流变特性之间的关联度排序为 $\gamma_1 > \gamma_4 > \gamma_2 > \gamma_3 > \gamma_5 > \gamma_6$，片麻岩集料–沥青混合料拌和时，集料几何特性与流变特性之间的关联度排序为 $\gamma_1 > \gamma_4 > \gamma_2 > \gamma_3 > \gamma_5 > \gamma_6$。

从上述排序可以看出，片麻岩无论是集料还是集料–沥青混合料在拌和时，其与集料几何特性及其变异系数的关联度具有一致性。片麻岩拌和时，集料筛分直径及其变异系数对拌和流变特性的影响更敏感，形状指数和棱角性对拌和流变特性的影响次之，形状指数变异系数与棱角性变异系数对拌和流变特性影响较弱。

表 25-32 为玄武岩拌和流变特性灰色关联分析结果。

表 25-32　玄武岩拌和流变特性灰色关联分析结果

| 集料类型 | 项目 | 关联系数 ξ_i | | | | | 关联度 γ_i |
		粒径 19mm	粒径 16mm	粒径 13.2mm	粒径 9.5mm	粒径 4.75mm	
玄武岩集料	筛分直径	1	0.739859	1	0.741927	0.895644	$\gamma_1 = 0.8755$
	形状指数	1	0.620163	1	0.470723	0.358498	$\gamma_2 = 0.6899$
	棱角性	1	0.597063	1	0.432097	0.333333	$\gamma_3 = 0.6725$
	筛分直径变异系数	1	0.383985	1	0.588365	0.486309	$\gamma_4 = 0.6917$
	形状指数变异系数	1	0.44696	1	0.425457	0.363552	$\gamma_5 = 0.6472$
	棱角性变异系数	1	0.408633	1	0.394704	0.342957	$\gamma_6 = 0.6293$

续表

集料类型	项目	关联系数 ξ_i					关联度 γ_i
		粒径 19mm	粒径 16mm	粒径 13.2mm	粒径 9.5mm	粒径 4.75mm	
玄武岩集料–沥青混合料	筛分直径	1	0.925798	1	0.881449	0.983817	$\gamma_1 = 0.9582$
	形状指数	1	0.543963	1	0.440891	0.357223	$\gamma_2 = 0.6684$
	棱角性	1	0.526928	1	0.408321	0.333333	$\gamma_3 = 0.6537$
	筛分直径变异系数	1	0.439834	1	0.680435	0.336167	$\gamma_4 = 0.6913$
	形状指数变异系数	1	0.410902	1	0.402662	0.362	$\gamma_5 = 0.6351$
	棱角性变异系数	1	0.379708	1	0.376231	0.34249	$\gamma_6 = 0.6197$

从表 25-32 中的关联度可以得出：玄武岩集料拌和时，集料几何特性与流变特性之间的关联度排序为 $\gamma_1 > \gamma_4 > \gamma_2 > \gamma_3 > \gamma_5 > \gamma_6$，玄武岩集料–沥青混合料拌和时，集料几何特性与流变特性之间的关联度排序为 $\gamma_1 > \gamma_4 > \gamma_2 > \gamma_3 > \gamma_5 > \gamma_6$。

从上述排序可以看出，无论是玄武岩集料还是集料–沥青混合料在拌和时，其与集料几何特性及其变异系数的关联度具有一致性。片麻岩集料拌和时，筛分直径及其变异系数对拌和流变特性的影响更敏感，形状指数和棱角性对拌和流变特性的影响次之，形状指数变异系数与棱角性变异系数对拌和流变特性影响较弱。

2. 集料几何特性与集料拌和流变特性的相关性

由灰色关联分析可得出六个影响因素中对破碎集料及破碎集料–沥青混合料拌和流变特性影响最重要的三个因素分别为集料筛分直径、筛分直径变异系数和形状指数，通过绘制关系图，寻找集料筛分直径、筛分直径变异系数、形状指数与流变特性之间的关系。由于筛分直径变异系数主要反映集料筛分直径的离散程度，对拌和流变离散程度产生影响，且筛分直径变异系数随着集料粒径的变化呈非线性变化，变化复杂，本节将不对其进行进一步分析。

绘制同种岩性集料的筛分直径与破碎集料及破碎集料–沥青混合料拌和流变特性 k 的关系图，如图 25-28、图 25-29 所示。

由图 25-28、图 25-29 可以直观地看出，同种岩性破碎集料的筛分直径与破碎集料及破碎集料–沥青混合料拌和流变特性的 k 有较好的线性关系，且集料拌和时，反映拌和流变特性的 k 随筛分直径的变化趋势比破碎集料–沥青混合料拌和时变化趋势要大，与相同形状、相同棱角性、不同筛分直径的规则集料拌和时具有相同的试验结果，这主要是因为相同岩性的破碎集料具有相似的形状指数和棱角性，且由灰色关联分析得出同种破碎集料的形状指数和棱角性对拌和流变特性的影响不是很敏感也证实了这一点。

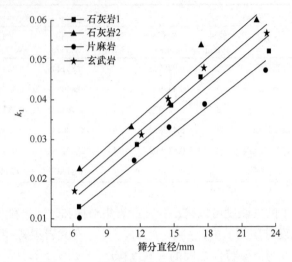

图 25-28　破碎集料筛分直径与 k_1 的关系

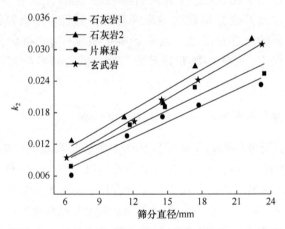

图 25-29　破碎集料–沥青混合料筛分直径与 k_2 的关系

　　绘制粒径不同，岩性不同的集料形状指数与拌和流变特性 k 之间的关系图，如图 25-30、图 25-31 所示。

　　由图 25-30、图 25-31 可以直观地看出，同种粒径、不同岩性集料的形状指数与破碎集料及破碎集料–沥青混合料拌和流变的 k 有较好的线性关系，这主要是因为粒径相同，岩性不同的集料的筛分直径接近，筛分直径的细微变化对拌和流变特性影响不大。破碎集料拌和时，反映拌和流变特性的 k 随形状指数的变化趋势比破碎集料–沥青混合料拌和时变化趋势要大，这主要是因为沥青的加入降低了形状指数对拌和流变影响的敏感性。

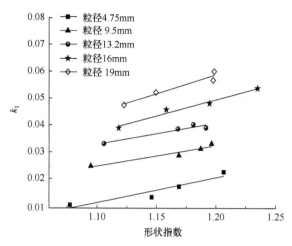

图 25-30　破碎集料形状指数与 k_1 的关系

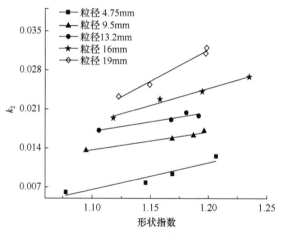

图 25-31　破碎集料–沥青混合料形状指数与 k_2 的关系

25.2.3　集料几何特性与沥青混合料拌和流变特性关系

本小节将分析集料几何特性与沥青混合料拌和流变特性之间的关系，同时分析集料流变特性与沥青混合料拌和流变特性之间的关系。

1. 集料几何特性对沥青混合料拌和流变特性的影响

通过对规则集料(玻璃)及破碎集料几何特性的测试，以及代替粒径为 16mm 的集料的沥青混合料拌和流变特性的测试，分析集料几何特性对沥青混合料流变特性的影响。由于集料的筛分直径、形状指数、棱角性及其变异系数对沥青混合料拌和流变特性都有一定的影响，通过灰色关联分析，分析多因素对沥青混合料拌和流变特性的影响的敏感性。

以各类集料代替粒径 16mm 的 AC-20 沥青混合料拌和流变特性以及单档粒径 16mm 的各类破碎集料和规则集料中的集料 2、集料 5、集料 6 及集料-沥青混合料拌和流变特性为参考数列 X_0，则参考数列有三组，分别为 X_{01}、X_{02}、X_{03}。以集料的几何特性为比较数列：X_1(筛分直径)、X_2(形状指数)、X_3(棱角性)，则灰色关联分析的原始数列如表 25-33 所示。

表 25-33　沥青混合料拌和流变特性灰色关联分析原始数列

项目	石灰岩 1	玻璃球	三棱柱	长方体	石灰岩 2	片麻岩	玄武岩
X_{01}	0.0223	0.0178	0.0255	0.0264	0.0241	0.0209	0.0237
X_{02}	0.0457	0.0190	0.0350	0.0440	0.0537	0.0389	0.0480
X_{03}	0.0228	0.0100	0.0160	0.0230	0.0268	0.0194	0.0242
X_1	17.357	16	17.68	19.8	17.381	17.69	17.625
X_2	1.158	1	1.695	1.464	1.235	1.11787	1.1945
X_3	0.98882	0	1.947	1.27	0.833	0.72445	0.88943

对表 25-33 中的原始数据进行均值化处理，生成的新的数据序列见表 25-34。

表 25-34　沥青混合料拌和流变特性灰色关联分析生成数列

项目	石灰岩 1	玻璃球	三棱柱	长方体	石灰岩 2	片麻岩	玄武岩
Y_{01}	0.971381	0.775363	1.110772	1.149976	1.049789	0.910398	1.032365
Y_{02}	1.125228	0.467819	0.861772	1.083370	1.322204	0.957798	1.181858
Y_{03}	1.122379	0.492271	0.787634	1.132224	1.319287	0.955006	1.191297
Y_1	0.983557	0.906635	1.001831	1.121961	0.984903	1.002398	0.998715
Y_2	0.914447	0.789678	1.338504	1.156089	0.975252	0.882757	0.943270
Y_3	1.040440	0	2.048641	1.336299	0.876486	0.762269	0.935862

按灰色关联分析方法进行关联计算：以玻璃球、三棱柱、长方体、粒径 16mm 的石灰岩 1、石灰岩 2、片麻岩、玄武岩的筛分直径、形状指数、棱角性与沥青混合料、集料及集料–沥青混合料拌和流变特性的灰色关联分析结果见表 25-35。ξ_1、ξ_2、ξ_3 分别为筛分直径、形状指数、棱角性与沥青混合料、集料及集料–沥青混合料拌和流变特性的关联系数；γ_1、γ_2、γ_3 分别为筛分直径、形状指数、棱角性与沥青混合料、集料及集料-沥青混合料拌和流变特性的关联度。

表 25-35　沥青混合料拌和流变特性灰色关联分析结果

拌和类型	项目	关联系数 ξ_i							关联度 γ_i
		石灰岩 1	玻璃球	三棱柱	长方体	石灰岩 2	片麻岩	玄武岩	
集料拌和	筛分直径	1	1	1	1	1	1	1	$\gamma_1 = 1$
	形状指数	1	1	1	1	1	1	1	$\gamma_2 = 1$
	棱角性	0.43392	1	0.333333	1	0.496096	1	0.538887	$\gamma_3 = 0.6860$
集料–沥青混合料拌和	筛分直径	1	1	1	1	1	1	1	$\gamma_1 = 1$
	形状指数	1	1	1	1	1	1	1	$\gamma_2 = 1$
	棱角性	0.43392	1	0.333333	1	0.496096	1	0.538887	$\gamma_3 = 0.6860$
沥青混合料拌和	筛分直径	1	1	1	1	1	1	1	$\gamma_1 = 1$
	形状指数	1	1	1	1	1	1	1	$\gamma_2 = 1$
	棱角性	0.43392	1	0.333333	1	0.496096	1	0.538887	$\gamma_3 = 0.6860$

从表 25-35 中的关联度可以得出：AC-20 混合料拌和过程中，粒径为 16mm 的集料的几何特性与流变特性之间的关联度排序为 $\gamma_1 = \gamma_2 > \gamma_3$。

单档集料及集料–沥青混合料拌和时，集料几何特性与流变特性之间的关联度排序为 $\gamma_1 = \gamma_2 > \gamma_3$。

从上述排序可以看出，γ_1 和 γ_2 的关联度均大于 γ_3，无论是沥青混合料、集料还是集料–沥青混合料拌和时，其与集料几何特性及其变异系数的关联度具有一致性。拌和过程中，集料筛分直径及形状指数对拌和流变特性的影响敏感，棱角性对拌和流变特性的影响不敏感。

2. 集料几何特性与沥青混合料拌和流变相关性

AC-20 沥青混合料拌和过程中，进行集料几何特性对沥青混合料拌和流变特性影响的敏感性分析，本部分将针对粒径为 16mm 的集料几何特性与沥青混合料拌和流变特性的相关关系进行分析。由表 25-35 显示的数据，绘制粒径 16mm 不同集料的几何特性与沥青混合料拌和流变特性关系图，如图 25-32～图 25-34 所示。

由图 25-32 可知，集料筛分直径与沥青混合料拌和流变特性 k_3 拟合的线性关系相关性不佳，主要是因为图 25-32 所示的 7 种集料矿质类型不同，形状指数和棱角性差异较大，而筛分直径差异较小。由图 25-33 可以看出，集料的形状指数与沥青混合料拌和流变特性有一定的线性关系，与集料及集料–沥青混合料拌和时形状指数与流变特性 k 存在线性关系一致，但相关性不如单档集料及集料–沥青混合料拌和时形状指数与流变特性的相关性，主要是因为多档集料弱化了这种相

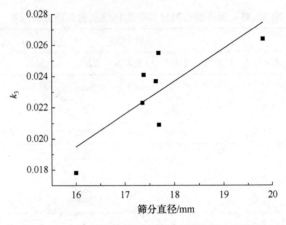

图 25-32 筛分直径与沥青混合料拌和 k_3 的关系

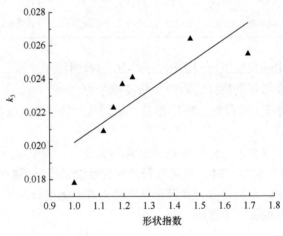

图 25-33 形状指数与沥青混合料拌和 k_3 的关系

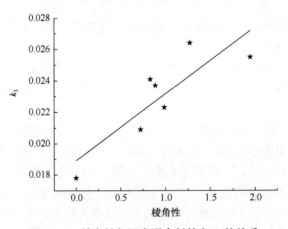

图 25-34 棱角性与沥青混合料拌和 k_3 的关系

关关系。由图 25-34 可知，集料棱角性与沥青混合料拌和流变特性有一定的线性关系，而单档集料及集料–沥青混合料拌和时流变特性与集料棱角性之间并未呈现统一的线性关系，因此这种线性关系有一定的偶然性。

25.3　集料单体几何特性对压实阶段沥青混合料流变的影响

25.3.1　集料及沥青混合料压实流变特性

沥青混合料在压实过程中，影响其流变特性的因素比较多，主要有沥青用量及性质、矿料级配、矿料与沥青黏附性、矿料几何特性、温度(拌和温度和压实温度)、集料压碎值等。道路工作者针对沥青用量及性质、矿料级配、矿料与沥青黏附性及温度对沥青混合料压实流变特性的影响研究成果较为全面，而对于集料几何特性对沥青混合料压实流变特性影响的研究成果还比较欠缺。

本节先从集料的压实出发，研究集料压实过程的流变特点，给出反映集料压实流变特性的评价指标，简单分析对评价指标产生影响的因素；然后，将提出的评价指标用于沥青混合料压实过程，分析沥青混合料与集料压实过程中的异同点。

首先，对集料的几何特性与集料旋转压实测试的流变特性进行相关性研究，得出集料几何特性对集料压实流变特性的影响；其次，进行相应集料的沥青混合料的旋转压实试验，将集料压实流变特性与沥青混合料压实流变特性相关联；最后，分析集料几何特性对沥青混合料压实流变特性的影响。

1. 集料压实流变特性

1) 集料压实流变特性测试方法

关于集料压实流变特性，主要采用旋转压实仪对集料进行压实，通过测试集料初压和复压时，压实高度随压实次数的变化斜率来评价集料压实流变特性。选用美国重大公路研究项目(SHRP)开发的旋转压实仪(SGC)，在研究压实特性的诸多机械中，SGC 被认为是一种较好的设备，它能较好地模拟混合料的野外压实效果，用旋转压实仪评价混合料时，不仅可以评价压实过程中某一点的压实情况，还可以评价沥青混合料在整个服务期间的密实特征。SGC 还可根据压实过程中采集到的资料提供有关特殊混合料压实性的信息。

美国 SHRP 计划开发的美国州公路与运输官员协会水分渗透系数(AASHTOMPI, 用于衡量和优化沥青混合料性能的综合指标)中，利用旋转压实仪(SGC)了解室内压实试件在压实过程中高度的精确变化，进而得到试件的整个密实过程，绘制出密实曲线。再用密实曲线去评价所选旋转压实次数下的压实度。SGC 压实曲线可以反映沥青混合料的结构特征，尤其对集料骨架特征比较敏感，国外学者研究发现 SGC 压实曲线可以评价沥青混合料的抗车辙性能，并与其他车辙试验结果有良好的相关性。

本节选用 SGC 压实集料和沥青混合料，评价集料和沥青混合料压实流变特性，主要基于以下几个原因：

(1) SGC 在压实过程中对试件既有竖向压力又有水平剪切力，这种过程模拟了荷载对道路的搓揉压实作用，用这种仪器成型试件的体积特性、物理特性和现场钻芯取样的结果相关性很好。

(2) SGC 的压实过程可以分为初压和复压，初压阶段反映的试件流变特性与集料或沥青混合料拌和流变特性有一定的连续性和近似性，而复压阶段反映的试件流变特性与试件服役阶段的流变特性有一定的近似性和连续性。

(3) 初压阶段的流变特性主要与集料的几何特性、级配、温度、压强等有一定的相关性，而复压阶段的流变特性除了与这些因素有关外，还与集料的强度、集料与沥青的黏附性等有关。

2) 集料压实流变特性评价指标

压实过程中，SGC 及相应的软件给出不同压实次数下压实高度变化的数据，并且绘制出压实试件的高度动态变化趋势图，如图 25-35 所示。

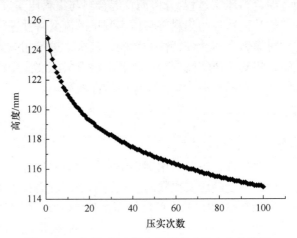

图 25-35　集料–沥青混合料高度动态变化趋势图

对散点进行幂曲线回归，得出回归方程为

$$H = aN^b \tag{25-14}$$

式中，a、b 为回归系数；H 为压实试件实时高度，mm；N 为压实次数[13]。

对回归曲线方程进行求导，就可求出曲线上任一点的斜率 k，其中 $k = abN^{b-1}$，k 反映该点的压实速率。k 越大，表示集料或沥青混合料被压实的速率越大，流变特性越强；反之，k 越小，集料或沥青混合料被压实速率越小，压实流变特性越弱。

本部分主要研究集料的几何特性与压实流变特性的相关性，虽然所求的 k 能反映试件压实流变特性，但是集料压实过程中 k 同时受到系数 a、b 的影响，a 主要与集料的几何特性和密度等有关，而 b 主要反映了集料压实过程中的整体绝对压实性能；a、b 都没有排除试件密度对压实过程中压实流变特性的影响，因此应该进行修正。对压实后的数据进行处理，得出集料在不同压实次数下的密实度比，以压实次数为横坐标，密实度比为纵坐标绘制散点图，并进行幂曲线回归，回归曲线如图 25-36 所示。

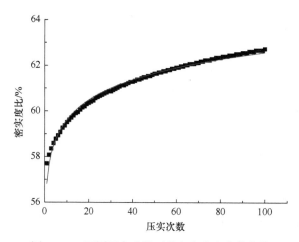

图 25-36 不同压实次数下的密实度比变化曲线

拟合方程为

$$\gamma = AN^B \tag{25-15}$$

式中，A、B 为回归系数；γ 为压实试件实时密实度比，%；N 为压实次数[14]。

A 与开始压实时的密实度比关系密切，称为初始密实度比；B 在一定程度上反映了整个压实过程中的流变特性，称为密实度比指数。因此，本节对不同集料进行压实流变特性研究时，主要通过比较 A、B 的变化来评价集料压实流变特性。

2. 沥青混合料压实流变特性研究

沥青混合料压实流变特性评价方法与集料压实流变特性评价方法相似，采用初始密实度比 A 和密实度比指数 B 作为评价指标。

25.3.2 集料及沥青混合料压实流变特性测试

本小节集料压实流变特性测试所采用的集料为规则集料和破碎集料，包括不同大小、形状的规则集料，破碎集料选择石灰岩 1、石灰岩 2、片麻岩、玄武岩。

1. 规则集料压实流变特性

沥青混合料 SGC 压实试验时，加载头压力一般设为 600kPa，因此石料压实时加载压力也设为 600kPa。玻璃的抗压强度为石料的 1/6～1/2，为了避免压力过大造成玻璃压实过程中大部分被压碎，或者压力过小而达不到压实效果，本小节采用试压的方式来确定加载压力。采用 30mm×30mm×12mm 的规则集料在加载压力为 100kPa、200kPa、300kPa 进行试压，将压实后的规则集料过 26mm 方孔筛，平均筛余分别为 7.8g、48.5g、474g。

本小节对规则集料进行旋转压实时采用 300kPa 的压强进行旋转压实。试件模具直径为 150mm，试模底座的旋转速度稳定在 30r/min；旋转次数为 100 次，并通数据采集系统获得压实曲线。

1) 规则集料压实流变特性测试

本小节用到的规则集料规格分别为集料 1：12.5mm×12.5mm×5mm(长方体)；集料 2：20mm×20mm×8mm(长方体)；集料 3：25mm×25mm×10mm(长方体)；集料 4：30mm×30mm×12mm(长方体)；集料 5：D=16mm(玻璃球)；集料 6：25mm×25mm×10mm(三棱柱)。所用的规则集料的质量为 3.5kg。

由规则集料 1～集料 4 的数据绘制不同大小规则集料旋转压实流变特性如图 25-37 所示。

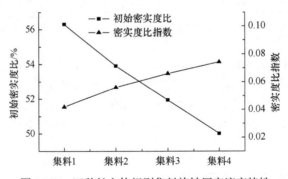

图 25-37　四种长方体规则集料旋转压实流变特性

由集料 1～集料 4 参数的变化趋势可以看出，相同质量、形状、棱角性，不同大小的规则集料在压实过程中，A 表示集料初始密实度比，B 表示压实过程中集料的密实度比指数。整个压实过程中，压实参数 A 变化较小，B 变化较大。从集料 1～集料 4，随着规则集料筛分直径的增加，B 增大，这主要是因为相同质量、形状、棱角性，不同大小的集料初始压实状态不同(不同大小的规则集料松装密度、排列方式不同,引起初始密实度比不同),最终压实状态不同(集料压实后嵌挤状态不同,引起最终密实度比不同),以及最终密实度比与初始密实度比不同。B 越大,说明压实过程中,密实度比的变化程度越大,压实过程中流变程度越大。

由规则集料 2(长方体)、集料 5(玻璃球)、集料 6(三棱柱)的参数数据绘制不同形状规则集料旋转压实流变特性参数图 25-38。

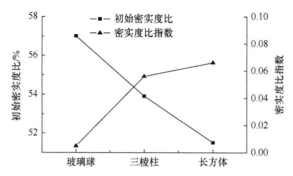

图 25-38　不同形状规则集料旋转压实流变特性

集料 2、集料 5 和集料 6 大小相近,形状、棱角性不同,B 从小到大的排列顺序为玻璃球、长方体、三棱柱。由图 25-38 可以看出,玻璃球的密实度比变化(初始密实度比×密实度比指数)最小,长方体次之,三棱柱最大。从定性的角度来分析,玻璃球的密实度比变化较小主要是因为初始状态排列方式较为密实,初始密实度比较大(A 较大),而整个压实过程中压实变形较小(B 较小);三棱柱形状的规则集料,初始排列状态较为松散,初始密实度比较小(A 较小),而整个压实过程中压实变形较大(B 较大)。本部分只对集料压实过程中的流变特性进行定性分析,定量分析将在后续研究中说明。

2) 规则集料–沥青混合料压实流变特性测试

规则集料–沥青混合料压实流变特性测试所用规则集料的质量为 3.5kg。绘制规则集料与规则集料–沥青混合料压实流变特性参数对比如图 25-39、图 25-40 所示。

集料 1~集料 4 的数据变化趋势可以看出,相同形状、棱角性的规则集料在压实过程中,规则集料–沥青混合料与纯规则集料的 A 随着规则集料粒径的变化显示出相同的变化趋势,反映整体压实变形的 B 也有相同的变化趋势。

相同粒径的规则集料–沥青混合料的初始压实密度比比规则集料的初始压实密度比(A)大,这是因为沥青在规则集料–沥青混合料拌和过程中主要起润滑作用,而黏附作用很小。润滑作用使规则集料–沥青混合料在自然堆积状态摩阻力变小,更加趋于密实,因此相同粒径的规则集料–沥青混合料比规则集料初始密实度

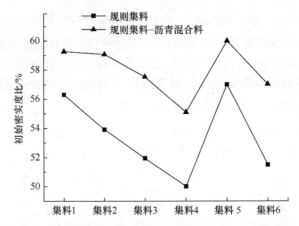

图 25-39 规则集料及规则集料–沥青混合料初始密实度比

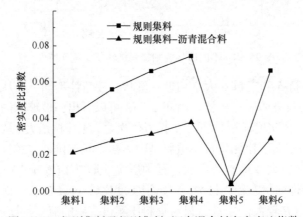

图 25-40 规则集料及规则集料–沥青混合料密实度比指数

比大。相同粒径的规则集料–沥青混合料比规则集料在整个压实过程中的变形程度(B)小,主要是因为规则集料–沥青混合料在压实过程中摩阻力很小,尖锐的棱角与光滑的平面无法形成嵌挤作用,压实过程中出现了集料之间的滑移,集料破碎很少,虽然与规则集料压实时的压强相同,但是没有达到规则集料最终的压实效果,即没有达到规则集料最终压实的密实度比,所以 B 偏小。

2. 破碎集料压实流变特性

本小节用到的破碎集料主要有四类:石灰岩 1、石灰岩 2、片麻岩和玄武岩粗集料。用 SGC 进行旋转压实试验时,加载头压力设为 600kPa,集料压实质量为 3.5kg。

1) 破碎集料压实流变特性测试

分别对石灰岩 1、石灰岩 2、片麻岩、玄武岩粗集料(粒径 4.75mm、9.5mm、

13.2mm、16mm、19mm)逐档进行旋转压实，破碎集料质量选用 3.5kg，压实后的初始密实度比 A 和密实度比指数 B 如表 25-36 所示。

表 25-36　各类破碎集料压实流变特性

粒径/mm	石灰岩 1		石灰岩 2		片麻岩		玄武岩	
	A	B	A	B	A	B	A	B
19	50.67	0.0593	50.45	0.0698	53.17	0.0426	53.23	0.0411
16	52.27	0.0492	51.41	0.0598	54.56	0.0381	53.78	0.0378
13.2	52.31	0.0473	51.51	0.0567	54.31	0.0357	54.41	0.0323
9.5	54.31	0.0357	52.49	0.0471	54.79	0.0318	55.15	0.0297
4.75	54.64	0.0276	53.18	0.0302	55.05	0.0217	56.22	0.0221

由不同岩性各档集料的初始密实度比 A 和密实度比指数 B 可知，不同粒径的集料之间初始密实度比会随着集料粒径的减小而增大，但变化率很小；密实度比指数会随着集料粒径的减小而减小。

2) 破碎集料–沥青混合料压实流变特性测试

分别对石灰岩 1、石灰岩 2、片麻岩、玄武岩粗集料(粒径 4.75mm、9.5mm、13.2mm、16mm、19mm)逐档进行旋转压实，石料质量选用 3.5kg，破碎集料–沥青混合料压实流变特性如表 25-37 所示。

表 25-37　破碎集料–沥青混合料压实流变特性

粒径/mm	石灰岩 1		石灰岩 2		片麻岩		玄武岩	
	A	B	A	B	A	B	A	B
19	55.63	0.0437	53.11	0.0526	54.39	0.0319	54.78	0.0307
16	55.81	0.0387	52.03	0.0481	55.13	0.0284	55.26	0.0259
13.2	55.97	0.0368	52.59	0.0453	55.66	0.0267	55.69	0.0234
9.5	56.18	0.0265	53.79	0.0357	55.84	0.0235	56.37	0.0218
4.75	56.79	0.0212	54.37	0.0239	56.98	0.0164	57.13	0.0147

由表 25-37 所示的不同岩性各档破碎集料–沥青混合料的初始密实度比 A 和密实度比指数 B 可知，不同粒径集料压实的破碎集料–沥青混合料之间初始密实度比随着集料粒径的减小而增大，但变化率很小；密实度比指数随着集料粒径的减小而减小。这种变化趋势与集料压实过程中 A、B 的变化趋势相同。破碎集料–沥青混合料的初始密实度比 A 比破碎集料的初始密实度比 A 大，破碎集料–沥青

混合料的密实度比指数 B 比破碎集料的密实度比指数 B 小。

3. 沥青混合料压实流变特性测试

在整个沥青混合料中粒径为 16mm 的集料质量分数最大，为了研究集料几何特性对沥青混合料压实流变特性的影响，本小节将选用近似大小的规则集料(集料 2、集料 5、集料 6)和其他破碎集料(石灰岩 1、石灰岩 2、片麻岩、玄武岩)代替粒径为 16mm 的集料，从而研究集料几何特性与沥青混合料压实流变特性的关系。

测定不同集料代替粒径为 16mm 的集料组成的新的沥青混合料的最大理论密度，结果如表 25-38 所示。

表 25-38　不同沥青混合料的最大理论密度

类型	石灰岩 1	玻璃球	三棱柱	长方体	石灰岩 2	片麻岩	玄武岩
最大理论密度 /(g/cm³)	2.551	2.553	2.539	2.541	2.538	2.548	2.562

对 7 种不同的沥青混合料进行压实试验，实时记录压实高度变化，通过计算得出不同沥青混合料压实流变特性，如表 25-39 所示。

表 25-39　不同沥青混合料压实流变特性

类型	A				B			
	试验 1	试验 2	试验 3	平均值	试验 1	试验 2	试验 3	平均值
石灰岩 1	82.36	83.14	82.06	82.52	0.0348	0.0356	0.0349	0.0351
玻璃球	86.78	86.05	86.46	86.43	0.0258	0.0254	0.0247	0.0253
三棱柱	83.69	84.55	86.04	84.76	0.0311	0.0319	0.0318	0.0316
长方体	87.17	85.72	84.99	85.96	0.0298	0.0287	0.0300	0.0295
石灰岩 2	82.89	82.64	80.80	82.11	0.0383	0.0412	0.0408	0.0401
片麻岩	83.79	83.52	82.41	83.24	0.0307	0.0297	0.0308	0.0304
玄武岩	83.91	84.63	83.25	83.93	0.0291	0.0277	0.0290	0.0286

由表 25-39 可以看出，7 种不同的沥青混合料的压实初始密实度比 A 差异很小，其从大到小的排序为玻璃球>长方体>三棱柱>玄武岩>片麻岩>石灰岩 1>石灰岩 2。压实密实度比指数 B 从大到小的排序为石灰岩 2>石灰岩 1>三棱柱>片麻岩>长方体>玄武岩>玻璃球。

25.3.3 集料几何特性与集料压实流变特性关系

1. 集料几何特性对集料压实流变特性的影响

1) 规则集料几何特性对集料压实流变的影响

以各类规则集料及规则集料–沥青混合料压实流变特性 A(初始密实度比)、B(密实度比指数)为参考数列 X_0，则参考数列有四组，分别为 X_{01}、X_{02}、X_{03}、X_{04}。以规则集料的几何特性为比较数列：X_1(筛分直径)、X_2(形状指数)、X_3(棱角性)，则各类规则集料及规则集料–沥青混合料压实流变特性灰色关联分析的原始数列如表 25-40 所示。

表 25-40 规则集料及规则集料–沥青混合料压实流变特性灰色失联分析原始数列

项目	集料 1	集料 2	集料 3	集料 4	集料 5	集料 6
X_{01}	56.30	53.91	51.95	50.02	57.01	51.51
X_{02}	0.0419	0.0560	0.0660	0.0743	0.0048	0.0661
X_{03}	59.28	59.08	57.53	55.09	60.01	57.03
X_{04}	0.0214	0.0279	0.0316	0.0379	0.0039	0.0289
X_1	12.37	19.80	24.75	29.70	16.00	17.68
X_2	1.464	1.464	1.464	1.464	1.000	1.695
X_3	0.253	0.253	0.253	0.253	0	0.95

对表 25-40 中 6 种规则集料的原始数据进行均值化处理，生成的新的数列见表 25-41。

表 25-41 规则集料压实流变特性灰色失联分析生成数列

项目	集料 1	集料 2	集料 3	集料 4	集料 5	集料 6
Y_{01}	1.053321	1.008606	0.971936	0.935828	1.066604	0.963704
Y_{02}	0.813324	1.087020	1.281131	1.442242	0.093173	1.283072
Y_{03}	1.022010	1.018562	0.991840	0.949773	1.034596	0.983219
Y_{04}	0.846955	1.104207	1.250643	1.499980	0.154352	1.143784
Y_1	0.616958	0.987531	1.234414	1.481297	0.798005	0.881796
Y_2	1.027248	1.027248	1.027248	1.027248	0.701672	1.189334
Y_3	0.773700	0.773700	0.773700	0.773700	0	2.905199

按照灰色关联分析方法进行关联计算：以规则集料 1~集料 6 的筛分直径、形状指数、棱角性与规则集料及规则集料–沥青混合料压实初始密实度比 A、压实密实度比指数 B 的灰色关联分析结果见表 25-42。ξ_1、ξ_2、ξ_3 分别为筛分直径、

形状指数、棱角性与规则集料及规则集料–沥青混合料压实流变特性的关联系数；γ_1、γ_2、γ_3 分别为筛分直径、形状指数、棱角性与规则集料及规则集料–沥青混合料压实流变特性的关联度。

表 25-42　规则集料及规则集料–沥青混合料压实流变特性灰色关联分析结果

类型	项目	关联系数 ξ_i						关联度 γ_i
		集料 1	集料 2	集料 3	集料 4	集料 5	集料 6	
规则集料压实时 A	筛分直径	1	0.540433	1	0.412280	0.333333	1	$\gamma_1 = 0.7143$
	形状指数	1	0.946850	1	0.907303	0.871462	1	$\gamma_2 = 0.9543$
	棱角性	1	0.946850	1	0.907303	0.871462	1	$\gamma_3 = 0.9543$
规则集料压实时 B	筛分直径	1	0.594123	1	0.475996	0.381171	1	$\gamma_1 = 0.7419$
	形状指数	1	0.534653	1	0.401985	0.333333	1	$\gamma_2 = 0.7117$
	棱角性	1	0.534653	1	0.401985	0.333333	1	$\gamma_3 = 0.7117$
规则集料–沥青混合料压实时 A	筛分直径	1	0.549187	1	0.416626	0.333333	1	$\gamma_1 = 0.7165$
	形状指数	1	0.995436	1	0.961428	0.912361	1	$\gamma_2 = 0.9782$
	棱角性	1	0.995436	1	0.961428	0.912361	1	$\gamma_3 = 0.9782$
规则集料–沥青混合料压实时 B	筛分直径	1	0.564920	1	0.423788	0.379646	1	$\gamma_1 = 0.7281$
	形状指数	1	0.559322	1	0.447154	0.333333	1	$\gamma_2 = 0.7233$
	棱角性	1	0.559322	1	0.447154	0.333333	1	$\gamma_3 = 0.7233$

从表 25-42 关联度可以看出：

规则集料压实时，规则集料几何特性与初始密实度比 A 之间的关联度排序为 $\gamma_2 = \gamma_3 > \gamma_1$，规则集料几何特性与密实度比指数 B 之间的关联度排序为 $\gamma_1 > \gamma_2 = \gamma_3$。规则集料–沥青混合料压实时，规则集料几何特性与初始密实度比 A 之间的关联度排序为 $\gamma_2 = \gamma_3 > \gamma_1$，规则集料几何特性与密实度比指数 B 之间的关联度排序为 $\gamma_1 > \gamma_2 = \gamma_3$。

从上述排序可以看出，无论是规则集料还是规则集料–沥青混合料在压实时，集料几何特性与集料及集料–沥青混合料压实初始压实度 A 的关联度中，γ_2 和 γ_3 大于 γ_1，这说明集料的形状指数和棱角性对规则集料及规则集料–沥青混合料压实初始密实度比 A 的影响更敏感；集料几何特性与压实密实度比指数 B 的关联度中，$\gamma_1 > \gamma_2 = \gamma_3$，说明集料筛分直径对压实密实度比指数 B 的影响最敏感，形状指数和棱角性对压实密实度比指数的影响较弱。

2) 破碎集料几何特性对集料压实流变的影响

分别计算石灰岩 1、石灰岩 2、片麻岩、玄武岩各破碎集料的筛分直径、形状指数、棱角性、筛分直径变异系数、形状指数变异系数、棱角性变异系数与各破碎集料及破碎集料–沥青混合料压实流变特性的关联度。

以粒径 19mm、16mm、13.2mm、9.5mm、4.75mm 的破碎集料及破碎集料–沥青混合料压实流变特性 A(初始密实度比)、B(密实度比指数)为参考数列 X_0，则参考数列有四组，分别为 X_{01}、X_{02}、X_{03}、X_{04}。以集料的几何特性及离散程度为比较数列：X_1(筛分直径)、X_2(形状指数)、X_3(棱角性)、X_4(筛分直径变异系数)、X_5(形状指数变异系数)、X_6(棱角性变异系数)。

按灰色关联分析方法对石灰岩 1、石灰岩 2、片麻岩、玄武岩，粒径 19mm、16mm、13.2mm、9.5mm、4.75mm 的筛分直径、形状指数、棱角性、筛分直径变异系数、形状指数变异系数、棱角性变异系数与破碎集料及破碎集料–沥青混合料压实流变特性进行灰色关联分析。ξ_1、ξ_2、ξ_3、ξ_4、ξ_5、ξ_6 分别为筛分直径、形状指数、棱角性、筛分直径变异系数、形状指数变异系数、棱角性变异系数与集料及集料–沥青混合料拌和流变特性的关联系数；γ_1、γ_2、γ_3、γ_4、γ_5、γ_6 分别为筛分直径、形状指数、棱角性、筛分直径变异系数、形状指数变异系数、棱角性变异系数与集料及集料–沥青混合料压实流变特性的关联度。

表 25-43 为石灰岩 1 压实流变特性灰色关联分析结果。

表 25-43　石灰岩 1 压实流变特性灰色关联分析结果

类型	项目	关联系数 ξ_i					关联度 γ_i
		粒径 19mm	粒径 16mm	粒径 13.2mm	粒径 9.5mm	粒径 4.75mm	
集料压实时 A	筛分直径	1	0.496718	1	0.415872	0.333333	$\gamma_1 = 0.6492$
	形状指数	1	0.922879	1	0.946167	0.838631	$\gamma_2 = 0.9415$
	棱角性	1	0.935965	1	0.945176	0.814058	$\gamma_3 = 0.9390$
	筛分直径变异系数	1	0.412882	1	0.503126	0.637562	$\gamma_4 = 0.7107$
	形状指数变异系数	1	0.414993	1	0.498420	0.516446	$\gamma_5 = 0.6860$
	棱角性变异系数	1	0.366030	1	0.438621	0.377294	$\gamma_6 = 0.6364$
集料压实时 B	筛分直径	1	0.842838	1	0.738336	0.821911	$\gamma_1 = 0.8806$
	形状指数	1	0.725666	1	0.683077	0.531648	$\gamma_2 = 0.7881$
	棱角性	1	0.720854	1	0.683391	0.537898	$\gamma_3 = 0.7884$
	筛分直径变异系数	1	0.697011	1	0.908120	0.426806	$\gamma_4 = 0.8064$
	形状指数变异系数	1	0.437677	1	0.474025	0.389659	$\gamma_5 = 0.6603$
	棱角性变异系数	1	0.403140	1	0.439426	0.333333	$\gamma_6 = 0.6352$

类型	项目	关联系数 ξ_i					关联度 γ_i
		粒径 19mm	粒径 16mm	粒径 13.2mm	粒径 9.5mm	粒径 4.75mm	
集料–沥青混合料压实时 A	筛分直径	1	0.505270	1	0.415596	0.343615	$\gamma_1 = 0.6529$
	形状指数	1	0.983609	1	0.963935	0.974680	$\gamma_2 = 0.9844$
	棱角性	1	0.968155	1	0.965039	0.987579	$\gamma_3 = 0.9842$
	筛分直径变异系数	1	0.413733	1	0.510335	0.543177	$\gamma_4 = 0.6934$
	形状指数变异系数	1	0.382238	1	0.459493	0.447420	$\gamma_5 = 0.6578$
	棱角性变异系数	1	0.337672	1	0.404971	0.333333	$\gamma_6 = 0.6152$
集料–沥青混合料压实时 B	筛分直径	1	0.765331	1	0.689211	0.814966	$\gamma_1 = 0.8539$
	形状指数	1	0.793318	1	0.729259	0.533131	$\gamma_2 = 0.8111$
	棱角性	1	0.787543	1	0.729619	0.539446	$\gamma_3 = 0.8113$
	筛分直径变异系数	1	0.642667	1	0.835752	0.427366	$\gamma_4 = 0.7812$
	形状指数变异系数	1	0.460508	1	0.495073	0.389967	$\gamma_5 = 0.6691$
	棱角性变异系数	1	0.422267	1	0.457293	0.333333	$\gamma_6 = 0.6426$

从表 25-43 中的关联度可以得出：

(1) 石灰岩 1 集料压实过程中，集料几何特性与压实初始密实度比 A 之间的关联度排序为 $\gamma_2 > \gamma_3 > \gamma_4 > \gamma_5 > \gamma_1 > \gamma_6$，集料几何特性与压实密实度比指数 B 之间的关联度排序为 $\gamma_1 > \gamma_4 > \gamma_3 > \gamma_2 > \gamma_5 > \gamma_6$。

(2) 石灰岩 1 集料–沥青混合料压实过程中，集料几何特性与压实初始密实度比 A 之间的关联度排序为 $\gamma_2 > \gamma_3 > \gamma_4 > \gamma_5 > \gamma_1 > \gamma_6$，集料几何特性与压实密实度比指数 B 之间的关联度排序为 $\gamma_1 > \gamma_3 > \gamma_2 > \gamma_4 > \gamma_5 > \gamma_6$。

从上述排序可以看出，在石灰岩 1 集料和集料–沥青混合料压实过程中，对压实初始密实度比 A 关联度分析表明，γ_2 和 γ_3 较大，且 γ_2 和 γ_3 很接近，形状指数和集料棱角性对压实初始密实度比 A 影响更敏感。对压实密实度比指数 B 关联度分析表明，γ_1 最大，集料筛分直径对压实密实度比指数 B 影响最敏感；γ_2、γ_3 和 γ_4 次之，且较为接近，集料形状指数、棱角性、筛分直径变异系数对压实密实度比指数 B 影响较不敏感；γ_5 和 γ_6 较小，形状指数变异系数、棱角性变异系数对压实密实度比指数 B 影响不敏感。

表 25-44 为石灰岩 2 压实流变特性灰色关联分析结果。

表 25-44　石灰岩 2 压实流变特性灰色关联分析结果

类型	项目	关联系数 ξ_i					关联度 γ_i
		粒径 19mm	粒径 16mm	粒径 13.2mm	粒径 9.5mm	粒径 4.75mm	
集料压实时 A	筛分直径	1	0.843250	1	0.778797	0.333333	$\gamma_1 = 0.7911$
	形状指数	1	0.991104	1	0.979703	0.382363	$\gamma_2 = 0.8706$
	棱角性	1	0.991062	1	0.995561	0.387052	$\gamma_3 = 0.8747$
	筛分直径变异系数	1	0.757877	1	0.721683	0.381221	$\gamma_4 = 0.7722$
	形状指数变异系数	1	0.395833	1	0.768770	0.403514	$\gamma_5 = 0.7136$
	棱角性变异系数	1	0.991299	1	0.920040	0.402703	$\gamma_6 = 0.8628$
集料压实时 B	筛分直径	1	0.932283	1	0.871171	0.860582	$\gamma_1 = 0.9328$
	形状指数	1	0.859662	1	0.854070	0.767072	$\gamma_2 = 0.8962$
	棱角性	1	0.876067	1	0.839951	0.745148	$\gamma_3 = 0.8922$
	筛分直径变异系数	1	0.810146	1	0.786851	0.772694	$\gamma_4 = 0.8739$
	形状指数变异系数	1	0.333333	1	0.641010	0.680455	$\gamma_5 = 0.7310$
	棱角性变异系数	1	0.875843	1	0.768553	0.683266	$\gamma_6 = 0.8655$
集料–沥青混合料压实时 A	筛分直径	1	0.813069	1	0.731703	0.647558	$\gamma_1 = 0.8385$
	形状指数	1	0.976683	1	0.976807	0.958527	$\gamma_2 = 0.9824$
	棱角性	1	0.999562	1	0.997438	0.998005	$\gamma_3 = 0.9990$
	筛分直径变异系数	1	0.712307	1	0.667104	0.949242	$\gamma_4 = 0.8657$
	形状指数变异系数	1	0.333333	1	0.716866	0.880846	$\gamma_5 = 0.7862$
	棱角性变异系数	1	0.999248	1	0.895716	0.885922	$\gamma_6 = 0.9562$
集料–沥青混合料压实时 B	筛分直径	1	0.884676	1	0.833899	0.854481	$\gamma_1 = 0.9146$
	形状指数	1	0.899204	1	0.886183	0.764333	$\gamma_2 = 0.9099$
	棱角性	1	0.917679	1	0.870576	0.741974	$\gamma_3 = 0.9060$
	筛分直径变异系数	1	0.771265	1	0.754364	0.770072	$\gamma_4 = 0.8591$
	形状指数变异系数	1	0.333333	1	0.654259	0.676179	$\gamma_5 = 0.7328$
	棱角性变异系数	1	0.917426	1	0.792176	0.679032	$\gamma_6 = 0.8777$

从表 25-44 中的关联度可以得出：

(1) 石灰岩 2 集料压实过程中，集料几何特性与压实初始密实度比 A 之间的关联度排序为 $\gamma_3 > \gamma_2 > \gamma_6 > \gamma_1 > \gamma_4 > \gamma_5$，集料几何特性与压实密实度比指数 B 之间的关联度排序为 $\gamma_1 > \gamma_2 > \gamma_3 > \gamma_4 > \gamma_6 > \gamma_5$。

(2) 石灰岩 2 集料–沥青混合料压实过程中，集料几何特性与压实初始密实度

比 A 之间的关联度排序为 $\gamma_3 > \gamma_2 > \gamma_6 > \gamma_4 > \gamma_1 > \gamma_5$，集料几何特性与压实密实度比指数 B 之间的关联度排序为 $\gamma_1 > \gamma_2 > \gamma_3 > \gamma_6 > \gamma_4 > \gamma_5$。

从上述排序可以看出，在石灰岩 2 集料和集料-沥青混合料压实过程中，对压实初始密实度比 A 关联度分析表明，γ_2 和 γ_3 的关联度较大，且 γ_2 和 γ_3 很接近，集料棱角性与形状指数对压实初始密实度比 A 影响更敏感。对压实密实度比指数 B 关联度分析表明，γ_1 最大，集料筛分直径对压实密实度比指数 B 影响更敏感，γ_2 和 γ_3 次之，且较为接近，集料形状指数、棱角性对压实密实度比指数 B 影响较不敏感；γ_4、γ_5 和 γ_6 较小，筛分直径变异系数、形状指数变异系数、棱角性变异系数对压实密实度比指数 B 影响不敏感。

表 25-45 为片麻岩压实流变特性灰色关联分析结果。

表 25-45　片麻岩压实流变特性灰色关联分析结果

类型	项目	关联系数 ξ_i					关联度 γ_i
		粒径 19mm	粒径 16mm	粒径 13.2mm	粒径 9.5mm	粒径 4.75mm	
集料压实时 A	筛分直径	1	0.536255	1	0.434381	0.361107	$\gamma_1 = 0.6660$
	形状指数	1	0.908889	1	0.891968	0.845113	$\gamma_2 = 0.9292$
	棱角性	1	0.955901	1	0.971523	0.985030	$\gamma_3 = 0.9825$
	筛分直径变异系数	1	0.449008	1	0.484783	0.954630	$\gamma_4 = 0.7776$
	形状指数变异系数	1	0.543500	1	0.439404	0.731815	$\gamma_5 = 0.7429$
	棱角性变异系数	1	0.473116	1	0.333333	0.787910	$\gamma_6 = 0.7189$
集料压实时 B	筛分直径	1	0.753385	1	0.653126	0.612342	$\gamma_1 = 0.8038$
	形状指数	1	0.794483	1	0.727721	0.631875	$\gamma_2 = 0.8308$
	棱角性	1	0.769138	1	0.671385	0.576462	$\gamma_3 = 0.8034$
	筛分直径变异系数	1	0.623020	1	0.742040	0.568343	$\gamma_4 = 0.7867$
	形状指数变异系数	1	0.505223	1	0.409014	0.693398	$\gamma_5 = 0.7215$
	棱角性变异系数	1	0.456802	1	0.333333	0.518296	$\gamma_6 = 0.6617$
集料-沥青混合料压实时 A	筛分直径	1	0.547718	1	0.432408	0.362031	$\gamma_1 = 0.6684$
	形状指数	1	0.944478	1	0.886632	0.853851	$\gamma_2 = 0.9370$
	棱角性	1	0.995517	1	0.977476	0.972821	$\gamma_3 = 0.9892$
	筛分直径变异系数	1	0.456776	1	0.482504	0.943067	$\gamma_4 = 0.7765$
	形状指数变异系数	1	0.530680	1	0.439850	0.738041	$\gamma_5 = 0.7417$
	棱角性变异系数	1	0.463185	1	0.333333	0.779588	$\gamma_6 = 0.7152$

续表

类型	项目	关联系数 ξ_i					关联度 γ_i
		粒径 19mm	粒径 16mm	粒径 13.2mm	粒径 9.5mm	粒径 4.75mm	
集料–沥青混合料压实时 B	筛分直径	1	0.759575	1	0.654554	0.622155	$\gamma_1 = 0.8073$
	形状指数	1	0.788194	1	0.726587	0.622376	$\gamma_2 = 0.8274$
	棱角性	1	0.763274	1	0.670488	0.568610	$\gamma_3 = 0.8005$
	筛分直径变异系数	1	0.627391	1	0.743749	0.560720	$\gamma_4 = 0.7864$
	形状指数变异系数	1	0.502912	1	0.408892	0.681889	$\gamma_5 = 0.7187$
	棱角性变异系数	1	0.454970	1	0.333333	0.512008	$\gamma_6 = 0.6601$

从表 25-45 中的关联度可以得出：

(1) 片麻岩集料压实过程中，集料几何特性与压实初始密实度比 A 之间的关联度排序为 $\gamma_3 > \gamma_2 > \gamma_4 > \gamma_5 > \gamma_6 > \gamma_1$，集料几何特性与压实密实度比指数 B 之间的关联度排序为 $\gamma_2 > \gamma_1 > \gamma_3 > \gamma_4 > \gamma_5 > \gamma_6$。

(2) 片麻岩集料–沥青混合料压实过程中，集料几何特性与压实初始密实度比 A 之间的关联度排序为 $\gamma_3 > \gamma_2 > \gamma_4 > \gamma_5 > \gamma_6 > \gamma_1$，集料几何特性与压实密实度比指数 B 之间的关联度排序为 $\gamma_2 > \gamma_1 > \gamma_3 > \gamma_4 > \gamma_5 > \gamma_6$。

从上述排序可以看出，在片麻岩集料和集料–沥青混合料压实过程中，对压实初始密实度比 A 关联度分析表明，γ_3 和 γ_2 较大，且 γ_3 和 γ_2 很接近，集料棱角性与形状指数对压实初始密实度比 A 影响更敏感。对压实密实度比指数 B 关联度分析表明，γ_2 最大，集料形状指数对压实密实度比指数 B 影响最敏感，γ_1 和 γ_3 次之，且值较为接近，集料筛分直径、棱角性对压实密实度比指数 B 影响较不敏感；γ_4、γ_5 和 γ_6 较小，筛分直径变异系数、形状指数变异系数、棱角性变异系数对压实密实度比指数 B 影响不敏感。

表 25-46 为玄武岩压实流变特性灰色关联分析结果。

表 25-46 玄武岩压实流变特性灰色关联分析结果

类型	项目	关联系数 ξ_i					关联度 γ_i
		粒径 19mm	粒径 16mm	粒径 13.2mm	粒径 9.5mm	粒径 4.75mm	
集料压实时 A	筛分直径	1	0.527490	1	0.412053	0.352053	$\gamma_1 = 0.6583$
	形状指数	1	0.956096	1	0.885668	0.861778	$\gamma_2 = 0.9407$
	棱角性	1	0.991011	1	0.963105	0.975384	$\gamma_3 = 0.9859$
	筛分直径变异系数	1	0.333333	1	0.365367	0.998159	$\gamma_4 = 0.7394$

类型	项目	关联系数 ξ_i					关联度 γ_i
		粒径 19mm	粒径 16mm	粒径 13.2mm	粒径 9.5mm	粒径 4.75mm	
集料压实时 A	形状指数变异系数	1	0.664500	1	0.934447	0.837119	$\gamma_5 = 0.8872$
	棱角性变异系数	1	0.591760	1	0.811966	0.953317	$\gamma_6 = 0.8714$
集料压实时 B	筛分直径	1	0.594470	1	0.590249	0.538096	$\gamma_1 = 0.7446$
	形状指数	1	0.750707	1	0.539193	0.465835	$\gamma_2 = 0.7511$
	棱角性	1	0.715458	1	0.486759	0.422258	$\gamma_3 = 0.7249$
	筛分直径变异系数	1	0.333333	1	0.484429	0.427296	$\gamma_4 = 0.6490$
	形状指数变异系数	1	0.502654	1	0.477918	0.474859	$\gamma_5 = 0.6911$
	棱角性变异系数	1	0.452447	1	0.437625	0.438662	$\gamma_6 = 0.6657$
集料-沥青混合料压实时 A	筛分直径	1	0.528356	1	0.414772	0.354561	$\gamma_1 = 0.6595$
	形状指数	1	0.961153	1	0.901286	0.880613	$\gamma_2 = 0.9486$
	棱角性	1	0.985485	1	0.944871	0.951855	$\gamma_3 = 0.9764$
	筛分直径变异系数	1	0.333333	1	0.367385	0.973595	$\gamma_4 = 0.7349$
	形状指数变异系数	1	0.661399	1	0.917197	0.854810	$\gamma_5 = 0.8867$
	棱角性变异系数	1	0.589119	1	0.798621	0.976720	$\gamma_6 = 0.8729$
集料-沥青混合料压实时 B	筛分直径	1	0.627725	1	0.548169	0.490848	$\gamma_1 = 0.7333$
	形状指数	1	0.671241	1	0.546656	0.475425	$\gamma_2 = 0.7387$
	棱角性	1	0.641090	1	0.489573	0.427369	$\gamma_3 = 0.7116$
	筛分直径变异系数	1	0.333333	1	0.450579	0.432883	$\gamma_4 = 0.6434$
	形状指数变异系数	1	0.456290	1	0.480038	0.485477	$\gamma_5 = 0.6844$
	棱角性变异系数	1	0.411983	1	0.436901	0.445365	$\gamma_6 = 0.6589$

从表 25-46 中的关联度可以得出:

(1) 玄武岩集料压实过程中,集料几何特性与压实初始密实度比 A 之间的关联度排序为 $\gamma_3 > \gamma_2 > \gamma_5 > \gamma_6 > \gamma_4 > \gamma_1$,集料几何特性与压实密实度比指数 B 之间的关联度排序为 $\gamma_2 > \gamma_1 > \gamma_3 > \gamma_5 > \gamma_6 > \gamma_4$。

(2) 玄武岩集料-沥青混合料压实过程中,集料几何特性与压实初始密实度比 A 之间的关联度排序为 $\gamma_3 > \gamma_2 > \gamma_5 > \gamma_6 > \gamma_4 > \gamma_1$,集料几何特性与压实密实度比指数 B 之间的关联度排序为 $\gamma_2 > \gamma_1 > \gamma_3 > \gamma_5 > \gamma_6 > \gamma_4$。

从上述排序可以看出,在玄武岩集料和集料-沥青混合料压实过程中,对压实初始密实度比 A 关联度分析表明,γ_3 和 γ_2 较大,且 γ_3 和 γ_2 很接近,集料棱角性与形状指数对压实初始密实度比 A 影响更敏感。对压实密实度比指数 B 关联度分析表明，γ_2 最大，集料形状指数对压实密实度比指数 B 影响最敏感；γ_1 和 γ_3 次之，且值较为接近，集料筛分直径、棱角性对压实密实度比指数 B 影响较不敏感；γ_4、γ_5 和 γ_6 较小，筛分直径变异系数、形状指数变异系数、棱角性变异系数对压实密实度比指数 B 影响不敏感。

由以上分析可得，在所选的 4 种集料及集料-沥青混合料压实过程中，与压实初始密实度比 A 关联度敏感的主要为集料形状指数和棱角性，且这两个指标的关联度接近，即对压实初始密实度比 A 影响都很敏感。这主要是因为形状指数关系到集料的排列方式，而棱角性关系到集料的嵌挤情况。在对压实密实度比指数 B 关联度分析中发现，与石灰岩 1 和石灰岩 2 的关联度最大的影响因素为集料筛分直径，与片麻岩和玄武岩关联度最大的影响因素为形状指数，这说明在压实过程中，筛分直径对石灰岩密实度比指数影响更敏感，而形状指数对片麻岩和玄武岩的密实对比指数影响更敏感。

2. 集料几何特性与集料压实流变相关性分析

绘制破碎集料几何特性与压实初始密实度比 A 和密实度比指数 B 之间的关系图，分析破碎集料筛分直径、形状指数、棱角性与压实初始密实度比 A、密实度比指数 B 之间的关系。绘制同种岩性破碎集料的筛分直径与破碎集料压实流变特性关系图，如图 25-41、图 25-42 所示。

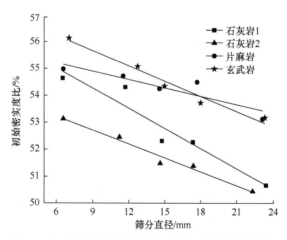

图 25-41 破碎集料压实初始密实度比与筛分直径关系

由图 25-41、图 25-42 可以直观地看出，同种岩性的破碎集料筛分直径与破碎集料压实初始密实度比 A 有较好的线性关系，初始密实度比 A 随着筛分直径的增大而减小，这主要是因为破碎集料越大，其松装密度越小，则初始密实度比 A 越小；破碎集料筛分直径与破碎集料压实密实度比指数 B 有较好的线性关系，密实

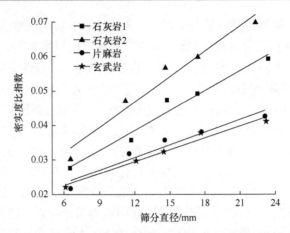

图 25-42　破碎集料压实密实度比指数与筛分直径关系

度比指数 B 随着筛分直径的增大而增大，这主要是因为破碎集料筛分直径越大，其在压实时可压缩的体积比越大，而同种岩性破碎集料的密度差异较小。

　　分析了不同岩性，粒径分组相同的破碎集料压实初始密实度比 A、密实度比指数 B 与破碎集料几何特性之间的关系，A、B 与破碎集料几何特性之间无简单的线性关系和普通的非线性关系，这主要是因为在破碎集料压实过程中，其物理力学性能起着相对重要的作用，而不同岩性破碎集料的物理力学性能差异较大，物理力学方面的差异影响了几何特性对压实的作用。

25.3.4　集料几何特性与沥青混合料压实流变特性关系

　　1. 集料几何特性对沥青混合料压实流变特性的影响

　　通过前文对规则集料及破碎集料几何特性的测试，以及代替粒径为 16mm 的集料的沥青混合料压实流变特性的测试，建立集料几何特性对沥青混合料流变特性的关系。由于代替粒径为 16mm 的集料的筛分直径、形状指数、棱角性及变异系数对沥青混合料压实流变特性都有一定的影响，通过灰色关联分析，分析多因素对沥青混合料压实流变特性的影响的敏感性。

　　以各类集料代替粒径 16mm 的 AC-20 沥青混合料压实初始密实度比 A 和密实度比指数 B 作为参考数列 X_0，则参考数列有两组，分别为 X_{01}、X_{02}。以集料的几何特性为比较数列：X_1(筛分直径)、X_2(形状指数)、X_3(棱角性)，则灰色关联分析的原始数列如表 25-47 所示。

表 25-47　沥青混合料压实流变特性灰色关联分析原始数列

项目	石灰岩 1	玻璃球	三棱柱	长方体	石灰岩 2	片麻岩	玄武岩
X_{01}	82.52	86.43	84.76	85.96	82.11	83.24	83.93
X_{02}	0.0351	0.0253	0.0316	0.0295	0.0401	0.0304	0.0286

续表

项目	石灰岩 1	玻璃球	三棱柱	长方体	石灰岩 2	片麻岩	玄武岩
X_1	17.357	16.000	17.680	19.800	17.381	17.690	17.625
X_2	1.158	1.000	1.695	1.464	1.235	1.11787	1.195
X_3	0.98882	0	1.94700	1.27000	0.83300	0.72445	0.88943

对表 25-47 中的原始数据进行均值化处理，生成的新的数列见表 25-48。

表 25-48　沥青混合料压实流变特性灰色关联分析生成数列

项目	石灰岩 1	玻璃球	三棱柱	长方体	石灰岩 2	片麻岩	玄武岩
X_{01}	0.980796	1.027269	1.007420	1.021683	0.975923	0.989354	0.997555
X_{02}	1.113791	0.802818	1.002730	0.936092	1.272450	0.964651	0.907533
X_1	0.983557	0.906635	1.001831	1.121961	0.984903	1.002398	0.998715
X_2	0.914447	0.789678	1.338504	1.156089	0.975252	0.882757	0.943270
X_3	1.040440	0	2.048641	1.336299	0.876486	0.762269	0.935862

按灰色关联分析方法进行关联计算：以玻璃球、三棱柱、长方体、粒径 16mm 的破碎集料(石灰岩 1、石灰岩 2、片麻岩、玄武岩)的筛分直径、形状指数、棱角性与沥青混合料压实流变特性的灰色关联分析结果见表 25-49。ξ_1、ξ_2、ξ_3 分别为筛分直径、形状指数、棱角性与沥青混合料压实流变特性的关联系数；γ_1、γ_2、γ_3 分别为筛分直径、形状指数、棱角性与沥青混合料压实流变特性的关联度。

表 25-49　沥青混合料压实流变特性灰色关联分析结果

类型	项目	关联系数 ξ_i							关联度 γ_i
		石灰岩 1	玻璃球	三棱柱	长方体	石灰岩 2	片麻岩	玄武岩	
混合料压实初始密实度比 A	筛分直径	1	0.80657	1	0.983907	0.840971	1	0.988044	$\gamma_1 = 0.9456$
	形状指数	1	0.740183	1	0.545354	0.70176	1	0.879926	$\gamma_2 = 0.8382$
	棱角性	1	0.333333	1	0.888057	0.866685	1	0.34967	$\gamma_3 = 0.7768$
混合料压实密实度比指数 B	筛分直径	1	0.672795	1	0.777465	0.579196	1	0.745507	$\gamma_1 = 0.8250$
	形状指数	1	0.743256	1	0.423129	0.493721	1	0.844746	$\gamma_2 = 0.7864$
	棱角性	1	0.364421	1	0.871666	0.773997	1	0.333333	$\gamma_3 = 0.7633$

从表 25-49 中的关联度可以得出：

沥青混合料压实过程中，集料几何特性与压实初始密实度比 A 之间的关联度排序为 $\gamma_1 > \gamma_2 > \gamma_3$，集料几何特性与压实密实度比指数 B 之间的关联度排序为 $\gamma_1 > \gamma_2 > \gamma_3$。

　　从上述排序可以看出，在沥青混合料压实过程中，与压实初始密实度比 A 关联度最大的为 γ_1，γ_2 次之，γ_3 最小，集料筛分直径对压实初始密实度比 A 影响最敏感；对压实密实度比指数 B 灰色关联分析可得，γ_1 最大，集料筛分直径对压实密实度比指数 B 影响最敏感，γ_2 和 γ_3 次之，且两者之间的值较为接近，集料形状指数、棱角性对压实密实度比指数 B 影响较不敏感。

　　2. 集料几何特性与沥青混合料压实流变相关性分析

　　进一步分析粒径 16mm 的不同集料的几何特性与沥青混合料压实流变特性的关系，如图 25-43～图 25-48 所示。

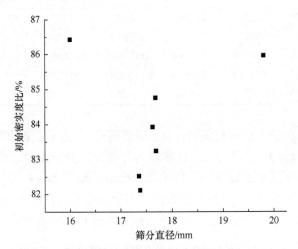

图 25-43　沥青混合料初始密实度比与筛分直径关系

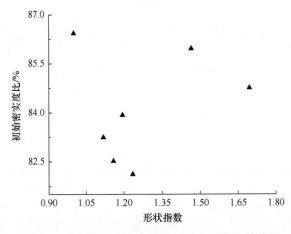

图 25-44　沥青混合料初始密实度比与形状指数关系

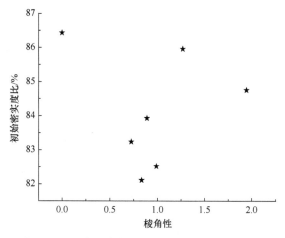

图 25-45　沥青混合料初始密实度比与棱角性关系

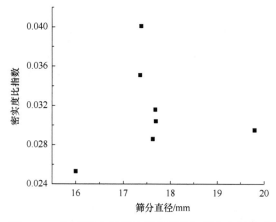

图 25-46　沥青混合料密实度比指数与筛分直径关系

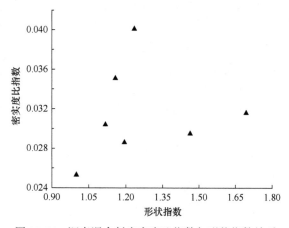

图 25-47　沥青混合料密实度比指数与形状指数关系

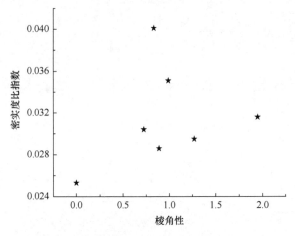

图 25-48　沥青混合料密实度比指数与棱角性关系

由图 25-43～图 25-48 可知,集料几何特性与沥青混合料压实初始密实度比 A 和 B 之间关系比较复杂,既不成简单的线性关系,也不成普通的非线性关系,这与同种破碎集料,单档压实时的关系不一致,主要是因为图 25-43～图 25-48 所示的 7 种集料物理力学性能差异较大,使得集料的几何特性对压实初始密实度比 A 和压实密实度比指数 B 的影响规律不明确。

25.4　集料单体几何特性对服役阶段沥青混合料流变的影响

25.4.1　服役阶段沥青混合料流变特性

沥青是一种均质的黏弹性材料,而沥青混合料在服役阶段是一种颗粒性的黏弹性材料[15],两者的力学特性既有相似性,又有不同。沥青路面在服役阶段受荷方式一般有两种,一种是受到瞬间的荷载作用,此时沥青混合料发生瞬时的弹性变形;另一种是持续受荷,这种荷载作用方式下,沥青混合料产生黏弹性变形,同时还伴随一定的黏性流变相。持续受荷卸载后,沥青混合料将发生瞬间弹性恢复,接着随着时间的推移,相继由黏弹性变形得到恢复,而黏性流变却得不到恢复,从而形成“永久变形”;沥青混合料的黏性流变不随荷载作用时间的延长而无限增长,而是随着时间的推移,变形增长量逐渐减小,最终黏性流变趋于一个稳定值,即产生所谓的“固结效应”[16]。

基于沥青混合料服役阶段的流变特性,本节采用沥青混合料静态蠕变试验和动态模量试验来研究集料几何特性的变化对沥青混合料服役阶段流变特性的影响。沥青混合料的静态蠕变和动态模量除了与沥青的流变特性、集料的级配、试验温度等多种因素有重要的关系外，也与集料的几何特性有一定的关系。本节主要针对集料的几何特性研究其对沥青混合料动态模量和静态蠕变的影响和相关关系。目前，在沥青混合料动态模量方面的研究中，沥青混合料参数对动态模量的影响，如沥青用量、空隙率等对动态模量敏感性的研究都有一定的深入，但针对集料几何特性对动态模量敏感性及相关性的研究还很欠缺，需要进行大量而深入的研究。

25.4.2　服役阶段沥青混合料流变特性测试

1. 沥青混合料静态蠕变试验

沥青混合料静态蠕变试验分为三个阶段：第一阶段，变形迅速增大，但应变速率随试件增加逐渐减小，即迁移期；第二阶段，应变稳定增长，应变速率基本保持不变，即稳定期；第三阶段，应变、应变速率随时间增长迅速增大直至破坏，即破坏期。第三个阶段对应了破坏阶段，因此对沥青混合料第一、二阶段的研究更加重要。本部分主要研究沥青混合料静态蠕变过程中的前两个过程。

单轴静载蠕变试验是一种简单、实用的试验方法，试验设备相对简单[17]，并且能反映沥青混合料高温时的流变特性，能比车辙试验更真实地模拟路面结构的受力过程，本节采用 ANSN(材料力学性能试验机)进行沥青混合料静态蠕变试验时的劲度蠕变测试，从而反映沥青混合料在无侧限应力作用下沥青混合料的流变特性。

试件材料为中粒式沥青混合料 AC-20，采用静压法成型沥青混合料试件，试件尺寸为直径 100mm，高 100mm。由于温度不是本部分的变量参数，所以温度选用标准温度 40℃，试验荷载为 0.2MPa。

试验流程：先预加载(0.005MPa)10min，再瞬时施加到所要求荷载并持续加载60min，然后瞬时卸载到 0.005MPa 并保持 60min。测量并记录试验全过程试件变形随时间变化的数据。

2. 沥青混合料动态模量试验

动态模量试验可以用来评价沥青混合料的动态模量，在一定的温度、频率下测试试件的动态模量，从而评价路面永久变形，故采用简单性能试验(SPT)进行沥青混合料动态模量的测试，反映沥青混合料在服役阶段的流变特性，简单性能试验是一种能够精确、可靠测量沥青混合料力学响应特性或参数的方法[18-19]。

SPT 动态模量试验可以测量并记录两个试验指标：动态模量$|E^*|$和相位角 Φ。对于线性黏弹性材料在连续的正弦荷载作用下的应力-应变关系的综合值通常称为复合模量(E^*)。动态模量$|E^*|$定义为复合模量的模量，通过材料施加正弦荷载时

的应力峰值和应变峰值计算得到，从弹性的角度来描述沥青混合料，表述的是黏弹性沥青混合料弹性变形恢复的能力；相位角是从黏性的角度来描述沥青混合料的，表述的是混合料抗剪切变形的能力及黏性。

计算中，动态模量定义为最大动态应力 σ_0 除以可恢复的轴向应变峰值 ε_0：

$$\left|E^*\right| = \frac{\sigma_0}{\varepsilon_0} \tag{25-16}$$

Φ 是轴向应变 ε_0 落后于动态应力 σ_0 的相位角。计算上，可以表示为

$$\Phi = \frac{t_i}{t_p} \times 360° \tag{25-17}$$

式中：t_i 为应力周期和应变周期之间的落后时间，s；t_p 为应力周期的时间，s。

动态模量试验采用静压成型沥青混合料试件，试件为直径 100mm，高 150mm 的圆柱体，选取 4 组试件进行试验，每组 3 个试件，以完全石灰岩配置的 AC-20 沥青混合料试件为基本试件，其余 3 组试件分别以等粒径的玻璃球、三棱柱、长方体代替粒径为 16mm 的集料配置而成，试验温度为 40℃。选用静压成型试件，主要是因为三种添加玻璃的试件采用旋转压实后钻芯取样的试件表面破损严重。本部分主要通过测试不同沥青混合料的动态模量来研究集料几何特性对动态模量的影响，而动态模量在高温低频时，集料骨架的影响恰好超过了沥青黏性的影响[20]，因此应该选择高温时进行试验。没有选择具有代表性的高温环境 60℃，而选择了稍低的 40℃，主要是因为 60℃时沥青软化，测量黏结头很难黏附到试件表面。

25.4.3 沥青混合料服役阶段流变特性测试结果及分析

1. 沥青混合料蠕变试验结果分析

蠕变试验可以模拟沥青混合料发生蠕变破坏的全过程。蠕变试验通过蠕变劲度 S_{mix} 来表征沥青混合料的高温稳定性。蠕变劲度 S_{mix} 计算公式为

$$S_{mix}(t,T) = \sigma_0 / \varepsilon(t,T) \tag{25-18}$$

式中，$S_{mix}(t,T)$ 为荷载作用时间 t 和温度 T 条件下沥青混合料的模量；σ_0 为荷载应力，取 0.2MPa；$\varepsilon(t,T)$ 为沥青混合料在荷载作用时间 t 和温度 T 条件下的应变，$\varepsilon(t,T) = \Delta h / h$ [21-22]。

劲度的表达式是应力与应变的比值，虽然形式上与弹性胡克定律一样，但是它是在特定温度和时间条件下的应力–应变关系，反映了材料的黏弹性。

分别用玻璃球、三棱柱、长方体代替粒径为 16mm 的集料，以及完全用石灰岩 1 配置沥青混合料进行蠕变试验，绘制不同集料的沥青混合料的位移–时间曲线见图 25-49。

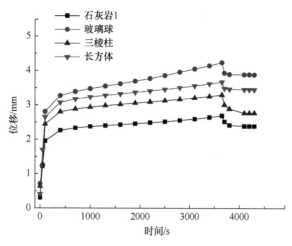

图 25-49　不同集料的沥青混合料的位移–时间曲线

由图 25-49 可以看出，不同集料的沥青混合料的变形深度区别较为明显，试件位移为 3~5mm，石灰岩 1 混合料在加载时位移最小，其次为三棱柱代替粒径为 16mm 的集料、长方体代替粒径为 16mm 的集料、玻璃球代替粒径为 16mm 的集料。由图 25-49 所给的数据通过计算，得出加载过程中的劲度模量随时间的变化曲线，如图 25-50 所示。

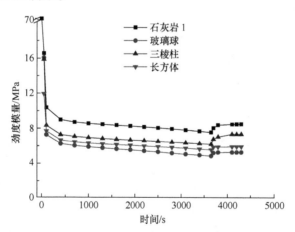

图 25-50　不同集料的沥青混合料的劲度模量–时间曲线

由图 25-50 可知，沥青混合料的相应的劲度模量由大到小的排序为石灰岩 1 混合料>三棱柱代替粒径 16mm 的集料>长方体代替粒径 16mm 的集料>玻璃球代替粒径 16mm 的集料，劲度模量越大，表示沥青混合料耐高温性能越好，高温稳定性越好。图 25-50 反映了沥青混合料的实时劲度模量，而本部分将以沥青混合料加载蠕变状态(400~3650s)下位移的变化率——蠕变斜率 k 来反映沥青混合料静态蠕变试验的流变特性，如图 25-51 所示。

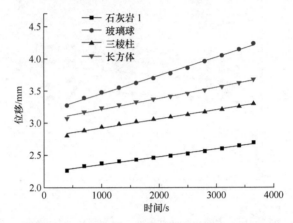

图 25-51　沥青混合料静态蠕变下的流变特性

由图 25-51 可以看出，在蠕变试验加载时，以位移随时间的变化率——蠕变斜率 k 来反映沥青混合料的流变，则石灰岩 1 沥青混合料的流变最弱，三棱柱代替粒径 16mm 的沥青混合料的流变次之，长方体代替粒径 16mm 的沥青混合料的流变较强，玻璃球代替粒径 16mm 的沥青混合料的流变最强。

2. 沥青混合料动态模量试验结果分析

分别用玻璃球、三棱柱、长方体代替粒径为 16mm 集料(以下简称"玻璃球""三棱柱""长方体")及完全用石灰岩 1 配置沥青混合料，进行动态模量试验，其动态模量试验数据如图 25-52 所示。

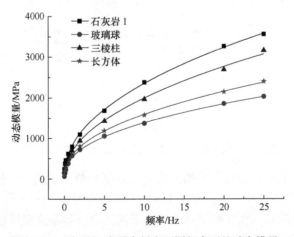

图 25-52　各种沥青混合料在不同频率下的动态模量

从图 25-52 可以看出，动态模量受集料几何特性的影响很大，动态模量从大到小的排序为石灰岩 1>三棱柱>长方体>玻璃球，这是因为在 40℃时，沥青混合料中沥青胶结料的黏性和集料的嵌挤同时作用，添加玻璃的沥青混合料黏性很接近，集料的嵌挤起到关键性作用，三棱柱比长方体、玻璃球的嵌挤作用更强。石灰岩 1 形状指数、棱角性虽然不如玻璃三棱柱和长方体，但是嵌挤作用不一定比玻璃三棱柱和长方体差，主要是因为嵌挤作用除了与集料的形状、棱角性有关以外，还与表面纹理有很大关系，同时石灰岩 1 与沥青的黏附作用比玻璃与沥青的黏附作用要强得多，石灰岩 1 的动态模量最大。

由动态模量试验得出的不同沥青混合料在不同频率下的相位角数据如图 25-53 所示。

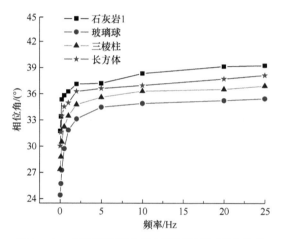

图 25-53 各种沥青混合料在不同频率下的相位角

从图 25-53 可以看出，相位角随着加载频率的增加而增加，增加幅度逐渐减小，10～25Hz 时，相位角基本趋于平稳；同时，同频率下，不同混合料的相位角有一致的排序，石灰岩 1>长方体>三棱柱>玻璃球。分析其原因：高温时沥青胶结料黏结力降低，石灰岩 1 呈碱性，而玻璃的表面光滑，呈酸性，石灰岩 1 与沥青胶结料的黏结力比玻璃与沥青胶结料的黏结力要强很多，添加玻璃的沥青混合料表现出更高弹性体性质，相位角较小。三种添加玻璃的沥青混合料中，添加玻璃长方体的混合料相位角大于添加玻璃三棱柱的混合料相位角，大于添加玻璃球的混合料的相位角，主要是因为三种形状的玻璃具有不同的比表面积，其比表面积从小到大分别为玻璃球($187.5m^2/m^3$)、三棱柱($473.1m^2/m^3$)、长方体($1125m^2/m^3$)，其与沥青胶结料的接触面积有一定的差异，黏结力也随之变化。

动态模量指标 $\left|E^*\right|/\sin\Phi$ 包含了动态模量和相位角两方面的信息，能反映沥青

混合料的黏弹性和流变特性。美国长期路面研究计划中的 SPS-1 研究报告显示，动态模量试验评价指标 $\left|E^{*}\right|/\sin\varPhi$ 与现场测量车辙深度的相关性较好，因此 $\left|E^{*}\right|/\sin\varPhi$ 也被建议作为评价沥青混合料耐高温性能的指标。沥青混合料的 $\left|E^{*}\right|/\sin\varPhi$ 越大，即 $\left|E^{*}\right|$ 越大，而 $\sin\varPhi$ 越小时，沥青混合料的弹性较为显著，高温时的流变越弱，抗永久变形能力越强。

　　由图 25-54 可以看出，在不同频率下，各种沥青混合料的动态模量指标 $\left|E^{*}\right|/\sin\varPhi$ 有相同的大小排序，石灰岩 1 沥青混合料的动态模量指标最大，高温时流变最弱，然后依次为添加玻璃三棱柱的沥青混合料、添加玻璃长方体的沥青混合料和添加玻璃球的沥青混合料。石灰岩 1 沥青混合料的动态模量指标最大，除了具有较好的黏结力之外，其嵌挤作用也不错，添加玻璃的三种沥青混合料的动态模量之间的差异主要是因为集料嵌挤作用的差异。

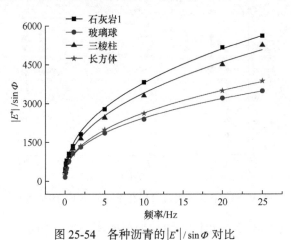

图 25-54　各种沥青的 $\left|E^{*}\right|/\sin\varPhi$ 对比

25.4.4　集料几何特性与沥青混合料服役阶段流变特性关系

　　首先通过灰色关联分析方法，建立集料几何特性与沥青混合料的静态蠕变和动态模量之间的关系，分析对静态蠕变和动态模量影响最敏感的几何特性因素，然后通过方程拟合，回归分析建立起集料几何特性与沥青混合料静态蠕变和动态模量之间的函数关系。

　　1. 集料几何特性对沥青混合料服役阶段流变特性的影响

　　以各种集料代替粒径 16mm 的 AC-20 沥青混合料静态蠕变试验得出的静态蠕变斜率为参考数列 X_0，则参考数列有一组，为 X_{01}。以集料的几何特性为比较数列：X_1(筛分直径)、X_2(形状指数)、X_3(棱角性)，则灰色关联分析的原始数列如

表 25-50 所示。

表 25-50　沥青混合料劲度模量灰色关联分析原始数列

项目	石灰岩 1	玻璃球	三棱柱	长方体
X_{01}	0.0001201	0.0002841	0.0001414	0.0001708
X_1	17.3570000	16	17.6800000	19.8000000
X_2	1.1580000	1	1.6950000	1.4640000
X_3	0.9888200	0	1.9470000	1.2700000

对表 25-50 中的原始数据进行均值化处理，生成的新的数列见表 25-51。

表 25-51　沥青混合料劲度模量灰色关联分析生成数列

项目	石灰岩 1	玻璃球	三棱柱	长方体
Y_{01}	0.670575	1.586265	0.789503	0.953657
Y_1	0.980109	0.903483	0.998348	1.118060
Y_2	0.871168	0.752304	1.275155	1.101373
Y_3	0.940430	0	1.851720	1.207850

按照灰色关联分析方法进行关联计算：以玻璃球、三棱柱、长方体、粒径 16mm 的石灰岩 1 筛分直径、形状指数、棱角性与沥青混合料劲度模量灰色关联分析结果见表 25-52。ξ_1、ξ_2、ξ_3 分别为筛分直径、形状指数、棱角性与沥青混合料劲度模量的关联系数；γ_1、γ_2、γ_3 分别为筛分直径、形状指数、棱角性与沥青混合料劲度模量的关联度。

表 25-52　沥青混合料劲度模量灰色关联分析结果

类型	项目	关联系数 ξ_i				关联度 γ_i
		石灰岩 1	玻璃球	三棱柱	长方体	
沥青混合料劲度模量	筛分直径	1	0.450324	1	0.881668	$\gamma_1 = 0.8330$
	形状指数	1	0.440552	1	0.805071	$\gamma_2 = 0.8114$
	棱角性	1	0.333333	1	0.599042	$\gamma_3 = 0.7331$

从表 25-52 中的关联度可以得出：AC-20 混合料静态蠕变试验中，粒径为 16mm 的集料的几何特性与蠕变斜率之间的关联度排序为 $\gamma_1 > \gamma_2 > \gamma_3$。

从上述排序可以看出，在沥青混合料静态蠕变试验时，集料几何特性中对沥青混合料蠕变斜率影响最敏感的是集料的筛分直径，形状指数次之，棱角性影响最不敏感。

沥青混合料动态模量试验中，在高温低频作用时，沥青胶结料变软，矿料骨

架影响起主要的作用。因此，在研究集料几何特性对沥青混合料动态模量的影响时以低频时的数据作为评价标准，选取 0.01Hz 时的动态模量指标 $|E^*|/\sin\Phi$ 作为对比结果。可以得出石灰岩 1(粒径 16mm 的集料)和三种规则集料(玻璃球、三棱柱、长方体)的几何特性，进一步建立几何特性与动态模量指数之间的关联关系。

以各种集料代替粒径 16mm 的 AC-20 沥青混合料动态模量试验得出的 0.01Hz 下的动态模量指数为参考数列 X_0。以集料的几何特性为比较数列：X_1(筛分直径)、X_2(形状指数)、X_3(棱角性)，则灰色关联分析的原始数列如表 25-53 所示。

表 25-53　沥青混合料动态模量指数灰色关联分析原始数列

项目	石灰岩 1	玻璃球	三棱柱	长方体
X_{01}	454.76	154.32	381.31	223.13
X_1	17.357	16.000	17.680	19.800
X_2	1.158	1	1.695	1.464
X_3	0.989	0	1.947	1.270

对表 25-53 中的原始数据进行均值化处理，生成的新的数列见表 25-54。

表 25-54　沥青混合料动态模量指数灰色关联分析生成数列

项目	石灰岩 1	玻璃球	三棱柱	长方体
Y_{01}	1.498978	0.508669	1.256873	0.735480
Y_1	0.980109	0.903483	0.998348	1.118060
Y_2	0.871168	0.752304	1.275155	1.101373
Y_3	0.940430	0	1.851720	1.207850

按照灰色关联分析方法进行关联计算：以玻璃球、三棱柱、长方体、粒径 16mm 的石灰岩 1 筛分直径、形状指数、棱角性与沥青混合料动态模量指数灰色关联分析结果见表 25-55。ξ_1、ξ_2、ξ_3 分别为筛分直径、形状指数、棱角性与沥青混合料动态模量指数的关联系数；γ_1、γ_2、γ_3 分别为筛分直径、形状指数、棱角性与沥青混合料动态模量指数的关联度。

表 25-55　沥青混合料动态模量指数灰色关联分析结果

类型	项目	关联系数 ξ_i				关联度 γ_i
		石灰岩 1	玻璃球	三棱柱	长方体	
沥青混合料动态模量指数	筛分直径	1	0.492502	1	0.75835	$\gamma_1 = 0.8813$
	形状指数	1	0.518839	1	0.474809	$\gamma_2 = 0.7484$
	棱角性	1	0.624872	1	0.333333	$\gamma_3 = 0.7396$

从表 25-55 中关联度可以得出: AC-20 混合料动态模量试验中, 粒径为 16mm 的集料的几何特性与动态模量指数之间的关联度排序为 $\gamma_1 > \gamma_2 > \gamma_3$。

从上述排序可以看出, 在沥青混合料动态模量试验时, 集料几何特性中对沥青混合料动态模量指数影响最敏感的是集料的筛分直径, 形状指数次之, 棱角性影响最不敏感。

2. 集料几何特性与沥青混合料服役阶段流变相关性分析

1) 集料几何特性与沥青混合料静态蠕变相关性分析

由上述数据进一步绘制粒径 16mm 的不同集料几何特性与沥青混合料静态蠕变时的蠕变斜率之间的关系图, 如图 25-55~图 25-57 所示。

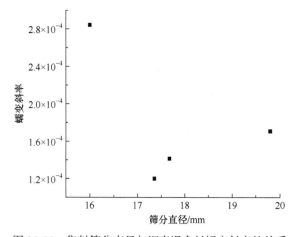

图 25-55　集料筛分直径与沥青混合料蠕变斜率的关系

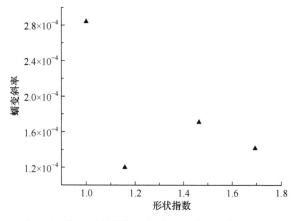

图 25-56　集料形状指数与沥青混合料蠕变斜率的关系

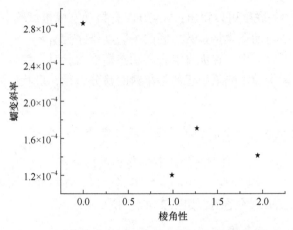

图 25-57 集料棱角性与沥青混合料蠕变斜率的关系

由图 25-55 可以看出，集料筛分直径与沥青混合料蠕变斜率之间无直观的线性关系和简单的非线性关系，由图 25-56 和图 25-57 可以看出，虽然集料的形状指数、棱角性与沥青混合料蠕变斜率之间无直观的线性关系，但是除石灰岩 1 之外，规则集料的形状指数和棱角性与其沥青混合料蠕变斜率之间有较好的线性关系，这主要是因为不同几何特性的规则集料与沥青混合料之间的黏结力基本相当，而嵌挤作用对其劲度模量起着关键性作用，形状指数和棱角性越大，规则集料的嵌挤作用越强，蠕变斜率也越小。

2) 集料几何特性与沥青混合料动态模量指数相关性分析

由上述数据进一步绘制粒径 16mm 的不同集料几何特性与沥青混合料动态模量试验时的动态模量指数之间的关系图，如图 25-58～图 25-60 所示。

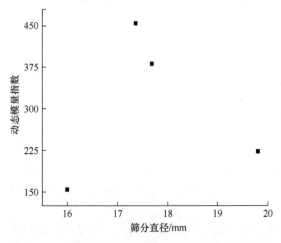

图 25-58 集料筛分直径与混合料动态模量指数关系

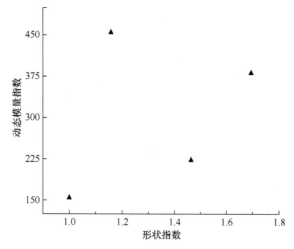

图 25-59　集料形状指数与混合料动态模量指数关系

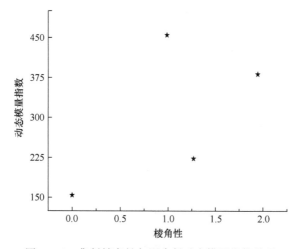

图 25-60　集料棱角性与混合料动态模量指数关系

由图 25-58 可以看出，集料筛分直径与沥青混合料动态模量指数之间无直观的线性关系和简单的非线性关系，由图 25-59 和图 25-60 可以看出，虽然集料的形状指数、棱角性与沥青混合料动态模量指数之间无直观的线性关系，但是除石灰岩 1 之外，规则集料的形状指数和棱角性与其沥青混合料劲度模量之间有较好的线性关系，这主要是因为不同几何特性的规则集料与沥青混合料之间的黏结力基本相当，而嵌挤作用对其动态模量指数起着关键性作用，形状指数和棱角性越大，规则集料的嵌挤作用越强，动态模量指数也越大。

参 考 文 献

[1] 许志鸿, 李淑明, 高英, 等.沥青混合料疲劳性能研究 [J]. 交通运输工程学报, 2001, 1(1): 20-24.

[2] 陈忠达, 袁万杰, 薛航, 等.沥青混合料高温性能评价指标 [J]. 长安大学学报(自然科学版), 2006, 26(5): 1-4.

[3] BUCHANAN. Evaluation of the effect of flat and elongated particles on the performance of hot mix asphalt mixes[R]. Auburn: National Center for Asphalt Technology, 2000.

[4] 陈国明. 沥青混合料中粗集料表面物理特性的研究 [D]. 哈尔滨: 哈尔滨工业大学, 2005.

[5] 卢亮, 王端宜, 詹小丽. 针片状颗粒含量对沥青混合料性能的影响及其降低途径 [J]. 公路, 2007(5): 154-157.

[6] 汪海年, 郝培文, 胡世通. 粗集料形态特征研究与应用 [J]. 华南理工大学学报, 2008(10), 180-184.

[7] 胡小芳, 曾文雄, 吴成宝, 等. 颗粒表面分维与其形状指数关系研究 [J]. 粉体测试与表征, 2007(2), 14-17.

[8] Jahn D W. Evolving Influence of superpave on coarse aggregate particle shape: Changing flat and elongated requirements[C]. College Station, TX: Proceedings of the 6th Annual Symposium, International Center for Aggregates Research, 1998.

[9] Fletcher T, Chandan C, Masad E, et al. Aggregate imaging system(aims) for characterizing the shape of fine and coarse aggregates [J]. Transportation Research Record, 2003, 1832: 67-77.

[10] Kuo C. Corelating perm an ent deform ation characteristics of hot mix asphalt with aggregate geometric i～egularities[J]. Journal of Testing and Evaluation, 2002,30 (2): 136-144.

[11] Masad E, Little D, Tashman L, et al. Evaluation of aggregate characteristics afecting hma concrete perform ance[R]. Texas: Research Report ICAR 203, the Texas A&M University System Coege Station,2003.

[12] 李嘉, 林辉. 基于数字图像处理的粗集料棱角性量化研究 [J]. 公路交通科技, 2008, 25(7): 27-31.

[13] 党国星. 陡长坡路段多尺度效应抗车辙沥青混合料研究 [D]. 西安: 长安大学, 2009.

[14] 张争奇, 袁迎捷, 王秉纲. 沥青混合料旋转压实密实曲线信息及其应用 [J]. 中国公路学报, 2005, 18(3): 34-42.

[15] 延西利, 封晨辉, 梁春雨. 沥青与沥青混合料的流变特性比较 [J]. 长安大学学报(自然科学版), 2002, 22(5): 5-8.

[16] 周志刚, 刘飞. 基于优化理论的沥青混合料蠕变本构模型的经验公式 [J]. 公路交通科技, 2008, 25(9): 65-68.

[17] 王锦河. 沥青混合料高温蠕变试验方法研究 [J]. 重庆交通大学学报(自然科学版), 2009, 28(1): 60-62.

[18] Witczak M W, Kaloush K E, Von Quintus H. Pursuit of the simple performance test for asphalt mixture rutting[J]. Journals of the Association of Asphalt Paving Technologists, 2002,71: 671-691.

[19] 胡霞光, 李德超, 田莉. 沥青混合料动态模量研究进展 [J]. 中外公路, 2007, 27(1): 132-136.

[20] 赵延庆, 吴剑, 文健. 沥青混合料动态模量及其主曲线的确定与分析 [J]. 公路, 2006(8): 163-166.

[21] 魏建明, 王书延, 刘红琼. 沥青混合料高温稳定性蠕变试验研究 [J]. 技术论坛, 2008(38): 82-85.

[22] 魏密, 郑晓光. 温度对沥青混合料蠕变特性的影响 [J]. 石油沥青, 2006, 20(4): 22-25.

第 26 章　沥青混合料的多级分散体系与其流变特性

26.1　沥青结合料分散尺度的流变特性与关联性

在沥青结合料分散尺度下，沥青可视为一种均匀介质。先前对于沥青结合料流变特性的研究已取得大量成果，测试方法及评价指标的选择也趋于合理化，但由于沥青材料的黏弹特性对温度、应力及应变等具有依赖性，因此试验方法及对应的数据分析模型较多，不同测试方法及分析模型针对不同类型的沥青结合料或不同参数条件的适用性有所不同。因此有必要对表征沥青结合料流变特性的测试方法及评价指标进行优选。

此外，已有研究表明，沥青的流变特性指标与其化学官能团间呈良好的线性相关关系。复数剪切模量 G^* 及相位角 δ 是动态剪切流变(dynamic shear rheometer，DSR)试验中常用的流变指标，且亚砜(S=O)和羰基(C=O)的产生和积累是沥青发生老化的主要原因。通过对沥青化学–流变相关性研究发现，沥青老化过程中的氧气吸收量与其交叉模量对数值的倒数呈现良好的线性相关性，然而这依赖于化学测试设备。针对旋转薄膜烘箱试验(rolling thin film oven test，RTFOT)短期老化及在压力老化容器(pressure aging vessel，PAV)长期老化后的沥青基于黏度指标进行老化动力学模型建模，用于对老化后沥青的性能预测，与现场路面抽提出的沥青性能对比结果表明，模型预测相关性较好。虽然目前针对沥青老化行为的研究已趋于完善，但仍需进行大量的校验工作与实际路面的老化行为相关联[1-2]。

对此结合实际路面的应力及温度条件，对室内 DSR 试验的应力及温度水平进行设计，对不同类型沥青结合料(包括原样沥青、RTFOT 老化沥青及 PAV 老化沥青)在不同温度及应力水平条件下的流变特性进行试验，分析其流变特性的变化规律。

26.1.1　沥青结合料流变试验设计

流变特性分析共涉及 7 种沥青结合料，包括 90#基质沥青，3 种掺量水平的苯乙烯–丁二烯–苯乙烯(styrene-butadiene-styrene，SBS)改性沥青和 3 种掺量水平的橡胶改性沥青。其中，根据我国行业标准《公路沥青路面施工技术规范》(JTG F40—2004)，90#意味着沥青结合料的 25℃针入度在 80~100(单位为 0.1mm)。SBS 改性沥青的三种水平掺量，分别为 2%、3%和 4%，采用 3000r/min 高速剪切机剪切

60 min 得到，添加 0.1%的硫粉作为稳定剂。橡胶(40 目)改性沥青也采用三种水平掺量，分别为 5%、10%和 15%，采用 3000r/min 高速剪切机剪切 90min 得到。

采用的主要试验设备为 Brookfield 旋转黏度计、Anton Paar 动态剪切流变仪、RTFOT 旋转薄膜烘箱及 PAV 压力老化烘箱。包含的试验测试主要有 Brookfield 黏度试验、应变扫描(AS)试验、频率扫描(FS)试验、重复蠕变恢复(RCR)试验、多重应力蠕变恢复(MSCR)试验及线性振幅扫描(LAS)试验。此外，考虑到老化效应的影响，分别对结合料进行短期 RTFOT 老化及长期 PAV 老化试验。

对原样沥青、RTFOT 老化沥青及 PAV 老化沥青进行 Brookfield 旋转黏度测试，测试温度选择 115℃、135℃、155℃及 175℃，每个温度条件下选择 5 种转速进行测试，转速的选择以扭矩保持在 10%~98%为准，试验结果取 5 种转速条件下黏度的平均值。

采用 DSR 对 7 种原样(OR)沥青、RTFOT 老化沥青及 PAV 老化沥青试件进行频率扫描试验，扫描频率范围为 0.1~10Hz，温度选择 28℃、40℃、52℃、64℃及 76℃等 5 个温度水平。FS 试验之前进行 28℃及 64℃温度条件下应变范围为 0.1%~10%的 AS 试验以获得线性黏弹(LVE)限值，最终应变选择 1%，以保证所有试件处于 LVE 限值内。转子的间隙和直径分别为 1mm 和 25mm，每个温度水平保温 10min。每个试件进行两组平行试验以保证结果的可靠性。然后根据时间-温度等效原理平移得到沥青复数剪切模量主曲线。目前，对于高温及低温的界限并没有明确规定，通常可以认为 46℃及以上为高温。构建的主曲线高频带表示低温流变行为，且低频带用于表征高温流变特性。构建主曲线通常需要选择 3 个温度，因此选择至少 3 个高温或低温进行 DSR 测试就可以构建出沥青高温或低温条件下的主曲线。选取 Sigmoidal 方程为沥青主曲线的拟合方程，如式(26-1)所示：

$$\log\left|E^*\right| = \delta + \frac{\alpha}{1 + e^{\beta + \gamma \log(f)}} \tag{26-1}$$

RCR 测试选择 50Pa、200Pa、800Pa 及 3200Pa 等 4 种应力水平，每一应力水平条件下进行 100 个循环周期的测试，每一周期包含 1s 加载及 9s 卸载，温度选择为路面夏季常用平均温度 60℃，评价指标选择 100 个循环测试周期的平均恢复率(R)和不可恢复蠕变柔量(Jnr)。

MSCR 测试温度选择为 60℃，分别对沥青进行 0.1kPa 和 3.2kPa 两种应力加载水平下 1s 的蠕变荷载及 9s 的卸载后恢复，每种应力水平进行 10 个周期循环的测试，测试按照应力水平由低到高依次进行，试验前进行 10 个周期的预剪切。评价指标为 10 个循环测试周期的平均恢复率 $R_{0.1kPa}$ 和 $R_{3.2kPa}$ 及平均不可恢复蠕变柔量 $Jnr_{0.1kPa}$ 和 $Jnr_{3.2kPa}$。一般认为 0.1kPa 应力水平下沥青处于线性黏弹范围内，而

3.2kPa 应力水平下绝大多数结合料处于线性黏弹范围外。

低温 FS 试验,应变选择 1%以保证所有试件处于 LVE 限值内,温度选择 40℃、28℃、16℃、4℃及-8℃等 5 个水平。转子的间隙和直径分别为 2mm 和 8mm。每个温度水平保温 10min。每个试件进行两组平行试验以保证结果的可靠性。同样选取 Sigmoidal 方程为沥青主曲线的拟合方程。

LAS 测试采用控制应变的加载方式,对沥青施加一个振幅从 0.1%~30%线性增长的正弦波荷载,试验温度选择 19℃。

26.1.2　沥青黏温曲线及感温性

7 种不同类型原样沥青、RTFOT 老化沥青及 PAV 老化沥青的黏温曲线如图 26-1(a)、(c)及(e)所示,其回归曲线如图 26-1(b)、(d)及(f)所示,回归公式如式(26-2)所示:

$$\log \eta = a + bT \tag{26-2}$$

式中,η 为沥青黏度,Pa·s;T 为测试温度;a、b 为回归系数。

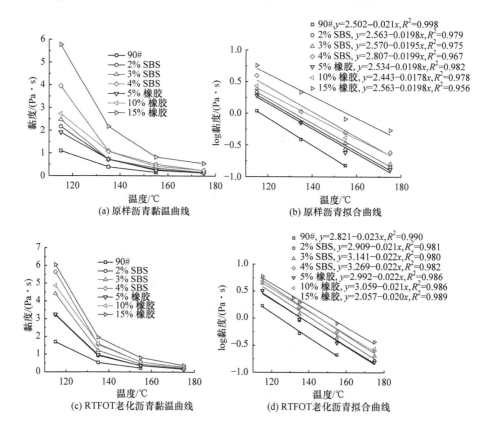

(a) 原样沥青黏温曲线

(b) 原样沥青拟合曲线

90#,y=2.502−0.021x,R^2=0.998
2% SBS, y=2.563−0.0198x,R^2=0.979
3% SBS, y=2.570−0.0195x,R^2=0.975
4% SBS, y=2.807−0.0199x,R^2=0.967
5% 橡胶,y=2.534−0.0198x,R^2=0.982
10% 橡胶,y=2.443−0.0178x,R^2=0.978
15% 橡胶,y=2.563−0.0198x,R^2=0.956

(c) RTFOT老化沥青黏温曲线

(d) RTFOT老化沥青拟合曲线

90#, y=2.821−0.023x,R^2=0.990
2% SBS, y=2.909−0.021x,R^2=0.981
3% SBS, y=3.141−0.022x,R^2=0.980
4% SBS, y=3.269−0.022x,R^2=0.982
5% 橡胶,y=2.992−0.022x,R^2=0.986
10% 橡胶,y=3.059−0.021x,R^2=0.986
15% 橡胶,y=2.057−0.020x,R^2=0.989

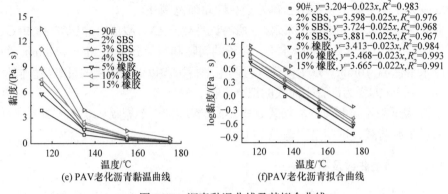

(e) PAV老化沥青黏温曲线　　　　(f)PAV老化沥青拟合曲线

图 26-1　沥青黏温曲线及其拟合曲线

由图 26-1(a)、(c)及(e)可知，相同老化水平条件下，随着测试温度的升高，沥青结合料的黏度均有所降低，沥青逐渐向胶质结构转化。在低温条件下，不同结合料类型间的差异较大，随着温度的升高，黏度差异减小，最后趋于平稳。基质沥青黏度最小，15%橡胶改性沥青黏度最大。对黏温曲线进行半对数线性拟合，由图 26-1(b)、(d)及(f)可知，沥青结合料黏度的对数与温度间存在较好的线性相关关系，其相关系数 R^2 在 0.95 以上，拟合参数 b 与结合料的感温性有关。随着同种改性剂掺量的增加，沥青结合料黏度降低。比较不同老化程度条件下沥青的黏度水平可知，随着老化程度增大，黏度增大，这与沥青本身的老化机理，轻质组分挥发，沥青变硬一致。

黏温指数(VTS)可以表征沥青的感温性，VTS 绝对值越大，结合料黏度的感温性越强。不同类型不同老化程度的沥青结合料 VTS 如图 26-2 所示，VTS 计算方法如下：

$$\text{VTS} = \frac{\lg\left[\lg\left(\eta_{T_1} \times 10^3\right) - \lg\left(\eta_{T_2} \times 10^3\right)\right]}{\lg\left(T_1 + 273.13\right) - \lg\left(T_2 + 273.13\right)} \tag{26-3}$$

式中，VTS 为黏温指数，量纲一；T_1、T_2 为两个沥青黏度的测试温度，℃；η_{T_1}、η_{T_2} 分别为 T_1、T_2 温度下的黏度，Pa·s。

由图 26-2 可得，对于原样沥青，基质沥青的 VTS 最大，感温性最强。随着 SBS 掺量的增加，VTS 增大，SBS 改性沥青感温性增强，而随着橡胶掺量的增加，VTS 减小，橡胶改性沥青的感温性减小。这与改性剂的固有属性有关，SBS 与沥青相互作用发生的是化学变化，SBS 在沥青中充分分散，形成网状结构，从而与基质沥青相比，SBS 改性沥青的感温性有所降低，但可能由于 SBS 本身的感温性，SBS 掺量增加，改性沥青体系的感温性也随之增加。橡胶在沥青中吸收轻质组分溶胀主要发生的是物理变化，且由于橡胶的掺量一般高于 SBS，橡胶颗粒在

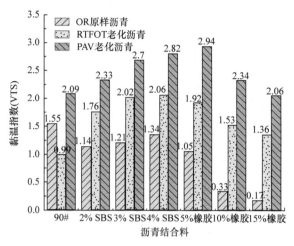

图 26-2　不同老化程度沥青结合料 VTS

沥青中仍多以颗粒状存在,溶胀及颗粒间的相互接触,限制了沥青的自由流动空间,使得改性沥青体系黏度大大增大。由于橡胶颗粒本身的感温性较小,橡胶改性沥青的感温性相较于基质沥青和改性沥青都大大降低,且随着胶粉掺量的增加,感温性降低。15%胶粉改性沥青的 VTS 只有基质沥青的十分之一左右。

　　比较 RTFOT 老化沥青 VTS 可知,经短期老化后,随 SBS 掺量增加,沥青结合料的 VTS 增大,SBS 改性沥青感温性增强,而随着橡胶掺量的增加,VTS减小,表明橡胶改性沥青的感温性减弱,这一规律与原样胶粉改性沥青的 VTS变化规律相符。值得注意的是,与原样基质沥青具有最大的 VTS 不同,RTFOT老化后的基质沥青的 VTS 急剧减小,小于各改性沥青的 VTS。这可能跟基质沥青在高温条件下轻质组分迅速挥发,从而降低其感温性有关。改性剂的添加吸附了沥青中的轻质组分,使其不易挥发,因此改性沥青的感温性相比基质沥青更强。

　　与短期 RTFOT 老化沥青的 VTS 变化规律相同,对于 PAV 老化沥青,随 SBS掺量增加,VTS 增大,而随橡胶掺量的增加,VTS 减小,PAV 老化的 15%橡胶掺杂沥青 VTS 最小,表现出最弱的感温性。

26.1.3　沥青高温线性黏弹特征

1. 原样沥青频率主曲线

　　图 26-3 显示了参考温度 20℃时 7 种不同类型的原样沥青复数剪切模量 G^* 及相位角 δ 主曲线。其中,90#基质沥青的测量数据作为参照,这些曲线对应于每种结合料试件测试结果的平均值。

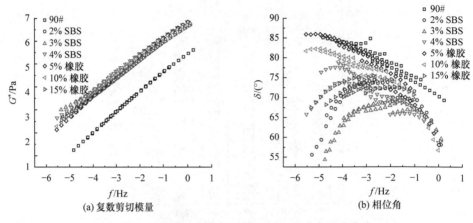

(a) 复数剪切模量   (b) 相位角

图 26-3 原样沥青复数剪切模量 G^* 及相位角 δ 主曲线

从图 26-3(a)可以看出，随 SBS/橡胶掺量的增加，G^* 增大，δ 减小，说明弹性成分占比增大，较大的 G^* 意味着沥青结合料具有足够的硬度抵抗车辙，较小的相位角确保结合料具有足够的弹性变形恢复能力。沥青结合料是一种典型的黏弹性材料，表现出弹性、黏性或者二者兼具。相位角仅仅给出了结合料弹性响应和黏性响应间的比例信息。相位角越小，弹性响应部分占比越大。在低频阶段，不同结合料间的主曲线间距较大，即动态模量差异较大。随着加载频率的增大，G^* 主曲线间的差异减小。

不同于 G^* 主曲线，经位移因子平移后形成平滑连续的曲线，相位角主曲线经平移后呈不连续且有分支的图形，但仍可根据时温等效原理将数据平移至参考温度生成 δ 主曲线。由图 26-3(b)的相位角主曲线可得，随着加载频率的增大，相位角趋于减小趋势，而基质沥青与改性沥青的相位角主曲线形状有所差异。基质沥青和低掺量改性沥青的相位角主曲线随加载频率增加呈平滑下降趋势。高度改性沥青在中频阶段存在一段平稳的阶段，这可能是因为沥青结合料中存在弹性聚合物网络结构，该网络结构由改性剂与沥青分子间的物理交联或缠结形成。相位角在低频区域降幅较大的原因在于改性剂从基质沥青中吸收轻质组分并溶胀，在高度改性沥青中建立弹性网络结构[3-4]。

图 26-4 给出了两种温度(28℃及64℃)及两种加载频率(0.1Hz 和 10Hz)条件下结合料的 G^*。

图 26-4 反映了不同类型不同添加量的改性剂对结合料 G^* 的影响，这些变化取决于加载频率和温度。以基质沥青作为对照组来看，添加改性剂后结合料的复数剪切模量有所增长，且随着同种改性剂掺量的增加，G^* 增大。28℃时，相较于基质沥青，10Hz 加载条件下的 4%SBS 改性沥青和 15%橡胶改性沥青 G^* 分别增大 72%和减小 12%。64℃时，相较于基质沥青，10Hz 加载条件下的 4%SBS 改性

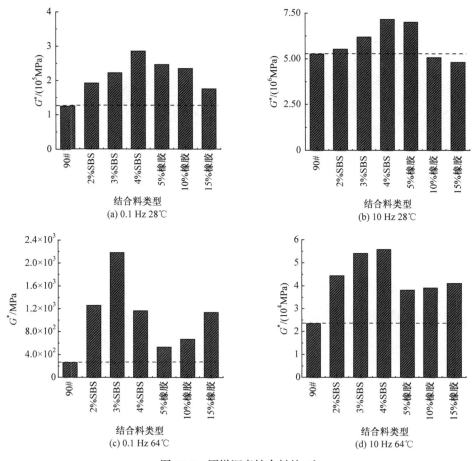

图 26-4　原样沥青结合料的 G^*

沥青和 15%橡胶改性沥青 G^* 分别增大 116%和 83%。其原因可能是较高的改性剂掺量能更好地与沥青相互作用，形成网络缠结结构，从而改善结合料整体的力学响应。在低频 0.1Hz 条件下，28℃的 4%SBS 改性沥青和 15%橡胶改性沥青 G^* 分别增加 121%和 23%，64℃时分别增加 485%和 492%，表明改性剂的添加对于结合料耐高温性能的提高更为显著。

图 26-5 给出了 7 种沥青结合料在 10Hz 加载频率条件下的 δ 等时曲线，这个频率是路面常用的设计加载频率。

由图 26-5 可以看出，随着温度的升高，δ 增大，沥青结合料的行为更趋向于黏性，这种行为由流变学主导。随着改性剂掺量的增大，相同温度条件下的 δ 减小，沥青结合料的劲度增大，材料向着更具弹性响应的方向发展。由曲线斜率可以观察到，随着改性剂掺量的增加，δ 等时曲线的增大趋于平缓。

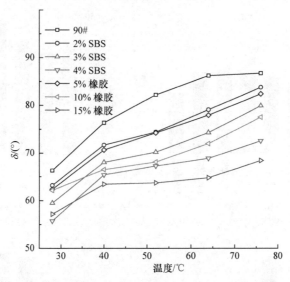

图 26-5　10Hz 条件下原样沥青结合料的 δ 等时曲线

7 种不同类型结合料的黑空间(black space)曲线如图 26-6 所示。

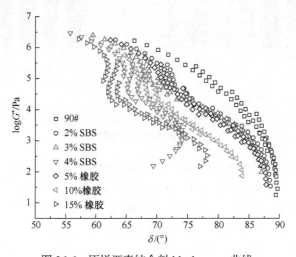

图 26-6　原样沥青结合料 black space 曲线

可以看出，与主曲线一样，7 种不同类型结合料的 black space 曲线有所差异，相较于高 G^* 端，在低 G^* 端，沥青结合料的 δ 差异性更为明显，而 2%SBS、3%SBS及 5%橡胶改性沥青的 black space 走势较为相似。相较于基质沥青，改性沥青的black space 曲线形状具有明显的差异性，在 G^* 中端，曲线出现反弯点，在反弯点之后，曲线朝着更高的 δ 方向移动。对于高掺量改性剂结合料，4%SBS 改性沥青及 15%橡胶改性沥青在 G^* 中端也出现了反弯点，在反弯点之后，曲线朝着更低的

δ 方向移动。

2. 老化对沥青频率主曲线的影响

图 26-7 和图 26-8 分别显示了参考温度 20℃时 7 种不同类型沥青结合料 RTFOT 老化及 PAV 老化后沥青复数剪切模量 G^* 及相位角 δ 主曲线。其中，90# 基质沥青的测量结果作为参照，这些曲线对应于每种结合料试件测试结果的平均值。

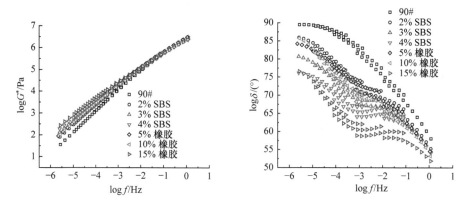

图 26-7　RTFOT 老化后沥青复数剪切模量 G^* 及相位角 δ 主曲线

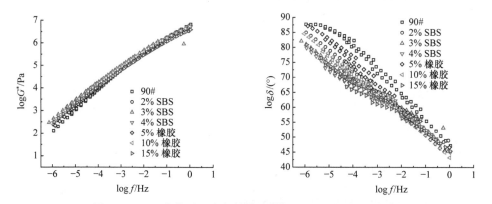

图 26-8　PAV 老化后沥青复数剪切模量 G^* 及相位角 δ 主曲线

由图 26-8 可知，老化后不同类型结合料的 G^* 主曲线差异减小，且随着老化程度的增加，G^* 主曲线差异减小程度增大。经过 PAV 长期老化后，结合料主曲线间差异较小。短期老化对相位角主曲线的形状影响不大，高度改性沥青的相位角在中频阶段存在一个平稳段。然而，经过 PAV 老化后，相位角主曲线形状有所改变，形成近似于直线的较为平滑的曲线。因此，相位角随频率增加降幅变大，说明经过长期老化后，结合料中的弹性成分发生变化。

比较不同老化程度条件下 G^* 主曲线纵坐标可以发现，老化会导致结合料的主曲线上移，这是一种常见趋势，G^* 增大，相位角减小，即沥青随着老化程度的增加而逐渐变硬。15% 橡胶改性沥青主曲线间的差异最小，表明 15% 橡胶改性沥青的老化敏感性低于其他结合料。此外，随老化程度增加，相位角主曲线向左下方移动，表明老化会导致弹性占比的增加。同样地，随着老化程度的增加，高度改性沥青相位角主曲线间的差异小于基质沥青和低掺量改性沥青。

表征复数剪切模量与相位角关系的 black space 图消除了频率与温度的影响，7 种不同类型 RTFOT 老化及 PAV 老化后的沥青结合料 black space 曲线如图 26-9 所示。

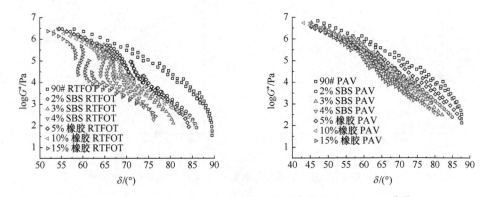

图 26-9　RTFOT 老化及 PAV 老化后沥青结合料的 black space 曲线

由图 26-9(a) 可观察到，与主曲线相似，RTFOT 老化后的沥青 black space 曲线呈现出与 δ 主曲线一致的形状走向。相较于高 G^* 端，在低 G^* 端，结合料的 δ 差异更为明显，而 2% SBS、3%SBS 及 5% 橡胶改性沥青的 black space 较为相似。相较于基质沥青，改性沥青的 black space 曲线形状具有明显的差异性，在 G^* 中端，曲线出现反弯点，在反弯点之后，曲线朝着更高的 δ 方向移动。PAV 老化后的沥青 black space 曲线呈现出较为平滑的近似线性形状的走势。相较于改性沥青，基质沥青的形状随老化程度的变化改变不明显。

26.1.4　沥青高温重复蠕变和恢复流变特性

1. 沥青高温重复蠕变恢复流变规律

对 7 种沥青试件进行了 4 种应力水平下的 RCR 试验，重复加载周期为 100 次，每个周期含 1s 加载 9s 卸载，试验温度为 60℃，得到不同应力水平条件下沥青的 γ-t(剪切应变–时间)曲线如图 26-10 所示。

由图 26-10 可知，不同应力条件下沥青的 γ-t 曲线是不同的，相同时间条件下，应力从 50Pa 增加到 3200Pa，剪切应变发生了数量级的差异。随应力的增大，

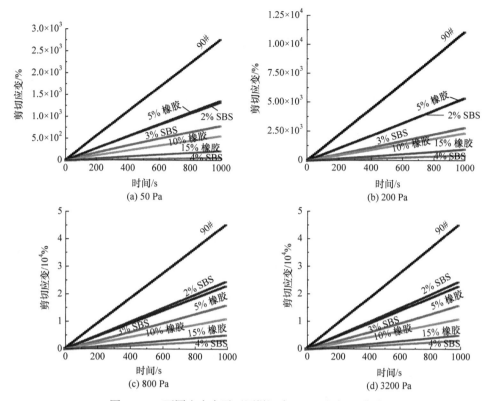

图 26-10　不同应力水平下原样沥青 RCR 试验 γ-t 曲线

剪切应变急剧增大。不同类型沥青结合料间 γ-t 曲线也是有所不同的，基质沥青的累积应变最大，而 4% SBS 改性沥青的累积应变最小。对于同种改性剂而言，随着改性剂掺量的增加累积应变减小。与原样沥青有所不同的是，经 RTFOT 老化及 PAV 老化后的改性沥青 γ-t 曲线差异有所减小，且随着老化程度的增大，累积应变减小，沥青变硬，表现出更好地抵抗永久变形的能力，这与 FS 试验结果一致。

累积应变可以表征沥青在重复荷载下的永久变形性能，残余变形可以反映沥青结合料的延迟弹性变形。考虑到不可恢复蠕变柔量(Jnr)是评估沥青抗变形性能的指标，不可恢复蠕变柔量越高，在重复荷载下的永久变形越大。变形恢复率(R)可以表征沥青的弹性，较好的弹性对应于较高的变形恢复率，这是评估材料抗车辙性较为有效的指标之一。采用不可恢复的蠕变柔量(Jnr)来评估沥青在重复荷载下的平均不可恢复应变，并使用变形恢复率(R)来评估沥青的延迟弹性。由 γ-t 曲线计算 R 和 Jnr，结果如图 26-11 所示。

由图 26-11 可知，随着剪切应力 τ 的增加，平均恢复率 R 趋于降低，而平均不可恢复蠕变柔量 Jnr 趋于增大。以基质沥青为参照试件，可以看出基质沥青的 R

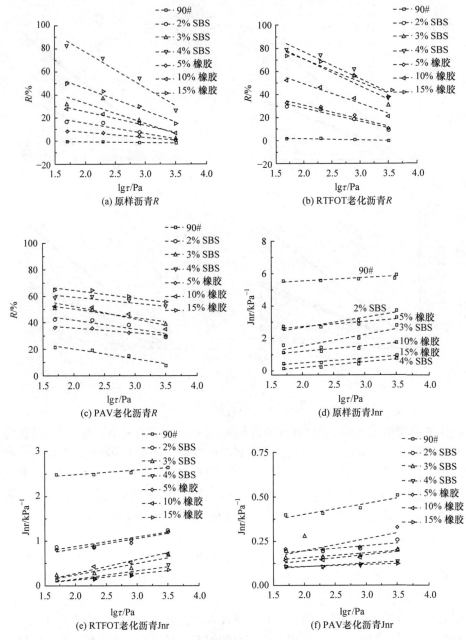

图 26-11　沥青结合料 RCR 试验 R、Jnr

和 Jnr 随剪切应力的增加变化不显著，且相较于改性沥青其 R 最小，而 Jnr 最大。随着同种改性剂掺量的增加，R 增大，Jnr 减小，表明材料趋于弹性响应，耐高温性能得到改善。因此，改性沥青的变形恢复能力明显高出基质沥青，而高应力水

平条件下的 R 通常较小且 Jnr 较大，对应较高的车辙敏感性。由拟合结果可知，R-lgτ 及 Jnr-lgτ 曲线基本符合线性变化规律。比较拟合曲线斜率可知，随同种改性剂掺量的增加，R-lgτ 的斜率增大，而 Jnr-lgτ 的斜率趋于减小。比较老化程度对 R 及 Jnr 的影响发现，随老化程度的增大，R 及 Jnr 趋于减小，因此沥青结合料老化后的弹性成分减小，弹性恢复有所降低，但老化变硬使得不可恢复永久变形也随之减小。随着老化程度的增大，R 及 Jnr 随应力增大而增大的幅值降低，沥青结合料的应力敏感性降低。

2. 沥青高温重复蠕变恢复黏塑性应变黏塑性模型

为了更好地评估沥青路面的高温抗车辙性能，需基于沥青黏弹性本构关系建立其永久变形的预测模型。沥青应变的力学响应可归结为黏弹性(viscoelasticity，VE)和黏塑性(viscoplasticity，VP)两个基本问题。Uzan 将损伤因子引入应变硬化 VP 模型，考虑了损伤效应，建立了 VE-VP 本构关系，从而可以更准确地模拟沥青混合料的应变力学效应并对其进行有效预测[5-6]。基于应变硬化 VP 模型，对沥青重复蠕变恢复测试中的黏塑性剪切应变进行分析和建模。

Uzan 提出的 VP 模型中，材料的不可恢复黏塑性应变可以表示为

$$\frac{\mathrm{d}\varepsilon_{\mathrm{vp}}}{\mathrm{d}t} = A\frac{\sigma^q}{\varepsilon_{\mathrm{vp}}^p} \tag{26-4}$$

式中，$\varepsilon_{\mathrm{vp}}$ 为应变；σ 为应力；A、p、q 为材料参数。时间和应力遵循非线性变化。

将式(26-4)积分可得 $\varepsilon_{\mathrm{vp}}$ 的表达式如式(26-5)所示：

$$\varepsilon_{\mathrm{vp}} = \left(\frac{p+1}{A}\right)^{\frac{1}{p+1}}\left(\int_0^1 \sigma^q \mathrm{d}t\right)^{\frac{1}{p+1}} \tag{26-5}$$

在恒定应力水平下，σ^q 与加载时间无关，因此式(26-5)可以表达为式(26-6)的形式：

$$\varepsilon_{\mathrm{vp}} = \left(\frac{p+1}{A}\right)^{\frac{1}{p+1}} \sigma^{\frac{q}{p+1}} t^{\frac{1}{p+1}} \tag{26-6}$$

对公式中的参数进一步进行整合，得到应变硬化 VP 模型表达式如式(26-7)所示：

$$\varepsilon_{\mathrm{vp}} = \left(\frac{\alpha}{A}\right)^{\frac{1}{\alpha}} \sigma^{\frac{\beta}{\alpha}} t^{\frac{1}{\alpha}} \tag{26-7}$$

为确定 RCR 试验中模型参数 α、β、A 的数值，将应力和时间进行变量分离，

$\dfrac{\alpha}{A}$ 对于恒定剪切应力条件下的黏塑性应变模型可以简化为式(26-8)的形式:

$$\gamma_{vp}=d_t\,t^{\frac{1}{\alpha}} \tag{26-8}$$

两边取对数变换,得到应变-时间在双对数坐标下的线性关系,如式(26-9)所示,通过线性拟合得到直线的斜率,对斜率取倒数,即为 α。

$$\log\gamma_{vp}=\log d_t+\frac{1}{\alpha}\log t \tag{26-9}$$

相同时间不同剪切应力条件下,将式(26-6)简化为式(26-10):

$$\gamma_{vp}=d_2\tau^{\frac{q}{\alpha}} \tag{26-10}$$

同样进行对数变换,得到式(26-11),即黏塑性应变-剪切应力在双对数坐标下的线性关系,由线性拟合得到直线斜率,根据已得 α 计算得到 β 及 A。

$$\log\gamma_{vp}=\log d_2+\frac{q}{\alpha}\log\tau \tag{26-11}$$

恒定应力条件下沥青黏塑性应变(γ_{vp})和蠕变时间(t)在双对数坐标下的关系曲线如图 26-12 所示,根据其线性拟合结果得到参数 α。

不同剪切应力条件下沥青黏塑性应变(γ_{vp})和剪切应力(τ)在双对数坐标下的关系曲线如图 26-13 所示。

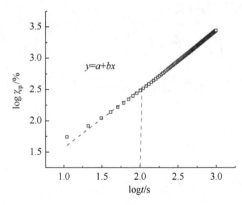

图 26-12　沥青黏塑性应变和蠕变时间的关系

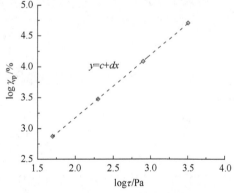

图 26-13　沥青黏塑性应变和剪切应力的关系

根据式(26-9)和式(26-11)拟合并计算出参数 α、β、A 的取值,如表 26-1 所示。

表 26-1　沥青 RCR 试验 VP 参数 α、β、A 的取值

沥青类型	α	β	A
90#	1.074	1.091	16.393
2%SBS 改性沥青	1.109	1.181	41.246
3%SBS 改性沥青	1.167	1.288	77.034
4%SBS 改性沥青	1.594	2.072	6497.419
5%橡胶改性沥青	1.089	1.131	37.325
10%橡胶改性沥青	1.137	1.238	113.844
15%橡胶改性沥青	1.207	1.380	407.256

　　重复蠕变测试中，不同类型沥青的黏塑性应变实测值与所建立 VP 模型得到的预测值对比结果如图 26-14 所示。

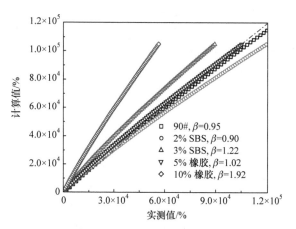

图 26-14　沥青 VP 模型黏塑性应变计算值与实测值对比

　　由图 26-14 可以看出，由沥青重复蠕变测试所建立的应变硬化 VP 模型对于基质沥青的黏塑性应变模拟及预测适用性较好，且随着蠕变时间的增大，预测精度有所降低。随着改性剂的掺入，预测值开始出现偏差，且随改性剂掺量的增大，预测精度迅速降低，因此 VP 模型对基质沥青黏塑性应变力学响应的模拟与预测适用性较好，但对于高度改性沥青不适用。

　　为进一步提高模型的预测精度，对不同剪切应力下的 α 分别进行拟合计算，由于高度改性沥青的黏塑性应变和剪切时间的关系曲线前半部分线性相关性较差，取时间对数坐标值 2 以后的数据点进行线性拟合，然后取拟合直线斜率的倒数即为 α。例如，4%SBS 改性沥青及 15%橡胶改性沥青 VP 参数 α、β、A 的取值如表 26-2 所示。

表 26-2　　沥青 RCR 试验改进 VP 参数 α、β、A 的取值

沥青类型	τ/Pa	α	β	A
4%SBS 改性沥青	50	1.417	1.888	5121.358
	200	1.223	1.630	3526.951
	800	1.022	1.362	2304.302
	3200	0.987	1.316	1899.372
15%橡胶改性沥青	50	1.144	1.315	391.843
	200	1.065	1.225	445.595
	800	1.038	1.193	421.320
	3200	1.016	1.169	358.820

　　由图 26-15 可以看出，在沥青蠕变恢复测试中，改进应变硬化 VP 模型对于沥青的黏塑性应变响应模拟及预测适用性良好，且随着蠕变时间的增大，预测精度稍有降低，但相对于未改进 VP 模型，预测精度大幅提高。进一步研究表明，改进应变硬化 VP 模型同样适用于 RTFOT 老化及 PAV 老化后的沥青结合料 RCR 试验中黏塑性应变的计算。

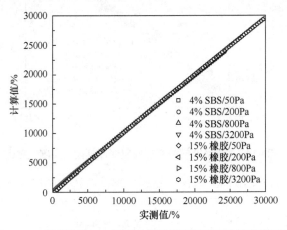

图 26-15　沥青改进 VP 模型黏塑性应变计算值与实测值对比

26.1.5　沥青高温多重应力蠕变恢复流变特性

　　对 7 种改性沥青的原样沥青、RTFOT 老化沥青及 PAV 老化沥青试件进行多重应力蠕变恢复(MSCR)试验，剪切应力选择 0.1kPa 和 3.2kPa 两个水平，每种应力水平条件下重复加载周期为 10 次，每个周期含 1s 加载 9s 卸载，试验温度为 60℃，得到不同剪切应力条件下沥青的 γ-t 曲线如图 26-16 所示。

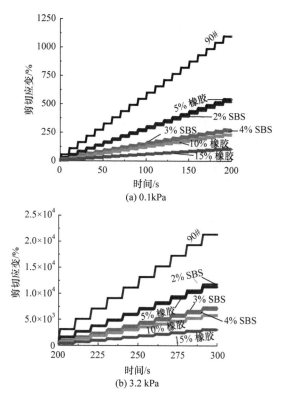

(a) 0.1kPa

(b) 3.2 kPa

图 26-16　不同剪切应力条件下原样沥青 MSCR 试验 γ-t 曲线

图 26-16 表明，沥青结合料的累积应变随时间增加而增加，基质沥青的累积应变最大，在高温条件下表现出线性黏性流体特征，而 SBS 改性沥青及橡胶改性沥青的累积变形较小，且随着同类型改性剂掺量的增加，累积应变减小。这是因为改性剂与沥青相互作用，增加了沥青的弹性特征，荷载作用下的流变降低。改性剂吸收沥青中的轻质组分在基质沥青中充分溶胀，减少了沥青结合料的自由空间，且溶胀的颗粒相互接触，因此抗变形能力提高。由 MSCR 试验得到的累积应变规律与 RCR 试验相同。另外，基质沥青的弹性恢复很小，卸载后的曲线基本保持平台状，表明基质沥青在加载阶段主要为蠕变变形，卸载后只有很小一部分可以恢复，大部分为永久变形。高度改性沥青可以观察到更多的弹性恢复，相较于基质沥青，改性沥青的变形恢复率随时间增加。黏弹性流动是改性沥青蠕变变形的主要形式，延迟的弹性变形在卸载后可以得到恢复。因此，黏滞流动并不是考虑结合料高温变形的唯一指标，还应考虑弹性延迟对于累积变形的影响[7]。短期老化及长期老化不会改变沥青结合料 γ-t 曲线的整体变化规律，但老化后沥青的累积应变急剧减小，这与老化后沥青变硬的结论一致。

对不同类型的原样沥青、RTFOT 老化沥青及 PAV 老化沥青进行 MSCR 试验

的 R、Jnr 及其差值进行计算，结果如图 26-17 所示。

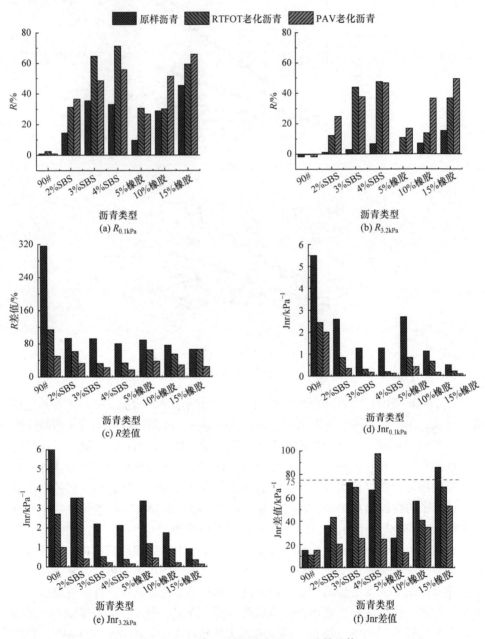

图 26-17　沥青 MSCR 试验 R、Jnr 及其差值

如图 26-17 显示，基质沥青的变形平均恢复率 R 不到 2%，远低于改性沥青的 R。随压力水平由 0.1kPa 增大至 3.2kPa，Jnr 增大，R 明显减小，表明沥青的抗

变形能力对应力水平敏感，因此沥青混合料在重载作用下容易发生车辙损伤。比较图 26-17(a)和(b)可以看出，改性沥青的平均恢复率随应力水平的增加而降低，这是因为在高应力水平条件下，沥青的内部结构被破坏，比低应力水平情况下的恢复性能差，即便如此，改性沥青的恢复性能也比基质沥青好很多。通常，随着同种改性剂掺量的增加，Jnr 增加，R 减小。考虑到这种差异，因此 Jnr 和 R 可用于评估沥青结合料的耐高温性能。由图 26-17(c)可以看出，随同种改性剂掺量的增大，R 差值(R_{diff})趋于减小，表明改性剂的添加对沥青体系弹性响应的稳定性有积极作用。

　　PAV 老化后的沥青结合料，随压力水平由 0.1kPa 增大至 3.2kPa，Jnr 增大，R 减小，但相较于原样沥青，R_{diff} 及 Jnr 差值(Jnr_{diff})大多有所减小。随老化程度的增大，3.2kPa 下的 R 及 R_{diff} 表现出减小的规律，0.1kPa 下的 Jnr 与 3.2kPa 下的 Jnr 随老化程度增加而减小，考虑到 3.2kPa 下的 R 及 Jnr 对老化程度的敏感性，可用于评估沥青结合料的耐高温性能。由 MSCR 测试作为动态剪切试验的补充，将 3.2kPa 与 0.1kPa 条件下的不可恢复蠕变柔量百分比差异，即 Jnr_{diff} 作为 MSCR 协议分级的第二个标准，当 Jnr_{diff} 超过 75%，则认为材料在该温度下对车辙敏感。由图 26-17(f)可知，RTFOT 老化后的 4%SBS 改性沥青及 15%橡胶改性沥青在 60℃ 条件下表现为车辙敏感。

26.1.6　沥青低温线性黏弹特征

　　低温条件下，沥青混合料的温度应力累积与沥青结合料的低温性能具有直接相关关系。对于黏弹性材料而言，动态试验可用于描述其频率域的黏弹力学响应，而静态试验则可用于其时间域的黏弹特性。在线性黏弹范围内，由频率域及时间域测试建立的方程又可以根据其力学弛豫谱进行转换。

　　Andrews、Ferry 等对动态测试及静态测试间的数据转换进行了初步研究[8-9]。Ninomiya 提出了一个近似公式，采用复数模量实部(弹性(存储)模量)和虚部(黏性耗散模量)计算松弛模量，如式(26-12)所示，其误差为 5%。

$$G(t) \approx [G'(\omega) - 0.4G'(0.4\omega) + 0.014G'(10\omega)]_{\omega=1/t} \tag{26-12}$$

式中，$G(t)$ 为松弛模量；$G'(\omega)$ 为弹性(存储)模量。

　　Christensen 提出采用式(26-13)进行频率域模量向时间域模量的转化并对其进行了验证，其误差在 10%以内。

$$G(t) \approx G'(\omega)_{\omega=2/\pi t} \tag{26-13}$$

　　对沥青在 5 个温度条件下进行频率扫描试验，试验温度选择为 40℃、28℃、16℃、4℃、-8℃，以 20℃为参考温度，根据时间-温度等效原理得到弹性(存储)

模量 $G'(\omega)$ 的主曲线，选择形式简单精度较好的式(26-13)将原样沥青、RTFOT 老化沥青及 PAV 老化沥青的弹性(存储)模量 $G'(\omega)$ 主曲线转化为松弛模量 $G(t)$ 主曲线，如图 26-18 所示。

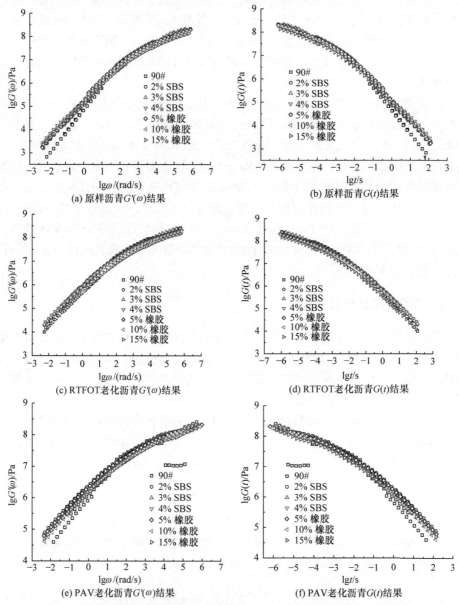

图 26-18　沥青低温弹性(存储)模量 $G'(\omega)$ 主曲线及松弛模量 $G(t)$ 主曲线

由图 26-18 可知,PAV 老化后的松弛模量水平明显高于原样沥青和 RTFOT 老化沥青，原样沥青与短期 RTFOT 老化沥青的初始松弛模量相近，而 PAV 老化沥青随着时间延长松弛速率有所增大。整体来讲，老化会使得沥青的松弛模量水平大幅提高，沥青路面内部温度应力累积增大，从而导致路面更易低温开裂。

对松弛模量主曲线进行形式为 $y = ax^2 + bx + c$ 的二次方程拟合，式中 a、b、c 为拟合参数。按照式(26-14)和式(26-15)分别计算 60s 时的松弛模量 $G(60s)$ 和松弛速率 $m_r(60s)$：

$$G(60s) = \alpha x^2 + bx + c\,|_{x=1.78} \tag{26-14}$$

$$m_r(60s) = 2\alpha x + b\,|_{x=1.78} \tag{26-15}$$

以松弛模量 $G(60s)$ 和松弛速率 $m_r(60s)$ 为评价指标，计算得到不同老化水平条件下沥青低温指标，如图 26-19 所示。

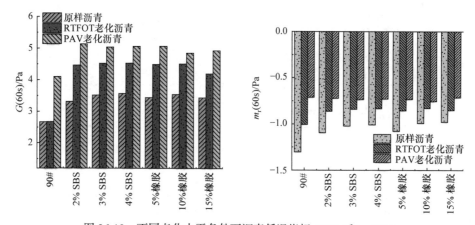

图 26-19　不同老化水平条件下沥青低温指标 $G(60s)$ 和 $m_r(60s)$

由图 26-19 可以看出，从原样沥青到 PAV 老化沥青的松弛模量显著增加，PAV 老化沥青的松弛模量增幅较 RTFOT 老化沥青有所减小。长期老化的沥青，即 PAV 老化沥青松弛速率绝对值明显小于原样及 RTFOT 老化后的沥青，说明长期老化削弱了沥青的低温松弛性能。越小的松弛模量及越大的松弛速率绝对值对应越小的累积温度应力，从而可以较快释放温度应力，预防路面低温开裂。因此，沥青的抗老化能力极大影响着低温条件下沥青路面裂缝的产生与扩展。另外，可以看出，改性剂的添加有利于大大降低沥青的低温松弛模量，降低沥青路面内部累积温度应力水平，从而减小路面低温开裂的发生。

26.1.7　沥青中温疲劳特征

不同类型原样沥青、RTFOT 老化沥青及 PAV 老化沥青的线性振幅扫描(LAS)

试验结果如图 26-20 所示，试验统一在温度 19℃下进行。

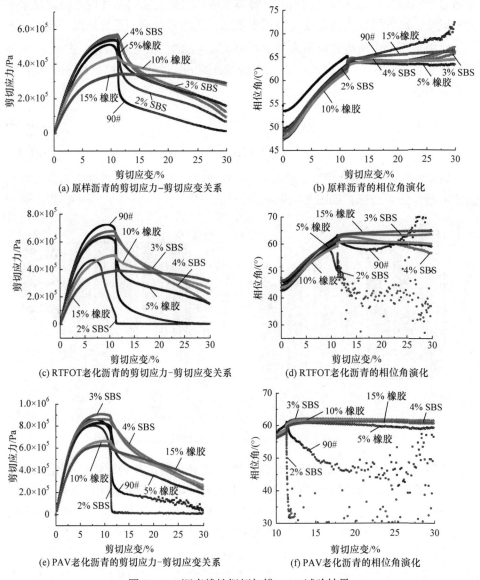

(a) 原样沥青的剪切应力–剪切应变关系

(b) 原样沥青的相位角演化

(c) RTFOT老化沥青的剪切应力–剪切应变关系

(d) RTFOT老化沥青的相位角演化

(e) PAV老化沥青的剪切应力–剪切应变关系

(f) PAV老化沥青的相位角演化

图 26-20　沥青线性振幅扫描(LAS)试验结果

　　由图 26-20(a)、(c)及(e)可知，随着剪切应变的增加，剪切应力呈先增大后减小的趋势，剪切应力在某个点达到峰值，称为材料的屈服应力(屈服强度)，与屈服应力相对应的剪切应变为屈服应变。值得注意的是，相位角随剪切应变增大而增大至一定程度，随后出现一个反弯点，此后基本保持平稳。可能原因是当沥青结合料达到一定应变水平，材料最终失效，从而保持稳定的黏弹性占比。目前，关于沥青疲劳测试中引起相位角变化的原因尚未达成共识,可能涉及非线性黏弹性、损伤或黏塑性等因素。LAS 试验中相位角峰值的出现仍为沥青的疲劳失效判定提供了一个较好的现象学指标。由图 26-20(b)可知,相位角峰值的出现稍滞后于屈服应力峰值。因此,在逻辑上可以考虑将剪切应力峰值作为屈服现象发生的标志,而将相位角峰值作为最终失效的标志。沥青在 LAS 试验中经历了先屈服后失效的过程。此外,由不同老化程度的沥青剪切应力-剪切应变关系可知,老化效应增大了沥青的屈服应力并伴随着屈服应变的减小。老化效应大幅增大了沥青的初始相位角,即老化使得沥青更趋向于弹性且黏性减小。

为比较不同类型沥青结合料的疲劳参数,C 被定义为沥青结合料损伤密度的参数,其计算方法如式(26-16)所示。原样沥青、RTFOT 老化沥青及 PAV 老化沥青 C 与累积损伤间的关系曲线如图 26-21 所示。

$$C(t) = \frac{|G^*| \times \sin \delta(t)}{|G^*|_0 \times \sin \delta_{\text{initial}}} \tag{26-16}$$

式中,δ_{initial} 为初始相位角;$|G^*|_0$ 为初始复数剪切模量。

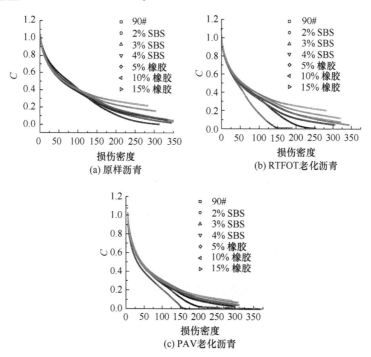

图 26-21　沥青结合料参数 C 与损伤密度的关系

图 26-21 中可以看出,在较低损伤密度时,不同类型结合料间的 C 差异不明显,当损伤密度增大时,各类型沥青间的差异增大。研究表明,随着改性 SBS/橡

胶掺量的增加,特定损伤密度对应的 C 增大,因此改性剂对沥青的抗疲劳性具有积极作用。

计算原样沥青、RTFOT 老化沥青及 PAV 老化沥青的疲劳作用次数 N_f,计算结果如图 26-22 所示。

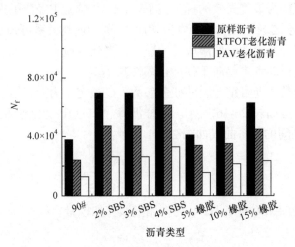

图 26-22　沥青疲劳作用次数

随着老化程度的增加,疲劳作用次数减小。随着同种改性剂掺量的增加,疲劳作用次数增大。因此,SBS/橡胶改性剂的添加显著提高了沥青的疲劳寿命。

26.1.8　沥青老化敏感性流变指标

1. 沥青结合料老化指标敏感性

为进一步量化表征沥青结合料流变特性对老化程度的敏感性,采用流变指标老化前后的差值除以未老化沥青流变指标,对其老化指标作如式(26-17)形式的定义。老化指标绝对值越大,表明其老化程度越明显。

$$D_a = \frac{|I_a - I_u|}{I_u} \tag{26-17}$$

式中,D_a 为老化程度;I_a 为老化前的老化指标;I_u 为老化后的老化指标。

分析可知,老化对于沥青结合料流变特性有较大影响,但不同流变指标对老化的敏感性有所差异。针对同一描述对象,通常采用敏感性分析来定性评估两个参数之间的差异。将 a 和 b 两个不同的流变老化指数分别作为水平和垂直坐标。如果坐标点大致位于斜率 1 的直线下方(上方),则流变指数 a 比 b 对老化的敏感性更大(更小)。如果坐标点大致位于该直线附近,则两个流变指数对老化敏感性通常相当。基于此原理,图 26-23 显示了不同老化流变参数敏感性的分析结果。

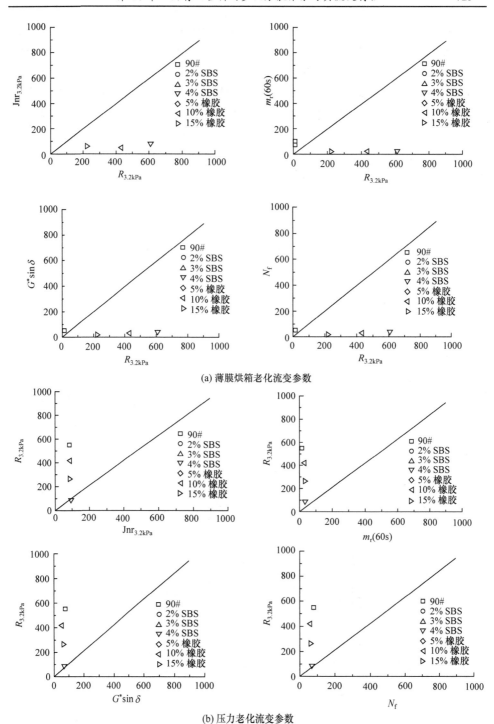

(a) 薄膜烘箱老化流变参数

(b) 压力老化流变参数

图 26-23 老化流变参数敏感性分析结果

由图 26-23 可以得出结论，由 MSCR 试验得到的流变参 $R_{3.2kPa}$ 对短期老化最敏感，而由 RCR 试验得到的流变参数 $R_{3.2kPa}$ 对长期老化最敏感。从宏观性能分析的角度来看，路面开裂破坏是老化引起的主要破坏。沥青不仅是随温度和时间变化的黏弹性材料，而且是胶体结构，这种胶体结构很容易受到老化的影响，从溶胶状态到凝胶状态。因此，沥青的流变特性受测试温度、加载频率和老化程度等因素的综合影响，老化主要影响沥青材料的弹性成分占比。与其他流变指标相比，R 对老化更敏感。但是，由于选择的流变指标是在不同的温度和频率条件下得到的，这会削弱或增强这些指标对老化行为的响应。

2. 沥青流变参数相关性

流变参数间相关关系有助于通过不同流变参数进一步验证沥青的性能。此外，如果两个流变参数间具有很强的相关性，则可以从一个流变参数推断出其他流变效应。对不同的流变参数进行两两相关性分析，结果如图 26-24 所示。

由图 26-24 可以看出，RCR 试验中不同剪切应力条件下的 R 与 Jnr 均具有很强的相关性，且 RCR 试验中的 $R_{3.2kPa}$ 与 MSCR 试验中的 $Jnr_{0.1kPa}$ 和 $Jnr_{3.2kPa}$ 具有较好的相关性，这些相关性不会因沥青结合料的老化而改变。RCR 试验中的 $R_{3.2kPa}$ 与 MSCR 试验中的 $Jnr_{3.2kPa}$ 具有良好的线性相关关系，这种相关性在原样沥青间表现较强，老化后数据有所波动。MSCR 试验中的 $Jnr_{3.2kPa}$ 与 LAS 试验中的疲劳荷载次数 N_f 呈现一定相关性，这种相关关系随老化程度增加而降低。此外，MSCR 试验中的 $Jnr_{3.2kPa}$ 与低温 FS 试验中的 $G(60s)$ 及 $m_r(60s)$ 表现出一定线性相关性，

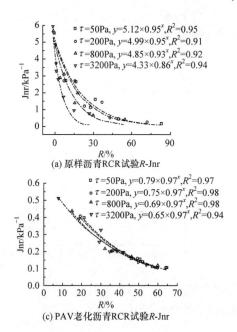

(a) 原样沥青RCR试验R-Jnr

(c) PAV老化沥青RCR试验R-Jnr

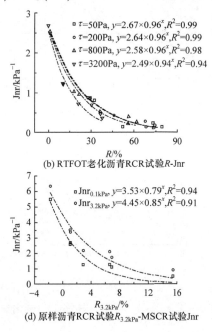

(b) RTFOT老化沥青RCR试验R-Jnr

(d) 原样沥青RCR试验$R_{3.2kPa}$-MSCR试验Jnr

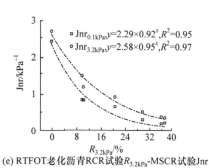

(e) RTFOT老化沥青RCR试验$R_{3.2kPa}$-MSCR试验Jnr

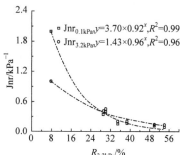

(f) PAV老化沥青RCR试验$R_{3.2kPa}$-MSCR试验Jnr

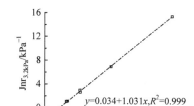

(g) 原样沥青RCR试验$R_{3.2kPa}$-MSCR试验$Jnr_{3.2kPa}$

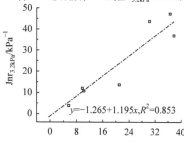

(h) RTFOT老化沥青RCR试验$R_{3.2kPa}$-MSCR试验$Jnr_{3.2kPa}$

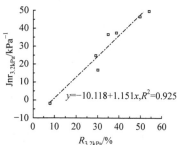

(i) PAV老化沥青RCR试验$R_{3.2kPa}$-MSCR试验$Jnr_{3.2kPa}$

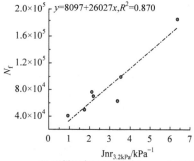

(j) 原样沥青MSCR试验$Jnr_{3.2kPa}$-LAS试验N_f

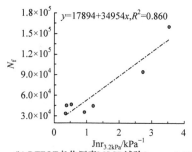

(k) RTFOT老化沥青MSCR试验$Jnr_{3.2kPa}$-LAS试验N_f

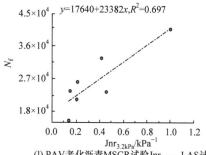

(l) PAV老化沥青MSCR试验$Jnr_{3.2kPa}$-LAS试验N_f

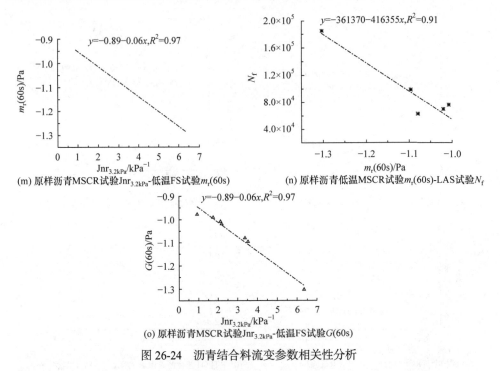

(m) 原样沥青MSCR试验Jnr$_{3.2kPa}$-低温FS试验m_r(60s)　　　(n) 原样沥青低温MSCR试验m_r(60s)-LAS试验N_f

(o) 原样沥青MSCR试验Jnr$_{3.2kPa}$-低温FS试验G(60s)

图 26-24　沥青结合料流变参数相关性分析

而低温 FS 试验中的 m_r(60s) 与 LAS 测试的 N_f 也表现出一定线性相关性，但这些相关性仅适用于原样沥青，老化后的沥青相关性较差。

26.2　沥青胶浆分散尺度的流变特性及影响因素

根据近代胶浆理论，可以将沥青混合料归为一种多级网络分散体系：①沥青混合料视阈下，可视为粗集料作为分散相分散于沥青砂浆中；②沥青砂浆视阈下，可视为细集料作为分散相分散于沥青胶浆中；③沥青胶浆视阈下，可视为填料作为分散相分散于沥青中。在实际研究工作中，往往独立对结合料、胶浆及混合料的性能进行研究，各分散尺度范围间的关联性脱节，因此以沥青结合料或胶浆性质预测混合料性质相关性较差。如何将每个分级体系进行关联，形成全面系统的沥青及沥青混合料流变特性评价体系，为混合料的配合比设计及服役性能预测提供技术支持，是当前存在的难点之一。在对沥青胶浆的流变特性及沥青–填料相互作用进行研究的基础上，将沥青胶浆的流变学指标与结合料及填料指标相关联，以期从更宏观的尺度把握混合料的设计质量。

26.2.1　沥青胶浆流变试验设计

流变特性分析涉及 7 种沥青结合料，包括 90#基质沥青，3 种掺量水平的 SBS

改性沥青和 3 种掺量水平的橡胶改性沥青。SBS 改性沥青的三种水平掺量分别为 2%、3% 和 4%。橡胶(40 目)改性沥青也采用三种水平掺量，分别为 5%、10% 和 15%。填料类型选择石灰岩矿粉、玄武岩 1、玄武岩 2、白云石、花岗岩及熟石灰，所有填料均通过 200 目筛孔。

采用的主要试验设备为 Brookfield 旋转黏度计、Anton Paar 动态剪切流变仪、RTFOT 旋转薄膜烘箱及 PAV 压力老化烘箱。

包含的试验测试主要有 Brookfield 黏度试验、应变扫描(AS)试验、频率扫描(FS)试验、重复蠕变恢复(RCR)试验、多重应力蠕变恢复(MSCR)试验及线性振幅扫描(LAS)试验。此外，考虑到老化效应的影响，分别对沥青胶浆进行短期 RTFOT 老化及长期 PAV 老化试验。

对原样沥青胶浆、RTFOT 老化沥青胶浆及 PAV 老化沥青胶浆进行 Brookfield 旋转黏度测试，测试温度选择 135℃、155℃、175℃ 及 195℃，每个温度条件下选择 5 种转速进行测试，转速的选择以扭矩保持在 10%～98% 为准，试验结果取 5 种转速条件下黏度的平均值。

采用 DSR 对 7 种原样(OR)、RTFOT 老化及 PAV 老化沥青胶浆试件进行频率扫描试验，扫描频率范围为 0.1～10Hz，温度选择 28℃、40℃、52℃、64℃ 及 76℃ 等 5 个温度水平。FS 试验之前进行 28℃ 及 64℃ 温度条件下，应变范围为 0.1%～0% 的 AS 扫描以获得 LVE 限值，最终应变选择 0.1%，以保证所有试件处于 LVE 线性黏弹范围内。转子的间隙和直径分别为 1mm 和 25mm，每个温度水平保温 10min。每个试件进行两组平行试验以保证结果的可靠性。然后基于时间-温度等效原理平移得到动态剪切模量主曲线。选取 Sigmoidal 方程为沥青胶浆主曲线的拟合方程。

RCR 测试选择 50Pa、200Pa、800Pa 及 3200Pa 等 4 种应力水平，每一应力水平条件下进行 100 个循环周期的测试，每一周期包含 1s 加载及 9s 卸载，温度选择路面夏季常用平均温度 60℃，评价指标选择 100 个循环测试周期的平均恢复率 (R) 和不可恢复蠕变柔量(Jnr)。

MSCR 测试温度选择为 60℃，分别对沥青进行 0.1kPa 和 3.2kPa 两种应力加载水平下 1s 的蠕变荷载以及 9s 的卸载后恢复，每种应力水平进行 10 个周期循环的测试，测试按照应力水平由低到高依次进行，试验前进行 10 个周期的预剪切。评价指标为 10 个循环测试周期的平均恢复率 $R_{0.1kPa}$ 和 $R_{3.2kPa}$ 及平均不可恢复蠕变柔量 $Jnr_{0.1kPa}$ 和 $Jnr_{3.2kPa}$。

低温 FS 试验，应变选择 0.1% 以保证所有试件处于 LVE 限值内，温度选择 40℃、28℃、16℃、4℃ 及 -8℃ 等 5 个温度水平。转子的间隙和直径分别为 2mm 和 8mm。每个温度水平保温 10min。每个试件进行两组平行试验以保证结果的可靠性。同样选取 Sigmoidal 方程为沥青胶浆主曲线的拟合方程。LAS 测试采用控制应变的加载方式，对沥青胶浆施加一个振幅从 0.1%～30% 线性增长的正弦波荷载，试验温度选择 19℃。

26.2.2　沥青胶浆黏温曲线及影响因素

1. 沥青类型对胶浆黏度的影响

同体积分数条件下，不同结合料类型的原样沥青胶浆、RTFOT 老化沥青胶浆及 PAV 老化沥青胶浆黏温曲线如图 26-25(a)、(c)及(e)所示，其回归曲线如图 26-25(b)、(d)及(f)所示，回归公式同式(26-2)。

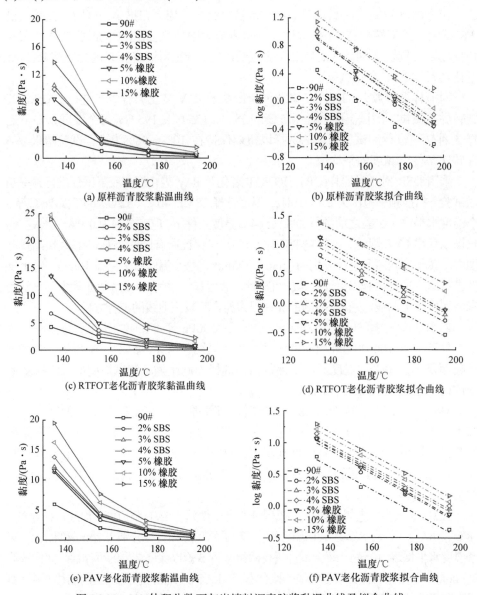

图 26-25　30%体积分数石灰岩填料沥青胶浆黏温曲线及拟合曲线

由图 26-25(a)、(c)及(e)可知，随着测试温度的升高，沥青胶浆的黏度均有所降低，沥青逐渐向胶质结构转化，因此整个沥青胶浆体系黏度减小。在低温条件下，不同结合料类型间的差异较大，随着温度的升高，黏度差异减小。由图 26-25(b)可知，沥青胶浆黏度的对数与温度间存在较好的线性相关关系。与结合料黏温曲线相比，掺加相同体积分数石灰岩填料黏温曲线变化规律与结合料基本一致，即随着同种改性剂掺量的增加，沥青胶浆的黏度趋于增大。

由图 26-25(c)及(e)可得，老化程度基本不会影响沥青胶浆黏度的整体变化规律，基质沥青胶浆的黏度最小，15%橡胶改性沥青胶浆的黏度最大，主要原因在于胶浆的老化源于沥青中轻质组分的挥发，同种填料相同体积分数条件下，暴露于热氧条件下的沥青胶浆面积相同，因此沥青胶浆的老化程度不会影响沥青结合料黏度的整体变化规律。老化条件下，随着同种改性剂掺量的增加，沥青胶浆体系的黏度呈增大趋势。

根据结合料黏温曲线求得混合料拌和及压实温度，如表 26-3 所示。

表 26-3　沥青混合料拌和及压实温度

温度类型	上下限	90#	2%SBS	3%SBS	4%SBS	5%橡胶	10%橡胶	15%橡胶
拌和温度 /℃	上限	158	171	174	182	170	184	203
	下限	153	166	169	177	164	178	197
压实温度 /℃	上限	148	160	163	171	158	171	190
	下限	143	155	158	167	154	166	185

可以看出，由沥青黏温曲线确定混合料拌和压实范围，不同结合料类型的拌和及压实温度差异较大，基质沥青拌和温度上限为 158℃，而 15%橡胶改性沥青拌和温度上限为 203℃，两者相差 45℃。

由沥青黏温曲线所得拌和及压实温度条件下，不同类型沥青胶浆黏度如表 26-4 所示。

表 26-4　不同类型沥青拌和及压实温度下胶浆黏度

黏度类型	上下限	90#	2%SBS	3%SBS	4%SBS	5%橡胶	10%橡胶	15%橡胶
拌和黏度 /(Pa·s)	上限	1.14	1.72	1.47	1.03	2.30	1.63	1.33
	下限	0.93	1.38	1.12	0.81	1.81	1.20	1.07
压实黏度 /(Pa·s)	上限	1.74	2.68	2.55	1.69	3.77	3.06	2.08
	下限	1.44	2.20	2.00	1.36	3.04	2.32	1.71

可以看出，在满足结合料拌和及压实黏度范围条件下，沥青胶浆黏度差异较

大，沥青胶浆拌和黏度范围为 0.81~2.30Pa·s，压实黏度范围为 1.36~3.77Pa·s。
由此可知，同一沥青黏度条件下，添加相同体积分数的填料后得到的沥青胶浆间
黏度差异较大。根据摩擦润滑理论，沥青胶浆黏度对混合料的压实行为有重要影
响。因此，单由沥青结合料的黏温曲线确定混合料的拌和及压实温度适用性较差，
应进行进一步研究。

2. 体积分数对沥青胶浆黏度的影响

不同填料体积分数的沥青胶浆黏温曲线及其回归曲线如图 26-26 所示。

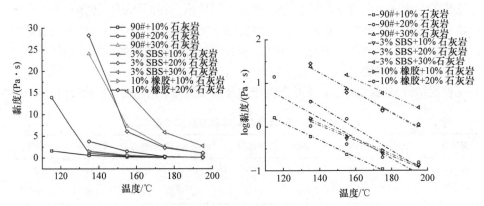

图 26-26   不同体积分数填料的沥青胶浆黏温曲线及拟合曲线

由此可知，由于沥青的感温性，沥青胶浆作为一种沥青-填料悬浮液，其黏度
也随温度升高而降低，且随着填料体积分数的增大，黏度增大。沥青胶浆黏温曲
线拟合结果表明，不同体积分数的填料沥青胶浆黏度对数与温度均呈线性相关关
系，相关系数在 0.80 以上。

3. 填料类型对沥青胶浆黏度的影响

不同填料类型的沥青胶浆黏温曲线及其回归曲线如图 26-27 所示。

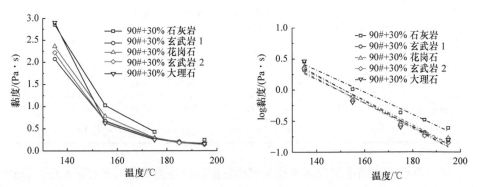

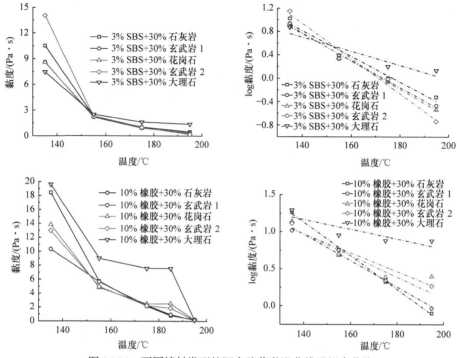

图 26-27　不同填料类型的沥青胶浆黏温曲线及拟合曲线

由图 26-27 可知，不同填料类型沥青胶浆的黏度有所差异，这可能是因为 200 目以下填料的尺寸分布影响，或者是因为填料本身的差异性。不同类型填料的沥青胶浆黏度对数与温度的线性拟合相关系数有所不同。

26.2.3　沥青胶浆高温线性黏弹特征

1. 结合料类型对沥青胶浆频率主曲线影响

图 26-28 显示了参考温度 20℃时 7 种不同类型的原样沥青中添加 30%体积分

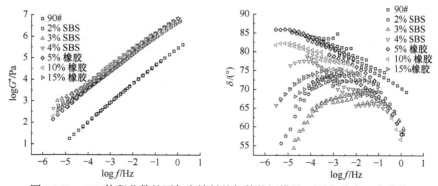

图 26-28　30%体积分数的石灰岩填料的复数剪切模量 G^* 及相位角 δ 主曲线

数石灰岩填料的复数剪切模量 G^* 及相位角 δ 主曲线。其中，以 90#基质沥青胶浆的测量结果作为参照，曲线对应于每种沥青胶浆试件测试结果的平均值。

从图 26-28 可以看出，对于掺加相同体积分数石灰岩填料的沥青胶浆而言，改性沥青胶浆间的差异不明显，而基质沥青胶浆的 G^* 远低于改性沥青胶浆。不同于 G^* 主曲线，经位移因子平移后形成平滑连续的曲线，相位角主曲线经平移后呈不连续有分支的图形，但仍可根据时温等效原理将数据平移至参考温度生成 δ 主曲线。由图 26-28 的相位角主曲线可得，对于基质沥青胶浆、5%橡胶及 10%橡胶改性沥青胶浆，随着加载频率的增大，相位角呈减小趋势。其他改性沥青胶浆在中频区存在一峰值阶段，即由低频到高频加载的过程中，相位角呈先增大后减小的趋势，结合料的响应由弹性主导趋于黏性主导，而后又趋于弹性主导。

为了更好地量化结合料类型对沥青胶浆性能的影响，图 26-29 给出了两种温度(28℃及 64℃)时两种加载频率(0.1Hz 和 10Hz)下沥青胶浆的 G^*。

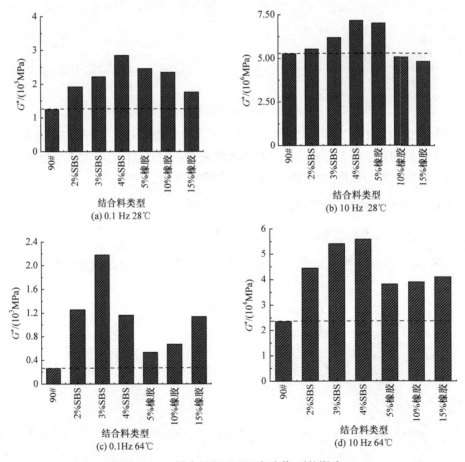

图 26-29　结合料类型对沥青胶浆 G^* 的影响

图 26-29 反映了相同体积分数石灰岩填料条件下不同类型结合料对沥青胶浆 G^* 变化的影响，这些变化取决于加载频率和温度。以基质沥青胶浆作为对照组来看，通常改性沥青胶浆 G^* 有所增加。其原因可能是改性沥青的 G^* 相较于基质沥青较高。然而，在相同体积分数石灰岩填料掺入后，改性沥青胶浆的 G^* 变化与改性沥青结合料的 G^* 变化规律不一致。

图 26-30 给出了 7 种沥青胶浆在 10Hz 加载频率条件下的 δ 等时曲线，这个频率是路面常用的设计加载频率。

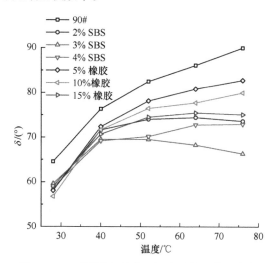

图 26-30　不同结合料类型沥青胶浆 δ 等时曲线

由图 26-30 的等时曲线可以看出，随着温度的升高，δ 增大，沥青胶浆更趋向于黏性，这种行为由流变学主导。由曲线斜率可以观察到，随着温度的升高，δ 等时曲线的增势趋于平缓。与结合料 δ 等时曲线不同，相同温度条件下的沥青胶浆 δ 变化规律性不明显。

7 种不同类型沥青胶浆的 black space 曲线如图 26-31 所示。

可以看出，不同结合料类型的沥青胶浆 black space 曲线与结合料 black space 曲线有所差异。随基质沥青及橡胶改性沥青中复数剪切模量的增加，δ 趋于降低，沥青胶浆趋于弹性主导。值得注意的是，SBS 改性沥青胶浆随剪切模量的变化存在峰值点，由低 G^* 端至高 G^* 端，δ 呈先增大后减小趋势，沥青胶浆先由弹性主导过渡至黏性主导，达到峰值后又向弹性主导过渡。考虑到与 SBS 改性沥青结合料 black space 曲线变化规律的差异性，应对沥青与填料间的相互作用进行进一步研究。

图 26-32 和图 26-33 分别显示了参考温度 20℃时 7 种不同类型的沥青中添加 30%体积分数石灰岩填料的 RTFOT 老化沥青胶浆及 PAV 老化沥青胶浆复数剪切模量 G^* 及相位角 δ 主曲线。其中，90#基质沥青胶浆的测量结果作为参照，这些

曲线对应于每种沥青胶浆试件测试结果的平均值。

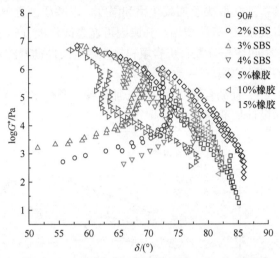

图 26-31　不同类型沥青胶浆的 black space 曲线

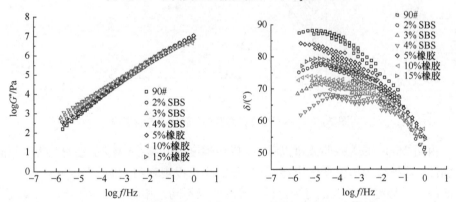

图 26-32　不同类型沥青胶浆 RTFOT 老化后 G^* 及 δ 主曲线

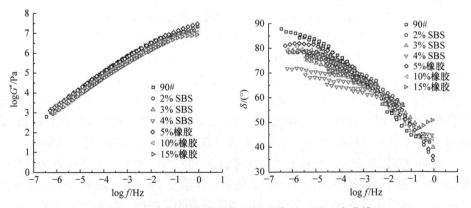

图 26-33　不同类型沥青胶浆 PAV 老化后 G^* 及 δ 主曲线

由图 26-32 沥青胶浆 RTFOT 老化后 G^* 主曲线可以看出，基质沥青胶浆经短期老化后与改性沥青胶浆间的差异减小，各沥青胶浆 G^* 主曲线差异不显著，而 δ 主曲线形状发生较大变化。RTFOT 老化后的沥青胶浆 δ 随加载频率增加而降低，且在低频条件下沥青胶浆间的 δ 差异较大，随频率增加这种差异减小。相较于低掺量改性剂的沥青胶浆，其 δ 主曲线趋于平滑降低，曲线呈凸曲线，而高度改性沥青胶浆 δ 主曲线在中频段存在一个平稳阶段，这个阶段的黏弹性占比较为稳定。低频段 δ 排序为基质沥青>5%橡胶沥青>15%橡胶沥青>2%SBS 沥青>10%橡胶沥青>3%SBS 沥青>4%SBS 沥青。

由图 26-33 沥青胶浆 PAV 老化后 G^* 主曲线可以看出，基质沥青胶浆经长期老化后与改性沥青胶浆间的差异进一步减小，各沥青胶浆 G^* 主曲线差异进一步缩小，δ 主曲线形状发生较大变化，PAV 老化后的沥青胶浆 δ 随加载频率增加而降低，且在低频条件下沥青胶浆间的 δ 差异较大，随频率增加这种差异减小。相较于原样沥青胶浆及短期老化后沥青胶浆，δ 随频率增加降幅趋于增大，弹性占比增大。

7 种不同类型沥青胶浆 RTFOT 老化及 PAV 老化后 black space 曲线如图 26-34 所示。

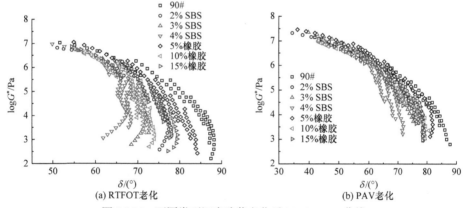

图 26-34　不同类型沥青胶浆老化后 black space 曲线

可以看出，随老化程度的增大，不同结合料类型的沥青胶浆 black space 曲线间的差异有所减小，原样 SBS 改性沥青胶浆 G^* 的变化存在峰值点，而经 RTFOT 老化后，随 G^* 的增加，δ 趋于降低。经 PAV 老化后，随 G^* 的增加，δ 迅速降低，低 G^* 条件下，PAV 老化后不同结合料类型的沥青胶浆相位角差异较大，而随 G^* 提高，相位角间差异迅速减小，相位角趋于统一。

2. 体积分数对沥青胶浆频率主曲线影响

图 26-35 显示了参考温度 20℃时 3 种不同类型的原样沥青中添加不同体积分数的石灰岩填料的复数剪切模量 G^* 及相位角 δ 主曲线，这些曲线对应于每种沥青

胶浆试件测试结果的平均值。

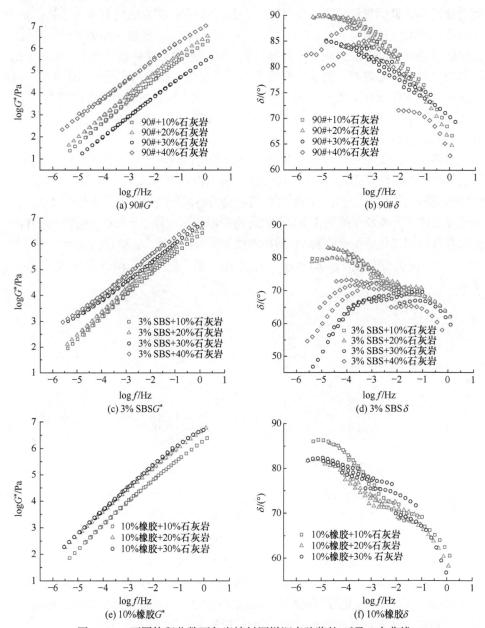

图 26-35　不同体积分数石灰岩填料原样沥青胶浆的 G^* 及 δ 主曲线

由图 26-35(a)、(c)及(e)可以看出，随着石灰岩填料体积分数的增加，沥青胶浆 G^* 主曲线大多趋于向左上方平移，G^* 增大，表明随填料体积分数的增加，沥青胶浆体系劲度增大。相较于基质沥青胶浆，不同填料体积分数的改性沥青胶浆间的差异相对不显著，但整体变化规律一致。根据时温等效原理将数据平移至参考温度生成 δ 主曲线，如图 26-35(b)、(d)及(f)所示，90#基质沥青胶浆与 10%橡胶改性沥青胶浆的 δ 随着加载频率的增大趋于减小。基质沥青胶浆的 δ 主曲线为凸曲线，而 10%橡胶改性沥青胶浆的 δ 主曲线为凹曲线。特别地，3%SBS 改性沥青胶浆的 δ 主曲线随填料体积分数的增大由趋于直线的凹曲线变成趋于抛物线的形状，添加 30%和 40%体积分数填料的 3%SBS 改性沥青胶浆 δ 主曲线随频率升高呈现先增大后减小的趋势，沥青胶浆的响应由弹性主导趋于黏性主导，而后又趋于弹性主导。

图 26-36 显示了参考温度 20℃时 3 种不同类型沥青中添加不同体积分数的石灰岩填料的沥青胶浆 RTFOT 老化及 PAV 老化后复数剪切模量 G^* 及相位角 δ 主曲线，这些曲线对应于每种沥青胶浆试件测试结果的平均值。

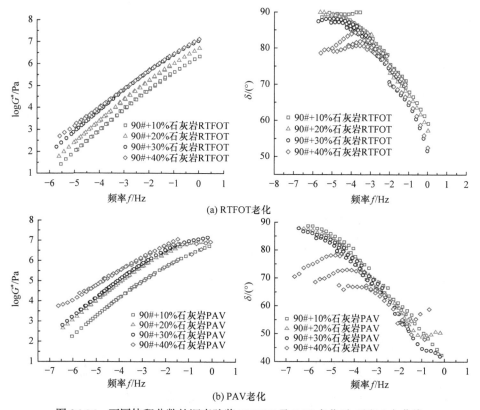

图 26-36　不同体积分数的沥青胶浆 RTFOT 及 PAV 老化后 G^* 和 δ 主曲线

可以看出，随着老化程度的增加，G^* 主曲线向左上方移动 G^* 增大，沥青胶浆的劲度增大。老化对相位角曲线变化影响显著，随着老化程度的增大，不同填料体积分数的沥青胶浆相位角变化斜率增大，也就是说随着老化程度的增大，相位角对频率变化的敏感性增大，沥青胶浆黏弹性占比对荷载变化更为敏感。

3. 填料类型对沥青胶浆频率主曲线影响

图26-37显示了参考温度20℃时6种不同类型填料沥青胶浆复数剪切模量G^*及相位角δ主曲线，这些曲线对应于每种沥青胶浆试件测试结果的平均值。

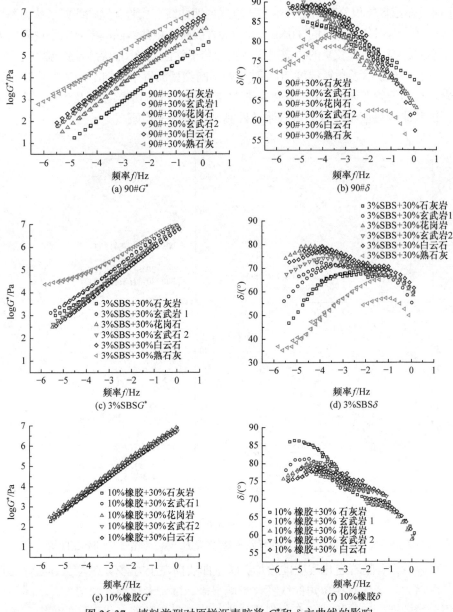

图 26-37　填料类型对原样沥青胶浆 G^*和 δ 主曲线的影响

由图 26-37(a)、(c)及(e)观察到，针对不同类型的结合料而言，不同填料类型

的沥青胶浆 G^* 主曲线变化规律有所差异，基质沥青胶浆的 G^* 间差异较为明显，同频率条件下，沥青胶浆 G^* 排序为石灰岩<花岗岩<玄武岩 2<玄武岩 1<白云石<熟石灰，较大的 G^* 意味着沥青胶浆具有足够的硬度抵抗车辙。相较于基质沥青胶浆 G^* 主曲线及 3%SBS 改性沥青胶浆，10%橡胶改性沥青胶浆 G^* 主曲线间差异较小，这与沥青胶浆-填料间的相互作用有关。根据时温等效原理将数据平移至参考温度生成 δ 主曲线，如图 26-37(b)、(d)及(f)所示，90#基质沥青胶浆与 10%橡胶改性沥青胶浆的 δ 随着加载频率的增大趋于减小趋势。基质沥青胶浆的 δ 主曲线近似凸曲线，而 10%橡胶改性沥青胶浆的 δ 主曲线近似凹曲线。特别地，3%SBS 改性沥青胶浆的 δ 主曲线随频率升高呈现先增大后减小的趋势，沥青胶浆的响应由弹性主导趋于黏性主导，而后又趋于弹性主导。在低频 G^* 端，沥青胶浆的相位角排序为熟石灰<石灰岩<玄武岩 1<玄武岩 2<白云石<花岗岩。然而这并不能明确表征填料与结合料间的相互作用规律，需进行进一步的研究与表征。

图 26-38 显示了参考温度 20℃时 6 种不同类型填料沥青胶浆 RTFOT 老化及 PAV 老化后复数剪切模量 G^* 及相位角 δ 主曲线，这些曲线对应于每种沥青胶浆试件测

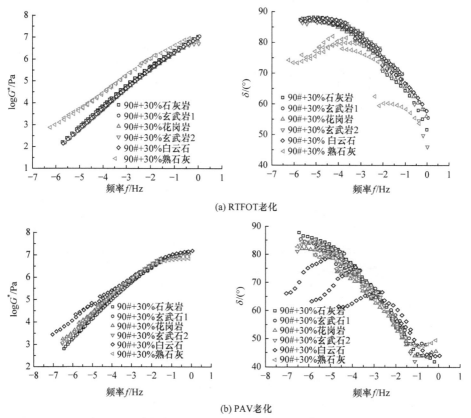

(a) RTFOT老化

(b) PAV老化

图 26-38　填料类型对老化后沥青胶浆 G^* 和 δ 主曲线的影响

试结果的平均值。

由此可知，不同填料类型的沥青胶浆经老化后，沥青胶浆的 G^* 及 δ 主曲线变化较大，其 G^* 及 δ 主曲线与原样沥青胶浆相比差异减小，这是因为沥青胶浆的短期老化主要是受沥青结合料轻质组分挥发的影响。对于同种结合料的不同填料类型的沥青胶浆，其老化后的沥青处于相似的黏弹性状态，因此其老化后流变主曲线趋于一致。

26.2.4　沥青胶浆高温重复蠕变和恢复流变特性

1. 沥青类型对重复蠕变恢复曲线影响

在 30%体积分数石灰岩填料添加的条件下，对 7 种原样沥青胶浆试件进行了 4 种剪切应力水平下的 RCR 试验，重复加载周期为 100 次，每个周期含 1s 加载 9s 卸载，试验温度为 60℃，得到不同加载频率条件下沥青胶浆的 γ-t 曲线如图 26-39 所示。

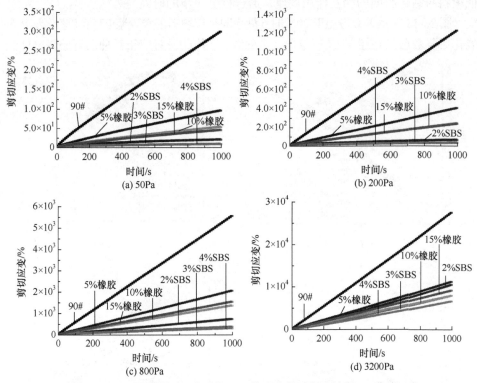

图 26-39　不同类型沥青胶浆(30%体积分数石灰岩填料)γ-t 曲线

由此可知，不同剪切应力条件下沥青胶浆的 γ-t 曲线是不同的，相同时间条件下，剪切应力从 50Pa 增加到 3200Pa，剪切应变存在数量级的差异。随剪切应力的增大，剪切应变急剧增大。不同类型沥青胶浆间 γ-t 曲线也是有所不同的，基质沥青的累积应变最大，而 4%SBS 改性沥青的累积应变最小。对于 SBS 改性沥青而言，随着 SBS 掺量的增加累积应变减小。

　　考虑到不可恢复蠕变柔量(Jnr)是评估沥青抗变形性能的指标，而变形恢复率 (R)可以表征沥青的弹性，是评估材料的抗车辙性的较为有效的指标之一。以下采用不可恢复的蠕变柔量(Jnr)来评估沥青胶浆在重复荷载下的累积应变，并使用变形恢复率(R)来评估沥青胶浆的弹性延迟。由不同类型的原样沥青胶浆、RTFOT 老化沥青胶浆及 PAV 老化沥青胶浆 γ-t 曲线计算 R 和 Jnr，结果如图 26-40 所示。

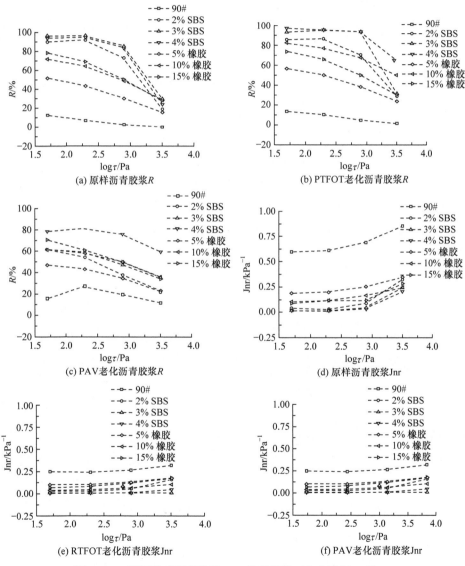

图 26-40　不同类型沥青胶浆(30%体积分数石灰岩填料)R 及 Jnr

τ-剪切应力

由图 26-40 可得, 随着剪切应力的增加, 沥青胶浆的平均恢复率 R 趋于降低, 而平均不可恢复蠕变柔量 Jnr 趋于增大, 基质沥青胶浆的 R 最小, 而 Jnr 最大。改性沥青胶浆的 R 远大于基质沥青, Jnr 远小于基质沥青, 且随着同种改性剂掺量的增加, R 增大, Jnr 减小, 表明材料趋于弹性响应, 耐高温性能得到改善, 因此沥青类型对胶浆的抗永久变形能力有显著影响, 而改性剂的添加有利于改善沥青胶浆的抗永久变形能力, 一方面可能源于改性剂对沥青结合料的劲度增强作用, 另一方面可能与沥青胶浆–填料间相互作用有关。

对不同老化程度沥青胶浆的 R 及 Jnr 进行比较发现, 随老化程度的增大, R 趋于增大, Jnr 减小, 相较于基质沥青, 改性沥青老化后的 R 远大于基质沥青, 而 Jnr 远小于基质沥青, 表明改性剂对于沥青胶浆的抗老化性有积极作用。相较于不同类型沥青胶浆老化后 Jnr 的降低幅度, SBS 改性沥青胶浆 Jnr 变化最不显著, 因此 SBS 改性剂的抗老化性能最好。

2. 体积分数对重复蠕变恢复曲线影响

向 3 种不同类型沥青中添加不同体积分数的石灰岩填料得到胶浆, 对原样、RTFOT 老化及 PAV 老化后的沥青胶浆进行 4 种应力水平下的 RCR 试验, 重复加载周期为 100 次, 每个周期含 1s 加载 9s 卸载, 试验温度为 60℃, 由不同加载频率条件下沥青胶浆的 γ-t 曲线计算 R 和 Jnr, 结果如图 26-41 所示。

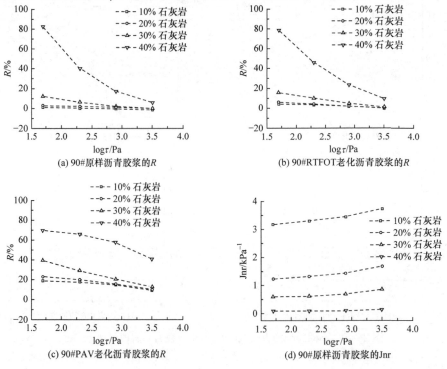

(a) 90#原样沥青胶浆的R　　　　　　　(b) 90#RTFOT老化沥青胶浆的R

(c) 90#PAV老化沥青胶浆的R　　　　　　　(d) 90#原样沥青胶浆的Jnr

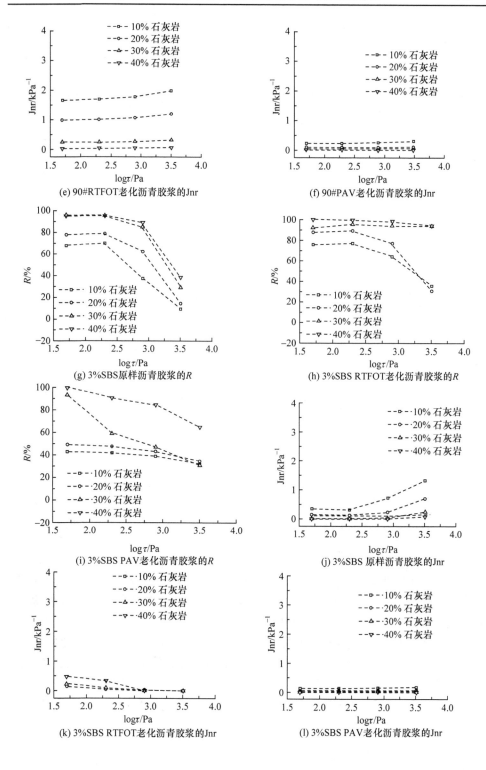

(e) 90#RTFOT老化沥青胶浆的Jnr

(f) 90#PAV老化沥青胶浆的Jnr

(g) 3%SBS原样沥青胶浆的R

(h) 3%SBS RTFOT老化沥青胶浆的R

(i) 3%SBS PAV老化沥青胶浆的R

(j) 3%SBS 原样沥青胶浆的Jnr

(k) 3%SBS RTFOT老化沥青胶浆的Jnr

(l) 3%SBS PAV老化沥青胶浆的Jnr

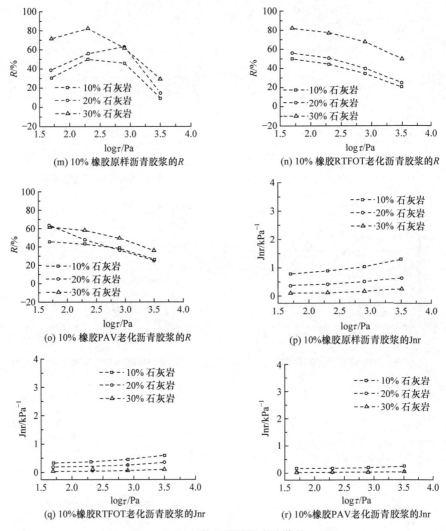

图 26-41　不同填料体积分数沥青胶浆的 *R* 及 Jnr

图 26-41 结果显示，对于基质沥青胶浆而言，随着老化程度的增加，平均弹性恢复率 *R* 增大，这种规律对改性沥青胶浆并不适用，这可能是沥青胶浆-填料间相互作用的差异性导致的。随着填料体积分数的增大，Jnr 减小，*R* 变化无明显规律性，这是因为随填料掺量的增加，沥青胶浆的劲度增大，不可恢复变形减小。值得注意的是，对于所有沥青胶浆而言，随着剪切应力的增大，Jnr 增大；随着老化程度的增加，平均不可恢复蠕变柔量 Jnr 减小。这可以解释为随着剪切应力的增大，沥青胶浆的不可恢复永久变形增大，而随着老化程度的增大，沥青胶浆的劲度增大，不易发生变形。

3. 填料类型对重复蠕变恢复曲线影响

在 30%体积分数填料添加的条件下，对 6 种填料类型的原样沥青胶浆试件进行了 4 种应力水平下的 RCR 试验，重复加载周期为 100 次，每个周期含 1s 加载 9s 卸载，试验温度为 60℃，由不同剪切应力条件下沥青胶浆的 γ-t 曲线计算 R 和 Jnr，结果如图 26-42 所示。

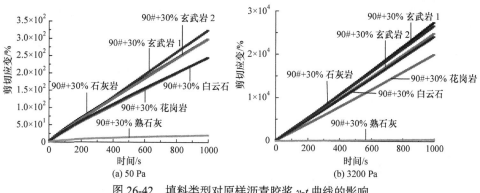

图 26-42　填料类型对原样沥青胶浆 γ-t 曲线的影响

由图 26-42 可得，在不同剪切应力条件下，沥青胶浆的 γ-t 曲线有所不同，随剪切应力由 50Pa 增大至 3200Pa，沥青胶浆的累积应变有数量级的增长。相同剪切应力条件下，熟石灰沥青胶浆的累积应变最小，表明其抗永久变形能力最好，然而其曲线呈平台状，说明弹性恢复能力较差，主要以黏性蠕变为主。比较基质沥青胶浆、SBS 改性沥青胶浆及橡胶改性沥青胶浆与不同类型填料间的作用规律。对基质沥青胶浆而言，石灰岩与玄武岩 2 的 γ-t 响应曲线接近，而白云石与花岗岩的 γ-t 响应曲线接近，这可能与填料的岩性及组成有关，石灰岩与玄武岩 2 呈碱性，与沥青间相互作用较强，因此固定沥青膜较厚，自由沥青膜较薄，荷载作用下弹性恢复较弱，累积变形较大。白云石与花岗岩呈酸性，因此与沥青间相互作用较弱，荷载作用下弹性恢复较强，累积变形较小。比较 SBS 改性沥青胶浆与橡胶改性沥青胶浆 γ-t 曲线间的差异，可以发现其变化规律有所不同。SBS 改性沥青胶浆的累积变形随岩性不同，变化规律显著，累积变形排序为熟石灰<玄武岩 1<石灰岩<玄武岩 2<花岗岩<白云石。值得注意的是，SBS 改性沥青胶浆间的差异在高剪切应力水平下更为显著。与 SBS 改性沥青胶浆不同的是，橡胶改性沥青胶浆间的差异在低剪切应力水平下更为显著，累积变形排序为花岗岩<石灰岩<白云石<玄武岩 2<玄武岩 1。这与结合料与填料间的相互作用有关。在较高剪切应力水平条件下，γ-t 曲线间的差异减小。

为进一步量化研究填料类型对沥青胶浆流变特性的影响规律，由 RCR 试验的 γ-t 曲线计算沥青胶浆不同老化程度条件下的平均恢复率 R，平均不可恢复蠕变柔量 Jnr，结果如图 26-43 所示。

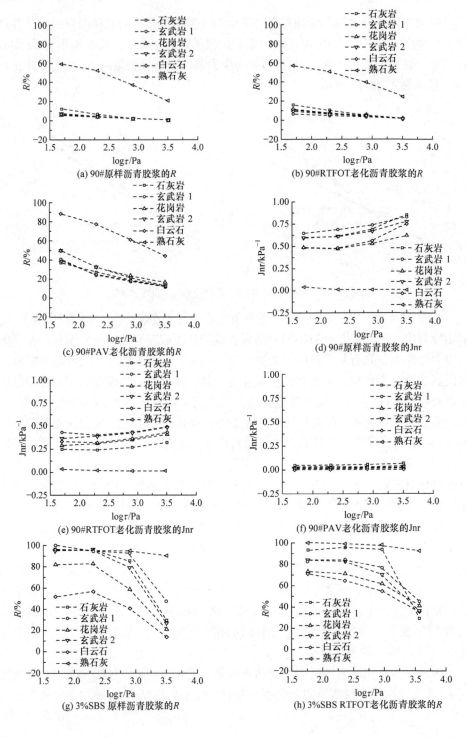

(a) 90#原样沥青胶浆的R

(b) 90#RTFOT老化沥青胶浆的R

(c) 90#PAV老化沥青胶浆的R

(d) 90#原样沥青胶浆的Jnr

(e) 90#RTFOT老化沥青胶浆的Jnr

(f) 90#PAV老化沥青胶浆的Jnr

(g) 3%SBS 原样沥青胶浆的R

(h) 3%SBS RTFOT老化沥青胶浆的R

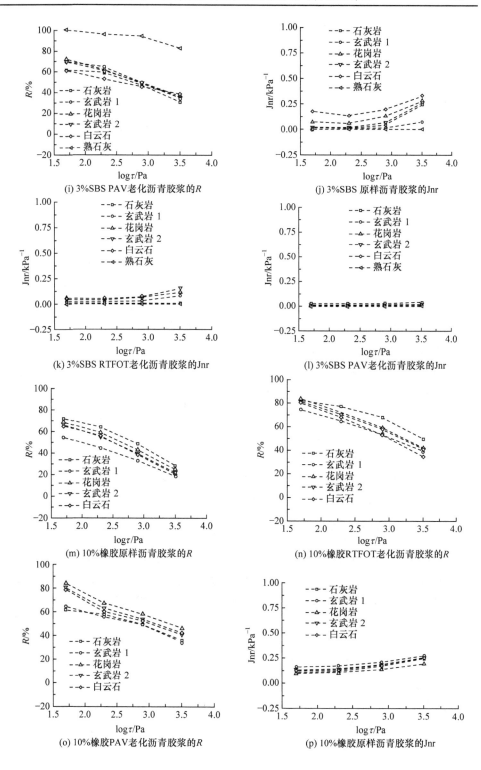

(i) 3%SBS PAV老化沥青胶浆的R

(j) 3%SBS 原样沥青胶浆的Jnr

(k) 3%SBS RTFOT老化沥青胶浆的Jnr

(l) 3%SBS PAV老化沥青胶浆的Jnr

(m) 10%橡胶原样沥青胶浆的R

(n) 10%橡胶RTFOT老化沥青胶浆的R

(o) 10%橡胶PAV老化沥青胶浆的R

(p) 10%橡胶原样沥青胶浆的Jnr

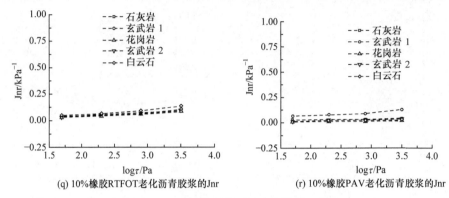

(q) 10%橡胶RTFOT老化沥青胶浆的Jnr　　　　　(r) 10%橡胶PAV老化沥青胶浆的Jnr

图 26-43　不同填料类型沥青胶浆的 R 及 Jnr

由图 26-43 可知，沥青胶浆的 R 与 Jnr 与剪切应力水平、结合料类型及填料类型有关，由前文分析可知，随着剪切应力的增加，沥青胶浆的平均恢复率 R 趋于降低，而平均不可恢复蠕变柔量 Jnr 趋于增大，基质沥青胶浆的 R 最小，而 Jnr 最大。比较填料类型对 R 与 Jnr 的影响，熟石灰沥青胶浆的 R 最大，而 Jnr 最小，表明熟石灰沥青胶浆的弹性恢复能力较差，在荷载作用下主要表现为黏性永久变形。比较不同老化程度的沥青胶浆 R 及 Jnr 发现，一般随着老化程度的增加，R 增大，Jnr 减小，但 SBS 改性沥青胶浆的 R 不符合这一规律。填料类型对沥青胶浆的 R 及 Jnr 影响有所差异，熟石灰沥青胶浆的 Jnr 最小，花岗岩沥青胶浆次之，表明这两种沥青胶浆的不可恢复变形较小。然而二者引起这种现象的机理有所不同，熟石灰具有强碱性，其表面能与酸性沥青发生化学反应，从而形成较厚的"结构沥青"层，"自由沥青"膜厚较小，因此其抵抗永久变形能力较好。花岗岩表现为酸性，与沥青间相互作用较小，然而花岗岩密度最大，因此相同体积分数条件下花岗岩质量较大，有利于沥青胶浆耐高温性能的提高。

4. 沥青胶浆蠕变恢复黏塑性应变 VP 模型

改进应变硬化 VP 模型对于蠕变恢复测试中沥青黏塑性应变响应的模拟具有良好适用性，而随蠕变时间的延长，预测精度稍有降低，改进应变硬化 VP 模型同样适用于 RTFOT 老化及 PAV 老化后的沥青结合料 RCR 试验中黏塑性应变的计算。对重复蠕变恢复试验中沥青改进应变硬化 VP 模型对沥青胶浆的适用性进行建模及分析。

恒定应力条件下沥青胶浆黏塑性应变(γ_{vp})和蠕变时间(t)在双对数坐标下的关系曲线如图 26-44 所示，根据其线性拟合结果得到参数 α 的数值。

不同剪切应力条件下沥青胶浆黏塑性应变(γ_{vp})和剪切应力(τ)在双对数坐标下的关系曲线如图 26-45 所示。

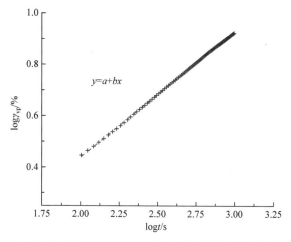

图 26-44　沥青胶浆黏塑性应变和蠕变时间的关系

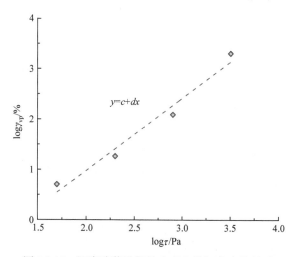

图 26-45　沥青胶浆黏塑性应变和剪切应力的关系

根据公式取时间对数坐标值以后的数据点进行线性拟合并计算出参数 α、β、A 的取值，如 4%SBS 改性沥青+30%体积分数石灰岩矿粉的改进 VP 参数 α、β、A 取值如表 26-5 所示。

表 26-5　沥青胶浆 RCR 试验改进 VP 参数 α、β、A 取值

参数	剪切应力/Pa	α	β	A
	50	2.049	2.976	2947101.89
4%SBS 改性	200	2.321	3.371	53686123.68
沥青胶浆	800	1.278	1.856	229310.85
	3200	0.900	1.307	12583.97

续表

参数	剪切应力/Pa	α	β	A
4%SBS 改性 沥青胶浆 PAV 老化	50	1.541	1.664	54986.11
	200	1.397	1.509	51586.63
	800	1.272	1.373	33726.19
	3200	1.059	1.144	10334.86

沥青胶浆改进 VP 模型黏塑性应变计算值与实测值对比如图 26-46 所示。

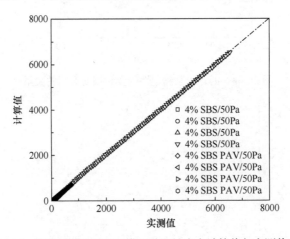

图 26-46　沥青胶浆改进 VP 模型黏塑性应变计算值与实测值对比

由图 26-46 可知，改进应变硬化 VP 模型对于蠕变恢复测试中沥青胶浆黏塑性应变响应的模拟具有良好适用性，而其预测精度随蠕变时间的延长稍有降低。进一步研究表明，改进应变硬化 VP 模型同样适用于 RTFOT 老化及 PAV 老化后沥青胶浆 RCR 试验中黏塑性应变的计算。

26.2.5　沥青胶浆高温多重应力蠕变恢复流变特性

1. 沥青类型对 MSCR 流变特性影响

对 7 种沥青胶浆的原样试件进行 MSCR 试验，剪切应力选择 0.1kPa 和 3.2kPa 两个水平，每种剪切应力水平条件下重复加载周期为 10 次，每个周期含 1s 加载 9s 卸载，试验温度为 60℃，得到不同加载频率条件下沥青胶浆的 γ-t 曲线如图 26-47 所示。

图 26-47 表明，沥青胶浆的累积应变随时间增加而增加，基质沥青胶浆的累积应变最大，在高温条件下表现出线性黏性流体特征，而 SBS 改性沥青胶浆及橡胶改进沥青胶浆的累积变形较小。基质沥青胶浆的弹性恢复很小，卸载后的曲线

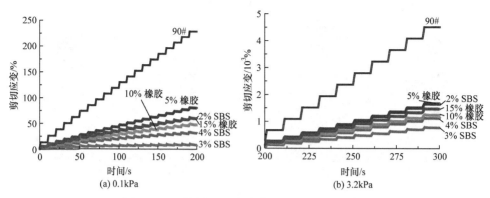

图 26-47　不同类型沥青胶浆 MSCR 试验 γ-t 曲线

基本保持平台状，表明基质沥青胶浆在加载阶段主要为蠕变变形，卸载后只有很小一部分可以恢复，大部分为永久变形。改性沥青胶浆中存在更多的弹性恢复，相较于基质沥青胶浆，改性沥青胶浆的变形恢复率随时间增加。黏弹性流动是改性沥青胶浆蠕变变形的主要形式，延迟的弹性变形在卸载后可以得到恢复。因此，黏滞流动并不是考虑沥青胶浆高温变形的唯一指标，还应考虑弹性延迟对于累积变形的影响。此外，沥青胶浆的弹性恢复也依赖于剪切应力的大小，0.1kPa 条件下的弹性恢复率大于在 3.2kPa 条件下。

为进一步量化结合料类型的沥青胶浆流变特性的影响，对不同结合料类型的原样沥青胶浆、RTFO 老化及 PAV 老化沥青胶浆进行 MSCR 试验，由 MSCR 的 γ-t 曲线计算沥青胶浆平均恢复率 R，平均不可恢复蠕变柔量 Jnr 及其差值，结果如图 26-48 所示。

图 26-48 显示基质沥青胶浆的变形恢复率 R 不到 4%，远低于改性沥青的 R。随压力水平由 0.1kPa 增大至 3.2kPa，Jnr 增大，R 明显减小，表明沥青胶浆的抗变形能力对应力水平敏感，因此沥青混合料在重载作用下容易发生车辙损伤。这

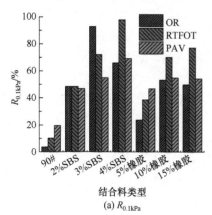

(a) $R_{0.1\text{kPa}}$

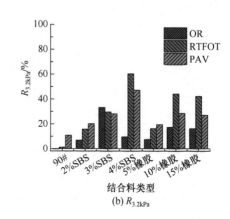

(b) $R_{3.2\text{kPa}}$

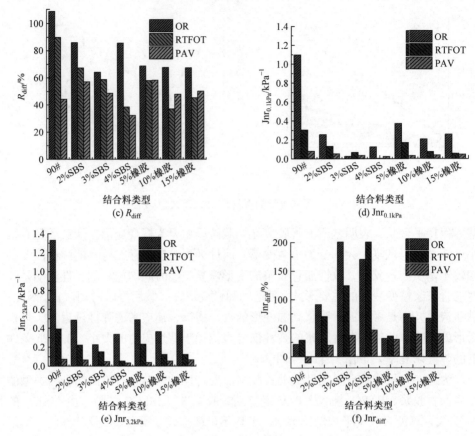

图 26-48　不同结合料类型沥青胶浆 R、Jnr 及其差值

R_{diff}-R 差值；Jnr_{diff}-Jnr 差值

与沥青结合料的变化规律一致。比较图 26-48(a)和(b)可以看出，改性沥青胶浆的恢复率随应力水平的增加而降低，这是因为在高应力水平条件下，沥青的内部结构被破坏，比低应力水平情况下的恢复性能差，即便如此，改性沥青的恢复性能也比基质沥青好很多。随沥青胶浆的结合料中同种改性剂掺量的增加，Jnr 减小，R 变化规律不显著，因此随结合料改性剂掺量的增加，沥青胶浆抵抗永久变形的能力增大。

　　比较老化程度的影响可知，不同老化程度沥青胶浆的 R 均依赖于剪切应力的大小，而随着剪切应力的增大，Jnr 变化不大，表明沥青胶浆的弹性恢复对荷载大小的依赖性较大。随老化程度的增大，Jnr 的减小规律较为显著，特别是在 3.2kPa 剪切应力条件下，随 SBS/橡胶掺量的增加，PAV 老化后沥青胶浆的 Jnr 减小，表明改性剂对于沥青胶浆的抗老化性有积极作用。此外，随老化程度的增大，R 差值及 Jnr 差值趋于减小，且随结合料中同种改性剂掺量的增加，R 差值趋于减小，

Jnr 差值趋于增大,表明沥青胶浆的弹性恢复趋于稳定,而不可恢复变形随荷载变化变异性增大。

2. 体积分数对 MSCR 流变特性影响

对 3 种不同类型的沥青中添加不同体积分数的石灰岩填料的原样沥青胶浆、RTFOT 老化沥青胶浆及 PAV 老化沥青胶浆进行 MSCR 试验,重复加载周期为 10 次,每个周期含 1s 加载 9s 卸载,试验温度为 60℃,由沥青胶浆的 γ-t 曲线计算 R、Jnr,结果如图 26-49 所示。

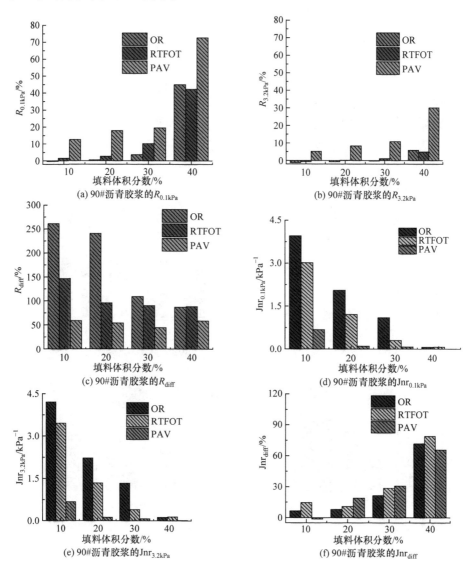

(a) 90#沥青胶浆的 $R_{0.1kPa}$

(b) 90#沥青胶浆的 $R_{3.2kPa}$

(c) 90#沥青胶浆的 R_{diff}

(d) 90#沥青胶浆的 $Jnr_{0.1kPa}$

(e) 90#沥青胶浆的 $Jnr_{3.2kPa}$

(f) 90#沥青胶浆的 Jnr_{diff}

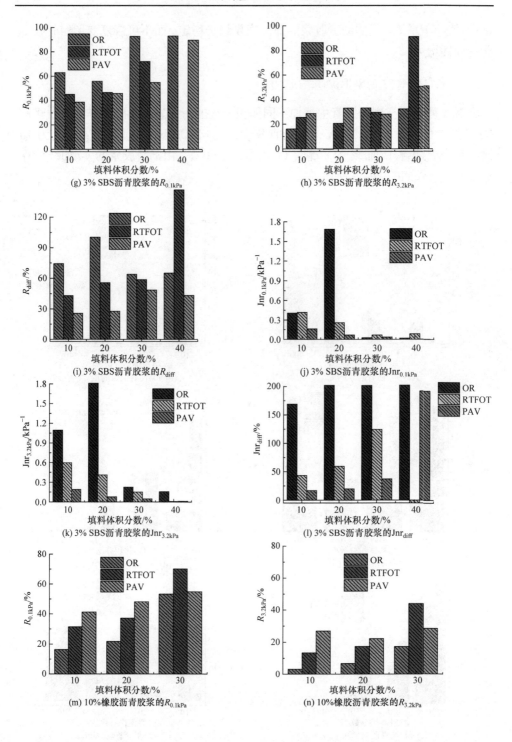

(g) 3% SBS沥青胶浆的$R_{0.1kPa}$

(h) 3% SBS沥青胶浆的$R_{3.2kPa}$

(i) 3% SBS沥青胶浆的R_{diff}

(j) 3% SBS沥青胶浆的$Jnr_{0.1kPa}$

(k) 3% SBS沥青胶浆的$Jnr_{3.2kPa}$

(l) 3% SBS沥青胶浆的Jnr_{diff}

(m) 10%橡胶沥青胶浆的$R_{0.1kPa}$

(n) 10%橡胶沥青胶浆的$R_{3.2kPa}$

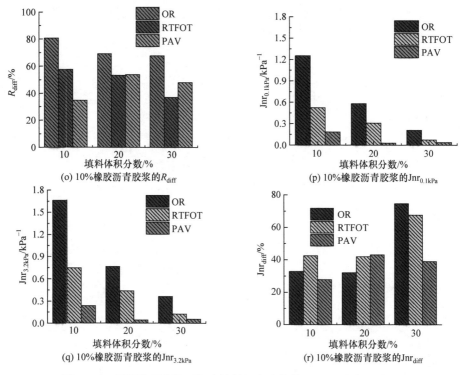

图 26-49　不同体积分数石灰岩填料沥青胶浆的 MSCR 试验 R 及 Jnr

由图 26-49 可知，随着填料体积分数的增加，R 增大，Jnr 减小，表明填料掺量的增加有利于沥青胶浆体系的弹性恢复，降低其黏性永久变形，这是因为更多的填料增加了沥青胶浆体系的劲度。3%SBS 改性沥青胶浆 R 最大，10%橡胶改性沥青胶浆 R 次之，基质沥青胶浆 R 最小。基质沥青胶浆 Jnr 最大，10%橡胶改性沥青胶浆 Jnr 次之，3%SBS 改性沥青胶浆 Jnr 最小。随着填料体积分数的增加，基质沥青 R_{diff} 趋于减小，Jnr_{diff} 趋于增大，表明随着填料掺量的增大，沥青胶浆的弹性恢复稳定性减小，不可恢复永久变形变异性增大。随着老化程度的增加，基质沥青及橡胶改性沥青的 R 大多有所增大，而 SBS 改性沥青的 R 有所减小，这可能与 SBS 改性剂与基质沥青间发生的化学变化有关。对于橡胶改性沥青而言，沥青-胶粉间以物理溶胀为主。对于所有沥青胶浆而言，随着老化程度的增加，R 增大，Jnr 减小，弹性恢复占比增大，不可恢复蠕变部分占比减小。

3. 填料类型对 MSCR 流变特性研究

对 6 种不同填料类型的原样沥青胶浆试件进行多重应力蠕变恢复 MSCR 试验，剪切应力选择 0.1kPa 和 3.2kPa 两个水平，每种应力水平条件下重复加载周期为 10 次，每个周期含 1s 加载 9s 卸载，试验温度为 60℃，得到不同加载频率条件下沥青胶浆的 γ-t 曲线如图 26-50 所示。

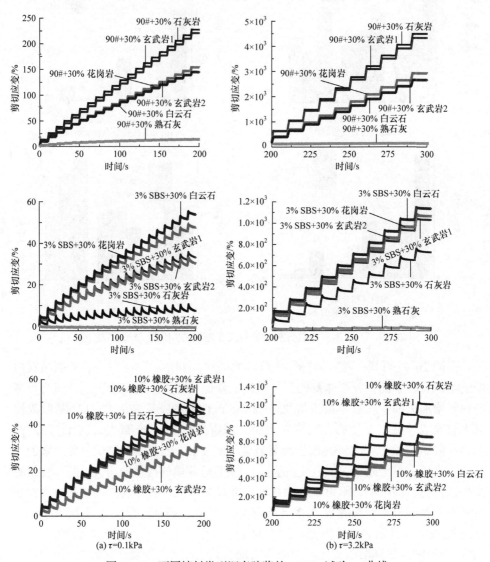

(a) τ=0.1kPa　　　　　　　　(b) τ=3.2kPa

图 26-50　不同填料类型沥青胶浆的 MSCR 试验 γ-t 曲线

由图 26-50 可知，不同类型填料沥青胶浆的 γ-t 曲线有所差异。相同剪切应力条件下，熟石灰沥青胶浆的累积应变最小，表明其抗永久变形能力最好，然而其曲线呈平台状，说明弹性恢复能力较差，主要以黏性蠕变为主。比较基质沥青胶浆、SBS 改性沥青胶浆及橡胶改性沥青胶浆与不同类型填料间的作用规律不同。

对基质沥青胶浆而言，石灰岩与玄武岩 1 的 γ-t 曲线接近，而玄武岩 2 与花岗岩的 γ-t 响应曲线接近。比较 SBS 改性沥青胶浆与橡胶改性沥青胶浆的 γ-t 曲线间的差异，可以发现其变化规律有所不同。SBS 改性沥青胶浆的累积变形随岩性不同，变化规律显著，累积变形排序为熟石灰<石灰岩<玄武岩 2<玄武岩 1<花岗岩<白云石。橡胶改性沥青胶浆累积变形排序为玄武岩 2<花岗岩<白云石<石灰岩<玄武岩 1。这与结合料与填料间的相互作用有关。

为进一步量化研究填料类型对沥青胶浆流变特性的影响规律，由 MSCR 试验的 γ-t 曲线计算沥青胶浆平均恢复率 R，平均不可恢复蠕变柔量 Jnr 及其差值，结果如图 26-51 所示。

由图 26-51 可得，不同填料类型的沥青胶浆 R、Jnr 有所差异，对于基质沥青胶浆，熟石灰的 $R_{0.1kPa}$ 最大，Jnr 最小；对于 SBS 改性沥青而言，石灰岩沥青胶浆 $R_{0.1kPa}$ 及熟石灰沥青胶浆 $R_{3.2kPa}$ 最大。比较老化行为的影响，对于基质沥青胶浆而言，一般随着老化程度的增加，R 增大，Jnr 减小，而熟石灰沥青胶浆的 R 及 Jnr 与这一规律相反。填料类型对沥青胶浆的 R 及 Jnr 影响有所差异，但这种差异的

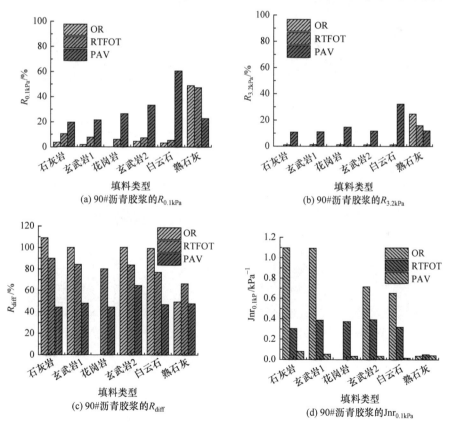

(a) 90#沥青胶浆的$R_{0.1kPa}$

(b) 90#沥青胶浆的$R_{3.2kPa}$

(c) 90#沥青胶浆的R_{diff}

(d) 90#沥青胶浆的Jnr$_{0.1kPa}$

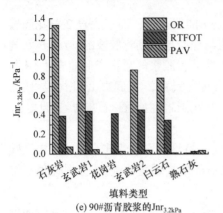

(e) 90#沥青胶浆的Jnr$_{3.2kPa}$

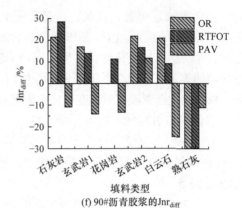

(f) 90#沥青胶浆的Jnr$_{diff}$

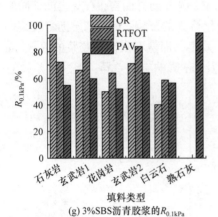

(g) 3%SBS沥青胶浆的$R_{0.1kPa}$

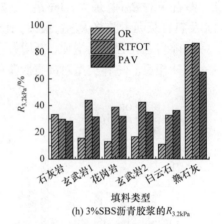

(h) 3%SBS沥青胶浆的$R_{3.2kPa}$

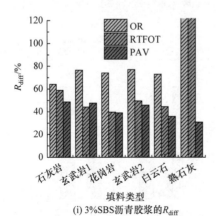

(i) 3%SBS沥青胶浆的R_{diff}

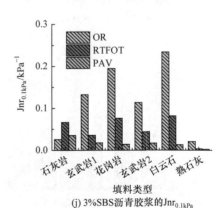

(j) 3%SBS沥青胶浆的Jnr$_{0.1kPa}$

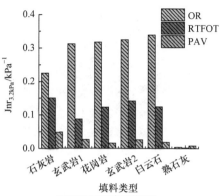

(k) 3%SBS沥青胶浆的Jnr$_{3.2kPa}$

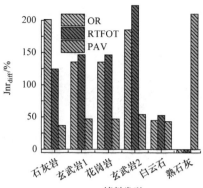

(l) 3%SBS沥青胶浆的Jnr$_{diff}$

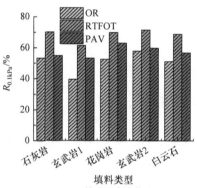

(m) 10%橡胶沥青胶浆的$R_{0.1kPa}$

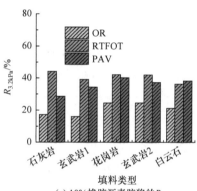

(n) 10%橡胶沥青胶浆的$R_{3.2kPa}$

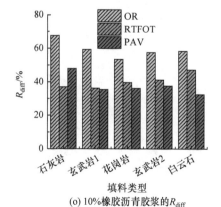

(o) 10%橡胶沥青胶浆的R_{diff}

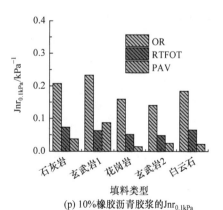

(p) 10%橡胶沥青胶浆的Jnr$_{0.1kPa}$

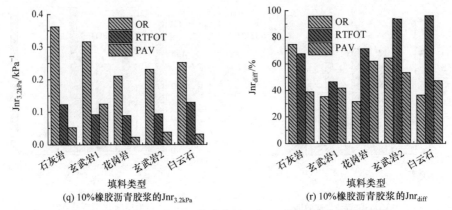

(q) 10%橡胶沥青胶浆的Jnr$_{3.2kPa}$　　　　　(r) 10%橡胶沥青胶浆的Jnr$_{diff}$

图 26-51　不同填料类型沥青胶浆的 MSCR 试验 R、Jnr 及其差值

规律性较 RCR 试验结果不显著，因此 RCR 试验更适用于沥青胶浆的 γ-t 响应评估。

26.2.6　沥青胶浆低温线性黏弹特征

1. 结合料类型对沥青胶浆频率主曲线影响

对沥青胶浆在 5 个温度条件下进行频率扫描试验，试验温度选择为 40℃、28℃、16℃、4℃和-8℃，以 20℃为参考温度，根据时间-温度等效原理建立弹性 (存储)模量 $G'(\omega)$的主曲线，选择形式简单精度较好的公式将原样(OR)沥青胶浆、RTFOT 老化沥青胶浆及 PAV 老化沥青胶浆的弹性(存储)模量 $G'(\omega)$主曲线转化为松弛模量 $G(t)$主曲线，如图 26-52 所示。

对松弛模量主曲线进行形式为 $y=ax^2+bx+c$ 的二次方程拟合，式中 a、b、c 为拟合参数。然后按式(26-18)和式(26-19)分别计算 60s 时的松弛模量 $G(60s)$ 和松弛速率 $m_r(60s)$：

$$G(60s) = \alpha x^2 + bx + c\,|_{x=1.78} \tag{26-18}$$

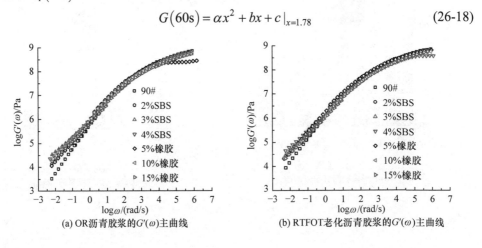

(a) OR沥青胶浆的$G'(\omega)$主曲线　　　　　(b) RTFOT老化沥青胶浆的$G'(\omega)$主曲线

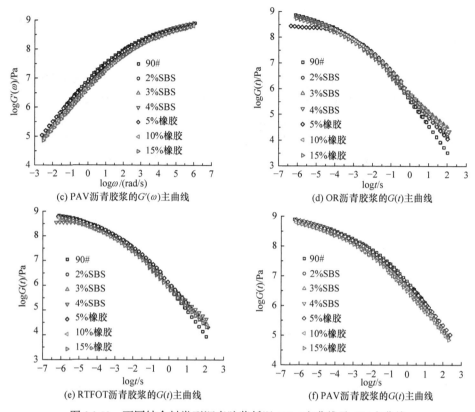

(c) PAV沥青胶浆的$G'(\omega)$主曲线　　　(d) OR沥青胶浆的$G(t)$主曲线

(e) RTFOT沥青胶浆的$G(t)$主曲线　　　(f) PAV沥青胶浆的$G(t)$主曲线

图 26-52　不同结合料类型沥青胶浆低温 $G'(\omega)$ 主曲线及 $G(t)$ 主曲线

$$m_r(60s) = 2\alpha x + b\,|_{x=1.78} \tag{26-19}$$

以 $G(60s)$ 和 $m_r(60s)$ 为评价指标，计算得到的不同沥青胶浆不同老化水平条件下的两项评价指标，如图 26-53 所示。

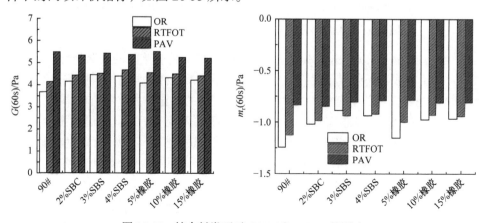

图 26-53　结合料类型对 $G(60s)$ 和 $m_r(60s)$ 的影响

由图 26-53 可以看出，从原样沥青胶浆到 PAV 老化沥青胶浆的松弛模量有着显著的增加，PAV 老化沥青胶浆的松弛模量增幅较 RTFOT 老化沥青胶浆有所减小。长期老化的沥青胶浆松弛速率绝对值明显小于原样及 RTFOT 老化后的沥青胶浆，说明长期老化削弱了沥青胶浆的低温松弛性能。越小的松弛模量及越大的松弛速率绝对值对应着越小的累积温度应力，从而可以较快释放温度应力，预防路面低温开裂的产生。因此，沥青胶浆的抗老化能力极大影响着低温条件下沥青路面裂缝的发生与扩展。另外，改性剂的添加有利于大大降低沥青胶浆的低温松弛模量，降低沥青路面内部累积温度应力水平，从而减少路面低温开裂的发生。

2. 填料体积分数对沥青胶浆频率主曲线影响

以 20℃为参考温度，根据时间–温度等效原理建立 OR 沥青胶浆、RTFOT 老化沥青胶浆及 PAV 老化沥青胶浆弹性(存储)模量 $G'(\omega)$ 的主曲线，选择精度较好的公式将不同体积分数的石灰岩填料的沥青胶浆弹性(存储)模量 $G'(\omega)$ 主曲线转化为松弛模量 $G(t)$ 主曲线，结果如图 26-54 所示。

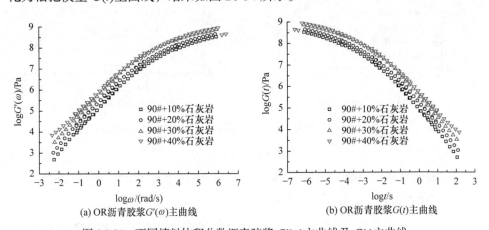

(a) OR沥青胶浆$G'(\omega)$主曲线　　(b) OR沥青胶浆$G(t)$主曲线

图 26-54　不同填料体积分数沥青胶浆 $G'(\omega)$ 主曲线及 $G(t)$ 主曲线

由图 26-54 可以看出，不同填料体积分数的沥青胶浆间的低温弹性(存储)模量 $G'(\omega)$ 主曲线及松弛模量 $G(t)$ 主曲线有所差异，这种差异随填料体积分数的增大有增大趋势。经长期老化后，基质沥青胶浆间的差异较大。随填料体积分数的增大，弹性(存储)模量曲线向左上方移动，松弛模量增大，因此低温抗裂性变差。

按照二次方程对沥青胶浆的松弛模量主曲线进行拟合，以 60s 时的松弛模量 $G(60s)$ 和松弛速率 $m_r(60s)$ 为评价指标，计算得到不同体积分数沥青胶浆各老化水平的两项评价指标如图 26-55 所示。

由图 26-55 可以看出，从原样沥青胶浆到 PAV 老化沥青胶浆的松弛模量有着显著的增加，PAV 老化沥青胶浆的松弛模量增幅较 RTFOT 老化沥青胶浆有所增

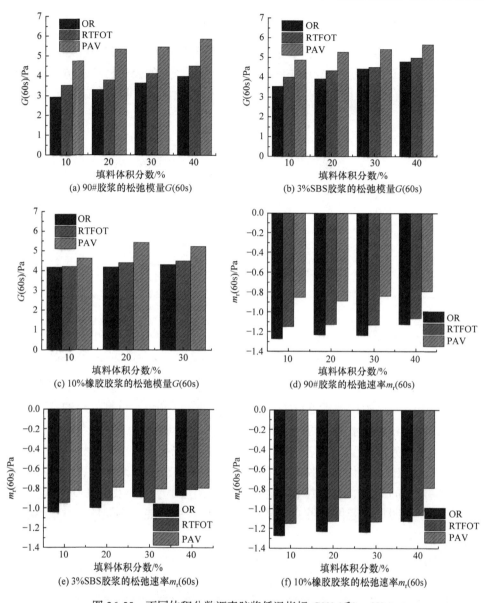

图 26-55　不同体积分数沥青胶浆低温指标 $G(60s)$ 和 $m_r(60s)$

加。长期 PAV 老化的沥青胶浆松弛速率绝对值明显小于原样及 RTFOT 老化后的
沥青胶浆，说明长期老化削弱了沥青胶浆的低温松弛性能。同种老化程度条件下，
随着填料体积分数的增大，松弛模量 $G(60s)$ 增大，松弛速率 $m_r(60s)$ 绝对值减小，
因此路面温度应力释放速度较慢，易于发生开裂。

3. 填料类型对沥青胶浆频率主曲线影响

以 20℃为参考温度，根据时间–温度等效原理生成 OR、RTFOT 及 PAV 老化沥青胶浆弹性(存储)模量 $G'(\omega)$的主曲线，选择精度较好的公式将不同填料类型的沥青胶浆弹性(存储)模量 $G'(\omega)$主曲线转化为松弛模量 $G(t)$主曲线，结果如图 26-56 所示。

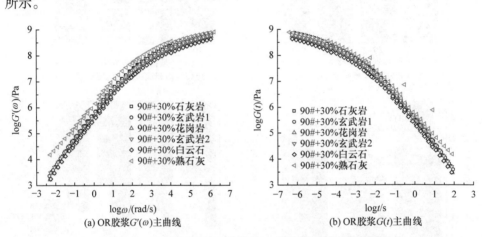

图 26-56　不同填料类型沥青胶浆 $G'(\omega)$主曲线及 $G(t)$主曲线

按照二次方程对沥青胶浆的松弛模量主曲线进行拟合，分别计算不同填料类型沥青胶浆 60s 时的松弛模量 $G(60s)$和松弛速率 $m_r(60s)$，计算得到的不同填料类型沥青胶浆各老化水平的两项评价指标如图 26-57 所示。

由图 26-57 可以看出，从原样沥青胶浆到 PAV 老化沥青胶浆的松弛模量有着显著的增加，PAV 老化沥青胶浆的松弛模量增幅较 RTFOT 老化沥青胶浆有所增加。长期老化的 PAV 沥青胶浆松弛速率绝对值明显小于原样及 RTFOT 老化后的沥青胶浆，说明长期老化削弱了沥青胶浆的低温松弛性能。不同填料类型的沥青

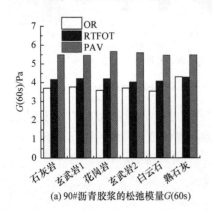

(a) 90#沥青胶浆的松弛模量$G(60s)$

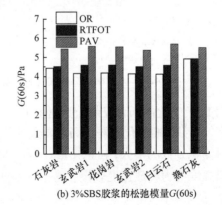

(b) 3%SBS胶浆的松弛模量$G(60s)$

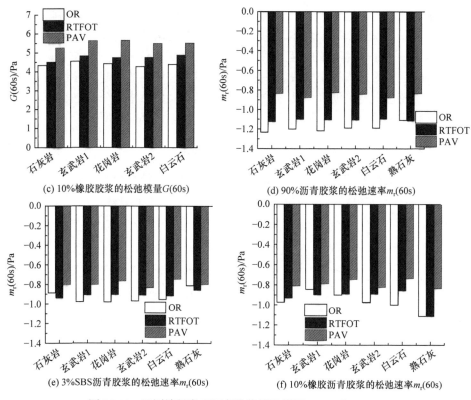

图 26-57　不同填料类型沥青胶浆低温指标 $G(60s)$ 和 $m_r(60s)$

胶浆 $m_r(60s)$ 的差异不大，PAV 老化后 $m_r(60s)$ 的绝对值均明显小于原样及 RTFOT 老化后的松弛速率的水平。同种老化程度条件下，熟石灰沥青胶浆的松弛模量 $G(60s)$ 最大，基质沥青及 SBS 改性沥青胶浆的松弛速率 $m_r(60s)$ 差异不大，橡胶改性沥青胶浆间的松弛速率有所差异。

26.2.7　沥青胶浆流变特性与沥青结合料流变特性相关性

　　沥青流变特性的研究方法及参数选择对沥青胶浆的流变特性研究具有一定适用性，然而目前并没有对沥青胶浆的流变指标进行统一规定，且并没有研究证明相关指标与沥青–填料相互作用的相关性，对于指标的优劣性没有规定的区分方法。为进一步研究以上指标评价沥青–沥青胶浆间相关性的适用性，明确填料在沥青流变特性中的作用，通过结合料的流变试验，对沥青胶浆流变特性与结合料流变特性相关性进行研究。

1. 沥青与沥青胶浆间关联性指标

　　根据填料体积分数的变化，填料对沥青胶浆体系的模量增强作用可分为稀释阶段和聚集阶段，且这两个阶段的拐点对应的填料体积分数定义为填料临界体积分数 ϕ_m。稀释阶段，沥青胶浆体系的模量增强主要是由沥青与填料表面间的物理化学反应，即沥青-集料间的相互作用引起的。随着填料体积分数的增大，超过临界体积分数后，则进入聚集阶段，该阶段内填料颗粒增强效应起主导作用。

从流变特性出发，沥青与沥青胶浆流变指标相关关系指标分为三类。选择 5 种指标进行进一步分析，具体表达形式如式(26-20)~式(26-24)所示：

$$\Delta G^* = \left(G_c^* - G_m^* \right) / G_m^* \tag{26-20}$$

式中，ΔG^* 为复数剪切模量系数，量纲一，ΔG^* 越大，沥青与填料的相互作用越强；G_c^* 为沥青胶浆复数剪切模量，kPa；G_m^* 为基质沥青的复数剪切模量，kPa。

$$K\text{-}B\text{-}G^* = \frac{\dfrac{G_C^*}{G_m^*} - 1}{1.5\phi + \phi \dfrac{G_c^*}{G_m^*}} \tag{26-21}$$

式中，ϕ 为填料的体积分数，%；$K\text{-}B\text{-}G^*$ 为交互作用参数 K.D.Ziegel-B-G^*的缩写，量纲一。

K.D.Ziegel-B-G^*越大，沥青与填料的相互作用越强。

$$\Delta \eta^* = \left(\eta_c^* - \eta_m^* \right) / \eta_m^* \tag{26-22}$$

式中，$\Delta \eta^*$ 为复数黏度，量纲一；η_c^* 为沥青胶浆复数黏度，Pa·s；η_m^* 为基质沥青的复数黏度，Pa·s。

$$L\text{-}A\text{-}\delta = \frac{\tan \delta_c}{\tan \delta_m \left(1-\phi \right)} - 1 \tag{26-23}$$

式中，δ_c 为沥青胶浆相位角，(°)；δ_m 为沥青相位角，(°)；$L\text{-}A\text{-}\delta$ 为相互作用参数 Luis Ibrarra-A-δ 的缩写，量纲一。

参数 L-A-δ 越小，沥青与填料的界面交互越好。

$$K\text{-}B\text{-}\delta = \frac{\dfrac{\tan \delta_m}{\tan \delta_c} - 1}{1.5\phi} \tag{26-24}$$

K-B-δ 越大，表示填料与沥青交互作用能力越强。

为明确上述指标的适用性，对三种沥青胶浆不同填料体积分数条件下的 5 种沥青–填料相互作用指标进行计算，结果如图 26-58 所示。

由图 26-58 可以看出，(a)、(b)、(c)的线形走势均呈现一致性，说明同种填料不同掺量水平条件下，ΔG^*、K-B-G^*及 $\Delta \eta^*$ 指标对频率及温度变化的响应规律一

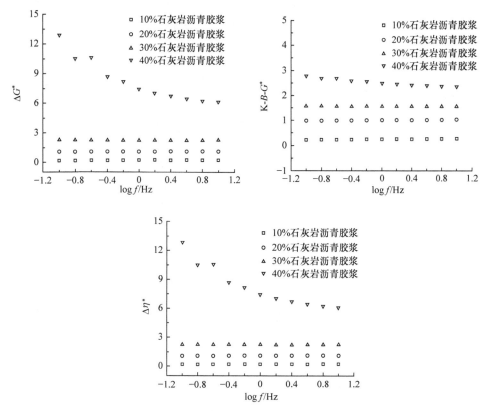

图 26-58　不同填料体积分数沥青–填料相互作用指标

致。相同沥青类型条件下，温度变化对相互作用指标的影响随填料体积百分数的不同有所不同，但并没有显著的规律性。比较 ΔG^*、K-B-G^* 及 $\Delta \eta^*$ 指标 5 种温度条件下的数值变化范围，K-B-G^* 较为稳定，ΔG^* 与 $\Delta \eta^*$ 的数值变化范围基本一致。随填料体积分数的增大，ΔG^*、K-B-G^* 及 $\Delta \eta^*$ 指标变化范围增大，由于从物理意义上讲，ΔG^*、K-B-G^* 及 $\Delta \eta^*$ 增大，表明沥青胶浆体系的 G^* 增大，因此可以说，随着填料体积分数的增大，填料对沥青胶浆的劲度增长具有积极作用。L-A-δ 及 K-B-δ 指标变化范围规律性不显著，指标失效，这是因为该指标的计算是基于一种粗略的近似，没有考虑到界面形态，填料的形态、尺寸、分散状态等差异性，且该指标无法考虑填料的临界体积分数。

2. 填料临界体积分数的确定

采用拟合公式计算临界体积分数 ϕ_m，其表达式如式(26-25)所示。采用 1st Opt 软件对不同填料体积分数的沥青胶浆在不同温度条件的函数进行拟合，得到函数拟合参数如表 26-6 所示。

$$G_r^* = A + B(\phi - \phi_m) + D(E - B)\ln\left\{1 + \exp\left[(\phi - \phi_m)/D\right]\right\}$$

$$= \frac{G_c^*}{G_m^*} \tag{26-25}$$

式中，G_r^* 为沥青胶浆模量比，量纲一。

表 26-6 填料临界体积分数及函数拟合参数

沥青胶浆 类型	温度/℃	拟合参数					相关系数 R^2
		A	B	ϕ_m/%	D	E	
90#基质沥青 胶浆	28	3.547	10.125	31.9	0.029	67.799	0.94
	40	3.029	8.825	30.6	0.011	66.352	0.90
	52	3.019	42.091	30.7	−0.004	9.126	0.99
	64	3.130	9.062	31.3	0.006	40.013	0.99
	76	3.555	66.633	33.8	−0.001	9.723	0.95
3%SBS 改性 沥青胶浆	28	4.507	21.179	30.3	0.0001	6.894	0.54
	40	3.398	12.490	34.1	0.0003	−13.927	0.65
	52	2.421	7.821	34.2	0.001	−13.289	0.82
	64	2.064	−4.123	31.3	−0.0004	6.402	0.95
	76	2.534	7.455	31.6	0.0002	−0.500	0.957
10% 橡胶改 性沥青胶浆	28	3.200	−9.138	24.2	−0.003	14.732	0.98
	40	2.578	−2.479	20.1	−0.010	14.539	0.99
	52	3.171	15.562	23.1	0.022	−10.890	0.96
	64	3.128	−5.228	22.3	−0.007	15.879	0.91
	76	3.370	0.041	17.7	−0.020	26.971	0.98

由表 26-6 可以看出，基质沥青–填料复合胶浆体系的填料临界体积分数 ϕ_m 为 30%左右。这与前文分析的"稀释区"与"浓缩区"的"转折点"相吻合。对于 SBS 改性沥青而言，沥青胶浆的填料临界体积分数 ϕ_m 也大致分布于 30%。对于橡胶改性沥青而言，其填料临界体积分数 ϕ_m 在 20%左右，这是因为橡胶改性沥青中胶粉掺量为 10%，而胶粉大多以物理分散形式分布于沥青中，填料临界体积分数 ϕ_m 有所降低。在稀释阶段，沥青胶浆的模量增长主要是由沥青与填料间的相互作用引起的，因此应在其填料临界体积分数 ϕ_m 以内对沥青及胶浆间的相关性进行进一步研究。

3. 沥青–填料相互作用指标分析

为明确沥青–填料相互作用指标的适用范围，对 7 种沥青胶浆的 5 种沥青–填料相互作用指标的变化规律进行分析，结果如图 26-59 所示。

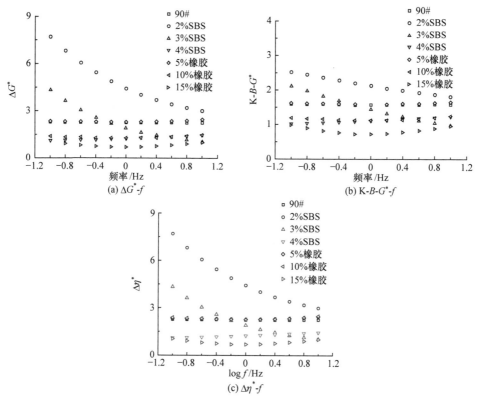

图 26-59　不同沥青类型沥青胶浆沥青–填料相互作用指标

可以看出，对于基质沥青胶浆而言，5 种指标随频率的变化均呈现较好的线性规律。ΔG^* 大于 0，因此沥青胶浆的 G^* 相较于沥青有大幅提高，说明填料的加入能明显提高沥青胶浆的劲度，但相同填料掺入不同类型沥青中，所得的指标变化规律有所差异，也就是说填料的掺入对改性沥青的 G^* 增强作用并不随沥青改性剂的增加而显著增加。比较各指标线形可知，图 26-59(a)、(b)、(c)的线形一致，因此可以认为，同种填料相同掺量水平条件下，ΔG^*、K-B-G^* 及 $\Delta \eta^*$ 指标对频率的变化响应规律一致。3 种 SBS 改性沥青胶浆的各指标的线形呈现一致性，橡胶改性沥青表现出同样的规律。

为进一步确定以上指标评价沥青–填料间相互作用的适用性，对不同填料类型的沥青胶浆的 5 种指标值进行计算，结果如图 26-60 所示。

由图 26-60 结合分析可知，同种结合料不同填料类型各指标(a)、(b)、(c)的线形基本一致。对于同种类型的沥青胶浆而言，K-B-G^* 指标的线形一致，且其变化范围基本一致，因此该指标不适用于评价填料类型对沥青–沥青胶浆相关性的指标。K-B-δ 指标的变化不具有显著规律性，因此指标失效。综合前文分析可知，

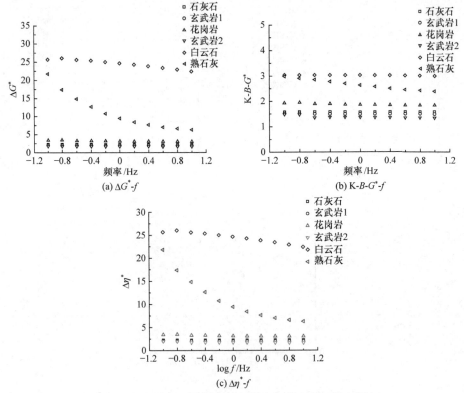

图 26-60　不同填料类型沥青胶浆沥青–填料相互作用指标

ΔG^*、K-B-G^* 及 $\Delta \eta^*$ 指标可用于评价沥青-沥青胶浆的相关性，而对于同种沥青胶浆，ΔG^* 与 $\Delta \eta^*$ 的变化线形及变化范围基本一致，因此可以视为同一种指标。此外，随温度升高，沥青–填料相互作用指标 ΔG^*、K-B-G^* 及 $\Delta \eta^*$ 指标趋于增大，这是因为沥青随温度升高由半固态向液态转变，沥青分子运动更剧烈，沥青–填料的相互作用在高温条件下更强，指标更为显著。

　　参数 ΔG^* 实际上是基于胶浆与沥青的"模量比"提出的，实际反映的是填料对沥青胶浆的 G^* 的增强程度。同种沥青胶浆的 K-B-G^* 线形与 ΔG^* 一致，因此对二者相关性进行分析，结果如图 26-61 所示。

　　如图 26-61 所示，不同温度的 ΔG^*-K-B-G^* 点重合度较高，对曲线进行拟合发现，K-B-$G^* = \ln\left(1.044 + 1.589\Delta G^*\right)$，相关系数为 0.995，表明 ΔG^* 与 K-B-G^* 具有较好的相关性。因此，可以选择 K-B-G^* 作为评价沥青–沥青胶浆流变相关性的指标。

　　4. 老化作用对沥青–沥青胶浆相关性指标的影响

　　老化程度对沥青胶浆流变特性的影响已进行了分析，沥青胶浆经老化后，复

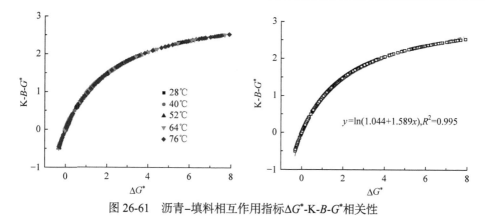

图 26-61　沥青–填料相互作用指标 ΔG^*-K-B-G^* 相关性

数剪切模量增大，相位角减小，因此老化作用对沥青–填料相互作用指标也会有所影响，对 OR、RTFOT 老化及 PAV 老化后沥青胶浆 K-B-G^* 进行计算，结果如图 26-62 所示。

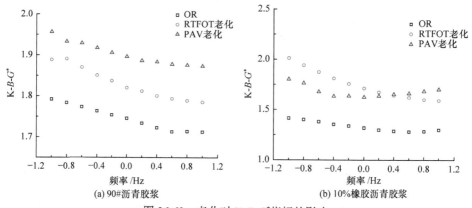

图 26-62　老化对 K-B-G^* 指标的影响

由图 26-62 可知，随着老化程度的增大，K-B-G^* 曲线趋于上移，K-B-G^* 趋于增大，即老化作用使得沥青中的轻质组分挥发，胶质含量增大。已有研究认为，胶质对于沥青–填料相互作用影响较为显著。因此，随老化程度的增大，沥青与填料间的相互作用趋于增大。

5. 沥青–沥青胶浆复数剪切模量相关性分析

对沥青及沥青胶浆 G^* 主曲线进行一元二次方程回归分析，形式为 $y=a+bx+cx^2$，对同频率条件下的 G^* 进行计算，温度为参考温度 20℃，则沥青–填料类型胶浆复数剪切模量相关性曲线如图 26-63 所示。

由图 26-63 可知，沥青 G^*($G^*_{沥青}$)与不同结合料类型沥青胶浆 G^*($G^*_{胶浆}$)双对数坐标下存在良好的线性相关性，具体参数取值如表 26-7 所示。

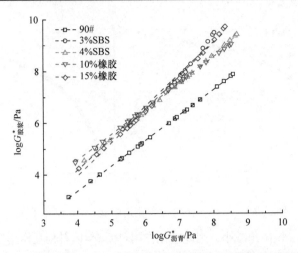

图 26-63　沥青-不同结合料类型沥青胶浆复数剪切模量相关性曲线

表 26-7　沥青-不同结合料类型沥青胶浆 G^* 关联参数取值

沥青类型	$y=a+bx$ 拟合参数		R^2
	a	b	
90#	−0.548	0.979	0.999
3%SBS	−0.755	1.234	0.982
4%SBS	−0.062	1.085	0.999
10%橡胶	0.615	0.991	0.999
15%橡胶	−1.167	1.281	0.995

　　沥青-不同填料体积分数的胶浆复数剪切模量相关性曲线如图 26-64 所示。

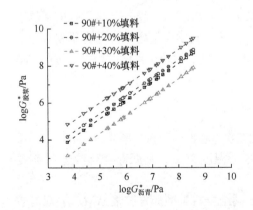

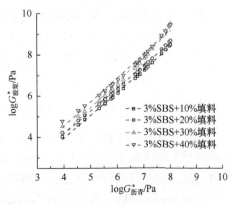

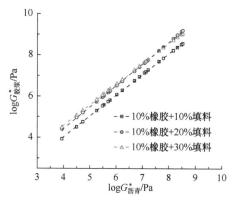

图 26-64　沥青–不同填料体积分数沥青胶浆复数剪切模量相关性曲线

由图 26-64 可知，沥青 G^* 与不同填料体积分数的胶浆 G^* 双对数坐标下存在良好的线性相关性，具体参数取值如表 26-8 所示。

表 26-8　沥青–不同填料体积分数沥青胶浆 G^* 关联参数取值

沥青类型	填料体积分数/%	$y=a+bx$ 拟合参数		R^2
		a	b	
90#	10	0.150	0.998	0.999
	20	0.553	0.971	0.999
	30	−0.580	0.985	0.999
	40	1.184	0.963	0.999
3%SBS	10	−0.419	1.094	0.997
	20	−0.209	1.093	0.997
	30	−0.750	1.233	0.982
	40	−0.076	1.154	0.989
10%橡胶	10	−0.002	1.007	0.999
	20	0.236	1.046	0.999
	30	0.624	0.989	0.999

沥青–不同填料类型沥青胶浆复数剪切模量相关性曲线如图 26-65 所示。

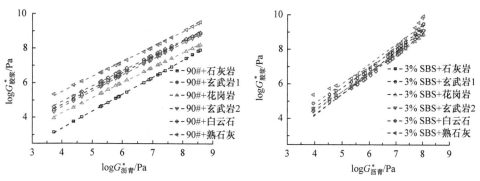

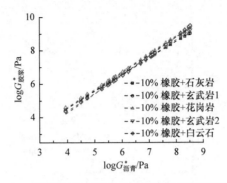

图 26-65 沥青-不同填料类型沥青胶浆复数剪切模量相关性曲线

由图 26-65 可知,沥青 G^* 与不同填料类型沥青胶浆 G^* 双对数坐标下存在良好的线性相关性,具体参数取值如表 26-9 所示。

表 26-9 沥青-不同填料类型沥青胶浆 G^* 关联参数取值

沥青类型	填料类型	$y=a+bx$ 拟合参数		R^2
		a	b	
90#	石灰岩	−0.580	0.985	0.999
	玄武岩 1	1.058	0.918	0.999
	花岗岩	0.765	0.872	0.999
	玄武岩 2	0.909	0.922	0.999
	大理石	1.381	0.885	0.999
	熟石灰	2.024	0.867	0.998
3%SBS	石灰岩	−0.750	1.233	0.982
	玄武岩 1	0.066	1.143	0.988
	花岗岩	0.248	1.062	0.997
	玄武岩 2	−0.034	1.117	0.994
	大理石	−0.412	1.161	0.993
	熟石灰	0.294	1.143	0.962
10%橡胶	石灰岩	0.624	0.989	0.999
	玄武岩 1	0.307	1.061	0.999
	花岗岩	0.372	1.061	0.999
	玄武岩 2	0.132	1.061	0.999
	大理石	−0.225	1.127	0.997

综合以上分析可知,沥青 G^* 与不同填料类型胶浆 G^* 双对数坐标下存在良好的线性相关性,其参数取值取决于多种因素,包括结合料类型、填料体积分数、填料类型等。

26.3　沥青混合料分散尺度的流变特性与影响因素

由多级分散体系理论可将沥青混合料视为以集料为分散相分散于胶浆介质中的黏弹性材料。沥青混合料是一种不均匀的固-液混合物，在混合过程中处于低速半流动状态。由于其摩擦和黏性流动特性，混合料在拌和过程中将产生一定的扭矩。由于混合料的摩擦及黏性流动特性受温度、拌和速率及时间等影响，其拌和扭矩也随之发生变化，因此可通过对于混合料拌和过程中的扭矩变化描述其拌和流变特性。由于沥青混合料中存在大尺寸的粗集料，而集料间差异较大，参数控制较困难，对于沥青混合料流变特性的量化表征存在特殊性。沥青混合料的拌和流变特性受沥青高温流变特性、集料几何特性及集料级配等影响较大。

此外，沥青混合料在压实过程中会发生一系列的物理化学反应，包括沥青胶浆内部的黏聚黏滞作用，沥青-集料间的相互作用及集料间的接触嵌锁作用等。由于沥青混合料组成材料性能差异明显、颗粒尺度范围跨度较大且边界条件复杂，目前几乎尚无基于摩擦学的沥青混合料压实过程分析建模，但已有研究发现其压实过程与斯特里贝克曲线的润滑状态一致。一般经验认为，胶浆黏度随压实温度的升高而减小，则可压实性越好。然而部分研究发现，随着压实温度的升高，沥青混合料的抗压实致密性逐渐减小到一定水平后升高，也就是说，一些沥青混合料的压实温度存在一个最佳的范围以达到最佳压实效果。部分沥青混合料在实际压实过程中会出现常规压实温度条件下抗剪切能力不足，导致压实不足，即出现所谓的"软弱区域(tender zone)"，此时需要对混合料进行适度冷却而后加大荷载压实。这与常规的经验性认识有所差别，但却与斯特里贝克曲线中的润滑状态描述相符合。

已对沥青结合料及胶浆尺度分散体系的流变特性进行系统研究，接下来分别以不同侧重点对多级分散体系中的建设期沥青混合料分散尺度的工作性进行表征，包括以集料分散相为重点的拌和阶段混合料流变特性研究及以结合料及胶浆为分散介质的沥青混合料压实流变模型的建立。首先，在已有研究的基础上对沥青混合料拌和流变特性测试仪进行开发，在固定沥青及沥青用量的条件下，研究集料分散相的几何特性对沥青混合料拌和流变特性的影响，其中集料的特性包括岩性、尺寸、棱角性、形状指数等。另外，结合斯特里贝克曲线理论，从压实过程及其影响参数来研究沥青混合料压实的流变学机理。拌和阶段的流变特性及压实阶段的流变特性研究均可一定程度表征建设期沥青混合料的工作性。

26.3.1　沥青混合料流变试验及评价指标

1. 材料的选择

拌和阶段流变特性研究的沥青选择为 90#基质沥青，集料类型选择石灰岩 1、石灰岩 2、片麻岩及玄武岩四种类型。级配类型为 AC-20。特别地，为消除天然集料表面纹理及粗糙度的影响，选择了三种形状和棱角性不同的玻璃集料，如图 26-66 所示，其形状和棱角性易于控制，且密度接近天然集料(玻璃密度为 2.51g/cm³，石灰岩密度为 2.5～2.8g/cm³，玄武岩密度为 2.8～3.3g/cm³，片麻岩密度为 2.5～2.8g/cm³)。图 26-66 从左至右依次为玻璃球集料、三棱柱玻璃集料、长方体玻璃集料。玻璃球的直径为 16mm，三棱柱集料的尺寸为 25mm×25mm×10mm，长方体集料的尺寸为 20mm×20mm×8mm。根据随后的分析，三种玻璃集料的筛分直径分别为 16mm、17.68mm、19.80mm，在 AC-20 的粒度范围内。

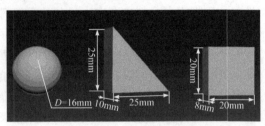

图 26-66　玻璃集料实物图及三维尺寸示意图

压实阶段分析共涉及 7 种沥青结合料，包括 90#基质沥青，3 种掺量水平的 SBS 改性沥青和 3 种掺量水平的橡胶改性沥青。SBS 改性沥青的三种水平掺量，分别为 2%、3%和 4%。橡胶(40 目)改性沥青也采用三种水平掺量，分别为 5%、10%和 15%。填料类型选择石灰岩矿粉、玄武岩矿粉 1、玄武岩矿粉 2、白云石、花岗岩及熟石灰，所有填料均通过 200 目筛孔。集料类型选择石灰岩 1、石灰岩 2、玄武岩、辉绿岩、闪长岩及石英岩，将岩石破碎磨粉并通过 200 目筛孔。选择 16 种级配类型进行混合料压实试验，以此制备得到具有不同流变参数的分散介质(沥青结合料及沥青胶浆)。

2. 沥青混合料拌和流变仪设备的开发及校验

开发的沥青混合料拌和流变测试仪，由驱动部分、传感部分、负载部分、控制部分及数据采集部分组成，通过垂直升降将驱动部分(包括电机及减速机)、传感部分(扭矩传感器)及负载部分(包括拌和叶片、容器及控温装置)由上至下依次连接，电机连接可编程速度控制器，扭矩传感器连接数据采集模块，负载部分容器外部接温控加热套。沥青混合料拌和流变特性测试仪启动拌和时，对拌和叶片的转速进行调整，并通过扭矩传感器实时测试扭矩信息，通过数据采集模块与电脑连接，将测试数据输出，从而获得沥青混合料拌和流变测试数据。试验实物图如图 26-67 所示。

由于设备是自行开发的，为保证测试结果的有效性，测试前应对设备进行校准。校准过程如下：将一定量的集料通过 4.75mm 的筛孔，取保留在 2.36mm 筛孔上的集料 3.5kg 置于容器中拌和，用于设备校准。

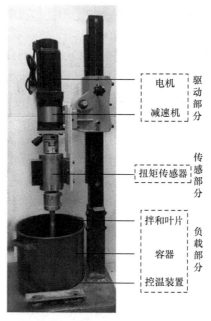

图 26-67　沥青混合料拌和流变测试仪

3. 沥青混合料拌和流变仪测试参数的确定

沥青混合料拌和流变仪测试参数包括拌和温度、拌和时间及拌和速率，由于沥青在高温条件下黏度随温度升高而降低，混合料高温拌和过程中表现为一定的黏流特性，其拌和扭矩随温度升高而降低，随后趋于平缓，因此将稳定扭矩条件下对应的温度作为沥青混合料的拌和温度。图 26-68 显示了最佳沥青用量条件下

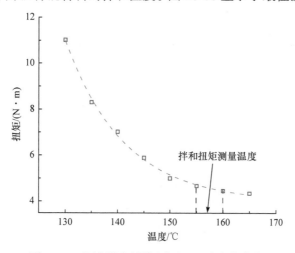

图 26-68　沥青混合料拌和扭矩-温度变化曲线

给出级配混合料在不同温度条件下的拌和扭矩测试结果，所选沥青混合料拌和扭矩测量温度范围建议为 155～160℃。

此外，沥青混合料在高温拌和过程中沥青与热氧混合发生老化，从而对混合料的流变特性产生影响，因此拌和时间过长会增加能耗，导致沥青老化，拌和时间过短不利于拌和均匀及流动状态稳定。给定级配的沥青混合料在最佳沥青用量条件下，其拌和扭矩随时间的变化关系如图 26-69 所示。拌和初始阶段，混合料处于静止状态，拌和叶片由静止到流动状态需克服较大的阻力，此时扭矩较大，随后混合料拌和流动状态趋于稳定，扭矩逐渐减小至趋于稳定。建议所选沥青混合料拌和扭矩测量时间范围为 60～80s。

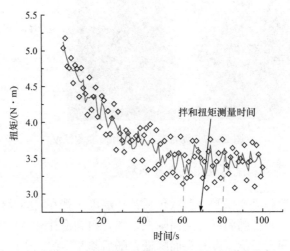

图 26-69　沥青混合料拌和扭矩–时间变化曲线

4. 沥青混合料拌和流变特性评价指标

沥青混合料拌和流变仪可以通过记录拌和过程中的扭矩，评估其拌和阶段的工作性能，转速分别为 60r/min、70r/min、80r/min、90r/min、100r/min、110r/min 和 120 r/min。在固定转速下，当混合料扭矩趋于稳定时，记录混合料的扭矩为 T_1。改变转速，测得扭矩 T_2、T_3。扭矩与转速之间的关系如图 26-70 所示。

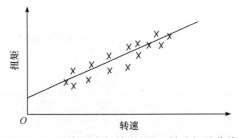

图 26-70　沥青混合料拌和扭矩–转速相关曲线

从图 26-70 可以看出，沥青混合料的扭矩随转速的增加呈线性增加趋势，拟合公式为 $y = kx + b$。直线的截距 b 与混合料的屈服应力有关，即使混合料流动所需克服阻力的最小力矩，是反映混合料初始流变难易程度的参数。斜率 $k[\text{N·m}/(\text{r·min})]$ 与混合料黏度有关，k 越大，沥青混合料黏性越大，流变特性越差，因此 k 可间接反映稳态沥青混合料的流变特性。

26.3.2　旋转压实流变特性表征

旋转压实设备采用 PINE 旋转压实仪(superpave gyratory compactor，SGC)，外部角为 1.25°，竖向压强为 600kPa。以沥青混合料开始压实时的试件高度(H)为起始高度，则压实次数–试件高度(N-H)的关系曲线如图 26-71(a)所示，高度的对数–压实次数呈线性关系，可根据式(26-26)的形式进行线性回归分析，如图 26-71(b)所示。

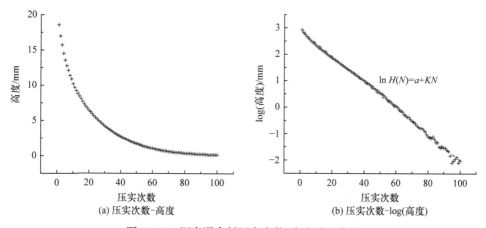

图 26-71　沥青混合料压实次数–高度关系曲线

分析结果可知，沥青混合料的压实次数与高度的对数间存在线性相关关系，且整体拟合精度较高。进一步观察数据点走势可以发现，在旋转压实次数区间内，压实中段的数据点与线性拟合函数相关系数较高。初始阶段混合料较为松散或机器不稳定，后期进入超压阶段，因此这两个阶段的数据点较为明显地偏离了拟合函数，拟合函数形式如式(26-26)所示：

$$\ln H(N) = a + KN \qquad (26\text{-}26)$$

为进一步探讨式(26-26)拟合公式的适用性，从高度下降速率(压密速率)进行分析，对式(26-26)两边对压实次数 N 求导可得式(26-27)：

$$\frac{H'}{H} = K \qquad (26\text{-}27)$$

式(26-27)表明，在某旋转压实段内，混合料的高度下降速率与高度的比值保持稳定，且其值与式(26-26)线性关系中的斜率 K 相等。

为验证此推论，按照式(26-28)统计了实测压实数据中的高度下降速率(压密速率)：

$$\frac{H'}{H} \approx \frac{H(N-1)-H(N+1)}{2H(N)} \tag{26-28}$$

根据式(26-28)计算实测高度下降速率(压密速率)，得到结果如图 26-72 所示。

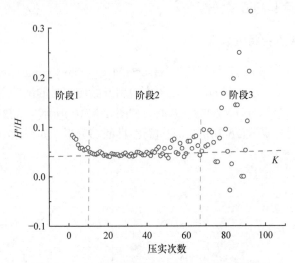

图 26-72　沥青混合料压密速率与压实次数关系

可以看出，沥青混合料压实过程中的压密速率可分为三个阶段：阶段 1 为压实初期，高度下降速率由快逐渐变缓至与 K 接近；阶段 2 为压实中期，高度下降速率在 K 上下波动；阶段 3 为压实后期，高度下降速率数据离散，明显偏离 K。混合料压实过程中高度下降速率实际上体现了集料的迁移重新排布的过程，在阶段 1，由于颗粒间较为松散，易于压实，另外颗粒间空隙较大，也有利于颗粒的重新排列；阶段 2，集料颗粒间已充分接触，颗粒间接触点趋于稳定，因此在固定压实功下压密速率也趋于稳定；阶段 3，集料颗粒间已达到致密，继续压实较为困难，此时式(26-27)不再适用。以阶段 2 压实中期的压密速率 K 为指标，用于表征克服阻力进行混合料压密的难易程度，K 越大越易于压实，可以间接反映沥青混合料的压实流变特性。

由图 26-72 可以看出，第 8 次压实以后的压密速率趋于稳定，因此取第 8 次对应的点作为初始压实次数，这也是目前基于能量指标给出的最常用的初始压实次数。此外，出于对设计空隙率的考虑，选择达到设计空隙率时的旋转压实次数为设计压实次数 N_{des}，并以此为分界点，将压实过程分为两个阶段，自第 8 次压实至设计压实次数 N_{des} 之前的部分曲线定义为设计压实阶段，而 N_{des} 之后的曲线部分定义为超压阶段，以 4%空隙率作为设计空隙率。对设计压实阶段曲线进行线性回归，回归方程式见式(26-29)：

$$\log \gamma = A + B \log N \tag{26-29}$$

式中，A、B 为回归系数；γ 为密度比；N 为压实次数。

图 26-73 为沥青混合料压实密度-压实次数关系曲线。

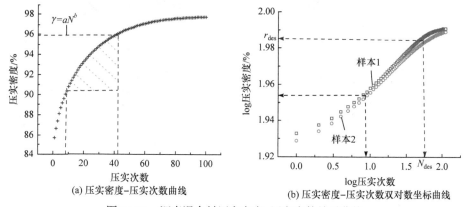

(a) 压实密度-压实次数曲线　　　　　(b) 压实密度-压实次数双对数坐标曲线

图 26-73　沥青混合料压实密度-压实次数关系曲线

N_{des}-设计压实次数；压实密度表示实际压实密度占最大理论压实密度 G_{mm} 的比例

由图 26-73(b) 的对数曲线可知，A 为直线的截距，与压实初始阶段混合料的压实度有关，称为初始密度比。B 为直线的斜率，表示设计压实阶段的压实度增长速率，称为密度比指数，B 与混合料压实的难易程度有关，B 越大越易于压实，可以间接反映沥青混合料的压实流变特性。

由图 26-73(a) 提出设计压实阶段的能量指标(design compaction energy index，DCEI)，用于表征沥青混合料从第 8 次旋转压实到 $96\% G_{mm}$ 所需的压实功，计算方法如式(26-30)所示：

$$\text{DCEI} = \sum_{i=1}^{N_{des}-1} \frac{\gamma_i + \gamma_{i+1}}{2} \tag{26-30}$$

式中，γ_i 为第 i 转旋转压实后的压实度；N_{des} 为达到设计空隙率 96%时的压实次数。

级配类型、集料粒径等对沥青混合料的压实流变特性影响显著[10-13]。因此，选择 15 种不同级配类型的沥青混合料进行 SGC 压实试验，结合料选择 3%SBS 改性沥青，由式(26-28)~式(26-30)计算得到参数 K、A、B 及 DCEI 如图 26-74 所示，以选择合适的压实流变参数表征指标。

由图 26-74(a) 可以看出，同种级配类型同种最大粒径条件下，随级配配比由粗到细，K 趋于增大，表明稳态压实阶段混合料压密速率增大，压实阻力趋于减小，更易压实。比较最大粒径的影响，随着最大粒径的增大，K 趋于减小，稳态压实阶段混合料压密速率减小，压实阻力增大，压实趋于困难。比较不同级配类型的影响，AC-10 最易压实，OGFC-13 最难压实，SMA-13 由于掺入纤维增大了砂浆黏度，但同时增大了沥青及细料用量，因此改善了其流变特性，二者复合作用下，使得 SMA-13 的压实难度介于 AC 与 OGFC-13 级配之间。

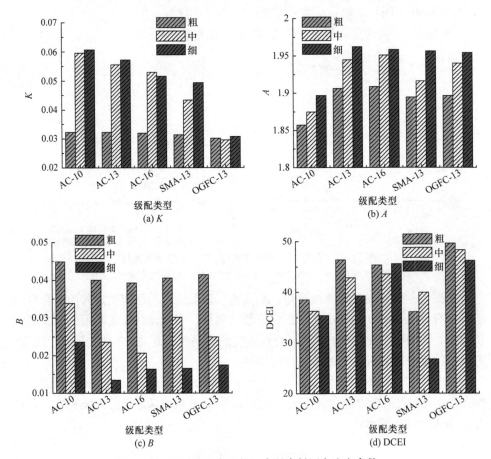

图 26-74　不同级配类型的沥青混合料压实流变参数

由图 26-74(b)及(c)可知，OGFC-13 级配的 A 较大而 B 较小，表明 OGFC-13 最难压实，其压实流变特性较差。相较而言，同种级配混合料的不同粗细配比对压实流变参数影响更为显著，粗粒径级配的 A 较小，B 较大，表明偏粗的集料配比更易于压实，这是由于偏粗的级配空隙率较大，在荷载条件下，颗粒间更易于移动重排。SMA-13 的 B 介于 OGFC-13 及 AC 之间。然而 B 无法有效区分同粒径不同级配类型混合料间的压实流变特性差异，因此指标失效。比较同种级配类型同种最大粒径条件下，随级配比由粗到细，B 趋于减小，表明设计压实阶段的压实度增长速率减小，压实难度增大，这与 K 的规律不一致。

由图 26-74(d)可知，同种级配类型同种最大粒径条件下，随级配比由粗到细，DCEI 趋于减小，压实难度减小，与 K 规律一致。比较最大粒径的影响，随最大粒径的增大，DCEI 增大，压实难度增大。比较不同级配类型的影响，AC-10

最易压实，SMA-13 次之，OGFC-13 最难压实。

综合以上分析，考虑到 K、A 及 B 变化范围较小，由随机变异因素引起的误差较大，因此选择 DCEI 作为评价沥青混合料压实流变特性的表征参数。

26.3.3　拌和阶段集料分散相对沥青混合料拌和流变特性影响机制

1. 单粒径集料分散相拌和流变特性

图 26-75 为不含沥青的单粒径集料不同转速下扭矩，对图 26-75 进行线性拟合，得到的拌和过程中集料的截距 B 及斜率 K 在图 26-76 中给出。

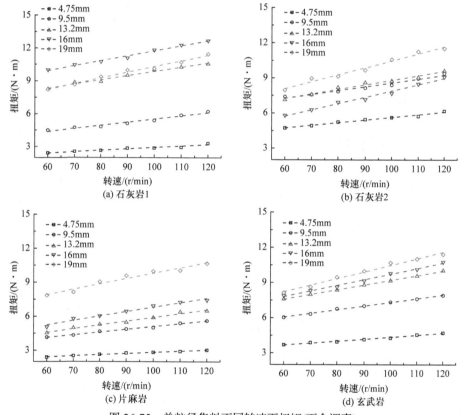

图 26-75　单粒径集料不同转速下扭矩(不含沥青)

如图 26-75 所示，随着转速的增大，扭矩增大，多表现为 19mm 集料的扭矩最大。图 26-76 所示的集料拌和时截距 B 显示，16mm 的石灰岩 1 B 最大，在初始拌和阶段需克服的阻力最大，4.75mm 石灰岩 1 的 B 最小，因此相同质量的集料，随粒径增大，拌和初始屈服应力增大。K 的结果表明，单粒径集料的 K 随着集料尺寸的增加而增加，拌和时集料的流变特性趋于变差。对于相同尺寸的集料，石灰岩 1 和片麻岩的 K 小于石灰岩 2 和玄武岩，因此石灰岩 1 和片麻岩的流变特性比石灰岩 2 和玄武岩差, 这是因为形状指数和棱角性共同决定了集料的流变特性。片麻岩的形状指数和棱角性均小于其他 3 种集料, 因此其 K 最小, 流变特性最佳。

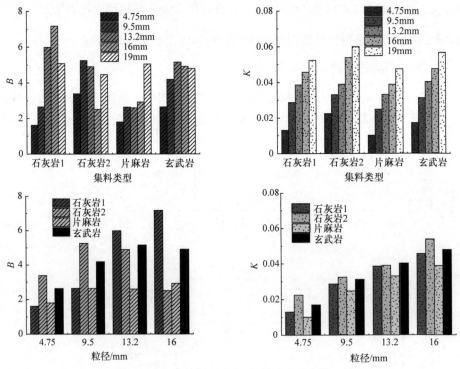

图 26-76　单粒径集料(不含沥青)拌和流变参数 B 及 K

2. 单粒径集料分散相混合料流变特性

根据集料性能和沥青膜厚度 0.0008mm 计算 3.5kg 集料中沥青的用量, 单一粒径的集料混合料的转速–扭矩曲线如图 26-77 所示, 图 26-78 给出了其截距 B 及斜率 K。

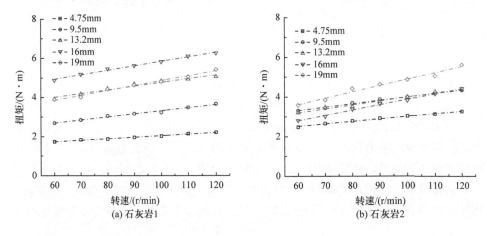

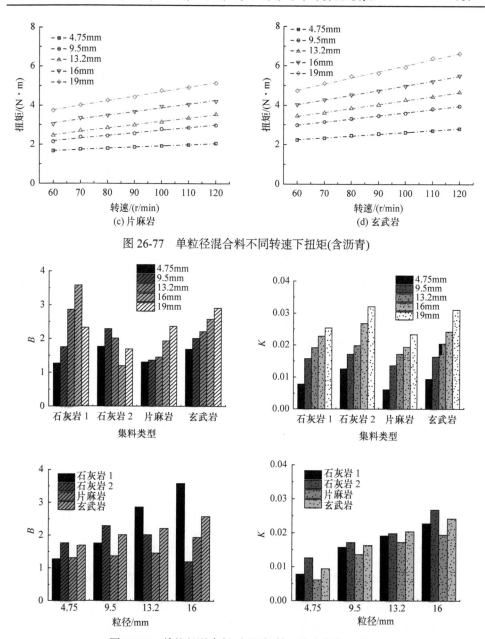

图 26-77　单粒径混合料不同转速下扭矩(含沥青)

图 26-78　单粒径混合料(含沥青)拌和流变参数 B 及 K

由图 26-77 可以看出，随着拌和速度的增大，不同单粒径的集料混合料(含沥青)的扭矩趋于线性增大，扭矩范围大幅减小，但线性变化规律与单粒径集料(不含沥青)一致，说明沥青在拌和过程中起到润滑作用，从而降低了体系的扭矩。图 26-78(a)拌和流变曲线的 B 显示，随集料粒径增大 B 增大，即同质量的集料(含沥青),粒径越大的集料由静止到拌和流动所需克服的阻力越大,初始屈服应力越大,这与单粒径集料(不含沥青)的变化规律一致。从图 26-78(b)可以看出,随着集料尺寸的增加,混合料的 K 增加。对于相同粒径的集料混合料,石灰岩 1 或片麻岩混合料的 K 小于石灰岩 2 或玄武岩混合料的 K,表现出更好的流变特性,这一趋势与单粒径集料的规律一致。比较图 26-76 和图 26-78 可以看出,单粒径混合料(含沥青)的 K 小于单粒径集料(不含沥青),这是因为沥青在拌和过程中起润滑作用。随着集料粒径的增加,单粒径集料及其混合料间的流变特性差异趋于减小,随着尺寸的增加,比表面积减小,沥青的量减少,因此沥青的润滑性降低。

3. 级配混合料流变特性

为分析集料的形状和棱角性对混合料流变特性的影响,选择玻璃集料来代表表面粗糙度的极端情况,并用于替换混合料中 16mm 粒径的集料。以不同的转速测试了相似尺寸不同形状及棱角性的玻璃集料(不含沥青)及其混合料(含沥青)的扭矩,结果如图 26-79(a)所示。以不同的转速测试了相似尺寸含有替换天然集料及玻璃集料的混合料的扭矩,结果如图 26-79(b)所示。图 26-80 给出了扭矩与转速之间关系的分析结果(线性回归方程的截距 B 及斜率 K)。

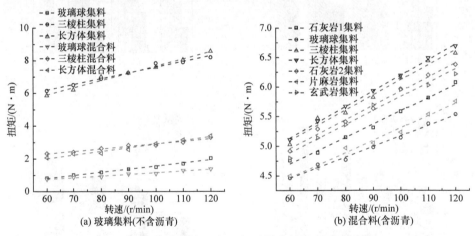

(a) 玻璃集料(不含沥青)　　　　　　(b) 混合料(含沥青)

图 26-79　玻璃集料(不含沥青)及混合料(含沥青)的扭矩

如图 26-79 所示,随着转速的增大,扭矩增大。由图 26-79(a)可以得出,三棱柱集料及长方体玻璃集料扭矩最大,加入沥青后,沥青起润滑作用,扭矩减小,三棱柱混合料及长方体混合料扭矩大幅减小,但仍大于玻璃球集料及其混合料的扭矩。如图 26-80 所示,拌和阶段玻璃集料及其混合料的 B 降序为三棱柱集料>长方体集料>三棱柱混合料>长方体混合料>玻璃球混合料>玻璃球集料,因此沥青的掺入能有效降低拌和屈服应力,但其作用相较于集料自身的形状及棱角性的影响

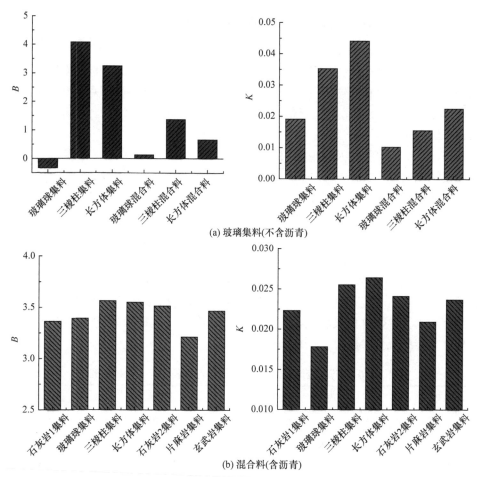

图 26-80 玻璃集料(不含沥青)及混合料(含沥青)的 *B* 及 *K*

相对不显著。玻璃集料拌和 *K* 降序则是长方体集料>三棱柱集料>玻璃球集料,同样地,玻璃集料混合料拌和 *K* 降序也是长方体混合料>三棱柱混合料>玻璃球混合料。综合图 26-79 及图 26-80 可知,玻璃集料的流变特性小于其与天然集料的相应混合料。当玻璃集料具有相似尺寸时,形状和棱角性主要影响其流变特性。玻璃球的形状指数为 1,长方体为 1.464,三棱柱为 1.695,玻璃球的流变特性最大。也就是说,当形状指数最小时,流变特性达到最大值。而且,随着形状指数增加到一定值,流变特性达到最低点,然后随着形状指数增加而降低。比较岩性不同的混合料,含有替代片麻岩集料的混合料 *B* 最小,*K* 的降序为石灰岩 2 集料>玄武岩集料>石灰岩 1 集料>片麻岩集料。混合料的流变特性不同于单粒径集料的混合料,因为 AC-20 的级配混合料由不同比例的单粒径集料组成,其单一粒径集料的性质及其比例共同决定了混合料的流变特性。

26.3.4 集料分散相几何特性与混合料拌和流变特性灰色关联分析

由于沥青混合料的流变特性受到筛分直径、形状指数和棱角性的共同影响，因此使用灰色关联分析方法研究集料几何特性与混合料流变特性的相关程度。灰色关联分析是基于相似或不同程度的发展趋势来评估影响因素间关联程度的一种方法。通过计算和复合分析目标值(参考序列)和影响因素(比较序列)之间的关联系数，得出主要影响因素。

通过集料几何特性及其混合料流变特性试验，得到了集料的几何参数对混合料流变特性的影响关系(表 26-10)。混合料的流变特性受集料的几何特性(筛分直径、形状指数、棱角性)及其统计值变异系数不同程度的影响，因此采用灰色关联分析方法分析了流变特性对多因素的敏感性。将拌和流变参数 B 及 K 作为参考序列 X_0，则单粒径集料(不含沥青)、单粒径集料混合料(含沥青)及级配混合料参考数列分别为 X_{01}、X_{02}、X_{03}。以集料几何特性为比较数列，则比较数列分别为 X_1(筛分直径)、X_2(形状指数)、X_3(棱角性)，其原始数列列于表 26-11，对应的灰色关联分析结果列于表 26-12。其中，γ_1、γ_2、γ_3 分别指集料筛分直径、形状指数、棱角性与拌和流变参数 B 间关联系数；ξ_1、ξ_2、ξ_3 分别指集料筛分直径、形状指数、棱角性与拌和流变参数 K 间关联系数。

表 26-10　沥青混合料拌和流变特性灰色关联分析 B 原始数列

项目	石灰岩 1	玻璃球	三棱柱	长方体	石灰岩 2	片麻岩	玄武岩
X_{01}	7.175	−0.335	4.072	3.246	2.510	2.924	0.023
X_{02}	3.578	0.132	1.368	0.66	1.195	1.930	2.579
X_{03}	3.361	3.390	3.564	3.550	3.514	3.213	3.467
X_1	17.357	16	17.68	19.8	17.381	17.69	17.625
X_2	1.158	1	1.695	1.464	1.235	1.117	1.194
X_3	0.989	0	1.947	1.27	0.833	0.724	0.889

表 26-11　沥青混合料拌和流变特性灰色关联分析 K 原始数列

项目	石灰岩 1	玻璃球	三棱柱	长方体	石灰岩 2	片麻岩	玄武岩
X_{01}	0.045	0.019	0.035	0.044	0.053	0.038	0.023
X_{02}	0.022	0.01	0.016	0.023	0.026	0.019	0.024
X_{03}	0.022	0.017	0.025	0.026	0.024	0.020	0.023
X_1	17.357	16	17.68	19.800	17.381	17.69	17.625
X_2	1.158	1	1.695	1.464	1.235	1.117	1.194
X_3	0.988	0	1.947	1.270	0.833	0.724	0.889

表 26-12　集料几何参数与其拌和流变特性间关联系数

流变参数	关联系数	集料(不含沥青)	集料(含沥青)	混合料
	γ_1	0.439	0.238	0.765
B	γ_2	0.451	0.208	0.562
	γ_3	0.415	0.264	0.379
	ξ_1	0.443	0.505	0.676
K	ξ_2	0.328	0.414	0.674
	ξ_3	0.278	0.406	0.391

如表 26-12 所示的关联系数分析结果表明，AC-20 混合料拌和阶段，集料筛分直径、形状指数、棱角性对集料(不含沥青)、集料(含沥青)及混合料的关联系数规律不一致，集料几何特性与集料(不含沥青)B 的关联系数排序为 $\gamma_2 > \gamma_1 > \gamma_3$，对集料(含沥青)的关联系数排序为 $\gamma_3 > \gamma_1 > \gamma_2$，对混合料的关联系数排序为 $\gamma_1 > \gamma_2 > \gamma_3$。结果表明，对于不含沥青的集料而言，屈服应力对形状指数变化最敏感；对含沥青的集料而言，屈服应力对棱角性变化最敏感；对级配混合料而言，屈服应力对筛分直径变化最敏感。集料的几何特性与集料(不含沥青)、集料(含沥青)及混合料流变特性参数 K 的关联系数排序均为 $\gamma_1 > \gamma_2 > \gamma_3$。从结果可以看出，无论是单粒径集料(不含沥青)、单粒径集料混合料(含沥青)还是级配集料混合料，集料的几何特性与其变异系数的关联系数一致。拌和稳定阶段，集料的筛分直径对拌和流变特性的影响敏感，形状指数次之，而棱角性对混合料的拌和流变特性影响较不敏感。

26.3.5　沥青胶浆介质对沥青混合料压实流变特性影响机理

1. 沥青胶浆介质黏度对压实流变特性的影响

图 26-81 为沥青胶浆介质黏度对沥青混合料压实流变特性的影响。

图 26-81 可知，以沥青黏度或胶浆黏度为变量，则 DCEI 大致呈现一个先减小后增大的趋势。在沥青黏度 $200 \sim 400 \text{cP}^*$，胶浆黏度为 $1 \sim 3 \text{cP}$，DCEI 呈现一个低峰值区域，表明沥青混合料体系中的结合料或胶浆存在一个黏度区域范围，在这个黏度范围内的混合料体系的摩擦系数可以达到一个极小值，此时最易于压实，这与斯特里贝克曲线理论一致，随胶浆黏度的增长，沥青混合料压实过程中的流变特性呈现先减小后增大的走势。此外，采用式(26-31)的高斯函数对沥青胶浆黏度-DCEI 曲线进行数值拟合，相关系数为 0.89 以上：

$$\text{DCEI} = y_0 + A \mathrm{e}^{-\frac{(\eta - x_c)^2}{2\omega^2}} \tag{26-31}$$

---

* $1\text{cP} = 10^{-3}\text{Pa·s}$。

式中，y_0、A、x_c、ω 为拟合参数；η 为胶浆黏度。

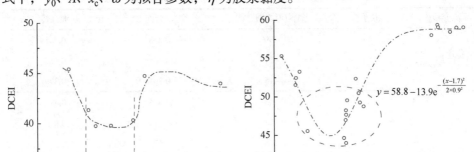

图 26-81 黏度对沥青混合料压实流变特性的影响

2. 砂浆介质厚度对压实流变特性的影响

对 4 种粉胶比及 6 种集料类型的沥青混合料进行 SGC 压实试验，结合料选择 3% SBS 改性沥青，选择 AC-13 目标级配，由此得到不同砂浆厚度的压实试件，由公式计算得到参数 DCEI 如图 26-82 所示。

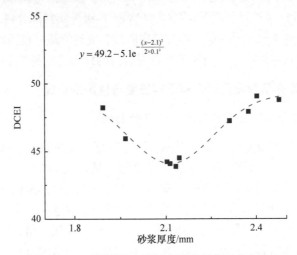

图 26-82 不同粉胶比的沥青混合料的流变参数

由图 26-82 可知，DCEI 体现了沥青混合料在压实过程中的整体流变特性，随平均砂浆膜厚度的增长，DCEI 呈现先减小后增大的趋势，即砂浆膜过厚或过薄均不利于混合料的压实，DCEI 存在一个低峰值区，这个区域的粉胶比为 1.2 左右，胶浆中填料体积分数为 30% 左右，这也与所得的沥青混合料最佳沥青用量区域接近。此外，采用高斯函数对沥青胶浆黏度-DCEI 曲线进行数值拟合，相关系数为

0.96 以上。

通过以上对沥青混合料压实过程中流变参数的分析，结合斯特里贝克曲线理论认为，在恒定荷载条件下，沥青混合料的砂浆黏度及砂浆厚度与混合料的压密特性间存在一定关系，如图 26-83 所示。

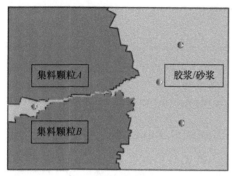

(a) 边界润滑状态

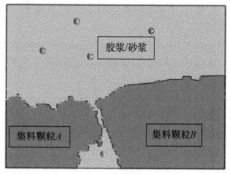

(b) 混合润滑状态

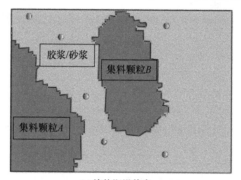

(c) 流体润滑状态

图 26-83 不同砂浆状态下沥青混合料的接触状态

将斯特里贝克摩擦理论应用于沥青混合料的压实过程，将表面粗糙的集料视为接触物体，胶浆/砂浆视为润滑剂，则临近颗粒间的摩擦作用与胶浆/砂浆黏度满足先减小后增大的关系，这主要由胶浆/砂浆膜厚与胶浆/砂浆黏度共同决定。如图 26-83(a)所示，当胶浆/砂浆黏度过小时，混合料中集料间的胶浆/砂浆在荷载作用下被迅速挤出，从而导致集料间的胶浆/砂浆极小，甚至出现集料间"干接触"的现象。因此，混合料的抗剪切强度主要由集料间的微突体提供，此时整个接触结构处于类似于边界润滑状态，摩擦系数较大。如图 26-83(b)所示，当胶浆/砂浆的黏度进一步逐渐增大，在相同荷载条件下胶浆/砂浆较不易挤出，因此集料间的胶浆/砂浆膜厚增大，沥青混合料的抗剪切强度由集料间的摩擦力传递给胶浆/砂浆，此时混合料的结构处于与混合润滑相类似的状态，其摩擦系数随胶浆/砂浆黏度的增大而减小直至达到一个最小的值。当胶浆/砂浆的黏度继续增大至一定水平时，胶浆/砂浆的厚度足够大，足以将相邻集料间完全分隔开，从而使得剪切荷载完全由胶浆/砂浆承担。此时混合料的状态近似于流体润滑状态，且其摩擦系数随胶浆/砂浆黏度的增大而增大，如图 26-83(c)所示。

参 考 文 献

[1] Farrar M J, Turner T F, Planche J P, et al. Evolution of the crossover modulus with oxidative aging: Method to estimate change in viscoelastic properties of asphalt binder with time and depth on the road[J]. Transportation Research Record, 2013, 2370(1): 76-83.

[2] Tarbox S, Daniel J S. Effects of long-term oven aging on reclaimed asphalt pavement mixtures[J]. Transportation Research Record, 2012, 2294(1): 1-15.

[3] Zhang H L, Chen Z H, Xu G Q, et al. Evaluation of aging behaviors of asphalt binders through different rheological indices[J]. Fuel, 2018, 221: 78-88.

[4] Asgharzadeh S M , Tabatabaee N , Naderi K , et al. Evaluation of rheological master curve models for bituminous binders[J]. Materials and Structures, 2015, 48: 393-406.

[5] Uzan J. Viscoelastic-viscoplastic model with damage for asphalt concrete[J]. Journal of Materials in Civil Engineering, 2005, 17(5): 528-534.

[6] Uzan J, Levenberg E. Advanced testing and characterization of asphalt concrete materials in tension[J]. International Journal of Geomechanics, 2007, 7(2): 158-165.

[7] Zhang L, Xing C, Gao F, et al. Using DSR and MSCR tests to characterize high temperature performance of different rubber modified asphalt[J]. Construction and Building Materials, 2016, 127: 466-474.

[8] Andrews R D. Correlation of dynamic and static measurements on rubberlike materials[J]. Rubber Chemistry and Technology, 1952, 44(4): 707-715.

[9] Ferry J D, Williams M L. Second approximation methods for determining the relaxation time spectrum of a viscoelastic material[J]. Journal of Colloid Science, 1952, 7(4): 347-353.

[10] 刘胜林. 基于流变理论的施工精细化控制[D]. 西安：长安大学，2013.

[11] 刘国柱. 沥青混合料拌和流变特性研究[D]. 西安：长安大学，2011.

[12] Pei J Z, Bi Y Q, Zhang J P, et al. Impacts of aggregate geometrical features on the rheological properties of asphalt mixtures during compaction and service stage[J]. Construction and Building Materials, 2016, 126: 165-171.

[13] Zhang J P, Bi Y Q, Wang H, et al. Impacts of aggregate morphological characteristics on asphalt-mixture performance during mixing[J]. Journal of Testing and Evaluation, 2017, 45(1): 18-27.